WILEY　　未名译库·当代西方学术前沿丛书　　曾军 主编

新数字人文导论

A New Companion to
DIGITAL
HUMANITIES

〔美〕苏珊·施莱布曼（Susan Schreibman）
〔加〕雷·西门子（Ray Siemens）　编
〔美〕约翰·安斯沃斯（John Unsworth）
尹倩 肖爽 译

北京大学出版社
PEKING UNIVERSITY PRESS

著作权合同登记号　01-2018-2309

图书在版编目（CIP）数据

新数字人文导论 /（美）苏珊·施莱布曼，（加）雷·西门子，（美）约翰·安斯沃斯编；尹倩，肖爽译 . —北京：北京大学出版社，2023.5
（未名译库 . 当代西方学术前沿丛书）
ISBN 978-7-301-33822-3

Ⅰ . ①新… Ⅱ . ①苏… ②雷… ③约… ④尹… ⑤肖… Ⅲ . ①数字技术 – 应用 – 人文科学 – 研究 Ⅳ . ① C39

中国国家版本馆 CIP 数据核字 (2023) 第 041881 号

All Rights Reserved. Authorised translation from the English language edition published by John Wiley & Sons Limited. Responsibility for the accuracy of the translation rests solely with Peking University Press and is not the responsibility of John Wiley & Sons Limited. No part of this book may be reproduced in any form without the written permission of the original copyright holder, John Wiley & Sons Limited.

书　　　名	新数字人文导论 XIN SHUZI RENWEN DAOLUN
著作责任者	［美］苏珊·施莱布曼(Susan Schreibman)　　［加］雷·西门子(Ray Siemens) ［美］约翰·安斯沃斯(John Unsworth)　编 尹　倩　肖　爽　译
责任编辑	刘　爽
标准书号	ISBN 978-7-301-33822-3
出版发行	北京大学出版社
地　　　址	北京市海淀区成府路 205 号　100871
网　　　址	http://www.pup.cn　　新浪微博：@北京大学出版社
电子信箱	nkliushuang@hotmail.com
电　　　话	邮购部 010-62752015　发行部 010-62750672　编辑部 010-62754382
印　刷　者	涿州市星河印刷有限公司
经　销　者	新华书店 720× 毫米 ×1020 毫米　16 开本　43 印张　1200 千字 2023 年 5 月第 1 版　2023 年 5 月第 1 次印刷
定　　　价	198.00 元

未经许可，不得以任何方式复制或抄袭本书之部分或全部内容。
版权所有，侵权必究
举报电话：010-62752024　电子信箱：fd@pup.pku.edu.cn
图书如有印装质量问题，请与出版部联系，电话：010-62756370

致谢名单

约翰·艾希礼·伯戈因
John Ashley Burgoyne
阿姆斯特丹大学音乐认知小组讲师,荷兰视听研究所客座研究员。伯戈因博士组织了麦吉尔广告牌抄本的编纂工作以及长期音乐记忆中的"沉迷于音乐"(Hooked on Music)项目。

塔尼亚·E. 克莱门特
Tanya E. Clement
得克萨斯大学奥斯汀分校信息学院助理教授。她的主要研究领域是学术信息基础架构。她在数字人文科学和数字文学以及学术编辑、现代主义义学和声音研究方面曾发表大量著作。其目前研究项目包括高性能声音技术的访问和学术研究(High Performance Sound Technologies for Access and Scholarship,简称HiPSTAS)。

欧文·康兰
Owen Conlan
都柏林圣三一学院计算机科学与统计学院助理教授,聚焦个性化和可视化研究领域;与他人合著出版物一百余份,并荣获多项最佳论文奖,同时负责协调欧盟委员会资助的CULTURA项目[①]。另外,他也是一位热情的教育工作者,传授与数据工程相关的知识。

[①] CULTURA项目:http://www.cultura-strep.eu。

帕诺斯·康斯坦托普洛斯
Panos Constantopoulos

雅典经济与商业大学信息学系教授、信息科学与技术学院院长；同时隶属于雅典娜研究中心（Athena Research Centre），负责数字策展部门；曾在克里特大学计算机科学系任教（1986—2003）。1992—2003年，担任希腊赫拉斯研究和技术基金会（Foundation for Research and Technology Hellas，简称FORTH）、计算机科学研究所信息系统实验室和文化信息学中心主任。其研究领域包括数字策展和保存技术、知识表征和概念建模、本体工程、语义信息访问、决策支持和知识管理系统、文化信息学和数字图书馆。

科斯蒂斯·达拉斯
Costis Dallas

多伦多大学信息学院副教授，在2012年至2015年期间，曾担任博物馆研究主任，并在希腊派迪昂大学传播、媒体和文化系担任助理教授。目前其担任管理信息系统（Integrated Management Information System，简称IMIS）雅典娜研究中心（Athena Research Centre）数字策展部门（Digital Curation Unit）研究员，艺术和人文数字研究基础设施（Digital Research Infrastructure for Arts and Humanities，简称DARIAH）数字实践与方法观察站（Digital Practices and Methods Observatory，简称DiMPO）工作组主席，以及CARARE，LoCloud，Europeana Cloud，Europeana Cloud和ARIADNE EU资助项目联合首席研究员。达拉斯致力于发展一种实用的数字策展理论"在野外"（in the wild），即文化遗产和人文学术的知识实践和数字基础设施，以及物质文化的知识表征。

马丁·多尔
Martin Doerr

克里特岛希腊赫拉斯研究和技术基金会计算机科学研究所（Foundation for Research and Technology Hellas-Institute of Computer Science，简称FORTH-ICS）研究总监兼文化信息学中心负责人。多尔组织并参与了文化和电子科学信息系统的项目，并担任开发ISO 21127：2006中的ICOM／CIDOC工作组主席，同时也是《应用本体论》（Applied Ontology）和国际计算机协会（Association for Computing

Machinery，简称ACM）《计算与文化遗产期刊》（*Journal on Computing and Cultural Heritage*，简称JOCCH）编辑委员会主席。

J. 斯蒂芬·唐尼
J. Stephen Downie

伊利诺伊大学图书馆与信息科学研究生院教授兼副院长，负责音乐信息检索领域研究。唐尼在创立国际音乐信息检索学会和音乐信息检索评估交流方面发挥着重要作用。

乔安娜·朱可
Johanna Drucker

作为加州大学洛杉矶分校信息研究系以布雷斯劳尔教授（Breslauer Professor）命名的教授。她出版了有关数字人文和美学、书籍历史和设计未来、字母史学和当代艺术等主题的书籍，并发表了与这些主题相关的演讲，出版作品《图形发生论：知识生产的视觉形式》（*Graphesis: Visual Forms of Knowledge Production*）（哈佛大学出版社，2014年）。

詹妮弗·埃德蒙
Jennifer Edmond

都柏林圣三一学院艺术、人文和社会科学学院战略项目主任。同时，詹妮弗也担任欧盟资助的基础设施项目"欧洲协作数字档案研究基础设施"（Collaborative EuropeaN Digital/Archival Research Infrastructure，简称CENDARI）协调者，主要出版人文研究基础设施、跨学科以及数字人文对学术实践更为广泛的影响等主题的作品。

德文·埃利奥特
Devon Elliott

韦仕敦大学（Western University）历史学博士生。其论文主要研究舞台魔术的技术史和文化史。

凯瑟琳·菲茨帕特里克
Kathleen Fitzpatrick

现代语言协会（Modern Language Association）学术传播部门主任，著有《计划性淘汰：学术研究的出版、技术与未来》（*Planned Obsolence: Publishing, Technology, and the Future of the Academy*）（纽约大学出版社，2011年）。作为数字学术网络媒体共享空间的联合创始人，凯瑟琳通过该平台组织了一些开放式同行评议和学术出版领域的创新实践活动。

朱莉娅·弗兰德斯
Julia Flanders

东北大学（Northeastern University）数字学术小组（Digital Scholarship Group）负责人，东北大学英国语言文学系实践教授，同时也是文本、地图和网络实验室（NULab for Texts, Maps, and Networks）成员；其研究重点是数字人文研究中的文本编码、数据建模和数据管理。

尼尔·弗赖斯特
Neil Fraistat

马里兰大学英国语言文学系教授和马里兰人文科技学院（Maryland Institute for Technology in the Humanities，简称MITH）主任、中心网（centerNet）的创始人和联合主席；出版作品包括《珀西·比希·雪莱诗歌全集》（*The Complete Poetry of Percy Byssher Shelley*）第3卷（约翰·霍普金斯大学出版社，2012年）和《剑桥文本学术伙伴》（*The Cambridge Companion to Textual Scholarship*）（剑桥大学出版社，2013年）。

藤永一郎
Ichiro Fujinaga

麦吉尔大学舒利希音乐学院音乐技术领域副教授。2003年至2004年，他担任麦吉尔音乐媒体与技术跨学科研究中心（Center for Interdisciplinary Research in Music Media and Technology，简称CIRMMT）代理主任。在2002年3月、2009年12月和2014年5月，他担任音乐技术领域主席。在此之前，他曾是约翰·霍普金斯大学皮博迪音乐学院计算机音乐系教员。其研究方向包括光学音乐识别、音乐理论、机器学习、音乐感知、数字信号处理、遗传算法、音乐信息获取、保存和检索。

亚历克斯·吉尔
Alex Gil

哥伦比亚大学人文与历史数字学术研究负责人。亚历克斯聚焦数字技术对人文研究、教育学和学术交流的影响。目前的项目包括一个开放的课程研究教学大纲数据库，以及一个用于全球数字人文项目的内容聚合器。他目前是"全球展望：数字人文"（Global Outlook: Digital Humanities，简称GO: DH）的代理主席以及THATCamp Caribe系列活动的组织者。

斯特凡·格雷德曼
Stefan Gradmann

比利时鲁汶大学艺术系教授，鲁汶大学图书馆馆长，美国学术团体协会（American Council of Learned Societies，简称ACLS）人文社会科学网络基础设施委员会（Commission on Cyberinfrastructure for the Humancial and Social Sciences）国际顾问，并积极参与欧洲数字图书馆（Europeana）相关建设工作。其研究领域包括知识管理、数字图书馆和信息架构、文档管理和文档生命周期管理。

科马克·汉普森
Cormac Hampson

在爱尔兰都柏林一家基于个性化的Boxever初创公司工作。在此之前，他曾是都柏林圣三一学院计算机科学与统计学院博士后研究员。他的研究领域包括数据探索、个性化和数字人文。

洛娜·休斯
Lorna Hughes

格拉斯哥大学数字人文学科教授。其研究专注于数字内容的使用，其出版物包括《数字化收藏：信息管理器的战略问题》（*Digitizing Collections: Strategic Issues for the Information Manager*）（Facet，2003年）、《过去的虚拟表示》（*The Virtual Representation of the Past*）（Ashgate，2008年）以及《评估和衡量数字收藏的价值、使用和影响》（*Evaluating and Measuring the Value, Use and Impact of Digital Collections*）（Facet，2011年）。欧洲科学基金会（European Science Foundation，简称ESF）艺术与人文领域数字方法网络（Network for Digital Methods in the Arts and Humanities，简称NeDiMAH）主席，并且是英国联合信息系统委员会（Joint Information Systems Committee，简称JISC）资助的大规模数字化计划"第一次世界大战的威尔士体验"（*The Welsh Experience of the First World War*）的主要研究人员。

福蒂斯·贾尼迪斯
Fotis Jannidis
维尔茨堡大学德国文学和文学计算教授。他的研究领域是对文学的定量研究，特别是在更大的文本集合中进行定量研究，以及数据建模。

马修·L. 乔克斯
Matthew L. Jockers
美国内布拉斯加大学以苏珊·J. 罗斯夫斯基（Susan J. Rosowski）命名的英国语言文学副教授兼文学实验室主任。乔克斯专门从事大规模文本挖掘。他的著作包括《宏观分析：数字方法与文学史》（*Macroanalysis: Digital Methods and Literary History*）（伊利诺伊大学厄巴纳-香槟分校出版社，2013年）和《文学专业学生的文本分析》（*Text Analysis with R for Students of Literature*）（Springer，2014年）。

克里斯托弗·约翰逊
Christopher Johanson
加州大学洛杉矶分校古典文学与数字人文学科助理教授，体验技术中心（Experiential Technologies Center）联合主任，人文虚拟世界联盟（Humanistic Virtual World Consortium）主席，RomeLab负责人。其中，RomeLab是一个研究历史现象与空间环境之间相互关系的多学科研究小组。

史蒂文·E. 琼斯
Steven E. Jones
芝加哥洛约拉大学英国语言文学系教授兼文本研究和数字人文研究中心主任。其文章和著作主要聚焦技术和文化、数字人文和视频游戏，其中包括《视频游戏的意义》（*The Meaning of Video Games*）（Routledge，2008年）、《代号革命：任天堂Wii平台》（*Codename Revolution: The Nintendo Wii Platform*）（与George K. Thiruvathukal合作）（麻省理工学院出版社，2012年）、《数字人文的出现》（*The Emergence of the Digital Humanities*）（Routledge，2013年）和《罗伯特·布萨神父与人文计算的出现》（*Roberto Busa, S. J. and the Emergence of Humanities Computing*）（Routledge，2016年）。

芬恩·阿内特·约根森
Finn Arne Jørgensen
瑞典于默奥大学（Umeå University）技术与环境史副教授，著有《制造绿色机器：饮料容器回收的基础设施》（*Making a Green Machine: The Infrastructure of Beverage Container Recycling*）（罗格斯大学出版社，2011年）和《新自然：将环境史与科学技术研究相结合》（*New Natures: Joining Environmental History with Science and Technology Studies*）（与多利·约根森和萨拉·B. 普里查德合编）（匹兹堡大学出版社，2013年）。

莎拉·肯德尔丁
Sarah Kenderdine
新南威尔士大学国家实验艺术学院（National Institute for Experimental Arts，简称NIEA）教授，新南威尔士大学国家实验艺术学院画廊、图书馆、档案馆和博物馆创新实验室（Innovation in Galleries, Libraries, Archives and Museum，简称iGLAM）负责人，同时兼任iCinema研究中心副主任，澳大利亚维多利亚博物馆特别项目负责人，香港城市大学交互式可视化和具身化应用实验室（Applied Laboratory for Interactive Visualization and Embodiment，简称

AliVE）研究主任。

威廉·基尔布赖德
William Kilbride

基尔布赖德担任成员组织数字保护联盟（Digital Reservation Coalition）执行董事，该组织为数字保护提供宣传、劳动力发展、能力建设和合作伙伴关系。他在20世纪90年代作为一名考古学家开始了他的职业生涯，当时我们对新技术的热情与维持由此产生的数据的能力并不相匹配。

马修·G.基申鲍姆
Matthew G. Kirschenbaum

马里兰大学英国语言文学系副教授，马里兰人文科技学院副主任，著有《轨迹变化：文字处理的文学史》（*Track Changes: A Literary History of Word Processing*）（哈佛大学出版社，2016年）。

卡里·克劳斯
Kari Kraus

马里兰大学信息研究学院和英国语言文学系副教授。其研究和教学兴趣聚焦游戏研究和跨媒体小说、数字保存和规范设计。其曾为《纽约时报》（*New York Times*）和《赫芬顿邮报》（*Huffington Post*）撰稿，她的作品曾出现在《数字人文季刊》（*Digital Humanities Quarterly*）、《国际学习与媒体杂志》（*International Journal of Learning and Media*）和《视觉文化杂志》（*Journal of Visual Culture*）等期刊上。

塞马斯·劳尔斯
Séamus Lawless

都柏林圣三一学院计算机科学与统计学院助理教授。其研究领域是信息检索、信息管理和数字人文，尤其着重于适应性和个性化。此项研究的共同焦点是数位内容管理与应用技术，以支持增强的个性化知识访问。同时，他也是爱尔兰科学基金会（Science Foundation Ireland，简称SFI）资助的CNGL全球智能内容中心（CNGL Centre for Global Intelligent Content）首席研究员，欧盟第七科技框架研究计划（EU FP7）CULTURA项目高级研究员。塞马斯发表了五十余篇期刊科学论文，并担任过许多高影响力的期刊和会议的审稿人。

劳拉·C.曼德尔
Laura C. Mandell
数字人文、媒体和文化倡议（Initiative for Digital Humanities, Media, and Culture）以及高级研究协会（Advanced Research Consortium）（http://www.ar-c.org）和18thConnect.org机构负责人；得克萨斯农工大学（Texas A&M University）英国语言文学系教授。曼德尔著有《打破纸质书：数字时代的印刷人文》（*Breaking the Book: Print Humanities in the Digital Age*）（Wiley-Blackwell，2015年）、《不和谐的经济：18世纪英国的文学事业》（*Misogynous Economies: The Business of Literature in Eighteenth-Century Britain*）（肯塔基大学出版社，1999年）；同时也担任《女诗人档案馆》（*Poetess Archive*）总编辑。

威拉德·麦卡蒂
Willard McCarty
西悉尼大学数字人文研究小组（Digital Humanities Research Group）教授，伦敦国王学院人文计算教授，"跨学科科学评论"（Interdisciplinary Science Reviews）和在线"人文主义"（Humanist）研讨会编辑。麦卡蒂同时也是2013年罗伯特·布萨奖（Roberto Busa Award）获奖者。其作品与数字人文科学的历史研究有关。

杰罗姆·麦甘恩
Jerome McGann
弗吉尼亚大学以约翰·斯图尔特·布莱恩（John Stewart Bryan）命名的教授，加州大学伯克利分校客座研究员。杰罗姆最近出版的两本书都出自哈佛大学出版社，分别是《新文学共和国：数字复制时代的记忆与学术》（*A New Republic of Letters: Memory and Scholarship in an Age of Digital Reproduction*）

（2014年）和《诗人埃德加·爱伦·坡：外来天使》（*The Poet Edgar Allan Poe: Alien Angel*）（2014年）。

尼克·蒙特福特
Nick Montfort

尼克·蒙特福特开发了文学生成器以及其他计算艺术和诗歌。蒙特福特住在纽约市，是麻省理工学院数字媒体副教授。他参与了数十次文学与学术合作，并与其他研究者合编了《电子文学文集（第一卷）》（*Electronic Literature Collection volume 1*）。同时，他创作了诗集《#！》和《谜语和绑定》（*Riddle & Bind*），以及和其他研究者合作创作了《2002：回文故事》（*2002: A Palindrome Story*）。另外，麻省理工学院出版社已出版了蒙特福特四本与其他研究者合作和个人创作的作品：《新媒体阅读器》（*The New Media Reader*）（2003年）、《曲折的小段落》（*Twisty Little Passages*）（2005年）、《与电子束赛跑——雅达利视频计算机系统》（*Racing the Beam: The Atari Videon Computer System*）（2009年）以及 *10 PRINT CHR$(205.5+RND(1)); : GOTO 10*（2013年），最后这本书是与其他九位作者合作完成的作品。

贝萨妮·诺维斯基
Bethany Nowviskie

弗吉尼亚大学图书馆学者实验室主任，同时还担任教务长特别顾问。贝萨妮是图书馆和信息资源委员会（Council on Library and Information Resources，简称CLIR）杰出的主席研究员，也是计算机和人文协会（Association for Computers and the Humanities，简称ACH）前任主席。目前的项目包括Neatline和UVa Praxis Program计划。

丹尼尔·保罗·奥唐纳
Daniel Paul O'Donnell

莱斯布里奇大学英国语言文学系教授，《数字研究》（*Digital Studies/ Le champ numérique*）主编、《全球展望：数字人文与数字医学》（*Global Outlook: Digital Humanities and Digital Medievalist*）创始主席、文本编码倡议

联盟（Text Encoding Initiative Consortium）前任主席。其研究领域包括数字人文、中世纪文献学和传播学研究。

多米尼克·奥尔德曼
Dominic Oldman

由安德鲁·梅隆基金会（Andrew W. Mellon Foun-dation）资助的空间研究项目负责人、英国国家博物馆收藏理事会高级成员。多米尼克专攻数字史学、认识论和知识表征。同时他也是概念参考模型特别兴趣小组（Conceptual Reference Model Special Interest Group）联合副主席，该小组代表国际博物馆理事会文献委员会，正在开发与ISO相兼容的国际标准。

埃琳娜·皮耶拉佐
Elena Pierazzo

法国国立格勒诺布尔第三大学意大利文学研究和数字人文学科教授。埃琳娜曾担任伦敦国王学院数字人文系讲师、数字人文学科硕士课程负责人。其专业知识丰富，涵括对意大利文艺复兴时期文字、现代及现代以前手稿的数字版本以及文本编码的掌握。2011年至2015年期间，她担任文本编码倡议（Text Encoding Initiative，简称TEI）主席，并积极参与TEI用户社区相关活动，同时兼任NeDiMAH数字版本工作组联合主席。

安德鲁·普雷斯科特
Andrew Prescott

格拉斯哥大学数字人文学科教授。普雷斯科特曾在英国谢菲尔德大学和伦敦国王学院等多个数字人文部门任职，并在大英图书馆手稿部担任馆长20年；同时也担任由凯文·基尔南（Kevin S. Kiernan）组织的大英图书馆"电子版贝奥武夫"（Electronic Beowulf）项目的联络员。

托德·普雷斯纳
Todd Presner

加州大学洛杉矶分校日耳曼语言文学和比较文学教授，加州大学洛杉矶分校数字人文课程教授。托德最近与人合著了两本书：《数字人文》

（*Digital Humanities*）[与安妮·伯迪克（Anne Burdick）、乔安娜·朱可、彼得·鲁南菲尔德（Peter Lunenfeld）和杰弗里·施纳普（Jeffrey Schnapp）合著]（麻省理工学院出版社，2012年）和《超级城市：数字人文中的厚度映射》（*HyperCities: Thick Mapping in the Digital Humanities*）[与大卫·谢泼德（David Shepard）和川野洋（Yoh Kawano）合著]（哈佛大学出版社，2014年）。

肯尼斯·M. 普赖斯
Kenneth M. Price

内布拉斯加大学林肯分校教授，人文数字研究中心（Center for Digital Research in the Humanities）联合主任。截至目前，普赖斯共创作或编辑了11本图书，包括《数字时代的文学研究》（*Literary Studies in the Digital Age*）（MLA，2013年），他还是"沃尔特·惠特曼档案馆"（Walt Whitman Archive）的联合编辑。

斯蒂芬·拉姆齐
Stephen Ramsay

内布拉斯加大学林肯分校以苏珊·J. 罗斯夫斯基命名的英国语言文学教授兼人文数字研究中心研究员。其著作有《阅读机器》（*Reading Machines*）（伊利诺伊大学出版社，2011年）等。

斯科特·雷特伯格
Scott Rettberg

挪威卑尔根大学数字文化教授、电子文献组织创始人和"电子文学作为在实践中具有创造性和创新性的模式"（Electronic Literature as a Model of Creativity and Innovation Practice，简称ELMCIP）项目负责人。独著或合著包括《未知》（*The Unknown*）、《蓝色忧郁》（*Kind of Blue*）以及《实现》（*Implementation*）等新颖的电子文学作品。

杰弗里·罗克韦尔
Geoffrey Rockwell

加拿大阿尔伯塔大学哲学和人文计算教授。其著作涉及哲学对话、文本可视化与分析、人文计算、教学技术、电脑游戏和多媒体。杰弗里目前是库莱高级研究所（Kule Institute for Advanced Studies）所长，也是GRAND卓越中心网络（Network of Centres of Excellence，简称NCE）网络调查员，主要研究游戏、动画和新媒体。他与斯特凡·辛克莱（Stéfan Sinclair）合作开发文本分析工具Voyant Tools，并组织"研究文本分析门户"（Text Analysis Portal for Research，简称TAPoR）项目（为人文研究者分析文本而开发的工具）。

斯坦·吕克尔
Stan Ruecker

芝加哥设计学院副教授。吕克尔目前研究兴趣主要在人文可视化、阅读的未来发展趋势和信息设计领域，其研究重点主要聚焦阐释学或阐释过程。

詹特里·塞耶斯
Jentery Sayers

加拿大维多利亚大学英国语言文学助理教授兼人文学科创客实验室主任。其研究兴趣包括比较媒体研究和技术批判理论。其作品曾出现在《美国文学》（*American Literature*）、《文学指南》（*Literature Compass*）、《电子出版杂志》（*The Journal of Electronic Publishing*）、《计算文化》（*Computational Culture*）、《国际学习与媒体杂志》（*The International Journal of Learning and Media*）以及《电子媒体研究》（*e-Media Studies*）等期刊中。

苏珊·施莱布曼
Susan Schreibman

梅努斯大学（University of Maynooth）数字人文学科教授，也是"爱尔兰通史"（An Foras Feasa）项目主任；曾任马里兰大学图书馆数字人文观测平台创始主任、数字馆藏和研究副馆长、马里兰大学人文科技学院副院长。施莱布曼担任《1916年书信集》（*The Letters of 1916*）、《托马斯·麦格瑞维档案》(*The Thomas MacGreevy Archive*) 以及同行评审的《文本编码倡议期刊》(*Journal of the Text Encoding Initiative*) 的创始主编。同时其出版物包括《数字人文导论》(*A Companion to Digital Humanities*)（Blackwell，2004年）、《数字文学研究指南》(*A Companion to Digital Literary Studies*)（Bloomsbury，2008年）和《托马斯·麦格里维：批判性的重新评估》(*Thomas MacGreevy: A Critical Reappraisal*)（Bloomsbury，2013年）。另外，施莱布曼教授也是DARIAH的爱尔兰代表。

悉妮·J. 谢普
Sydney J. Shep

新西兰惠灵顿维多利亚大学图书史读者、新西兰惠灵顿维多利亚大学韦特塔出版社印刷员。谢普除了经营一个凸版印刷实验室外，还负责一些数字历史研究和与教育学有关的项目。

大卫·谢泼德
David Shepard

加州大学洛杉矶分校数字人文中心首席学术开发人员。他于2012年荣获加州大学洛杉矶分校英国语言文学博士学位。其项目包括"超级城市"（HyperCities）、"比沙蒙"（Bishamon）和"超级城市地理部落"（HyperCities Geo-Scribe），其中"超级城市地理部落"项目荣获首届谷歌数字人文奖（Google Digital Humanities Awards）。他与其他研究者合著《超级城市：数字人文科学中的厚度映射》，并撰写与社交媒体分析有关的文章。

雷·西门子
Ray Siemens

加拿大人文计算研究主席，维多利亚大学人文学院英国语言文学和计算机科学系杰出教授。电子学术期刊《早期现代文学研究》(*Early Modern Literary Studies*) 创始编辑，其出版刊物包括《数字人文导论》（与苏珊·施莱布曼和约翰·安斯沃斯合作编辑）、《数字文学研究指南》（与苏珊·施莱布曼合作编辑）、《德文郡手稿社会版》(*A Social Edition of the Devonshire MS*) 以及《数字时代的文学研究》[MLA，与肯尼斯·普赖斯（Kenneth Price）

合作编辑]。西门子指导"实施新知识环境"（Implementing New Knowledge Environments）项目、"数字人文暑期研究所"（Digital Humanities Summer Institute）和"电子文本文化实验室"（Electronic Textual Cultures Lab），并担任加拿大人文社会科学联合会（Canadian Federation of the Humanities and Social Sciences）（用于研究传播）副主席，最近还担任国际数字人文组织联盟（Alliance of Digital Humanities Organizations）指导委员会主席。

斯特凡·辛克莱尔
Stéfan Sinclair

麦吉尔大学文学、语言和文化系教授，麦吉尔数字人文中心主任。其主要研究领域涵括数字人文学科（尤其是文本分析和可视化）工具的设计、开发、使用和理论化，同时担任计算机与人文协会主席，喜欢编码。

迈克尔·斯珀伯格–麦奎恩
Michael Sperberg-McQueen

黑梅萨技术有限责任公司（Black Mesa Technologies LLC）创始人，该咨询公司专门从事使用描述性标记来帮助记忆机构保存文化遗产信息。他与其他人一起合作编辑了XML 1.0版本、文本编码倡议指南和XML架构定义语言（XSDL）1.1版本。

帕特里克·斯文森
Patrik Svensson

瑞典于默奥大学HUMlab人文和信息技术教授。2000年至2014年期间，他曾任HUMlab负责人。他的工作主要涉及教育技术、媒体场所、基础设施和数字人文领域。帕特里克的两个新项目涉及学术活动的地点和人文中心的作用。

梅利莎·特拉斯
Melissa Terras

伦敦大学学院数字人文中心主任，伦敦大学学院信息研究部数字人文教授，已获奖的"边沁手稿转录"（Transcribe Bentham）众包项目联合调查员。其研究涉及数字化和公众参与的各个方面。

威廉·G. 托马斯三世
William G. Thomas III

内布拉斯加大学林肯分校人文学科负责人、历史学教授以及内布拉斯加州人文数字研究中心教职研究员，同时也是"暗影之谷"（The Valley of the Shadow）联合编辑，众多数字项目的负责人。

威廉·J. 特克尔
William J. Turkel

加拿大西部大学历史学教授。他从事计算史、重大历史事件、科学技术史、科学和技术研究（Science and Technology Studies，简称STS）、物理计算、桌面制作和电子学领域的研究；著有《地方档案》（*The Archive of Place*）（不列颠哥伦比亚大学出版社，2007年）和《深处火花》（*Spark from the Deep*）（约翰·霍普金斯大学出版社，2013年）。

泰德·安德伍德
Ted Underwood

伊利诺伊大学厄巴纳-香槟分校英国语言文学教授，著有《太阳的工作：科学、文学和政治经济学1760—1860年》（*The Work of the Sun: Science, Literature, and Political Economy 1760—1860*）（Palgrave，2005年）和《文学史为何如此重要》（*Why Literary Periods Mattered*）（斯坦福大学出版社，2013年），并在《美国现代语言学会会刊》（*PMLA*）、《表征》（*Representations*）和《数字人文期刊》（*The Journal of Digital Humanities*）等期刊上发表文章以及使用机器学习按类型对数字化作品进行细分的数据集。同时，安德伍德也会在http://tedunderwood.com上发表其研究博客。

约翰·安斯沃斯
John Unsworth

布兰迪斯大学（Brandeis University）副教务长、大学图书馆员、首席信息官以及布兰迪斯大学英国语言文学教授。在加盟布兰迪斯大学之前，他于2003年至2012年间在伊利诺伊大学厄巴纳-香槟分校担任图书馆与信息科学研究生院（Graduate School of Library and Information Science，简称GSLIS）院长。1993年至2003年，担任弗吉尼亚大学人文科学高级技术研究所第一任所长和英语系教员。2006年，安斯沃斯担任国家委员会主席，代表美国学术团体协会理事会撰写了《我们的文化福利》（*Our Cultural Commonwealth*），此报告是关于人文和社会科学的网络基础设施。2013年8月，他被奥巴马总统任命为国家人文委员会（National Humanities Council）委员。

凯瑟琳·L. 沃尔特

Katherine L. Walter

内布拉斯加大学林肯分校图书馆教授兼主席，人文学科数字研究创新中心（Center for Digital Research in the Humanities，简称CDRH）创始联合主任，同时也担任中心网国际执行委员会联合主席。

克莱尔·沃里克

Claire Warwick

英国达勒姆大学副校长、英国语言文学系数字人文研究教授。其研究领域包括在人文和文化遗产中对数字资源和社交媒体的使用、在物理和数字空间中对阅读行为的研究以及在数字人文学科对基础设施环境的探究。

乔里斯·J. 范赞德特

Joris J. van Zundert

数字和计算人文学科研究员和开发人员。乔里斯在惠更斯荷兰历史研究所（Huygens Institute for the History of the Netherlands）[荷兰皇家艺术和科学院（Netherlands Royal Academy of Arts and Sciences），荷兰文简称KNAW]工作。其研究重心主要聚焦于计算机科学与人文科学之间的相互作用，以及阐释学与"大数据"方法之间的张力关系。

序　言

精装本《数字人文导论》（*A Companion to Digital Humanities*）于2004年出版，几年后平装版出版发行。在卷首语介绍中，编写成员（和此部最新版本的编写成员一样）谈及：

> 这本论文集标志着数字人文领域发展的一个转折点：来自不同研究领域的各类理论家和实践者，他们或是在数字人文领域活跃了几十年或是最近参与进来的学科专家、计算机科学家、图书馆和信息研究专家，有史以来第一次聚集起来考虑把数字人文作为一门专门学科，并反思数字人文研究与传统人文学术研究领域之间的关系。

数字人文是否应被视为一门"专门学科"而不是一套相关的方法仍存在很大争议。但不容置疑的是，在2015年，这是一个充满活力且发展迅速的领域。现在回想起来，很明显，编写组成员在出版商的建议下，决定为它命名，这改变了我们对这个领域的称呼：我们不再谈论"人文计算"，而开始讨论"数字人文"。此书的编写者们和出版商对话，并选择用这种方式来为这本论文集命名，是为了将重点从"计算"领域转换到"人文"领域。如今重要的不是我们正在用电脑处理工作，而是我们正在用"数字形式"展开对人文学科的研究。该领域较之前更为广泛，不仅包括对人文信息的计算机建模和分析，还包括对数字技术的文化研究、数字技术的创造性和可能性以及数字技术的社会影响。

也许，一二十年后，当数字技术应用于人文领域时，修饰语"数字"的含义将变得更为丰富。也许，随着我们的文化遗产越来越多地被数字化（digitized）或直接采用原生数字（born-digital）形式，使用数字方法来研究人类的创造活动变得不足为奇。我们将简单地把本书中描述的对象称为"人文学科"(the humanities)。然而,与此同时,《新数字人文导论》(*A New Companion to Digital Humanities*)的编写者们很乐意将这个领域全面且不断更新的现状呈现给读者。

目 录

第一章　基础设施 / Infrastructures ······································ 1
　　1. 比特和原子：人文学科中的物理计算和桌面制作·················· 1
　　2. 数字文化遗产中的具身化、缠绕性与沉浸式························ 27
　　3. 物联网··· 54
　　4. 协作和基础设施·· 69

第二章　创造 / Creation ··· 85
　　5. 交叉学科的产生·· 85
　　6. 新媒介和建模：游戏和数字人文······································· 108
　　7. 数字人文教育研究中的探索性编程··································· 127
　　8. 制造虚拟世界·· 142
　　9. 电子文学与数字人文··· 165
　　10. 社会化学术编辑··· 179
　　11. 人文学科中的数字方法：理解和描述数字方法在各学科中的
　　　　应用·· 197
　　12. 定制访问内容··· 223
　　13. 昔日的辉煌：数字人文学科中的复古计算······················ 239

第三章　分析 / Analysis ·· 256
　　14. 绘制地理空间转向地图··· 256
　　15. 音乐信息检索·· 272

16. 数据建模 ································· 294
17. 数字人文学科中的图形化方法 ················· 304
18. Zen与关联数据的艺术：人文知识语义网的新策略 ······ 318
19. 文本分析和可视化：量化意义 ··················· 347
20. 人文学科中的文本挖掘 ······················· 368
21. 文本学术与文本编码 ························· 389
22. 数字物质性 ································· 409
23. 螺旋解释学和解释学：解释学的计算性 ··········· 422
24. 当研究文本是音频文件时：数字人文学科中声音研究的数字工具 ································· 443
25. 多维度文本标记 ····························· 457
26. 分类及其结构 ······························· 481

第四章 传播 / Dissemination ················· **501**

27. 集合访问、文本分析和实验的中介：界面 ··· 501
28. 拯救比特：永远的数字人文？ ··················· 514
29. 数字人文中的众包 ··························· 531
30. 同行评审 ··································· 554
31. 硬约束：在数字人文中设计软件 ················· 565

第五章 数字人文的过去、现在和未来 / Past, Present, Future of Digital Humanities ················· **575**

32. 超越数字人文中心：数字人文的行政景观 ··········· 575
33. 理清数字人文 ······························· 592
34. 数字文学史的性别化：数字人文的价值所在 ········· 612
35. 数字人文的前景和数字学术的争议性 ··············· 630
36. 构建理论还是构建的理论？一个数字人文核心的紧张问题 ··· 646

第一章 基础设施 / Infrastructures

1. 比特和原子：人文学科中的物理计算和桌面制作

詹特里·塞耶斯、德文·埃利奥特、卡里·克劳斯、
贝萨妮·诺维斯基、威廉·J. 特克尔
（Jentery Sayers, Devon Elliott, Kari Kraus, Bethany Nowviskie,
and William J. Turkel）

引言

正如胡迪·利普森（Hod Lipson）和梅尔芭·库曼（Melba Kurman）所建议的那样：人文学者现在正生活在一个万事皆可快速成为可能的时代，"一般而言，人们可以毫不费力地撕裂、混合以及燃烧物体，而剪辑数字图片也一样"（Lipson and Kurman，2013：10）。利普森和库曼在《3D打印——从想象到现实》（*Fabricated: The New World of 3D Printing*）一书中描述了这一现象，解释了考古学家如何在户外对楔状骨进行CT扫描[1]，构建楔形文字的3D模型，再将数据传输到家中的3D打印机，进而制造出复制品。

在这个过程中，他们在这个楔状骨传真实验中发现了技术发展带来的一个意想不到的好处：CT扫描能捕获到这个楔状骨里层和外层的书写字符。几个世纪以来，研究人员发现在许多熊的楔状骨空心里层刻有信息。然而直到现在，能看到楔状骨空心里层信息的方式只有打碎楔状骨（因此

---

[1] CT扫描是"电子计算机断层扫描"的简称，通过使用计算机处理X射线传输断面或立体图像。

楔状骨会被破坏)。而CT扫描和3D打印复制楔状骨的好处则是：研究者可以毫无压力地敲碎复制品以识别楔状骨里层的书写符号。(Lipson and Kurman，2013：19—20)

而这正体现出尼尔·哥申菲尔德(Neil Gershenfeld)所说的把"我们发明的数字世界的可编程性"应用于"我们所居住的物质世界"(Gershenfeld，2005：17)，这种新型物质在比特和原子的空间中自如地来回移动；但这种通过模拟和数字处理的过程并不是全部。由于嵌入式电子技术的发展，通过使用台式机制造的部件也可以感知和回应周边环境、联机上网、和其他部件相联系、记录数据以及实现人机互动。(O'Sullivan and Igoe，2004；Sterling，2005；Igoe，2011)继理查德·森尼特(Richard Sennett)(2008：ix)"制造即思考"(making is thinking)的理念之后，我们意识到这些能"思考""感知"以及"交流"的物体为我们提供了一种新的方式以支撑我们的观点及假设，就像我们制造它们的过程一样。

让物品思考、感知以及沟通的实践以有趣而又模糊的方式与各种学科的过去联系在一起。例如，历史学家曾经写过关于脑力劳动和体力劳动工作者间经典分歧的文章，包括对后者的长期诋毁。(Long，2004)[①]在人文学科中，我们继承了脑力价值和体力价值判定的二分法；随后，通过对比手工制造和机器制造之间，习俗、工艺或定制物品和批量生产之间，制造物品的人和操作机器的人之间的区别来制造物体。当我们审视现状时，不难发现，许多范畴和价值需要被重新思考，尤其是继唐娜·哈拉维(Haraway，1991)、桑迪·斯托内(Stone，1996)及凯瑟琳·海尔斯(Hayles，1999)之后，我们反对这一观念：认为文化过程和技术过程，或者说人类和机器思维(Human and Machine Thinking)能被巧妙地解析。我们还发现，需要根据新媒体环境对"制造"行为进行重新配置，其可编程性、模块化、可变性和自动化可进一步

---

① 关于这种经典分歧的简要历史，参见由布鲁塞·伯吉特(Bruce Burgett)和格伦·亨德勒(Glenn Hendler)编辑的《美国文化研究关键词》第二版(Keywords for American Cultural Studies)(2015)一书中塞耶斯对"科技"一词的界定。他指出，在19世纪末的文化论争中，科学和文学在教育中的首要地位的争论使得技术工作并不是理想大学的研究重点。技术要么见于"非利士人"(Philistines)(没有文化的民众)，要么见于机械师(能系统运用科学技术的工人阶级实业家)。

扩大生产，并主要通过计算机桌面和"所见即所得"（WYSIWYG）[①]接口来构建。（Manovich，2001；Montfort，2004；Kirschenbaum，2008a）

考虑到这一背景，运用物理计算和桌面制作（Desktop Fabrication）技术进行制造时，不仅强调了模拟和数字过程的融合，还强调了在新媒体环境下，使用转换技术（Transduction）、触觉学（Haptics）、原型设计（Prototyping）和算法库（Surprise）的重要性。在个人计算、网络空间、社交网络或云计算之前，让事物在比特和原子之间形成一种较深地融入新兴技术的实践，这种新兴技术是基于图灵技术和复杂的人机制品，而不是充当对真实生活的一种怀旧的纯粹模拟。[②] 对于人文学科来说，这种创造之所以重要，正是因为它鼓励创造性的质疑和批判性的猜测，而这种猜测——并不是试图以数字化形式完美地保存或重新呈现文学内容——需要产生一定的模糊的场景、反事实的历史、可能性的世界和其他这种类似的虚构。确实，在比特和原子之间的空间呈现的形式是"如果……那将如何"的空间。

[①] WYSIWYG是"What You See Is What You Get"的首字母缩写。

[②] 关于创客文化（Maker Cultures）是对赛博空间之前的模拟生活的怀旧，耶夫根尼·莫罗佐夫（Evgeny Morozov）（2014）通过"技术崇高的诱惑"和技术狂热来审视创客文化，指责自工艺美术运动（Arts and Crafts Movement，亦称为手工艺运动）以来的创客文化或多或少对制度、政治和结构变革视而不见。虽然他对创客文化（包括历史和现代）的许多批评都是准确和有说服力的，但他的论点却被一种逻辑所掩盖，即浪漫地追求眼前。他还假设所有创客文化都认为技术决定了社会变革。换言之，莫罗佐夫首先在技术和文化之间进行有序而又存在疏漏的区分，然后基于这种区分，着手建立了一个自我实现的论点。与此同时，创客文化（以及黑客文化）的实际历史发展相当混乱，通常表现出技术与文化、政治与媒体、社会与制造之间的递归关系。在许多这样的黑客攻击（hacking）和创客制造（making）的例子中，可参考迪克·赫伯迪格（Dick Hebdige）《亚文化：风格的意义》（Subculture: The Meaning of Style，1979）；尼克·戴尔–维瑟福特（Nick Dyer-Witheford）《赛博–马克思：高科技资本主义斗争的周期与循环》（Cyber-Marx: Cycles and Circuits of Struggle in High-Technology Capitalism，1999）；安德鲁·罗斯（Andrew Ross）《抨击反主流文化》（Hacking away at the counterculture，1990）；伊丽莎白·洛斯（Elizabeth Losh）《黑客行动主义和人文科学：数字大学时代的编程抗议》（Hacktivism and the humanities: programming protest in the era of the digital university，2012）；辛西娅·塞尔夫（Cynthia Selfe）和盖尔·E. 霍伊舍（Gail E. Hawisher）《信息时代的识字生活：美国识字叙事》（Literate Lives in the Information Age: Narratives of Literacy from the United States，2004）。简言之，莫罗佐夫的论点用精神崇高（在知识文化中）取代了他所认定的技术崇高（在创客文化中），而没有考虑到前者的细节与后者的实践相交叉的关系。在本文中，我们避免了人工设计和技术实践之间的这种分裂，并不是假定所有的创客文化都必须这样做。

在乐高中学习

在人文学科中引入手工制造的一种流行方式是从类似乐高这样的搭建玩具开始。雪莉·特克尔(Sherry Turkle)对激发人们成为科学家、工程师或设计师的童年玩具进行了研究,他强调了乐高对儿童学习的适宜性:"多年以来,许多学生选择(乐高积木)作为他们科学道路上的关键物什,以至于我能够将其作为一个'常项'(constant)来展现广泛的领域、构成科学观念模式中的思维方式和学习方式。"(Turkle, 2008: 7—8)乐高除了作为一种简单而有效的工具进行小规模机械原型制造,还教会了人们许多有用的经验。其中一个是斯图尔特·考夫曼(Stuart Kauffman)称之为"相邻可能"(adjacent possible)的概念,史蒂文·约翰逊(Steven Johnson)(2010: 26)在《伟大创意的诞生》(Where Good Ideas Come From)一书中也谈道:"相邻可能是一种未来的阴影……徘徊在事物当前状态的边缘,一幅目前可以重塑自我的所有方式集合的地图"。随着新事物被创造出来,新的过程被开发出来,现有的事物被重新整合成新的形式,并且仍有更多形式的变化成为可能,就像现在的幽灵一样潜伏着。约翰逊(2010: 26)用一个房子打比方,当你开门时,房间被神奇地创造出来。这个比喻的核心论点,即机会是制造和装配的主要组成部分,而不是个人的天才和意图。当事物和人在物理上接近时,惊喜和创造力的可能性应该增加。通过这种方式,"相邻可能"与实验艺术和人文实践的长期遗产(至少部分地)相对应,包括斯特凡·马拉美(Stéphane Mallarmé)的象征主义诗歌、超现实主义者精致的尸体、艺术家布赖恩·盖辛(Brion Gysin)的拼贴剪纸法、乌力波(OuLiPo)的故事制造机、库尔·赫克(Kool Herc)的旋转木马、尼古拉斯·波瑞奥德(Nicolas Bourriaud)的关系美学以及批判艺术组合(Critical Art Ensemble)的媒介战略和情境表演。在这些无可否认的折中示例中,从程序(Procedure)、并列(Juxtaposition)、推测(Encounter)或相遇(Conjecture)中出现的可能性优先于对连续性、确定性、具体结果或特定效果的预期。

对于乐高来说,最初的砖块顶部有螺柱,底部有孔。它们堆积起来形成竖墙,但很难制造出非块状的物体。当乐高推出科技系列来构建更为复杂的机械装置时,他们创造了一种新的包含有水平孔的砖块。这种技术性砖块的顶部仍然有饰钉，底部也有孔，因此可以和普通的乐高积木以及技术性砖块堆叠在一起。但是这些水平孔创造了新的可能性：轮子或齿轮的轴可以穿过它们，现在砖块也可以用钉子进行水平连接。在较新的技术装置中，技术性砖块或多或少被放弃，取而代之的是技术梁。技术梁仍然有水平孔，但顶部和底部都是光滑的，因此不能与传统的乐高积木轻松堆叠。即使技术梁的历史不能从乐高的原始砖块历史中分离出来，随着每一次进入"相邻可能"，乐高建筑全新的风格也在不断发展，旧的风格逐渐消失。因此，将乐高视为过程，可提供一种物质上的理解：它是如何成为跨越装置和迭代的物品；而不是作为被便利地固定在时间和空间上的对象。它还意味着，根据内容、条件以及参与者的不同，给定的对象可能一直是（或总是能变成）其他某一物品。

研究人们如何与乐高玩具迷和公司设计师们一起进行制造是相对较为容易的，因为他们中的许多人都参与了克里斯·安德森（Chris Anderson）（2012：13）所说的"公开制造"（making in public）。乐高公司曾经发布的每一个配件方案以及这些工具包中每个部件的库存都可以在网上检索到。你可以从一个特定的小部件开始，并查看使用它的每个装配件的详细资料。另外，人们也可以分享自己项目中的配置计划。想要机器蜘蛛吗？图灵机？电脑控制的绘图仪？计算机模拟古希腊建筑的复制品？它们都在那里等待组装。许多免费的计算机辅助设计（CAD）软件包能够使儿童和成人很容易地制定搭建方案，还可以共享。目前有一个新旧混合的乐高积木市场。比如，Brick Link 网站列出了在世界各地销售的1.8亿件商品。如果你需要一个特定样式的部件（或者某一特定颜色的一千个部件），那么你可以在该交易网站上找到最接近所需商品或者最便宜的部件。当然，像乐高这样的搭建玩具也适用于构建大部分建筑世界的模块化系统，尤其是在回归尼尔·哥申菲尔德（2005）时代——数字可编程性被应用于模拟制品后。开始用乐高进行搭建设计的人们可以将他们所获得的知识应用到电子元件、机械零件、计算机软件和其他技术系统中。①这些领域中的每一个部分都基于具有良好指定接口的可互操作和可互换的部件，并且具有相关的CAD软件或开发软件、开源支持者和之前设计的在线存储库的支持。

在设计乐高的过程中，人们可以尝试3D打印技术提供的"小批量生产"

---

① 例如，参见小电子制品，初学者可以以与乐高非常相似的方式使用它们进行原型制作。

（Anderson，2012：78）。例如，当使用标准乐高积木时，很难制造出三重对称性的物体。但是在Thingroverse（一个用于共享桌面制品计划的网站）上，可以找到三角形、三面砖和板（例如，在网址https：//www.thingiverse.com/thing：13531上）。正如安德森所指出的，桌面制作使

> 在传统制造中昂贵的东西变成免费：1.多样性制品是免费的。制造每种不同的产品所需的成本低于使它们完全相同的成本。2.复杂性制品是免费的。一个精细的产品，包括许多要求高精度的组件，可以像普通的塑料块一样廉价地被进行3D打印。计算机并不关心它必须做多少计算。3.灵活性制品是免费的。在生产开始后更换产品只意味着更改指令代码。机器运作保持不变。（Anderson，2012: 86）

当然，正如我们在本文后面所讨论的那样，实践者还必须考虑物理计算（physical computing）和桌面制作技术如何与管理及社会制度相协调，包括劳工问题。毕竟，安德森忽视了"自由"的多样性、复杂性和灵活性是何以在文化上被嵌入、在历史上与早期规划并已过时的事物联系在一起的。例如，制造业中某些职业和技术的过时。[①]另外，安德森对物理计算和制造技术的阐释也是相当明确的（即技术改变社会），而不是说工具主义（即技术是一种将投入转化为产出的价值中立机制），也不太关注文化实践和模块化制造之间的递归关系。[②]

也就是说，安德森关于使传统制造变得更易于获得（至少在材料和专业

[①] 有关出现的曾规划并已过时的更多信息，请参阅吉尔斯·施耐德（Giles Slade）《作出突破：美国的技术和过时，策略的历史及其后果》（*Made to Break: Technology and Obsolescence in America, a History of the Strategy and Its Consequences*, 2006）。

[②] 关于模块化的更多历史性观点，塔拉·麦克弗森（Tara McPherson）认为："我们必须将代码研究加以历史化和政治化。而且，由于数字媒体诞生于冷战时代，我们的研究必须从一开始就包含种族因素，理解和解释它作为数字机器中幽灵的功能。这并不意味着我们应该简单地以模块化的方式将种族纳入我们的分析中，有序地将其添加到种族材料的数字档案中，或将其纳入构建种族材料的数字档案中。即使我们的分析对象（如UNIX或搜索引擎）似乎根本与种族问题无关，但我们必须理解并将这一种族和数字技术的深层影响现象加以理论化。当然，这并不容易。在本文的写作中，模块化的逻辑不断受到威胁，导致我对UNIX中的管道结构或大学中的部门结构进行了细致的考察，从而使我的研究得以远离世纪中叶的种族范畴。通过系统的方式将种族和算法结合在一起是一项艰巨的工作，但我们必须继续进行这项工作。"

知识方面）的观点仍应被认真观照。例如，在物理计算的情况下，可以用电子传感器、微控制器和执行器来"加强"乐高对象，从而使对电子设备知识几乎一无所知的人们能够构建电路和程序化对象。与昔日的自助健康套件（Do-it-yourself Heathkits）（Haring，2007）相比，公司的乐高机器人（Mindstorms）套件为此类活动提供了一条官方（且易于使用）路径，即嵌入式计算机，伺服电机以及集颜色、触摸和红外于一体的传感器。这样的工具也提供了激发人文实践者通过其所学习的媒介进行思考的机会，而不仅仅是将其视为概念或某一话语结构。①通过扩展，这种易于构建的方式非常利于进行预测性的思考，从而快速构建原型，促进围绕特定主题或问题的讨论、实验及使用。通过构建的方式以进行研究，或者通过快速构建原型的方式以进行推测，是人文学科领域建构事物的基础。借用塔拉·麦克弗森（2012：154）在《数字人文辩论》（*Debates in the Digital Humanities*）中谈及的观点："学者们必须参与那些使我们焦虑的本土语言数字化（Vernacular Digital）的形式进行创作，以便更好地理解这些形式，并在技术空间中重新创造出让我们震撼的项目的可能性。"同样，通过小批量实验，我们应该在物理计算和制造技术让我们感到焦虑的时候准确地运用它们——因为我们会检查其细节，并在必要时更改它们；探究它们所能实现的实践以及它们所凝结的文化。那么，一个重要的问题是：物理计算和桌面制作究竟是什么？

什么是物理计算？

根据丹·奥沙利文（Dan O'Sullivan）和汤姆·伊戈（Tom Igoe）（2004：xix）的观点："物理计算是在计算机的物理世界和虚拟世界之间建立一种对话。能量由一种形式转化为另一种形式的过程，即是使这种能量流动的原因。"在过去十年中，各类计算技术的进步为人们创造了将不同类型的计算融入其工作的机会。虽然个人计算机是人文学者用于研究的最常用的计算设备，但移动计算机的普及带来了可投入使用的消费计算平台的一些变化。计算设备的物理尺寸显著减小，这表明计算机设计向尺寸更小、分布更广的形式转

---

① 有关DIY工具包在人文研究中的应用示例，请参见维多利亚大学人文学科创客实验室的"文化历史工具包"（Maker Lab）项目。

变。除了智能手机和平板电脑等移动计算机的普及之外,还有各种微控制器逐步嵌入工件中。微控制器是多功能计算机,允许信号进入设备(输入),允许信号从设备(输出)发送,同时具有存储器,即用于存储有关如何处理该输入和输出(处理)的编程指令。(O'Sullivan and Igoe,2004:xx)尽管自20世纪70年代以来,微控制器芯片已经在市场上销售,且价格相对低廉,但它们仍然难以编程。然而,包含芯片的集成电路板,以及控制和调节电源的电路最近被开发出来了。这些电路板中的大多数都存在一个集成开发环境(Integrated Development Environment,简称IDE)软件,通过该软件,人们可以编写、汇总以及将编程数据传输到微控制器芯片上,该微控制器芯片可以被自由使用,使编程(特别的)和物理计算(一般的)的过程更容易完成。

最简单的微控制器输入是诸如按钮开关之类的部件,但可以使用许多更为复杂的部件:表盘或旋钮、温度或湿度传感器、近程检测器、光电管、磁性或电容式传感器以及全球定位系统(GPS)模块。简单的输出包括指示活动或系统行为的发光二极管(LED),较为复杂的输出包括扬声器、电机和液晶显示器。输入和输出的选择是基于给定的物理计算项目所需的交互作用,以强调这样一个事实:当在模拟环境和数字环境之间设计相互作用时,在比特和原子之间的空间中,微控制器的吸引力在于它们精小且通用,并且能够执行对时空细节较为敏感的专项任务。对于大多数实践者来说,它们是低成本的,物理计算部件(包括微控制器、传感器和执行器)也可以重复使用。换言之,他们鼓励人们访问、消耗、淘汰、修复和再利用"乔纳森·斯特恩(Jonathan Sterne)(2007)所说的'愉悦计算'(convivial computing)"进行批判性思考。

阿德伟诺[①](Arduino)可以说是基于微控制器最受欢迎的平台。它最初被作为艺术家的开源项目,艺术家们希望突破编程交互式工件和安装的障碍。自2005年推出以来,它在设计和功能方面历经多次迭代,并且各种各样的构建都可以使用一个公共的集成开发环境。通常情况下,阿德伟诺板的大小与扑克牌的大小差不多,它的板载内存可与20世纪80年代的计算机相当(意味着它的整体计算处理能力和内存有限)。设备上有容易访问的端口,可以通过软件将其

---

① 阿德伟诺是一款便捷灵活、方便上手的开源电子原型平台,包含硬件(各种型号的arduino板)和软件(arduinoIDE)。

定义为输入或输出。设备上有数字和模拟端口，因此阿德伟诺可以协调两种类型的信号，还有为其他组件供电所需的端口，以及可用于在设备之间来回传输串行通信的端口。阿德伟诺可以由电池供电或通过常见的交流—直流变压器插入电源插座的方式供电。将这种独立电源与板载内存结合起来，阿德伟诺驱动的构建可以独立存在，不受个人计算机的限制，并集成到基础设施、外部装置或特定对象中。此外，阿德伟诺的开源特性引发了定制外设的发展，即为扩展板。这些模块被设计成直接插入阿德伟诺的端口，和乐高积木类似。它们结构紧凑，通常被用于特定功能：如播放音频、控制电机、与互联网通信、识别人脸或通过屏幕显示信息等。这正与阿德伟诺的初衷相呼应，扩展板减少了制造交互式工件的障碍，让实践者在制作原型时专注于其自身的想法与实验。

可以肯定的是，引入阿德伟诺降低了创建自定义设备的成本，这些自定义设备可以思考、感知或交谈，但是这种降低成本的方式已经扩展到更广泛的计算领域。具有更高计算速度和更多内存的微处理器的价格与阿德伟诺相当，并且可以使用免费的、基于Linux操作系统以进行更密集的计算项目。树莓派（Raspberry Pi）和狗板（Beagle Bone）是两种计算机主板，其占据了阿德伟诺级微控制器和个人计算机之间的空间。尽管它们是作为小型独立的计算机进行工作，但也具有可访问的自定义设备以及交互的输入/输出端口。另外，作为小型计算机，它们还可以连接互联网，像阿德伟诺一样，也可用于构建交互式平台（Turkel，2011a），促进媒体历史实践方法的革新（Sayers et al.，2013），构建电子网络（Buechley and Eisenberg，2008），控制自动驾驶车，并促进入门编程课程的普及（Ohya，2013）。

什么是桌面制作？

在推测和猜想精神的作用下，人文实践者还可以用个人电脑控制的机床进行原型设计和物体制造。这些工具进一步模糊了模拟和数字之间的区别，因为物理形式是在计算机桌面所呈现的虚拟环境中开发和编辑的。这类设计和制造过程的完成主要是因为硬件和软件的进步降低了制造成本，包括与时间、专业知识、基础设施和供应相关的成本。通过桌面制作生产物体，需要几个数字和模拟组件：数字模型（例如STL或OBJ格式）、制造机器（例如3D打印机或激光切割机）、制造材料（例如木头、塑料或金属）以及在模拟和数字之间转换的软件（例如，Blender，MeshLab或ReplicatorG）。考虑到这些组件之间的转换，桌面制造技术的进步无疑会伴随着低成本、基于微控制器的硬件（包括阿德伟诺）的发展和扩散，而这些硬件可以实现模拟和数字的双重转换，这些微控制器则紧密地连接了制造技术和数字/模拟融合。

桌面制作的核心是精确的计算机控制设备。而这些计算机控制设备通常被称为计算机数字控制（Computer Numeric Control，简称CNC），其弥合了计算机辅助设计和计算机辅助制造（Computer-Aided Manufacture，简称CAM）之间的空白，允许快速制造数字设计。这种数字化方法是可扩展的，它适用于大规模的工业生产；但伴随更小的制造工具的出现，它也可以使用于小规模生产。桌面数控铣床和车床也可用于小规模生产；但是，可访问3D打印技术的兴起目前正在推动桌面制作实践、业余爱好者市场以及非营利部门（尤其是大学图书馆）的兴趣。3D打印是一种以物理形式（通常是PLA或ABS热塑性塑料）实现数字模型的附加制造过程。大多数消费级3D打印机都带有挤出机的数控设备，它可以拉伸塑料长丝，将其加热到熔点，然后将精确定位的细珠输出到打印床上。软件将某一对象模型切成厚度均匀的层，然后生成机器可读的代码（通常使用G代码编程语言），用于指导打印机中的电机、挤出机的温度和塑料的进料速度。渐渐地，屏幕上的数字模型变成了一个可以握在手中的模拟对象。

目前有各种各样的3D打印机型号可供选择，而且这项技术还在继续发展。由Reprap项目发起，由MakerBot Industries推广，早期的桌面3D打印机在其系统中加入了微控制器板。MakerBot最初提供组装3D打印机的工具包，之后创建了Thingiverse网页，一个人们可以上传自己的3D模型或下载他人创建的3D模型的网站。Thingiverse是少数几个在线获取和公开共享3D模型的网站，而主要聚焦消费者和爱好者的平台也使数字3D模型的开发与普及变得更容易。例如，Autodesk与MakerBot合作，目前面向市场推出了一套用于3D开发的工具。免费软件如Blender和Openscad，它们为创建模型提供了其他选项；Trimble SketchUp则是一个易于访问的软件包，深受设计师、建筑师、艺术家和历史学家的喜爱。也就是说，并非所有的3D打印机型号都是数字化产品。三维扫描仪、深度照相机和摄影测量也可以用来快速创建物理对象的模型。

Autodesk的一个应用程序123D Catch可以很好地介绍摄影测量和其他更为复杂的开放源代码选项（例如，Python摄影测量工具箱和Visual）。深度照相机，如微软的Kinect，也可以用于创建3D模型，将模拟对象转换为数字对象的工具链。在人文研究中，这些制造技术支持博物馆研究（Waibel，2013）、设计小说（Sterling，2009）、科学和技术研究（Science and Technology Studies，简称STS）（Lipson et al.，2004）、地理空间表达（Tanigawa，2013）和数据可视化（Staley，2013）研究。这些3D打印技术的吸引力不能仅仅归因于它们输出的物理对象，它们还可以对复制的历史文物进行保存、发现和传播，X轴和Y轴以外的数据通信，想法和设计的快速还原，以及手工无法实现的精确建模。

例如，聚焦康奈尔大学运动学模型设计数字图书馆（Kinematic Models for Design Digital Library，简称KMODDL），并以此为例来说明三维建模和桌面制作何以用于教学、学习和历史保存。KMODDL是一个基于网络平台以整合19世纪以来机器元件和机械模型的集合。除此之外，它还让人们切实了解诸如ThingiVerse这样的受欢迎的3D打印计划交流网站何以被转化为学术项目。每个模型都通过丰富的元数据进行扩展、下载、必要时可以编辑以及原位制作。这些模型可以在课堂上使用，以促进对技术和媒体历史的体验学习。同时，它们也可以促使学生、教师和研究人员重建这些历史的内容（实物）；通过强调触觉技术、组装技术和推测功能让人们认识到旧媒体和机制在物质文化生产中的作用。（Elliott et al.，2012）将人文研究推向不仅仅是与阅读和写作有关的技术领域，这种亲身实践的范式为数字人文研究中的科学和技术研究创造了空间，也拓宽了人们对什么可以和应该被数字化的理解，包括文学、艺术、地图、电影、音频等类似的"过时的"或旧时的机器——例如科技博物馆陈列的展品。

回到本篇开头的引文，利普森和库曼（2013）展示了数字化技术如何通过传真实现。此实践介入了研究的认识论和现象学维度，为研究者提供了新的历史视角，甚至带来一些令人惊喜的发现，例如学习楔状骨里层的书写字符。这些观点和发现基于学术探究的对象，根植于在对媒介的抵制中寻找新的研究路径。（McPherson，2009）这套研究体系对研究人员用处很大，因为其培养了人们对机械运作过程的物质意识，而机械化过程在文化中通常是无形的。

考虑到物理计算和桌面制作的这些细节，我们想详细说明它们在人文学科中的相关性及其应用。其中，关键问题包括：我们如何将物理计算和桌面制作整合到更广阔的批判性历史中？我们如何理解实践实验及其在人文学科中的作用？在我们目前的研究情况之前出现的一些模型是什么？此外，在学术环境背景下，我们如何交流讨论那些工作于原子和比特之间的人工制品的制造功能？它在哪里发生的？它是如何（如果有的话）实现体制改革的？它与既定框架有什么关系？我们可以通过阐释以下三个相互关联的主题来回应上述疑惑：物理计算和桌面制作的设计（Design）、管理（Administrative）和交流（Communicative）过程。

设计过程："在设计中使用"

从传统意义上来讲，人文学科中的物理实验的一个特别丰富的来源是分析目录学（Analytical Bibliography），即将书籍作为物质制品进行研究。例如，约瑟夫·维斯科米（Joseph Viscomi）的《布莱克与书的理念》（*Blake and the Idea of the Book*）（1993）巧妙地对这位19世纪英国艺术家威廉·布莱克（William Blake）具有丰富版画的书籍进行了反向设计，约瑟夫通过实际操作的实验，借助布莱克在他的版画工作室里经常使用到的工具、材料和化学用品进行实践。同样，彼得·斯塔利布拉斯（Peter Stallybrass）及其合作者（2004）通过将经过特殊处理的可擦纸张重新装订成所说的"表"或"表书"，以此来探索文艺复兴时期的书写技术，这些纸张在莎士比亚的《哈姆雷特》（*Hamlet*）中表征了显著的记忆隐喻特质。物理目录学（Physical Bibliography）可能比任何其他文学子领域都更为重要，它是一门涉及专门仪器（校准器、放大镜和斜向光源）、教学材料（传真链式纸和格式表）和分析技术（格式的检查和说明、校对、排版、论文、封面和图例）的实验性学科。有关图书历史研究的课程通常不仅包括实验训练，还包括研究室对书籍装订、印刷和造纸的探究。将书作为一个物质制品通过大量实践来进行研究。

与物理目录学密切相关的是文学伪造（Literary Forgery）的艺术。"伪造"源于拉丁语fabricare（建构、建造、构筑）和fabrica（研讨会），而在词源上与"制造"（fabricate）相关。虽然这两个术语都表示制作、构造和制造，但它们也带有复制的附加意义——欺骗。在《伪造者和批判者：西方学术中的创造性和双重性》（*Forgers and Critics: Creativity and Duplicity in Western Scholarship*）一书中，安东尼·格拉夫顿（Anthony Grafton）（1990：126）认为人文研究者应"深深感谢这种伪造的研究范式"。这些方法分属取证（forensic）学（计算机取证学）：包括纸张、墨水和字体在内的化学分析法和显微分析法；同时，它们也依赖于专家间的默契度及其实践知识。瑞克·威斯科米（Rick Viscomi）在物质文化方面深度实践，最终他发现了布莱克的两件伪造品。这些图版是带有假浮雕的石版画："这些图像很容易蒙骗人们的眼睛，"他评论道，"但却在人们的深度实践中暴露无遗。"（Viscomi，in Kraus，2003：2）

从历史上来看，书目编纂者的形象经常与伪造有关，要么是作为诈骗者，要么是作为揭露者，有时两者兼而有之。例如，托马斯·怀斯（Thomas J. Wise）在过去两个世纪就是一位声名狼藉的文学伪造者。作为一名狂热的图书收藏家和书目管理者，怀斯发现并记录了许多之前未被世人发现的仿品，然而他本人最终成了这些仿品的始作俑者。他专门研究约翰·卡特（John Carter）和格雷厄姆·波拉德（Graham Pollard）（1934）所说的"创造性"仿品：19世纪著名诗人出版的小册子，据称这些小册子是截至目前已知的最早的善本。用艾伦·托马斯（Alan Thomas）的话来说，它们是"本应存在但却没有存在的书"（Thomas；引用Drew的话，2011）。怀斯既是诈骗者、制造者，同时也是学者，他留下了一百多份伪造的文学作品，而这些文学作品正好说明了文学伪造的核心，即游离于事实和虚构之间的产物。

尽管如此，这里描述的许多项目都有一个共同的目的，即使用历史上精确的工具、模型和材料来重建历史，同时承认乔纳森·斯特恩在《可听见的过去：声音复制的文化源头》（*The Audible Past: Cultural Origins of Sound Reproduction*）中所谈及的："历史只不过是表面的呈现。"我们用遗留下来的文物、文件、记忆和其他历史痕迹来创造我们的过去。（Sterne，2003：19）事实上，我们不可能像古时的人们那样生活、观察、聆听或体验这个世界；我们只拥有我们能支配的历史中的物质遗存。（Turkel，2011b）然而，这些项目的重要性与其说是与其证据价值有关，不如说是与他们所提倡的探索性思维方式有关——这种思维方式易于察觉到物质本身所表征（直接或间接）的意义。遵循19世纪耐酸油墨配方的触觉体验，可以在认识上起到一种溶剂的作用，打破先入之见，消除根深蒂固的观点和想法；而无须假设实践经验是直接的、浪漫的，或比其他分析模式更为真实。

几乎每一个学科都开发了一种或多种方法来帮助人们完成这项工作：忘却人们以为自己已知的东西，重新观照"感知"和"认识"，从而在研究中产生真正的"体悟"。在社会学中，这种方法被称为结构倒置；在文学研究中，被称为"陌生化"；在批评理论研究中，被称为"症候"或"解构"；在人机交互中，则是"反思设计"。通过利用这些技术的元素，人文研究中的"制造"能够实现其作为一种工具的承诺，即不仅可以用来描述过去的原型，而且可以预见未来。正如罗德岛设计学院教务长罗赞·萨玛森（Rosanne Somerson）所说，制造出使之能够"显示出以前从未存在过的东西——在大多数情况下甚至是从未想象过的东西"（Somerson and Hermano，2013：28）。在许多方面，萨玛森的评论引起了约翰逊对相邻可能观点的共鸣。"忘却"并不是以认识到差距或使项目预设问题化为最终目的，而是用一种可由他人制定、测试和检查的替代模型或实践肯定地做出回应。

触觉研究的成果往往被人文学科所忽视，因为它们通常达不到学术论文发表的标准。丹·科恩（Dan Cohen）（2008）称之为"隐藏档案"（The Hidden Archive）的一部分，他们假设有形但短暂、未记录且看似平淡无奇的形式与笔记、草图、片段、低保真原型混合在一起，这就是"最终"学术作品的草稿。这种制造方式很普遍，但是它需要思维的绝对转换。历史上一个很典型的例子即是19世纪《牛津英语词典》（Oxford English Dictionary，简称OED）的编纂工作。《牛津英语词典》经过70年的编纂，终于在1928年出版，共有12卷。另外，这部词典的精髓，即是它与其他词典区分的关键，在于其罗列了用于说明每一个单词的历史的引语，引语条目接近两百万条。（Brewer，2008）正是这部词典的编者——苏格兰语言学家詹姆斯·默里（James Murray）不懈地努力，通过采取众包的方式，呼吁公众提供他们在书籍和报纸上看到的引例，从而将这些体量庞杂的引文汇编起来。默里在1884年担任英国语文协会（The Philological Society）会长时发表的就职演说提到的对记录引文的数千张纸条进行分类、整理和阐释的过程令人难忘：

> 只有那些参与此次编写工作的人，才知道在被分配工作之后的困

惑……为他们提供了一个临时的定义，然后把数千张纸条摊在桌子上或地板上，在那样的环境里人们可以对接下来的工作有一个概观……就像移动棋盘上的棋子一样移动这些条目，努力在不完整的历史记录的零碎证据中找到可能形成逻辑发展链的一系列意义的表达。（Murray，1884：510—511）

颜色编码，存放在袋子和盒子中；另外，这些袋子和盒子被划分出不同的存放空间；有时也会把这些条目粘贴成卷（Brewer，2008），纸片就像构成拼图的碎片，或者拼贴的最基本元素，因为这些基本元素能组成一个更大的艺术整体。

作为一个扩展的案例研究，《牛津英语词典》的编辑说明了罗恩·瓦卡里（Ron Wakkary）和利亚·梅斯特里（Leah Maestri）所称的"在使用中设计"（Design-in-use）是一种日常设计，在这种设计中，艺术品被视为"进一步（创新性）创造的资源"（Wakkary and Maestri，2007：163）。引用的例子包括将椅子的靠背用作衣架，或者暂时将沙发的垫子重新用作放置咖啡杯的桌子。"在使用中设计"的特点，即使用模式强调了对象的承受能力，从而允许对其进行修改以运行新的、不同的或非预期的功能。默里最终通过对这几千张引语条目纸条进行分类整理并储存，进而将《牛津英语词典》中引语纸条的顺序理顺，它们最初被存放在各种临时的收纳容器中，包括篮子和婴儿摇篮，并在这些容器表面备注具体引文的类别，如在信封背面备注等。（Murray，2001：174）这样的设计和使用与默里在19世纪的编辑室里发生的一切完美地融合在一起，使得它们几乎无法被区分。而对象意义之间的多孔边界是人文学科普遍存在的特征，同时也是"在使用中设计"的更为普遍的象征。例如，当我们在页边空白处大量注释我们的小说和选集时，我们实则利用了这样一个事实：正如马修·基申鲍姆在《书报》（"Bookscapes"）中所指出的那样，书籍的页面既可用于书写，也可通过书页表面进行阅读，这是当代法典的一个重要启示。（Kirschenbaum，2008h）简言之，我们在使用图书的过程中也正在重新设计我们的图书。瓦卡里和梅斯特里指出，"在使用中设计"对技术和交互设计者来说具有重要意义。他们建议设计工具、技术、服务和部件，这些人工制品在实质上和结构上都需要重新设计以及实现意义的挪用。那么，给人文研究者的一个启发可能是：在考虑"在使用中设计"的前提下，探讨推测性原型、物理计算和桌面制作，并通过创建对象、资源和项目以吸引人们创造性地重新设计它们。

"在使用中设计"也在通常被统称为GLAM（Galleries，Libraries，Archives，and Museums，简称GLAM）（画廊、图书馆、档案馆和博物馆）的行业中蓬勃发展。尽管存在博物馆展品之间互动的实例，但乍一看，这种说法似乎有悖常理。毕竟，档案馆和博物馆的目的是保护和保存我们的文化遗产，而不是制作或设计它。此外，GLAM也是一个行业，在历史上人们一直怀疑这只"手"的存在：它被视作一种工具，可以破坏物品，也可对其进行维护；可以有意使物品沉积灰尘，也可清除其污垢；可以加速物品的老化，也可对其翻新。最具破坏性的是，它掠夺和侵占文化，而不是恢复和复归文化。事实上，博物馆把文物放在玻璃展柜里是为了保护它们不受人们和其他环境压力的影响。同样，除了基本的环境控制外，几乎每一种成功的保护策略都涉及某种形式的积极干预。例如，在文化遗产保护领域，收藏品护理可以涵盖所有领域，从清理腐蚀的金属制品，或从雕像上擦去指纹，到大胆地重建绘画中缺失的部分，或在建筑中添加新的建筑元素。因此，对历史文物变化的容忍度将随着时间和地点的不同而有所改变。一部分学者的观点是：修复是历史的毁灭之球；用威廉·莫里斯（William Morris）（1877）的话来说，这导致了"一种无力的、毫无生气的伪造"。另一部分学者则表示对文物修复的赞美，因为这"意味着'一个客体'重新进入已完成的状态，事实上，在任何特定时间，这种状态可能从未实际存在过"（Viollet-le-Duc，1854；引用自Viñas，2004：4）。受任何历史事实的束缚，后一种观点允许所谓的"激进主观主义"（radical subjectivism）的观点，即采用创造性复原方式以支持任何形式的改变，无论这种变化看似多么随意或反复无常。（Viñas, 2004:147—150）随后，这些文物保护者用油漆、清漆、稳定剂和胶水创造了"历史"，他们试图在修复文物（作为连续体）的两个极端之间进行调解。既定的可辨性原则可以提供帮助：它规定任何干预都必须在视觉上与原始作品有所不同，但矛盾的是，同时又必须与原始作品和谐地融合在一起。在实践中，这可以通过各种方法来实现，包括使用被称为"垂直影线法"（*tratteggio*）的细条纹笔触，或者通过在画布上创建一个凹陷区域，作为安全地带，以用于做更大胆的推测试

验。（Grenda，2010）

最近，阿密特·左然（Amit Zoran）和利娅·布切利（Leah Buechley）（2013）在桌面制作的背景下探索了修复实践，将试验客体从线下世界转到线上世界，再从线上世界回到线下世界，以此作为一个框架，并通过可辨别性原则进行思考。他们从一个破碎的陶瓷碗开始，把几个碎片粘在一起，并用机器扫描已经破碎的并需要修复的陶瓷碗，再以虚拟现实技术恢复剩下的瓷片，最后，用3D打印机打印出一个新的模子，主要是将陶瓷碎片固定在一起，同时留下缝隙和破损的缺口以承认历史文物的破损性与复原性。这一项目令人感兴趣的不仅是它的混合性（数字技术和模拟组件在因果循环中依次产生），还因为它将一些部件恢复的预测工作转移到CAD软件算法上。他们写道：

> 在修复陶瓷碗的过程中，新的部件和旧的部件之间的对比通过不同的外观、形状、纹理和颜色来强调。运用3D打印技术制成的陶瓷片的表面是光滑的，颜色是白色的；而原来陶瓷碗的外表是粗糙的，颜色是类似泥土的颜色。新的陶瓷碗既达到了手工制品的标准，也符合数字技术制作的修复物的标准。（Zoran and Buechley，2013：8）

在这种情况下，与其他涉及可辨性原则的情况一样，一个客体生命周期中的不同阶段是有目的地离散的。即使是在数字和模拟融合的时候，每一个时间平面都在感知上与其他平面隔离开来以防止混淆。更重要的是，最初的碗状物变成了一件推动进一步创作的人工制品，作为许多例子中的一个，它实现了人文研究中物理计算和桌面制作更具说服力的功能之一，即通过一个给定的对象（时间性的丧失）推测其可能发生或可能存在的情况。

管理与沟通项目：创客空间

物理计算和桌面制作通常在共享的、协作的空间中蓬勃发展，而共享材料的使用和再使用就是该空间得以建立的一个基础。这类空间通常被称为创客空间（makerspaces）（Hackerspaces、Maker labs和Fab labs），它们认真对待协作的设计原则，不仅是因为现场协作的框架很重要，而且正如安妮·巴尔萨莫（Anne Balsamo）所说，在创客文化中，批判性和创造性实践与"物体的生产（即通过修补各种材料的行为）错综复杂地联系在一起"（Balsamo，2009）。由于这种对物质生产的重视，在创客空间中的合作研究能更深入认识到基础设施、资源和社会条件对于生产创造的重要性。创客空间构建的关键前提之一即是基础设施的灵活化、模块化与经济化。与许多科学和工程学科的研究实验室相比，其应该是低成本的（例如，一万美元到十万美元之间），并促进对"过时"技术的再利用、对已"报废"媒介的修复革新以及对已有材料的重复使用。事实上，许多创客空间和相关组织（例如Free Geek）都有专门用于收纳可重复使用部件、供应品以及电子废物的区域。这种混乱实际上在很大程度上反映了一个空间的文化与研究。正如约翰·劳（John Law）（2004：18—19）所言："它通过官方的（通常是干净且令人安心的）渠道寻找方法，试图理解在研究中产生知识的方式通常是不规则的。"在制造空间中，混乱也与过程和转换中的文化投资相对应，或者认为这是知识生产的基础（即使杂乱和复杂）。因此，在任何可能的情况下，混乱、过程和转换就不应被掩盖、变得不透明或从协作计划的输出中去除。作为调解的类型，它们与亚历山大·加洛韦（Alexander Galloway）、尤金·萨克（Eugene Thacker）和麦肯齐·沃克（McKenzie Wark）（2013）最近的工作相呼应——我们在研究中应该认真斟酌这些基本调解条件。①

> 如果我们的绝大多数教师成为临时教师，那么这些教师中将有哪些人会从被动的数字工具使用者转变为积极的人文学科创造者？他们当中又有谁会有时间在其材料中感受到生产阻力？临时劳动产生了商品工具集、对（预包装）内容的无障碍的和不加批判的参与，以及浅层的使用实践。（Nowviskie, 2013）

---

① 在《逐出教会》（*Excommunication*）中，加洛韦、萨克和沃克写道："难道我们没有忘记最基本的问题吗？围绕媒体是做什么的或媒体是如何构建的，这些纷乱的问题分散我们的注意力，难道我们已忘却这一核心问题：什么是调解？换句话说，有关是'什么'的问题已经被对'如何'的关注所取代了吗？理论研究是否已被实践研究所掩盖？将媒介理解为测定设备之间的简单双向关系就足够了吗？又或者，仅仅说媒介始终是在一定距离上施加影响的工具，这就足够了吗？"（Galloway et al., 2013:9）

诺维斯基在积极创造方面的投资与这样一种观点不谋而合：通过创客空间，人们可以访问、使用、建造和试验技术发展的"中间状态"（Middle States）[①]，而不是成为整齐捆绑在一起的自动高效工具的接受者（或消费者）。通过关注这种"中间状态"——一种材料逐渐转变为另一种材料——创客空间中的物理计算和制造也提供了机会，可以询问谁在构建技术、为谁构建技术、是在什么条件和预设下构建技术，以及对社会关系产生的影响。事实上，包括"旧金山双联盟"（Double Union in San Francisco）、"在奥克兰解放我们自己"（Liberating Ourselves Locally in Oakland）、"在多伦多比赛的女士们"（Dames Who Game in Toronto）在内的许多团体组织，正在通过创造和创客空间阐明社会正义问题（包括女性和有色人种在技术社区中的代表性，通常建立在白人男性特权的基础上）。[②]同样，尼娜·贝洛耶维奇（Nina Belojevic）认为，作为媒介研究的一种应用方法，"电路扰动"（circuit bending）是一种令人信服的方式，可以更好地理解视频游戏行业的剥削和频谱运动。其中较为重要的是，她的工作，以及其他类似的工作（Hertz，2009），都是在创客空间进行的。

虽然社会组织的在线模式无疑适用于社会公正研究，但创客空间的文化氛围和它们基于场地的组织、试错调查、触觉参与，以及与他人一起学习的奉献精神促进了一种不可比拟的具身化社区建设，这种社区建设并不总是通过化身或社交网络表现出来。然而，在学术领域，一个紧迫的挑战是将创客空间的工作反馈到现有的基础设施和政策，以促进体制改革。否则，创客空间可能会存在被视为"试验"的风险，而不是作为一种"严肃"研究。更糟糕的是，如果

---

① 有关"中间状态"（middle-state）概念的更多信息，请参阅《新日报》中马特恩（Mattern）和米尔佐夫（Mirzoeff）关于"中间状态发布"的有关陈述。《新日报》的阐述"比博客文章更长，但短于期刊文章"，通常介于900到1500个单词之间。此种风格激发了很多正在形成但尚未形成的构想。另外，《新日报》为您提供了一个机会，让您在公共场合思考一个项目，并在开发您的想法的过程中征求……社区的反馈（http://mediacommons.futureofthebook.org/tne/about）。

② 例如，当社会公正与游戏制作相交叉时，梅利特·科帕斯（Merritt Kopas）（2013）写道："我的长期目标之一是建立一个与年轻人合作的研讨空间，在这个空间里我们阅读有关社交系统的出版作品，并试图通过讲述结构性暴力生活的故事来制作游戏。我特别喜欢与年轻人一起工作时所激发的很多想法，并试图证明游戏可以用于除了'娱乐'之外的各种各样的目的，而且这些工具确实存在于制作游戏的过程中。"

不小心将在创客空间中学到的经验应用于改造其周围的机构,他们将无法充分发挥其管理和沟通潜力,同时也无法对围绕诸如隐私、监视、知识产权、教育消费主义、数据利用、可持续发展与环境等关键问题的先进思想与政策制定作出积极贡献。人文研究实践者可以全方位参与各种形式的具体化场所,创客空间也可以培养关于学术实践中的代表性、偶然性、特权和其他结构性问题的生产性思维。随着数字人文实践走出屏幕,进入移动计算、可穿戴技术和增强现实领域,人文研究(以及主持和促进人文学科研究的机构)的价值可能会以新的方式呈现给新的公众。

在这个领域,达拉斯得州大学金伯利·奈特(Kimberly Knight)导演的电路时装(Fashioning Circuits)就是一个振奋人心的例子。这一项目拓展了数字人文领域,强调时尚、性能和可穿戴技术的制造,不是将历史文物数字化,而是促进包括初学者在内的人们自己的创作。对于奈特和她的团队来说,物理计算使编程和电子技术对非专家而言更易于掌握。在制造物体时,参与者可以推测不同的历史和可能的未来(例如,政治组织如何与网络可穿戴设备一起改变)。从这个意义上说,时尚电路鼓励学者们对新技术和设计进行原型设计,通过这些技术和设计,不仅可以模拟内容或过程,还可以模拟问题。(Siemens and Sayers,2015)至关重要的是,它还强调了物理计算和设计创造在某种程度上是从纺织品、手工制品、阶级和性别劳动的复杂交集中出现的,而这些交集通常被科学与工程的主流历史所忽视。(Plant,1997)另外,它也融合了历史和未来主义的框架,引起人们对计算的文化嵌入性的关注,同时也邀请了所有积极参与、紧张筹备的实践者们。(McPherson,2012)鉴于可穿戴设备的社会、文化、政治和伦理意义开始显现,电路时装也成为一种公共人文工程。与高—低技术(High-Low Tech)、地方自治网络(Local Autonomy Networks,例如Autonets)、机器项目以及数字人文最小计算工作组(GO::DH Minimal Computing Working Group)等倡议类似,它涉及与学术界内外一系列受众相关的紧迫性政治问题,并邀请跨学科、相关兴趣领域和具备专业学位的专家进行研讨。这种方式可在一定程度上抵制这样一种观点:创客文化不是特别具有某种意识形态,也不是投资于社会正义。(Sadowski and Manson,2014)

正如电路时装所暗示的，实现创客空间和学术机构之间递归关系的一种方法是强调为什么在比特和原子之间的空间制作物品变得很重要。正如我们在本文中所讨论的那样，从模拟到数字再回到完整制作流程的把控能力彰显了一种历史上独特的可能性，即参与到使事物思考、感知和交流所蕴含的文化意义和创造性的可能性。正如布鲁斯·斯特林（Bruce Sterling）（2005）、威廉·吉布森（William Gibson）（2007）和史蒂文·E. 琼斯（2013）所观察到的那样，通过吉布森所谈及的"外翻"（eversion）以及斯特林所指称的"物联网"概念：网络空间已经彻底实现了由内向外的翻转，焕然一新。无论首选术语是什么，一个完整的制造流程都意味着雕塑、建筑、历史文物和其他文化对象都可以被数字化、建模、再实体化和编程，其粒度和弹性在物理计算和桌面制作出现之前很难实现。

更重要的是，我们才刚刚开始理解这些技术的设计假设、实践效果和发展轨迹。他们中的大多数人还没有适应特定的标准或规范化的工作流程；他们目前还没有获得大众的支持，也没有在人口统计与环境中被归化；他们只是现在正接受GLAM实践者、历史学家和文化理论研究者对其进行的测试；而且（就像创客空间一样）他们在人文研究领域仍然是很罕见的。也就是说，在原子和比特之间的空间工作中研究人员通常会被提醒，事情的发生可能会有所不同，历史、政治、美学和文化总存在相邻可能。在创客空间中，这种可能性并不仅仅是简单的想象，而是反复进行原型设计和相关测试。虽然，与任何技术一样，物理计算和桌面制作可以被开发和用于具有压制性目的（例如，监视、战争、特权或垄断）的情境中，但它们也允许学者设计替代方案、构建假设情景，以及创建直到最近为止可能只是猜测性的内容。

参考文献

[1] Anderson, C. 2012. *Makers: The New Industrial Revolution*. New York: Signal.

[2] Balsamo, A. 2009. Videos and frameworks for "tinkering" in a digital age. *Spotlight on Digital Media and Learning.* http://spotlight macfound. org/blog/entry/ anne-balsamo-tinkering-videos (accessed June 20, 2015).

[3] Belojevic, N. 2014. Circuit bending videogame consoles as a form of applied media studies. New American *Notes Online 5.* http://www.nanocrit.com/issues/5/circui-

bending-videogame-consoles-form-applied-media-studies(accessedJune 20, 2015).

[4] Borenstein, G. 2012. *Making Things See*. Sebastopol, CA: O'Reilly.Brewer, C. 2008. Only words. Wilson Quarterly.http://archive.wilsonquarterly.com/essays/only-words (accessed June 20, 2015).

[5] Brewer, C. 2008. Only words. *Wilson Quarterly*. http://archive.wilsonquarterly.com/essays/only-words (accessed June 20, 2015).

[6] Buechley, L., and Eisenberg, M. 2008. The LilyPad Arduino: toward wearable engineering for everyone. *IEEE Pervasive Computing* 7 (2),12–15.

[7] Carter, J., and Pollard, G. 1934. *An Enquiry Into the Nature of Certain Nineteenth Century Pamphlets* London: Constable.

[8] Cohen, D. J. et al. 2008. Interchange: the promise of digital history. *Journal of American History* 95(2). http://www.journalofamericanhistory.org/issues/952/interchange (accessed June 20, 2015).

[9] Drew, M. 2011. The rise and fall of a book collector:part 1. Pelgrane Press, February 8. http://pelgranepress.com/site/?p=3834 (accessed June 20, 2015).

[10] Dyer-Witheford, N. 1999. *Cyber-Marx: Cycles and Circuits of Struggle in High Technology Capitalism*. Urbana: University of Illinois Press.

[11] Elliott, D., MacDougall, R., and Turkel W.J. 2012.New old things: fabrication, physical computing, and experiment in historical practice. *Canadian Journal of Communication* 37 (1), 121–128.

[12] Galloway, A.R., Thacker, E., and Wark, M. 2013.*Excommunication: Three Inquiries in Media and Mediation*. Chicago: University of Chicago Press.

[13] Gershenfeld, N. 2005. *Fab: The Coming Revolution on Your Desktop: From Personal Computers to Personal Fabrication*. New York: Basic Books.

[14] Gibson, W. 2007. *Spook Country*. New York: Penguin.

[15] Grafton, A. 1990. *Forgers and Critics: Creativity and Duplicity in Western Scholarship*. Princeton: Princeton University Press.

[16] Grenda, M. 2010. *Tratteggio* retouch and its derivatives as an image reintegration solution in the process of restoration. *CeROArt*. http://ceroart.revues.org/1700 (accessed June 20, 2015).

[17] Haraway, D. 1991. A cyborg manifesto: Science, technology, and socialist-feminism in the late twentieth century. In *Simians, Cyborgs, and Women: The Reinvention of*

Nature. New York:Routledge, 149–181.

[18] Haring, K. 2007. *Ham Radio's Technical Culture*.Cambridge, MA: MIT Press.

[19] Hayles, N.K. 1999. *How We Became Posthuman:Virtual Bodies in Cybernetics, Literature,* and Informatics. Chicago: University of Chicago Press.

[20] Hebdige, D. 1979. *Subculture: The Meaning of Style*. New York: Routledge.

[21] Hertz, G. 2009. Methodologies of reuse in the media arts: exploring black boxes, tactics and archaeologies. PhD thesis, University of California Irvine.

[22] Igoe, T. 2011. *Making Things Talk: Using Sensors, Networks, and the Arduino to See, Hear, and Feel Your World*, 2nd edition. Sebastopol, CA:O'Reilly.

[23] Johnson, S. 2010. *Where Good Ideas Come From: The Natural History of Innovation*. London: Penguin.

[24] Jones, S.E. 2013. *The Emergence of the Digital Humanities*. New York: Routledge.

[25] Kirschenbaum, M.G. 2008a. *Mechanisms: New Media and the Forensic Imagination*. Cambridge: MIT Press.

[26] Kirschenbaum, M.G. 2008b. Bookscapes: modeling books in electronic space. *Human–Computer Interaction Lab 25th Annual Symposium,* May 29, 1–2.

[27] kopas, merritt. 2013. What are games good for?Videogame creation as social, artistic, and investigative practice. http:// mkopas. net/files /talks/ UVic2013Talk-What Are GamesGoodFor. pdf(Accessed June 20, 2015).

[28] Kraus, K., ed. 2002–2003. "Once only imagined": the past, present, and future of Blake studies. An interview with Morris Eaves, Robert N. Essick, and Joseph Viscomi. Dual publication in *Romantic Circles (2003) and Studies in Romanticism* 41 (2),143–199.

[29] Law, J. 2004. *After Method: Mess in Social Science Research*. New York: Routledge.

[30] Lipson, H., and Kurman, M. 2013. *Fabricated: The New World of 3D Printing*. Indianapolis: John Wiley & Sons, Inc.

[31] Lipson, H., Moon, F.C., Hai, J., and Paventi, C. 2004. 3-D printing the history of mechanisms. *Journal of Mechanical Design* 127(5), 1029–1033.

[32] Long, P.O. 2004. *Openness, Secrecy, Authorship:Technical Arts and the Culture of Knowledge from Antiquity to the Renaissance*. Baltimore: Johns Hopkins University Press.

[33] Losh, E. 2012. Hacktivism and the humanities: programming protest in the era of the digital university. In *Debates in the Digital Humanities*, ed. M.K. Gold. Minneapolis:

University of Minnesota Press, 161–186.

[34] Manovich, L. 2001. *The Language of New Media*.Cambridge, MA: MIT Press.

[35] McPherson, T. 2009. Media studies and the digital humanities. *Cinema Journal* 48 (2), 119–123.

[36] McPherson, T. 2012. Why are the digital humanities so white? Or thinking the histories of race and computation. In *Debates in the Digital Humanities*, ed. M.K. Gold. Minneapolis:University of Minnesota Press, 139–160.

[37] Montfort, N. 2004. Continuous paper: the early materiality and workings of electronic literature.http://nickm.com/writing/essays/continuous_paper_mla.html (accessed June 20, 2015).

[38] Morozov, E. 2014. Making it: pick up a spot welder and join the revolution. *The New Yorker*, January 13.http://www.newyorker.com/magazine/2014/01/13/making-it-2?currentPage=all(accessed June 20, 2015).

[39] Morris, W. 1877. Manifesto. Society for the Protection of Ancient Buildings. http://www. spab.org.uk/what-is-spab-/the-manifesto(accessed June 20, 2015).

[40] Murray, J. 1884. The president's address for 1884.*Transactions of the Philological Society*, 510–511.

[41] Murray, K.M.E. 2001. *Caught in a Web of Words*. New Haven: Yale University Press.

[42] Nowviskie, B. 2013. Resistance in the materials. http:// nowviskie. org/2013/ resistance-in-the-materials (accessed June 20, 2015).

[43] Ohya, K. 2013. Programming with Arduino for digital humanities. *Journal of Digital Humanities* 2 (3). http://journalofdigitalhumanities.org/2-3/ programming-with-arduino-for-digital-humanities(accessed June 20, 2015).

[44] O'Sullivan, D., and Igoe, T. 2004. *Physical Computing: Sensing and Controlling the Physical World with Computers*. New York: Thomson.

[45] Plant, S. 1997. *Zeroes and Ones: Digital Women and the New Technoculture*. New York: Doubleday.

[46] Ross, A. 1990. Hacking away at the counterculture. *Postmodern Culture* 1 (1).

[47] Sadowski, J., and Manson, P. 2014. 3-D print your way to freedom and prosperity: the hidden politics of the "maker" movement. *Al Jazeera America*.http://alj.am/1kanblT (accessed June 20, 2015).

[48] Sayers, J. 2014. Technology. In *Keywords for American Cultural Studies*, 2nd edition, ed. B.Burgett and G. Hendler. New York: New York University Press. http://hdl.handle.net /2333.1/rr4xh08x (accessed June 20, 2015).

[49] Sayers, J., Boggs, J., Elliott, D., and Turkel, W.J.2013. Made to make: expanding digital humanities through desktop fabrication. *Digital Humanities* 2013, July 18. http://dh2013.unl.edu/abstracts/ab-441.html (accessed June 20, 2015).

[50] Selfe, C., and Hawisher, G. 2004. *Literate Lives in the Information Age: Narratives of Literacy from the United States*. Mahwah, NJ: Lawrence Erlbaum.

[51] Sennett, R. 2008. *The Craftsman*. New Haven: Yale University Press.

[52] Siemens, R.G., and Sayers, J. 2015. Toward problem-based modeling in the digital humanities. In *Between Humanities and the Digital*, ed. P. Svensson and D.T. Goldberg. Cambridge, MA: MIT Press.

[53] Slade, G. 2006. *Made to Break: Technology and Obsolescence in America*. Cambridge, MA: Harvard University Press.

[54] Somerson, R., and Hermano, M. 2013. *The Art of Critical Making*. Hoboken: John Wiley & Sons, Inc.

[55] Staley, D. 2013. 3-D printing: data visualization. HASTAC. http:// www.hastac.org/blogs/dstaley/2013/12/11/3-d-printing-data-visualization(accessed June 20, 2015).

[56] Stallybrass, P., Chartier, R., Mowery J.F., and Wolfe, H. 2004. Hamlet's tables and the technologies of writing in renaissance England.*Shakespeare Quarterly* 55, 379–419.

[57] Sterling, B. 2005. *Shaping Things*. Cambridge: MIT Press.

[58] Sterling, B. 2009. Design fiction. *Interactions*16 (3), 20–24.

[59] Sterne, J. 2003. *The Audible Past*. Durham: Duke University Press.

[60] Sterne, J. 2007. Out with the trash. In *Residual Media*, ed. C.R. Acland. Minneapolis: University of Minnesota Press, 16–31.

[61] Stone, A.R. 1996. *The War of Desire and Technology at the Close of the Mechanical Age*. Cambridge, MA: MIT Press.

[62] Tanigawa, K. 2013. Warping the city: Joyce in a mudbox, *Maker Lab in the Humanities*. http://maker.uvic.ca/mudbox (accessed June 20, 2015).

[63] Turkel, W.J. 2011a. Designing interactive exhibits. http://williamjturke l.net/2011/12/17/designing-interactive-exhibits (accessed June 20, 2015).

[64] Turkel, W.J. 2011b. Hacking history, from analog to digital and back again. *Rethinking History* 15 (2), 287–296.

[65] Turkle, S. 2008. *Falling for Science: Objects in Mind*.Cambridge, MA: MIT Press.

[66] Viñas, S. 2004. *Contemporary Theory of Conservation*.New York: Routledge.

[67] Viollet-le-Duc, E. 1854. *The Foundations of Architecture*. Quoted in Viñas, S (2004). *Contemporary Theory of Conservation*. London:Routledge.

[68] Viscomi, J. 1993. *Blake and the Idea of the Book*.Princeton: Princeton University Press.

[69] Waibel, G. 2013. About Smithsonian X 3D. *Smithsonian X 3D*. http://3d.si.edu/about (accessed June 20, 2015).

[70] Wakkary, R., and Maestri, L. 2007. The resourcefulness of everyday design. *Proceedings of ACM Creativity and Cognition 2007*. New York: ACM Press, 163–172.

[71] Zoran, A., and Buechley, L. 2013. Hybrid reassemblage: an exploration of craft, digital fabrication and artifact uniqueness. *Leonardo* 46, 4–10.

2. 数字文化遗产中的具身化、缠绕性与沉浸式

莎拉·肯德尔丁（Sarah Kenderdine）

  博物馆是一个失真的、主观的、充满戏剧色彩的剧院，在那里很难分辨出谁是蜘蛛谁是蜘蛛网，谁是机器谁是操纵者。它存在于我们的世界、我们的现代性的中心，存在于我们的世界不断裂变的形象之中……

  镜片历经了几个世纪的改进，博物馆的观众透过它，在虚拟环境中发现了"在场"，这种"在场性"（Presence）是技术对历史的浸入，是受一代代幻景（Orama）、传感器和各种光学设备影响的结果。它相信奇迹和幻象，并通过技术特效进行传播。（Kenderdine and Hart，2003）对这些光学设备历史的讨论可见于洞穴画、卷轴画、室内壁画、教堂装饰、幻灯机、新世界（mondo nuovo）、各式幻象（phantasmagorias）、17世纪至20世纪各式各样的"玩具"、珍奇柜（cabinets des curieux）、珍宝馆（Wunderkammern）、大型展览、温室和冬季花园。这些早期的博物馆形式都是建筑空间的一部分，其图像和相互关系激发了个人和公众的好奇心，并开启了知识的新维度。（Bruno，2002：133）

  视觉文化理论家乔纳森·克拉里（Jonathan Crary）在其对19世纪视觉装置和现代性的分析中指出，"观察者的技术"（Techniques of the Observer）涉及一系列知觉的悬置和空间的扩展。在《知觉的悬置：注意力、景观与现代文化》（*Suspensions of Perception: Attention, Spectacle, and Modern Culture*, 2001）一书中，他指出，某些因素与其他因素相比，更能使人为观察的，方式具有成效。他没有接受占主导地位的、在电影中逐渐进化而来的叙事，而是展示了身体建构的政治历史（即身体根据观察装置的需要而不断改变的过程）。对他来说，留存至今的光学设备同时具备两个特征：首先，它们足够梦幻，具有创造幻觉和隐藏其创造过程的能力；其次，这些设备具有制造视觉体验的能力，而这种能力认定了身体是静止的、被动的。然而，今天的博物馆观众期待着一种（新的）学习体验（Macdonald，2007），期待着一种激活所有感官的身

体体验（Hooper-Greenhill，2006）。沉浸式和交互式可视化环境（Immersive and Interactive Visualization Environments，简称IIVE）的出现，是过山车发明以来身体的"被动性"所遭遇的最大挑战。在新一轮的文化遗产可视化浪潮中，沉浸式建筑及其相关的视觉、声学和算法技术，为绘制和修复有形和无形的文化遗产提供了有效的方式，包括具身化、沉浸式、表现性和交互式的叙事。

本文的目的是研究沉浸式虚拟环境，以及它们如何支持博物馆中对文化遗产的具身化阐释，并对数字人文研究产生广泛影响。IIVE为学者和公众提供了阐释考古遗址和材料的创新方式。由IIVE的物理和数字参数提供的动力，创造了空间中存在和表现的新方式。这种对体验的理解给我们提供了一个分析框架，这一分析框架也有助于我们对这些体验进行越来越准确的评估。沉浸式系统的使用反映了一种日益增长的趋势——通过多模态（multimodal）、动觉（kinesthetic）和身体化的超媒体设计（somatic hypermedia design）来调动观众刺激的具身认知。具身化理论（Embodiment Theory）是探讨这些问题的一个视角。以下的分析能帮助我们深化对沉浸式博物馆（immersive museum）的理解。（Bruno, 2002；Griffiths, 2008；Bruno, 2002；Griffiths, 2008）以及对文化遗产的分析（Kenderdine，2007a, 2007b, 2013a；Bonini, 2008；Forte and Bonini, 2008；Flynn, 2013）

细读"具身化"（Embodiment）相关理论，也有助于我们重新设想我们希望在人机界面（Human-Computer Interface，简称HCI）的枢纽上构建的应用程序。随着人文学科越来越多地运用数字工具、可视化和交互手段，对具身的协同理解也变得越来越重要。新的界面设计更加强调具身化，例如通过手势控制臂环Myo，用谷歌眼镜（Google Glass）把世界变成增强现实，以及通过Oculus VR实现虚拟现实。[①]技术鼓励动觉具身化（Kinesthetic Embodiment），与此同时，批判性理论也向表现、分布式体验和数字物质性的方向转变。这进一步打破了动作/反应（action | reaction）和虚拟/现实（virtual | real）的二元论。

[①] Myo: https://www.thalmic.com/en/myo/；谷歌眼镜: http://www.google.com/glass/start/；Oculus Rift: http://www.oculusvr.com/（2014年11月20日）。

重构可视化

可视化是当今社会一些最紧迫、最困难的问题的核心。可视化为艺术和科学领域的研究人员提供了提升认知水平的路径（Stafford，2011），对于一个以空前速度生产和消费数据的世界，其对可视化数据的新模式至关重要（Keim et al.，2006）。然而，最近的可视化研究仍然局限于基于2D小屏幕的分析，将交互技术局限于"点击""拖动"和"旋转"上。（Lee et al.，2010; Speer et al.，2010:9）此外，用户可用的像素数量仍然是人类对数据可视化认知的一个关键限制因素。（Kasik et al.，2009）越来越多的研究需要"无限"的屏幕分辨率，这直接导致了最近十亿级的像素显示器（Gigapixel Displays）的增长（例如加州电信与信息技术研究所的HIPerSpace）。应用于大规模数据集的虚拟现实系统越发专注于体现其多层次的复杂性，包括下一代沉浸式虚拟现实系统，如加州大学圣迭戈分校的StarCAVE（DeFanti et al.，2009）、加州大学圣巴巴拉分校的Allosphere、澳大利亚新南威尔士大学ICinema研究中心的高级可视化和交互式环境（Advanced Visualization and Interaction Environment，简称AVIE）以及伊利诺伊大学的CAVE2。[①]

沉浸式在文化遗产可视化中的作用

本文广泛采用了目前开展的项目作为研究背景。另外，这项研究旨在透过虚拟具身化（Virtual Embodiment）——将文化遗产的体验引入公共领域，尤其是博物馆——来重构数字叙事和数字美学。这项应用研究主要分为两个领域：一是重建数字文化档案，包括博物馆馆藏和文化地图集；二是重新展示有形和无形的文化遗产。本文将通过介绍四个极具开创性的项目，对重建数字文化档案加以阐释，通过对《净土》（*Pure Land*）案例的研究，来探讨如何重

---

① 参见加州电信与信息技术研究所的HIPerSpace；http://vis.ucsd.edu/mediawiki/index.php/Research_Projects:_HIPerSpace; 加州大学圣迭戈分校的StarCAVE;加州大学圣塔芭芭拉分校的Allosphere:http://www. allosphere.ucsb.edu/; 澳大利亚新南威尔士大学ICinema研究中心的高级可视化和交互环境（AVIE）项目:http://www. icinema. unsw. edu.au/ technologies/avie; 伊利诺伊大学的CAVE2: http://www.evl.uic.edu/cave2; 香港城市大学的ALiVE: http://alive. scm.cityu. edu.hk/visualization-systems/。

新展示有形和无形的文化遗产。

数字文化档案的重新改造

IIVE旨在重新利用和建构数字档案（即"文化数据雕刻"：见Kenderdine and Hart, 2011；Kenderdine and McKenzie, 2013）。Web 2.0时代，参与者文化的快速增长已经使内容生产超过简单的访问，成为公共用户与数据库、档案和搜索引擎交互的主要动机。对各类数据的主动探索使得用户能够发现新的含义，而不是简单地访问信息。然而，互联网上已有的结构模型体现了一种数据库范式，在这种范式中，可访问性和参与性受限于"移动光标和点击"技术，交互节点仅限于超链接。通过交互、其他探索和表示数据的替代模式，或许可以获得更强的表现力，这可以通过几个突出的例子加以描述。

克里斯塔·萨默勒（Christa Sommerer）和劳伦特·米尼奥诺（Laurent Mignonneau）设计的"活网站"（The Living Web, 2002）是一个以"洞穴"项目为基础的交互式、沉浸式装置，是一次探索互联网作为交互式和沉浸式数据和信息媒介潜力的开创性尝试。在这个装置中，用户能身临其境地沉浸于互联网实时传输的图像与声音交织的三维空间中。装置用麦克风接收用户的对话，并从网上生成和下载相应的图像和声音文件。用户与这些数据进行交互，并且更详细地探索其内容。"活网站"提供了一个全新的系统，用于直观、沉浸式和娱乐化地创建和检索信息。这项实践不仅允许多层交互，还是一种新的用于视觉分析的科学工具，可在一次科学实验中对一千多个图像进行比较分析。（Sommerer et al., 2002）

交互装置云浏览（CloudBrowsing, 2008—2009）是在德国卡尔斯鲁厄艺术与媒体中心（Zentrum für Kunst und Medien, 简称ZKM）的全景实验室（PanoramaLab）中开发和展示的第一批作品之一，它以空间叙述的形式使用互联网数据（Lintermann et al., 2008a）。在当前版本中，用户可以在全景屏幕上浏览免费的在线百科全书和维基百科。360度柱面屏幕的表面变成了一个围绕用户的大型浏览器，用户可以在虚拟信息空间中全景式地活动。过滤机制确保此装置只显示公开的内容。

该项目让用户以一种全新的方式体验基于互联网的信息检索。正如开发人员贝恩德·林特曼（Bernd Lintermann）在一个视频片段中所描述的那样：

> 虽然我们的显示器只提供一个有限的框架和一个很小的窗口，通过这个窗口，我们只能部分地、线性地体验网络的多层次信息景观，但是通过云浏览装置网络变成了一种空间体验：搜索结果不是以文本链接列表的形式显示，而是以声音和图像显示。（Lintermann et al., 2008b）

云浏览展现了可视化搜索的潜力，用户主要通过可视化的方式来浏览数据，而不是通过维基百科的页面和超链接来检索数据；比起文本，它更看好视觉图像。云浏览让用户沉浸在与元数据相关的图像数据中，这些图像数据围绕特定语义轨迹排列。

Ecloud WW1（2012）由莎拉·肯德尔丁和邵志飞（Jeffrey Shaw）设计，是一个定制设计的9米宽、3.5米高的交互式3D投影环境，由香港城市大学的沉浸式交互式可视化应用实验室（Applied Laboratory for Interactive Visualization and Embodiment，简称ALIVE）与欧洲数字图书馆（Europeana's 1914—1918）合作开发。欧洲数字图书馆是一个基于网络的众包档案馆。[①]（Kenderdine and McKenzie, 2013）这个装置搜集了七万余张第一次世界大战图像，背后是来自欧洲各地的2500个故事。该装置通过大规模的交互式观看体验，即时聚合此数据集的数字图像和相关元数据。另外，这个平台还作为一个具身博物馆技术学（Embodied Museography）的例子，为参与者提供一个强大的体验工具，通过展示数字图像，让他们参与到一个不断变化的由战争创伤和社会记忆组成的情境之中。它还通过使用文化分析来设计用户生成的数据库叙事，为策展人和展览设计师提供展示和解释元数据的创新方法。

mARChive（2014）是澳大利亚研究委员会的"联结基金"（Linkage Grant）资助澳大利亚新南威尔士大学ICinema研究中心和博物馆（Morris, 2014）的项目，同时也是维多利亚博物馆（Museum Victoria）藏品的新用户界面。该项目旨在通过将博物馆收藏的大量档案数据整合到360度三维空间中，实现对十万条带有图像记录的数据云的交互访问，以探索视觉化检索（Visual Searching）和涌现叙事（Emergent Narratives）。除了在信息可视化方面的进

---

① ECLOUD WW1项目网址：http://alive.scm.cityu.edu.hk/projects/alive/ecloud - 2012（2014年11月20日）。

步,一方面,mARChive解决了博物馆面临的一个普遍困境:其网站只展出了很小一部分藏品。例如,在维多利亚博物馆,展品比例仅占全部藏品的0.8%。另一方面,展示和阐释来自17个不同主题、搜集来自社会各界的十万多件展品,包括土著材料、自然科学数据、社会历史和技术等,这既是理论上的,也是实践上的挑战。(Kenderdine and Hart,2014)

mARChive是在AVIE中进行的,AVIE是9个沉浸式平台之一,同时也是创作者进行新颖可视化设计的基础。[1] AVIE是由ICinema公司开发的世界上第一款全方位(360度)3D全景屏幕(水平方向360度×垂直方向50度),直径10米,高4.5米。AVIE通过mARChive系统来实现信息可视化,响应了对身体交互、基于知识的界面、协作、认知以及感知的需求(如Pike等人于2009年所述)。该显示系统代表了将mARChive与19世纪全景图区分开来的强大特质:全景图像、空间音场、实时图像生成和交互性。(McGinity,2014)一篇论文回顾了新媒体艺术的全景化历史,描述了其关键作品及其对具身化的启示。(McGinity et al.,2007)

沉浸式全景

在虚拟现实中,全景图像(Panoramic View)是通过对图像空间的感觉运动探索(感觉自己在运动,实则是图像空间在移动),给人留下身临其境的印象。(Grau,2003:7)

如前所述,全景图像是本文所描述的与虚拟现实技术相结合的可视化范式的核心。360度沉浸式全景图像是新的表现方式、体现方式、居住方式、导航方式和叙述方式的发展基础。众多学者曾对全景图像的大众娱乐作用进行过大量分析[2],这使得斯蒂芬·奥特曼(Stephen Oettermann)(1997:7)声称全景图像是"第一个真正的大众媒体……"

---

[1] AVIE, iCinema UNSW: http://www.icinema.unsw.edu.au/technologies/avie.

[2] 参见Oettermann,1997;Comment,2000;Altick,1978;Avery,1995。胡赫塔莫(Huhtamo,2004)对所谓的"移动全景图"做了详细回顾和深入研究,发现此前的相关信息极为匮乏,并在2013年进一步研究了这一课题。

在当前的媒介实践中，全景图像以"新视觉时尚"（The New Image Vogue）再次出现在大众视野中。（Parente and Velho，2008:79）"新视觉时尚"是基于观众设计虚拟和现实空间的愿望，它最大限度地提高体验者的沉浸感，并最终实现其"在场"。在数字遗产中，这表现为通过考古和历史数据，对历史场景进行数字化重建，或是模拟现实中的遥远场所的景象（例如，全方位地对某个考古现场做视觉和数据记录）。这种全景图像是一个虚拟空间，它贯穿了整个媒体发展的历史，有着社会文化的含义。（Kenderdine，2007c）全景图像在当代虚拟现实中的重新出现，加强了本文讨论的主要概念，即IIVE显见的可供性与具身体验的关系。

讨论当代全景形式，需要介绍涉足全景艺术的媒体艺术家和工程师的作品。20世纪80年代中期以来，大型装置艺术家迈克尔·奈马克（Michael Naimark）（美国）、卢克·库切斯内（Luc Courchesne）（加拿大）、藤幡正树（Masaki Fujihata）（日本）和邵志飞（澳大利亚）一直致力于沉浸式全景图像的扩展叙事和增强设备的创作，为本文讨论提供了很有说服力的案例。引用全景图像的开创性作品包括：迈克尔·奈马克的《移动电影》（*Moving Movie*，1977）、《位移》（*Displacement*，1984）和《此时此地》（*Be Now Here*，1995）；藤幡正树的《莫雷尔全景图》（*Morel's Panorama*）（2003）；邵志飞的《此地——用户手册》（*Place—A User's Manual*, 1995）、《此地——鲁尔》（*Place'Ruhr*，2000）和《沉浸式平台EVE，1993—2004》（*The immersive platforms EVE，1993—2004*）以及邵志飞设计的《全景导航仪》（*Panoramic Navigator*，1997）；还有卢克·库切斯内设计的《景观一号》（*Landscape One*，1997）和《全景镜》（*Panoscope*，2001）。

这些作品之所以引起人们的兴趣，是因为它们都是通过一系列视频实现了电影摄影的效果。它们还将沉浸式建筑与全景图像相结合，从而将新的数字界面的交互语言与运动的电影图像相结合。这些艺术作品为未来沉浸式互动电影的发展奠定了基础。

例如，迈克尔·奈马克寻访了世界各地的著名遗址，为《此时此地》录制全景图像。他使用安装在机动三脚架上的35毫米3D立体摄像机，在柬埔寨的吴哥窟、克罗地亚的杜布罗夫尼克、马里的廷巴克图和以色列的耶路撒冷等地拍摄360度动态场景。他的沉浸式项目包括投影到360度屏幕上的3D视频，结合空间声场和人类学方法来处理虚拟旅程和文献记录。（Grau，2003:240—242）《此时此地》让观众在一个每两分钟旋转360度的平台上，产生一种自己在图像前移动的错觉。同时，观众也需要步行，以面对一些位置固定的投影，产生有效的动觉连接。《此时此地》让观众体验到"仿佛火车在身边出站"[①]的感觉。

早在1967年，邵志飞就在《塑料影院》（*Corpocinema*，1968）中使用过球面投影技术，这一技术的实践在某种程度上挑战了平面屏幕的定义极限，并发展了"增强电影"（Augmented Cinema）和"环境电影"（Environmental Cinema）的概念。这些概念早已在描绘全景图中得以实践。这种方法在《环形影院》（*Diadrama*，1974）中得到进一步发展，它由三个相邻的屏幕和二对同步的幻灯片投影仪组成，构成270度的视野。之后，邵志飞做了许多沉浸式作品，聚焦体验者的身体感受，着重其视觉感觉。无论是在通过投影的可视化窗口中，还是集成的视觉系统中，观众都被邀请进行特定的活动，并通过特殊设计的界面来实现场景的还原。[②]

正如理论家兼设计师列夫·曼诺维奇（Lev Manovich）所描述的那样：邵志飞的作品"在全景、电影、视频和虚拟现实中创造了虚拟空间，他把它们'拆成了许多图层'"（Manovich，2001:282）。曼诺维奇指的是《此地——用户手册》（1995）和《此地——鲁尔》（2000），360度全景屏幕环绕着站在旋转平台上的观众。《此地——鲁尔》中的全景式虚拟空间在《此地——亨比》（*Place—Hampi*，2006）中得到进一步拓展。邵志飞的作品在虚拟现实中重塑了传统的全景图像。观众可以从一个虚拟空间前往另一个，每个空间都用圆柱体在地图上标示出来。当观众进入其中一个空间时，便会触发特效。这些作品有助于"描述和记录所描绘地的社会和经济历史"（Grau，2003:240—242）。

全景图在虚拟式、沉浸式环境中的使用为赛博空间（Navigable Space，可航行的空间）赋予了新的意义。它"不仅是静态空间的拓扑、几何和逻辑结构"，还成了"空间适应计算机文化的新方式"（Manovich，2001:280）。虚拟空间的概念是上文所述的混合电影形式成功的关键。

---

① 《此时此地》网址是：http://www.naimark.net/projects/benowhere.html （2009年6月30日）。
② 邵志飞作品目录：http://www.jeffrey-shaw.net（2014年11月20日）。

文化遗产可视化中的具身化体现

2000年以来，邵志飞为博物馆创作了一系列作品，利用IIVE诠释了重要的文化场所，包括希腊奥林匹亚遗址、柬埔寨吴哥、印度维贾亚纳加尔（亨比）的纪念碑、印度拉贾斯坦邦纳戈尔的眼镜蛇堡垒（The Fort of the Hooded Cobra）、中国敦煌以及土耳其各地的众多遗址等联合国世界遗产。这些作品包括：《虚拟奥林匹亚》（*Eye of Nagaur*，2000）、《神圣吴哥窟》（*Sacred Angkor*，2004）、《此地——亨比》、《纳戈尔之眼》（*Eye of Nagaur*，2008）、《亨比现场》（*Hampi LIVE*，2009）、《此地——土耳其》（*PLACE – Turkey*，2010）和下文中的《人间净土》（*Pure Land*，2012）。

在本文中，我们使用了具身化理论来研究两个虚拟旅游艺术装置，它们将一个考古数据集集成到两个不同的界面中，产生了独特的结果。这些装置来自敦煌研究院在莫高窟进行的数字化工作（激光扫描和超高分辨率摄影）。《人间净土：走进敦煌莫高窟》（2012，虚拟现实）[①] 和《人间净土AR版》（2012，增强现实）[②] 已经有了来自五个国家的三十多万参与者，并受到评论界的广泛关注（如Kennicott，2012和Kenderdine，2013b）。本文在前人的基础上，运用哲学家马克·约翰逊（Mark Johnson）的分析框架，从具身体验（Embodied Experience）的角度对这两个项目进行了深入考察，从而拓展了早期的工作。马克·约翰逊的论文从宏观的视角，生物学、生态学、现象学、社会学和文化学的视角去分析具身体验（Johnson，2007:275—278）。在这两个项目中，沉浸式、交互式、可视化的架构以不同的方式组合，为世界遗产的多感官体验提供了案例。

《人间净土》中的具身化形式包括增强视觉、听觉沉浸、动觉激活、身临其境、增强技术、栖居、揭示、飞行、居住、旅行和行走。在这些装置中，参与者的感官世界期待着新鲜事物，以引发新的感悟。这种感官体验正是文化分

[①] 《人间净土：走进敦煌莫高窟》：http://alive.scm.cityu.edu.hk/projects/alive/pure-land-inside-the-mogao-grottoes-at-dunhuang-2012/（2014年11月20日）。

[②] 《人间净土AR版》：http://alive.scm.cityu.edu.hk/projects/alive/pure-land-ii-2012/（2014年11月20日）。

析的前沿焦点——颠覆语言学和文本分析，而支持现象学和经验研究。博物馆专家林达·扬（Linda Young）评论《物质文化手册》（*Handbook of Material Culture*，Tilley et al.，2006）道：

> ……文本和视觉是我们理解物质文化的主导模式，[身体]（the somatic）挑战这两种传统模式，运用具身主体及其感受、感觉、认识、展现和体验的多种方式，创建了认知不同的人与物的动态路径……物质性和感觉性向感官景观（Sense-Scapes）的概念敞开了大门——这是一个迷人的概念。（Young，2007）

具身化理论

具身化理论试图将思维（Mind）理解为一组源自人类大脑和身体的物理过程，这些过程最终服务于人类在物理世界中的行为。具身化是多感官的，由视觉、听觉、触觉、嗅觉和味觉交互影响而产生。同时，具身化是通过情境和环境的缠绕、沉浸式和身临其境的体验构成，引起存在于世界的应急反应（Emergent Response）。正如马克·约翰逊所描述的那样："理解自己的具身化属性是你最深刻的哲学任务之一"（Johnson，2007:1），虽然这对我们这些"具身化存在"来说，似乎是不言自明的。

对具身化理论的讨论包括几个广泛的研究和分析领域。第一个领域涉及现象学。在现象学中，个体在与周围世界相关的思想和行动中意识到自己的身体。现象学家莫里斯·梅洛·庞蒂（Maurice Merleau-Ponty）和美国实用主义者约翰·杜威（John Dewey）在《感知现象学》（*Phenomenology of Perception*）和《作为经验的艺术》（*Art as Experience*，1934）中有相关阐释，对后来的具身化理论和具身化认知理论的发展产生了重要影响。

具身认知研究方面的学术资源包括理解信息传递和学习的神经过程，它使个体能够思考和行动。在第二代认知科学中，对具身认知（Embodied Cognition）的实证研究在心理学和神经科学领域非常活跃，包括"生成论"（Enactivism）——正如瓦雷拉（F. J. Varela）等人于1991年首次提出的概念。"生成论"为认知主义、计算主义和笛卡尔二元论提供了另一种选择。为了使知觉构成经验，也就是说，要使其具有真正的表征性内容，感知者必须拥有并利用他或她的感觉运动知识。① 例如，一种生成式的学习方法将人类的经验和知识的形成看作其与环境展开的动态互动。（Stewart et al., 2010; Noë, 2012; Hutto and Myin, 2013）为学生创造的体验式、渐进式和动态式的学习过程超越了程序性学习的传统范式，这一研究范式在本质上是跨学科的，与神经科学、哲学、机器人学、人工智能、人机交互以及具身化认知的高级研究相一致。（Minsky, 1986; Bateson, 1987; Clark, 2010）

对具身化理论的接受也推动了美学、语言学和人类学研究以及包括实用主义、现象学和生态学在内的哲学专业研究的激增（Johnson, 2007:264; Shusterman, 2012）。最近，我们看到具身化理论在不同人文领域都产生了反响，例如：建筑学（例如Pallasmaa, 2011, 2012）、电影（例如Sobchack, 2004; Bruno, 2002）、后过程考古学（Post-processural Archaeology）（例如Pearson and Shanks, 2001; Tilley, 2004, 2008; Olsen et al., 2012）、人类学（例如Howes, 2006; Mascia-Lees, 2011）、文化地理学（例如Tuan 2001; Casey, 1998）、表演学（见Salter, 2012; Giannachi ct al., 2012）、艺术史（见Parry, 2011; Crowther, 2009; Pinney, 2004②）、新媒体艺术（例如Duguet et al., 1997; Shaw and Weibel, 2003; Grau, 2003）和数字文化遗产（Kenderdine, 2007a, 2007b, 2007c; Flynn, 2013; Forte and Bonini, 2008），在此仅举几个例子进行说明。

人机一体化

我们正处于一个转变的过程中，从一个由屏幕和设备构成的世界，到一个沉浸式体验的世界。（Krzanich，2014）

《人间净土》建立在用于大屏幕显示的各种虚拟现实模式的历史场

---

① 参考Noë，2004。另见欧盟委员会卓越网络的生成界面（Network of Excellence on Enactive Interfaces），网址：http://www.interdisciplines.org/enaction（2009年6月30日）以及生成网络（Enactive Network），网址：http://www.enactivenetwork.org（2009年6月30日）。

② 身体学（Corpothetics）：人类学家和视觉理论家克里斯多夫·皮尼（Christopher Pinney）（2004）创造的术语，意思是"在身体上体现的美学"（Corporeal Embodied Aesthetics）——也就是说，制作能够唤起观众身体反应的图像。印度的达山（darshan）被认为是一个身体学的例子。

景的基础上，这些模式强调通过全景沉浸（Panoramic Immersion）、立体视觉（Stereoscopy）和增强技术来实现感官式、沉浸式的全景体验（参见 Kenderdine and Hart，2003对立体透视、身体和沉浸感的分析；Kenderdine，2007a对全景图像和新媒体的深入讨论）。

《人间净土：走进敦煌莫高窟》（如图2.1所示）建立在AVIE环境中。在这个直径10米、高4米的空间内，30名观众可以自由地体验虚拟、拟真的敦煌220窟。其中，手持式界面能实现观众与数字渲染洞穴的交互，观众能在墙上看到壁画中的关键元素。利用敦煌研究院的高分辨率摄影与激光扫描数据技术，《人间净土：走进敦煌莫高窟》重建和再现了敦煌洞穴中的大量壁画。在360度立体投影的墙壁上，《人间净土：走进敦煌莫高窟》建构了一个沉浸式的虚拟环境，展现了敦煌洞穴中非凡的绘画和雕塑艺术。观众可以获得在这座石窟寺庙内观看宏伟的佛教壁画的仿真体验。除了构建一个强大的具身化空间，《人间净土：走进敦煌莫高窟》还利用各种数字图像处理技术（如二维图像处理、三维动画和三维电影摄影）进一步增强其体验和解释能力。

图2.1　《人间净土：走进敦煌莫高窟》
图像出自：沉浸式交互式可视化应用实验室，香港城市大学（City University of Hongkong，简称CityU），中国香港。

图2.2　《人间净土AR版》
图像出自：沉浸式交互式可视化应用实验室，香港城市大学，中国香港。

《人间净土AR版》（如图2.2所示）通过移动媒介获取敦煌220窟的数据，创建了增强现实，创造了一种增强的"虚拟性"（Milgram et al., 1994）。观众手持平板电脑在展览空间内走动，能够看到洞穴的建筑，并在移动设备的"窗口"探索洞穴的雕塑和壁画，而其他观众也会不自觉地模仿。这是对虚拟洞窟中的壁画建筑1:1的动觉体验。在"洞穴寺庙"内，以1:1的比例观看其宏伟的佛教壁画。在1:1的展厅中，墙上印着1:1大小的敦煌220窟的多边形网格，给观众视觉提示，让他们对自己正在探索什么有了概念。平板电脑从一个物体转变为一个移动的取景设备，以展示在复杂的空间追踪系统的基础上建立的虚拟空间。

《人间净土》中的具身化

身体将时间带入空间和景观的体验之中，因此，任何时刻的在场体验都是以过去为导向的。过去和现在相互交叠，过去影响现在，现在重新表达过去。（Tilley, 2004:12）

在《身体的意义》（*The Meaning of the Body*）一书中，马克·约翰逊概述了一种"具身化理论"，这一理论是以身体和思维何以在一个有机过程中共同运作为基础的。在约翰·杜威的身体自然主义之后，约翰逊认为，我们所有的抽象概念和推理、所有的思想和语言——所有的象征性表达和互动——都与我们所有认知的具身化和经验的普遍审美特征密切相关。基于乔治·莱考夫（George Lakoff）（1999）的研究成果，约翰逊论证了一个命题：人类是隐喻性的生物。隐喻是抽象概念和推理的基础，从具身体验的角度，真理也许不是绝对的。约翰逊向我们发出挑战，要求我们"停止把人的身体当作一种物体来思考"（Johnson，2007:275），他认为意义和思维同时在多个层面都有具身化的特质：作为一个生物有机体（存在于世界中的肉体）、一个生态体（身体的环境背景）、一个现象体（集触觉—动觉于一体、用于生活和体验的身体）、一个社会体（主观的关系）和一个文化体（即构成"文化"的文化产物、制度以及实践）。具身自我（Embodied Self）的每一个方面都不能从其他方面独立出来，这意味着对具身自我的研究需要多学科的参与，必须接受多种分析方法的制约。

根据马克·约翰逊的设想，可以为《人间净土》的具身化属性构想一个五重框架。

1. 生物有机体（The Biological Organism）（存在于世界中的肉体）在所使用的技术方面有着不同的限制，每一位用户—代理（User-agent）都带着天生的身体特质来到《人间净土》项目。

考古学家克里斯托弗·蒂利（Christopher Tilley）展示了一种通过感性的人类尺度而不是抽象的、分析性的视角来理解和解释过去的范式。他这样阐释岩画艺术（Rock Art）：

> 图像学的方法通常主要是认知性质的……它是思维以一种无实体的方式进行回应……相比之下，动觉学的方法强调作为肉体存在于世界中的身体的作用。一般而言，我们感知的方式与视觉的表象有关，从根本上来说更与我们拥有的身体类型有关。身体对于我们而言既是限制也是约束，同时也使我们能够以特定的具身方式感知意象并做出回应。（Tilley，2008:18）

例如，《人间净土》的AR界面需要灵活的操作才能显示洞穴壁画：手臂将平板电脑举到高处、脖子凝视着天花板、膝盖和小腿弯曲让身体在壁画前蹲下、脚边有刻着洞穴建造日期的动画。

界面的运转需要用户—代理具身化参与，这也就是现象体的形成。

2. 现象体（The Phenomenological Body）（集触觉—动觉于一体、用于生活和体验的身体）提供了一种不同的、基于现在而思考过去的范式。《人间净土》的交互性特征使虚拟洞穴从一个拟真的表现形式转变为一个虚拟空间，丰富了解释的层次性和多维性——如果有人在现场，是不可能完全看清全景的。例如，放大镜就像是一个义体（Prosthetic Device），使观者能够以十倍的放大倍数（Material Hermeneutics）来观察这些壁画。后现象学家和技术哲学家唐·伊赫德（Don Ihde）提倡一种物质解释学，这种解释学聚焦"让沉默的物体发出声音，使看不见的东西显现出来"（Ihde，2005），这正是赋予洞穴以生命的方式。伊赫德的视觉解释学（Visual Hermeneutics）的"物体"是通过义体——如望远镜和显微镜——来放大观察的，从而允许视觉拓展其边界。

> 通过为图像空间创建虚拟扩展，观众必须深入探索图像空间以发现其叙事主题，虚拟空间艺术作品允许观众同时担任摄影师和编辑者的角色。（Shaw, 2003:23）

《人间净土AR版》不是一个被动的视频环境，而是一个交互式的作品，用数字模型精准地还原了洞穴220窟的真实空间。展览墙壁上的网格图和通过平板窗口在这些墙上看到的栩栩如生的壁画的结合，是在索引真实（Indexicaly Real）与幻象虚拟（Phantasmally Virtual）之间、在具身与离身之间进行的操作。

因此，《人间净土AR版》在虚拟化和现实化的网络中编织了一系列微妙的悖论，这些悖论正好满足了动觉兴奋，这在所有观众对这个装置的震撼体验中显而易见。因此，它与远程呈现技术（Technologies of Telepresence）保持一致，这种技术将观众传送到一个虚拟的地点——从展厅传送到敦煌莫高窟。

接下来我们或可进一步分析现象体是如何延伸成为生态体的。

3. 《人间净土》和《人间净土AR版》的生态体（The Ecological Body）（或环境背景）是截然不同的，对作品的体现方式、意义和创造方式产生了不同的影响。它们都是存在于独立体系结构中的装置，只做了最低限度的解释（小册子除外）。《人间净土》是一个全方位的数据空间，在空间声景中渲染出虚拟洞窟，《人间净土AR版》则发生在一个完全明亮的空间（Lit Space）。在这两种情况下，虚拟洞窟都以1:1的比例渲染。其他展厅包括艺术双年展（2012年，上海）、博物馆（2012年，华盛顿）、大学展览馆（2012年和2103年系列展览）、书展（2012年，香港）、短期展览（2013年，马赛）和技术博览会（2013年，香港）。每个展厅都会吸引不同的文化受众，带来不同的观察角度和期望。由于莫高窟220窟永久对公众关闭，数字莫高窟成了大多数人体验的唯一通道。

全景界域（Panoramic Enclosure）的全方位潜能在用户被立体图像空间环绕的《人间净土》中得到充分实现。全方位的关注在某种程度上消解了以自我为中心的观点，因为在用户—代理的直接视野之外，总是有一些事情在同一空间内发生。此处可以引用有关异我中心和自我中心的认知概念和空间视角，其中"异我中心"（Allocentric）是那些与一个可感知的、固定的外部框架（一个全面存在并且不同于自我的现实情境）有关的概念，以及包含个体与一给定客体或框架之间关系的与自我中心有关的概念。一幅全方位、沉浸式空间的认知地图允许同时进行以"他者"（allo-）为中心和以"自我"（ego-）为中心的解释。（Blesser and Salter, 2006:39—40）[①]同时，观众都可以前往和观察空间中的任何地点，不需要考虑用户—代理与现实中的装置（带有放大镜、二维和三维动画等增强设备）的交互。

敦煌壁画描绘了唐初的佛经。北墙描绘了《东方药师净土变》（*Bhaisajyaguru's Eastern Paradise Sutra*），东墙是《维摩诘所说经》（*The Vimalakirti Sutra*），南墙是《西方净土经》（*The Western Pure Land Sutra*）。《人间净土》集中展示了北墙的药师佛的东方净土，描绘了药师佛的七种有治愈能力的法宝。佛像排成一排站在莲花台上，下面有一个水池，旁边有24名乐师和4名

---

① 正如声音理论家布莱瑟（Blesser）和索尔特（Salter）指出的那样，不同的文化可能将其文化的不同方面联系在一起，要么是"自我"，要么是"他者"。认知地图在不同的文化群体中会有所不同；在一种文化中，语言可能被空间化为以自我为中心（即事物与观众之间的联系被描述出来，而这正好利于为相对位置编码）。或者对于玛雅人来说，异向中心框架意味着他们对绝对位置有更好的感觉，便于在开阔的空间中行进。（Blesser and Salter, 2006:39—40）

舞者（图2.3）。这幅画讲述了药师佛的十二大愿，以及药师佛为众生提供食物、饮用水、衣物、药品和精神慰藉的情景。

我们看到了生态体是如何涉及观众的先验知识，它们可解码图像，从而成为文化体。

图2.3 《人间净土：走进敦煌莫高窟》
图像出自：沉浸式交互式可视化应用实验室，香港城市大学，中国香港。

4. 文化体（The Cultural Body）（即构成文化生活的文化文物、制度以及习俗）。每一个装置都发生在不同的文化背景下：佛教从业者、学者和非宗教人士作为不同的文化体共同参与这一空间装置。有些人认识到壁画的空间意义和图像意义，而另一些人则体验到个性化的感受。正如许多具有精神意义的地点（如礼拜堂、墓地）一样，空间和图像的安排对于叙述的意义以及正确理解图像至关重要。（Kenderdine，2013a）环境背景的正确性使观众能够在这个环境中寻求超越性的体验，而对于学者来说，色彩重构、动画和三维建模的准确性则具有更深远的意义。值得注意的是，相比亲自前往敦煌石窟，《人间净土》为学者提供了更好的访问现场的机会。向上移动到屋顶的能力（即向上飞行）和放大壁画的能力，为观众学习莫高窟文化提供了更多的机会。

文化体是敏锐的、解释学的，并以螺旋形式进入现象体。

5. 社会体（The Social Body）（主观关系）。《人间净土》展示了单用户、多观众界面的动态性，这对博物馆作为社会化场所的概念很重要。在《人间净土》中，大多数人处于三方关系（用户—系统、观众—旁观者，以及观众对新兴交互技术的看法）中的一方。在《人间净土AR版》中，两个移动平板电脑允许两个用户（通常是3至10人作为一组）在平板电脑周围进行追踪。事实证明，这种方法在加强解释性经验的社会品质方面非常成功。一群人将始终围绕着观者，并跟随、引导、用手势示意、提示和拍摄用户操纵系统所呈现的画面。这一互动对解释空间装置以及理解其性能是不可或缺的。有学者认为，每个人在体验的过程中都应该拥有自己的界面，但是此观点从某种程度上是对这种动态交互的否定，只会导向更为孤立的探索之旅。

在用户和系统之间，具身化的概念是首先受到关注的。具身化是一种"参与式"的状态，是探索情境交互的基础。（Dourish，2001）就"系统—用户/观众—旁观者"的三分法而言，具身化意味着与包含情境的观者、交互系统、旁观者、共同用户、物理环境以及赋予这些实体的意义之间的相互关系（Dalsgaard and Koefoed-Hansen, 2008:5; 比照Dourish, 2001）。

人—机交互的研究员解决了用户与计算机设备交互的问题。（Reeves et al., 2005:748）借鉴表演理论（Performance Theory），用户是系统的交互者，而用户与系统的交互就是表演。正如达尔斯加德（Dalsgaard）和科伊福德-汉森（Koefoed-Hansen）所说：

> 在旁观者潜在的注视下，观众感知和体验与系统进行交互的方式，极大地影响了整个互动……正是这种潜在的对于旁观者注视的感知使观众在潜移默化中已转变为表演者。（Dalsgaard and Koefoed-Hansen，2008:6）

认识这种内在关系的关键是他者的意识，它为个人活动提供了背景。用户的行为不仅与系统有关，而且还被这一认知所推动，即他或她对系统的感知是为其他观众带来的一场表演。达尔斯加德和科伊福德-汉森（2008:31）称之为"表演感知"（Performing Perception）。

在社会层面上，观者的身体与生态体、现象体、文化体交织在一起。

评估具身体验

20世纪以来,对博物馆观众研究的发展反映了一系列不同的评价类型、教学方法、藏品和策展趋势。博物馆对其藏品质量和学术框架的重视已经演变成包括对受这些特质影响的观众的研究。然而,研究本文描述的下一代具身体验需要新的分析和评估工具。观众在体验过程中产生的主观感受、情感活动及具身化的因果关系很难被记录下来——需要视觉化、交互式和参与式的沟通。(Martinec and Van Leeuwen,2009)正如本文所讨论的,当认知依赖于物理身体的特征时,换言之,即当大脑以外的身体各部分在运作过程中发挥着重要的因果或物理构成作用时,认知就具身化了。然而,通过测量身体反应(心跳和/或面部识别)来获取体验者情绪状态是不可靠的(例如Kaliouby and Robinson,2005)。提高评估精度已成为新研究工具的焦点。(Kocsis and Kenderdine,2015)I Sho U是围绕交互、内省和叙述化参与而设计的,用于确定观众的感受及反应。[①]这是基于设计师在开发行为和情感可供性时所做的假设。通过I Sho U中的提问设计、交互和可视化方案,参观者可以聚焦即时性、集体性和参与式的实践方式,以关注他们的情感、具身和认知状态。

I Sho U可以由博物馆评估人员在线编辑,发布在互联网上,并下载到平板电脑上。这些平板电脑由博物馆的讲解员分发给参观者。人均收集数据的时间为5分钟,每小时可进行数百次调查(与离职调查、观察等传统调查方法相比,这是一个很大的进步)。I Sho U通过积累数据和比较阐释,实时收集用户的在线反馈;此工具根据用户的输入进行音频挖掘和图像分析。

该应用程序通过技术界面和创造性可视化激励访客代理,并借助由访客主导的、以设计为导向的整合性思想、行动和创造性数据收集。通过这种方法,参观者将成为IIVE和未来博物馆展览设计和建造演变的一部分。I Sho U总结了访客评估和不断发展的社会研究的基本作用,以影响和改进博物馆(实际和虚拟)的设计、展现和传播。这些工具的开发对于从用户的角度开始描述体验是至关重要的。

---

① 参与者体验项目中心的I Sho U设计,网址:http://ishou.com.au/(2015年9月10日)。

结　论

文化遗产材料实验性界面的历史可以追溯到20世纪90年代，主要体现在当时具有影响力的媒体艺术家创作的一系列作品中。2015年，这些体验的强大特性得到了业界的认可，并且毫无疑问将成为屏幕（或非屏幕）技术和沉浸式环境进一步发展的基础。理解具身体验的基本性质将使人文学者、博物馆馆长和设计师在日益普遍的屏幕文化中站在阐述和定义意义的前沿。本文的目的是对两种沉浸式体验装置进行详细研究，以总结出具身体验的规律。《人间净土》的用户和观众根据其体验所创造的意义取决于身体在五个层面的相互作用。通过解构《人间净土》，我们可以清楚地看到不同"身体"间的相互影响与共同作用：没有任何一个单独的部分可以被称为体验本身。如果我们能够清楚地阐明这些相互关系，那么我们所创造的各种社会和物理环境将对我们的思维和推理能力产生深远的影响。随着数据集的激增，对于设计可视化挑战的个性化和人性化解决方案的需求不容小觑。

参考文献

[1] Altick, R. 1978. *The Shows of London*. Cambridge, MA: Harvard University Press.

[2] Avery, K. 1995. The panorama and its manifestation in American landscape painting, 1795–1870. Unpublished dissertation, Columbia University, New York.

[3] Bateson, G. 1987. Men are grass: metaphor and the world of mental process. In *A Way of Knowing*, ed. W. Thompson. Hudson, NY: Lindisfarne Press.

[4] Blesser, B., and Salter, L.R. 2006. Spaces Speak, Are You Listening? Experiencing Aural Architecture. Cambridge, MA: MIT Press.

[5] Bonini, E. 2008. Building virtual cultural heritage environments: the embodied mind at the core of the learning processes. *International Journal of Digital Culture and Electronic Tourism* 2 (2), 113–125.

[6] Bruno, G. 2002. *Atlas of Emotion: Journeys in Art, Architecture, and Film*. New York, London: Verso.

[7] Casey, E. 1998. *The Fate of Place: A Philosophical History*. Berkeley, CA: University of California Press.

[8] Clark, A. 2010. *Supersizing the Mind: Embodiment, Action, and Cognitive Extension (Philosophy of Mind)*. New York: Oxford University Press.

[9] Comment, B. 2000. *The Painted Panorama*, New York: Harry N. Abrams Inc.

[10] Crary, J. 2001. *Suspension of Perception: Attention, Spectacle, and Modern Culture*. Cambridge, MA: MIT Press.

[11] Crowther, P. 2009. *Phenomenology of the Visual Arts (Even the Frame)*. Stanford, CA: Stanford University Press.

[12] Dalsgaard, P., and Koefoed-Hansen, L. 2008. Performing perception: staging aesthetics of interaction. *Transactions on Computer–Human Interaction (TOCHI)*, 15 (3). New York: ACM.

[13] Dawson, P. Levy, R., and Lyons, N. 2011. "Breaking the fourth wall": 3D virtual worlds as tools for knowledge repatriation in archaeology. *Journal of Social Archaeology* 11 (3), 387–402.

[14] DeFanti, T.A., Dawe, G., Sandin, D.J., et al. 2009. The StarCAVE, a third-generation CAVE and virtual reality, OptIPortal. *Future Generation Computer Systems* 25 (2), 169–178.

[15] Dewey, J. 1934. *Art As Experience*. New York: Putnam.

[16] Dourish, P. 2001. Seeking a foundation for context- aware computing. *Human–computer Interaction* 16 (2), 229–241.

[17] Drucker, J. 2013. Performative materiality and theoretical approaches to interface. *DHQ: Digital Humanities Quarterly* 7 (1).

[18] Duguet, A.M., Klotz, H., and Weibel, P. 1997. *Jeffrey Shaw, a Users Manual: From Expanded Cinema to Virtual Reality*. Karlsruhe: ZKM.

[19] Flynn, B. 2013. v-Embodiment for cultural heritage. *Digital Heritage International Congress*, Marseille. IEEE, 347–354.

[20] Forte, M., and Bonini, E. 2008. Embodiment and enaction: a theoretical overview for cybercommunities. *Virtual Systems and Multimedia Conference 2008*, Cyprus. IEEE.

[21] Giannachi, G., Kay, N., and Shanks, M., eds. 2012. *Archaeologies of Presence*. London: Routledge.

[22] Grau, O. 2003. *Virtual Art: From Illusion to Immersion*, Cambridge, MA: MIT Press.

[23] Griffiths, A. 2008. *Shivers Down your Spine: Cinema, Museums, and the Immersive View*. New York: Columbia University Press.

[24] Hooper-Greenhill, E. 2006. Studying visitors. In *A Companion to Museum Studies*, ed. S. Macdonald. Oxford: Blackwell, 363–376.

[25] Howes, D. 2006. Scent, sound and synaesthesia: Intersensoriality and material culture theory.In *Handbook of Material Culture*, ed. C. Tilley, W.Keane, S. Kuechler, M. Rowlands, and P. Spyer.London: Sage, 161–172.

[26] Huhtamo, E. 2004. Peristrophic pleasures: the origins of the moving panorama. In *Allegories of Communication: Intermedial Concerns of Cinema to the Digital*, ed. J. Fullerton and J. Olsson. Rome: John Libbey, 215–248.

[27] Huhtamo, E. 2013. *Illusions in Motion: Media Archaeology of the Moving Panorama and Related Spectacles*. Cambridge, MA: MIT Press.

[28] Hutto, D.D., and Myin, E. 2013. *Radicalizing Enactivism: Basic Minds without Content*. Cambridge, MA: MIT Press.

[29] Ihde, D. 2005. Material hermeneutics. In *Symmetrical Archaeology*. Stanford: Theoretical Archaeology Group. http://humanitieslab.stanford.edu/ Symmetry/746 (accessed August 3, 2009).

[30] Johnson, M. 2007. *The Meaning of the Body: Aesthetics of Human Understanding*. Chicago: University of Chicago Press.

[31] Johnson, M., and Lakoff, G. 1980/2003. *Metaphors We Live By*. Chicago: University of Chicago Press.

[32] Kaliouby, R., and Robinson, P. 2005. Real-time inference of complex mental states from facial expressions and head gestures. In *Real-Time Vision for Human–Computer Interaction*, ed. B. Kisačanin, V. Pavlović, and T.S. Huang. New York: Springer, 181–200.

[33] Kasik, D.J., Ebert, D., Lebanon, G., Park, H., and Pottenger, W.M. 2009. Data transformations and representations for computation and visualization. *Information Visualization* 8(4), 275–285.

[34] Keim, D.A., Mansmann, F., Schneidewind, J., and Ziegler, H. 2006. Challenges in visual data analysis, *Proceedings in Information Visualisation IV 2006*. IEEE: London, 9–16.

[35] Kenderdine, S. 2007a. Somatic solidarity, magical realism and animating popular gods: Place-Hampi "where intensities are felt". *Proceedings of the 11th European Information Visualisation Conference*. IEEE Comp Society, 402–408.

[36] Kenderdine, S. 2007b. The irreducible ensemble: Place-Hampi. In *Proceedings of Virtual Systems and Multimedia 13th International Conference*, ed. S. Kenderdine, T. Wyeld, and M. Docherty. Berlin: Springer, 58–67.

[37] Kenderdine, S. 2007c. Speaking in Rama: panoramic vision in cultural heritage visualization. In *Digital Cultural Heritage: A Critical Discourse*, ed. F. Cameron and S. Kenderdine. Cambridge, MA: MIT Press, 301–332.

[38] Kenderdine, S. 2013a. *Place-Hampi: Inhabiting the Panoramic Imaginary of Vijayanagara.* Heidelberg: Kehrer Verlag.

[39] Kenderdine, S. 2013b. Pure Land: inhabiting the Mogao Caves at Dunhuang. *Curator: The Museum Journal* 56 (2), 199–218.

[40] Kenderdine, S., and Hart, T. 2003. This is not a peep show! The Virtual Room at the Melbourne Museum. In *Proceedings of International Committee on Hypermedia and Interactivity*, Paris. Pittsburgh: Museum Archives and Informatics. http://www.archimuse.com/publishing/ichim03/003C.pdf (accessed June 30, 2009).

[41] Kenderdine, S., and Hart, T. 2011. Cultural data sculpting: omni-spatial visualization for large scale heterogeneous datasets. In *Proceedings of Museums and the Web 2011*, ed. J. Trant and D. Bearman. Toronto: Archives and Museum Informatics.

[42] Kenderdine, S. and Hart, T. 2014. mARChive: sculpting Museum Victoria's Collections. *MW2014: Museums and the Web 2014*. http:// mw2014.museumsandtheweb.com/paper/marchive-sculpting-museum-victorias-collections (accessed June 20, 2015).

[43] Kenderdine, S., and McKenzie, H. 2013. A war torn memory palace: animating narratives of remembrance. *Digital Heritage International Congress*, Marseille. IEEE, 315–322.

[44] Kenderdine, S., Shaw, J., and Kocsis, A. 2009. Dramaturgies of PLACE: Evaluation, embodiment and performance in PLACE-Hampi. *DIMEA/ACE Conference* (5th Advances in Computer Entertainment Technology Conference and 3rd Digital Interactive Media Entertainment and Arts Conference), Athens, Volume 422, 249–256. ACM.

[45] Kenderdine, S., Forte, M., and Camporesi, C. 2011. The rhizome of the Western Han. In *Revive the Past: Computer Applications and Quantitative Methods in Archaeology (CAA)*, Proceedings of the 39th International Conference, Beijing. Amsterdam: Pallas Publications, 141–158.

[46] Kenderdine, S., Shaw J., and Gremmler T. 2012. Cultural data sculpting: Omnidirectional visualization for cultural datasets. In *Knowledge Visualization Currents: From Text to Art to Culture*, ed. F.T. Marchese and E. Banissi. London: Springer, 199–221.

[47] Kennicott, P. 2012. Pure Land tour: for visitors virtually exploring Buddhist cave, it's

pure fun. *Washington Post*, November 29.

[48] Kocsis, A., and Kenderdine, S. 2015. *I Sho U*: an innovative method for museum visitor evaluation. In *Digital Heritage and Culture: Strategy and Implementation*, ed. H. Din and S. Wu. Singapore: World Scientific Publishing Co.

[49] Krzanich, B. 2014 Keynote address. *CES 2014*.

[50] Lakoff, G., and Johnson M. 1999. *Philosophy in the Flesh: The Embodied Mind and its Challenge to Western Thought*. New York: Basic Books.

[51] Lee, H., Ferguson, P., O'Hare, N., Gurrin, C., and Smeaton, A.F. 2010. Integrating interactivity into visualising sentiment analysis of blogs. *IVITA '10: Proceedings of the First International Workshop on Intelligent Visual Interfaces for Text Analysis*, 17–20.

[52] Lintermann, B., Belschner, T., Jenabi, M., and König, W.A. 2008a. *Crowdbrowsing*. KZM - YOU_ser 2.0: celebration of the consumer. http://www02. zkm . de/you/index. php? option = com _ content&view=article&id=59 (accessed November 30, 2010).

[53] Lintermann, B., Belschner, T., Jenabi, M., and König, W.A. 2008b. *CrowdBrowsing*. Video clip. Karlsruhe: ZKM / Center for Art and Media Karlsruhe. http://container. zkm.de/cloudbrowsing/ Video.html (accessed November 30, 2010).

[54] Macdonald, S. 2007. Interconnecting: museum visiting and exhibition design. *CoDesign International Journal of CoCreation in Design and the Arts* 3 (1), 149–162.

[55] Manovich, L. 2001. *The Language of New Media*.Cambridge, MA: MIT Press.

[56] Manovich, L. 2012. Media visualization: visual techniques for exploring large media collec tions. In *Media Studies* Futures, ed. K. Gates. Oxford: Blackwell.

[57] Martinec, R., and Van Leeuwen, T. 2009. *The Language of New Media Design: Theory and Practice*. New York: Routledge.

[58] Mascia-Lees, F.E. 2011. *A Companion to the Anthropology of the Body and Embodiment*. Blackwell Companions to Anthropology. Hoboken, NJ: John Wiley & Sons, Inc.

[59] McGinity, M. 2014. Presence, immersion and the panorama. PhD thesis, University of New South Wales.

[60] McGinity, M., Shaw, J., Kuchelmeister, V., Hardjono, A., and Del Favero, D. 2007. AVIE:a versatile multi-user stereo 360° interactive VR theatre. *Proceedings of the 2007 Workshop on Emerging Displays Technologies: Images and Beyond: The Future of Displays and Interaction*, San Diego, August 2007, Volume 252, New York: ACM.

[61] Merleau Ponty, M. 1945. *Phénoménologie de la per-ception.* Paris: Gallimard. Published in 1962 as *Phenomenology of Perception*, trans. F. Williams. London: Routledge & Kegan Paul.

[62] Milgram, P., Takemura, H., Utsumi, A., and Kishino, F. 1994. Augmented reality: a class of displays on the reality–virtuality continuum.*Proceedings of Telemanipulator and Telepresence Technologies* 2351, 282–292.

[63] Minsky, M. 1986. *Society of Mind.* New York:Simon & Schuster.

[64] Morris, L. 2014. Digital cinema will allow visitors to explore museum archives. *Sydney Morning Herald*, September 18. http://www.smh.com.au/entertainment/art-and-design/digital-cinema-will- allow-visitors-to-explore-museum-archives-20140918-10ebkh.html#ixzz3GdTsPD4x (accessed September 30, 2014).

[65] Noë, A. 2004. *Action in Perception.* Cambridge, MA: MIT Press.

[66] Noë, A. 2012. *Varieties of Presence.* Cambridge, MA:Harvard University Press.

[67] Oettermann, S. 1997. *Panorama: History of a Mass Medium*, New York: Zone Books.

[68] Olsen, B., Shanks, M., Webmoor, T., and Witmore, C. 2012. *Archaeology: The Discipline of Things.* Berkeley: University of California Press.

[69] Pallasmaa, J. 2011. *The Embodied Image: Imagination and Imagery in Architecture.* Hoboken, NJ: John Wiley & Sons, Inc.

[70] Pallasmaa, J. 2012. *The Eyes of the Skin: Architecture and the Senses.* Hoboken, NJ: John Wiley & Sons, Inc.

[71] Parente, A., and Velho, L. 2008. A cybernetic observatory based on panoramic vision. *Technoetic Arts: A Journal of Speculative Research* 6(1), 79–98.

[72] Parry, J.D., ed. 2011. *Art and Phenomenology.*London: Routledge.

[73] Pearson, M., and Shanks, M. 2001. *Theatre/ Archaeology.* London: Routledge.

[74] Pike, W.A., Stasko, J.T., Chang, R., and O'Connell, T.A. 2009. The science of interaction. *Information Visualization* 8 (4), 263–274.

[75] Pinney, C. 2004. *Photos of the Gods: The Printed Image and Political Struggle in India.* London: Reaktion Books.

[76] Preziosi, D. 2007. Brain of the Earth's body. In *Museum Studies: A Critical Anthology*, ed. B.M. Carbonell. Oxford: Blackwell.

[77] Reeves, S., Benford, S., O'Malley, C., and Fraser, M. 2005. Designing the spectator experience. In *Proceedings of the Conference of Human Factors in Computer Systems*

(CHI05). New York: ACM, 741–750.

[78] Salter, C. 2012. *Entangled: Technology and the Transformation of Performance*. Cambridge, MA: MIT Press.

[79] Shaw, J. 2000. Place Ruhr. http://www. medienkunstnetz.de/works/place-ruhr/flash/3/ (accessed June 20, 2015).

[80] Shaw, J. 2003. Introduction. In *Future Cinema: The Cinematic Imaginary after Film*, ed. J. Shaw and P. Weibel. Cambridge, MA: MIT Press, 19–27.

[81] Shaw, J., and Weibel, P., eds. 2003. *The Cinematic Imaginary after Film*. Cambridge, MA: MIT Press.

[82] Shusterman, R. 2012. *Thinking Through the Body: Essays in Somaesthetics*. Cambridge: Cambridge University Press.

[83] Smith, N., Knabb, K., DeFanti, C., *et al.* 2013. ArtifactVis2: Managing real-time archaeolog ical data in immersive 3D environments. *Digital Heritage International Congress*, Marseille.

[84] Sobchack, V. 2004. *Carnal Thoughts: Embodiment and Moving Image Culture*. Berkeley, CA: University of California Press.

[85] Sommerer, C., and Mignonneau, L. 2002. *The Living Web*. http://www.virtualart.at/ database/ general/work/the-living-web.html (accessed November 30, 2010).

[86] Sommerer, C., Mignonneau, L., and Lopez-Gulliver, R. 2002. Interfacing the Web: Multimodal and Immersive Interaction with the Internet. In *VSMM2002 Proceedings: The Eighth International Conference on Virtual Systems and Multimedia*, Gyeongju, Korea, 753–764.

[87] Speer, R., Havasi, C., Treadway, N., and Lieberman, H. 2010. Visualizing common sense connections with Luminoso. *IVITA '10: Proceedings of the First International Workshop on Intelligent Visual Interfaces for Text Analysis*, 9–12.

[88] Stafford, B.M. 2011. *A Field Guide to a New Metafield: Bridging the Humanities Neuro sciences Divide*. Chicago: University of Chicago Press.

[89] Stewart, J., Gapenne, O., and Di Paolo, E., eds. 2010. *Enaction: Towards a New Paradigm for Cognitive Science*. Cambridge, MA: MIT Press.

[90] Tilley, C. 2004. *The Materiality of Stone: Explorations in Landscape Phenomenology*. Oxford: Berg.

[91] Tilley, C. 2008. *Body and Image: Explorations in Landscape Phenomenology*. Walnut Creek, CA: Left Coast Press.

[92] Tuan, Y.-F. 2001. *Space and Place: The Perspective of Experience*, reprint. Minnesota: University of Minnesota Press.

[93] Varela, F.J., Thompson, E., and Rosch, E. 1991. *The Embodied Mind: Cognitive Science and Human Experience*. Cambridge, MA: MIT Press.

[94] Wenger, E. 1998. *Communities of Practice: Learning, Meaning and Identity*. Cambridge: Cambridge University Press.

[95] Young, L. 2007. Review of *Handbook of Material Culture*, ed. C. Tilley, W. Keane, S. Kuechler, M. Rowlands, and P. Spyer, 2006. *reCollections: Journal of the National Museum of Australia* 2 (2). http://recollections.nma.gov.au/issues/vol_2_no2/book_reviews/handbook_of_material_culture (accessed June 30, 2009).

3. 物联网

芬恩·阿内特·约根森（Finn Arne Jørgensen）

在不久的将来，信息将在我们自身、世界各地以及技术之间毫不费力地流动。传感器、互联网和算法逻辑将正式融入我们的日常生活。技术制品将不再询问我们的看法也可执行相应的命令；它们尝试解读我们的意识，仿佛通过魔法来占卜我们的命运一样。这些都是物联网的无数愿景，我们可以在一些当代科技公司的广告和报告中看到。其中，一个典型的案例即是康宁（CORNING）公司制作的获奖短片——《由玻璃构成的一天》（*A Day Made of Glass*）（2011）。在短片中康宁公司生产的这种玻璃在人与物联网之间起到了开创性、启发性、革新性的界面作用。观众通过追踪一个家庭一整天的生活状态，可以观察到玻璃界面何以显示用户定制的各类信息，并以一种非常自然的、不可抗拒的、极具吸引力的方式，实现人与物联网之间的互动。

自"物联网"（The Internet of Things）这个概念在世纪之交问世以来，它作为一种描述我们在《由玻璃构成的一天》中看到的用技术连接世界的平台已经受到广泛关注。本文将从以下两个维度对"物联网"这一概念进行阐释：一、其作为一个专业术语，用以描述通过传感器和通信网络制作的技术制品中的互联性；二、作为一系列"设计幻象"（Design Fictions），探究这些人工制品何以改变世界。这两种阐释相互交织——因为技术制品的构成基础不能与未来的应用前景相脱离，我们需要从技术和文化这两个层面来理解物联网。

物联网可以被视作有关技术与未来想法的产物，这些想法涉及许多不同的层面。一方面，我们可以发现一些既有差异又互补的构想，这些构想充满了艺术性、沉浸性和侵入性；另一方面，则与公司股权、企业革新以及货币政策有关。但其共同的主题，即物联网允许任何人和物以任一可能的方式进行连接，这表明物联网作为一种技术性基础设施具有开放性、中立性和无阻性的特征。本文试图挑战这一技术观。在科学和技术研究概念的基础上，笔者通过梳理物联网的标准、技术及话语体系的构建，尤其聚焦机构、权力以及人与人之间的关系，试图询问潜在的技术应用领域何以被想象化、可视化，并嵌入技术设计和行为标准，旨在思考数字人文视域下物联网的现状及其未来发展。

什么是物联网？

当凯文·阿什顿（Kevin Ashton）在1999年提出"物联网"这一术语时，他设想了一个世界，在这个世界里，所有的东西都用唯一的标识符号进行标记，这个标识符号可以通过互联网进行查询。（Ashton，2009）阿什顿作为麻省理工学院的执行理事和自动识别中心的创始人，他在与"普适计算"（ubiquitous computing）有关的一套较老的设想的基础上对其观点进行阐释。"普适计算"描绘了这样一个现象：信息技术已经完全渗透到人们日常生活的对象及活动的方方面面，以至于用户几乎感受不到其存在，甚至认为这是理所当然的。（Dodson, 2008:7）在阿什顿实现"普适计算"关于未来的构想时，技术制品通过使用射频识别技术（Radio-Frequency Identification，简称RFID）、传感器、标签模式（Tagging）和通信网络（Communication Networks）自动收集和交换其周围世界的信息，从而将物理世界与互联网世界连接起来。

然而，这只是对"物联网"的许多种阐释中的一种，且截至目前并没有明确和一致的定义。我们或许可以将其视为包括一系列新兴实践和标准的概括性术语。"智能"（Smart）这一理念是所有智能制品的核心，智能制品不仅仅是搜集信息，还能独立于信息采取行动。（EpoSS，2008）另外，这些智能制品还可以连接设备，包括那些之前没有连接的设备，也是一个关键性的想法。布鲁斯·斯特林（2005）将"物联网"称为"时空物"（Spimes），"时空物"是可以在其生命周期里被准确地在时间和空间两个维度上定位、追踪的物件。科利·多克托罗（Cory Doctorow）（2005）生动而精准地描述了时空物作为一种"具有位置感知、环境感知、自记录、自文档化、唯一识别功能的客体，能大量呈现与其自身及其环境有关的数据"。时空物以复杂且备受争议的方式与人们的生活产生互动，这创造了斯特林（2004）所指称的"时空物争论者"（Spime Wranglers）概念，即"一群围绕时空物概念进行辩论的人"。虽然本文所关注的不是物联网的技术架构，而是物联网所潜藏的社会意义，但我们仍需理解物联网何以运作的一些基本元素；而探究其所构想的使用空间是理解其运作模式的方式之一。

许多未来应用的愿景都是以日常生活为出发点，从中抽离和推断出一系列技术能力或特征。一个经常看到的例子——我们甚至可以称之为物联网的一个比喻——可以追溯到20世纪90年代的智能冰箱，其可以监控的内容，比如列购物清单，甚至可以基于目前的食物供应为使用者建议膳食等。这些愿景潜藏在近期才介入缓慢发展的家用电器市场的电子产品公司——类似韩国LG和三星集团等。然而，这些智能冰箱并未获得商业上的成功，一部分原因是其高昂的价格；另一部分原因则在于消费者认为目前根本不需要用到这种功能。但开发人员和工程师似乎不太愿意放弃这个想法。我们或可将视角稍微聚焦于较为激进的技术研究员和对技术制品的新型功能不太感兴趣的物联网用户上。

资源使用监控已经成为一种更为成功的物联网实施案例。在家居设计和商业建筑中，资源使用的实时监测和可视化变得越来越普遍，而物联网逻辑的下一步则是精准预测和自动化调控。巢学习恒温器（The Nest Learning Thermostat）就是一个相对成功的例子（在2014年，谷歌以32亿美元收购了智能家居设备公司NEST），建立在消费者对可编程恒温器有需求，并且用户不为实际的编程代码所困扰的前提下。随着时间的推移，网络化、时尚化、极具吸引力的巢恒温器可以随时了解用户的偏好。在初始学习阶段之后，它既可以区分白天和黑夜，也可以识别工作日和周末模式间的差异。另外，嵌入式移动传感器可以在其周围没有人的情况下保持较低的温度。换言之，巢恒温器可以监测住宅及居于其中的人们的生活习惯，以便动态地调整温度，以最大限度地提供舒适的居住温度和减少能源的损耗，而不需要用户在初始学习阶段之后耗费过多精力。伴随智能手机应用程序的发展，巢恒温器也可以通过手机远程控制以及查阅其详细日志记录。巢恒温器可以通过无线局域网（WI-FI）连接到互联网，使得在同一个家庭中的多个巢恒温器设备能够共享信息，其也为NEST提供了一种方式，即使用收集的数据不断改进产品。谷歌进军家居自动化市场的举动表明，人们对物联网产品及其"离家更近"的解决方案一直持有兴趣。另外，智能电力网络也出现了，整个能源基础设施能够收集和处理有关消费者行为和能源供应波动的信息，以不断提高配电效率及其可靠性。（Verbong et al., 2013）从能源利用效率和可持续发展的视角来看，这种人们日常生活中能使用到的自动化互动装置设备具有相当大的发展潜力。

另一组新兴技术则聚焦身体和互联网间的互动。所谓的"量化自身运动"（Quantified Self Movement）旨在衡量我们日常生活的各个方面，包括我们对食物的摄取量、步行量、睡眠状态甚至包括对人情绪的感知，旨在优化和调整人们的日常生活习惯及行为方式。（Swan，2012）近几年来，市场上出现了大量的此类消费产品，尤其是运动检测装置，例如Fitbit、Jawbone UP、Nike+ Fuelband、Pebble和Samsung Gear Fit。另外，还有其他形式的可随身穿戴用作计算的设备也在不断模糊身体和技术之间的界限，特别是谷歌眼镜（Google Glass）和苹果手表（Apple Watch）。然而，随处可见的智能手机可能是我们现存物联网设备中的最好案例——它集传感器和各类连接选项于一体，并且常作为其他设备的集线器（Hub）。

位置感知（Location-awareness）是物联网的核心特征。小型全球定位系统（GPS）传感器结合数字地图和无线局域网三角测量，使地理定位受到消费者欢迎。目前已经可以找到具有嵌入式传感器的智能停车位，让用户（或者更确切地说，商业中间商）知道何时有空余车位可使用。当用户移动到特定区域时则会触发相关操作的地理围栏（Geofences），这也属于位置感知的范畴。例如，当用户的智能手机进入房间时，"飞利浦·秀"智能照明系统（Philips Hue Light Bulb）则被触发，并且也可以使用更为复杂的触发器来设置照明时长以及其他因素。人与技术之间的这些交互是可以提前编写脚本的，用户在理想情况下可获取基于这些脚本的界面和接口；这促使《连线》（WIRED）杂志的记者给它冠以"可编程世界"这一头衔。在这里，当记者在思考如何在物联网上获取足够的东西时，其自身也变得充满诗意；物联网变成了"一个连贯的系统，一个可以编排设计、体量巨大的整体；或者说是一个协调舞动的身体"（Wasik，2013）。

在讨论物联网时，我们很难不考虑由于数据信息的泛滥和时空物的互换自然而然带来的个人隐私和公共安全问题，特别是考虑到在2013年"斯诺登事件"之后，美国国家安全局（National Security Agency，简称NSA）对全世界进行监控引发的全球争议。当物联网的所有设备都与个人信息的网络相关联时，安全性显然成了一个很关键的问题，可能存在潜在的风险允许恶意代码进入我们身处的技术设备中。当一家互联网安全公司进行反垃圾邮件之战时，他们发现有证据表明目前有10万多家的物联网设备（包括电冰箱）被黑客攻击，并发送了垃圾邮件（Proofpoint，2014）；一台智能冰箱不仅可以储存垃圾邮件，还可以发送电子邮件。当我们意识到存在和智能冰箱一样可以联网但更为危险的设备时，例如震网（Stuxnet）计算机病毒所针对的核装置，毫无疑问那里还有"物联网所担忧的物体"存在（Mittal，2011）。

聚焦具体技术和标准的物联网的实际发展在很大程度上是由商业利益所驱动的。在过去十年中，许多商业预测和调研报告已经绘制出了完全实现的物联网中的一些预期应用轨迹的蓝图。（European Commission，2009；Sundmaeker et al.，2010；Chui et al.，2010）2001年福雷斯特报告中谈及"X网"（The X Internet）这一概念时总结道，互联网是无聊的、愚蠢的、封闭的，"距离真实世界是如此遥远以至于媒体称其为'赛博格空间'"（Forrester Research，2001）。通过观察目前的趋势，报告推测这些智能设备将把互联网从目前的配置扩展到物理世界。物联网似乎理所当然地被视作一种对未来的愿景，但"在系统、构造和通信……中间设备、应用支持、MAC、数据处理、语义计算和搜索能力，甚至是低功耗技术方面做出了重大变革"（Yan et al.，2008：vii）。在这种阐释下，完全实现物联网仅仅是一个技术实现的问题。然而，实施中的问题及其后果离不开它的社会、文化和政治因素，因此数字人文学科应该予以密切关注。

作为"设计幻象"的物联网

当今，"物联网"已成为一个通用术语，它代表着关于未来的一系列愿景，其经常参考科幻电影或为一些科幻电影所启发，如科幻电影《少数派报告》（Minority Report）。这些电影描绘了一幅令人信服的未来图景，例如人们在日常生活中使用一些尚未被发明的人工技术制品。尽管如此，从某种意义上来看，我们通过这些科幻电影中的某些场景能认识到其对于人类未来生活的启发意义。因而，将当前的技术可能性投射到未来社会的愿景中是物联网不可分割的一部分。大部分关于物联网的报道都是以未来时态编写的：他们认为，在不久的将来，这将会发生。（维基百科"物联网"条目中的附加说明也进一步证实，"这篇文章可能包含来源不详的预测、推测性的材料或对可能不会发生的事件的描述"。）我们目前看到的技术设备只是开始，他们预测在不久的将来将会实现重大突破，只是在当前研发阶段停留时间略长。

在讨论物联网时，这种观点在过去、现在和将来之间的视角转换是很常见的。"我们现在居住在开拓者想象的普适计算的未来"，吉纳维夫·贝尔（Genevieve Bell）和保罗·多罗希（Paul Dourish）在一篇文章里探讨过普适计算的状态。他们将这一领域定义为计算机科学中的不寻常之处，因为它不是由技术问题定义的，而是基于未来可能性的愿景。物联网可以被看作这种普适计算愿景的最新迭代，是对已有技术的新呈现。我们在马克·维瑟（Mark Weiser）（1991）的另一篇基础性文章《21世纪的计算机》（"The computer for the twenty-first century"）中发现了类似的观点，这篇论文既阐明了研究过程，又为特定的未来技术奠定了修辞基调。这些愿景既能预测未来，又能引导未来技术的发展，而这绝非物联网所独有的。然而，贝尔和多罗希（2007）批评了这种技术发展的观点，认为将普适计算置于最近的未来会使得当代实践变得无关紧要。这就使在现有技术能力和相同技术的社会实现之间出现差距或者不相匹配的地方。其中，普适计算的倡导者们也考虑了在实现他们的技术愿景过程中所碰到的各类问题。

为了正确理解物联网，我们需要研究其"故事讲述者"，那些构想出未来世界的人。技术总是与他们所讲述的故事相配，正如技术历史学家大卫·奈（David Nye，2003，2006）在他整个作品中所展现的那样。布鲁斯·斯特林可能是第一个使用这个术语的人，尽管其他研究者已经做了大量工作将其发展为一个分析性概念，如朱利安·布莱克（Julian Bleecker）（2009）将"设计幻象"称为"设计、科学、事实和虚构"间的纠缠。"设计幻象"创造了一个话语空间，在这个空间里，新的未来可能出现，通过"故意使用虚构原型（Diegetic Prototypes）的方式来延缓对变化的质疑"。关键性概念在于对"叙事空间"（Diegetic）的理解，这意味着"设计幻象"中的"'技术'存在于'真正的'客观对象中……它们正常运行，人们切切实实在使用它们"（Kirby，2010：43）。例如，电影中收音机播放的音乐就是这样一个"故事叙述中"的客观对象（Diegetic Objects），而电影原声带——作为观众可以听到的而屏幕中的人不能听到的音乐——并不分属故事叙述范畴的客观存在（Tannenbaum）。它需要成为这一虚构世界中被完全实现的部分。

"设计幻象"的一个关键性论点，即设计与世界相关。它是将产品渗透到现有潜在用户的网络的一部分，使他们能够以特定方式做特定的事情，同时也影响他们对世界的思考方式。正如斯特林（未注明日期）所说的："设计幻象的重点是抓住公众的注意力，影响观众对未来的思维方式，并激发有关信息的广泛传播。"我们可以回到"智能冰箱"这一技术制品中，其试图获得准入许可而进入全世界各用户的厨房，并向它的潜在用户提出两个论点：一是如果用户升级其冰箱，他们的生活会变得更好；二是在未来，或多或少不可避免的情形是冰箱将变得越来越智能化和网络化。

  类似的未来构想也出现在智能家居的历史中，智能家居是实现物联网最具想象力的案例，从20世纪60年代的前互联网时代，家居设备由家庭主妇们通过按钮开关控制，到我们已经知道的不远的未来将会实现的住房构想——"一键式"自动化住房。这些智能家居布满了物联网的网络传感器，但很少有人看到其被任一商业市场所采用。相反，它们是新信息技术的特殊的房屋原型、实验室及测试场所。技术学者已经指出，智能家居也具有严重的性别差异。（Cowan，1985；Wajcman，2000）它们通常是由男性为女性设计的，围绕着设计师认为听起来有用的功能，而不是基于实际使用模式和需求。因此，这些设计往往以信息和通信技术为中心，而不是以家庭中的实际劳动为目标。（Berg，1999）然而，未来的变化很快，正如挪威民俗博物馆决定从2001年开始收购和展示挪威本土电信公司Telenor的智能家居；当时该公司停止了他们认为过时的未来愿景（Maihaugen）。如今，智能家居的愿景依然存在，但其"智能"特质已经在很大程度上转移到小型智能设备中，如巢恒温器、"飞利浦·秀"智能照明灯以及控制它们的智能手机。这些极具前瞻性的智能住房是原型，不过现在正在转化为具体的消费产品，普通消费者不一定想实现整个住房的智能化。这些小物件起到了"时空物"的作用，是通往未来物联网世界的门户，通过连接全世界的人与设备，也在逐渐扩大物联网的范围。

  和许多其他"设计幻象"物一样，物联网的发展通常伴随着技术的飞速进步以及创造者的巨大热情，但一般不会试图探究一个相互连接的世界现存的问题。但是，我们应该追问这种连通性究竟要解决哪些问题，以及为谁解决。对物联网的许多更有远见的探索旨在解决社会重大挑战，特别是围绕健康和环境问题。（Smith，2012）这些愿景可能值得称道，它们也证明了物联网易于成为耶夫根尼·莫罗佐夫（2013）所说的"解决主义"（solutionism）的牺牲品。

正如莫罗佐夫所指出的那样，仅仅因为某些事物具有技术上的可能性并不一定意味着这是一个很好的想法。具有潜在破坏性和革命性的新技术也不一定对所有用户都具有变革性。例如，我们或可在智能厨房的"阿喀琉斯之踵"中窥其一二。另外，在厨房里产生的实际劳动（Actual Labor）也是一个严重的性别问题，通常为国内"设计幻象"项目所忽视。（Cowan，1985；Berg，1999）

新技术与未来应用的故事相结合，我们称之为"物联网"的新兴对象、标准和数字应用群集。其不能与许多"设计幻象"物分开，但这些也揭示了它们所属的复杂的社会性的技术世界。换言之，物联网中的存在绝不仅仅是物品；它们是问题和争议、连接和关联价值、利益和行动的集合体，从不与社会其他部分隔离开来。为了做到这一点，客体对象不一定必须是智能化的和网络化的，但是物联网确实能够吸引我们的注意：客体对象的代理介质以及我们对物质世界的任务授权。

可编程世界中的数字人文

物联网是数十亿网络客体的巨大集合体，包括对网络化和革新化世界的理想投射。这个理想世界的规模和范畴令人叹服，但正如那句谚语——"魔鬼都在细节中"。笔者曾在前文谈及，物联网存在两种不同的阐释：一是技术制品中的互联性；二是关于这些技术制品何以改变世界的一系列"设计幻象"物。这两种解释都投射到未来，我们绝不能理所当然地认为未来将会采取某一形式，以及我们作为"代理中介"的位置将位于何处。笔者相信，这对于物联网在数字人文广泛视域中的地位具有相当大的影响。

在使技术制品在空间和时间上可联网化和可追踪的过程中，物联网为数字人文项目开辟了道路，这些数字人文项目突破计算机空间的束缚，进入物理世界。在物联网的可编程世界中，"数字"绝对是物理的，因此模糊了计算机和非计算机之间的界限。我们在兼具艺术性和批判性的数字人文项目中看到了这个典型案例，加内特·赫兹（Garnet Hertz）的作品"FLY"（2001）：一只植入了网络服务器的苍蝇。这种联网的苍蝇，除了通过以太网电缆连接到互联网，不能真正飞行之外，很有可能是一种飞行"时空物"，导致我们质疑这种非人类的"时空物"的观点。

数字人文领域需要数字技术的不断革新和"设计幻象"文化叙事的共同介入。如果物联网是由彼此通信的客体对象组成，难道我们不应以这种或者那种方式参与其中？"数字人文"的一项任务应该就是找到将人们引入互联网通信的方法。这需要开放、创新、想象力和技术制作。布鲁斯·斯特林曾在作品中谈及"时空物之争"的概念，其可作为数字人文学者们仿效的典范。而对于数字人文学科而言，构想并推进全新的和独特的方式去把事物关联在一起同样重要，同时也将事物推向它们的突破点并检查其他部分的适应性。这一切都归结为所有技术都具有社会性的事实。（Fischer，2014）物联网不仅仅是技术标准的集合，也是一个完整的物联网社会。

物联网由智能设备组成，它们相互通信；在理想情况下，物联网不仅可以反映人类的行为和价值观，也可以塑造人类的行为和价值观。在这种关系中，存在一个复杂的相互塑造过程，科学和技术研究（STS）学者们称其为联合制作。（Jasanoff，2004）物联网促使我们思考人类与数据的关系。其中，物联网中构想的许多元素的目的是促进人们日常生活中行为动作的自动化。这可以为其腾出更多的时间和精力，让人们参与更有意义的活动。但是，如果这些行为本是我们的一部分，又当如何？事实上，日常生活中的行为和选择都是有意义的。（Shove et al.，2007）而通过把这些委托给技术和预测算法，是将技术置入我们的生活结构中或解构我们所处的生活结构吗？在物联网中，我们不仅将收集和处理大量信息，并授权给计算机，而且还有权基于该信息采取相应的行动。

这种授权给科技的做法并非全是原创，正如布鲁诺·拉图尔（Bruno Latour）在其经典文章《让人类和非人类融合相处：闭门器的社会学》（"Mixing Humans and Nonhumans Together: The Sociology of a Door-closer"）中阐释的那样。事实上，拉图尔的词汇似乎是用来解释围绕物联网的人类与非人类之间的复杂互动。在拉图尔的坚持下，如果我们想知道非人类做什么，"只要想象一下，如果没有这个角色，其他人或其他非人类将会做什么"（Johnson，1988：299），就会很容易得出结论："授权"只是用一种更有效的方式去做相同事情的技术，从而代替一个或多个人类行为。然而，在将任务转移到物联网的过程中，出现了新的可能性，一些是协同效应，另一些是意外收获。

让我们再次回到"智能冰箱"的案例中，解开其算法中固有的授权关系、价值预估和社会关系的层次。假设你是少数在厨房里有智能冰箱的人之一，你可以把它留在厨房，让其推荐新的食谱、罗列购物清单，甚至可以直接让其在商店官网订购食物。我们可以假设指导其预测性选择的算法可能允许某种类型的用户反馈和偏好，如"不，我今天不想吃这个""尽可能选择生态环保的食材"或者"选择最便宜的食材"，但是当其从智能浴室那里听到它的主人的体重正不断增加时，智能冰箱将如何去处理？政府是否会要求或者鼓励智能冰箱去考虑公共卫生建议？简言之，用户的偏好和价值观被授权给智能冰箱，有些用户会为自己预设相关算法。当计算机预测到用户的需求时，界面就会消失，甚至计算机也会消失。（Weiser，1991）物联网与计算机的交互是一种根本不同的方式，但需要更多地了解目前所发生的有关伦理道德方面的授权。行为和伦理是密切相关的，所以当我们主动授权给科技（我们已经进行很长时间了）时，我们其实也把"伦理"一并授权给科技。有关训练计算机能做出伦理道德判断的问题，正是目前谷歌无人驾驶汽车所面临的问题——如果在某一情境中，无人驾驶车需要采取规避策略：是否为救两个人而杀死另外一个人，面对这类问题，它应该怎么处理？每当人们尝试自动化处理类似的情形时，不仅需要在设计过程中嵌入特定的阐释、价值观和权力关系，也需要过滤掉其他处理事情或者评估事物的方法。这些"过滤机制"作用于改变世界的过程并不总是透明和开放的，这在物联网这个迅速发展的商业领域变得非常明显。

　　基于短片《由玻璃构成的一天》进行深入思考，物联网下的智能冰箱和其他"设计幻象"物——特别是那些没有被讲述的故事——可以提供与数字技术在当代社会中的地位有关的很多深刻见解。他们向我们展示了一个有关可编程世界未来的强大愿景，因此，人文学者也应该参与其中，无论你是否声称自己是数字人文主义者。在《由玻璃构成的一天》中显而易见的富有的家庭从未被技术制品所呈现的信息淹没，这些信息已经被某种形式的算法所过滤，这种算法能够在任何给定的时间判断哪些信息是有价值的。它们很少与屏幕外的人进行互动。事实上，他们所居住的城市空间似乎相当空虚和贫瘠。另外，"屏幕"也为用户提供了一种解决交通拥堵问题的方式：当汽车的GPS系统引导驾驶员沿着路况较好的街道行驶时，可以规避这种交通拥堵。呈现在我们眼前的是一个由技术制品而不是人类组成的世界。史蒂文·杰克逊（Steven J. Jackson）（2014）对当今信息技术似乎存在于世的观点提出质疑。"这是19

世纪人们想象中的进步与领先、新奇与发明、开放与发展的前沿世界吗？"还是说"21世纪的世界充满了风险与不确定性，增长与衰退，破碎、消解与崩塌？"（Jackson，2014：221）虽然指出世界中令人沮丧的状态不一定是人文学科的主要任务，但其也将是一个有力的提示：这个世界充满了不均匀分布的紧张、冲突、束缚、价值倾向和权力关系，物联网需要在一个破碎和混乱的世界中找到自己的位置。

《由玻璃构成的一天》呈现给我们的是一个没有摩擦、平滑的世界，可能是物联网中极具吸引力的景象。和"时空物"相碰撞能促使我们以一种特别的方式理解物联网中潜在的授权意义和价值意义。和所有的基础技术制品一样，物联网也需要维护、修改、调解和归化，才能成为我们可以接受的技术制品。杰克逊认为，我们应该将崩塌、消解、改变作为我们开展一切工作的起点，而不是创新、发展和构想。世界在不断地崩塌，但它也在不断地被修复、改造、重新配置和重新组装。基于詹内特·阿巴特（Janet Abbate）对早期互联网（2000）历史的贡献，杰克逊认为互联网的发展主要在于解构和打破，"突破现有规则和行为规范，并围绕它们进行实践，几乎偶然地留下了我们现在列举的一些互联网的关键点和独特优点的特质"（Jackson，2014：228）。

这些突破点为数字人文领域的物联网研究开辟了道路。马克·桑普尔（Mark Sample）的著作《站台51000》（*Station 51000*）中设置的推特机器人（Twitterbot）就是一个如何突破这些难点的例子。他呈现给我们的是一个迷失在海洋中的漂浮的"时空物"，通过赫尔曼·梅尔维尔（Herman Melville）《白鲸》中的马尔科夫链式的内容注入了某种人性。"站台51000"是一个为国家海洋和大气管理局（National Oceanic and Atmospheric Administration）收集环境数据（风向、速度和阵风，大气压，空气和水温）的数据浮标。它原本停泊在夏威夷郊外，于2013年初开始漂流，但仍在继续传输数据。然而，由于这些浮标应该固定在一个地方，因此它没有GPS传感器，也没有方式定位其具体位置。桑普尔通过物联网巧妙的"拼接"使浮标变成了一个讲故事的人，当它自身生成并发送数据时，听起来如此发散与真实。例如，在2014年5月14日，这个迷失的浮标在推特上写道："注意，气压为30.09英尺并在下降。于非法海域。这是一个非常寒冷的冬季场景。"（Station 51000，2014）这是物联网通过移动、收集和传输碎片数据给任何想要了解的人。在《站台 51000》中，当桑普尔聚焦这一漂浮"时空物"时，正类似伊恩·博格斯特（Ian Bogost）所谓的木匠——"把手工制品作为哲学实践来建构"，一种通过制造而非写作的形式来进行哲学探究的形式。（Bogost，2012：92）正如桑普尔（2014）所说，人文学科的一个作用是思考这些突破点和难点，直面和保留模糊点，而不是努力去消除它们。物联网充满了无法轻易解决的模糊点和冲突点。物联网产生的数据信息越多，数据信息背后潜藏的人文内容就越重要。如果以批判性的、严谨的视角进行战略部署，"时空物"及其"设计幻象"物在数字人文领域有着广泛的应用前景。马克·桑普尔和加内特·赫兹等学者已经开始积极寻找联网化、智能化技术的突破口。这种对物联网的黑客攻击和争议可以在技术和叙事层面上进行，通过构建和打破、引入摩擦和探索碎片数据，同时对其意义和重要性进行质疑。

物联网时代即将到来。这种情况已经持续了一段时间，而且很可能持续下去。然而，在争取新事物的过程中，我们不应对旧事物的冲击毫无准备。我们永远不会从零开始。像物联网这样的基础设施建设必须按其原样在世界上发挥作用，必然用历史来分层，并填充一些不适合的元素。物联网的基本标准和使用模式很可能反映与世界其他地区相同的边界和权力关系。我们需要反思过去学者们对未来的展望。当事物变得无处不在并且普遍存在时，它也会变得无形并且被视为理所应当的存在。解构这种"被视为理所应当的存在"的方式之一即是：在事物变得"普遍"之前，观察其时间和地点。"时空物"不仅能够让人们了解世界上正在进行的实践和过程，它们还为参与这些过程提供了切入点。数字人文研究者应以更有意义的方式去应对这些与"时空物"有关的争论的挑战。

参考文献

[1] Abbate, J. 2000. *Inventing the Internet*. Cambridge, MA: MIT Press.

[2] Ashton, K. 2009. That "Internet of Things" thing. *RFID Journal*, http://www.rfidjournal.com/articles/ view?4986 (accessed May 23, 2014).

[3] Bell, G., and Dourish, P. 2007. Yesterday's tomorrows: notes on ubiquitous computing's dominant vision. *Personal Ubiquitous Computing* 11 (2), 133–143.

[4] Berg, A.J. 1999. A gendered socio-technical construction: the smart house. In *The Social Shaping of Technology*, ed. D. MacKenzie and J. Wajcman. Buckingham: Open University Press, 301–313.

[5] Bleecker, J. 2009. Design fiction: a short essay on design, science, fact, and fiction. Near Future Laboratory. http://nearfuturelaboratory. com/2009/03/17/design-fiction-a-short-essay-on-design-science-fact-and-fiction (accessed May 23, 2014).

[6] Bogost, I. 2012. *Alien Phenomenology, or What It's Like to Be a Thing*. Minneapolis: University of Minnesota Press.

[7] Chui, M., Löffler, M., and Roberts, R. 2010. The Internet of Things. *McKinsey Quarterly* March 2010. McKinsey & Company.

[8] Corning Incorporated. 2011. A day made of glass: Corning's vision for the future. http://www. corning.com/adaymadeofglass (accessed May 23, 2014).

[9] Cowan, R.S. 1985. *More Work for Mother: The Ironies of Household Technology from the Open Hearth to the Microwave.* New York: Basic Books.

[10] Doctorow, C. 2005. Bruce Sterling's design future manifesto: viva spime! *Boing Boing.* http:// boingboing.net/2005/10/26/bruce-sterlings-desi.html (accessed May 23, 2014).

[11] Dodson, S. 2008. Foreword: A tale of two cities. In *The Internet of Things: A critique of ambient technology and the all-seeing network of RFID*, ed. R. Kranenbourg. Network Notebooks 02. Amsterdam: Institute of Network Cultures.

[12] EpoSS. 2008. *Internet of Things in 2020: A Roadmap for the Future.* Brussels: European Commission.

[13] European Commission. 2009. *Internet of Things. Strategic Research Roadmap.* Brussels: European Commission, Information Society and Media DG.

[14] Fischer, C. 2014. All tech is social. *Boston Review*, August 4. http://www.bostonreview. net/blog/ claude-fischer-all-tech-is-social (accessed October 13, 2014).

[15] Forrester Research, Inc. 2001. The X Internet. *The Forrester Report*, May 2001. Cambridge, MA: Forrester Research Inc.

[16] Heckman, D. 2008. *A Small World: Smart Houses and the Dream of the Perfect Day.* Durham, NC: Duke University Press.

[17] Hertz, G. 2001. FLY (http://139.142.46.159).Mendel Art Gallery, Saskatoon, Canada.

[18] Jackson. S.J. 2014. Rethinking repair. In *Media Technologies: Essays on Communication, Materiality and Society*, ed. T. Gillespie, P. Boczkowski, and K. Foot.

Cambridge, MA: MIT Press.

[19] Jasanoff, S. 2004. The idiom of co-production. In *States of Knowledge: The Co-Production of Science and the Social Order*, ed. S. Jasanoff. London: Routledge.

[20] Johnson, J. [B. Latour] 1988. Mixing humans and non-humans together: the sociology of a door-closer. *Social Problems* 35 (3), 298–310.

[21] Kirby, D. 2010. The future is now: diegetic proto-types and the role of popular films in generating real-world technological development. *Social Studies of Science* 40, 41–70.

[22] Maihaugen (undated). Fremtidshuset. http://www. maihaugen.no/no/maihaugen/Velg-ditt-Maih augen/Aktiviteter-for-ungdom/Fremtidshuset (accessed May 23, 2014).

[23] Mittal, P. 2011. How digital detectives deciphered Stuxnet, the most menacing malware in history. http://www.wired.com/2011/07/how-digital-detectives-deciphered-stuxnet (accessed May 23, 2014).

[24] Morozov, E. 2013. *To Save Everything, Click Here: The Folly of Technological Solutionism*. New York: Public Affairs.

[25] National Oceanic and Atmospheric Administration (undated). Station 51000 (LLNR 28007.5) – Northern Hawaii One – 245NM NE of Honolulu HI, http://www.ndbc.noaa.gov/station_page.php? station=51000 (accessed May 23, 2014).

[26] Nye, D. 2003. *America as Second Creation: Technology and Narratives of New Beginnings*. Cambridge, MA: MIT Press.

[27] Nye, D. 2006. *Technology Matters: Questions To Live With*. Cambridge, MA: MIT Press.

[28] Proofpoint. 2014. Proofpoint uncovers Internet of Things (IoT) cyberattack. Press release, http:// www.proofpoint.com/about-us/press-releases/ 01162014.php (accessed May 23, 2014).

[29] Sample, M. 2013. Station 51000, Twitter account. https://twitter.com/_lostbuoy_ (accessed May 23, 2014).

[30] Sample, M. 2014. Difficult thinking about the digital humanities. http://www.samplereality. com/2014/05/12/difficult-thinking-about-the-digital-humanities (accessed May 23, 2014).

[31] Shove, E., Watson, M., Hand, M., and Ingram, J. 2007. *The Design of Everyday Life*. Oxford: Berg.

[32] Smith, I.G., ed. 2012. *The Internet of Things 2012: New Horizons*. Internet of Things

European Research Cluster.

[33] Station 51000. 2014. Note the air pressure at 30.09 inches and falling. Who in the lawless seas. It's a Hyperborean winter scene. Twitter, https://twitter. com/_LostBuoy_/statuses/466678617649729536 (accessed May 23, 2014).

[34] Sterling, B. (undated). Futurism: design fiction for media philosophers. European Graduate School. http://www.egs.edu/faculty/bruce-sterling/ lectures (accessed May 23, 2014).

[35] Sterling, B. 2004. When blobjects rule the earth. http://www.viridiandesign.org/notes/401-450/ 00422_the_spime.html (accessed May 23, 2014).

[36] Sterling, B. 2005. *Shaping Things*. Cambridge, MA: MIT Press.

[37] Sundmaeker, H., Guillemin. P., Friess, P., and Woelfflé, S., eds. 2010. *Vision and Challenges for Realising the Internet of Things*. Brussels: European Commission, Information Society and Media DG.

[38] Swan, M. 2012. Sensor mania! The Internet of Things, wearable computing, objective metrics, and the quantified self 2.0. *Journal of Sensors and Actuator Networks* 1, 217–253.

[39] Tannenbaum, J.G. (undated). What is design fiction? Message posted to http://www.quora.com/What-is-design-fiction (accessed May 23, 2014).

[40] Verbong, G.P.J., Beernsterboer, S., and Sengers, F. 2013. Smart grids or smart users? Involving users in developing a low carbon electricity economy. *Energy Policy* 52 (1), 117–125.

[41] Wajcman, J. 2000. Reflections on gender and technology studies: in what state is the art? *Social Studies of Science* 30 (3), 447–464.

[42] Wasik, B. 2013. In the programmable world, all our objects will act as one. *Wired*, http://www.wired. com/2013/05/internet-of-things-2 (accessed May 23, 2014).

[43] Weiser, M. 1991. The computer for the twenty-first century. *Scientific American*, September, 94–104.

[44] *Wikipedia* (undated). The Internet of Things. https://en.wikipedia.org/wiki/Internet_of_Things (accessed May 23, 2014).

[45] Yan, L., Zhang, Y., Yang, L.T., and Ning, H. 2008. *The Internet of Things: From RFID to the Next-Generation Pervasive Network Systems*. Boca Raton, FL: Auerbach Publications.

4. 协作和基础设施

詹妮弗·埃德蒙（Jennifer Edmond）

系统中的变化可以是渐进的、有机的，也可以是突然的、具有破坏性的。随着时间的推移，正如现在我们所知道的，数字人文学科已经作为两者的产物出现了。从表面上看，这个领域似乎在很大程度上是受破坏力的影响形成的。从罗伯特·布萨（Robert Busa）和国际商业机器公司（IBM）合作的"阿奎那项目"，到20世纪90年代地理信息系统（GIS）技术所达到的可承受能力的分水岭，再到虚拟世界建模、增强现实技术和物联网的新兴应用，推动数字人文学科发展的技术一般都是从外部进入这一领域。

但并非所有塑造数字人文学科的力量都来自外部。这一研究领域内的其他变化源于人文学科转向数字化之前的长期传统：学术社区的重要性、学者与其资源和工具的关系，以及这些资源和工具的维护机制。因此，协作实践和定制的基础设施模型的出现是塑造数字人文学科的两个典型的例子，且这些力量不是从外部引入的，而是从内部产生的，随着时间和空间的推移而逐渐增长，考虑并适应已经存在的范式。（Edwards et al.，2007）这种发展，既有变化性，也有连续性，并对传统研究范式提出了挑战。当那些涌现过程试图取代或改变一个既定领域的认识论或方法论基础的时候，情况更是如此。这些知识创造性范式不仅代表了对构建理解模型的理想模式的感知，而且常常作为衡量成就感或归属感等其他社会重要指标的重要介质。

协作与数字人文

在数字人文学科中，协作的需求在其开创性实践的神话中具有不可或缺的地位。布萨对IBM科学家们提出挑战，即让他们实现其座右铭：只要时间允许就可以做不可能之事。（Busa，2009：3）这在许多方面代表了数字人文理想的愿景：尖端技术发展和深度模拟学术知识挑战彼此的范式、促进彼此的工作并验证彼此的成果。尽管数字人文项目可能必然具有强烈的协作性，但在它们经常产生和运行的传统人文环境中，在其运作模式或培训系统中，它们通常并不是为了促进协作而组织起来。"独立学者"（Singleton Scholar）范式根深蒂固，一种基于协作的研究方法很容易被视作不仅是对学术传统的补充，也是对传统研究范式的威胁。这并不是说人文学科研究学者不在一起工作，因为他们在学术部门、学术团体、大型或小型的学术会议和专业会议上都是这样做的；这就是安斯沃斯（2003：6）所说的"合作"（cooperative）而不是"协作"（collaborative）的互动模式。但是，正如术语的这种转换所暗示的那样，许多人文学者在一定程度上对知识的共同生产感到满意是有明显局限性的。这是一种文化范式，即在许多其他学科传统中存有的神秘根源。（Real，2012）例如，即使在数字人文学科领域，出版规范仍然强烈倾向于单一而非多个作者，在该领域期刊的同行评议中，模糊了协作多方在如何取得成果方面的核心作用。（Nyhan and Duke-Williams，2014）因此，透过协作实践的转变或可更好地观察到，与其说数字人文项目创造的作品是如何传播的，不如说在数字人文作为一个研究领域日渐成熟的过程中，它的概念和理论发生了怎样的变化。这些趋势表明了以团队协作和项目管理要求为特征的研究项目的新兴观点与受好奇心驱动和满足学术目标的传统价值观之间的张力关系，以及其日益融合的趋势。

在学术研究文化中，许多关注系统性和社会性问题的学者在过去十多年中注意到并研究了这种张力，特别是随着与数字人文学科相关的方法和手段的出现和普及（尽管有些违背传统研究范式）。最早的一些关于数字人文学科协作的应用性项目（通常是跨学科研究）自管理科学中诞生，并且产生了一些非常有用的结果。早期发现的一些问题包括：关系层面与任务层面的成功与失败（Kraut，1987）；研究者质量目标与组织效率目标之间的潜在冲突（Fennell and Sandefur，1983）；缺乏通用词汇以描述来自不同背景的专家之间的项目过程和见解（Fennell and Sandefur，1983；另见Bracken and Oughton，2006）；文化差异（Amabile et al.，2001；另见Siemens and Burr，2013）；领导力的重要性（Amabile et al.，2001；另见Siemens，2009）以及在项目实践中对过程、管理结构或角色定位关注不足所产生的成本（Amabile et al.，2001）。而这一传统延续至今，其原因基于数字人文研究项目中出现问题的项目，但也与许多项目环境相关，例如与团队成员自身具有（或缺乏）的相关问题有关。（Siemens and Burr，2013）

随着时间的推移，一个更为具体的工作体系出现了，因为数字人文项目中存在的问题不仅仅是两个或两个以上的研究者为一个共同的目标或成果作出贡献。文献中最常见的一个定义即将"协作"（collaboration）定义为"通过互动、信息共享和活动协调，将有不同兴趣的人们聚集在一起，以实现共同的目标"（Jassawalla and Sashittal，1998：51，我所强调的）。如果数字人文学科的核心协作仅仅是指那些背景相似、认识论期望相似、研究过程和交流规范相似的研究者之间的协作，那么围绕这个话题的探讨肯定不会那么令人忧虑。但是数字人文学科所包含的研究领域范围很广，包括资源开发、特定研究问题和方法、评估、政策、标准、教学和软件开发等。（Terras，2001）数字人文学科作为一个领域，本质上是跨学科的，而且常常是跨部门的，在这些特点中，存在许多具体的日常挑战源自这个领域的项目协作。数字人文协作所带来的各种观点需要将非常不同的知识立场和工作文化进行交织，例如一个主要接受历史或文学等学科训练的人文主义者、一个计算机科学家或软件开发人员，以及信息管理或图书馆学的一个分支。

因此，最为成功的数字人文协作案例的关键区别在于，它们不仅监控和管理可能出现在此类任务层面和关系层面的所有困难，而且从一开始就要确保项目目标为所涉及的各个学科或专业提出有趣的研究问题或将作出其他有价值的实质性贡献，使团队成员对自己的角色保持清晰的认识，并尊重团队中其他成员的角色。简而言之，数字人文团队和所有高绩效团队一样，需要个人目标和团队目标之间的信任和协调（Siemens，2009）；其中，信任与协调这两个基本特质，在跨学科划分以及在结构化的相互竞争的需求、有效的项目管理和以好奇心驱动的研究的游牧性之间进行培养可能特别具有挑战性。如果缺少了这两个基本要素中的任何一个，潜在的地位（不是个人的，而是整个知识领域的）问题可能会出现，并破坏协作者之间至关重要的关系。（Fennell and Sandefur，1983; Siemens et al.，2011）在最糟糕的情况下，基于知识共享精神的团队协作可能变质为令人不适的默认等级体系下的协商，其中一些参与者（无论其专业知识或资历如何）甚至感觉自己像服务提供者，在其他数字人文项目组织者的领导下工作。即使在数字人文项目跨学科协作（即数字人文研究人员和数字图书馆员之间）最为常见的一种二进制文件中，态度、准备、期望、享受和总体目标之间的巨大鸿沟仍然存在。相关的视角差异，如果没有得到承认和管理，可能会极大地破坏信任的框架。而这种信任框架支撑着团队的士气，有助于提高团队的效率。正如一位数字图书馆员所说："我们非常注重服务，但我们不希望这与奴役捆绑相混淆。"（Siemens et al., 2011:342；另见 Short and Nyhan, 2009; Speck and Links, 2013）

协作项目的失败通常始于无法想象可能的结果或未能预测到可能的结果，未能鼓励项目团队及其领导进行公开对话。你无法通过一个项目计划来确保这种创造力，但有时你可以确保某一特定人员的在场，这一研究人员在数字人文领域的学术协作研究中出现了多年。这些人被描述为"中间人"（intermediaries）（Edmond, 2005）、"译介者"（translators）（Siemens et al., 2011：345），或者称为"混合人"（hybrid people）（Liu et al., 2007; Lutz et al. 2008; 引自 Siemens et al., 2011：345），他们提倡跨学科文化交流，鼓励思想开放包容。尽管这些人无法建立所需的尊重和信任，以确保跨学科协作的成效和丰富性，但他们可以确保爆发点得到识别和管理，并且可以利用机会来开发一种共同语言，将可能具有非专业意义和专业意义的术语融合在一起（"数据""标准"），并引导可以激发跨专业的共享隐喻的出现。（Bracken and Oughton, 2006）不过应该说，担任此角色所需的技能仍然相对较少，而且这种现象很有可能会持续一段时间。在美国，像alt-ac运动（Nowviskie, 2010）之类的积极推力在为这一群体的出现奠定基础方面取得了重大进展，但总的来说，这项工作通常所处机构的奖励机制和根深蒂固的等级制度必须在某种程度上让位于对这类通才的接受，然后才能对这些人进行系统、公正的培训与奖励。

在数字人文领域，还存有一个有进一步协作可能的维度，它超越了项目和开发团队的范畴。在约翰·安斯沃斯（2003）关于协作模式的文章中，他假定，除了数字人文学科所培养的学科内的和跨学科合作的模式外，还存在第三种协作模式：通过文化或创造性数据与技术的互动，即与读者的互动来实现。如果数字时代的学术交流要克服以电子格式提供的印刷文本为基础的出版文化，那么读者也将以不同的方式看待其中所包含的论断和证据、来源以及公开（如主题）或隐藏（如数据库结构）的知识组织。这就是戴维森（Davidson）（2008：711—712）所说的"人文2.0版"（Humanities 2.0）："与具有里程碑意义的第一代基于数据的项目的不同，不仅在于其交互性，还在于其基于不同理论前提的参与开放性，这些理论前提使得知识和权威不再处于中心地位。"

基础设施

不管人文研究从个人范式向协作范式转变的性质或复杂性如何，这些变化能确保的一件事即是，一般人文研究项目的规模将会扩大。这一转变对研究环境提出了不同的要求。更大的规模、跨学科的方法，以及宏观环境中总体上更快的交流周期对支持研究所需的基础设施提出了新的要求。

基础设施，包括研究基础设施（research infrastructure）、知识基础设施（knowledge infrastructure）或网络基础设施（cyberinfrastructure），对不同的人而言这可能意味着完全不同的事物。例如，功能性的高速宽带链路显然是现代研究的必要工具。但这是一般工作所需的必要工具，而不仅仅是用于研究。一些人引用预印本或机构知识库作为基础设施的例子（Lynch，2003；Pritchard，2008）；虽然这些资源对机构数据和知识管理有很大贡献，但它们不一定对新研究的积极实施与推进产生直接影响。工具有时会出现，并被视作潜在基础设施的要素；但这并不是孤立的工作，也不是协作的（自相矛盾的是，它威胁用户而不是激励用户）工作（Wheeles，2010）。知识共享也被认为是许多候选基础设施的主要目标（Wheeles，2010），但尚不清楚如何为此创造一个更为持久的环境。从更高层面来说，数字人文学科的术语"基础设施"已被定义为包括"数字环境的集合及解释它们的软件"（Arms and Larsen，2007），"智力范畴……物质制品……组织……商业模式和社会实践"（Crane et al.，2009）或者"制度结构……加上使信息易于访问的学术项目的工具"（Brown and Greengrass，2010：1）。

从数字图书馆或国家资源库到工具包、标准、数据存储和知识市场，许多旨在纳入基础设施项目的倡议现在已经出现并发展到相对成熟的程度。这些发展通常试图从更大范围的数字人文学科（信息管理、人文研究、软件基础）中的一个基本知识库中推断出范式。然而，当把某一个部分抽取的范式应用于整体时，结果通常应该是集成，而不是比以往存在更大的碎片化。不幸的是，类似这种开发的事例比比皆是：没有明确应用程序的软件工具，根据过时的技术标准开发的研究项目，或者在数字图书馆中既没有凝聚力也没有元数据来解决真正的用户需求。

正如学术界内部协作意义的转变一样，如何为人文学科的知识创造提供基本平台的转变，并不是作为从一个可定义的点向外扩散的涟漪来转变的，而是作为一种内在的、对汇聚在数字人文学科悠久历史中至关重要的内容来转变的。无论人们是否同意将网络基础设施描述为其经历了"漫长的现在"（Edwards et al., 2007：3），一段时间以来已经很明确的是，原有的知识基础设施——图书馆、档案馆和博物馆——正不断得到补充完善，并正在朝着变革的方向发展。当前对基础设施的碎片化定义和概念化理解是有机变化的另一个结果，这些有机变化构成了数字人文学科产生转变的一部分，并使得数字人文学科得以存在，传统的和有价值的范式正面临着基于用户和用户的新概念化的竞争。这似乎是一种现代现象，但事实上，它的根源在历史上是非常深刻的。当然，到了19世纪，人们可以看到像利奥波德·冯·兰克（Leopold von Ranke）这样的历史学家的崛起、利奥波德对历史的书写，"实际上是"开始挑战诸如安东尼·帕尼齐（Anthony Panizzi）这样的图书馆员的价值判断标准。安东尼·帕尼齐之所以被人们铭记是其里程碑式的91条编目规则，以及拒绝托马斯·卡莱尔（Thomas Carlyle）在英国国家博物馆图书馆获得的未加编目的资料。这两个人之间的矛盾集中体现了以创建历史记录的名义联合和操纵资料与以保护历史记录的名义管理和保存资料之间的张力关系。

2006年，围绕这一观点的分歧最终出现在一个明确而公开的宣言（至少就人文学科的数字研究基础设施而言）上。两份报告的发布标志着网络基础设施时代的到来，其中一份报告出自欧洲，另一份报告出自美国。这两份报告分别是由美国学术团体协会发布的研究报告《我们的文化共同体》（*Our Cultural Commonwealth*，2006）和欧洲研究基础设施战略论坛（ESFRI）出版的研究报告《欧洲研究基础设施路线图》（*European Roadmap for Research Infrastructures*，2006）。这两份报告都指向了一个方向，即远离数字图书馆、档案馆和与人文学科基础设施研究并驾齐驱的博物馆，并基于数字时代用户需求概念的不同构建一个新的模型。

从那一刻起，在开发数字、虚拟或网络基础设施以促进文化空间的研究和发现方面，人们开始急于制定行动方案以响应这一双重号召。竹子项目（The

Bamboo project）于2014年结束，尽管没有留下数字研究工具目录（Digital Research Tools Directory，简称DiRT），但是19世纪电子学术的网络基础设施（Networked Infrastructure for Nineteenth-Century Electronic Scholarship，简称NINES）已经逐渐改变其发展运营模式以满足其社区的需求，并促进了相关项目的启动，如第十八连接（Eighteenth Connect）和中世纪学术电子联盟（Medieval Scholarly Electronic Alliance，简称MESA）。在欧洲，艺术和人文数字研究基础设施于2011年从筹备阶段进入建设阶段，并于2014年，其根据欧洲委员会（European Commission）欧洲研究基础设施联合体（European Research Infrastructure Consortium，简称ERIC）文书成为一个独立的法律实体。它还在欧洲大屠杀研究基础设施（European Holocaust Research Infrastructure，简称EHRI）、欧洲协作数字档案研究基础设施以及在和考古数据项目同等的项目ARIADNE中催生了一个与项目相关的生态系统，这些项目更多的是根据具体的主题实践社区而不是时代来定义的。随着定制研究基础设施的兴起，其内容往往缺乏将其与特定图书馆或档案馆联系起来的来源，而数字图书馆和档案馆方面也出现了创造出更适用于研究人员的使用模式的趋势，旨在为研究者创造更多便利的使用模式，例如借助HATHI Trust科研中心（HATHI Trust Research Centre，简称HTRC[①]）和拟议开发的定制欧洲研究平台。（Dunning，2014）

这一列举也绝不是详尽无遗的，即使是在声明或暗示是基础设施的大型平台开发的有限空间内也是如此。在其他地方列出并讨论了很多其他候选基础设施项目。（例如，Anderson，2013；Speck and Links，2013）尽管他们都宣称自己居于人文学科数字研究基础性地位，但即使是这一小部分的列举，也代表了相当多的方法和愿景。这在定义什么是基础设施架构时是很常见的，以至于斯塔尔（Star）和鲁莱德（Ruhleder）（1996：38）声称我们需要认识到基础设施概念的关系性质，不是问"它是什么"，而是问"什么时候……"。因此，一种定义基础设施的更有用的方法不是捕捉它是什么，而是捕捉它做了什

[①] HTRC是HATHI Trust项目的科研分支，而HATHI Trust则是一个综合性书籍文献资源仓储，它致力于为学术研究及教育领域就这些资源提供数据接口。HATHI Trust目前已与超过100个重要科研机构及图书馆合作，共同致力于为文化资源的永久性保存及获取提供保障。HATHI Trust的合作成员遍布全球。——译者注

么，或者更确切地说，它是如何做到的。真正的基础设施，当它正常工作的时候，就会从视野中消失：正如我们不会惊叹于将我们送到目的地的道路，也不会惊叹于墙上插座中的电流。

基础设施具有一个特征，被人们称为"低于工作水平"（below the level of the work）（Edwards et al., 2007），在不确定如何执行任务的情况下为任务顺利完成提供便利。只有在这个层面上，对研究的支持才能在学术工作中无处不在，同时也处于不可见的状态。格雷戈里·克兰（Gregory Crane）评论说："2008年的基础设施工程迫使古典文学和人文学科的研究人员开发自主的、基本上孤立的资源。"（Crane et al., 2009）为回应克兰的困惑安德森阐释了基础设施的愿景，将它的本质定义为"存在于使个人和社区能够围绕多模态内容和界面创建属于自己的叙述的链接和连接中，而不管这些内容可能位于何处"（Anderson, 2013: 18）。爱德华兹和安德森都看到了克兰所疏忽的地方——跨资源的集成，使得灵活的连接（在工具、资源、标准和社区之间）得以建立、调整、删除和重构。简而言之，基础设施不应该强迫没有需求的群体，而应该默默地支持具有强大生产力的群体。

但是，要达到"低于工作水平"并不像听起来那么容易，因为将目标定得远远低于这个水平和高于工作水平太多会带来同样的风险。在基础设施开发中，必须始终在为最大可能的影响进行设计（从而冒着开发过于通用的工具或环境的风险）和在功能或特定性水平过高（远高于大多数潜在用户的"工作"水平）地设计之间取得平衡。即使在数字人文学科领域，接受过传统人文方法培训的研究人员也很难充分描述其工作习惯和基本要求，以便有效地将其转化为技术。另外，这一挑战并不是数字人文学科所独有的。露西·萨奇曼（Lucy Suchman）（1995）的研究表明：在任何背景下谈论工作而又有意剥离出所有重要的偶然性层面和工作知识类型之间的相互关系是多么困难。同时，对这一困难的认识促成了敏捷编程（Agile Programming）和参与式设计在数字人文学科中的应用，这是一种基于协作的解决方案，并取得了一些成功，但其在某种程度上仍然是正确的，尽管在某些情况下想象力的限制阻碍了数字人文基础设施的发展，但在其他情况下，却是许多对人类大脑来说并不太困难的技术难题（Borgman, 2007），比如说笑话（Taylor and Raskin, 2013）或者游戏（Drake and Uurtamo, 2007）。

在对变革性数字人文基础设施缺乏统一愿景的情况下，我们将继续依赖原有的知识基础设施——图书馆、档案馆和主题馆藏。这种基础设施模型（即提供访问源的基础设施）是许多基础设施项目的核心要素，但是即使在新的环境中，源（source）的定义也面临诸多挑战。这种压力有些来自新兴的内容来源，如众包材料或学者生产的资源集合。但是，围绕源的其他问题直接来自将图书馆或档案馆的功能概念化，以长期保证作为文化资源的存储安全。然而，如果我们的目标是"信息应该永远存在"，那么我们就面临着一个两难的境地。对于数字资源的维护介于传统角色和专业领域之间，因此对其责任仍然是模棱两可的。当然，即使是在机构内部或机构之间经历了艰难的交接，许多研究者也会认真维护他们的项目，但其他人可能出于职业或个人原因需要继续从事其他项目，或者实际上他们可能会退休、离开该行业或死亡。在其他情况下，机构存储库或图书馆（例如2010年北卡罗来纳大学围绕克雷茨马尔（Kretzschmar）和波特（Potter）的讨论以及2013年英国诺丁汉大学围绕澳大利亚纽卡斯尔大学数据存储库报告的讨论）、国家资助中心（例如，荷兰数据存档和网络服务中心项目[①]、英国网络数据中心[②]或爱尔兰数字存储库[③]）或超国家基础设施（例如，艺术和人文数字研究基础设施）可能承担一项目或其中的一部分。但是，要保证数据和界面都能以近乎永久使用的方式提供，这是一个极其困难和昂贵的承诺。因此，如此多数字人文项目的长期命运仍然具有不确定性也就不足为奇了。

此外，尽管数字学术的开放性通常被认为是优于印刷出版物的优势，因为它允许作者在发现新的材料和文件时将其补充到数字化研究成果中，但数字学术的这种开放性也可以被解释为其最大的弱点之一。数字项目难以完成（Kretzschmar，2009），而且即使是一个没有添加任何新信息的项目，也需要比任何一本书获得更多的维护才能在20年内保持可用性。同时，数字对象和项目的需求性质直接与其主导的资助模式相对立，这种模式是基于有限的长期资助来创造研究成果，但不是维持研究成果。

因此，显然有必要将数字资源的长期可持续性作为数字人文基础设施支

---

① 数据存档和网络服务中心项目：Data Archiving and Networked Services（DANS）
② 英国网络数据中心：UK Networked Data Centres
③ 爱尔兰数字存储库：The Digital Repository of Ireland

持的目标之一。但是，不同的组织追求这一目标的方式截然不同。许多人已经注意到了数字人文科学的社会方面，比如19世纪电子学术的网络基础设施项目提供在线资源以进行同行评审的方法，或者艺术和人文数字研究基础设施根据"虚拟能力中心"的理念构建的组织。其他人则试图利用技术进步来增加价值，而不一定试图复制数字存储库、档案馆和图书馆已经在做的重要工作。这些项目认识到对个人藏品和/或物品进行编目所固有的能力以及知识和资源的某种局限性，因此转而寻求利用关联数据的可能性来为聚合或联合源增加价值，而无须进行相同级别的提升、在内容提取前为系统中的每个项目创建元数据记录所需的前期投资。欧洲协作数字档案研究基础设施和澳大利亚人文网络基础设施（HuNI）等项目以这种方式关注人文研究过程的调查和发现阶段，不仅希望提高研究效率，而且希望恢复实物收藏研究中出现的意外情况，数字数据管理技术在很大程度上已经从研究过程中脱颖而出。（Edmond，2013；Burrows，2013）尽管这些项目可能仍处于发展阶段，但它们也为新一代的数字人文基础设施指明了方向，有效地将数字图书馆与其技术和社会方面融合在一起。

未来的挑战：学术研究生态系统中的持久张力

我们如何协作，以及我们如何创建一种适合研究的支持结构，这些关键问题不仅是讨论数字人文是什么以及其应该做什么的中心问题，而且也与21世纪所有的学术研究有关。一方面，它们鼓励我们思考：在当今时代我们如何理解作者和权威、如何想象并嵌入新的方式来传达我们的发现、如何塑造和控制我们进行研究的方法论，以及在技术能力产生威胁、超过潜在用户的适应能力时，我们如何保持对话的一致性。（Fitzpatrick，2007）然而，从协作实践和基础设施发展问题的另一方面来看，还有一组更广泛的问题涉及学术研究未来的核心。例如在环境发生明显变化时捍卫传统研究范式的伦理和道德层面；或者从根本上为了获得更多的资源，或是为了与一套可能或不可能为学术服务的价值观保持一致而放弃它们。

一篇论文的作者非常轻描淡写地写道："不幸的是，学术界有抵制新形式学术交流的记录。"（Arms and Larsen，2007）过去（具有非常重要且强大的习惯）和未来（具有不确定性）似乎都阻碍了人们期待已久的范式的转变，数字人文将从这种范式中脱颖而出，成为一种公认的规范。克莱尔·沃里克指出，这种缓慢的增长自20世纪90年代以来就得到了承认（Burrows，2013），并将其从本质上归因于资源没有被设计成"低于工作水平"。但是，要朝着协作工作方法和基础设施发展所促进的新的研究交流形式的方向转变，还需要在早期、晚期和整个研究过程中改变对共享的态度。尽管存在这种潜力，但开放获取共享仍然被认为"除了能被视为一个好公民之外，没有提供任何真正的利益"（Anderson，2013：10），一些学者不愿通过博客等电子渠道非正式地交流其重大发现，更愿意在他们的成果正式出版之前保留其发现。（Rutner and Schonfeld，2012：32）然而，在这种抵抗中出现了一些冲突。研究人员报告表示，他们不愿意将自己的搜索和浏览模式暴露于自动化系统之中（Borgman，2007；Brown and Greengrass，2010），但他们却抱怨"糟糕的搜索"，这暗示了他们的研究环境具有商业系统的适应能力，这种能力完全依赖于这种无形的数据共享。当然，这种模式是否真的适用于支持研究的系统，这完全是另一个问题，但是在学术界如何看待和管理共享，无疑会对将来学术研究可以做什么和不能做什么产生影响。

另一个宏观层面的问题是，大规模的跨学科和基础设施发展是否以一种与支撑数字人文学科的学术价值观不一致的方式取代了权力中心。"尽管所有这些基础设施计划的主要目的都是支持研究，但由资助者制定的规则往往侧重于获得经济收益和政治利益。"（Anderson，2013：7）数字人文在政治上可能具有吸引力，它可以与技术产生经济利益这一通常不可抗拒的假设保持一致。数字人文也有力地促进了向新受众传播人文主义的研究，为许多项目提供了更有效的面向非专业用户的渠道。但是，我们不能期望所有的数字人文学科工作，或者实际上是所有的人文学科工作，也会产生这样的结果；或者对这样的结果进行规划，总是证明其所需要的资源是合理的。

威拉德·麦卡蒂（2012：13）说："我并不反对基础设施；相反，我的论点是支持基础设施的次要地位……将推进基础设施建设作为我们关注的重点所带来的问题是：这么做我们就使纪律屈从于奴役。"如果麦卡蒂的担心是有道理的，那么至少在这种情况下，数字补充（Digital Supplement）的威胁可能即将到来。规模化的成果使数字人文研究者有机会接触到比他们的研究同行更广泛的受众，并以空前的水平投资于其研究的基本内容。通过协作和基础设施的建设，数字人文正在提高其影响力和知名度。然而，如果不加以控制或毫无顾忌地加以利用，就不能为专业研究人员之间更加开放和相互尊重的协作创造基础条件，成为服务于自身利益而不是用于工作研究的新一代农奴。事实上，特别是对那些在团队中或者在支持基础设施的项目中工作的研究人员来说，专业化是一个更深层的问题，这不是由协作或基础设施决定的，但最终可能会因它们改善或加剧。因此，人文研究领域中的数字工作背后的真正挑战不仅是发展和拓展，而且是定义和建立许多理论和想象中定制的支持和网络。建立基础设施以支持大规模协作工作的最基本目标是而且应该继续是扩大和深化知识领域的机会，并使其更有效地与更广阔的生态系统联系起来。如果这种关注能够继续保持下去，那么不仅是数字人文领域，整个学术界都将受益。

参考文献

[1] Amabile, T.M., Patterson, C., Mueller, J., *et al.* 2001. Academic–practitioner collaboration in management research: a case of cross-profession collaboration. *Academy of Management Journal* 44 (2), 418–431.

[2] American Council of Learned Societies (ACLS) Commission on Cyberinfrastructure for the Humanities and Social Sciences. 2006. *Our Cultural Commonwealth.* http://www.acls.org/ cyberinfrastructure/ourculturalcommonwealth. pdf (accessed October 2014).

[3] Anderson, S. 2013. What are research infrastruc-tures. *International Journal of Humanities and Arts Computing* 7 (1–2), 4–23.

[4] ARIADNE. http://www.ariadne-infrastructure.eu (accessed October 2014).

[5] Arms, W., and Larsen, R. 2007. Building the infrastructure for cyberscholarship. Report of a workshop held in Phoenix, Arizona, National Science Foundation.

[6] Borgman, C.L. 2007. *Scholarship in the Digital Age: Information, Infrastructure, and the Internet.* Cambridge, MA: MIT Press.

[7] Bracken, L.J., and Oughton, E.A. 2006. "What do you mean?" The importance of language in developing interdisciplinary research. *Transactions of the Institute of British Geographers* NS 31, 371–382.

[8] Brown, S., and Greengrass, M. 2010. Research portals in the arts and Humanities. *Literary and Linguistic Computing*, Vol. 25, No. 1, 1–21.

[9] Burgess, H.J. 2011. New media in the academy: labor and the production of knowledge in scholarly multimedia. *DHQ: Digital Humanities Quarterly* 5 (3).

[10] Burrows, T. 2013. A data-centred "virtual labora-tory" for the humanities: designing the Australian Humanities Networked Infrastructure (HuNI) service. *Literary and Linguistic Computing* 28 (4), 576–581.

[11] Busa, R. 2009. From punched cards to treebanks: 60 years of computational linguistics. http:// convegni.unicatt.it/meetings_Busa_abstract_ TLT8.pdf (accessed October 2014).

[12] CENDARI. http://cendari.eu (accessed October 2014).

[13] Crane, G., Bamman, D., Cerrato, L., et al. 2006. Beyond digital incunabula: modeling the next generation of digital libraries? European Conference on Digital Libraries. http://www. eecs.tufts.edu/~dsculley/papers/incunabula.pdf (accessed October 2014).

[14] Crane, G., Seales, B., and Terras, M. 2009.Cyberinfrastructure for Classical philology *DHQ: Digital Humanities Quarterly* 3 (1).

[15] DARIAH. http://dariah.eu (accessed October 2014).

[16] Davidson, C.N. 2008. Humanities 2.0: promise, perils, predictions. *PMLA* 123 (3), 707–717.

[17] Digital Research Tools (DiRT). http://dirtdirectory.org (accessed October 2014).

[18] Drake, P., and Uurtamo, S. 2007. Heuristics in Monte Carlo Go. Proceedings of the 2007 International Conference on Artificial Intelligence, 171–175.

[19] Dunning, A. 2014. Drafting priorities for Europeana research. Europeana. http://pro.europeana.eu/blogposts/drafting-priorities-for-europeana-research (accessed October 2014).

[20] Edmond, J. 2005. The role of the professional intermediary in expanding the humanities computing base. *Literary and Linguistic Computing* 20 (3), 367–380.

[21] Edmond, J. 2013. CENDARI's grand challenges: building, contextualising and sustaining a new knowledge infrastructure. *International Journal of Humanities and Arts Computing* 7 (1–2), 58–69.

[22] Edwards, P.N., Jackson, S.J., Bowker, G.C., and Knobel, C.P. 2007. Understanding infrastructure: dynamics, tensions and design. http://hdl. handle.net/2027.42/49353 (accessed November 2012).

[23] EHRI. http://www.ehri-project.eu (accessed October 2014).

[24] Eighteenth Connect. http://www.18thconnect.org (accessed October 2014).

[25] European Strategy Forum on Research Infrastructures. 2006. *European Roadmap for Research Infrastructures*. http://ec.europa.eu/ research/infrastructures/pdf/esfri/esfri_roadmap/roadmap_2006/esfri_roadmap_2006_en.pdf (accessed October 2014).

[26] Fennell, M. L., and Sandefur, G.D. 1983. Structural clarity of interdisciplinary teams: a research note. *Journal of Applied Behavioral Science*, 19 (2), 93–202.

[27] Fitzpatrick, K. 2007. CommentPress: New (social) structures for new (networked) texts. *Journal of Electronic Publishing* 10 (3).

[28] Hathi Trust Research Centre (HTRC). http://www.hathitrust.org/htrc (accessed October 2014).

[29] Jassawalla, A.R., and Sashittal, H.C. 1998. An examination of collaboration in high-technology new product development processes. *Journal of Product Innovation Management* 15, 237–254.

[30] Kraut, R. 1987. Relationships and tasks in scientific research collaborations. *Human Computer Interaction* 3 (1), 229–245.

[31] Kretzschmar, W.A. 2009. Large-scale humanities computing projects: snakes eating tails, or every end is a new beginning? *DHQ: Digital Humanities Quarterly* 3 (1).

[32] Kretzschmar, W.A. Jr., and Potter, W.G. 2010. Library collaboration with large digital humanities projects. *Literary and Linguistic Computing* 25 (4), 439–445.

[33] Lynch, C.A. 2003. Institutional repositories: essential infrastructure for the digital age. *ARL Bimonthly Report* 226, 1–7.

[34] McCarty, W. 2012. The residue of uniqueness.*Historical Social Research* 37 (3), 24–45.

[35] MESA. http://www.mesa-medieval.org (accessed October 2014).

[36] NINES. http://www.nines.org (accessed October 2014).

[37] Nowviskie, B. 2010. #alt-ac: alternate academic careers for humanities scholars. http:// nowviskie. org/2010/alt-ac (accessed October 2014).

[38] Nyhan, J., and Duke-Williams, O. 2014. Joint and multi-authored publication patterns in the digital humanities. *Literary and Linguistic Computing* 29 (3), 387–399.

[39] Plato. *Phaedrus*. Trans. B. Jowett. http://classics.mit. edu/Plato/phaedrus.html (accessed November 2013).

[40] Pritchard, D. 2008. Working papers, open access, and cyber-infrastructure in classical studies. *Literary and Linguistic Computing* 23 (2), 149–162.

[41] Real, L.A. 2012. Collaboration in the sciences and the humanities: a comparative

phenomenology. *Arts and Humanities in Higher Education* 11, 250–261.

[42] Rutner, J., and Schonfeld, R.C. 2012. *Supporting the Changing Research Practices of Historians*. Final Report from ITHAKA S+R. http://www. sr.ithaka.org/research-publications/supporting-changing-research-practices-historians (accessed October 2014).

[43] Short, H., and Nyhan, J. 2009. "Collaboration must be fundamental or it's not going to work": an oral history. *DHQ: Digital Humanities Quarterly* 3 (2).

[44] Siemens, L. 2009. "It's a team if you use 'reply all'": An exploration of research teams in digital humanities environments. *Literary and Linguistic Computing* 24 (2), 225–233.

[45] Siemens, L., and Burr, E. 2013. A trip around the world: accommodating geographical, linguistic and cultural diversity in academic research teams. *Literary and Linguistic Computing* 28 (2), 331–343.

[46] Siemens, L., Cunningham, R., Duff, W., and Warwick, C. 2011. A tale of two cities: implications of the similarities and differences in collaborative approaches within the digital libraries and digital humanities communities. *Literary and Linguistic Computing* 26 (3), 335–348.

[47] Speck, R., and Links, P. 2013. The missing voice: archivists and infrastructures for humanities research. *International Journal of Humanities and Arts Computing* 7 (1–2), 128–146.

[48] Star, S.L., and Ruhleder, K. 1996. Steps toward an ecology of infrastructure: design and access for large information spaces. *Information Systems Research* 7 (1), 111–134.

[49] Suchman, L. 1995. Making work visible.*Communications of the ACM* 38 (9), 56–64.

[50] Taylor, J.M., and Raskin, V. 2013. Natural language cognition of humour by humans and computers: a computational semantic approach. *12th IEEE Conference on Cognitive Informatics & Cognitive Computing (ICCI*CC)*, July 16–18, 2013, 68–75.

[51] Terras, M. 2001. Another suitcase, another student hall – where are we going to? what ACH/ALLC 2001 can tell us about the current direction of humanities computing. *Literary and Linguistic Computing* 16 (4), 485–491.

[52] University of Nottingham. 2013. UoN Institutional Data Repository. http://www.nottingham.ac.uk/ research/research-data-management/data-sharing-and-archiving/depositing-and-archiving. aspx (accessed November 2013).

[53] Unsworth, J. 1999. The library as laboratory. Paper presented at the Annual Meeting of the American Library Association (New Orleans, Louisiana). http://people.brandeis.edu/~unsworth/ala99. htm (accessed October 2014).

[54] Unsworth, J. 2000. Scholarly primitives: what methods do humanities researchers have in common, and how might our tools reflect this? Paper presented at *Humanities Computing: Formal Methods and Experimental Practice*, King's College, London. http://people.brandeis.edu/~unsworth/ Kings.5-00/primitives.html (accessed October 2014).

[55] Unsworth, J. 2003. The Humanist:"Dances with Wolves" or "Bowls Alone"? Paper presented at the Association of Research Libraries conference (Washington DC). http://www.arl.org/about/ tour-this-website/1207#.VEY6cildUdU (accessed October 2014).

[56] Unsworth, J. 2009. The making of "Our Cultural Commonwealth." *DHQ: Digital Humanities Quarterly* 3 (4).

[57] Wheeles, D. 2010. Testing NINES. *Literary and Linguistic Computing* 25 (4), 393–403.

第二章　创造 / Creation

5. 交叉学科的产生

威拉德·麦卡蒂（Willard McCarty）

使糟糕的诗人更糟糕的是他们只关注诗（就像糟糕的哲学家只关注哲学一样），而他们本可以从植物学或地质学的书籍中获益更多。我们只有在自己不经常接触的学科范围内学习才能不断丰富自己。[①]（Cioran，1973）

保持好奇心

近年来，由于互联网的发展，探索可知事物的诱惑和探寻未知领域的便捷性增加了许多倍。因此，好奇心似乎只有在其缺席并且只有当其谴责不正常的情况时才显得不同寻常。亚里士多德（Aristotle）的证词证明对事物的探索欲望是人类得以发展的基础[②]，埃德蒙·伯克（Edmund Burke）（1757:1）认为这是"我们在人类头脑中发现的第一种最为简单的情感"，这支持了人们对好奇心所持有的一致看法。自达尔文以来，灵长类动物学家和动物行为学家就观察到了"高等动物……相似的激情、情感和情绪，甚至是更为复杂的动物"的

[①] 法语原文："Ce qui rend les mauvais poètes plus mauvais encore, c'est qu'ils ne lisent que des poètes(comme les mauvais philosophes ne lisent que des philosophes), alors qu'ils tireraient un plus grand profit d'un livre de botanique ou de géologie. On ne s'enrichit qu'en fréquentant des disciplines étrangères à la sienne."

[②] 《形而上学》（*Metaphysics*）980a21。

好奇心。①如果不是在认知上，至少在行为上会模糊成对生命的渴望，我们似乎有理由认为，从某种意义上来说，好奇心并没有局限于达尔文所谈及的"高等动物"，而是等同于"存在"本身，甚至变得更具生命张力。康拉德·洛伦茨在《动物行为学的基础》（*The Foundations of Ethology*）一书中写过"探索性行为或好奇心"：

> 一场由无数因素组成的自由游戏（free play）、一场既不聚焦任何目标也不由任何宇宙目的论预先确定的游戏、一场除了游戏规则之外什么都不确定的游戏，在分子水平之维，它导致了生命的起源。它引起了进化，使系统发育从低等生物向高等生物发展……看来，这种自由游戏的玩法是所有真正创造性进程的先决条件，对于人类文化的发展过程和人类自身的进化过程都是如此。

但是，如果不是宇宙的自由游戏的倾向，个人和社会实际上如何处理这种与生俱来的、根植于生物学上的发展与演变，则是另一回事。例如，杰弗里·恩尼斯特·理查·劳埃德（Geoffrey E. R. Lloyd）详述了古希腊和中国在探寻任何地方和提出任何问题的自由以及确保跨越时间的连续性的宽容之间的斗争。在《好奇心的野心》（*The Ambitions of Curiosity*）一书的结尾处，劳埃德总结道，面对这些限制，他们面临的"往往只是这些，只是野心。这些野心即在一个接连一个的背景中，他们寄希望于理解他们以前从未理解的东西"（2002:147）。

笔者从基本的求知欲望（从完全意义上讲，罗伯特·海因莱因在深刻理

---

① 《人类的由来》（*The Descent of Man*）（1871:47），达尔文在书中驳斥了"许多作者坚持认为人类通过其智力与所有低等动物之间存在着不可逾越的障碍"的观点。其他敏锐的自然世界观察者证实了康拉德·洛伦茨（Konrad Lorenz）所说的"高度组织性的动物具有自主的探索行为……在主观现象学中可以被描述为好奇心"（1981/1978:292；另见333—335）。例如，诺贝尔奖获得者尼古拉斯·廷伯格（Nikolaas Tinbergen）的《好奇的自然主义者》（*Curious Naturalists*）（1969/1958）。

解[grok]①中获救）②与同样基本的阻力之间的冲突开始，这样，当笔者开始研究"好奇心"（curiosity）的跨学科表征时，两者都能存在于笔者的视线中。考虑到时间和地点，这种求知欲望可能只以一种世俗职责或进化手段的幽灵形式出现，而对它的抵制被误认为是一种无关紧要的历史产物。资助机构和大学强烈呼吁进行交叉学科研究，这可能错误地表明，专业化的好奇心只是学术工作所描述的一部分，它只为获取"领域知识"（domain knowledge）。因此，我们也可以得出结论，即在以奥古斯丁（Augustine）和阿奎那（Aquinas）等人的学术权威为重的背景下③，旧的道德禁令反对一种"对任何事情都进行过于详尽调查的应受谴责的……倾向"和"对与自己无关的琐事或事件的好奇心"——在《牛津英语词典》中已经过时的词条中——并且该词条目前没有现代形式。但劳埃德对古老斗争的仔细探索和洛林·达斯顿（Lorraine Daston）见多识广的提醒："好奇心从未被允许自由发挥"（2005:36），建议在牢记"自由游戏……既不针对任何目标，也不是由任何目的论预先确定"的同时，我们需要追问的不是这种阻力是否存在，而是阻力如何向我们展现自己，以及如何装备我们自己，为不受学科束缚的自由而奋斗。

在本文中，一方面，笔者将简要考虑交叉学科研究的历史推力以及对好奇心所持有的兴趣的增长，以证明对本学科以外的学科的探索是合理的；另一方面，笔者将重点介绍这些困难，并讨论交叉学科研究的目的和一些实践策略。

提示：笔者的方法在某种程度上有点儿不太适合与这个主题有关的新兴文学，在过去十年左右的时间里，这些新兴文学围绕着一个被称为"交叉学科"（interdisciplinarity）的抽象概念展开，并投入了相当大的精力来研究"交叉学科"（inter-）、"多学科"（multi-）以及"跨学科"（trans-）和其他概念间

---

① 在罗伯特·海因莱因（Robert Heinlein）1961年发表的科幻小说《异乡异客》（*Stranger in a Strange Land*）中，"grok"来自一种虚构的火星语言，该词的字面意思是"一饮而尽"，但是隐含意思是"全部理解"。海因莱因在小说中谈及对"grok"的理解："grok"指理解得相当透彻。以至于理解者已经变成了被理解事物的一部分，就像是合并、混合、融合在群组体验中丧失独立性。它几乎诠释了所有的事物，所有的我们用宗教、哲学以及科学来理解的事物；但它对我们来说又没有多少意义（因为我们来自地球），就像是颜色对于盲人的意义。——译者注

② "理解得相当透彻，以至于观察者成为被观察者的一部分——合并、混合、融合，在群组体验中丧失独立性"（Heinlein 1961:287）。见《牛津英语词典》。

③ 参见Conf. 10.35; 但也请注意 1.14; Summa Q167; 比照福柯1996/1980:305。

的关系。①笔者认为，在对内容进行划分和再划分的过程中，这些文学作品并未对方法给予足够的关注（无论对知识社会学有何好处）。因此，它对那些敢于冒险但缺乏经验的学者，以及对改变整个研究实践的讨论都没有多大帮助。这一新兴文学大部分都是从抽象开始的，结果陷入分类学的纷争中；在笔者看来，这就是一场"玻璃球"（Glasperlenspiel）游戏②。

"兴趣"的近代历史

术语"交叉学科的"（interdisciplinary）["交叉学科"（interdiscipline）的形容词用法]可以追溯到20世纪初的早期社会科学。尽管在第二次世界大战期间，科学界的交叉学科研究得到了巨大的推动和发展，但在1976年这个词仍足够新，以至于《交叉学科科学评论》（*Interdisciplinary Science Reviews*）的创始编辑认为有必要指出，它是一个相对较新的术语，尽管其概念可以追溯到现代科学的起源。（Michaelis，1976；2001：310）1979年，综合研究协会（Association for Integrative Studies）成立。③第二年，克利福德·格尔茨（Clifford Geertz）在社会科学领域观察到："如今，把学者们分成不同的学术团体，或者（这是同样的事情）把学术团体分成不同的团体，这些用于划分的条条框框（标准）如今从一些非常新奇的角度发展着。"（1980:169）1988年，罗伯塔·弗兰克（Roberta Frank）撰写的一篇与这个词有关的发展史的文章中指出，这个词"一开始有一系列合理的界限，（但是）在五六十年代遭到了滥用……获得了早熟的中年化蔓延"（1988:139）。正如交叉学科已成为一种需要分类的学科一样，这种传播范围也在扩大。1990年，威廉·H. 纽厄尔（William H. Newell）编辑的文集《交叉学科：文学论文集》（*Interdisciplinarity: Essays from the Literature*）已显示出一种对"交叉学

---

① 并不是每个使用抽象名词的人都从事本体论研究；笔者的观点是：抽象提出了一个问题"它是什么？"

② 《玻璃球游戏》（*Das Glasperlenspiel*）是德国作家赫尔曼·黑塞创作的长篇小说，它用一系列象征和譬喻编织起一种哲学上的乌托邦设想，虚构了一个发生在20世纪后未来世界的寓言。在小说中，玻璃球游戏代表着卡斯塔利亚人知识的最高峰，这是一种集科学和艺术于一体的游戏，它的规则和程序是一种高度发展的符号系统。——译者注

③ 现在是交叉学科研究协会（Association for Interdisciplinary Studies）；见http://www.units.muohio.edu/aisorg/（2014年1月27日）。

科"的深思熟虑和广泛兴趣。现在，一本长达580页的《牛津手册》(*Oxford Handbook*)（Frodeman et al., 2010）和许多其他蓬勃发展的产业都开始关注"交叉学科"（interdisciplinarity）。

近几年来，人们对好奇心的关注也在急剧增加。20世纪80年代初，米歇尔·福柯（Michel Foucault）谈及"一个新时代有关好奇心的梦想"（1996/1980:305），洛林·达斯顿和凯瑟琳·帕克（Katharine Park）发表了他们对奇迹、奇才和好奇心的首次研究成果；他们指出，学术界对这一话题的研究非常少。①直到1998年，当他们的著作《奇迹与自然秩序，1150—1750年》(*Wonders and the Order of Nature 1150–1750*)出版时，"奇观与奇迹在一波猜疑和自我怀疑的浪潮中崭露头角，这种怀疑和自我怀疑长期以来将他们（以及其他许多人）排除在体面的思想活动之外"（1998:10）。②此后，也出现了其他一些有趣的现象，例如布莱恩·狄龙（Brian Dillon）的《内阁》(*Cabinet*)，一木旨在"鼓励好奇心的新文化"的杂志；芭芭拉·本尼迪克特（Barbara M. Benedict）的《好奇心：早期现代探究的文化史》(*Curiosity: A Cultural History of Early Modern Inquiry*, 2001)；尼尔·肯尼（Neil Kenny）的《好奇心在近代早期法国和德国的使用》(*The Uses of Curiosity in Early Modern France and Germany*, 2004)——"如今，好奇心再次被推到文化的聚光灯下，这无疑是及时的，达斯顿在她的书评（2005）中如是谈及；还有狄龙在2013—2014年巡回展览"好奇心：艺术和认知的乐趣"（"Curiosity: Art and the Pleasures of Knowing"）中，还附上了他和玛丽娜·华纳（Marina Warner）的文章目录。③高级馆长罗伯特·马尔伯特（Robert Malbert）在此目录前言中热情地宣称："整个世界，无论是满溢荣耀还是充斥愚蠢，都是可以调查的。"（Dillon and Warner, 2013:9）

---

① Daston and Park, 1998:9—10。社会历史表明，20世纪60年代中期以来，大众文化中爆发了对过去隐藏或忽略了的事物的学术好奇心。其中，分别于1967年和1968年上映的瑞典电影《我好奇之黄》(*I Am Curious, Yellow*)和《我好奇之蓝》(*I Am Curious, Blue*)具有代表性。

② 学术界对好奇心的关注模糊了人类学和社会历史上的魔法、萨满教、巫术、妖魔学、撒旦教、超自然现象等的界线，它们的边界不是很明确。

③ 展览内容见网址：http://www.southbankcentre.co.uk/find/hayward-gallery-and-visual-arts/hayward-touring/future/curiosity-art-and-the-pleasures-of-knowing（2014年1月8日）。

这一刻，似乎已然到来了。

好奇心的机器和个体

毫不奇怪，好奇心的数字机器（curiosity's digital machine）与此密切相关。从某种程度而言，这一小节是对人文学科研究结论的一种有根据的推测。

但我们不必完全摸黑前行。在不向物理和生物科学屈服的情况下，我们可以从观察它们的变化中获得一些启示，毫无疑问，正如约翰·冯·诺依曼（John von Neumann）所预见的那样，计算机技术正在带来"不亚于科学革命的后半期"（Glimm 1990:185）的变革。例如，根据2007年布兰肯西学术讨论会（Blankensee Colloquium）上的许多声音[①]，构想科学的"理论和模型……从一开始就可以计算"的压力变得越来越难以抗拒。人们似乎一致认为，在许多研究领域，模型和理论如果不是"从其可计算的概念中构想出来的"，它们"将变得越来越不成功"。[②]因此，这些科学做了什么，结果却没有做什么；甚至是在这些科学内部所产生的不可思议的结果，以及作为一门科学究竟意味着什么，似乎都还亟待进一步讨论。

在人文学科中，尝试使用相应的算法能力进行分析，最多也只能取得有限的成功。好奇心机器（curiosity's machine）的影响主要来自缓慢增长的一次文献和二次文献的数字典藏。因此，绝大多数学者在不到二十年的时间里就对此进行了实验。[③]在这段时间里，他们被"数字图书馆"（digital library）这一概念中潜藏的薄弱且在操作上具有误导性的类比所困扰，这种类比往往掩盖了行动上的巨大差异。不久之前，数字馆藏游戏的名字一度是"信息检索"，这是一个将认知数据与传统图书馆结构及习惯相结合的短语。专家们将理想状态定义为完美的精确度（检索到条目的相关性）和召回率（找到相关条目的百

[①] 关于布兰肯西学术讨论会（最近对交叉学科研究感兴趣的另一个较好的例子），请参见 http://www.wiko-berlin.de/en/institute/projects - cooperations/blanknsee-Colloquia；关于2007年的活动，请参见 http://userpage.fu-berlin.de/~gab/info/blanknsee-colloquium2007.html。

[②] Gramelsberger, 2011:12（2007年学术讨论会会议录），引用托马斯·李佩尔特（Thomas Lippert）的话；另见Humphreys，2004。

[③] 例如，见关于美国计算机协会数字图书馆（ACM Digital Library）"信息检索"（information retrieval）的前两篇论文，佩里（Perry）等人写于1954年的作品和赖德诺尔（Ridenour）写于1955年的作品。

分比）间的不可能组合。但是事实上，经典信息检索的效果非常差，特别是对于人文学科而言，我们所寻求的意义与其在字符串中的编码之间的脱节实在太严重。通过遵循我们和他人的行动以显示出我们想要的内容而不是用布尔语言（Boolean language）进行传达，更复杂的机制所产生的效果更为显著。它们并没有过滤掉无关紧要的内容，而是更有效地定位引导我们行动的可能性。具有讽刺意味的是，这些机制（尤其是布尔逻辑）无法协助专家研究，尽管给专家学者带来了极大的创伤，但也带来了更大的好处。例如，将属于英国文学的文章与理论生物学、中世纪历史、人类学和认知科学的其他文章结合在一起。谁不好奇？笔者希望能说："没有人。"

笔者称其为21世纪研究的默认条件。例如，当你、我、我们的同事和学生使用JSTOR时还是会出现这种情况，尽管我们可能再次选择拒绝这些诱惑。一些人从他们所认为的信息过剩中退缩。但是，从研究视角来看，其本质上无法得出最终的结果，对此，"墙上的一砖块"（brick-in-the-wall）的知识隐喻是完全错误的①，我们所获得的不一定是一个令人丧气的、混乱的结果，而是一个潜在的、尽管充满创伤但成果丰硕的聚宝盆。所以目前的问题，即我们如何处理目前类似这种形式的大量问题。

换言之，令人担忧的是如此多且真正有意义的、多样的、即将发生的结果。我们都清楚，能引起兴趣的可能性的离心式涌现对重点研究的威胁。我们都深知，被引导到浪费时间的网络漫游中所招致的挫败感，这种网络漫游会产生一系列的探索材料。这些材料在让人产生信服感的同时，也带来大量不切实际的信息。因此除非经过探索研究，否则这些材料无法使用。笔者知道，严格来说，这并不是什么新鲜事。同时，这也是始终潜伏在任何研究型图书馆（research library）中的危险因素。但由于显而易见的原因，这一问题是如此容易被搁置，因此人们也容易屈从。人们更有可能遇到以往会在另一层楼里才找到的材料，或者以往存放在另一栋楼里甚至是距离更远的楼房里的材料。所以在这种情况下，你会怎么做？

最初这一问题是一个古老的问题。试图解决这个问题的一个著名的示例是范内瓦尔·布什（Vannevar Bush）在第二次世界大战结束时对"不断增长的研究之山"（growing mountain of research）的后防反应（rearguard response），

---

① 这种情况不一定非得针对人文学科；对于科学，请参见Rheinberger, 2010。

他说，调查人员"没有时间去把握，更不用说去记住了"（Bush，1945:101；另见 Nyce and Kahn，1991）。然而，在庆祝布什设想的扩展存储器（Memory-Extender，简称Memex）①时，我们往往忽略了这样一个事实，即他设计扩展存储器是为了帮助"日益需要取得进展"的专业化研究，而不是为了解除书本的束缚，打破学科壁垒，以及据他所说的扩展存储器所激发的所有其他功能。我们忽略了他在《诚如所思》（As we may think）一书中的观点，即"在学科之间架起桥梁的努力是相对表面的"（1945:101；我强调的重点）。布什的几何隐喻（平面，有长度或宽度而无厚度），尽管无疑只是一个普通的形容词，但它在另一个语境中阐述了理查德·罗蒂（Richard Rorty）（2004/2002）的观点：在这种背景下，隐含的知识模型使得学科专业化这一日益狭隘的焦点所达到的深度上的单一真理特权化，相应地使得表面上的丰富性变得琐碎化，从而使得学科之间的链接变得更为重要。因此，网络带来了一个难以回避的认知性问题：这种丰富性仅仅是，或者必然是淡化的或微不足道的？难道这种交叉学科追求必须被视为精神上的萎靡？知识的深度是否必然且总是好的？或者还是正如我们所说的——知识的深度必然是深刻的吗？

对此显而易见的回答是否定的。这给我们留下了一个实践认识论的问题：我们何以进行研究？罗蒂（2004/2002）从伽达默尔（Gadamer）那里提出，我们正面临着的是用一种完全不同的方式去构想对真理的追求，不是深入寻找一个答案，而是广泛收集许多证人、搜集许多观点，然后根据具体的问题进行筛选、排序和重新分类。

目标和困难

作为被好奇心的机器赋予好奇心的探索者，被激励去从事交叉学科的工作，我们的目标是什么？

笔者将本文的标题定为《交叉学科的产生》（"Becoming Interdisciplinary"），这不仅是为了关注个人实践，而且也是为了回应斯坦

---

① Memex是范内瓦尔·布什于1945年在《诚如所思》中提出的一种"扩展存储器"的设想。文中指出，扩展存储器是一个基于微缩胶卷存储的"个人图书馆"，可以根据"交叉引用"来阅读图书或播放影片。——译者注

利·费什（Stanley Fish）在其令人生畏的禁令中对所有此类工作提出的指控，即《交叉学科是如此难以做到》（"Being interdisciplinary is so very hard to do"，1989）。这个标题带有明显的讽刺意味：他认为交叉学科是不可能的，并通过一个冷峻的、严密的论证给读者以警示。

费什的目标比那些对交叉学科工作似是而非的要求更为严肃。他关注的是实现中立、完美的交叉学科立场，以及一种超越所有学科的绝对真理的主张——一种全景式的神眼视角（panoptic god's-eye view）。从这个视角来看，人们都在做自己能力范围内有限的事情。比如，全景视角的主张潜藏在随意的言辞中，即"打破"学科和规则构建的边界，以使分割的景观成为巨大的开放的知识领域。事实上，圆形监狱（panopticon）的构想本身就很有启发性（参见Foucault，1991/1975；Bentham，1995；Lyon，2006）。到目前为止，笔者认为我们必须同意费什的观点，即认为这样一个目标是妄想的——神性的这一面是不可能保持如此完美的中立，对它的信仰在其纲领性的绝对主义中是危险的。详细信息或可参看费什的其他文章。但笔者想在此特别指出的是他进一步的断言，笔者认为是相当错误的，即尝试扩大视角不仅注定要失败，而且在道德上也是错误的。[①]以此类推，这样的宗教激进主义立场会让我们争辩说，一个人应该放弃任何向善的企图，因为我们都知道，实现完美的善是不可能的。正如我们知道要做到完美无缺是不可能实现的一样，不要横冲直撞，而是尽我们最大的努力，难道我们不应该努力超越我们已经习惯于了解的知识吗？这难道不是教育的目的吗？

除了费什之外，那些认真考虑过这个问题的人，笔者只提到吉利恩·比尔（Gillian Beer）(1996：115—145；2006)、格雷格·德宁（Greg Dening）(1996：39—41)、托马斯·库恩（Thomas Kuhn）(1977：5—6)、玛丽莲·斯特拉瑟兰（Marilyn Strathern）(2004)、彼得·伽利森（Peter Galison）(2010)和迈拉·斯特罗伯（Myra Strober）(2010)，以证明进行这一尝试是非常具有挑战性的。我们从他们所有人以及其他许多写过此主题的人身上学到了很多[②]，但笔者在这里的关注点比较聚焦或略微窄小，斯特罗伯关注的是大学院系的同

---

① Liu（2008）中的阐释是笔者所知道的唯一与此相关的另一个论点。

② 除了Frodeman et al.，2010；特别是Fuller，2013，以及Julie Thompson Klein的许多出版物，csid.unt.edu/about/People/Klein（2014年2月11日），例如Klein，1990。

事，以及他们如何才能有效地结合他们的研究兴趣。她的交叉学科研究具有协作性。斯特拉瑟兰的人类学和伽利森的历史关注点是知识与知识对象在已建立的群体之间的交换，即在伽利森称之为"交易区"（the trading zone）的地方进行交换。笔者对于此的看法，就像比尔、德宁和库恩的观点一样，是与个体而不是与群体协作，采用认知策略而不是专业策略。根据笔者自己尝试后的经验（但必然总是做不到），笔者想概述出所涉及的内容。无论是单独研究，还是与团队中的其他成员一起协作研究，个体在试图接受外来学科文化时都面临着同样的挑战。因此，笔者认为，无论是个体还是团体，个人的困境与学术的广泛相关性有关。

在《开放领域：文化相遇中的科学》（*Open Fields: Science in Cultural Encounter*）（1996）一书中，作者比尔记录了一生的经历。她写道："交叉学科的工作跨越了不同的领域，它是越界的，从而使不同智力实践的方法和材料受到质疑，并可能揭露被既定学科范围所遮蔽的问题。"（1996:115）在其他地方，她列举了风险：

> 如何在另一个研究领域中区分中心和边缘；如何挖掘陈列作品背后潜在的争议腹地；如何避免因为没有掌握足够的知识而成为信徒……反之亦然：那些在另一门学科从事研究的人所面临的问题有时（最初是傲慢的）可能看起来相当简单——因为我们不熟悉在这个进退两难的时刻，随着时间的推移而逐渐累积的争论。

> 然后，至关重要的是，还有能力的问题……其他人则花费数年时间习得交叉学科所需要的技能。这是突击队（raiding party）吗？有时间去质疑和学习吗？又有多少技能是值得信任的？我们是在获取他人材料的同时，仍然使用我们本学科中所学到的分析模式，还是寻找新的分析方法？事实上，这两种方法中的任何一种都可能取得成功。至关重要的是，我们不要放弃自己学科形成过程中长期学习的技能：这些技能将是我们为新知识的形成作出突出贡献的基础。（Beer, 2006）

然后还有深刻的精神创伤伴随着对所涉及内容的理解。库恩（哲学家、历史学家和物理学家）以他对学科不可测量的信念写道："对于个人而言是一种挑战，放弃一门学科，转向另一门与之不太相容的学科。"（1977:5）

卡琳·诺尔-塞蒂纳（Karin Knorr Cetina）的术语"认知文化"（epistemic culture）在这里具有启示性。这意味着学科作为社会机构的完整性、它们的内在一致性，我们在那些最为成功地探索并超越自身极限的人身上发现了对它们的尊重，以及它们之间的流动带来的文化冲击。

为了此次的研究目的，笔者把学科视为自主的认知文化，探索从哪里开始，它们通常回到哪里，从而带来变化。学科中的每一门，包括你开始学习的那一门，都有一个"正常话语"（normal discourse）的特征，正如罗蒂所说的那样。因此，无论多么具有渗透性和开放性，它们都围绕着"一套约定俗成的惯例，关于什么是相关文献，什么是回答问题，什么可被视为这个答案的充分的论据，或者什么可被视作对这个答案的充分的批评"（1979:320）。这些惯例很少被写下来，规则大多或完全是约定俗成的，体现在被一致认为是典范的学术著作中——在一段时间内。罗蒂指出，他的"正常话语"概念是对库恩的"正常科学"（normal science）的概括，就像在库恩的科学中一样，学科常态（disciplinary normality）有时会被一个领域的革命性变化所颠覆和重塑。对于交叉学科研究者来说，这些都是值得学习的事情。

学科常态是有规则的——有时这个词用来形容对新思想的狂热攻击并不过分。[①]更为严重的是采用无声的方式，正如德宁指出的那样，学科的作用是"使一个狭隘的世界观看起来神话般的真实"（1996:40），因此其他观点是错误的、无关紧要的，甚至是难以察觉的。由于这个原因，根据惯例的不同，与传统学科不同的研究很难被视为好的研究，甚至根本不被视为研究（从一个老式的语言学家的角度来设想，计算机科学或文化研究的刊物会是什么样子，反之亦然）。局外人在向局内人展示时很容易不被理解、被误解，遭受冷漠、敌意——或者，更为糟糕的是，他或者她可能什么都没说，就好像是一只小昆虫飞进了房间，发出了几乎听不见又有点儿恼人的嗡嗡声。在词源上，"野蛮"（barbarian）编码了交叉学科旨在克服的社会思想问题（sociointellectual problem）。

---

① 更为经典的例子之一见历史学家对从经济史输入计算（以"量化"的形式）的反应，例如，Davis et al., 1960: 540; Bridenbaugh, 1963; Fischer, 1970: 104; Plumb, 1973: 64ff; Barzun, 1974: 14, 158; Stone, 1987。

交叉学科探索的元学科

笔者认为交叉学科研究者不能摆脱其初始学科，至少不能完全摆脱，笔者已经暗示了他们研究的学科越多，就会变得越多元化。同时，笔者在谈及认知文化时也暗示过：交叉学科探索本身不可能没有学科指导，必须有一个元学科在其中发挥作用，即社会人类学（social anthropology）[①]。现在，笔者将对元科学进行系统阐释。[②]

如果学科是人类学意义上的认知文化，那么我们不仅有知识筒仓或孤岛，而且有由知识社群以及他们的语言、习惯、历史和人工制品构成的岛屿。笔者早些时候谈及伽利森的"交易区"，它主要适用于不同学科之间的联系，就像交易员一样，这些学科间的联系是由它们自己的规则所驱动。因此，在物品从一个领域转移到另一个领域的过程中，伽利森描述了"部分剥离，一种（不完全的）意义的丧失"（1997:436）。交叉学科研究者可能只是希望有类似深度的接触，但笔者在这里假设的目标不止于此——要小心谨慎地获得克利福德·格尔茨（Clifford Geertz）所说的"本土人的观点"（1983）。他描述了"典型的思想运动……（作为）一种持续的辩证法，在最局部的精妙细节和最全局的全球结构之间，以这样的方式使它们同时出现在视野中"（1983:69）；另一种说法是："一种詹姆斯式的嗡嗡声和暗示……（一种）双重形象，从远处看是清晰的，近距离看则显得混乱"，它"批判、发展、充实以及道德化，并带来更准确的经验……这变成了我对究竟是什么推动事物的认知方面的最为普遍概念"（1995:13）。对于人种学历史学家格雷格·德宁来说，所有这些探索都是"在心灵的海滩上"（on the beaches of the mind）的表演（2002），他的大洋洲原住民和欧洲陌生人在很久以前就消失了。《威廉·古奇之死：历史人类学》（*The Death of William Gooch: A History's Anthropology*）（Dening, 1995）就是一个宏大而又振奋人心的例子。

通过挑出两位对笔者影响最大的学者，笔者似乎即将陷入比尔警告我们需要

[①] 根据大卫·阿普特（David Apter）的说法，克利福德·格尔茨"曾经考虑过将野蛮部落视为一个学科以进行人类学研究"（2007：112）。可惜的是，他没有采取行动。

[②] 人种学（Ethnography）是计算机科学实践中的标准做法(例如，见Crabtree et al., 2012; Nardi, 2010)。

避免的陷阱之一：成为一个纯粹的信徒，"因为没有掌握足够广泛的知识"——笔者必须承认，这是一个合理的警告。但笔者列举格尔茨和德宁并不是将其作为典范，而是为了说明一种寻找结构和方法论指导的方式的开端。在交叉学科的探索中，距离感和亲密感的合理组合是非常难以驾驭的。其中，有的人可能比这两位学者做得更糟，尽管其他许多学者对人类学实践进行了广泛深入的思考，并能在不同的情况下提供更好的帮助，但笔者非常怀疑是否存在更有效的元学科。

交叉学科研究的可能性范围是从窃取到同化。前者的极端例子是比尔的"突击队"，我们可以看到它经常出现在一个学科中挖掘公式、方法和其他过程的表达方式，以供另一门学科使用。[①]这也是创造性艺术家的特质，他们的接受和适应同样很少考虑来源。这可以从学科或者整个学科群体的长期行为中看出：例如，由于影响力从自然科学转移到人文学科所带来的"社会思想的重塑"（Geertz, 1980）。这种影响可能是灾难性的。（参见Franck, 2002）现在，随着对物质文化及其"物质知识（thing knowledge）的重要性达成了共识（Baird, 2004; Daston, 2004; 另见 Galison, 1997; Gorman, 2010）"，我们可以毫不怀疑窃取的后果并非总是可以预见的。

另一个极端则是单向迁移，即建立一门新学科（例如，分子生物学、数字人文学科）或者作为一门外来学科重新放置于一个旧的学科中。

在笔者看来，介于这两者之间是理想的——是离心式自由和向心式自由的完美结合，而不是妥协。例如，诺思罗普·弗莱（Northrop Frye）在《论教育》（*On Education*）一书中就表达了这一观点。他写道："每一个知识领域都是所有知识的中心……当你在一个可以扩展到其他结构的结构网络中学习时，你所学到的并不那么重要。"（1988：10）这似乎就是伊恩·哈金（Ian Hacking）在其担任的"自满的严守纪律者"（complacent disciplinarian）角色（2004）中所描述的那样："不是试图打破学科界限意义上的交叉学科，而是一位试图严于律己以了解其他学科正在发生的事情的哲学家"（Hacking，未注明日期）。社会学家杰里·雅各布斯（Jerry A. Jacobs）

---

① 有关科学的一般情况，请参阅关于科学推理风格的电影《黑客》(2002)。统计学中的模式发现测试的例子数不胜数，很能说明问题；参见《黑客》(1990)。另见麦卡蒂(2005：68—69)关于显著迁移的米氏方程（Michaelis-Menten equation）。数字人文学科具有基于交叉学科方法的迁移能力。

在其批判性研究《捍卫学科：研究型大学的交叉学科和专业化》（*In Defense of Disciplines:Interdisciplinarity and Specialization in the Research University*）（2014）一书中论及，知识很容易从一个学科传递到另一个学科，而不是人们所说的"竖井心理"（silo mentality）[①]。

使用方法

交叉学科研究类似于普通的好奇心驱使的研究，因为它也是探索性的，在要探索的领域内是不可预测的。但是（套用比尔的话），因为交叉学科研究者对不同知识实践的方法和材料提出了质疑，可能会发现被调查学科范围内所掩盖的问题，因此该学科可接受的安全性是不可获得的。这再次说明自由和受制的相互作用：虽然必须承认和尊重外来学科的限制，但交叉学科的学者努力摆脱这些限制，就像摆脱那些属于他们的初始学科一样。从某种意义上来说，艾伦·劳赫（Alan Rauch）是对的，我们需要的帮助是"在一个交叉学科的世界中找到我们的道路"（Austin et al., 1996：274）——只要我们理解这一点，就意味着没有人能完全正确地理解它。

所需的基本技能始于传统的方法，即通过脚注和参考书目追踪图书和期刊中的轨迹，观察对同一来源的重复引用情况，以显示它在该学科话语中的重要性。回顾是衡量一门学科对新工作的反应的一种明显方式。经过编辑的文集（尽管"卓越研究"活动对其不屑一顾）可能是非常宝贵的，特别是如果它们像往常一样，列出该学科研究的概要；还有专刊和期刊栏目中专门讨论对特定学科非常重要的主题的章节。有意为外界精心制作的文稿也同样具有价值，比如牛津大学出版社（Oxford University Press）出版的牛津通识读本系列（*Very Short Introductions* series）；受专业团队委托为其网站所做的概述，以及来自个人的明确的姿态，比如彼得·伯格（Peter Berger）著名的《社会学邀请：人文主义视角》（*Invitation to Sociology: A Humanistic Perspective*）（1963）和他后来在《社会学：取消邀请？》（*Sociology: A Disinvite?*）（1992）中的反转。

[①] 笔者发现雅各布斯（2014）来不及考虑这一点。对其进行快速浏览，可以发现他的社会学论点虽然不是笔者研究目的的核心，但却强化了笔者的观点，即将学科作为智力增长的起点。他对学科修辞的批判性攻击认为它是孤立知识的简仓和知识传播的障碍，这听起来很有道理。

公开讲座系列经常给资深学者提供机会，让他们有机会去采用交叉学科研究者所期望的那种激进的观点进行全面审视：例如，英国广播公司瑞思讲座（BBC Reith）和美国学术团体协会查尔斯·霍默·哈斯金斯讲座。①同事和朋友有时可以提供帮助，但通常一个本土信息提供者（native informant）会受到某一学科内某一特定学派思想的过多影响而变得毫无用处。

  一个本土信息提供者也有可能过于关注学科的现状，以至于他们不仅缺乏你所需要的概述，而且还错过了笔者喜欢称之为学科发展轨迹的内容，也就是它的长期方向或目标感，而对于这些内容他们可能缺乏观察的视角。这时回顾一下起源可能会有所帮助。在《被解放的缪斯：剑桥大学英语研究的革命》（*The Muse Unchained: An Intimate Account of the Revolution in English Studies at Cambridge*）（1958）一书中，蒂利亚德（E. M. W. Tillyard）（1958：11—12）认为："当一种新的自由产生时，它所带来的东西在很大程度上取决于最初享用它的人的性格……因此可以得出结论，任何恰当的话语……必须在很大程度上涉及个人及其性格……它必须以特定的人为主题：他们是因为什么意外而卷入其中的……他们有什么想法，以及他们如何将这些想法转化为行动。"正如笔者在其他地方为数字人文所主张的那样（McCarty，2013：46），我们从各种渠道了解到，社会现象往往被其起源的特定历史背景所标记，而且往往是不可磨灭的。正如我们所说，它们是有印记的。（Stinchcombe，1965；Lounsbury and Ventresca，2002）因此，有强有力的论据支持创始人的作品。最近的一个很好的例子是文化研究，其中雷蒙德·威廉斯（Raymond Williams）和理查德·霍加特（Richard Hoggart）的作品对文化研究尤为重要：例如，对威廉斯来说，他的开创性文章《文化是平常的》（"Culture is ordinary"）（2001/1958）影响深远。这样的原创性作品可能会使其他学者力图解释是什么让其得以成为奠基性作品，比如特里·伊格尔顿（Terry Eagleton）在《希望之旅的资源》（"Resources for a Journey of Hope"）（1989）中关于威廉斯的评论，以及林赛·汉利（Lindsey Hanley）在最近出版的与《识字的用途：工人阶级生活面貌》（*The Uses of Literacy: Aspects of Working Class Life*）（2009）有关的介绍性文章中对霍加特的评论。

---

  ① 有关瑞思讲座的信息，请参见htpp://www.bbc.co.uk/radio4/features/the-reith-lectures/about；有关哈斯金斯讲座，请参见，http://www.acls.org/pubs/haskins。

正如同事和朋友可能会有所帮助一样，流行的文化材料也会有所帮助，例如，同样是用于文化研究的BBC电视剧《查泰莱事件》（*The Chatterley Affair*），它讲述的是1960年英国皇家法院对D. H. 劳伦斯（D.H. Lawrence）所作的《查泰莱夫人的情人》的审判。在那次审判中，霍加特[由大卫·坦南特（David Tennant）扮演]提供了关键性证词，正如你可能知道的那样，这些证词为伯明翰文化研究中心的成立提供了资金，且这个中心由心怀感激的小说出版商企鹅图书（Penguin Books）建立。在探索这些线索的过程中，人们远离了严格的学术界限，学者们在他们的日常生活中也是如此。借用社会学家莫里斯·哈布瓦赫（Maurice Halbwachs）（1992：22）和人类学家玛丽·道格拉斯（Mary Douglas）（1987/1986：45）的话，虽然对一个问题的交叉学科理解可以从社会组织的群体基础中汲取力量，但理解问题的是个体，因此个体的思想必须被理解。群体并不是思想的显著表征；更确切地说，个体的思想是群体思想的缩影，并且在精神上保持一致。

数字人文

到目前为止，笔者一直避免讨论两件事：数字人文学科在各学科中的特殊情况，以及交叉学科研究的实操程序。

第二件事笔者不会去做。将任何一本关于人种学方法的入门手册与格尔茨和德宁等人的著作进行比较，就会发现，将一个强大的角色简化为一套规则或教科书说明会造成多少损失以及多大程度的扭曲。正如格尔茨对"巴厘岛斗鸡"（Balinese cockfight）的著名描述所阐明的那样，他和他的妻子"突然异常地完全接受了一个外来者极难渗透的社会"，这并非源于"实现人类学田野调查必要性的普遍方法，即融洽关系"，而是源于他们自己在一个关键时刻同样突然和完全地接受了乡村生活。（1972：4）交叉学科的田野调查不太可能像那场斗鸡比赛那样令人难忘，但原则是相同的，并且有说服力地反对任何试图描述如何扮演本文概述的角色的尝试。

第一件事，从数字人文的起点来考虑交叉学科研究，在《新数字人文导论》的背景下是不可避免的，并且也很重要，因为这门学科的性质是独一无二的。笔者可以看到它有三种方式，并就交叉学科提出了相应的观点。

首先，数字人文是全新的。虽然它已经实践了六十多年，但直到最近十年数字人文学科"自我意识"才开始显现，2004年合作出版的第一本《数字人文导论》，以及2005年独立出版的《人文计算》（*Humanities Computing*）即是典型示例。因为它是一门新学科，所以需要同行的帮助。正如物理学从一开始就借鉴了工艺美术、力学和数学，并与之有所不同，数字人文学科也必须按需取长补短。正如前文所述，任何学科向其他学科的所有外部探索，都易于被隐性知识所转移，但数字人文学科尤其面临这样的风险，因为它缺乏强烈的自我意识。笔者还注意到，它对关系的必要开放是其另一个脆弱性的来源。成为交叉学科意味着从根本上变得互惠。

其次，数字人文学科[借用中世纪"无处不在的中心"（*Centum Ubique*）、"圆周"（*circumferentia nusquam*）]在整个学科地图上有一个中心，其周长大体上也是不确定的。这里不是争论"大帐篷"（Big Tent）能延伸到多远的地方，也不是争论什么活动（如果有的话），或者在什么意义上，属于它而不属于任何其他地方。（Pannapacker，2011）但很明显，交叉学科研究只是聚焦它的运作方式。然而，这一事实使得交叉学科的产生既不容易也不简单。一方面，这并不容易，笔者已尽力尝试着探讨了一些原因，因为数字人文学科仍没有获得"通行证"。另一方面，这并不简单，因为实践所基于的技术科学工具意味着数字交叉学科将两种文化全部传承了下来。但是，不管你喜欢与否，技术科学都是对话的一部分。

最后，由于这种传承，数字人文学科提供了一个中间地带或推测空间（conjectural space）。在这个空间里，数据仅仅是数据，人文学科所珍视的研究对象可能暂时被视为自然对象，例如岩石或星星，然后这种处理的结果就会与我们如何看待它们和提出的问题并列。笔者曾在其他地方对这种情况进行了详尽的论证。（McCarty，2007）但其核心是：通过推测空间，数字人文学科继承的权威并没有放弃科学，并远远超过了斯诺（C. P. Snow）于1959年发起的论争。它继承了自伽利略（Galileo）以来与人文学科无关的许多世纪以来的相关研究。

结　论

笔者的研究目的旨在表明，我们不仅需要解决重大问题，还需要好奇心，这种好奇心的最新历史时刻也将伴随着我们：成为交叉学科既伴随着想要了解的冲动，也意味着努力坚持以抵御被它抛弃的可能性。笔者一直十分重视对一门学科自我理解的忠实度，以此作为对抗唯我主义的对策，但与此同时，也不能否认卓有成效的猎取历史。

成为交叉学科（德宁坚持说，总是使用-ing）是一件好事吗？面对各方的巨大诱惑，任何想要努力完成一篇重要作品的人都有权感到好奇。但是，好奇心的数字机器为我们打开的聚宝盆并不像潮汐那样是一种自然的力量。这是人类行为的直接后果，为一个隐性问题带来了一个含混的且令人费解的答案：如果由好奇心所推动的事情得以实现，那么会发生什么？我们还没有明确的答案，但已感受到了这个问题的力量。

参考文献

[1] Apter, D.E. 2007. On Clifford Geertz. *Daedalus* 136(3), 111–113.

[2] Austin, T.R., Rauch, A., Blau, H., *et al*. 1996. Defining Interdisciplinarity. *PMLA* 111 (2), 271–282.

[3] Baird, D. 2004. *Thing Knowledge: A Philosophy of Scientific Instruments*. Berkeley: University of California Press.

[4] Barzun, J. 1974. *Clio and the Doctors: Psycho-History, Quanto-History and History*. Chicago: University of Chicago Press.

[5] Beer, G. 1996. *Open Fields: Science in Cultural Encounter*. Oxford: Oxford University Press.

[6] Beer, G. 2006. The challenges of interdisciplinaity. Speech for the Annual Research Dinner, Durham University, 26 April 2006. http://www.dur. ac.uk/ias/news/annual_research_dinner (accessed February 11, 2014).

[7] Benedict, B.M. 2001. *Curiosity: A Cultural History of Early Modern Inquiry*. Chicago: University of Chicago Press.

[8] Bentham, J. 1995. *The Panopticon Writings*. Edited by M. Božovič. London: Verso.

[9] Berger, P. 1963. *Invitation to Sociology: A Humanistic Perspective*. Garden City, NY: Doubleday.

[10] Berger, P. 1992. Sociology: a disinvitation? *Society* 30 (1), 12–18.

[11] Bridenbaugh, C. 1963. The great mutation. *The American Historical Review* 68 (2),

315–331.

[12] Burke, E. 1757. *A Philosophical Enquiry into the Origin of our Ideas of the Sublime and Beautiful*. London: R. and J. Dodsley.

[13] Bush, V. 1945. As we may think. *The Atlantic Monthly* 176 (1), 101–108.

[14] Cioran, E.M. 1973. *De l'inconvénient d'être né*. Paris:Gallimard.

[15] Crabtree, A., Rouncefield, M., and Tolmie, P.2012. *Doing Design Ethnography*. Heidelberg:Springer Verlag.

[16] Darwin, C. 1871. *The Descent of Man and Selection in Relation to Sex*. New York: D. Appleton and Company.

[17] Daston, L., ed. 2004. *Things That Talk: Object Lessons from Art and Science*. New York: Zone Books.

[18] Daston, L. 2005. All curls and pearls. Review of *The Uses of Curiosity in Early Modern France and Germany*, by Neil Kenny. *London Review of Books* 27 (12) (23 June), 37–38.

[19] Daston, L., and Park, K. 1998. *Wonders and the Order of Nature 1150–1750*. New York: Zone Books.

[20] Davis, L.E., Hughes, J.R.T., and Reiter, S. 1960. Aspects of quantitative research in economic history. *Journal of Economic History* 20 (4), 539–547.

[21] Dening, G. 1995. *The Death of William Gooch: A History's Anthropology*. Honolulu: University of Hawaii Press.

[22] Dening, G. 1996. A poetic for histories. In *Performances*. Chicago: University of Chicago Press, 39–63.

[23] Dening, G. 2002. Performing on the beaches of the mind. *History and Theory* 41, 1–24.

[24] Dillon, B., and Warner, M. 2013. *Curiosity: Art and the Pleasures of Knowing*. London: Hayward Publishing.

[25] Douglas, M. 1987/1986. *How Institutions Think*.London: Routledge & Kegan Paul.

[26] Eagleton, T. 1998/1989. Resources for a journey of hope: Raymond Williams. In *The Eagleton Reader*, ed. S. Regan. Oxford: Blackwell, 311–320.

[27] Fischer, D.H. 1970. Historians' Fallacies: Toward a Logic of Historical Thought. New York: Harper & Row.

[28] Fish, S. 1989. Being interdisciplinary is so very hard to do. *Profession 89*. New York: Modern Language Association, 15–22.

[29] Foucault, M. 1991/1975. *Discipline and Punish: The Birth of the Prison*. Trans. Alan Sheridan. New York: Vintage Books.

[30] Foucault, M. 1996/1980. The masked philosopher. In *Foucault Live: Collected Interviews, 1961–1984*, ed. S. Lotringer. Trans. L. Hochroth and J. Johnston. New York: Semiotext(e).

[31] Franck, R. 2002. General introduction. In *The Explanatory Power of Models*, ed. Robert Franck. Dordrecht: Kluwer, 1–8.

[32] Frank, R. 1988. "Interdisciplinary": the first half century. *Issues in Integrative Studies* 6, 139–51.

[33] Frodeman, R., Klein, J.T., and Mitcham, C., eds.2010. *The Oxford Handbook of Interdisciplinarity*.Oxford: Oxford University Press.

[34] Frye, N. 1988. *On Education*. Markham, ON:Fitzhenry & Whiteside.

[35] Fuller, S. 2013. Deviant interdisciplinarity as philosophical practice: prolegomena to deep intellectual history. *Synthese* 190 (11), 1899–1916.

[36] Galison, P. 1997. *Image and Logic: A Material Culture of Microphysics*. Chicago: University of Chicago Press .

[37] Galison, P. 2010. Trading with the enemy. In Gorman 2010, 25–42.

[38] Geertz, C. 1972. Deep play: notes on the Balinese cockfight. *Daedalus* 101 (1), 1–37.

[39] Geertz, C. 1980. Blurred genres: the refiguration of social thought. *The American Scholar* 49 (2), 165–179.

[40] Geertz, C. 1983. "From the native's point of view": on the nature of anthropological understanding. In *Local Knowledge: Further Essays in Interpretative Anthropology*, 3rd edition. New York: Basic Books.

[41] Geertz, C. 1995. *After the Fact: Two Countries, Four Decades, One Anthropologist*. Cambridge, MA: Harvard University Press.

[42] Glimm, J. 1990. Scientific computing: von Neumann's vision, today's realities, and the promise of the future. In *The Legacy of John von Neumann*, ed. J. Glimm, J. Impagliazzo, and I. Singer. Proceedings of Symposia in Pure Mathematics, vol. 50. Providence, RI: American Mathematical Society, 185–196.

[43] Gorman, M.E., ed. 2010. *Trading Zones and Interactional Expertise: Creating New Kinds of Collaboration*. Cambridge, MA: MIT Press.

[44] Gramelsberger, G., ed. 2011. *From Science to Computational Sciences: Studies in the History of Computing and Its Influence on Today's Sciences*. Zürich: Diaphanes.

[45] Hacking, I. 1990. *The Taming of Chance*.Cambridge: Cambridge University Press.

[46] Hacking, I. 2002. "Style" for historians and philosophers. In *Historical Ontology*. Cambridge, MA: Harvard University Press, 178–199.

[47] Hacking, I. 2004. The complacent disciplinarian. Interdisciplines: Rethinking Interdisciplinarity, 5 January. http://apps.lis.illinois.edu/wiki/ download/ attachments/2656520/Hacking. complacent.pdf (accessed February 11, 2014).

[48] Hacking, I. (undated). Ian Hacking: education. http://www.ianhacking.com/education. html (accessed February 11, 2014).

[49] Halbwachs, M. 1992. *On Collective Memory*. Edited and translated by Lewis A. Coser. Chicago: University of Chicago Press.

[50] Hanley, L. 2009. Introduction. In *The Uses of Literacy: Aspects of Working Class Life*, by Richard Hoggart. London: Penguin, ix–xxiv.

[51] Heinlein, R.A. 1961. *Stranger in a Strange Land*.New York: Ace Books.

[52] Humphreys, P. 2004. *Extending Ourselves: Computational Science, Empiricism, and Scientific Method*. Oxford: Oxford University Press.

[53] Jacobs, J.A. 2014. *In Defense of Disciplines: Interdisciplinarity and Specialization in the Research University*. Chicago: University of Chicago Press.

[54] Kenny, N. 2004. *The Uses of Curiosity in Early Modern France and Germany*. Oxford: Oxford University Press.

[55] Klein, J.T. 1990. *Interdisciplinarity: History, Theory, & Practice*. Detroit: Wayne State University Press.

[56] Knorr Cetina, K. 1991. Epistemic cultures: forms of reason in science. *History of Political Economy* 23 (1), 105–122.

[57] Kuhn, T. 1977. The relations between the history and philosophy of science. In *The Essential Tension: Selected Studies in Scientific Tradition and Change*. Chicago: University of Chicago Press, 3–20.

[58] Liu, A. 2008. The interdisciplinary war machine. *Local Transcendence: Essays on Postmodern Historicism and Database*. Chicago: University of Chicago Press, 169–185.

[59] Lloyd, G.E.R. 2002. *The Ambitions of Curiosity: Understanding the World in Ancient Greece and China*. Cambridge: Cambridge University Press.

[60] Lorenz, K. 1981/1978. *The Foundations of Ethology*. Trans. K.Z. Lorenz and R.W. Kickert. New York: Springer Verlag.

[61] Lounsbury, M. and Ventresca, M.J. 2002. Social structure and organizations revisited. *Research in the Sociology of Organizations* 19, 3–36.

[62] Lyon, D., ed. 2006. *Theorizing Surveillance: The Panopticon and Beyond*. Cullompton: Willan Publishing.

[63] McCarty, W. 2005. *Humanities Computing*.Basingstoke: Palgrave.

[64] McCarty, W. 2007. Being reborn: the humanities, computing and styles of scientific reasoning.*New Technology in Medieval and Renaissance Studies* 1, 1–23.

[65] McCarty, W. 2013/2006. Tree, turf, centre, archi-pelago – or wild acre? Metaphors and stories for humanities computing. In *Defining Digital Humanities: A Reader*, ed. M. Terras, J. Nyhan, and E. Vanhoutte. London: Ashgate.

[66] McCarty, W. 2013. The future of digital humanities is a matter of words. In *A Companion to New Media Dynamics*, ed. J. Hartley, J. Burgess, and A. Bruns. Chichester: John Wiley & Sons Ltd.

[67] Michaelis, A.R. 1976. Editorial. Future affirmative. *Interdisciplinary Science Reviews* 1 (1), iii-xi. DOI: 10.1179/isr.1976.1.1.iii. http://www.maneyonline. com/doi/abs/10.1179/isr.1976.1.1.iii (accessed June 20, 2015).

[68] Michaelis, A.R. 2001. *The Scientific Temper: An Anthology of Stories and Matters of Science*. Heidelberg: Universitätsverlag C. Winter.

[69] Nardi, B.A. 2010. *My Life as a Night Elf Priest*.Ann Arbor: University of Michigan Press.

[70] Newell, W.H., ed. 1990. *Interdisciplinarity: Essays from the Literature*. New York: College Entrance Examination Board.

[71] Nyce, J.M., and Kahn, P. 1991. *From Memex to Hypertext: Vannevar Bush and the Mind's Machine*. Boston: Academic Press.

[72] Pannapacker, W. 2011. "Big Tent digital humanities": a view from the edge, Part I. *The Chronicle of Higher Education*, 31 July. http://chronicle.com/ article/Big-Tent-Digital-Humanities/128434 (accessed March 5, 2014).

[73] Perry, J.W., Berry, M.M., Luehrs, F.U., and Kent, A. 1954. Automation of information retrieval.AIEE-IRE '54 (Eastern): Proceedings of the December 8–10, 1954, Eastern Joint Computer Conference: Design and Application of Small Digital Computers. New

York: Association for Computing Machinery.

[74] Plumb, J.H. 1973. Is history sick? manipulating the past. *Encounter* 40, 63–67.

[75] Rheinberger, H.-J. 2010. *On Historicizing Epistemology: An Essay*. Trans. D. Fernbach. Stanford: Stanford University Press.

[76] Ridenour, L.N. 1955. Storage and retrieval of information. AIEE-IRE '55 (Eastern): Papers and Discussions Presented at the November 7–9, 1955, Eastern Joint Computer Conference: Computers in Business and Industrial Systems. New York: Association for Computing Machinery.

[77] Rorty, R. 1979. *Philosophy and the Mirror of Nature*.Princeton: Princeton University Press.

[78] Rorty, R. 2004/2002. Being that can be understood is language. In *Gadamer's Repercussions: Reconsidering Philosophical Hermeneutics*, ed. B. Krajewski. Berkeley, CA: University of California Press, 21–29.

[79] Stinchcombe, A.L. 1965. Social structure and organizations. In *Handbook of Organizations*, ed J.G. March. Chicago: Rand McNally, 142–193.

[80] Stone, L. 1987. Resisting the New. Review of *The New History and the Old*, by Gertrude Himmelfarb. *New York Review of Books* 34 (20).

[81] Strathern, M. 2004. *Commons and Borderlands: Working Papers on Interdisciplinarity, Account Ability and the Flow of Knowledge*. Oxford: Kingston.

[82] Strober, M. 2010. *Interdisciplinary Conversations: Challenging Habits of Thought*. Stanford: Stanford University Press.

[83] Tillyard, E.M.W. 1958. *The Muse Unchained: An Intimate Account of the Revolution in English Studies at Cambridge*. London: Bowes and Bowes.

[84] Tinbergen, N. 1969/1958. *Curious Naturalists*.Garden City, NY: Doubleday.

[85] Williams, R. 2001/1958. Culture is ordinary. In *The Raymond Williams Reader*, ed. John Higgins. Oxford: Blackwell, 10–24.

6. 新媒介和建模：游戏和数字人文

史蒂文·琼斯（Steven E. Jones）

电子游戏是当今体验最广泛、影响力最大的新媒介形式之一。从国际象棋机械自动机到图灵的思维测试（thought experiments）（明确地以"游戏"的形式来想象），到最早的真正的计算机游戏——《双人网球》（*Tennis for Two*）（1958）、《太空大战》（*Spacewar!*）（1962）、《冒险》（*Adventure*）（1977），到专家系统的更新发展，例如IBM的沃森（Watson）（下国际象棋）和《危险边缘》（*Jeopardy*），再到在非游戏模拟和虚拟世界（比如，虚拟化身和视点）中运行的许多规则的来源，游戏在计算（Computing）本身的历史中一直处于核心地位。因为游戏是算法系统，可以在编程模式的限制下测试玩家的自由度，而且因为游戏将计算与和人文相关的文化表达方式——讲故事、设计、美学、社交——结合在一起，这一领域似乎与数字人文学科息息相关。但是，也许是因为它们担着"大众娱乐"这一并未被主流支持的名号，尽管许多数字人文研究者对游戏表现出了浓厚的兴趣，但近几十年来，它们大多被排除在数字人文研究之外，这些研究的重点是语言和文本分析，后来又集中在编辑和归档文本的标记上。从历史的角度来看：在20世纪60年代，当人文计算的早期研究人员正在从事文体计量学（stylometrics）、归因研究和计算语言学的工作时，麻省理工学院的研究人员和研究生在DEC PDP-1计算机上工作了几个小时后都在玩《太空大战》游戏，以一种创造性的方式利用系统的表现力和建模能力，预测出今后游戏作为一种流行媒介的爆炸性增长。（Brand，1972）

先驱学者罗伯特·布萨的基于文本的语言学著作经常被认为是开启了人文计算（Humanities Computing）的早期时代。但是，在他开始编制《托马斯索引》（*Index Thomisticu*）的四十多年后，布萨在《数字人文导论》第一版的序言中呼吁"对人类表达的每一种可能的分析都要实现自动化"（Busa，2004）。到那时，实践和平台不断变化，随着大学媒介研究的兴起，数字人文学科已经越来越关注原生数字的媒介形式，包括电子游戏。在2013年出版的一部口述历史作品中，雷·西门子回忆了他早期的游戏编程，以及他在本科期间想将游戏和文学结合在一起的愿望。当计算机被视为处理人文内容的工具，而不是新型内容的平台或备受关注的对象时，这一愿望落空了。（Nyhan，2012）正如西门子继续观察到的那样，近年来，游戏和游戏文化已经成为"我们现在所认为的数字人文学科的一部分，或者是由数字人文学科来提供服务的领域的一部分"。回顾过去，我们可以看到，即使是在游戏和类似游戏的体验被归入非工作时间的时期，它也已经成为数字人文学科的灵感来源和日益受到关注的对象。从20世纪80年代和90年代的早期MUD（Multiple User Dimension）（多用户网络游戏）和MOO（面向对象的用户网络游戏），到"解释游戏"（game of interpretation）《艾凡赫》（*IVANHOE*）（2000），再到数字取证和数字保存，其中包括以游戏作为原生数字对象的边界测试的例子（McDonough et al., 2010），再到人文背景下对游戏的教学和理论研究部署，以及平台研究中对游戏系统的跨学科分析和评论。更广泛地说，电子游戏是典型的建模系统，正如威拉德·麦卡蒂（2004）所说，建模和仿真是计算机技术对数字人文学科的关键启示。近几年来，随着移动计算、地理空间计算、物理计算以及无处不在的计算机技术的出现，游戏为当今混合现实（mixed-reality）环境中文化向网络技术本身的转变提供了一种特别有价值的模型。

20世纪80年代至90年代，约翰·安斯沃斯创办并编辑了第一本人文学科的数字同行评议期刊《后现代文化》（*Post Modern Culture*）。值得关注的是，该期刊当时与其专属的类似游戏的在线空间PMC-MOO密切相关。MOO代表MUD，是对象导向式，而MUD是多用户层面，这是一种基于文本的虚拟世界的形式，最初开发于20世纪70年代，然后在80年代连接到新兴的公共互联网。MUD和MOO在《冒险》和《魔域帝国》（*Zork*）这样的游戏中有着很深的渊源［正如尼克·蒙特福特（2003：223）无不讽刺地指出："'MUD'中的'D'即代表魔域帝国"］，而这些游戏又有部分源于游戏《龙与地下城》（*Dungeons and Dragons*）。这些"根"（roots）在泥土（MUD[①]）中暴露无遗为虚拟空间中的常规元素和正式元素：虚拟化身、向导程序、要解决的谜题、创造性地或机智地描述的地下城或房间、类似非玩家角色（Non-Player

---

[①] 此处作者是一语双关，MUD既是符合语境的多用户网络游戏，也是指表面意"泥土"。——译者注

Character，简称NPC）的可编程机器人，以及玩家可以交互使用的其他编程对象（包括武器和工具），例如，操纵它们并将它们收集到虚拟储藏柜中。与早期的游戏的不同之处在于，MUD允许多个用户在一个共享虚拟空间同时玩游戏。PMC-MOO和其他学术上有联系的MOO主要用作同步的在线会议空间，但却伴随着一种过分的荒诞感、一种游戏般的体验感，经常出现聊天会话延长的情况，超出了功利性的需要。即使是在线学术会议也可能涉及场景、虚拟化身和受游戏启发的相关对象，例如用户创建和编程的ELIZA风格的机器人、工具和虚拟空间，以及一定数量的地牢爬行式导航（dungeon-crawling-style navigation）。安斯沃斯在1996年对MOO的社会和政治意义的解释认为，参与者属于三个阶层，即玩家、编程人员和向导程序，并将MOO称为可与其他"形式的游戏和/或虚拟现实环境"相媲美的可编程空间。这种环境突出了数字时代工作和娱乐之间日益紧张的关系。可以说，游戏DNA已经嵌入MOO代码中，这对在这些空间中进行的工作（和娱乐）产生了微妙的影响，这种人文计算和媒介研究的各种重叠社区的形成非常重要，这些社区最终被称为数字人文学科。

20世纪90年代，在人文计算的早期实践中，实践者开发了许多面向对象的用户网络游戏，包括笔者和卡尔·斯塔默（Carl Stahmer）、尼尔·弗赖斯特以及（后来的）罗恩·布罗格里奥（Ron Broglio）于1997年在"浪漫圈"网站（Romantic Circles Website）上创建的《迪奥达蒂别墅MOO》（*Villa Diodati MOO*）[以拜伦在日内瓦湖畔的住所命名，玛丽·雪莱在那里构思了著名的《弗兰肯斯坦》（*Frankenstein*）]。像《第二人生》[1]（*Second Life*）这样的基于文本的图形虚拟世界的先驱产生了巨大影响，如MOOs被广泛用于教育应用，且在这些应用中也保留了类似游戏的元素。在1998—1999年间，我们在更大的《迪奥达蒂别墅MOO》别墅内建造了一个名为《MOO奥斯曼狄斯》（*MOOzymandias*）的游戏，这也是雪莱著名的十四行诗的试验性合作"版本"[2]，其内容与铭刻有文字的雕塑有关，即一位旅行者在沙漠中发现的一片有着巨大塑像的废墟。在设计空间时，我们明确地设想出编辑正扮演着游戏大

---

① 《第二人生》是林登实验室（Linden Lab）开发并于2003年推出的一款以"合作、交融和开放"为特色的大型3D模拟现实的PC端网络游戏。——译者注

② 雪莱有一部诗歌作品名为《奥斯曼狄斯》（*Ozymandias*）。——译者注

师的角色，为玩家定义挑战规则，引导玩家与文本互动，同时将把受诗歌启发的链接空间想象为一款益智冒险游戏，目的是用于教学和解释。我们也得到了国家人文基金项目（National Endowment for the Humanities）的资助，用于开发《MOO奥斯曼狄斯》，以及MOO中的其他文本和其他虚拟空间，并以此作为高中和大学文学专业学生的在线学习资源。

在笔者写这篇文章的时候，《迪奥达蒂别墅MOO》仍然在"浪漫圈"服务器上运行，尽管我们的大多数用户并不知道，它可以通过任何无线网络连接（Telnet connection）以纯文本的形式进行访问。在很大程度上，《MOO奥斯曼狄斯》游戏的房间仍然可以进入，从传统的第二人称开始："你会发现自己在一个埃及坟墓的巨大接见室里，你环顾四周以寻找一条能进去的路……你在这里看到了一本书。"输入正确的命令将允许你打开书，拿起虚拟游戏道具与它们互动，穿过隧道和房间，解决与雪莱诗歌文本和内容相关的谜题。房间和隧道、拼图、机器人和其他物品都是由游戏的编辑或玩家（包括学生）创建的，换言之，这些物品（Objects）都是在MOO编程代码和自然语言描述、提示与叙述以及在具有双重意义的"脚本"的基础上编写的。尽管混合Web-MOO（hybrid Web-MOO）使用了一些图像和超文本标记语言（HTML）对象，但该空间在本质上仍然是基于文本的，和与它处于同一游戏谱系的《冒险》和《魔域帝国》的主机相差不远。当我们创建《MOO奥斯曼狄斯》时，MOO已经是一种历史或遗留平台。早期的大型多人在线角色扮演游戏（massively multiplayer online role-playing games，简称MMORPG）和虚拟世界本质上是图形化的MUD。随着游戏《无尽的任务》（*EverQuest*）和《魔兽世界》（*World of Warcraft*）以及3D虚拟世界的《第二人生》的出现，在这个沉浸式体验不断增强的时代，MOO基于文本的虚拟现实环境对大多数用户来说似乎是原始的，甚至是过时的。然而，回顾过去，MOO提供游戏和类似游戏的环境于20世纪90年代和21世纪初期在人文计算领域发挥作用的历史证据即它们的运行惯例和结构前提，以及协作实践和游戏的一般风气。

MUD和MOO平台的一个优势即它们的易用性。MOO编程语言相对较容易学习，命令行界面用于对环境进行编程和体验。这个平台的垂直架构被隐喻为"扁平化"，其后果是，与后来的游戏机或电脑游戏相比，低级操作系统与高级游戏脚本和界面功能之间的距离感觉更近了。基于UNIX的MOO文本输入使玩家参与到距离编码只有一步之遥的活动中。即使是使用该空间的学生也不可避免地接触到命令行界面，他们通常会发现，为了操纵环境以及其中的对象，学习一些代码是很容易的。通过传承下来的"升级"游戏惯例，如果权限设置允许，他们可以获得程序员身份，并参与协作创建环境本身。至少，MOO的结构设置鼓励玩家更直观地理解发生在环境中的任何游戏的结构（即使他们不是在帮助创建游戏）。例如，MUD和MOO生动地揭示了任何游戏中虚构元素和结构元素之间的相互联系，一方面是想象的世界，另一方面是与想象世界互动的程序。正如尼克·蒙特福特所阐释的那样，MUD和MOO与类似游戏设定的互动小说密切相关，比如游戏开发公司Infocom在20世纪80年代发布的游戏作品。任何互动小说都包含两个基本特征：世界模型（可以被映射）和解析器（以有意义的方式处理玩家输入的脚本）。（Montfort，2003：viii–ix）尽管蒙特福特谨慎地将互动小说与电子游戏区别开来，但这两种形式显然都是同一媒介家族中的一部分，并与当今的许多角色扮演游戏（Role Play Games，简称RPG）、动作游戏和益智冒险游戏有着相同的文化习俗、结构、假设和游戏机制。笔者认为，蒙特福特所确定的基本二元性——世界模型和交互式解析器，或者更为广泛地说，世界模型和关于世界的数据——对于理解各类电子游戏至关重要。其中，世界模型可以采用绘制在板上的网格、一系列滚动平台或电影般的3D虚拟现实的形式，数据可以是卡片、代币、通过掷骰子或一些其他计数器生成的数字，或者表示为统计数据、游戏物品库存、角色历史和游戏等级。玩游戏就是通过动态数据的镜头参与到游戏世界中，动态数据最为明确地体现在电子游戏里典型的平视显示器（HUD）覆盖层，在这个覆盖层面中，游戏和玩家数据、物品库存、导航和其他数据都以可视化界面的形式显示出来，完全覆盖在游戏世界的图像上。从某种意义上来说，正如一种颇具影响力的理论所说，游戏是在一个"魔术圈"（magic circle）内进行的，在这个圈子里，我们暂停了日常生活，同意游戏的条件、规则和惯例。（Huizinga，1950）但是，游戏这种分层意识的特征也在提醒我们，我们实际上是在"魔术圈"的边界上，而不是在它的边界内部玩游戏。从物质意义上来说，一个在任何情况下都可以更好地想象到的边界——比如粉笔圈，就像我们当场画的那种粉笔圈——用来指定弹珠游戏的空间；或者作为交战双方同意并划定的虚拟战争游戏的区域，或者就此而言，在HUD中表示的共享数字地图，并且定义了电子游戏的战役级别。这种达成一致的"圈子"或游戏圈,并不是魔术。它们是社会现象,因此永远是现实世界的一部分,永远不会完全脱离现实世界。而游戏实际上是通过玩家这一代理,在社会构建的边界上来回进行的,玩家在一种分层的自我意识状态下体验游戏。

一旦我们将解释(interpretation)理解为一种嬉戏的、游戏性的活动,这种在社会划定的游戏空间周围的分层的、参与的游戏就开始看起来很像一般的解释学实践。杰罗姆·麦甘恩、乔安娜·朱可、贝萨妮·诺维斯基和斯蒂芬·拉姆齐(Stephen Ramsay)等人从2001年开始合作,创建了一个开发和测试解释游戏的项目,以尝试表达(并促进)这种游戏性解释(ludic interpretation)。正如麦甘恩当时所说的那样,自我意识协作解释的最佳模式即"通过将游戏和角色扮演环境中所产生的文化传递给我们"(McGann,2001:164)。其直接结果是游戏《艾凡赫》的诞生,这是一款角色扮演的解释游戏。MUD和MOO一样,《艾凡赫》在本质上也是基于文本的。事实上,它最初是作为一款纯文本游戏在电子邮件交流中进行的[沃尔特·斯科特(Walter Scot)的浪漫冒险小说《艾凡赫》是该系列游戏所采用的第一部文学作品,并以此为项目命名]。虽然许多界面设计都是原型化的,功能各异,但这款游戏在博客中开发出来,后来又采用了饼图风格的可视化界面,展示了玩家在从共享文本中衍生出来的话语场域(大圆圈)内所做的动作。游戏玩法包括以"变形"(deformance)的方式编写和改写文本(及其交互文本和副文本),通过动态更新的图形工具进行追踪和可视化每个玩家的竞争动作或合作动作。此图形直观地显示了各玩家对话语场域的持续贡献,彩色的"弹珠"代表了玩家及其在话语场域中的位置。玩家选用了一种角色,以面具或化身的形式出现,无论是基于从中心共享文本中选择的角色,还是基于玩家自身,或是基于文本的前文本或接收历史中的某一真实或想象出来的角色,玩家均选用了一种以面具或化身的形式出现的角色。角色与话语场域的关系是这款游戏的目的,即通过竞争和合作的游戏玩法,以改写行为的形式来进行测试。

游戏《艾凡赫》来自弗吉尼亚大学帕塔批评主义应用研究(Applied Research in Patacriticism,简称ARP)小组的应用研究,其主要理论灵感来自20世纪阿尔弗雷德·贾里(Alfred Jarry)的前卫话语。对变形、随机、算法和游戏实践的强调塑造了它的发展方向。正如杰弗里·罗克韦尔(另一位非常早期的游戏测试者，同时也是《艾凡赫》的开发者）所说，游戏"是对人文学科的研究，因为它是作为我们研究的主题和方法的一种回归，将计算机作为手边的工具来使用这个时代决定性的技术"（Rockwell, 2003: 97）。通过这种方式，透过游戏《艾凡赫》或可预见到当时新兴的数字人文实践的一些特征，包括对文本的重新概念化和分析，即在算法过程的辅助下，以可视化和图表的形式揭示其他隐藏的模式，并提出新的问题。《艾凡赫》的另一位早期开发者和游戏测试者斯蒂芬·拉姆齐近年来一直主张进行算法批评（algorithmic criticism），支持由"计算机生成的文本转换"，他认为这仅仅是"在所有解释行为中发现的那些解释性程序"中的一个"自觉极端"（self-consciously extreme）的版本。（Ramsay, 2011: 13, 16）拉姆齐指出，即使是布萨的主机辅助索引构建（mainframe-assisted concordance building）也是"最严格意义上的算法"（19），是通过在计算机的辅助下对文本的分解和重建，作为一个庞大的、词目化的单词列表，目的是揭示其中不易察觉的模式以及隐藏的维度。通过这种方式，拉姆齐借由定量分析和数据可视化，将《艾凡赫》与超大型文本语料库的最新数字人文转换联系起来，并与最初形式的人文计算联系在一起。《艾凡赫》揭示了这个领域中的潜在变形性、实验性或游戏性维度，即使是在最为传统的以文本为基础的实践中。更为现实的是，就方法而言，弗吉尼亚大学《艾凡赫》游戏的开发预见到（并直接启发了）后来的数字人文学科将重点放在原型设计和构建事物上，以及作为研究模式的协作或竞争游戏上。

21世纪，电子游戏在数字人文学科中扮演了另一个重要角色：作为保存和管理原生的数字媒体对象的应用案例。数字取证（Digital Forensics）和媒介考古学（Media Archaeology）的方法已经与数字人文学科的工作相重叠，这在马修·基申鲍姆的作品中表现得最为突出，这些方法经常被应用于电子游戏的研究领域。例如，基申鲍姆的获奖作品《机械结构》（*Mechanisms*）（2008）就专注于1980年发行的游戏《神秘屋》（*Mystery House*）的微观细节，利用磁盘图像和十六进制编辑器程序，在二进制数据的级别上，对游戏复杂材料的文本性进行了仔细读取。这本书将其媒介取证的方法应用于威廉·吉布森创作的类似游戏的多媒体作品中，比如《阿格里帕》（*Agrippa*）。这位艺术家的小说中包含了一首数字诗，这是1992年开展的一场大型舞台活动的一部分，其影响范围包括互联网。现在看来，结果看起来像是一场跨平台的平行实境游戏（Alternate Reality Gaming，简称ARG）。这两个案例都提出了这样一个问题，即一旦数字媒介的初始平台（包括机器、操作系统和界面软件）在功能上过时，如何保存和访问数字媒介，以及在游戏和其他新媒介的学术研究中如何理解多重物质性（multiple materialities）的重要性。

基申鲍姆是"保护虚拟世界"（Preserving Virtual Worlds Project）项目（2010）的研究人员之一，该项目最初是一个为期两年的多机构合作研究项目，旨在研究如何保护和存储电脑游戏和互动小说作品的文化遗产问题。该项目认为电脑游戏和互动小说作品是复杂的研究对象，是"以数字计算惯例为中介的逻辑抽象层"（McDonough et al., 2010）。作为美国国会图书馆（Library of Congress）倡议的一部分，这个项目包括了像《第二人生》这样的社交虚拟空间，但在其最初的八个案例研究中有七个是电子游戏，历史上从《太空大战》（1962），到《神秘屋》（1998），再到《魔兽世界III》（2002），大型机、游戏机和在线游戏应有尽有。该项目侧重于图书馆和档案馆在处理这类新媒体对象时所面临的社会问题、制度问题以及技术困难。

> 与图书馆里的书不同，电脑游戏的边界定义非常模糊，因此很难确定保存的对象究竟是什么。这个对象是程序的源代码？是程序的二进制可编辑版本？是否是可执行程序和运行该程序的操作系统？是否应该包括运行操作系统的硬件？归根结底，没有一套复杂且相互关联的程序和硬件，电脑游戏就无法运行。（McDonough et al., 2010: 13）

例如，在处理元数据本体论（metadata ontologies）的基本问题，以及在原始系统过时的情况下如何使游戏在不久的将来仍可体验等实际问题时，该项目面对游戏作为系统的复杂性，作为多层编程以表现作品的复杂性，这些游戏依赖于特定的硬件和软件平台，包括网络环境。

保存虚拟世界项目与平台研究（platform studies）方法有很多共同之处，正如由麻省理工学院出版社出版的尼克·蒙特福特和伊恩·博格斯特编辑的系列丛书中所阐述的那样。作为一种研究方法，平台研究调查各种基础计算系统、"数字媒体的基础"，以及软件和硬件如何影响在这些系统上完成创造性和表现力的作品——"艺术、文学、游戏和其他创造性的发展"

（Jones and Thiruvathukal，2012：VIII前言部分）。它关注平台所隐喻的"堆栈"中的所有层，包括较低层的机器及其代码，然后向上移动操作系统、应用软件和界面，所有这些都相互作用，以产生特定游戏或其他文化表达作品的效果。笔者认为，这种对平台的关注是当今数字人文学科总体发展的基础。无论是应用于新媒体的研究，还是表现为对平台的普遍自我意识，通过这些平台，学术成果（以文本、数据或代码的形式）得以创造和共享。笔者和合著者乔治·K.特里鲁瓦图卡尔（George K. Thiruvathukal）对平台研究系列的贡献，被明确地设想为一个数字人文项目"代号革命"（Codename Revolution），一个关于任天堂Wii平台电子游戏机的研究。当Wii在2006年推出时，通过打入首次玩游戏或不玩游戏消费群体的大众市场，全面助力开创了休闲游戏的时代。它通过其设计将玩家注意力从渲染逼真的3D虚拟游戏世界转移到玩家起居室的物理空间和社交空间上。Wii平台被设计成一个由一系列运动控制外围设备组成的集成，所有这些外围设备全部通过加速器和其他传感器以及通信渠道连接起来，以创建用于体现游戏玩法的个人局域网（Personal Area Network，简称PAN），从而将起居室变成游戏空间。这就是Wii平台的游戏体验发生的地方，而不是存在于屏幕另一边的某个想象的虚拟世界（在某种程度上，所有的游戏都是这样，但Wii平台从一开始就被设计为前景装置，增强了游戏的物理和数字混合空间）。当微软的KINECT在2010年出现时，它的市场定位是无线电子产品。但实际上，它的工作原理是将传感器和小工具从用户的手中取出（或从脚下移出）并将它们放在屏幕上方，然后以面向屏幕的方式来进行游戏体验。实际上，KINECT游戏非常类似于Wii游戏：两者都专注于玩家在物理空间中的身体。在发布适用于个人电脑的版本之后，针对KINECT的一系列黑客和自制应用程序接踵而至，而且在大多数时候，这些程序并不关注虚拟现实，而是通过各种方式将数字数据和物理世界连接起来，包括3D扫描和3D打印。

Wii平台就是一个生动的例子，说明了所有平台的社会性，它的组件是如何在共享文化的背景下进行设计和体验的，因此，最终不可能将软件和硬件的配置与影响它们的社会和文化事实分开，同时这一社会和文化事业也能帮助确定它们的效果。笔者的合著者特里鲁瓦图卡尔是一位计算机科学教授，我们的合作包括将他的观点与笔者作为文学和文本研究学者的观点结合起来。我们写

《代号革命》这本书有两个前提：（1）游戏和游戏系统是跨学科关注的一个富有成效的焦点。（2）关注平台的物质性是当今数字人文的一个关键特征。游戏为数字人文学科提供了有价值的应用案例，因为它们具有在特定的计算平台的限制范围内创造意义的悠久历史。而数字人文学科可以为这段历史以及特定的游戏和游戏系统的文化意义提供有用的理论视角：计算机的物质性和创意性作品的文化意义。从这个研究视角来看，游戏的平台研究方法从定义上来讲就是一种数字人文方法。

近年来，各种数字人文项目和研究中心已经采取了一系列方法来研究电子游戏。仅举几个例子：2010年，由美国国家人文基金会（The National Endowment for the Humanities，简称NEH）资助的游戏研究所在南卡罗来纳大学举行；由卡里·克劳斯（Kari Kraus）和德里克·汉森（Derek Hansen）组织的一个合作小组于2013年获得（美国）国家科学基金会（National Science Foundation，简称NSF）资助，研究平行实境游戏和跨媒介讲故事；杰弗里·罗克韦尔和阿尔伯塔大学（University of Alberta）的一个团队与日本京都的立命馆大学（Ritsumeikan University）合作，成立了一个全球游戏研究小组，于2012年8月在阿尔伯塔（Alberta）举办了一个关于日本游戏的国际研讨会。2014年夏季，除了文本编码、数字化和地理信息系统等主题的课程外，维多利亚大学（University of Victoria）颇具影响力的数字人文暑期研究所项目开设了一门关于"数字人文游戏"（Games for Digital Humanities）的课程，该课程以游戏媒介为研究对象进行实践操作，同时还开设了其他主题课程，如"文本编码""数字化"和"地理信息系统"。在世界各地专注于游戏研究的中心和研究小组中，笔者可以举个例子，比如由凯瑟琳·海尔斯（她自己的研究包括对游戏的解读）组织的杜克大学（Duke University）的游戏研究实验室（Greater Than Games），或者由凯茜·戴维森领导的美国人文艺术科学和技术合作实验室（Humanities, Arts, Science, and Technology Alliance and Collaboratory，简称HASTAC）。2013年，在马里兰大学和凯斯西储大学举办了两个以游戏为重点的人文与技术夏令营（The Humanities and Technology Camps，简称THATCamps）。许多来自不同学科的学者在公认的数字人文框架内对电子游戏进行了研究，尽管只有一部分学者明确表示为数字人文研究者，包括（仅举几个著名的例子）马克·桑普尔、扎克·瓦伦（Zach Whalen）、帕特里克·贾戈达（Patrick Jagoda）、丽塔·雷利（Rita Raley）、卡里·克劳斯、埃德蒙·张（Edmond Chang）、帕特里克·勒米厄（Patrick LeMieux）、斯蒂芬妮·博鲁克（Stephanie Boluk）、蒂姆·莱诺尔（Tim Lenoir）和维多利亚·萨博（Victoria Szabo）。事实上，游戏研究和新媒体实践并未被明确确定为数字人文学科，但是它们为这个新兴领域作出了许多贡献。例如，笔者已经引用了尼克·蒙特福特和伊恩·博格斯特的例子，他们都不愿称自己为数字人文学者，但他们的工作在数字人文领域极具影响力，通过出版物、论坛、研讨会和社交媒体作出贡献。

除了作为一种值得学术关注的重要文化媒介，电子游戏对于数字人文学科来说尤其有价值，因为它们在本质上是建模或模拟系统，不仅是（想象中的海底敌托邦，或者像洛杉矶这种犯罪猖獗的美国城市的）模型（model of），而且是下列这些对象的模型（model for）[①]：用于试验通过算法生成的叙事可能性的不同交互操作方式，或者用于与许多其他玩家合作（或与之竞争）以构建一个有意义的表达性架构，或者管理资源以实现目标——或者，就此而言，可以想象的任何其他社会和物质可能性与情况。关键是，作为一种"无处不在的媒介，一种像文字和图像一样与文化交织在一起的媒介"，正如伊恩·博格斯特所说，电子游戏具有"各种有效的用途，从艺术到工具，以及在介于两者之间的一切领域"（Bogost，2011：7）——但是这在一定程度上是因为电子游戏代表了一种动态建模或模拟实验的本土传统。正如威拉德·麦卡蒂谈及的，建模能力是数字人文学科的关键："如果理解恰当的话，建模指明了一条通往计算的道路，这种计算既是计算机科学的，也是人文科学的，即通过操控表象来不断认识事物的过程。"（McCarty，2004）正如麦卡蒂所揭示的那样，游戏代表了一种已经发展起来的计算机模拟的传统。

在人文学科领域，我们已经知道，多年来，基于计算机的模拟以教学游戏的形式可以在教学中发挥作用。一个陈旧但非常合适的例子是：游

---

① 麦卡蒂在2004年对两个术语"model of"与"model for"进行了讨论。按照惯例，模拟是一个不断延展的动态模型，但"模型"和"模拟"这两个词经常被互换使用，在讨论中，笔者有意将艺术和各种人文学科中理解的"建模"的更一般意义与更精确的计算机科学意义结合起来。译者注：原句"...not only models of (an imaginary undersea dystopia, or a crime-ridden American city very much like Los Angeles) but models for..."

戏作品《伪君子》（*The Would-Be Gentleman*）是对17世纪法国经济和社会生活的一种再创造，在这个过程中，学生玩家必须意识到并抛弃其先入为主的现代观念才可获胜……换言之，他们必须在精神上和情感上成为17世纪的法国人。采用更新的和技术上更为先进的虚拟现实应用，比如理查德·比查姆（Richard Beacham）和休·德纳德（Hugh Denard）重建的罗马庞贝剧院（the theater of Pompey）……人们可以在许多人文研究领域中预测并模拟学术未来。（McCarty，2004）

这超越了所谓的"模拟游戏"（sim games）的范畴，这类游戏的主要玩法是模拟一个城市，或者一个过山车主题公园，或者一个普通的郊区家庭。这是游戏在更深层次的结构层面的运作方式，即它们以玩家可以与之互动并体验各种效果和结果的方式来提取和呈现动态系统。从这个角度来看，游戏本身是一个迭代的实验过程，一系列的行为加在一起就是一个随着时间的推移而不断学习的过程，换言之，即是递归建模的行为。在各种游戏类型和平台上，游戏都是用来练习建模的模型：给定的游戏是一个现有的或想象的世界的模型，并且每个游戏玩法中的行为都可以模拟游戏中可能的路径和结果。

将目光聚焦到过去十年中最受欢迎的游戏之一——游戏《我的世界》（*Minecraft*）（2009）。《我的世界》最初是由马库斯·佩尔森（Markus Persson）（又被称为"Notch"[①]）独立开发创建的，已经在各大平台上线，并且获得了奖项及评论界的关注，销售了数百万套。这是一款沙盒构建游戏（sandbox construction game），它允许用户使用其在游戏世界中"开采"的小立方体进行自由构建。用户在《我的世界》中创建的所有内容都是由看起来像三维像素（3D pixel）（或体素）的基本体、16×16×16位的3D块（在游戏世界中定义为1平方米）构成。用户把它们作为各种原材料挖掘出来，然后将它们堆叠或连接，制成不同风格的建筑、车辆、物件和结构。这就像玩乐高积木，而挑战的一部分就是用数字化乐高积木制作出看起来很逼真的事物。从美学上看，结果看起来绝对是复古的风格，采用16位像素的形式，这增加了吸引力。避免使用逼真的图形而使用风格化的形式，可以创建一个资源高效利用的大型游戏世界，就像当时的MOO一样。用户可以在游戏《我的世界》的虚拟

[①] Notch是马库斯·佩尔森在游戏《我的世界》中的用户名。——译者注

世界里四处漫游。从技术上看，这并不是一个无限的空间，但是对于大多数玩家而言，他们感觉就是无限的。因为游戏程序会动态生成玩家想要去的世界的一部分，当玩家到达这些区域时，程序会将其渲染为16×16×128像素的连续方块。通常，当世界呈现在玩家面前时，他们可以看到这种情况的发生，就像"滚动地图"（slippy map）（例如谷歌地图的呈现模式）在玩家用设备滚动或滑动时加载数据一样。在纯沙箱或创造模式（Creative Mode）下，《我的世界》只允许玩家构建和探索。然而，在生存模式（Survival Mode）下，玩家容易遭到夜间产卵怪物的攻击，因此必须迅速建立足够坚固的庇护所，以保护自己并生存下来。在这两种模式下，玩家都构建了精心制作的虚拟物件，包括现实世界或虚拟世界中现有物件的许多模型，从泰姬陵或埃菲尔铁塔到进取号星舰，再到可以工作的虚拟液压、机械装置和电子设备（其中一类是方块、红石、供给和导电）。甚至还有在游戏《我的世界》内部构建的经典电子游戏的可玩副本，它们可以正常运作。这个游戏的一些MOD已经被应用于城市规划，用于模拟物理世界中现有城市社区未来可能的布局。（Goldberg and Larsson，2013/2011：184—186）但这个游戏不仅是对物件、城市、建筑甚至机器或动态系统进行建模，而且是自觉地对数字（the digital）和物理（the physical）之间的关系进行建模——也就是关于构建模型（modeling）。例如，玩家可以将3D模型从"谷歌草图大师"（Google SketchUp）等软件程序中导到游戏中，反之亦然，玩家可以在游戏中构建可以使用3D打印机输出为物理对象的模型。《我的世界》是一个灵活的建模系统，它自觉地唤起人们对其数字原语①的关注，并在主题和程序上突出了各种物理和数字对象之间的转换，在此过程中塑造了物理世界和数字网络之间的多向关系。

这个网络已经不再像过去大约二十年里人们想象的那样充分地表现为"虚拟现实"（virtual reality）或"赛博空间"（cyberspace）。1982年，作家威廉·吉布森创造了"赛博空间"②这个词，他看到街机电子游戏的玩家俯身进

---

① 计算机进程的控制通常由原语完成。原语一般是指由若干条指令组成的程序段，用来实现某个特定功能，在执行过程中不可被中断。——译者注

② "赛博空间"一词是"控制论"（cybernetics）和"空间"（space）两个词的组合，是居住在加拿大的科幻小说作家威廉·吉布森在1982年发表于*Omni*杂志的短篇小说《全息玫瑰碎片》（"Burning Chrome"）首次创造出来的，并在后来的小说《神经漫游者》中被普及。——译者注

入机器、盯着屏幕、操作控制器和撞击橱柜的行为，并从中受到启发。吉布森本人不是一名游戏玩家，他认为玩家一定十分渴望完全沉浸在屏幕另一边的虚拟世界中，根据这一假设，他推断出一个与物理世界完全不同的数字世界，一个由纯数据组成的超验世界。（Jones，2014：18—20）作为一个隐喻，赛博空间始终是另一种形式的游戏空间，并取代了游戏空间。在过去的十年里，赛博空间的隐喻已经让位于一个新的流行概念，即我们与网络的关系。正如吉布森所言，赛博空间正在翻转，由内向外并逐渐溢出渗透到物理世界。正是在这样的背景下，数字人文学科在过去十年中已经在公众的想象中占有一席之地，笔者认为，因为新的数字人文学科也是以网络世界（Networked World）为前提的，网络世界是一个混合现实的世界，是数字和物质之间相互作用的空间，是物理世界中内在的网络。（Jones，2014）

　　游戏总是模拟混合现实，即数字和物理维度之间的关系，甚至在经典的2D侧滚平台上也是如此。最近的一些独立游戏也遵循此项传统，并且在它们的中心游戏机制中专注于导航混合现实。以波吕特龙（Polytron）团队开发的《菲斯》（*Fez*）（2012）为例，这是一款需要玩家从不同的视角看到隐藏在视线中的空间可能性的游戏，这些可能性是用户在（从字面意义上）解决问题之前无法看到或利用的可能性，使用Xbox控制器的左右触发器将整个游戏世界向一个方向或另一个方向旋转90度，从2D转换到3D或者返回2D。正如游戏《菲斯》的开场白所说：你旋转游戏世界的维度是为了在不止一种意义上改变你的视角。你扮演的是戈麦斯（Gomez），一个全白的小卡通人物，在一个彩色的像素化宇宙中，巨型的灯塔世界飘浮在空中；这让人想起《超级马里奥兄弟》（*Super Mario Bros*）的二维平铺景观、《塞尔达传说》（*Zelda*）或《最终幻想》（*Final Fantasy*）系列等早期冒险角色扮演游戏的鸟瞰地图，但事实上，这一切都发生了变化。游戏中门的装置把你带到室内房间或其他楼层，立方体悬浮在空中，直到你跳起来击中这些立方体才能获取它们。凹进的、凸出的以及悬挂的立方体看起来就像是通过移除或重新排列基本立方体以创建游戏世界。游戏《菲斯》看起来几乎和《我的世界》一样都是由块状结构组成（是的，在《我的世界》里有对《菲斯》的再现），就像在游戏中一样，这些立方体是像素或比特的隐喻（第一关设置有八个"立方体"），同样是表示"数字"的比喻原语。开场的卡通画面时断时续，以蒙太奇剪辑的方式使玩家得以瞥见可见游戏世界背后的数字领域,之后转移到带有传统游戏徽标"重新启动"的游戏中。开发人员菲尔·菲什(Phil Fish)说,《菲斯》的游戏世界是一个"计算机世界……每隔一段时间,宇宙就会变得不稳定,不得不自我重组并重新启动"。虽然他将游戏世界描述为存在于计算机内部,但是游戏当然发生在虚构的计算机游戏世界和玩家的物理世界的边界上。每次玩家翻转维度时,都会注意到边界上的那一维,而那些自我意识被惊醒的时刻会提醒操控器上的玩家,更大的游戏空间《菲斯》实际上是一个数字和物理空间的混合体。

玩家可以通过跑步、跳跃和攀登等常见的平台游戏方式进行导航,寻找发光的金色立方体和看不见的"反立方体"(anticubes),这些"反立方体"是"立方体"的对应物。特别是对于第一次玩这款游戏的玩家或不熟悉游戏的受众来说,这款游戏最引人注目的一点,也是其最突出的视觉功能,即玩家在寻找跳台或绕过障碍物时引发的视角反复转换。视角转换之所以引人注目,正是因为它导致了3D和2D视图之间的交替。玩家点击一下,一切又都扁平化了,就像经典的2D侧滚平台一样;再点击一次,同样的结构会变得具有纵深感,玩家刚刚跳过的两个方形平台在另一个维度上显示出几米的距离,而在立体空间中一个方形平台飘浮在另一个平台的后面。在这个新的三维空间中,相同的物体被变换,或者被扩大,或者被缩小,这些物体在玩家的游戏中提供或限制功能。我们所认为的视觉错觉(optical illusion),即玩家视线沿水平Y轴直视平台上的两个立方体末端,发现这两个立方体在同一平面上,且似乎紧靠在一起,尽管它们"实际上"是立方体,并且在Z轴上相距很远(一旦玩家旋转视角,则具有纵深感)。事实证明,这仅是游戏中一个可供玩家导航的现实,一种可行的平行宇宙设置,仅有两个维度。通过切换控制器、触发器可产生校平效应(leveling effect),将2D和3D世界相对化,提示它们是相互贯通的维度现实,虽有玩家的感官作为证据,但不失为一种有效的替代方案,即可以通过一个简单但能改变世界的视角转换来实现。即使是玩家的方形提示库框架,显示已收集的立方体块和钥匙的数量,也可以通过触发器的旋转,显示它实际上是一个立方体,有空间存储其他物品,比如藏宝图。

《菲斯》是一款益智游戏平台,它的大多数游戏都不是直接关于跳跃的操作,而是涉及这样或那样的解码,从使用游戏中的二维码(实际上你把智能手机对准屏幕扫描它们,以获得一个秘密的按钮组合),到在开场场景中第一次在平板电脑上看到的神秘字母表。虚构字母表中的人物显然让人联想到最早的益智类游戏《俄罗斯方块》中的俄罗斯方块形状，这些形状实际上构成了《菲斯》方块游戏世界的基础。与8位或16位图形一样，向俄罗斯方块致敬是这款游戏复古美学（retro aesthetic）的一部分，但它也唤起了人们对游戏中以及整个数字世界中拼凑、加密和解密行为，编码和解码重要性的关注。当与游戏的中心机制，即旋转游戏世界结合在一起时，这些谜题强化了这样一种感觉，即《菲斯》是需要解密世界以揭示其数字基础的。游戏《菲斯》可以被理解为一种对世界不同维度之间隐秘但最终有意义的关系的可实践性思考，且这些维度之间需要玩家借助导航程序不断探索。所有装置体现在以8、16、32和64为增量的块、砖或位，这种像素化的风格以及它显露出的隐藏的数字基础设施对玩家自我意识的影响，表明玩家必须在物理和数字维度之间往返导航，这两个维度已经在混合现实环境中错综复杂地结合在一起。《菲斯》模拟了许多事物，但它以高级主题和隐喻的方式模拟了混合现实环境中人机关系的紧迫性。

一个最畅销的儿童游戏系列，美国动视公司（Activision）的《小龙斯派洛》（*Skylanders*）系列（2011），可能提供了最近游戏中颇为生动逼真的混合现实模型。游戏《小龙斯派洛》可以像游戏《口袋妖怪》（*Pokémon*）一样收藏玩具，甚至是塑料卡通玩具。当玩家把这些现实世界中的塑料卡通玩具放置在"力量之门"（Portal of Power）[①]平台上时，这些真实玩具就被传送至虚拟的游戏世界，在游戏内部"活起来"。"力量之门"是一个小型圆形发光平台，产品官网称之为"连接现实世界与虚拟冒险世界的门户"。当门户（Portal）和虚拟人物发光时，角色（玩具）就会以动画形式出现在游戏中并且完全可以被玩家操纵以进行探险活动。如果玩家在门户上重新放置另一个玩具，新的玩具就会出现在游戏中，并且用户可以在门户上放置两个玩具以激活合作模式。另外，这些虚拟角色塑像是采用3D打印技术和创客文化（maker culture）传播的产物，也是小商店借助软件设计创造然后转化为实物的结果。可以给这些塑像上色，甚至在其底座上插入圆形射频识别技术标签，以使它们能够按比例缩放原型［后米的游戏《苏醒的巨人》（*Giant*）和《交换力量》

[①] 力量之门是游戏的一个装置。游戏可通过力量之门让玩家将真实的玩具传送至虚拟的游戏世界。这些虚拟玩具可在多平台间互动，例如掌机、手机和网页平台，成就和等级数据将进行融合。——译者注

（*Swap Force*）都使用近场通信（Near Field Connection，简称NFC）技术的芯片，所以当这些玩具塑像实体在靠近"力量之门"之前，已经实现了数据的连接和交换］。这些玩具塑像或许可以被想象成"假死状态"，它们的生命力被存储为"记忆"，即嵌入式芯片上的数据，之后在数字游戏世界中被唤醒。每次有人把塑像玩具放在发光的"力量之门"平台上时，它就会在游戏中以动画的形态出现。这一过程总结起来，至少是以相反的方式产生的原型：从设计图纸和电脑上的平面作品到3D打印机制作出的实体。开发人员谈到，Wii平台激发了《小龙斯派洛》的灵感，和Wii平台一样，这款游戏也被想象为物理空间中的一个分布式系统，即一个由小标签、处理器和传感器组成的集合——一个模拟整个网络外翻的系统。《小龙斯派洛》系列游戏甚至比Wii平台更具广泛性，在很大程度上是真正意义上的跨平台，它将游戏置于物理世界中，置于一个玩具和卡片被处理和交易的社交空间中，同时也置于由游戏硬件和软件定义的数字空间中。游戏性（Gameplay）与网络空间相反，换言之，与被困在屏幕后面的世界相反。这是一场有关世界翻转的游戏，是混合现实的游戏。《小龙斯派洛》展现了这样一个世界：在这个世界中，网络及其数据的正式联系采取了在跨物理和数字之间的模糊边界反复传输的形式，在混合现实空间中，是一个由关联数据的物件构成的世界，包括物理层和数字层。在其间体验游戏意味着将它们进行数字化处理，在物理和数字环境中与它们互动，收集和管理用于标记和注释的数据，与各种平台上的其他玩家共享和集体策划他们的游戏体验。

这类游戏技术与当今的数字人文学科之间有着明显的联系。首先是来自创客文化的共同灵感，以及他们对使用开源软件和硬件构建产品的重视。但从更普遍的角度而言，笔者引用所有这些具体例子旨在强调：当涉及建模系统时，数字人文学科可能从电子游戏中学到一些东西，不仅是在实验模拟的实用维度上，也在更高的社会和文化研究的维度上。电子游戏是一种至关重要的媒介，它提供了一个丰富的舞台，可以对更复杂的文化问题——以及新兴的数字平台和物理平台——进行创造性的实验，对这些问题的关注是当今数字人文研究的重点。无论电子游戏模拟的是什么，都必然会模拟人与计算机之间的关系。如果像威拉德·麦卡蒂（2004）所说的那样："建模指明了一条通往计算的道路，这既是计算机科学中的，也是人文科学的，即通过操纵表象来不断认识事物的过程"，这可能是电子游戏在人文计算和数字人文学科的历史中扮演如此重要角色的原因之一。在这个网络错综复杂的时代、混合现实技术发展的时代，游戏提供了人机交互的可实践的模型。如果数字人文学科研究的目的既是为了将计算机技术应用于人文学科，也是为了从人文学科的角度看待计算机技术，那么电子游戏的发展就相当于为数字人文学者提供了进一步实验的可能性空间。

参考文献

[1] Bogost, I. 2011. *How to Do Things With Video Games*.Minneapolis: University of Minnesota Press.

[2] Brand, S. 1972. Spacewar: fanatic life and symbolic death among the computer bums. *Rolling Stone* December 7. http://www.wheels.org/spacewar/ stone/rolling_stone.html (accessed June 20, 2015).

[3] Busa, R. 2004. Foreword: Perspectives on the digital humanities. In *A Companion to Digital Humanities*, ed. S. Schreibman, R. Siemens, and J. Unsworth. Oxford: Blackwell. http://www. digitalhumanities.org/companion (accessed June 20, 2015).

[4] Goldberg, D, and Larsson, L. 2013/2011. *Minecraft: The Unlikely Tale of Markus "Notch" Persson and the Game that Changed Everything*. Trans. J. Hawkins. New York: Seven Stories Press.

[5] Huizinga, J. 1950. *Homo Ludens: A Study of the Play Element in Culture*. Boston: Beacon Press.

[6] Jones, S.E. 2014. *The Emergence of the Digital Humanities*. New York: Routledge.

[7] Jones, S.E. and Thiruvathukal, G.K.2012.*Codename Revolution: The Nintendo Wii Platform*.Cambridge, MA: MIT Press.

[8] Kirschenbaum, M.G. 2008. *Mechanisms: New Media and the Forensic Imagination*. Cambridge, MA: MIT Press.

[9] McCarty, W. 2004. Modeling: a study in words and meanings. In *A Companion to Digital Humanities*, ed. S. Schreibman, R. Siemens, and J. Unsworth. Oxford: Blackwell, 2004: http://www.digitalhumanities.org/companion (accessed June 20, 2015).

[10] McDonough, J.P., Olendorf, R., Kirschenbaum, M., *et al.* 2010. *Preserving Virtual Worlds Final Report*. http://hdl.handle.net/2142/17097 (accessed June 20, 2015).

[11] McGann, J. 2001. *Radiant Textuality: Literature After the World Wide Web*. New York:

Palgrave.

[12] Montfort, N. 2003. *Twisty Little Passages: An Approach to Interactive Fiction*. Cambridge, MA: MIT Press.

[13] Nyhan, J., ed. 2012. Video-gaming, *Paradise Lost* and TCP/IP: an Oral History Conversation between Ray Siemens and Anne Welsh. *DHQ: Digital Humanities Quarterly* 6 (3). http://www.digitalhumanities.org/ dhq/vol/6/3/000131/000131.html (accessed June 20, 2015).

[14] Ramsay, S. 2011. *Reading Machines: Toward an Algorithmic Criticism*. Urbana: University of Illinois Press.

[15] Rockwell, G. 2003. Serious play at hand: is gaming serious research in the humanities? *Text Technology* 12 (2), 89–99.

[16] Unsworth, J. 1996. Living inside the (operating) system: community in virtual reality. In *Computer Networking and Scholarship in the Twenty-first-Century University*, ed. T.M. Harrison and T. Stephen. New York: SUNY Press. http://hdl.handle.net/2142/195.

7. 数字人文教育研究中的探索性编程[①]

尼克·蒙特福特（Nick Montfort）

人文学者何以从编程学习中获益

《数字人文》（*Digital Humanities*）一书中列出了各种技能，这些技能根植于文本编码和信息技术项目管理，对数字人文学科至关重要。（Burdick et al., 2012）虽然该书列出了确定脚本语言的适当性，但并未提及编程的可能性。同样，在《数字人文大辩论》（*Debates in the Digital Humanities*）（Gold, 2012）一书中也没有说明是否应该教授编程课程。通常，当讨论数字人文教学法时，真正的主题是如何使用预先构建的数字人文系统来提供教育资源。与西蒙·派珀特（Seymour Papert）开发的程序设计语言（1980）和艾伦·凯（Alan Kay）提出的程序语言Smalltalk（Kay and Goldberg, 2003）成功提供给儿童一样，人文专业的学生肯定可以得到学习编程语言的机会。同样，人文专业的学生也可以学习编程。

如果编程仅仅是工具性的技术，只涉及完成一个已经确定的项目，那么编程教学的理由就不会那么充分了。在倡导人文学者和艺术家都应该学会编程时，笔者设想了一种被称为"探索性编程"（exploratory programming）的编程实践，其涉及将计算机技术作为一种探索性和建设性地思考重要问题的方式。

接下来，笔者概述了对编程的认知、文化和社会价值，并参考了一些重要的思想家和研究人员的研究成果。这个大纲和论点主要是提供给那些决定学习编程课程的学习者、那些教授编程课程的老师，以及那些为人文学科学生制定选修课方案的研究者。

那些决定成为新程序员的人，往往会在与计算机和使用编程技术来思考有趣问题的人的接触中找到这样做的动机。他们经常有从事计算机工作的具体

[①] *A New Companion to Digital Humanities*, First Edition. Edited by Susan Schreibman, Ray Siemens, and John Unsworth.

© 2016 John Wiley & Sons, Ltd. Published 2016 by John Wiley & Sons, Ltd.

原因和个人原因，并不需要参考笔者在这里提出的那种论点。然而，本文可能有助于人文专业和艺术专业的学生更好地向同学和老师表达他们对编程的兴趣。

马修·基申鲍姆是一位倡导编程教育的人文学者，无论是通过他最近出版的作品，还是通过教导学生在人文课程中参与编程实践。他认为：

> 计算机不应该是黑匣子，而应该被理解为用于创造我们所生活的世界的强大而有说服力的模型的引擎。我们所生活（和我们内心）的世界，是人文学科长期以来感兴趣的研究对象。我相信，越来越多的人意识到，如何在计算机的虚拟空间中将复杂的思想表示为一套正式的程序——规则、模型、算法——并将其表达出来，这将是人文教育发展的一个基本要素。
>
> （Kirschenbaum，2009）

基申鲍姆是几位已经在不同学科背景下给本科生和研究生教授编程课程的人文学者之一。笔者曾在麻省理工学院和新学院（The New School）为媒体研究专业的学生讲授编程课程，并让麻省理工学院的本科生在"让单词数字化"（The Word Made Digital）和"互动叙事"（Interactive Narrative）两门课程（课程网页链接出自：http：//nickm.com/classes）中完成计算写作项目。丹尼尔·C. 豪（Daniel C. Howe）设计并在罗德岛设计学院（Brown and Rhode Island School of Design，简称RISD）开发并教授"数字艺术与文学编程"（Programming for Digital Art and Literature）（http://www. rednoise.org/pdal）课程。在佐治亚理工学院（Georgia Institute of Technology，简称 Georgia Tech），伊恩·博格斯特教授的课程包括"游戏设计和分析专题"（Special Topics in Game Design and Analysis）部分（课程提纲链接：http://www.bogost.com/teaching/atari_hacks_remakes_ and_demake.shtml），其教学大纲旨在为游戏《雅达利VCS》（*Atari VCS*）编程。艾莉森·帕里什（Allison Parrish）在"阅读和编写电子文本"（Reading and Writing Electronic Text）（当前课程网页链接：http://rwet.decontextualize.com）中教授Python编程语言以进行编程，该课程在纽约大学交互式电信项目中定期提供。其他教授编程的人文学者还包括迈克尔·马特亚斯（Michael Mateas）和斯蒂芬·拉姆齐。还有许多为艺术家和人文学者开设的有关编程语言Processing的课程，这些课程由本·弗莱

（Ben Fry）和凯西·里耶斯（Casey Reas）创建，旨在帮助设计师学习编程，也是开发交互式草图的理想选择。在随后的各部分中，笔者将提供学习编程的理由：

- 让我们以新的方式思考，
- 让我们更好地了解文化和媒介系统，以及
- 可以帮助我们改善社会。

此后，笔者会聚焦将编程作为一种令人愉悦的方式，解释编程的哪些特质可以使其成为一种令人愉悦的方式来占用我们的时间，并为世界贡献新的创造性工作。最后，笔者将进一步描述"探索性编程"的具体实践，它不同于按照规范开发软件的范式。

认知角度：编程帮助我们思考

关于计算何以改进我们的认知方式，教育研究人员提供了一个有用的观点，他们选择：

> 区分两种认知效应：一种是在与技术的智力合作过程中获得的技术成效，另一种是通过这种合作以更好地掌握技能和策略的形式留下的可转移的认知留存（cognitive residue）的影响。（Salomon et al.，1991：2）

其中第一个影响在许多领域都是十分明显的。这些使用电子表格并尝试不同预算和方案的人比缺乏这样一个系统且必须手工计算的人更有能力进行业务创新。土木工程师利用计算机技术对一座设计特殊的桥梁进行建模，比那些必须依赖早期传统方法的工程师更能确保桥梁的安全。一位使用现代计算磁共振成像（Magnetic Resonance Imaging，简称MRI）系统的放射科医生，能够在X射线不够用的情况下提供诊断。

算法的这种积极作用正是计算机先驱道格拉斯·恩格尔巴特（Douglas Engelbart）所说的"增强人类智力"（Engelbart，2003）。尽管在许多领域，使用计算机进行思考已经被证明是有效的，但有些人仍然抵制使用计算机思考有助于人文和艺术的观点。然而，计算机技术可以用来模拟艺术和人文的过程，就像它可以用来模拟商业和经济的流程、从工程角度模拟桥梁、从医学角

度模拟人体等一样。因此，编程也有可能提高我们的人文和艺术思维。用这种方式提高读者计算机进行思考的能力是笔者的主要兴趣。

人们还希望，即使我们不使用计算机，计算思维也能更全面地完善我们的思维方式。事实上，有证据表明，在我们的经验和方法中加入计算思维可以改善我们的思维体系。也许对编程的过分关注是有害的，但那些有艺术和人文背景并选择学习编程的人正在使他们的思维方式多样化，拓展他们已经拥有的方法和视角。编程可以帮助他们以新的方式思考他们所关心的问题。

已经进行的关于编程是否能提高认知能力的研究主要集中在那些仍在发展认知能力的年轻学习者身上，而不是在接受高等教育的学生群体中。然而，为了提供一些关于计算机编程效果的看法，笔者提供了一些文献中关于学习编程是否可以帮助那个年龄段的人提高认知水平的建议。

对人文和艺术过程进行建模是一种思考

爱德华·贝拉米（Edward Bellamy）（1888）在《回顾：公元2000—1887》（*Looking Backward: 2000—1887*）一书中，将一个人物投射到一百多年后的未来，以解释他对社会的乌托邦式愿景。同样，道格拉斯·恩格尔巴特描述了计算如何以一种或多或少的科幻模式增强人类智力。50年前，恩格尔巴特借助一个假想的"增强人类"（augmented human）的声音解释道，五十多年前，为什么将计算机视作使用工具的人（即使他们使用的是他设想的先进技术）应该理解计算机编程：

> 当然，我们使用的是明确的计算机数据处理技术（Computer Processes），我们的哲学观要求我们能为自己设计和建造"增强人类"技术。我们研究小组以外的一些学者坚持认为，一个实用的增强系统不应该要求人们进行任何计算机编程——他们认为这种能力太过于专业化，会给人们带来负担。在我看来，这意味着如果将此情境置换成家庭车间，你就不能要求操作员知道他如何调整其工具，或者设置夹具或者更改钻头尺寸等。你可以在那里看到，这些技能很容易学会，因为人们无论如何都需要学习有关如何使用工具的知识，而且这些工具提供了更大的便利性，可以找到合适的方法来使用工具以帮助改造材料。（Engelbart，2003：93—94）

恩格尔巴特提出了一种比喻的方法来理解计算机，将其理解为使人们能够建造事物的车间。不会编程类似于不能更换钻头。在这种情况下，一个人可以使用车间，但其所能建造的东西是有限的。理解计算机的另一种方式是把它视作实验室。如果人们可以使用现有的设备，但是无法更改实验装置，那么他们所能做的实验就是有限的。以这些方式观照计算机技术，作为一种建设性或实验性的思维方式，有助于解释为什么身为艺术家和批判性思想家的人希望能够以各种方式调整计算机技术。这样的调整在恩格尔巴特的时代是通过计算机编程完成的，现在仍然是这样。

也许在这个假想的"增强人类"的陈述中最有问题的方面是：人们经常面临"无论如何都要学习"编程的困境。在20世纪70年代末和80年代，日常家用计算机用户可以很容易地获得编程环境［通常是培基（BASIC）］，但随着功能强大、复杂的集成开发环境和编译语言的开发，编程在某些情况下再次变得难以访问，而且人们不会再像过去那样随意地接触到它。这意味着随着编程的发展，隐藏了一些不必要的复杂性，但也去除了一些便利性。尽管如此，那些深入钻研HTML、学习使用正则表达式搜索文档，并开始开发简短SHELL脚本的人，最终确实会对他们的计算工具有所了解，并可以在此基础上着手学习与编程相关的技能。

恩格尔巴特的工作侧重于改进复杂的数据处理流程和促进团队合作，他也致力于构建世界上具有重要意义的模型。虽然恩格尔巴特并没有专注人文和艺术研究工作，但构建计算模型在艺术和人文领域以及经济学、生物学、建筑学和其他领域都大有裨益。其中，在人文和艺术领域建立这样一种模式的方法即"操作化"（operationalization），"这是2012年媒体系统研讨会（Media Systems workshop）上使用的术语"（Montfort, 2013; Wardrip-Fruin, 2013）。其间，演讲者们讨论了许多模拟人文理论和艺术理论的系统，让我们得以窥见许多提供了新见解的计算机系统。在这次研讨会上，笔者也列举了一个小型规模系统和大型规模系统的例子，它们实现了叙事学中的特定概念。肯·佩林（Ken Perlin）给出了一个不同类型（而且是一个更具视觉吸引力）的演示。佩林展示了他的程序化动画系统，在这种情况下，这个系统也将其想法付诸实践（操作化），即关于如何使用不同的动画技术来产生表现性行为（expressive behavior）的艺术想法。其他做过相关工作并出席了研讨会的人包括迈克尔·马特亚斯，他与安德鲁·斯特恩（Andrew Stern）的合作项目《鸡尾酒会》（*Façade*）实现了亚里士多德式的戏剧概念；伊恩·博格斯特创建了与程序修辞（procedural rhetoric）概念相关的模型；计算机创造力研究员玛丽·卢·马赫（Mary Lou Maher）展示了不同创造力领域的实践；迈克尔·杨（Michael Young）开发了基于叙事理论思想的叙事系统；伊恩·霍斯威尔（Ian Horswill）利用包括强化敏感性理论（Reinforcement Sensitivity Theory）在内的各种心理学理论为虚拟人物建模。正如研讨会报告指出的那样，这些案例表明："操作化几乎总是涉及新的学术研究，无论是计算机系统，还是正在建模的领域。"不幸的是，"很少有人愿意进行这两种类型的研究，而跨学科团队很难组建和得到支持"（Wardrip-Fruin and Mateas，2014：48—49）。如果人文学者和艺术家能够经常地进行"探索性编程"，那么探索者和程序员就能更容易单独或在团队协作中完成这项操作化工作。

这类系统，无论它们处于什么领域，都内在地体现了它们所借鉴的理论的论争。例如，在最抽象的层面上，它们试图展示理论的哪些部分可以被形式化，以及该形式化表示应该是什么。这样的系统，借助它们的构造方式，也体现出理论的某些方面是独立的，而其他方面又是相互联系的。这些模式既可以供学者和研究者反思，也可以用于诗意的目的（创作新颖的、有创意的作品）或者用于研究。然而，计算机实现自身，即使没有人类受试者实验（human-subjects experiment），也是一种参与理论构建并尝试以新的方式帮助人们理解和应用它的方式。

编程可以从总体上改善我们的思维

20世纪70年代和80年代，人们进行了大量的教育研究，以评估计算机在小学教育中的价值；其中一些研究专门聚焦于计算机编程方面。结果各不相同，但在1991年，对其中65项研究进行了综合分析（meta-analysis），其中包括对每项研究的结果进行编码，并将其全部置于同一量表上。量表的设计考虑了大学图书馆所进行的量化研究，这些研究发生在教室（任何年级）里，并评估了计算机编程和认知技能之间的关系。（Liao and Bright，1991：253—254）

综合分析的结果表明，计算机编程对学生的认知结果有轻微的积极影响；89%的正研究加权[效果大小]值和72%的正ESs值（回归平方和）总体上证实了计算机编程教学的有效性……学生能够通过计算机编程活动获得一些认知能力，如推理能力、逻辑思维和规划能力以及综合解决问题的能力。（Liao and Bright，1991：257—262）

研究人员指出，这一研究效果并不太全面，他们的分析并没有评估计算机编程是否比其他替代方法更适合教学。此外，这项研究评估的是小学教育，而不是大学的编程教育。尽管如此，结论仍然是，至少对年轻的学习者来说，学习编程有明显的认知益处。

这种综合分析也明确了学习编程的好处可以超越一种特定的编程语言。然而，研究表明，选择一种合适的语言是很重要的，因为使用程序设计语言（Logo programming language）进行编程教育的效果最好。（Liao and Bright，1991：262）20世纪70年代和80年代，程序设计语言并不完全用于"探索性编程"，但笔者怀疑它的使用与"探索性编程"方法密切相关，而"探索性编程"方法是西摩·帕普特（Seymour Papert）最初对编程语言学习的愿景的一部分。因此，笔者认为这些结果与"探索性编程"的特别价值是一致的（尽管没有清晰的证明）。

诚然，这些都是对K-12[①]的研究，提供的指导几乎可以明确是简单的编程技术或与数学有关，效果也不是很明显，但目前还不清楚其他类型的教学方式是否会带来更多的益处。然而，通过对这65项研究的分析可以确定，从编程教育中获得的重大益处与艺术和人文学科的研究非常相关。虽然高年级的学生在发展上有所不同，但如果仍有机会提高学生的"推理能力、逻辑思维、规划能力以及综合解决能力"，这本身不就是在支持将编程教学作为一种人文和艺术学科的探索方式吗？我们教给这些高年级学生的其他人文研究方法，在任何年级都能提供有记录的普遍认知益处吗？

---

① K-12是将幼儿园、小学和中学教育合在一起的统称；这个名词多用于美国、加拿大及澳大利亚的部分地区。——译者注

文化角度：编程让我们深入了解通信和艺术系统

笔者主要从两个方面进行论证。一方面，作为批评家、理论家、学者和评论家，那些对编程有一定了解的人会对使用计算的文化系统有更好的认识——正如许多文化系统越来越多地运用到计算那样。另一方面，在学会编程之后，人们更善于发展文化系统，将其作为对已有文化系统的实验、干预、扩充或替代。

编程可以更好地分析文化系统

道格拉斯·拉什科夫（Douglas Rushkoff）（2010：140）写道："对于理解代码的人来说，整个世界都是规划者和设计师为我们其他人应该如何生活所做的一系列决策。"通过了解媒体和通信系统是如何编程的，我们可以深入了解设计师的意图以及材料历史、协议、法规和平台的影响。例如，在许多情况下，对Web应用程序的全面理解不仅包括了解该应用程序开发人员所做的决策，还包括在创建和升级底层技术如HTML、CSS和编程语言（JavaScript、PHP、Java、Flash）时所做的决策。

考虑一下与文化和计算相关的几个问题：为什么任天堂娱乐系统（Nintendo Entertainment System）中的游戏都具有某些共同特性，而在更早的游戏《雅达利VCS》中却有不同的特性？视频游戏角色、虚拟世界角色和社交网络配置文件提供的选项与我们自己的身份概念有何关系？文字处理软件及其格式、排版选项、拼写和语法检查与最近的文学作品有何关系？像Photoshop这样的工具是如何参与和影响我们的视觉文化的？一个小小的培基程序是如何在文化和计算环境中存在的，并对20世纪80年代的计算机用户产生影响？因为与这些问题相关的文化系统是由代码构建的软件机器和用于编程的硬件机器组成，所以编程知识对于理解它们至关重要。

人文学科的学者已经利用他们的编程知识和对计算机技术的理解来更好地把握数字媒体的历史。有关这方面的长篇研究，学界已经提供了广泛的讨论，其中包括内森·阿尔蒂斯（Nathan Altice）（2015）、尼克·蒙特福特和伊恩·博格斯特（2009）对早期电子游戏的研究；D. 福克斯·哈雷尔（D. Fox Harrell）对数字媒介中的身份的研究（2013）；马修·基申鲍姆对文字处理的研究（2014）；列夫·曼诺维奇对Photoshop和视觉文化的研究（2013）。在其中的几个案例中，这些学者使用的研究方法包括开发软件和在编程过程中学习。在所有这些情况中，这些学者都将他们对计算机技术的理解（部分是通过至少做了一些编程和探索而发展起来的）与这些问题联系起来。虽然这些特定的研究项目已经完成，但关于这些和其他编程系统如何参与到我们的文化系统中，仍存在许多悬而未决的问题。

编程使文化系统得以发展

要将编程的这一方面与实际问题联系起来，请思考这样一个问题：通过学习编程，人们增强了他们开发新的文化系统和协作开发的能力。迈克尔·马特亚斯在为艺术家和人文学者开发编程课程（程序素养的一个方面）的经验中解释了计算意识是如何让其在新类型的项目中工作的：

> 程序文盲的新媒体实践者被限制在制作那些碰巧在现有创作工具中很容易制作的交互系统中……由艺术家、设计师和程序员组成的协作团队……常常因为无法跨越艺术家和程序员之间的文化鸿沟而注定要失败。只有将程序素养与艺术设计的概念和历史基础相结合的实践者才能弥合这一鸿沟，并实现真正的协作。（Mateas，2008）

马特亚斯并不是简单地声称艺术家和人文学者应该学习计算机术语，以便向程序员发出命令。他在更深入和更富有成效的层面上讨论交流，这种交流允许探索和表达新的想法。

马特亚斯认为，要弥合新媒体和数字人文学科所指出的"两种文化"的鸿沟，技术专家们也应该学习一些人文学科的知识。虽然不是所有程序员都能理解人文研究的方法和目标，但很难找到从未学过任何人文学科课程的程序员、从未读过小说或选过历史课的程序员（至少在美国）。然而，仍然很容易找到没有编程经验的艺术家和人文学者。

社会角度：计算科学可以帮助建立一个更美好的世界

编程不仅可以促进社会思想和乌托邦思想的发展，笔者相信它也特别适合构建富有成效的乌托邦。乌托邦是一种与我们自己所处的社会截然不同的社会（通常以某种方式表现或模拟，尽管有一些乌托邦社区是真实的社会），但也与我们自己所处的社会相互来往。乌托邦可能是一种试图挑衅人们的尝试，也可能是一种可以被效仿的模式。无论如何，乌托邦不是逃避现实的幻想，也不是与我们所处的社会无关的另类空间，也不是那种被称为"非托邦"（atopia）的地方。

乌托邦不一定要完美才能对社会和政治思想有用。就激发人们以新的方式思考重要问题而言，乌托邦可以呈现出比我们现在的社会更糟糕的一面。这些被称为反乌托邦（dystopias），因为它们提出了关于我们的社会如何改善的论点，笔者以为它们也属于乌托邦的广义范畴。

编程可以通过电脑游戏和模拟来开发乌托邦。例如，最初的《模拟城市》（*Sim City*）可以被解读为一个推广公共交通和核能的模范城市。（修改后的版本通过使用计算来设置不同的参数以呈现其他的模拟社会）或者，编程可以实现新的社交空间和社交发展，例如对世界各地的人们开放的匿名在线互助小组。

道格拉斯·拉什科夫指出了这两种类型的潜力："我们正在共同勾勒一幅蓝图，这是为我们共同的未来而设计的蓝图。社会、经济、实践、艺术甚至精神进步的可能性是巨大的。"（Rushkoff，2010：14）认真对待这个想法，而不是冷嘲热讽地否定它：如果我们要成为我们共同未来的设计师，这种设计需要什么，我们应该具备哪些技能才能参与到这种合作活动？

拉什科夫给出了他的答案，应该充分发展我们使用计算机在网上写作的能力：

> 计算机和网络最终为我们提供了写作的平台。我们确实在自己创建的网站、博客和社交网络上都会用它们进行写作。但计算机时代的基本能力实际上是编程——几乎没有人知道如何编程。我们只是使用为我们编写的程序，然后在屏幕上合适的框中输入文本即可。我们教孩子们如何使用软件进行书写，但不教他们如何编写软件。这意味着他们可以获得其他人赋予他们的能力，但却没有权力决定这些技术为自己创造价值的能力。（Rushkoff，2010：19）

鉴于这种观点，似乎很难证明开发特定于当前专有系统的社交媒体技能——例如，熟练使用Friendster、Facebook或Twitter的能力——确实构成了未来产品设计师的核心技能。这就像是在争辩说,我们会因为知道如何在本地的宜家家居中导航而能够发展出一个进步的社会一样。如果我们设想自己有能力共同决定一个更美好的未来,我们需要知道的不仅是导航,也不仅是如何购物、消费、选择和居住在现有的共同框架内。我们需要理解如何参与创建系统,无论目标是渐进式的开发还是激进式的挑衅。用恩格尔巴特的话说,我们需要充分利用"家庭车间",让我们拥有所有可用的和可调整的工具。

当然,编程能力已经被用于开发新的文化系统。一个例子是一家营利性公司于2009年推出的一个系统。这个名为DreamWidth的系统旨在通过分叉自由软件(free software)代码创建一个新系统以纠正LiveJournal的问题,LiveJournal运行在自由软件代码上。该公司改进了在屏幕阅读器上访问网站的方式,为期刊浏览提供了不同的隐私模式,并发布了第一个引起广泛讨论的多样性声明。这种文化体系是以作家、艺术家和其他有创造力的人为中心开发出来的。从事Dreamwidth代码工作的开发人员社区(并且由于它是自由软件,因此也可以出于任何目的完全访问此代码)是非常了不起的。在发布后的第一年,一半的开发人员是以前从未用Perl语言编程或从未从事自由软件项目的人,其中大约75%是女性。(Smith and Paolucci,2010)从这个角度来看,截至当年,参与自由软件项目的女性比例总体估计在1.5%至5%之间。(Vernon,2010)

DreamWidth的回应不仅涉及对LiveJournal(DreamWidth的联合创始人曾在那里工作)问题的口头批评,还包括提出一个可能更好的建议或模型。这个项目的目的是建立一个有程序员(包括许多新程序员)参与的新系统的项目。其结果是一个网站拥有一个多样化的社区和一个具有包容性的开发人员群体。

考虑到这个具体的例子,再来看看拉什科夫关于参与计算和使计算人性化的重要性方面所做的另一种表述:

> 人类越多地参与到他们的设计中,这些工具就会变得越人性化。我们正在开发的技术和网络有可能比我们集体历史中任何时候都更深刻、更有目的地重塑我们的经济、生态和社会。(Rushkoff,2010:149)

编程的创意与乐趣

冒着轻视笔者所理解的认知赋权实践的风险,笔者必须对此加以强调,因为这种实践能够为我们提供更好的文化理解,帮助我们建设一个更好的社会,但如果笔者不提到编程是一种为程序员带来诗意愉悦的活动、一种创造的乐趣、一种通过创造有所发现的乐趣,那就是笔者的失职。笔者之前讨论过编程不仅是一种业余爱好,现在讨论的则是编程的这一特性确实与某些类型的生产爱好及艺术实践有关。然而,值得注意的是,编程也有一些特殊的创造性乐趣。

编写计算机程序并使用它们进行创造和发现是一件令人愉快的事。这是一种为世界增添一些事物的乐趣,是从抽象的概念和在专门硬件上运行的材料代码中创造出一些事物的乐趣。它包括实现想法,并使其成为功能强大的软件机器,并能与计算机系统进行沟通。明确地说,在数字人文领域制定和实施这一想法的强烈推力是这样一个宣言,即真正的数字人文学者是那些构建系统的人("黑客")而不是理论化("雅克")的人。(Ramsay,2011)然而,要注意到编程是富有创造性和趣味性的,并不需要排除某个领域其他类型的研究,也意味着批判性的或理论上的论争是一件十分有趣的事情。它只涉及承认黑客和编程探索的乐趣和好处。

另外,编写程序所产生的乐趣与艺术和人文学科中其他类型的创作有某种共同之处:声音意义在诗歌的字里行间生长和交织的方式;戏剧中声音、身体、光和空间的完美融合;从精心建构的哲学论证中产生的新联系和新认识的震颤。当然,这本身并不意味着将编程纳入人文学科或艺术课程,但却意味着编程活动可以与更为传统的活动相一致:写作、建构论点和创作艺术作品等。

探索性编程

探索性编程并不是要在任何情况下都提供处理计算的"一种真正可行的方法";当然,这并不是说程序员永远不会从现有规范中开发一个系统并发布或启动它。相反,它意味着挖掘一种有价值的思维模式,一种可以与计算相遇的方式,一种使计算机技术能够解决重要问题的能力,无论是艺术领域、文化领域或其他领域的问题。

在编程中通常碰到的一个问题是，许多获得了一定编程能力的人，特别是那些参加正式培训并以一两节入门课程结束培训的人，或者那些在以预先确定的方式实现一个特别具体的项目的背景下学习编程的人，他们根本没有学会如何去探索。在学习如何编程和学习计算机如何运作的过程中存在着巨大的挑战，如果一个人对掌握基本数据结构和获得计算机科学专业学生所学到的知识感兴趣，那么也很难发现如何将编程作为一种探索方式进行使用。

对于艺术家和人文学者来说，计算机科学入门并不总是理想的。对于那些学习计算机科学的人来说，链表和二叉树是基本的概念，但是在不理解这些概念的情况下，也可以通过编程进行大量的探索。那些在艺术和人文领域工作的人可以通过最初观察计算机如何进行抽象计算和广义计算，从而学到很多知识。这样，他们可以在编程中受到鼓舞，学习有效的编程，了解如何将编程作为一种探索的方式——所有这些都不需要成为成熟的计算机科学家。对于那些不打算获得计算机科学学位的人来说，有时很难理解更大的图景，很难辨别如何有效地根据数据进行计算，以及如何在处理入门课程中涵盖的更高级的主题的同时，有效地使用编程。很难从二叉树中窥见森林，因为学生们专注于了解计算科学的详细机理，但往往忽视了计算的文化内涵。

除此之外，许多尚未学会编程的人可能会有这样的印象，即编程只是建造一座大楼的动力工具，或者是从一个地点到另一个地点的交通工具。虽然计算机被当作仪器使用的时候会带来令人印象深刻的结果；但是，当其被理解为画板、沙盒、原型工具包、望远镜和显微镜时，它可以用于更加令人印象深刻的目的。作为一个探索和查询系统，计算机的地位是无与伦比的。"探索性编程"就是通过这种方式使用计算。

在《艺术与人文探索性编程》（*Exploratory Programming for the Arts and Humanities*，2016）一书中，笔者的目标是为希望进行探索性编程并更好地理解文化系统的个人或课堂集体学习者提供一门课程。该书主要涉及数字人文学科、编程的文化方面，以及分析和生成媒体的不同方式。然而，也有很多其他方式学习编程，并且也有很好的资源可以做到这一点。笔者鼓励人文学者和艺术家们以任何看起来十分有吸引力的方式开始学习编程。已经有很多优质图书教程介绍了编程语言Processing（Shiffman，2009）和编程语言Ruby（Pine，2005）。新的程序学习者可以使用这些资源和其他资源来理解计算的本质，并开始以多种方式将编程技术与有趣的项目结合在一起进行探索。有效的入门方法不需要特定的编程语言或正式的课程，但它们确实受益于编程的探索性编程方法——以及认识到编程可以帮助我们作为个体进行社会性思考，作为艺术家进行人文性思考。

参考文献

[1] Altice, N. 2015. I *AM ERROR: The Nintendo Family Computer/Entertainment System Platform.* Cambridge, MA: MIT Press.

[2] Bellamy, E. 1888. *Looking Backward, 2000–1887.* Boston, MA: Ticknor and Company.

[3] Burdick, A, Drucker J., Lunenfeld, P., Presner, T., and Schnapp, J. 2012. *Digital_Humunities*.Cambridge, MA: MIT Press

[4] Engelbart, D. 2003. From augmenting human intellect: a conceptual framework. In *The NewMedia Reader*, ed. N. Wardrip-Fruin and N.Montfort. Cambridge, MA: MIT Press, 93—108.

[5] Gold, M.K., ed. 2012. *Debates in the Digital Humanities*. Minneapolis: University of Minnesota Press.

[6] Harrell, D.F. 2013. *Phantasmal Media: An Approach to Imagination, Computation, and Expression*. Cambridge, MA: MIT Press.

[7] Kay, A., and Goldberg, A. 2003. Personal dynamic media. In *The New Media Reader*, ed. N. Wardrip-Fruin and N. Montfort. Cambridge, MA: MIT Press, 391–404.

[8] Kirschenbaum, M. 2009. Hello worlds: why humanities students should learn to program. *Chronicle Review*, January 23, 2009. http:// chronicle.com/article/Hello-Worlds/5476 (accessed June 20, 2015).

[9] Kirschenbaum, M.G. 2014. *Track Changes: A Literary History of Word Processing*. Cambridge, MA: Harvard University Press.

[10] Liao, Y.C., and Bright, G.W. 1991. Effects of computer programming on cognitive outcomes: a meta-analysis. *Journal of Educational Computing Research* 7 (3), 251–268.

[11] Manovich, L. 2013. *Software Takes Command*. New York: Bloomsbury.

[12] Mateas, M. 2008. Procedural literacy: educating the new media practitioner. In *Beyond Fun: Serious Games and Media*, ed. D. Davidson. Pittsburgh: ETC Press, 67–83.

[13] Montfort, N. 2013. Talks from Media Systems. http://nickm.com/post/2013/09/talks-from-media-systems (accessed June 20, 2015).

[14] Montfort, N. (forthcoming). *Exploratory Programming for the Arts and Humanities*. Cambridge, MA: MIT Press.

[15] Montfort, N., and Bogost, I. 2009. *Racing the Beam: The Atari Video Computer System*. Cambridge, MA: MIT Press.

[16] Montfort, N., Baudoin, P., Bell, J., *et al*. 2013. *10 PRINT CHR$(205.5+RND(1)); : GOTO 10*. Cambridge, MA: MIT Press.

[17] Papert, S. 1980. *Mindstorms: Children, Computers, and Powerful Ideas*. New York: Basic Books.

[18] Pine, C. 2005. *Learn to Program*. Dallas, TX:Pragmatic Bookshelf.

[19] Ramsay, S. 2011. Who's in and who's out. Paper presented at the History and Future of Digital Humanities panel, Modern Language Association Convention, Los Angeles, January 6–9, 2011. http://stephenramsay.us/ text/2011/01/08/whos-in-and-whos-out (accessed June 20, 2015).

[20] Rushkoff, D. 2010. *Program or Be Programmed: Ten Commands for a Digital Age*. New York: OR Books.

[21] Salomon, G. Perkins, D.N., and Globerson, T. 1991. Partners in Cognition: Extending Human Intelligence with Intelligent Technologies. *Educational Researcher* 20 (3), 2–9.

[22] Shiffman, D. 2009. *Learning Processing: A Beginner's Guide to Programming Images, Animation, and Interaction*. Burlington, MA: Morgan Kaufmann, 2009.

[23] Smith, M., and Paolucci, D. 2010. Build your own contributors, one part at a time. Presen tation slides. January 20, 2010. http://www. slideshare.net/dreamwidth/build-your-own-contributors-one-part-at-a-time (accessed June 20, 2015).

[24] Vernon, A. 2010. Dreadfully few women are open source developers. *Network World* March 5. http://www.networkworld.com/community/ node/58218 (accessed June 20, 2015).

[25] Wardrip-Fruin, N. 2013. Nick Montfort on "The art of operationalization" (Media Systems). Expressive Intelligence Studio. https://eis-blog.soe.ucsc. edu/2013/09/montfort-art-of-operationalization (accessed June 20, 2015).

[26] Wardrip-Fruin, N., and Mateas, M. 2014. *Envisioning the Future of Computational Media: The Final Report of the Media Systems Project*. Santa Cruz: University of California Center for Games and Playable Media. https://games.soe.ucsc.edu/envisioning-future-computational-media-final-report-media-systems-project (accessed June 20, 2015).

8. 制造虚拟世界[①]

克里斯托弗·约翰逊（Christopher Johanson）

"在一个像你这样的人想象和制造的世界里，体验无尽的惊喜和意想不到的快乐。"《第二人生》(*Second Life*)的广告宣传标语如是说，并被一位学者称为"典型的虚拟世界"（Jones，2014：104）。然而，这些世界并不是由像你这样的人所建造的，其开发是以多用户的、持久的、生成世界的系统这一默认假设为指导，目的是不断接近物理现实的功能可供性（affordance），学术界的需求没有起到任何作用。一个沙箱被创建出来，但里面的内容只能让特定类型的技术所决定的体验成为可能。

随着技术的快速发展，人文学者可以做更多的事情，而不仅仅是在他人开发的参数范围内制造虚拟世界。他们现在可以制造界面并定义其功能可供性。叙述、注释、引用、撤回和标记等工具可以置于前端。人文虚拟世界是一个质疑实验室、交互协作中心、沉浸式传播媒介和/或多语声阅读和创作工具。对于某些问题，基于人文的虚拟世界为这项工作提供了最佳工具，但前提是人文学者也是制造者。

定　义

虚拟世界将持续存在。它实时交互，是共享的。它有规则——即所谓的世界中的物理特性——最为重要的是，虚拟世界正是体现了这一点。（Bartle，2004：3—4）虚拟世界可能会或可能不会被重新制造、模拟，并允许、支持或强制进行游戏。人们可以在虚拟世界中找到爱情，用数字乐高积木搭建工程，加入虚拟企鹅俱乐部，获得马匹的形态并为精心梳理的鬃毛赚取积分，在质感

[①] *A New Companion to Digital Humanities*, First Edition. Edited by Susan Schreibman, Ray Siemens, and John Unsworth.

© 2016 John Wiley & Sons, Ltd. Published 2016 by John Wiley & Sons, Ltd.

华美、粒子特效①技术合成的维多利亚时代的土地上吮吸虚拟配偶的血液，或者飘浮在梦幻蒸汽朋克城市上空的气泡中。现今，人们可以通过一系列的技术接口、屏幕、移动设备、头戴式显示器和操作系统来实现这一切。用户总是要下载软件，而且几乎总是要注册一个账户。另外，除了《企鹅俱乐部》（*Club Penguin*）②、《豪斯》（*Howrse*）（"饲养马匹或小马，并体验管理一个马术中心的责任！"）和《新宠物》（*NeoPet*）这样的游戏虚拟世界外，用户通常也必须年满18周岁才能进行游戏体验。

虚拟世界的定义与虚拟现实的定义有着千丝万缕的联系。就像语言学中的同形异义词一样，即使是那些更了解情况的人也会错误地使用这些术语。其共同之处则是：给人一种暂时身在别处的感觉，也就是在场感。它们也展现其虚拟性，但虚拟（virtual）本身就是一个备受争议的术语。在白话英语中，"虚拟"通常与"真实"相对，虚拟世界的人经常会提到他们在虚拟世界之外的真实生活。这种行为忽略了生活在虚拟理想空间中的真实生活的悖论。更准确和更具技术性的定义是：将具体或真实的现实与其虚拟的对应物进行对比。一个人在探索虚拟世界的同时也居住在现实世界中。（Shields，2003）然而，在创造理想化的现实和理想化的世界之间仍存在着巨大的鸿沟。虚拟现实旨在通过提供界面，通过吸引和沉浸单一用户的一个或多个感官以模拟此用户的现实体验。（Craig ct al.，2009：1—32）相比之下，虚拟世界其实是一种设置，一种由算法生成的规则和3D内容构成的设置。界面可以打开进入虚拟世界的窗口，但它并不能定义体验。虽然人们可以关闭虚拟现实的界面，但作为用户，很可能将无法关闭虚拟世界。虚拟世界存在于一个联网的服务器上，总是等待用户借助屏幕、鼠标和键盘、手持设备进行访问，甚至是直接进入用户大脑的虚拟现实界面进行访问。

历史干预

在基于计算机的虚拟世界出现之前，电子游戏就已经出现。人们可以使用游戏技术制造虚拟世界，也可以在虚拟世界中构建一个游戏，但是这些

---

① 粒子特效是模拟现实中的水、火、雾、气等效果，由各种三维软件开发的制作模块。
② 《企鹅俱乐部》是一个大型多人在线游戏，包括一个在线游戏和虚拟世界。玩家使用卡通企鹅头像在设定为冬季的虚拟世界里进行游戏体验。

活动的维恩图（Venn diagram）会产生一个非常小的重叠。这种排他性并没有内在的原因，但我们需要设定特定的界限，以便与虚拟世界合作并从中受益。电子游戏和虚拟世界有时会被长达数公里的代码分开。这部虚拟世界的历史不是重复对虚拟世界通史的概述，而是专注于对世界产生有意义的影响和直接影响的人文学者的关键干预。它们依次是第一人称射击游戏（First-person Shooter）、真实3D游戏、大型多人在线角色扮演游戏、虚拟化身游戏（embodied avatar）、开放世界独立游戏（Open World Game）和游戏开发平台的商品化。

第一人称迷宫游戏为虚拟世界的发展勾勒了蓝图。20世纪70年代初，美国国家航空航天局（National Aeronautics and Space Administration，简称NASA）下属研究机构艾姆斯研究中心（NASA Ames Research Center）开发了游戏《迷宫战争》（*Maze War*），此游戏让两名玩家通过一个原始的3D迷宫进行网络竞赛。（Pinchbeck，2013）玩家被描绘成一个眼球，在一个矢量显示图形的世界中移动，就像如今音乐会上激光光束制造的效果那样。游戏商品硬件尚未准备好在3D世界中支持更为复杂的人机交互，但迷宫游戏的设计仍然体现了第一人称游戏的基本构建原则。

1992年，随着游戏《德军总部3D》（*Wolfenstein 3D*）的发布，在游戏迷宫的基础上实现了全面武器化的升级。它是新类型游戏中3D第一人称射击游戏（Frames Per Second，简称FPS）的首批游戏中的一个。（Bissell，2010：131）ID Software创建了一个游戏引擎（Wolfenstein引擎），以支持在被称为2.5D的准3D游戏世界中的自由运动，但存在一个显著的不同：玩家确实拥有武器，并且可以看到他们自己的手及其携带的武器装备。场景已经设定好：玩家选定一个人物角色，作为探索数字游戏世界的化身。正如游戏《德军总部3D》的首席程序员约翰·卡马克（John Carmack）谈及的那样："你正在进入那里，你在某种程度上是在与模拟世界进行交互，但它不一定是对现实世界的模拟……吸引你进入其间的原因是，在游戏中你确实是第一次有能力将自己投射到这个世界中。"（Pinchbeck，2013：19)这样，化身诞生了，或者至少是对化身的初步构想。一旦玩家进入第一人称射击游戏世界，他们当然可以射击，用手枪、火焰喷射器或链条枪装备袭击那些赤手空拳的虚拟角色。

ID Software在1996年创造了《雷神之锤引擎》(Quake engine),再次改变了这一切。《德军总部引擎》(Wolfenstein engine)以及1993年紧随其后的《毁灭战士引擎》(Doom engine),从根本上说仍然是基于迷宫的游戏。他们的世界被设计成2D迷宫,设置有房间和墙壁属性,并通过光线投射技术为用户再现实体。这就好像你居住在一栋公寓楼的第二层,如果你想去更高一层,计算机会在你爬楼梯时即离开当前楼层。然而,《雷神之锤引擎》支持一个完整的三维环境,并利用了开放图形库(Open Source Graphics Library,简称OpenGL)的强大功能,OpenGL是一个开源图形库,已经在研究实验室中得到广泛应用。开源图形库支持完全实现的3D笛卡尔世界,集成到专门为支持3D矩阵计算而构建的计算机图形卡中。如果你可以携带一台3D打印机回到1996年,并从它的编码范围中提取《雷神之锤》(Quake)运行环境,就可以打印出计算机生成世界的1:1复制品。

直到1997年,第二次重大变革才发生:大型多人在线角色扮演游戏的兴起。虽然它不是第一部游戏,但游戏《网络创世纪》(Ultima Online,简称UO)的开发改变了游戏的基本规则。尽管它的画面是2.5D的,但它建立了将在未来虚拟世界发展中产生影响的第一原则。游戏中的新世界是持续的:一个人今天退出游戏,明天可以接着之前的设置再次开始,然后看看自己和他人之前所进行的改造。游戏中的角色,无论是人类操纵还是计算机控制,都可以产生交互作用。游戏机制的很大一部分涉及通过获得技能和武器来丰富角色特质。

两年后,大型多人在线角色扮演游戏与第一人称射击游戏相遇。1999年发布的游戏《无尽的任务》在大量借鉴第一人称射击游戏机制的同时,加强了虚拟世界和角色扮演游戏之间的联系。在这款20世纪70年代首次设计的模拟角色扮演游戏中,人们可以选择具有某些属性的角色类别,《无尽的任务》的体验主要集中在对部分可定制虚拟角色的照顾和喂养上。玩家可以选择一个职业,如游侠、巫师或盗贼,然后选择定制的发型、眼睛的颜色和种族(例如,人类、侏儒、半精灵,不是人类层面的种族划分)。就像之前的游戏《网络创世纪》一样,通过经验值,获得宝藏、幸运值和游戏世界中的技能,用户可以给虚拟角色配置更有趣、更强大的装备。与当时大部分大型多人在线角色扮演游戏不同的是,《无尽的任务》允许用户像《雷神之锤》中的角色一样在这个联网的、持久的世界中移动。用户甚至不再局限于第一人称视角，幽灵的手就飘浮在前面。用户可以通过缩小界面的方式从上面或后面查看自己的角色，这样角色就显得大了。

2003年，林登实验室设计的游戏《第二人生》改变了数字话语（digital discourse），遵循为嵌入三维空间的多个用户提供能力的游戏精神。同时，《第二人生》也是一个独立的三维沙箱，供世界制造者（world builder）使用。在一个由其他人建造的世界里，不再是一个人登录以浏览静态环境，而是一个人登录到一个由其他用户创建的空间——至少，这就是游戏产品市场营销的方式。在《第二人生》出现之前，要创建在线多人体验的游戏，需要先进的技术知识、CAD/CAM建模软件的培训和强大的计算基础设施。而游戏《第二人生》的设计成功摆脱了所有这些束缚。

就像大型多人在线角色扮演游戏一样，《第二人生》现在几乎成了虚拟世界体验的一部分。它首先把重点放在虚拟化身的制造上。用户需要先注册一个账号，选择一个名字，并从预先拟定的列表中选择一个姓氏，然后选择一个定制的虚拟化身代表游戏玩家自己。化身定制（avatar customization）是新用户最易于获取的、最强大的，也是最初的交互方式。除了对化身进行调整之外，用户还可以通过新的方式进行互动。比如聊天最初是通过文本实现的，后来又借助麦克风得以实现。坐、站、闲逛和跳舞也是内置的化身动作，其涵括一个人在现实生活中可以做到的各种普通的动作，不再局限于逃跑和刺杀。闲逛也是创新之处：能够与共享世界中的其他玩家进行3D互动，而不需要因明确的任务与他人竞争、对抗、攻击或刺杀。

与许多大型多人在线角色扮演游戏不同的是，《第二人生》还允许用户自定义游戏世界本身。通过使用一个简单的界面，用户的化身就可以构建虚拟世界中的元素。这些基本体被称为原语PRIM，它们分别是长方体、球体和圆锥体；另外，用户可以选择图像应用于这些基本体。过程和创造优先于产品本身。（Malaby，2009）玩家可以实时看到其他玩家的定制化身。于是，一种货币被创造出来：通过消费一定数量的美元就可以获得林登元（Linden dollars），这些林登元可以用来购买虚拟房地产，或者雇佣虚拟承包商。经验丰富的制造者和改造者迅速涌现，他们渴望通过付费的方式来改变化身的形式和行为，或者建造游戏世界中的建筑。后者是一件很令人着迷的事情，且是目前迅速发展的领域:《第二人生》的新用户可以进入环境,访问一个具身化的虚拟劳动力池,并在游戏世界中将需要完成的工作外包出去。

虽然围绕《第二人生》的大肆宣传先是升温,然后逐渐消退(Shirky,2006;Lacy,2012;Van Geel,2013),但是第一人称射击游戏世界正在经历另一个转变:从封闭到开放。最初的第一人称射击基本元素是围墙。迷宫被建造出来,由二维迷宫生成三维几何图形。在此游戏世界中,视野是有界限的。墙最终消失了,但仍然存在看不见的边界,或者是精心建造的"波特金村庄"(Potemkin villages)[①]。玩家从一个区域移动到另一个区域,在有限的空间内与非玩家角色进行交互,通常是采取射击的方式进行互动。玩家可能会试图离开规定的空间,但前提是游戏故事设定必须先同意其离开。大门可能就在眼前,但直到新的游戏情节开始后它才会打开。即使当游戏转移到户外时,边界仍然存在。例如,看似无边无际的场景呈现在玩家面前,但如果玩家走到附近的湖边,一个无形的障碍仍会阻止其进入。尽管这个世界是3D的,可以在各个方向无限延展,但实际上,线性的故事弧和图形技术的局限性创造了无形的边界。人们可以在游戏中看到更远的地方,但却不能真正到达那里。

3D世界的逐步开放始于《网络创世纪》,但是后来通过诸如《侠盗猎车手》(*Grand Theft Auto*)之类的基于城市的游戏以及诸如《上古卷轴》(*Elder Scrolls*)之类的奇幻游戏得以提升和发展。在游戏设计中,支持实时明暗处理、流体动力学和粒子效果的算法可用于生成精美的图像。即使有一场比赛要进行,也存在一个最终的竞技目标,但闻一闻花香,或者至少是看一看花朵,本质上也是游戏乐趣的一部分。从叙事的角度来看,在一个世界中的任何地方,活动的自由带来了无尽的可能性。一个人可能会停滞在世界的某一边,而所有行动和所有叙述都已经或应该发生在世界的另一边。因此,指引来自探索。(Wardrip-Fruin,2009:47—80)当玩家在游戏世界中四处漫游,与非玩家角色互动,发现建筑物、岛屿、洞穴和山脉避难所时,系统会分配任务。玩家可以选择接受某一任务并按照一定情节参与特定的挑战活动。当一个虚拟角色在一个开放的世界中进行探索时,除了关键时刻外,比如与非玩家角色互

[①] 波特金村庄:面子工程、形象工程,矫饰的门面,气度不凡的虚假外表。为取悦女皇叶卡捷琳,波特金(Grigory A. Potemkin)下令在她巡游经过的地方搭建了许多造型悦目的假村庄。

动、打开一扇门、阅读一本隐藏的书或者找到一座纪念碑，一个虚拟角色大多是有目的地在游戏环境中行走。就像一个人可能开车去洛杉矶的迪斯尼音乐厅一样，但在路上，在最终去看演出之前，他会自发地决定停下来给汽车加油，或者决定抢劫银行，所以在开放的世界里进行探索会考虑到类似的玩家的选择。除此之外，对于大多数任务来说，即使是时间也是次要的。这项任务正在耐心地等待着被玩家攻克。如果你错过了今晚的音乐会，那么明天再来吧。这些几乎是层次分明的故事，但并不完全处于根茎相连的情况。一个虚拟角色的行为方式，其所选择要走的道路，都在宏观和微观两个层面上有助于讲好故事。

从现象学的角度来看，游戏玩家或者仅仅是读者，正在建构一种高度个性化的故事和叙事记忆。一个玩家走过的道路，一个玩家完成任务的顺序，一个玩家战斗的方式以及这些战斗的胜利方式对于玩家而言都是独特的体验。虚拟化身的基本选择，继续定义了玩家游戏体验的关键元素，即决定故事发展的走向。玩家可以记住其所选择的路径，并且可以重新创建它们。然而，一个人一天中发生的事情却很少能传达出一个连贯的故事。相反，它们才是原材料，但将游戏的最终目标与玩家的四处漫游连接起来的粘性组织却来自他处。

场景剪辑（cut-scene）是开放世界的叙事基础。（Wardrop-Fruin，2009：71—80）不是让玩家通过与场景、非游戏玩家和其他嵌入的叙事元素的交互来漫游和创作，而是运用场景剪辑单向灌输的方式为玩家提供一个脚本。场景剪辑第一次出现是在20世纪80年代的视频游戏《吃豆人》（*Pac-Man*）中，剪辑过的场景被编写成脚本，即在一个小圆球大口地咀嚼的声音中呈现出的略显愚蠢的动态脚本。随着时间的推移，运用场景剪辑讲述故事的方式很快就包括文本字幕，就像在无声电影、实景视频和预先渲染的动画中的叙事文本一样。短片提供了与长片一样的讲故事的能力，但在这个过程中，互动式和体验式游戏之间产生了明显的断裂。尽管如此，这些脚本以不同的形式推进了叙事，成为3D游戏序列之间的里程碑。在这样的模式下，游戏和故事的"结束"很少涉及玩家直接的、具身化的行动，比如击败最后一个敌人或完成最后的拼图。相反，这是一个脚本化的场景，通常是以与游戏截然不同的审美模式，向玩家解释刚刚做了什么以及为什么要这样做。

技术进步继续决定着叙事的可能性，因为它保留了游戏的基本单位——具身化体验。一旦渲染引擎能够以类似于预渲染动画的水平提供实时照明和明暗处理，过场动画就可以无缝融入叙事。由玩家控制的同一个虚拟化身可能会被系统操纵一段时间，被用于按脚本讲故事，但玩家总是在场。初期迭代的游戏产品设计限制了化身的某些动作，仅允许最小的头部运动，以控制第一人称/第三人称视图。后来，化身进入房间或在关键物体附近行走以触发游戏机制。周围的虚拟角色开始讲述背景故事，玩家可以选择听取。虚拟化身可以自由漫步，也可以选择离开讲故事的虚拟角色，甚至攻击背景故事的叙述者。同样，故事讲述者或参与故事讲述的角色，可以使用简单的数学计算方法直接与玩家互动，指出虚拟化身可能感兴趣的游戏区域，或者招手提示虚拟化身向前走几步以参与游戏。在现实世界中，奥德赛艺术作品系列（Odyssey Works）中的《只为一个观众设计》（*An Audience of One*）就为这种讲故事的模式提供了一个有用的类比。（Colin，2012）参与者需要买一张票，票面上注明具体时间和地点。演员们来了，当剧团成员们向其致敬后，戏剧便正式拉开帷幕。这些演员牵着你的手，带你走进剧本、穿越城市以及体验故事，就像虚拟游戏世界的过场动画一样。

快速制造

与开放世界3D游戏的发展并行的是数字人文学者最为重要的一个进步：使这些开放世界的虚拟环境商品化和程序化（commodification and proceduralization），包括景观、植物群和动物群。

实时3D数字世界的基本组成部分仍然是网格，该网格是多边形的聚合，其本身包括一组顶点的集合，而这些顶点集合本质上又是一个数据结构，由定义其表面的三维坐标的有序列表组成。例如，原点为0，0，0的立方体的正面可能如下所示：

–1.0，–1.0，1.0，
1.0，–1.0，1.0，
1.0，1.0，1.0，
–1.0，1.0，1.0.

计算机将每个点连接起来创建一个平面，并继续连接这些点以创建更多的平面，从而构建出经过仔细检查后看起来像由各小平面组成的钻石表面的形式。连接这些点可以像手动输入坐标以绘制数字房屋的每一块砖一样复杂，也可以像用鼠标和键盘在虚拟3D空间中描绘这些点一样复杂，或者也可以像点击"房屋"按钮，输入想要的房屋（例如，都铎风格或工匠风格）类型并让计算机遵循一系列规则来建造一座在游戏景观中的房屋一样简单。

随着工具的发展，制造一个虚拟世界需要组装部件，而不是构建多边形。如果需要表现真实的现实，制造者也可以达到超精确的标准。通过使用激光扫描技术或者用消费级数码相机拍摄的一组照片，人们可以自动构建一个具有毫米级精度的3D模型。或者相反，通过使用CAD/CAM软件，人们可以建立一个由抽象形式、基于建筑模型假想的未来或者重构过去的环境组成的精密世界。如果需要的话，制造者可以借助生成性软件以极快的方式打造和建造景观。基于地理信息系统的景观调查数据和数字高程模型（digital elevation models，简称DEMs）可以转换为地形。玩家也可以扮演花神。如果想要树木，玩家可以选择或创建树木的种类或不同种类的集合，然后将它们的种子播撒到景观里的土地上；也可以使用预先构建或用户修改的游戏设置来控制树的运动，即模拟风；还可以使用最成功的游戏公司所采用的中间件技术来实现。所有这些软件比以往任何时候都更容易访问，功能也更强大。

玩家甚至可以自己定制自己。在游戏《第二人生》的早期迭代产品中，定制特性仅限于近似玩家本人的外观。用户可能会选择眼睛的颜色、头发的颜色以及服饰来创建一个既不逼真又看起来不太像玩家自己的虚拟化身。添加从动作捕捉系统中提取的定制动作需要费些时间，而且这些定制动作所持续的时间也是有限的。将化身（也是由一个简单的网格组成）与控制化身如何移动、行走、奔跑、跳跃、坐着、阅读、骑自行车等动作行为结合在一起，这是一个极其复杂的过程。首先需要给化身添加配置，换言之，需要添加骨骼系统，然后指定关节，这通常是由专家借助特定系统完成的。然而现在，一些中间件业务公司已经生产出完整的化身生成系统，玩家可以配备任何3D网格，并使用动作捕捉技术或者简单的视频来制作动画动作。还有一些中间件业务公司的存在则是为了让用户扫描自己，并生成一个数字版的自己，并包含借助玩家的电脑内置摄像头而获取的面部表情。

这些元素自身并不构成世界建筑。只有将这些元素编织在一起，并注入交互性、游戏性和故事性等特质，才能制造出一个虚拟世界。对于制造者来说，关键问题很简单：用户想在哪里制造世界，是从内部还是从外部？是希望采用现存虚拟世界的技术还是自行开创一套新的技术？对于许多应用程序来说，现有的基于虚拟世界的技术似乎是制造虚拟世界的最佳场所，但低成本游戏开发引擎的出现从根本上改变了制造的格局。严格来讲，电子游戏并不是一个虚拟世界，特别是从当今虚拟世界玩家的角度来看。许多用户驻足于虚拟世界的原因主要是社交，是为了创造第二人生。这些规模宏大的虚拟世界为非程序员间的交互和创造提供了基础。它们并没有为程序员、图形设计师或者人机交互专业的学生提供相同的可能性。虚拟世界不一定具有互操作性，并且受到脚本语言和接口的限制，但对于研究具身社会交互而言，没有什么可以与之相比。与大型虚拟世界系统不同的是，游戏开发引擎的存在恰恰是为了满足其名义上的要求，即构建游戏，而不是制造虚拟世界。然而，回想一下到目前为止的关键干预措施：基于化身的游戏以及多人开放的世界。人们可以使用游戏技术来制造虚拟世界的功能等价物（functional equivalent）。由于开放世界环境中的游戏玩法已经接近虚拟世界中提供的基于化身的交互水平，因此游戏开发环境成为一种越来越有吸引力的制作模式。虽然大规模虚拟世界环境专注于世界内部的构建和基于化身的交易以进行基础建设，但是游戏开发环境的设计是为了促进目标搜索和故事讲述，并借助图表形式呈现最新进展。

这些关键性的干预措施最终促进了消费层世界构建软件的开发，使得基于虚拟世界的体验和非常强大的故事叙述模式成为可能。制造虚拟世界的途径很多，但问题需要从一开始就考虑清楚。制造的虚拟世界将会是什么样子？其目标群体是谁？希望玩家如何体验这一世界？其中最为重要的问题，且事关生存的问题，即为什么这个虚拟世界应该存在？

记录功能

想象一下，在一个洞穴中住着一批囚徒，此洞穴有一个面向日光的宽敞的开口。这些囚徒从小就住在那里，他们的腿和脖子被链条拴着，以至于他们不能移动；又因为颈链让他们不可能转过头来，所以他们只能向洞壁方向看。在他们的后方有一堆火，光线从火源处照射到他们身上；在火和囚犯之间，上方有一条横穿洞穴的小道；沿小道筑有一堵矮墙，如同木偶戏的屏风，这样他们就可以在矮墙上面展示他们的木偶……接下来，沿着这堵矮墙，想象人们拿着一整套高挂在小道上面的人造物品，包括人类雕像和用木头、石头以及各种道具做成的其他生物的代表；正如人们所预期的那样，一些代表在说话，另一些则保持沉默……从不同角度来看……在这种情况下，人们所认为的真理，只不过是他们身后人造物体的影子。
（Plato，2012：514a—515c）

柏拉图的洞穴寓言（cave allegory）经常被引作为虚拟世界的第一个抽象概念，它试图阐明人们可能如何体验形式（Forms）；其中，形式是一种理想化的观念（idea）。例如，你和我坐在椅子上，这里的"椅子"只能被称为"椅子"，因为在抽象意义的理想情况下存在着一种与所有其他人相关的理想形式的椅子。看到这些形式，就好像洞穴中的囚徒看到的投射在洞壁上的黑色二维的影子，实际上应该是三维彩色世界的实体。对于读过埃德温·阿伯特（Edwin Abbott）《平原》（*Flatland*）（1885）的读者们来说，这个类比似乎很熟悉。在这部小说中，其中一个四维空间宇宙的概念是通过类似的虚构叙事引入的。在小说《平原》中，我们被要求首先想象一个二维平面世界的居民可能会看到什么，如果一个球体穿过它：看到的应该是一个不断增长和缩小的二维圆圈。对于我们这些在三维空间生活的人来说也是如此。以此类推，穿过的四维物体将以三维形式出现，但它的第四维对人们而言将是不可想象的。因此，持这种观点的人认为，虚拟世界是对现实的无力的反映。但事实并非如此。

虚拟世界是由比特和字节组成的抽象场域，在每一个实例中，这些比特和字节都是从数据中派生出来的。这些数据，虽然有时是随意构想的，但仍然可以用现实世界中不可能出现的方式进行恢复和分析。在现实世界中，要追溯到最小的有机形态单位的成分是极其困难的。人们也许能够聚焦并测量某一特定人员手中的特定分子，但在某些时候，当其试图找到该分子的最小成分时，则会得到无法测量的结果。人们也许根据应用地理坐标系统能准确地说出某一物体的精确位置：在这个世界，人们会在美国阿肯色州乡村的一条小巷里找到一块石头的一角，但这只是因为他把这个测量系统定位在石头上了。然而，在用现代实时图形库制造的虚拟世界中，所有位置都是实时可知的，因为用户或计算机在用户的要求下把"石头"放在了那里。坐标系已经存在且必然存在。此外，如果花费些时间，用户可以演示单个像素或单个多边形的谱系，并显示为什么它在某一时刻显示出某一特定的颜色。或者，从某种程度上来讲，用户也可以准确地说出虚拟阿肯色州的一块虚拟石头是如何定位于三维坐标系X、Y、Z上的，以及这块石头是如何出现的。如果用户制造了这个世界，如果用户提议将这个世界称为学术之作，这是可以实现的。同时，这将是一个非常强大的功能。

柏拉图的寓言提醒我们，对于那些希望制造虚拟世界的人来说，究竟什么才是危险的。制造者设计并制作了木偶，制造出了火，并确定火光如何摇曳，进而赋予其一定的方向性，从而控制洞穴中的火光和墙上影子的形状。一个虚拟世界的制造者建造了这个洞穴，以及通往洞穴的接口，也许还有囚犯的形态。与其说这个虚拟洞穴的制造者就是作者，还不如说虚拟世界的制造者就是作者。而那些被锁在石头地板上的囚犯呢？他们则是读者、游戏玩家或虚拟世界的化身。只要读者意识到自己的状况，能够甩开锁链，回头看看火，这对学术研究来说就是一件好事。

目前，由于活跃的读者们仍然被锁在桌子上，或者至少被锁在设备上，因此制造者拥有一套强大的实时记录工具包。囚犯们认为三维空间中的三角形可能是什么形式并不重要，重要的是第一个囚犯看到的影子与第二个囚犯看到的影子是相同的。它实则是作者制造出的影子。虚拟世界可以强行执行记录原则，这是基于文本的虚拟世界所不能做到的。换言之，作家尼尔·盖曼（Neil Gaiman）证明了短篇小说集《月历故事集》（*A Calendar of Tales*）中的叙事可能性，在这一小说集中，盖曼利用网络众包插图，并将其插图纳入他的文本叙事中："我真的很喜欢人们用不同的方式来诠释故事，以及他们描述人物的方式。每个人都有不同的想法，没有对错之分。你所拥有的是从十万种不同版本中选取其中一种的权利。"（Gaiman，2013）而一旦作者拥有了火、一些木偶和几条锁链，那几十万个版本瞬间缩减到一个版本。

从时空视角来看，虚拟世界是一种以自我为中心、多维的实时记录工具。它可以准确地记录这个世界内部的活动。关注考古发现的历史学家和研究人员一直是虚拟世界技术的早期使用者和支持者，用以记录和体验历史空间和历史地点。他们的研究案例为潜在的制造者提供了有价值的指导。重建、复活、再现或简单地绘制过去的空间和地点，都需要严格遵守可记录的纪实原则（documentable documentary principles）。（Bentkowska-Kafel et al.，2012）然而，虚拟世界的制造者通常在虚拟世界设备之外这样处理。毕竟，虚拟世界并不是现实世界的反映，它本身就是一个世界。记录真实世界的空间最为常见的方式是使用制造世界的软件。处理过的文档、转换后的数据以及生成的网格都将被导入虚拟世界中，并使用共享坐标系精准匹配。然而，将虚拟世界中的X、Y、Z系统转换为从现实世界读取数据的地理系统是一个简单的操作。因此，虚拟世界可以充分利用其与现实世界之间的对应关系。而一旦这些物理空间在虚拟世界中得以实现，并连接到一个跨越虚拟和现实的坐标系，那么一切都是可记录的。虚拟世界化身的行为和互动可以作为研究的对象。化身的行动可以被记录和回放，他们的对话可以被研究并存放于记录视频中。一旦进入这个空间，每一个动作都可以被记录下来，而且通常都是会被记录下来的，包括每一个动作、每一个打出或说出的字、每一篇被记下的笔记以及每一个被制造出来的事物。

标注功能

与现实世界不同，四维标注是虚拟世界风格的一个特征。例如，在现实世界中，导游可以通过行走、攀登、指明方向和交谈，成为一种实时的讲解机。实物路标则提供了进一步的注解。可以想象，人类可以开发一种非数字的标注系统，即一种用于标记建筑物、树木、树叶和人等的3D标签注释系统（3D Post-it Note System），但虚拟角色只需要点击鼠标就可以远离这样的系统。在传统意义上，仅凭照片和文字，很难详细讨论建筑结构和一般环境中空间的具体元素。虚拟世界提供了连续的内容和标记环境的能力，并通过虚拟标签给特定环境做标记。记录虚拟角色行走的路径并突出显示用户感兴趣的项目，以便后期回放这些内容。对于人文虚拟世界，无论是对个体还是对集体，每一个标注都应该是可以被访问和引用的。

标注工作不一定是个体单独的体验。同步协作和异步协作（asynchronous collaboration）体验都是生成虚拟词语的特征。当一个人可能作为一组研究人员或一群学生中的一员在虚拟世界里行动时，为什么要独自一人在虚拟世界中穿行、标记空间,以及讨论它们、为其他研究者提供参考的记录?这些多人标注也可以协作、实时或异步进行,其中一层的构建是以上一层的记录为基础。通过这个过程,可以揭示或批判构造虚拟世界的原始素材。人们可能会对平面图的不恰当使用或以记录为基础构建三维几何图形的失败尝试进行评论。一个表面上的类比即是文本标注和协作文档编辑的体验。然而,在虚拟世界中,化身可以指向世界中的特定部分。其他化身同样可以检查特定的区域,用虚指针(virtual pointer)指向它,讨论、辩论并附上三维评论(3D comment)作为记录,供他人阅读和评论。

这些评论将虚拟世界从实践实验室转变为公开发表的学术研究。一旦一条评论,或者类推一个标注,或者可能仅仅只是一个类比的页面、章节和句子的划分等在这个虚拟世界被记录下来,它只需要向外链接就可以进入一场学术性的对话。只要三维状态(3D state)、观看位置、注视方向和(如有必要)文本/音频描述的某种组合被共同包含在数字对象唯一标识符(DOI)[①]下,虚拟体验就可以被其他人访问和引用。整个世界内部的虚拟体验都可以被访问、检查和观察,并且在潜在的大量的评论流中,被基于文本的学术研究所引用,或者嵌入基于地图的调查中,或者在同一个虚拟世界中被引用和访问,或在以同一地理区域为中心的其他虚拟世界中被引用和访问。

解释功能

虚拟世界所代表的一切都构成了一种解释。什么是可见的,什么是不可见的,在解释性项目中都起着数据点(data point)的作用。在处理世界制造的细节时,很容易忘记这一关键点。这是用户的世界,作为世界制造者,用户必须接受这样一个事实,即他们所制造的世界总是完全依照其自身的形象建构,或者至少是受其理论倾向的影响而建构。在人文学科中做出批判性决策的关键是理解和沟通用户所创造的世界的监管链。一旦监管链受到控制,用户就可以清楚地说明是什么人或什么组织做了解释性干预,并在其自身创造的虚拟世界中展示相关知识。

例如,要构建虚拟景观。首先,用户可以从一组测量点开始,每个测量

---

① 数字对象唯一标识符是云计算背景下最佳的"大数据"样本存储和应用技术,用于IKE进行协商SA协议统一分配。——译者注

点都在X、Y、Z空间中被定义。如果在现实世界中通过传统的调查方法进行收集，这些点可能会有数十个或数百个；如果通过某种计算技术生成，这些点可能会以数千计或数百万计。接下来是解释数据，或者通过绘制等高线，或者通过指示计算机进行绘制——从这一点开始，数据就已经进入多层解释的场域。等高线将转换为灰度光栅文件，并把文件的灰度值作为高程数据。其中，光栅文件是生成三维网格地形的基础。目前数据点已被解释，等高线也可作为解释要素；接着是对地面的表示的探究。如果是一个真实世界的参照物，它会被草坪覆盖吗？又是什么类型的草坪？用户能把它记录下来吗？必须花费多长时间记录？用户知道这些草坪如何被收割吗？它应该是什么样子的？应该有杂草吗？三叶草？用三叶草有什么象征意吗？还是说每一把刀都很重要？或者用户在模仿其他人的草坪设计，这种纹理、这种图像、这种原创的智力作品？这些都是人们在处理文本时需要询问的问题，但这些问题在处理图像的时候被遗忘了，不管它的维度是什么。回应上述每一个问题都需要对基础数据进行解释。（Johanson，2009）

　　虚拟世界包含了大量的数据，比如图像、文本、三维形式的数据，而且很少有人认为其所制造的世界是静态的。它可以用来改变，也可以便于比较。虚拟世界可能呈现过去、现在或未来的不同现实，而这些现实可能彼此并置在一起。例如，用户可能会比较一所大学不同的拟议建筑项目，或者可能会检查一个历史景观或历史城市景观中不同的拟重建建筑。当用户用自己的化身或者化身群组探索世界时，他可能会根据其看到的来解释这座城市。

　　对于虚拟世界来说，模型就是领地。虽然可能存在外部参照物，而且这些参照物都应当被清楚地记录下来并加以标注，但该模型最后也是被征询和解释的对象。虚拟世界提供了一种机制来探索复杂的可视化结构，以具身化的形式，以独立学者的身份，或者作为一个群组来探索。在一个极端，体验可以接受现象学分析；在另一个极端，视线和视域可以被探索、分析和语境化。诸如此类的问题，如"在罗马论坛（Roman Forum）上聆听西塞罗演讲的观众是否有可能看到最近竖立在卡比托利欧山上的朱庇特雕像？"也可以在虚拟环境中进行评估。随着更多的数据披露，人们可以提出更多的问题。这种在视觉上的相互关系究竟意味着什么？如果构建了准确的听觉模型，人们也可能会询问，对于这样一场激烈的演讲，听众的听觉范围可能有多大？

或者，另一种类型的交互可能是有关研究的主题。除了基于屏幕界面的局限性外，在一个严格控制的人造世界中，虚拟化身的交互可以作为一个进行科学研究虚拟人物交互的有力工具。所有变量都可以被控制，以便研究对成瘾诱因（虚拟世界代表曾经的录像系统）的身体反应。（Bordnick et al., 2011）或者，在相同的控制环境中，虚拟世界可以作为自然语言处理和基于机器解释的实践平台。（Bretaudière et al., 2011）一种虚拟世界的人类学已悄然兴起。在一个具身化行动者与计算机控制的非玩家角色在视觉上难以区分的世界里，人们也可以研究人类和人工智能之间的互动。（Kafai et al., 2010）此外，在历史环境或现实环境中，也有关于种族和性别的互动和偏见的研究。（Kafai et al., 2010）将虚拟世界作为教学实践或研究对象，当它的已知参数被严格控制时，其提供了无限的解释可能性。当然，它们都必须是对虚拟的解释，而不是对现实的解释。作为一个实验室，虚拟世界熠熠生辉，但如果选择发布这个实验室，还需谨慎。尽管这些学术领域不是未经试验，但它们却充斥着隐患。

论证功能

> 任何对我们现在所谈论的"电子游戏"不感兴趣的作家都是一个旁观者，在故事和故事叙述者之间产生的最为重要的观念转变之一的旁观者。（Bissell，2011）

论证是一门学问。人们可以在虚拟世界中举办展览、进行演出、录制和回放视频记录，但是通过这种新媒体参与学术对话，即在公共虚拟空间进行辩论、发表谈论、测验和驳斥，还是一件较为新鲜的事情。电子游戏是一个论点吗？它是一件艺术品吗？它是一场游戏？还是一部动漫？诚然，从本质上来讲，所有人都有讲故事的能力，甚至可以被理解为所有人都是故事本身，特别是当读者承担起提供解释的责任的时候。如上所述，即使是在记录和标注阶段所做出的超越性解释也构成了一种论据。尽管如此，对于旨在阐明论点的学术态度，其不会对任何人造成损害。很少有学者通过要求读者推断主要观点来传达清晰而简明的论点。即使是最直观的论点，增加一些文字说明标记也可以使观点更为清晰。

大部分基于虚拟世界和游戏的学术成果最好是被视为已发布的实验室，而不是类似学术文章的功能等价物。其原因是多方面的。首先，一个故事或叙述能否在传统游戏中被有效地讲述仍然是一个引起重大分歧的问题。（Wardrip-Fruin and Harrigan，2004）由于缺乏说明性的文字来确定论点的性质以及呈现证据的方式，如果不能整理出一套学术论证的修辞系统，就很难认为对虚拟世界的探索——例如对雅典古市集（Ancient agora）的探索研究——是一种学术性的论点。（Balmer, 2014）它无疑是前卫的，其学术价值可以表现而且应该是显而易见的，但它参与一个正在进行的对话或引发新对话的能力还需要进一步阐明。

基于虚拟世界的论点可能是什么样子的？并不是所有的论点都是视觉的和动态的，但有些论点特别适合具身化的、交互式的解释。比如，如果论点围绕空间展开，特别是那些未建成的、已经破败的空间，或者需要构想装饰并进行增添或删减陈设的空间，那么虚拟世界就可以被应用于实践；如果论点聚焦一次散步、一次跑步、一次驾车或者一次乘坐马车以观看和体验叙事，那么虚拟世界也可以被引入具体研究；如果论点是需要展示虚拟角色，需要让读者以第一人称询问模拟的事件或现场的表演，那么虚拟世界也是可行的。但是如果论点涉及白银时代的拉丁语诗歌（Silver Latin poetry）的隐喻性，那么虚拟世界的研究路径可能就行不通了。尽管如此，如果虚拟世界适用于这个问题，那么它也提供了一条通向更好的基于空间的论证的明确路径。

伴随虚拟世界而来的是必须被承认和利用的嬉戏的构想。无论是正确的，还是荒谬的，它们展示了游戏世界中的一些特征，强化了虚拟现实的一些刻板印象。在某种程度上，游戏技术意味着乐趣。论证尽可能多地以一种游戏化的方式进行，有需要征服的关卡、需要解决的谜题、需要完成的任务、需要获得的经验点以及需要猎杀的恶龙。虽然对学术对话没有明显的益处，但如果使用得当，这些特征对于学术话语和教学实践来说都是必不可少的。在游戏技术上制造一个虚拟世界，但却不承认其中的"乐趣"是一种缺损。

世界内部的论证机制很重要，但同样重要的是设计和界面。（Bogost, 2007：233—260）要在现有的虚拟世界沙箱中制造出一个学术性的虚拟世界，就意味着放弃对论点的控制。基于虚拟化身体验的交互有相应的规范，但这些规范不应该决定化身交互的内容和对化身的解释。数据的外观和界面的外观都有助于论证。如果每个像素都应该有出处，那么对于一个论点来说，它也应该传达意义。游戏《第二人生》的徽标和大量无关的菜单选项都会影响阅读体验。作为第一步，创造虚拟化身的简单障碍赋予了用户一项活动特权，而这并不一定是基于虚拟世界论证的主要目标。如果把一个论点作为目标，那么游戏开发环境的商品化则提供了所有的工具，可以按照用户的习惯精准地制造游戏机制、界面和设计。

在深层地图（deep map）上建立论点。（Bodenhamer et al.，2015）并不是所有的虚拟世界都会以现实世界为参照，但那些有现实世界作为参照的虚拟世界可以在地图最深层的现有属性的基础上进行三维建模。从人口普查数据，到照片档案和古时各地的各种信息层已经被映射到现实世界的坐标系统，许多信息已经以关联开放数据（Linked Open Data）的形式发布。如果虚拟世界使用地理坐标系作为其笛卡尔核心，那么地理网络（geo web）就可以在这个世界进行整合、引用和消费。

同样的地理坐标系，加上基于时间的标记，使得地理时间论证（geo-temporal argumentation）成为可能。现场参观现在可以变得生动起来，并保持互动性。虚拟世界的作者将虚拟世界内部的体验和外部的标注并置在一起，可以制造出虚拟旅游的功能等价物，或者模拟出类似于考古公园的标识牌。走到由地理坐标定义的A点附近，而A点由地理坐标定义，A点本身是由外部可访问的标记文件定义，文本和非玩家角色会告诉用户一个故事。走到B点附近，一个可引用的过场动画正好与之对应。或者在一个单独的界面中点击鼠标滚动已经标记好的文本，在用户从一段读到另一段的过程中，观察到虚拟世界将用户（基于虚拟化身的读者）从A点传送到B点。

虚拟世界提供了一个学术机会，将本质上是可视化的复杂数据转化为一个共享的实验室，用于论证和反驳。作者现在将读者带到正在讨论的空间和时间的特定区域。如果作者仔细地记录、标注和解释，那么论证的可视部分（连同文本）将转化为技术和定性批评的可量化主题。作者想象的世界就是读者看到的世界。如果所有的元素，包括风景、草地、树木、建筑、图形制品（例如，有时由图形硬件创建的锯齿状线条）、阴影、光线、色调、泥土、界面、化身的风格、服装、发型和肤色，以及化身的运动方式，简而言之，如果每一件事都被作者清晰地记录下来，并进行注释以显示出处，那么作者的解释和记录过程就可以通过读者的虚拟体验进行复制，并在其他作品中被引用和评论，遭受质疑甚至驳斥。

驳斥是制造一种借助多媒体形式和三维体验制造的论证机器（argumentation machine）的指导原则。读者如何反驳这一论点？与游戏不同，在游戏中，参与者控制故事的各个元素，但最终无法对基本内容产生持久影响，而用游戏技术制造的虚拟世界能够邀请读者跟随作者的论点，然后详细检查论据。当然，读者可以链接到论点的各个组成部分进行评论，但更强大的是，他或她可以在现实世界中创建注释，或者创建替代性的解释和替代性的叙述。这些层次分明的论据构成了这类工具的基础，这种工具可以并且将显著推进基于空间和地点的论点的方式。

结　论

有关未来的可能性几乎成为现实。成群结队的读者可能会涌入一个虚拟世界，并对其进行集体批评。会议可以在世界范围内举行，也可以在虚拟世界内部或者虚拟世界外部举行。地理中心（geographic core）能够覆盖现实世界的信息，并将虚拟世界覆盖到现实世界上。当一个人在21世纪的罗马散步时，只要有合适的界面类型，他就可以同时漫步于15世纪的虚拟世界版本中。虚拟化身可能会与读者互动，他们同时在现实世界和虚拟世界中行走，在现代考古遗址或虚拟版本的地面上，随时向读者汇报所见。游戏"永无止境"（*Ad infinitum*）。①

就像许多新技术一样，它们的未来是充满吸引力的，但它们的现状，就虚拟世界而言，已经具有挑衅性了。人文学者正在快速构建虚拟世界项目和开发严肃的游戏类型。进入其中的技术壁垒从未像现在这样低。对学术、计划、时间和资源的所有领域都必须加以管理，工作总是很艰难的，但最终目标从未像现在这样易于实现。然而，最为关键的要素也是最简单和最直接的要素。由数字领域最突出和最优秀的参与者所支持和创建的商业企业，还没有被像你这样

---

① 此处原文 *Ad infinitum* 一语双关，既指代游戏《永无止境》，也暗指作者对游戏世界与人的交互所产生的研究的可能性的无限探索。

的人建立起来。要为人文学科的学术制造一个虚拟世界，恰恰需要那些目前存在于人文学者学术工具箱中的那些工具。它们只需要被重新应用到一个新的领域，包括更广阔的研究领域。在最需要这些工具的时候把它们放在一边实在太容易了。不要为别人开发的软件技术缺口找借口。相反，用户应该按照自己的想象将这些虚拟世界制造出来，采取一种人文学者在实践中应有的条理清晰的结构化论证方式。

拓展阅读

理论阅读可以助力学术研究，但在观察文学作品之前，首先应该投身于实践中。无论是使虚拟世界变好还是变坏，直接沉浸在林登实验室开发的游戏《第二人生》中是不可能让虚拟世界变得更好的。《第二人生》快速崛起以及随后缓慢衰落的原因，对其用户数据的分析最能说明问题。舍基（Shirky）（2006）首先对此提出了质疑，但凡·吉尔（Van Geel）（http://users.telenet.be/mmodata/Charts/PCUShard.png）即时绘制出图表，并由莱西（Lacy）（2012）将其置于具体语境中。那些已经是林登社区的居民又掌握编程技术的人可能会求助于"开源虚拟世界"（OpenSimulator）（http://opensimulator.org）或者游戏开发工具Unity3D将制造世界和接口结合在一起。

参与任何虚拟事物的讨论，可以从谢尔兹（Shields）（2003）开始。克雷格（Craig）（2009）等人提供了一个有关虚拟现实的实际定义，虽然严格来说不是阐释虚拟世界，但对围绕实时沉浸式应用程序开发的相关问题进行了详细的介绍。有关游戏化的广泛而富有启发性的剖析，请参阅谢尔（Schell）（2008）的观点。虽然有点儿过时但也很独特，巴特尔（Bartle）（2004）几乎全面地介绍了有关虚拟世界的设计。伯迪克（2012：68—69）等人呈现了一份有关如何组织基于虚拟世界的学术研究的简明大纲。卡德沃思（Cudworth）（2014）提供了一份使用和设计虚拟世界的用户指南。希里斯（Hinrichs）和旺克尔（Wankel）（2011）收集了教育工作者做同样工作的现实世界经验。

对于涉及娱乐、文化遗产、游戏设计和虚拟现实方面的虚拟世界的大量讨论，对以下期刊的综合调查最有成效：《国际计算机游戏技术杂志》（*International Journal of Computer Games Technology*）、《虚拟现实》

（*Virtual Reality*）、《游戏和文化》（*Games and Culture*）、《游戏和虚拟世界杂志》（*Journal of Gaming and Virtual Worlds*）以及《国际游戏和计算机媒介模拟杂志》（*International Journal of Gaming and Computer-Mediated Simulations*）。

有关虚拟世界社区的人类学分析，请参阅波尔斯托夫（Boellstorff）（2008）的观点。有关"制造虚拟世界"的不同研究方法，马拉比（Malaby）（2009）分析了游戏《第二人生》虚拟世界社区及其代码库。虽然现在有很多关于虚拟世界化身的研究，但卡菲（Kafai）等人（2010）对围绕化身设计最为重要的问题之一——包容和排斥——进行了一项令人信服的整体研究。

最后，当制造被用于学术研究的世界环境时，即使是非历史学家和非考古学家也应当参考《伦敦宪章》（*London Charter*）（www.londoncharter.org），该宪章概述了"研究人员、教育工作者和文化遗产组织者使用基于计算机的可视化的原则"。

参考文献

[1] Abbott, E. 1885. *Flatland: A Romance of Many Dimensions, by A Square.* Boston, MA: Roberts Brothers.

[2] Balmer, J. 2014. Review: Digital Hadrian's Villa Project. *Journal of the Society of Architectural Historians* 73 (3), 444–445. doi:10.1525/ jsah.2014.73.3.444.

[3] Bartle, R.A. 2004. *Designing Virtual Worlds.* Indianapolis: New Riders.

[4] Bentkowska-Kafel, A., Denard, H., and Baker, D., eds. 2012. *Paradata and Transparency in Virtual Heritage.* Farnham: Ashgate.

[5] Bissell, T. 2010. *Extra Lives: Why Video Games Matter.* New York: Pantheon Books.

[6] Bissell, T. 2011. Press X for beer bottle: on L.A.Noire. *Grantland* June 10. http:// grantland.com/features/la-noire/.

[7] Bodenhamer, D.J., Corrigan, J., and Harris, T.M., eds. 2015. *Deep Maps and Spatial Narratives.* Bloomington: Indiana University Press.

[8] Boellstorff, T. 2008. Coming of Age in Second Life: An Anthropologist Explores the Virtually Human. Princeton: Princeton University Press.

[9] Boellstorff, T. 2012. *Ethnography and Virtual Worlds: A Handbook of Method.* Princeton: Princeton University Press.

[10] Bogost, I. 2007. *Persuasive Games: The Expressive Power of Videogames.* Cambridge, MA: MIT Press.

[11] Bordnick, P.S., Carter, B.L., and Traylor, A.C. 2011. What virtual reality research in addic-tions can tell us about the future of obesity assessment and treatment. *Journal of Diabetes Science and Technology* 5 (2): 265–271.

[12] Bretaudière, T., Cruz-Lara, S., and Rojas Barahona, L. 2011. Associating automatic natural language processing to serious games and virtual worlds. *Journal for Virtual Worlds Research* 4 (3). https:// journals.tdl.org/jvwr/index.php/jvwr/article/ view/6124 (accessed June 20, 2015).

[13] Burdick, A, Drucker J., Lunenfeld, P., Presner, T., and Schnapp, J. 2012. *Digital_Humanities.* Cambridge, MA: MIT Press.

[14] Colin, C. 2012. Odyssey Works makes art for and about one person. *New York Times* October 4, sec. Arts / Art & Design. http://www.nytimes. com/2012/10/07/arts/design/odyssey-works-makes-art for-and-about-one-person.html (accessed June 20, 2015).

[15] Craig, A.B., Sherman, W.R., and Will, J.D. 2009. *Developing Virtual Reality Applications: Foundations of Effective Design.* Burlington, MA: Morgan Kaufmann.

[16] Cudworth, A.L. 2014. Virtual World Design Creating Immersive Virtual Environments. Boca Raton, FL: CRC Press.

[17] Frischer, B., and Dakouri-Hild, A., eds. 2008. *Beyond Illustration: 2d and 3d Digital Technologies as Tools for Discovery in Archaeology.* BAR International Series 1805. Oxford: Archaeopress.

[18] Gaiman, N. 2013. *BlackBerry 10 & Neil Gaiman Episode IV A Calendar of Tales.* 2013. http:// www.youtube.com/watch?v=mxMXHPD1dew &feature=youtube_gdata_player (accessed June 20, 2015).

[19] Hinrichs, R.J., and Wankel, C. 2011. *Transforming Virtual World Learning.* Bingley: Emerald. http://www.emeraldinsight.com/2044-9968/4 (accessed June 20, 2015).

[20] Johanson, C. 2009. Visualizing history: modeling in the eternal city. *Visual Resources: An International Journal of Documentation* 25 (4), 403. doi: 10. 1080/01973760903331924.

[21] Jones, S.E. 2014. *The Emergence of the Digital Humanities.* New York: Routledge.

[22] Kafai, Y.B., Cook, M.S., and Fields, D.A. 2010. "Blacks deserve bodies too!" : Design and discussion about diversity and race in a tween virtual world. *Games and*

Culture 5 (1), 43–63. doi:10.1177/1555412009351261.

[23] Lacy, S. 2012. Philip Rosedale: the media is wrong, SecondLife didn't fail. *PandoDaily* July 6. http:// pando.com/2012/07/06/philip-rosedale-the-media-is-wrong-secondlife-didnt-fail (accessed June 20, 2015).

[24] Malaby, T.M. 2009. *Making Virtual Worlds Linden Lab and Second Life*. Ithaca, NY: Cornell University Press. http://site.ebrary.com/ id/10457566 (accessed June 20, 2015).

[25] Pinchbeck, D. 2013. *DOOM: SCARYDARKFAST*. Ann Arbor: University of Michigan Press. http://quod.lib.umich.edu/cgi/t/text/idx/l/lvg/11878639.0001.001/1:3/–doom-scarydarkfast?g=dculture;rgn=div1;view= fulltext;xc=1 (accessed June 20, 2015).

[26] Plato. 2012. *Republic*. Trans. C.J. Rowe. London; New York: Penguin.

[27] Schell, J. 2008. *The Art of Game Design: A Book of Lenses*. Amsterdam; Boston: Elsevier/Morgan Kaufmann.

[28] Shields, R. 2003. The Virtual. *Key Ideas*. London; New York: Routledge.

[29] Shirky, C. 2006. A story too good to check. *Gawker* December 12. http://gawker.com/221252/a-story-too-good-to-check (accessed June 20, 2015).

[30] Van Geel, I. 2013. MMOData.net: Version 4.1 thoughts and comments. *MMOData.net*. December 28. http://mmodata.blogspot. com/2013/12/version-41-thoughts-and-comments.html (accessed June 20, 2015).

[31] Wardrip-Fruin, N. 2009. *Expressive Processing : Digital Fictions, Computer Games, and Software Studies*. Cambridge, MA: MIT Press.

[32] Wardrip-Fruin, N., and Harrigan, P., eds. 2004. *First Person: New Media as Story, Performance, and Game*. Cambridge, MA: MIT Press.

9. 电子文学与数字人文[①]

斯科特·雷特伯格（Scott Rettberg）

电子文学（electronic literature）是一个总括性术语，用来描述各种形式的文学实践，这些文学实践利用当代计算机的计算特性、多媒体特性和网络特性，产生了与此背景相关的原生数字体验（born-digital experience）和具有叙事性或诗性的作品。电子文学的一些形式和体裁包括超文本小说、动态多媒体诗歌、互动小说（interactive fiction）[②]、生成性诗歌和小说、互动戏剧和电影、数据库叙事、场景叙事（locative narratives），基于网络通信技术特有的新写作实践的网络"风格"以及基于文本的新媒体艺术装置。这类作品的创造性生产本身可以理解为一种数字人文实践：不是将数字工具应用于传统形式的人文研究，而是在数字环境中创造新形式的实验。

在更广泛的数字人文学科和电子文学中，人们认识到至少有三个层次的学术实践，其价值大致相当：

1. 理论与分析；
2. 工具制作与平台开发；
3. 以及应用研究。

虽然许多其他人文研究领域可以通过通用性、时间性和地域性来定义，但数字人文学科新兴领域的边界往往更具流动性和偶然性。"电子文学"和"数字人文学科"的定义都不是很明确，不是因为它们依附于某一历史时期或某一流派，而是因为它们对当代技术设备的普遍探索性实践。电子文学是一个探索计算机设备和网络对文学实践的影响和可供性的领域，而数字人文学科则是一个更为广泛的领域，主要侧重于在文学、历史和其他人文学科的既定研究领域内，从数字方法中衍生出研究学科。因为电子文学和数字人文学科主要是出于

[①] *A New Companion to Digital Humanities*, First Edition. Edited by Susan Schreibman, Ray Siemens, and John Unsworth.
© 2016 John Wiley & Sons, Ltd. Published 2016 by John Wiley & Sons, Ltd.

[②] "互动小说"通常缩写为IF，是作者使用电脑软件创作并让读者通过选择参与的故事。

法而不是由内容来定义的，所以电子文学和数字人文学科都是由研究社区内部的文化背景来定义的，就像它们是由特定的研究对象来定义的一样。

新的学术学科往往是从现有学科中产生的。电子文学与文学研究有着明显的联系，但它并不一定是文学研究领域的一个分支。一些从事电子文学教学工作的学者在英语系任教，但英语学科也与其他一系列学科存在交叉，包括美术、设计、计算机科学、电影和通信。电子文学领域的一个显著特征是：评论家、理论家和实践者往往聚集在同一个研究场域中，在同一次会议上展示具有创造性的作品和学术成果。电子文学组织（Electronic Literature Organization，简称ELO）会议和电子诗歌节（E-Poetry Festival）将艺术家和评论家聚集在一起，理论和创作趋于协同发展。

电子文学本身已经成为一个独特的数字人文学科领域，有会议、节日、期刊，还有越来越多的学位论文、专著，以及聚焦这个主题的编辑合刊。电子文学作为数字人文研究的一个领域，在许多不同的层面上发挥着作用，每个层面都有其各自的界定特征，其中包括：

1. 电子文学中具有创造性的数字媒体实践；
2. 开发数字媒体创意实践的具体平台；
3. 电子文学的理论作品和分析著作，用以建立对当代文本性和"数字语言"（digital vernaculars）的新理解；
4. 数字媒体研究环境所特有的网络化学术实践、数字出版物、研究基础设施和社会网络，特别是数字媒体研究环境；
5. 基于电子文学元数据的综合分析（meta-analysis）和可视化研究。

数字媒体中的创意写作与数字人文研究

人文学科中的人文研究和创意实践之间的关系通常有些紧张。例如，在美国，许多语言和文学项目提供创意写作课程，并由创意作家担任教职人员。但是，创意写作项目和文学项目之间的"边界"往往存在着明显的文化鸿沟——这是一种较为牵强的理解，即尽管让诗人和小说作者参与其中是一件很好的事情，但是他们的研究成果不应该与他们的学术研究作品同时被提及。在同时拥有文学和创意写作程序的学术部门,应采用单独的评估体系和成绩度量标准。创意写作和文学的专业研究网络同样应是分开的,创意写作项目在很大程度上是作家和写作项目协会(Writers & Writing Programs,简称AWP)进行招聘和推进的。在电子文学中,创作实践和学术研究更为复杂地交织在一起。这在一定程度上是因为创造性项目与该领域的批判性写作是在同一背景下提出的,也是由电子文学领域创造性成果的性质所决定的。

电子文学项目是创造性表达的形式,但它们也往往是科学意义上的实践,有时是在多个学科中同时进行的。一位从事超文本写作的小说家不仅是在写小说,而且还是在尝试应用文本导航和用户交互的替代模式。一位创作短篇小说的作者生产出一个叙事生成器,他不仅是在写一个故事,而且也是在机器环境中进行协作,并为一个潜在的叙事系统进行编码。一位在洞穴环境(CAVE environment)中工作的诗人既写了一首诗,又在三维环境中探索具身互动的美学。一位电影制作人制作了一部具有生成性的数据库电影(database film),他既是在制作一部电影,又是在探索任意组合(aleatory combinatorics)对视觉叙事的影响。在电子文学中谈论体裁已经变得十分困难,部分原因是几乎每一部新作品都在创造自己的新体裁。

对电子文学实践的一种思考方式,即电子文学作为新文学形式的研究和发展的一个侧翼,在审美层面上与技术相结合。新作品既是个人的艺术表现形式,也是应用技术和形式创新的实验记录。从事新媒体的作家既是在创造离散的文学体验,也是在测试某种写作和技术设备中所体现的特定创造性混合物的化学性质。虽然在20世纪80年代和90年代,这些实践主要是在个人计算机屏幕的应用范围内进行,然后发展到越来越广泛的全球网络,但近几年来,随着普适计算(ubiquitous computing)已经占据主导地位,数字诗歌环境的范围和多样性在逐步扩大。

开发团队制作了"故事空间"(Storyspace)的一个版本——超文本创作系统。20世纪90年代由东门系统公司(Eastgate Systems)出版的许多超文本小说就是在这个系统中创作的;其中,"故事空间"的开发是电子文学中创造性工作和数字人文实践相结合的典型案例。当迈克尔·乔伊斯(Michael Joyce)创作后来被广泛引用的超文本小说《午后,一则故事》(*afternoon, a story*)(1990)时,他还与杰伊·大卫·博尔特(Jay David Bolter)和约翰·史密斯

（John Smith）合作开发了"故事空间"的创作系统。这一创造性作品既是一部独立的文学作品，也是一个用于平台测试的框架，即供其他作者使用或被用作一个教学环境。在出版了《午后，一则故事》后，乔伊斯在课堂上使用了好几年"故事空间"写作系统，之后出版了《双脑：超文本教育学和诗学》（*Of Two Minds: Hypertext Pedagogy and Poetics*）（1995）。其中，这本书探讨了超文本创作在包括发展性写作在内的写作课堂情境（包括发展性写作）中的作用。创造超文本小说的过程同样也促进了软件平台的开发、在课堂上的应用以及教学研究。

电子文学的第一波批评浪潮主要集中在超文本小说和诗歌上，虽然互动小说主要基于文本解析器的形式，而这一形式又基于家用计算机早期流行的文本冒险类游戏，但是也受到了活跃的开发者和读者群体的欢迎。超文本在20世纪90年代达到了其鼎盛时期，首先是单独发行在软盘和光盘只读存储器（CD-ROM）上，然后是发布在Web上。在20世纪90年代末到21世纪初期，各种形式的互动和非互动的多媒体诗歌最为突出。在此期间创造的作品中，Flash平台的兴起和发展尤为显著。诸如21世纪初的在线期刊《诗作》（*Poems That Go*）（Ankerson and Sapnar, 2000）等项目推动了Flash平台在互动诗歌领域的高端视觉设计、交互设计和多媒体能力的发展。在2000年之后，随着作家在不同的平台和多媒体模式下进行创作，电子文学作品形式发生了巨大的变化。作品展示场所也变得非常多样化。虽然有些传播介质类似于传统印刷文化的传播渠道，如在线期刊和数字选集，但电子文学如今也经常出现在美术馆和博物馆以及现场表演环境中加以展示。如果说电子文学的艺术经验已经渗透到了许多不同的领域，那么电子文学领域发展的总趋势已经不再是传统的诗歌和小说模式，而是更深入地参与到数字诗学实践，换言之，即探索当代计算机环境的具体限制和功能可供性。诸如"编码工程"（Codework）这样的文学参与形式——在机器层面和人类语言中处理和呈现代码诗学的文学表达方式是一个更明确的领域的表现形式；此领域更普遍地关注网络媒介中的普适计算文化为语言、故事以及诗学所提供的创造性可供性（creative affordances）。

电子文学项目经常交叉进入其他学科的实验研究，包括计算机科学和人机界面研究。例如迈克尔·马特亚斯和安德鲁·斯特恩制作的《鸡尾酒会》是一部互动叙事作品，在这部作品中，参与者通过互动的方式现场排演了一部独幕剧。他们以拜访两位老朋友的公寓为故事前提，而这两位老朋友正处于一场可能意味着他们关系终结的关键性的婚姻争吵中。这部作品中的用户/玩家/读者对剧中的角色做出了回应，为处于作品中心的婚姻辩论者格蕾丝（Grace）和崔普（Trip）提供了不同类型的回应。虽然《鸡尾酒会》明显是一部互动叙事艺术作品，但是它促进了一系列关于自然语言处理和富于表现力的人工智能的计算机科学研究成果的出版。像尼克·蒙特福特PPG256系列（2008）这样的项目也可以探索计算机科学问题和形式诗学。在这种情况下，主要通过探究编程的"优美"标准（以最少的代码行产生最大的计算效果）以及限制驱动的诗学来进行具体实践。这些作品是由256个字符组成的Perl诗歌生成器（Perl Poetry Generators）生成，同时也是非常精简的计算机程序；而每一个计算机程序都会生成某种形式的可理解或半可理解的诗歌。

蒙特福特和史蒂芬尼·斯特里克兰德（Stephanie Strickland）创作的《海与船柱之间》（Sea and Spar Between）（2010）以及马克·桑普尔创作的后续项目《草叶之屋》（House of Leaves of Grass）（2013），不仅促进了电子文学项目的发展，同时也可以作为一种解构性比较分析工具，有助于对两个重新组合的源文本进行思考。在蒙特福特和斯特里克兰德的作品中，把艾米莉·狄金森（Emily Dickinson）诗歌中的短语和句子与梅尔维尔（Melville）《白鲸》（Moby Dick）中的短语和句子通过定量语料库进行重组，并根据某些人类审美决定的定性方法进行了算法上的重组。这首诗被描绘成一幅巨大的蕴含着潜在诗歌的油画。作者将此项目的实践过程描述为"一个诗歌生成器，它定义了一个语言空间，由许多可与海洋中游鱼的数量相媲美的诗节组成，大约有225万亿个诗节"。通过将狄金森和梅尔维尔的语言以这种方式结合起来，并为读者展示一个可以浏览数组中所有潜在的字符串组合的界面，这件作品反过来又充当了一个分析工具，引导读者反思作者使用源文本的特性和模式。桑普尔的《草叶之屋》则是利用了蒙特福特和斯特里克兰德所开发的平台，开展了一项新的项目和新的探索。以马克·丹尼莱斯基（Mark Danielewski）的《树叶之屋》（House of Leaves）和惠特曼（Whitman）的《草叶集》（Leaves of Grass）为例，根据出现频率或主题意义从两部作品中选择适当的样本，并探索将两部作品的样本进行并列处理所产生的效果，然后基于七个模板算法将其重新组合成对句。在开发选择语料库时，桑普尔明确使用了数字人文工具：

N-Gram、Voyant和斯坦福命名实体识别（Stanford Named Entity Recognizer）。这两个项目都展示了如何将同样的工具用于对其他数字人文项目进行定量文本分析，这些工具可以同时整合到艺术实践中，从而产生一种本身可以作为比较文本分析工具的艺术作品。

一些电子文学项目也可以被视为一种关于诗学和叙事效果的实验，以及在实体互动环境中重新启动的阅读体验。如果说电子文学作品首次改变了从书页到屏幕的阅读方式，那么最近的探索浪潮则已经超越了屏幕。例如，布朗大学洞穴项目的屏幕是在一个沉浸式3D环境中开发的叙事体验（Wardrip-Fruin et al., 2003），这是对人类记忆、遗忘和失落的一种叙述性反思。事实上，这部作品可以让读者沉浸于一种挣脱实体束缚的语言坏境中，同时围绕着具身化的视觉空间旋转的语言。在这种情况下，语言不仅仅是具象的，还是一种在具身物理空间中物化的客观关联。

布鲁诺·纳多（Bruno Nadeau）和詹森·刘易斯（Jason Lewis）的《静静站立》（*Still Standing*, 2005）同样探讨了用户的具身互动和阅读行为之间的联系。当用户靠近作品时，屏幕底部的字母挤成一堆，让人无法阅读。当机器视觉设备捕捉到用户/读者身体的影子时，这些字母的反应就像被用户踢来踢去一样。只要用户移动或触碰文本，这首诗就保持着不可读的状态。只有当用户静静站立时，文字才会最终定型，诗歌的形式才会形成读者身体的形状。这首诗本身就是这样写的："五个章节的沉迷让我心神不宁/让我的大脑停止运转/镇静的开始需要冲破波浪和旋转/以减少字母散落/静止的时刻隐藏我的视线/并以此为诱。"[①]作为一种交互式装置，一方面鼓励用户四处走动和玩耍；另一方面也可以鼓励用户沉静和反思，以应对技术沉浸和信息超载所带来的问题。

诸如杰里米·海特（Jeremy Hight）、杰夫·诺尔顿（Jeff Knowlton）和内奥米·斯佩尔曼（Naomi Spellman）的《北纬34度西经118度》（*34 North 118 West*, 2002）之类的场景叙事（locative narratives）是该领域的一部分，这个领域正在将数字叙事和诗学从屏幕前的读者阅读模式转向现实世界，使用移

---

① 原文 "five chapters of addiction for my personal commotion bring my brain to a stop the inception of sedation is need for the waves to break and the spin to reduce letters to litteral the motionless moment hides my sight to seduce." ——译者注

动设备为读者在阅读中所体验的环境加入叙事层次和其他形式的文学表达。集体写作项目，例如贾德·莫里西（Judd Morrissey）和马克·杰弗里（Mark Jeffery）等人的数据库叙事《谢幕演出》（*The Last Performance*，2007）正在扩大技术的范围和影响，例如机器阅读和可视化等，以及将实时表演整合为作品所呈现的一个元素。

  这种形式的创造性实践需要付出一定的成本，其中包括技术发展和淘汰的周期。从保存的角度来看，许多使用"尖端"技术或实验方法创作的作品容易遗失。许多电子文学的作品已经由于现有平台的底层代码库的改变而丢失，这些更新会导致在软件的早期版本中产生许多过时的作品，导致平台的完全丢失以及存储介质的紧缺等问题。例如，在Web上发布的作品不会以与机器印刷产品相同的方式进行复制。如果原始网站遭到黑客攻击或被人们遗忘，那么整部作品都可能被毁坏。数字写作实践其他方面的压力来源包括这样一个事实：在学术界之外，电子文学的产生不可能带来经济上的成功。虽然现在为平板电脑和移动设备开发的应用程序有一定的市场，但实际上很少有创作者仅仅是通过创作电子文学作品来谋生。

  部分原因是企业的试探性和实验性，许多电子文学的作者将他们的项目记录下来，并以在科学背景下产生的实验室报告有一些共同之处的形式"撰写"他们的项目。虽然图书馆的相关措施和无酸纸张的广泛应用在保护印刷小说和印刷诗歌方面做了大量工作，但发展强大的文献记录文化对电子文学可持续发展至关重要。如果我们把电子文学领域的项目看作一个整体，它的目标之一必须是制作这样一份文献记录。考虑到在这一试验阶段内创作的作品很大一部分将无法继续存在下去，因此文献记录（documentation）是很有必要的，以便其他作家、受众和学者可以学习近期可能无法获得的范例作品。副文本（paratexts）和批判性评论为该领域的可持续发展奠定了基础。电子文学组织出版的小册子《无酸比特：持久电子文献的建议》（*Acid Free Bits: Recommendations for Long-Lasting Electronic Literature*）（Montfort and Wardrip-Fruin，2004）和《重生比特：转移电子文献的框架》（*Born-Again Bits: A Framework for Migrating Electronic Literature*）（Liu et al.，2005）通过为作者和档案管理工作者提供最佳建议，帮助解决电子文献的保存问题。

超越创造性生产：电子文学的平台、学术和研究基础设施

尽管创造性实践是电子文学领域存在的核心，但它也是批判性活动和研究基础设施发展的中心枢纽。

正如在更广泛的数字人文学科中一样，功劳主要归于工具制造者，他们为自己的工作和其他人的工作开发平台，且这种平台通常是基于开源模式。虽然电子文学并非完全是在"电子平台"上创作——实际上从HTML到推特（Twitter）再到Unity 3D引擎，几乎任何平台都可以致力于实验性的文学目的——但也存在一些数字开发人员发布应用程序或数据库以供其他研究人员使用的显著示例。这是互动小说社区的核心实践，例如，INFORM、TADS和TWINE等平台一个活跃的创意社区提供了完整的开发和发布环境。丹尼尔·豪（Daniel Howe）的RiTa为自然语言和生成性文学（generative literature）的实践提供了一个免费的开源工具包。即使是单个的电子文学作品也可以作为作者破解和改编他人源代码的平台。对尼克·蒙特福特基于数字媒体创作的诗歌作品《太鲁阁峡谷》（*Taroko Gorge*）（2009）所进行的一系列改编就是一个典型的例子。

电子文学的批判性分析提供了一种理解当代文化和文本性变化的模式，以及发展新的人文研究范式的模式。电子文学的批评领域在其研究范围内是活跃的、兼收并蓄的。虽然早期许多关于超文本研究的理论著作，如乔治·兰多（George Landow）的《超文本：当代批评理论与技术荟萃》（*Hypertext: The Convergence of Contemporary Critical Theory and Technology*）（1992）强调了超文本与后结构主义理论的关系，并将其作为一个中心关注点，但最近的批判已经找到了一整套研究这一主题的方法。

凯瑟琳·海尔斯在电子文学方面的实践为人文研究者提供了一种研究模式。海尔斯在自己的批评研究作品中分析并使用电子文本作品，并将电子文学作品视作"辅导文本"，用以调查、阐明或拓展她在其作品中发展的理论范式的背景，特别是与后人类研究有关的框架。在《电子文学：文学的新视野》（*Electronic Literature: New Horizons for the Literary*）（2008）等作品中，海尔斯发展了一种基于特定媒介的分析方法，并仔细分析阅读了电子文学作品，如雪莱·杰克逊（Shelley Jackson）的《补缀女孩》（*Patchwork*

Girl)（1995）、塔兰·麦马特（Talan Memmott）的《从文块到混文》（*Lexia to Perplexia*）（2000）和史蒂芬尼·斯特里克兰德的《灵光乍现》（*slippingglimpse*）（2006），以拓展对物质性、具身化、机器作为主动认知者的理论探索，以发展人与机器智能、网络化的认知形式之间复杂的共生关系的研究。

克里斯·芬克霍（Chris Funkhoer）的研究成果《史前数字诗歌：形式考古学1959—1995》（*Prehistoric Digital Poetry: An Archeology of Forms 1959—1995*）（2007）和《数字诗歌新方向》（*New Directions in Digital Poetry*）（2012）为理解数字诗歌的历史提供了一个更具史学意义的方法，首先是对20世纪实验性诗歌传统（比如视觉诗歌和声音诗歌）的发展和反响，然后是作为一系列不断发展演变的传统本身。芬克霍的方法既是纵向的，也是横向的。他追踪模式，但他的作品本质上是基于对个人数字诗歌的近距离阅读（close reading）。这可能比听起来更复杂，因为他读的一些诗是生成性的，每一次阅读都会有所不同。

杰西卡·普雷斯曼（Jessica Pressman）、马克·马里诺（Mark Marino）和杰里米·道格拉斯（Jeremy Douglas）的作品《阅读项目》（*Reading Project*）（2015）是一个案例研究，并借鉴威廉·庞德斯通（William Poundstone）《速示器项目》（《无底洞》）[*Project for the Tachistoscope (Bottomless Pit)*]的案例研究，为新媒体学术领域合作实践提供了一个令人振奋的例子。这个项目的逻辑是，运用不同的方法对庞德斯通的作品进行批判性解读。为了将几种数字人文研究方法引入对话场域，三位作者各自采用了不同的方法论。杰西卡·普雷斯曼从屏幕美学（onscreen aesthetics）介入，马克·马里诺分析了程序代码，杰里米·道格拉斯用文化分析来展示数据可视化何以进行文学解读。这种分析方法的独特之处在于，这三位评论家不仅提供了对同一作品的三种解读范式，而且还考虑了这些解读如何能够相互启发。在一个涉及多个背景学科和批评方法的领域，这种协作阅读方式给未来个人作品的研究带来了巨人的前景。

电子文学领域本身可以提供一个丰富而有价值的研究对象。2010—2013年由HERA资助的"发展基于网络的创意社区：电子文学作为在实践中具有创造性和创新性的模式"项目的核心问题之一，即以技术为中介的基于网络的创意社区与传统的文学实践和网络传播相比，何以发挥出不同的作用。对这些问题的研究成果可以在《数字文学》（*Dichtung Digital*）杂志的两期"电子文学社区"（electronic literature communities）中找到，这两期杂志共同对电子文学中的不同创意社区进行了全面的分析，这些社区由区域历史、对特定平台或体裁的共同兴趣、机构倡议等因素组成。（Rettberg and Tomaszek，2012）这些论文中的许多篇都被收录进《电子文学社区》（*Electronic Literature Communities*）。（Rettberg et al.，2015）

由于电子文学领域处理的是相对陌生的文学对象，并且在很大程度上独立于任何母学科，所以它最初缺乏与该领域研究的特殊性相适应的学术网络和研究基础设施。电子文学组织成立于1999年，是一个非营利性的文学组织，它的成立主要是为了弥补这一空白，在过去16年中，它已经成功地建立了一个以电子文学为基础的强大的研究网络。电子文学组织的研讨会将创意产品（即新作品的展示、表演和展览）与论文和小组讨论结合在一起。这些研讨会的举办为从事电子文学相关研究的评论家、理论家、开发者、作家和艺术家提供了面对面接触的机会，这对电子文学作为一个跨学科领域的发展至关重要。

如果人际网络是必不可少的，那么电子文学组织和其他附属项目和组织的研究基础设施项目也是至关重要的。电子文学组织出版的《电子文学文集》第一卷（Hayles et al.，2006）提供了一种新的出版模式，它介于传统的商业出版模式和完全独立的网络出版模式之间。通过收集60种不同的电子文学作品，并将它们以适合图书馆发行的形式在纸质媒体上和互联网上同时出版发行，此收藏方案既解决了在临时媒体库中查找作品的困难，也在某种程度上解决了有关电子书保存的问题。所有这些作品都是在知识共享许可的情况下进一步出版，以鼓励其自由发行和流通。《电子文学文集》第二卷于2011年出版（Borrás et al.，2011），ELMCIP项目于2012年出版了《ELMCIP欧洲电子文学选集》（*ELMCIP Anthology of European Electronic Literature*）。虽然这些项目都不是为了建立一套固定的电子文学规范，但是每个项目都提供了由编辑团队通过公开征询意见和同行评议程序，基于所提交材料所选定的可持久保存的电子文学作品精选集，并在一定程度上为电子文学的教学构建了一套稳固的参考资料。

在过去的十年里，数字典藏和数字选集对电子文学领域的发展至关重要，但对于该领域的长期发展而言，也许更为重要的是数据库、目录索引和档案学的存在，其中每一项的开发与实践都以不同的方式解决了记录和保存数字文学所面临的挑战。电子文学组织的《电子文学目录》（*Electronic Literature Directory*，简称ELD）于21世纪初期首次创建，并于2009年以新的资讯架构重新推出。《电子文学目录》主要致力于对电子文学作品进行简明的批判性描述，并通过世界各地学者的集体努力，以创作一本对该领域的集体记忆至关重要的电子文学百科全书。NT2是一个正在进行的重大研究项目，总部在魁北克（Quebec），致力于为法语世界提供类似的资源。虽然它与《电子文学目录》在某些方面有一些共同之处，但NT2于2005年建立的《研究汇辑》（*Réserche Repertoire*）更侧重于使用语义结构的元数据，采用媒体驱动和类型驱动分类法对作品进行分类。此《汇辑》还包括特定作品的"增强型卡片"（Enhanced Fiches），其中包括附加的富媒体文档，例如用户与作品进行交互的视频截图。成立于2010年的ELMCIP电子文学知识库的独特之处在于：在批判性生态环境中，它为电子文学作品的记录工作提供了一个信息架构，其中还包括大量的具有批判性的文章、作者、出版者、组织、事件、数据库以及教学资源的文献记录。ELMCIP知识库的主要目标，即通过记录不同对象之间的交叉引用来自动更新与之相关的其他记录，从而记录并分析不同对象与定义字段的参与者之间的关系。例如，每次向电脑输入批判性写作的作品时，作者都会被要求同时注明所引用的创造性作品的出处。随着时间的推移，建立了对给定作品批判性接受的历史。同样，每当对会议或节日进行记录时，都会包括对展示作品的地点以及所提交作品和评论文章引用出处的记录，从而实现了对该领域的一种时序映射。一旦这些关系被描述出来，新型的远距离阅读（distant reading）和基于可视化的研究就成为可能。通过使用从ELMCIP知识库获得的数据，卑尔根电子文学研究组（Bergen Electronic Literature Research Group）的成员开始探索使用数字方法去描述该领域的模式。例如，通过进行引用分析来思考诸如我们是否可以根据一段时间以来作品被引用的次数以及引用的方式来确定该领域的经典等问题。通过在数据库中收集大量摘要和全文资源，其他类型的数据挖掘也将很快成为可能。

  电子文学领域最激动人心的大规模数字人文的发展也许是"电子文学联盟"（Consortium for Electronic Literature）的成立与合作。成立该组织的目的是使这一领域的国际行动者（特别是开发研究数据库和档案的组织和项目）之间的联系更为紧密，不仅是为了支持更好的交流，而且也是为了在参与的数据库及其存档文件之间建立机器一级的互动。作为第一步，该联盟已经构建了一套描述电子文学作品核心书目的字段。即将到来的项目将包括一个共享的搜索引擎，这将使用户能够在所有已加入的数据库中选取其中任何一个数据库的界面进行检索。同时，还计划设立一个名称规范机构（Name Authority），以帮助作者和实体与固定标识符联系起来。总之，这些努力应有助于提高国际研究界对在其他文化背景下正在进行的工作的认识，减少重复的工作，并确保保存所有参与项目开发的信息。

参考文献

[1] Ankerson, I., and Sapnar, M. 2000. *Poems That Go.* http://poemsthatgo.com (accessed March 11, 2014).

[2] Borrás, L., Memmott, T., Raley, R., and Stefans, B.K., eds. 2011. *The Electronic Literature Collection, Volume Two*. Cambridge: The Electronic Literature Organization. http://collection.eliterature.org/2 (accessed March 11, 2014).

[3] CELL: Consortium for Electronic Literature. http:// eliterature.org/cell (accessed March 11, 2014).

[4] Electronic Literature Organization. *The Electronic Literature Directory*. http://directory. eliterature. org (accessed March 11, 2014).

[5] ELMCIP. *The ELMCIP Electronic Literature Knowledge Base.* http://elmcip.net/knowledge base (accessed March 11, 2014).

[6] Engberg, M., Memmott, T., and Prater, D. 2012. *ELMCIP Anthology of European Electronic Literature*. Bergen: ELMCIP. http://anthology. elmcip.net (accessed March 11, 2014).

[7] Funkhouser, C. 2007. *Prehistoric Digital Poetry: An Archeology of Forms 1959–1995*. Tuscaloosa: University of Alabama Press.

[8] Funkhouser, C. 2012. *New Directions in Digital Poetry*. London: Continuum.

[9] Hayles, N.K. 2007. *Electronic Literature: New Horizons for the Literary*. South Bend, IN: University of Notre Dame Press.

[10] Hayles, N.K, Montfort, N., Rettberg, S., and Strickland, S., eds. 2006. *The Electronic Literature Collection, Volume One*. College Park, MD: The Electronic Literature

Organization. http://collection. eliterature.org/1 (accessed March 11, 2014).

[11] Hight, J., Knowlton, J., and Spellman, N. 2002. *34 North 118 West*. Documentation. http://34n118w. net/34N (accessed March 11, 2014).

[12] Jackson, S. 1995. *Patchwork Girl*. Watertown, MA:Eastgate Systems.

[13] Joyce, M. 1990. *afternoon, a story*. Watertown, MA:Eastgate Systems.

[14] Joyce, M. 1995. *Of Two Minds: Hypertext Pedagogy and Poetics*. Ann Arbor: University of Michigan Press.

[15] Landow, G. 1992. *Hypertext: The Convergence of Contemporary Critical Theory and Technology*. Baltimore: Johns Hopkins University Press.

[16] Liu, A., Durand, D., Montfort, N., et al. 2005. *Born-Again Bits: A Framework for Migrating Electronic Literature*. http://eliterature.org/pad/ bab.html (accessed April 8, 2014).

[17] Mateas, M. and Stern, A. 2005. Procedural Arts. *Façade*. http://www.interactivestory. net (accessed March 11, 2014).

[18] Memmott, T. 2000. *Lexia to Perplexia*. http://collection.eliterature.org/1/works/ memmott__lexia_to_perplexia.html (accessed March 11, 2014).

[19] Montfort, N. 2008. *ppg256 (Perl Poetry Generator in 256 Characters)*. http://nickm. com/poems/ ppg256.html (accessed March 11, 2014).

[20] Montfort, N. and Strickland, S. 2010. *Sea and Spar Between. Dear Navigator*, Winter 2010. http:// blogs.saic.edu/dearnavigator/winter2010/nick-montfort-stephanie-strickland-sea-and-spar-between (accessed March 11, 2014).

[21] Montfort, N., and Wardrip-Fruin, N. 2004. *Acid Free Bits: Recommendations for Long-Lasting Electronic Literature*. http://eliterature.org/pad/ afb.html (accessed April 8, 2014).

[22] Montfort, N. et al. 2009. *Taroko Gorge* (and descendants). http://nickm.com/poems/ taroko_gorge. html (accessed March 11, 2014).

[23] Morrissey, J., Jeffery, M., et al. 2007. *The Last Performance [dot org]*. http:// thelastperformance. org/title.php (accessed March 11, 2014).

[24] Nadeau, B. and Lewis, J. 2005. *Still Standing*. Documentation video. In *The Electronic Literature Collection, Volume Two*. http://collection.eliterature. org/2/works/nadeau_stillstanding.html (accessed March 11, 2014).

[25] NT2. *NT2 Réserche Repertoire*. http://nt2.uqam.ca/ fr/search/site/?f%5B0%5D=type%

3Arepertoire &retain-filters=1 (accessed March 11, 2014).

[26] Pressman, J., Marino, M., and Douglass, J. 2015. *Reading Project: A Collaborative Analysis of William Poundstone's Project for Tachistoscope {Bottomless Pit}*. Iowa City: University of Iowa Press.

[27] Rettberg, S. and Tomaszek, P. 2012. *Dichtung Digital* 41, 42. Special issues on electronic literature communities. http://dichtung-digital.de/editorial/ 2012_41.htm (accessed March 11, 2014).

[28] Rettberg, S., Tomaszek, P., and Baldwin, S., eds.2015. *Electronic Literature Communities*.Morgantown, WV: Computing Literature Books.

[29] Samplc, M. 2013. *House of Leaves of Grass*. http://fugitivetexts.net/houseleavesgrass (accessed March 11, 2014).

[30] Strickland, S. 2006. *slippingglimpse*. http:// www.slippingglimpse.org (accessed March 11, 2014).

[31] Wardrip-Fruin, N., Carroll, J., Coover, R., *et al.* 2003. *Screen (2002)*. Documentation video. In *The Electronic Literature Collection, Volume Two*. http://collection.eliterature.org/2/works/ wardrip-fruin_screen.html (accessed March 11, 2014).

10. 社会化学术编辑[①]

肯尼斯·M. 普赖斯（Kenneth M. Price）

创办学术刊物在某种程度上一直具有社会性，尽管我们已经更清楚地意识到，与印刷环境相比，我们在数字环境中具有更强的协作性。当在印刷环境中工作时，编辑通常很少花时间在设计、布局、分发和长期保存等问题上，但所有这些（以及更多）问题都是在数字文本编辑中会碰到的典型问题。如果数字时代的编辑们面临着更大的压力，也许我们也会实现更多的可能性，包括为我们的工作吸引更多、更活跃的受众，以及重新使用这些工作中所采用的新的方式。本文既考虑了社会化编辑（social editing）的前景，也考虑了社会化编辑的风险。虽然"社会化编辑"中的"社会化"一词存在多种解释，但笔者主要关注的是一种新兴用法，即"社会化"意味着用户生成的内容。对用户参与生成内容的设想在某些方面受到热烈欢迎，而在另一些方面则饱受质疑。我们可以从正在进行的众包努力中不断学习，并可以看到一些新的可能性。电子版本的用户可以在多大程度上帮助项目解决阻碍数字学术版本实现的广泛而昂贵的工作？（笔者没有说是数字学术版本的完成，因为其中被嵌入了许多电子档案或数字典藏的内容，因其以如此宏大和开放的方式进行构思，以至于难以完成）我们如何才能更好地协调学术专家和感兴趣的用户这二者之间的角色，尤其是，我们如何才能在不阻碍用户参与的情况下构建文本质量控制机制？

我们的时代见证了非专业人士（业余爱好者）在许多领域对知识贡献的爆炸式增长，最明显的就是通过维基百科。非专业学者和专业学者的角色有时可以有效地结合起来，但他们所持有的观点和目标往往不同。目前正在讨论的专业人员和非专业人员的角色与18世纪的那些时而聚集、时而分裂的古物学家和历史学家相当，前者是对过去的遗迹和离散的事实感兴趣，后者则是对过去的叙述及其对现在和未来的影响感兴趣。通过比较，笔者认识到一个关键性的区

[①] *A New Companion to Digital Humanities*, First Edition. Edited by Susan Schreibman, Ray Siemens, and John Unsworth.

© 2016 John Wiley & Sons, Ltd. Published 2016 by John Wiley & Sons, Ltd.

别：正是那些经过正式培训、拥有机构支持和具备其他优势的专业人员能够提出大型研究问题。一般而言，非专业人员（业余爱好者）能为专业人员所设计的项目作出贡献，而不是相反。这么说并不是要做出令人反感的区分，而是要认识到迄今为止大规模项目已经出现的模式，以及未来可能出现的模式。

当我们努力利用专业人员和非专业人员的才能时，我们可以通过观察非专业人员（业余爱好者）增长了多少科学知识来寻找灵感，特别是在天文学领域。星系动物园（Galaxy Zoo）的创建者确信，成千上万的人类观察者比强大的计算机系统更善于识别模式，他们开展了一项由几所大学和数万名志愿者共同参与的天文学合作项目。该项目的目标是让20个不同的用户对斯隆数字天空勘测（*Sloan Digital Sky Survey*）（一项宏大的调查，创建了超过93万个星系的三维地图）中的每个星系进行分类，因为多重分类能够创建"一个准确和可靠的数据库，以满足科学界的高标准"（Galaxy Zoo Team，2007）。在这种情况下，用户的大量参与有望产生高度可靠的结果。项目负责人认为，20名非专业人员的综合分析并不比一两位专家的专业分析更容易出错。克里斯·林托特（Chris Linstot）作为该项目领导人之一，也是一位公众宣传的倡导者，详细说明了该项目对志愿者有何吸引力。他解释道："你可以看到以前从未见过的部分太空空间。这些图像是由机器人望远镜拍摄并自动处理的，所以很有可能当你登录时，你看到的第一个星系将是一个人类以前从未见过的星系。"自2007年以来，来自一百多个国家的数十万非专业天文研究者已经研究并记录了宇宙中遥远的角落。（Adams，2012）

其他科学研究项目解决的问题更接近于文学和历史编辑所面临的问题。例如，北美鸟类物候学计划（*North American Bird Phenology Program*，简称NABPP）收集了1880年至1970年之间志愿观察员所创建的记录条目，追踪了"北美各地候鸟的首次到达日期、最大丰度和离开日期"。这个由美国政府协调、美国鸟类学家联盟赞助的项目的目标是将这些观测结果汇总起来，以便用来揭示近一个世纪以来鸟类种群的迁徙模式和数量变化。这个项目现在作为"一个600万次迁移观测数据的历史性集合"而存在。近三千名志愿者将原始文件扫描并通过互联网提供了这些文件。公民科学项目的工作使学术和非学术用户都能获取这份材料；并且这份材料是完全可以被搜索和可供分析的，可用于多种研究目的，包括评估气候变化的后果。（北美鸟类物候学计划，2011；

美国地质调查局，2012）

在数以百万计的记录中，星系动物园和北美鸟类物候学计划所面临的海量数据一直是推动学者和志愿者合作的重要因素。有人可能会争辩说，很少有人文研究编辑项目可以与之媲美，但有些项目确实也包含了大量的文本。事实上，近几十年来人文学科研究的一个巨大变化是，人类记录中越来越多的部分以电子形式出现，这使得文本不再那么容易阅读（海量的数据使之不可能），而是用于分析可以被检测到的模式，然后进行更详细的探索。（Ramsay，2005：181）大规模的数字化项目产生了大量的数据信息，通常借助光学字符识别（OCR）技术，这是一种将数字扫描或照片图像转换为机器可识别的电子文本的自动化手段。这种转换过程几乎总存在些瑕疵，当原始打印质量本身较糟糕（由于字体损坏、模糊、污渍、间隙或其他损坏）的时候，我们会得到令人失望的结果，即得到所谓的粗糙的、错误率很高的OCR技术处理后的文本，当然这并不足为奇。考虑到人文学者越来越多地使用大型数据集中存在的、经由粗糙的OCR技术处理后的文本，我们只能期待任何使这些文本逐步改进的工作。对于人文学者来说，情况更加复杂，因为光学字符识别技术在将手写文档转换为可被计算机识别的电子文本方面几乎没有成功过；过去的大部分手稿记录在进行数据挖掘的过程中被省略了。就像在科学领域一样，人文研究者也需要准确可靠的数据。对于大规模的数字化项目而言，关键问题在于如何实现超高的文本可靠性。印刷文化对我们的影响是如此之深，以至于早期出版的材料和仍在进行的工作在某些方面仍受到阻力。然而，鉴于电子文本的可塑性，以及我们纠正错误和适合新发现的能力，比完美无瑕更合适的目标是及早发布强大优质而非完美的内容，尤其是在大型数据集中。材料应该被准确地标记，这样那些没有经过充分审查的材料才易于被区分和理解。如果材料被提前发布，理想情况下应该是对文本语料库进行渐进和持续的改进。这种渐进的改进工作可以通过用户的反馈和其他各种贡献来促进。在这种情况下，开放我们的工作，让每个人都可以参与其中，可能更为有效。

提高电子文本的准确性是一个至关重要的编辑目标。追求更高精度的文本的工作正在进行中，并在许多不同类型的项目中体现出来。澳大利亚报纸数字化计划Trove检索系统就是一个很好的例子。Trove检索系统从2007年的"软发布"开始就没有进行新闻报道宣传，而是依靠口口相传，这样用户使用量是以渐进的速度增加［尽管现在澳大利亚国家图书馆的数字图书馆员罗斯·霍利（Rose Holley）管理着3万多名志愿者］。因为将OCR生成的转录材料与原图像进行比较，然后根据需要对其进行校正是相对简单的，所以志愿者不需要提前参与任何培训。该项目向志愿者展示了一个屏幕，屏幕的一端是一个缩微胶片原件的图像，另一端是转录文本。该界面很简单，并且在很大程度上是不言自明的，包括一个"修复此文本"的选项。单击此链接将打开一个文本框，该文本框允许编辑和保存修订后的转录文本。然后，将校正后的副本存储在SQL数据库中。如果其间发生突发情况，项目也可以返回到之前的转录状态。

因为对这个平台很感兴趣，笔者决定在澳大利亚报纸上搜索"沃尔特·惠特曼"（Walt Whitman）。如果需要校对文稿材料，首先需要解决一个"验证码"测试（"全自动区分计算机和人类的图灵测试"）。即使考虑到这个延迟，笔者也能在几秒钟内纠正文本。有些文章是相当准确的，所需的几处修改是显而易见的。例如，笔者看到的这则简短的新闻：

> 沃尔特·惠特曼（Walt Whitman）。
> 10月27日，伦敦（London）
> 沃尔特·弗夫希曼（Walt Wfcitman），据报道
> 这位美国诗人
> 健康状况堪忧，他已经
> 72岁了。

还有一个：

> 沃尔特·惠特曼。
> 伦敦（LOaNDoi），星期三（Wednoeday）
> 沃尔特·惠特曼（Walt Whitman）
> 这位美国诗人，这段时间以来一直身患重病
> 据报道现在情况危急。

在这两种情况下，原版报纸都没有出现拼写错误。这些问题完全源于OCR软件将图像转换为文本的过程。

澳大利亚早期报纸的印刷质量通常很差,因为第一批印刷机是那些已经在英国被淘汰的印刷机,而殖民地缺乏合适的纸张,这样只会让情况变得更糟糕。(Holley,2009)

1858年4月3日,塔斯马尼亚报纸《康沃尔纪事报》(*The Cornwall Chronicle*)发布的OCR版本阐明了考虑到Trove检索系统的规模是如此之大,以及考虑到由图书馆带薪工作人员来整理这些材料是多么不切实际,社会化编辑为何如此重要,为什么我们必须将希望寄托在众包上:

> for the chlmnev eiretp aai Her Majesty (lie Quocn.'
> Here is another stloct i!ioi:glit ? -
> ' The thought struck me Hie other d«y that the Lord will have in heaven somo --(thoso very big sinncif that have guile furili-'i astray llun anybody that cwv livid, the must extraordinary e'ltrnv^ausviB ol vice, jibt to m.iko themelndy cumiilute liy eingirg eomo oi thoao supijtiiu notes ivttie.lt you &nd I, bevausti wo Imve not (jouu .... Sir aniay, will never 'ja »l.ln io inter. I »uii-W H-liolher nr.o Im* stepped into this e'n.ipi'l Ihn iiioriiing wIkjiii God has selected to Uke ? id of Iliosf *!(-; uoteB in tlw scale 1 1 ivnise'; I'crhapi tlwve is on9 p'lch h'e. li.! how will euch. a one mug, if grace – flea (jiace – ahall have mercy upon him.'

将Trove检索系统视作一个整体,尚不清楚OCR文本的准确率与不准确率间的相对比例是多少。笔者怀疑即使在目前已经取得初步进展的情况下,关于这一检索系统的评论仍然比较谨慎,"数字输出(图像质量,OCR文本)可能不够好,无法进行充分的全文检索或满足用户的期望"(Holley,2009)。

幸运的是,如上所述,罗斯·霍利和Trove团队几乎没有设置任何参与的限制:志愿者甚至不需要登录。校对文本的过程可能会出奇地令人满意和着迷:一些志愿者如此热情地致力于Trove检索系统,以至于他们每周工作长达50个小时。该项目通过列出校对文本行最多的志愿者的名字,来鼓励这些志愿者,并随着工作的进展不断更新他们的总数。在《众包:图书馆应该如何做,为什么要这样做?》(*Crowdsourcing: how and why should libraries do it?*)(2010)中霍利为其他有兴趣发起自己的众包项目的实践者提供指导。此次澳大利亚倡议的成功推进了其他地方类似报纸项目,包括芬兰国家图书馆和越南国家图书馆。在美国，提供公共文本校对和转录的数字化报纸网站包括路易斯维尔《领袖报》（*Leader*）（路易斯维尔大学图书馆发布）、马萨诸塞州剑桥市报纸（Cambridge, Massachusetts, Newspapers）（剑桥公共图书馆发布）、田纳西州报纸（Tennessee newspapers）（田纳西大学图书馆发布）和弗吉尼亚州报纸（Virginia newspapers）（弗吉尼亚州图书馆发布）。

和罗斯·霍利一样，劳拉·曼德尔对提高通过OCR生成的电子文本的准确率非常感兴趣。曼德尔和她组织创建的18thConnect.org开发了TypeWright工具，这是一个旨在改进美国盖尔（Gale）公司制作的18世纪文献作品的在线全文数据库（Eighteenth Century Collections Online，简称ECCO）生成的OCR文本的工具。同时，曼德尔解释了自己对Gamera的依赖，Gamera是麦吉尔大学（McGill University）藤永一郎教授开发的一个开源程序：

> 由于Gamera最初是为识别音乐字符而创建的，因此与其他OCR软件相比，它对仅当字符与其他字符出现在同一行时才能识别字符的模式依赖性较低。此功能对于扫描1820年以前的文本很有价值，因为这些文本中的字符通常不是沿着基线均匀对齐，这是由于在制作字体时，冲床没有以数学精度定位于模型中。我们已经训练Gamera系统能够区分大写的S和小写的f，这在以前只有通过查阅字典才能做到。然而，有些事情Gamera系统可能做得不如美国盖尔公司研发的OCR好，因此我们也正在进一步开发自动校正。总而言之，此系统应用过程的核心即一个众包校正工具。
>（Mandell, 2011:302）

通过美国安德鲁·梅隆基金会（Andrew Mellon Foundation）的资助，曼德尔和她的团队能够培训Gamera学习18世纪常用的一套特殊字体。TypeWright校正工具支持众包校正和对OCR引擎的"训练"。经过校对的文本可以改进对这些材料的检索和分析。曼德尔已经与盖尔公司达成协议，允许发布盖尔版权声明中的页面图像和修正后的文本。这项突破性的协议是互惠互利的交换：盖尔公司受益于改进后的文本和更好的搜索结果，因为这些产品和结果逐渐用免费校对后的文本取代了存在严重缺陷的文本；学者们也从改进后的文本和开放存取（open-access）内容的丰富性中受益。

OCR技术只是将错误的版本和不一致的材料引入数字文本的一种方式。以密歇根大学为中心的文本创建项目（Text Creation Project，简称TCP）是一个大体量的工程，它为早期印刷图书创造了编码的电子文本的版本。文本创建项目工作人员从美国ProQuest公司出版的《早期英语在线丛书》（*Early English Books Online*）、圣智盖尔集团（Gale Cengage）推出的《18世纪作品在线》（*Eighteenth Century Collections Online*）和美国Readex公司出版的《Evans早期美国印刷品》（*Evans Early American Imprints*）中转录并标记数百万页图像中的文本。尽管文本创建项目的宣传标语"手工转录，归图书馆所有，为每个人量身定制"是有效的，但是他们创建的文本仍然需要进行大量改进。他们雇佣相关供应商进行转录，结果往往是有问题的。

目前正在努力改进这些文本。马丁·穆勒（Martin Mueller）（2013）在《如何修复60000个错误》（*How To Fix 60000 Errors*）一书中描述了AnnoLex项目，这是一个"系统地借助大学生的能量和想象力，让他们以新的形式编辑和探索旧剧本"的项目。基于文本创建项目最先开发的电子文本，AnnoLex汇集了630部早期现代英语剧本、盛会和非莎士比亚作家的其他娱乐项目——这是一个约1500万字的语料库。穆勒意识到文本创建项目中的转录文本包含一些错误和遗漏，因此决定由一组本科生来改进这些文本。与Trove系统的例子不同，这里的问题不是粗糙的OCR技术处理后的文本，而是不充分或不一致的转录和编码。穆勒鼓励创作"青年学者"（Young Scholar）版本，"其中校对的专业素质是必要条件"（Mueller, 2013）。

对于较小的项目，人们对准确性和权威性的关注更加强烈，因为这些项目通常集中在经典作家身上，他们对语言修辞的选择，甚至是对标点符号的规范使用——见证了人们对艾米莉·狄金森破折号的关注——都会受到密切关注。更有针对性的编辑工作通常强调对文本的精心处理（无论文本是如何构思的）以及通过引言、注释和其他方式对文本进行语境化分析。这种方法强调了一个或多个原创作者的写作，并依赖编辑团队的专业知识。然而，并不是编辑工作的每一个方面都需要最高水平的专业知识，只要有正确的检查和控制机制，用户生成的内容就可以取得较好的效果。简而言之，让我们的用户参与并不一定会导致学术标准的降低。

一直以来，伦敦大学学院的边沁项目（Bentham Project）在编辑《杰里米·边沁文集》（*The Collected Works of Jeremy Bentham*）（预计将有70卷，

自20世纪50年代以来一直在进行）时，成功地将用户参与度和高学术标准结合在一起。边沁项目之所以有意尝试众包，是因为它面对的内容数量巨大——60000本手稿（约3000万字）——以及印刷行业的衰败状态。值得注意的是，即使是在尝试转录边沁文集（努力通过众包方式转录手稿材料）的同时，该项目关于这位功利主义哲学家的工作仍然致力于创建一个"权威"的版本。其中，一些手稿复杂得让人难以辨认。每一份由志愿者提交给边沁项目的转录材料都会由带薪员工审查，并在必要时予以更正。

边沁项目有幸获得《纽约时报》（*New York Times*）帕特里夏·科恩（Patricia Cohen）（2010）一篇文章的宣传报道，同时此项目的新颖性也让他们受益匪浅。一篇关于边沁项目的早期文章《转录最大化，成本最小化？通过众包和编辑〈杰里米·边沁文集〉》（"Transcription maximized; expense minimized? Crowdsourcing and editing *The Collected Works of Jeremy Bentham*"）表达了对众包成本效益的担忧，因为最初带薪员工在创建基础设施、制定协议以及审查投稿上所花费的时间似乎比员工自己直接转录材料所花费的时间更多（Causer et al.，2012:130—133）。幸运的是，随着边沁项目对系统的完善和改进，它最终变得具有成本效益，这是一个至关重要的突破，因为捐款是有限的。项目协调员发现，"群体筛选"（crowd sifting）可能比众包（crowdsourcing）成效更显著，意义更精准。他们在建立了自己的系统并找到了少数"超级转录员"（super transcribers）（占比很小却完成了大部分转录工作的人）后，取得了很好的成效。也就是说，在众多的志愿者中，只有相对较少的人转录一到两份及以上的手稿材料。事实上，"绝大多数的转录工作都是由这15名'超级转录员'完成的，他们构成了转录边沁手稿文集的强大核心团体；另外，他们的工作通常也不需要较多的编辑进行干预"（Causer and Terras，2014）。这个项目的协调人预见到一个时期，一些"超级转录员"也可以帮助审查其他志愿者的转录材料。或者更恰当地说，如果转录材料被项目使用，志愿者对项目的贡献将被计入。考泽（Causer）和特拉斯（Terras）（2014）分析了项目在试验初期所取得的显著成效。

在处理比转录边沁项目更为复杂的材料时，雷·西门子组织了"德文郡手稿"（Devonshire Manuscript）的转录工作，这份文件包含了不同作者、不同领域的手稿材料。这部"德文郡手稿"创作于15世纪30年代和40年代初期，是一本由不同性别的作家创作的杂文诗集，现在由许多人手工编辑。西门子团队正试图在社会化媒体发展迅速的背景下对"德文郡手稿"的社会版本（social edition）进行建模。他们创建了一个版本，被描述为"文本中的权威版本，该版本经历了由早期现代和文艺复兴时期的学者们组成的国际顾问小组的彻底审查"（Crompton and Siemens，2012）。然后，他们将这部手稿通过维基教科书供研究者讨论和批评。最终，维基教科书的版本将与学者和他们的顾问小组所创建的文本进行比较。其中，"权威版本"（authoritative version）的使用是不严谨的，因为我们从20世纪为建立"权威性"和创建"权威性"版本的努力中了解到，在经常有新的发现和新的编辑方法出现的情况下，这些目标是多么难以实现。西门子团队宣布了两个关键目标：（1）制作第一个"真正以社会媒介为中介的'德文郡手稿'版本以供出版"；以及（2）"将学术编辑的角色从文本的唯一权威转变为通过持续的编辑过程将传统学者和'公民学者'（citizen scholars）带入协作的促进者"（Crompton and Siemens，2012）。然而，如果西门子团队认为文本是"权威的"，那么他们为什么要把这些文本放到维基上，这就不是非常清楚了。同时，也不清楚他们这样做的目的是促使读者对段落进行评论，从而起到注释的作用，还是为了提高转录的准确性，或者两者兼而有之。尽管如此，他们的实践方法能让受众群体参与到正在创建的学术研究项目中来。伴随着更多志愿者的参与，就有可能增加这些志愿者对项目的兴趣和忠诚度，甚至可能创建一个社区。我们有理由希望，可以从公众带来的新视角、新见解和纯粹的知识中获益——或者至少是那些自选的有足够兴趣的群体，能够认真参与到像"德文郡手稿"这样的项目中来。

彼得·罗宾逊（Peter Robinson）深信社区范围内不断努力的优势，在其杰出的数字编辑历史的基础上，最近获得了萨斯喀彻温大学（University of Saskatchewan）的支持，发起了"文本社区"（Textual Communities）项目。十多年来，罗宾逊一直致力于这个项目，这一点从他的文章《我们的电子学术版本处于什么位置，以及我们想要达到什么位置》（"Where we are with electronic scholarly editions, and where we want to be"）中可以清楚地发现：

> 到2003年为止，学术电子版很少超出印刷技术的范畴，无论是在产品（包括材料和获取方式）还是在过程（制作方式和操作方式）方面都是如

此。然而，一些版本项目已经开始探索电子媒介的可能性，而另一些版本项目可能会以电子媒介为先导，作为制作电子媒介的基本工具而得到更广泛的传播。然而，这可能只是一个更大的挑战的前奏：制作可以被称为流动、合作和分布式版本。（Robinson, 2004:123）

罗宾逊指出，需要完成的工作量是巨大的［仅《坎特伯雷故事集》（*Canterbury Tales*）的手稿就有84份］。罗宾逊和我们中的许多人一样，需要一个社区来帮助定位和获取图像，并转录、比较和分析文档。他认为，学者和读者共同协作产生的社会版本将是"许多人共同的作品，是所有人共同的财产"。罗宾逊承认这种方法将使"当前部署的数据和组织模型"变得更为紧张，需要重新考虑学术研究中所固守的实践，但他正确地指出这一实践潜在的好处也是显著的。（Robinson，未注明日期）

当然，在某些方面，如果一个人的"用户社区"（user community）也是一群受过相同的培训和具有共同假设的学者或学生，这是最为简单的。约翰·布莱恩特（John Bryant）的梅尔维尔电子图书馆（Melville Electronic Library，简称MEL）就是一个同行编辑社区的例子，该项目允许对此感兴趣的编辑和学者获得登录权限，并为编辑赫尔曼·梅尔维尔（Herman Melville）的文本作出贡献。TextLab是为梅尔维尔电子图书馆创建的工具，它允许多个修订序列和相应的叙述性解释同时存在并进行比较，目的是加深对梅尔维尔创作过程的理解。通过TextLab（被描述为"用于转录和修订解释的文本和图像工具"），用户可以标记手稿图像，使用自动编码的TEI-XML编辑器转录手稿图像的文本，以及对梅尔维尔作品修订的性质和顺序进行评论。（梅尔维尔电子图书馆，未注明日期）这项技术降低了社会化编辑的门槛，因为复制粘贴编辑框操作没有学习XML编码那么令人望而生畏（有趣的是，"边沁手稿转录"项目使用了类似的技术，因为他们使用了一个添加相关XML标签的特定工具栏）。如果在实践中得以完全实现，布莱恩特强调流动性的系统（建立在他的信念的基础上，即他相信文本比我们通常所认为的流动性要大得多，存在于不同的形式中，从手稿到印刷品，从一个版本到另一个版本，从早期的版本到后来的改编），将导致不同版本数量的激增。例如，梅尔维尔去世时留在手稿中的作品《水手比利·巴德》（*Billy Budd*），我们不仅可以看到20世纪以来渐次出现的三个截然不同的印刷版本，而且还可以看到梅尔维尔电子图书馆编辑对该作品中复杂的段落提出一系列新的解读（更不用说后来的戏剧和电影版本了）。我们正处于这个编辑实践的初始阶段，所以现在就断言这个项目是会让读者沉浸在过多的流动性和多样性中，还是会取得巨大的成功还为时过早。

这些社会化编辑工作也可以转向教学目的。以一种类似于布莱恩特的方式，伊丽莎白·狄龙（Elizabeth Dillon）和妮可·阿尔乔（Nicole Aljoe）正处于开发"早期加勒比数字档案馆"（Early Caribbean Digital Archive）的初期阶段。这个项目解决了缺乏任何"20世纪之前泛加勒比数字化或模拟化档案"的问题。（Dillon et al.，未注明日期）该项目旨在"重新构建早期加勒比的文学史，使之保留一些新的内容——超越加勒比帝国历史的声音"。狄龙和阿尔乔计划邀请用户——预计主要是学者及其学生——参与其早期加勒比文本的转录工作。到目前为止，他们强调的是汇编文本，而不是编辑文本：在描述"早期加勒比数字档案馆"的各类文件中，"编辑"（editing）一词并未出现。他们认为这个项目的首要任务是收集文本并使其可用。然而，每当文本从一个形态转换到另一个形态时，就会不由自主地进行某种形式的编辑，或多或少带有一定的自我意识。在过去的文学研究中，人们更倾向于对白人作家的作品进行编辑，却没有对有色人种作家的作品付出同样的努力以进行编辑工作［例如，查尔斯·切斯努特（Charles Chesnutt）的更好一些的学术版本在何处？或者保罗·劳伦斯·邓巴（Paul Laurence Dunbar）或W. E. B.杜波依斯（W. E. B. Du Bois）完整的往来信件又在哪里？］对于加勒比地区的文学史研究，我们既需要获取更多的文本，也需要更好地对文本进行编辑。

"早期加勒比数字档案馆"的初期阶段将侧重于从加勒比英语国家获取材料，但是对于这一具有较好前景的项目——以及其他文化资源——我们需要尽快掌握多种语言。笔者以为未来数字档案项目的发展将越来越依赖于用户的参与度，特别是当我们正致力于使我们的资源向国际化方向发展时。在一个全球内容生产和共享的时代，我们需要将相关材料的学术版本从单语模式中转移出来。考虑到工作人员在任何一个项目中可能面临的时间限制和语言限制问题，我们对多语种资源开发的最大希望无疑是通过社会化编辑。在"沃尔特·惠特曼档案馆"中，我们近年来一直致力于使网站平台越来越多地使用多语种，并培养了跨多种语言和民族传统的翻译人才。最后，我们希望将惠特曼生前出版的《草叶集》译本以及他去世后出现的重要译本数字化。目前，第一部西班牙语全文译本、惠特曼精选诗歌和散文选集的两卷德文译本、对20世纪初惠特曼在俄罗斯的接受起到重要作用的两个俄文译本以及《草叶集》临终版（由一名巴西译者翻译）葡萄牙语译本已经推出。

鼓励使用多语种版本可以被视作对我们工作的一种全面开放。这种开放性在我们的工作中另一个非常重要的表现方式是通过适当的许可。我们应该允许我们的版本尽可能广泛地、不受限制地被使用，这样我们的成果才能更好地得以保存，这样也才能与不可预见的合作者联合起来。不幸的是，知识共享的非商业性限制太多了。保罗·克林佩尔（Paul Klimpel）（2012）、贝萨妮·诺维斯基（2011）和其他一些学者对"许可"（licensing）这一话题进行了深入讨论，认为我们中那些实施非商业性限制的人在"许可"问题上缺乏远见（目前"沃尔特·惠特曼档案馆"仍在这一阵营中）。但事实上，商业性和非商业性之间的界限是含混不清和模棱两可的。虽然这看起来可能有违常理，但可能较为明智的做法是希望我们的材料不受限制地被重复使用，即使这意味着其他人可能会从中获利。我们不应该阻止人们创造性地重复使用，这也许还会改进我们所创建的材料。开放的内容需要完全和真正的开放，而不仅仅在作者被授予许可后才开放。

我们对未来编辑工作进行展望，显而易见，对于大规模的文本编辑工作，我们需要进行方法上的转变。巨大的数量创造了新的需求：美国国家档案馆（United States National Archives）已经从罗纳德·里根和乔治·布什政府那里收集了800万封电子邮件，另外2000万封电子邮件来自克林顿政府，2.4亿封电子邮件来自乔治·布什政府。没有人能够活到阅读完所有的文件，更不用说根据相关背景以及（通常情况下）附带的手写笔记、语音记录和视频记录对它们进行编辑和注释，从而进一步填充历史记录。如果这些材料以及奥巴马政府和未来政府的材料将来要得到学术性的处理，那么编辑工作中的某些部分将需要由用户来承担。

有时候，我们会听到人们说，如果他们不能在互联网上检索到什么材料，那么这些材料就根本不存在。令人遗憾的是，我们的学生有时不愿意进入图书馆，也不愿意翻阅档案馆的手稿材料，尽管这些材料并没有为互联网所记录。美国图书馆和信息资源委员会研究了"隐藏藏品"（hidden collections）的概念，并得出结论：文化机构"总共拥有数百万件从未被正式描述的藏品，因此几乎不被为我们的使命服务的学者所知,也不被他们所用"(Tabb,2004：123)。1998年,美国研究图书馆协会(Association of Research Libraries)对99所北美研究型大学的特别藏品进行了调研,发现了15%的印刷卷、27%的手稿以及至少35%的视频和音频材料仍未经处理或编目,因此处于隐藏状态。考虑到最近许多州立档案馆和大学的削减,我们可以确信,在这几年里,情况变得更糟了。简而言之,有大量的材料是未知的,也是学者们所无法接触到的。编辑工作的主要任务之一仍是发现并提供超出我们认知范围的材料。

展望未来,我们需要不断开发交互系统,促进思想和信息的相互流动。当用户与过去之间的中介减少时,他们可能会更加投入。我们最早的在线版本被以和印刷版本相类似的方式进行编辑——即将其作为静态的知识结构,作为可以参考和使用的资源。然而,随着在线环境的变化,即所谓的Web2.0版本时代的到来,这已经改变了我们可以做的事情的模式。而且更重要的是,改变了用户对自己能参与其中的期望。使用本质上十分复杂的材料进行众包所取得的成功才更令人振奋。目前尚不清楚公众能承担多少新的众包项目,但是当众包看起来不那么新奇的时候,参与者可能会感到疲劳,或者至少兴趣减弱。众包的尝试似乎最有可能在拥有大量追随者的作家或文本中取得成功。

是否每个项目都需要使用社会化媒体,为用户提供一个投稿和评论的平台,才能进行众包？笔者不这么认为。社会化编辑是一种新的方法,它有望对一些项目有很大的帮助,并且提供对项目进行评论或交互的机会可以带来值得考虑的益处。尽管如此,这在很大程度上取决于一个项目在其生命周期中的位置。长期项目开始于一个可能的时刻,然后不可避免地发现自己在工作中的另一个时刻发展成熟。许多长期的文本编辑项目,比如托马斯·杰斐逊(Thomas Jefferson)、本杰明·富兰克林(Benjamin Franklin)和亚当斯家族(Adams Family)的论文,开始于活版印刷时代,结果却发现自己竟然在一个在线出版的世界里发展成熟(在这一在线出版的世界中,他们有时不得不面临联邦资助者只会支持开放存取模式的困境)。即使我们像笔者一样支持开放存取的应用模式,也很容易窥见历史性转变何以给一个项目带来两难境地,比如说,当在线出版成为可行的选择之前,我们就与出版商建立了长期合同。在某种程度上,这似乎是不公平的,因为在一个项目中途改变规则是不可避免的。

对于一个可能在多卷系列中占10卷或10卷以上的印刷项目来说，必须重新考虑其编辑程序，其获取图像、传播和保存计划的成本很高，而且可能导致印刷资料和电子资源不恰当地混合在一起——这是一个既没有完全实现也不那么令人满意的成果。其中，可能有一个电子项目与之进行类比，比如"沃尔特·惠特曼档案馆"，它开始于Web1.0世界，现在才发现自己进入了Web2.0世界。这些项目是应该努力实现其最初的愿景，还是应该尽可能灵活地应对新的机遇？这些项目是否有足够的时间、精力和人员来彻底改变它们利用现有内容吸引受众的方式？借助用户生成的内容和用户参与的方式现在风靡一时，但它会一直如此吗？也许这是一个根本性的变革，且这种变革将一直持续下去，尽管Web2.0标记可能有一天会看起来像汽车或传真机上的曲柄——分别是2014年、20世纪初期以及20世纪90年代的特殊标志。

沃尔特·惠特曼的诗歌《这堆混合肥料》（*This Compost*）为思考社会化编辑理论提供了可行的方式。惠特曼思考腐败、净化以及群体完善事物的神秘方式：

  啊，土地本身怎么能不生病呀？
  你们春天的生长物怎能活着不死亡？
  你们这些花草、根茎、果树和谷物的血液，怎么能增进健康？
  难道他们不是在连续给你们塞进腐朽的尸体？
  难道每个大陆不是靠发酵的死尸才不断更新、肥壮？

  你们把它们的死尸处置在哪里呢？
  那些世世代代的醉汉和馋鬼？
  ……

  细看这堆混合肥料吧！仔细地看吧！
  也许每条蛆虫都曾构成一个病人的部分——可是仔细看啊！
  春草覆盖着大草原，
  蚕豆在园子里悄悄地拱开了土缝，
  洋葱的嫩叶向上猛长，

苹果花的蓓蕾聚在果树枝头一丛丛，
返青的小麦脸色苍白地从它的坟墓里钻出来，
……

多么神奇的变化啊！
原来风真的不会传染，
原来这不是欺骗，这透明碧绿的、如此钟情于我的海水，
……
原来它不会用那些储藏其中的热病来危害我，
原来一切都永远永远是清洁的，
原来那井中的清凉的饮水是那么甘甜，
原来黑莓是那么香甜而多汁，原来苹果园和橘园里的果子，
原来甜瓜、葡萄、桃子、李子，它们谁也不会把我毒害，
原来当我躺在草地上时不会感染瘟疫，
尽管每片草叶都可能是从以前的疾病媒体中滋生出来。
如今我被大地吓了一跳，它是那么平静而富有耐性，
它从这样的腐败物中长出如此美妙的东西。（Whitman，1892：285—287）

惠特曼的哲思源自那个时代的环境危机，现在则可以理解为我们这个时代的腐败——无论是文本上的还是环境上的腐败。（Farland，2007：799）尽管惠特曼持乐观态度，但最终的转变和净化还远远没有得到保证，至少在文本层面上，这在很大程度上将取决于大众群体能否像诗人想象的那样强大以及取决于地球的再生能力如何。也许，如果我们有足够数量的编辑者或撰稿人，我们就有理由希望得到更好的文本或语料库。构建一个更完美的文本是一个目标，而获得隐藏的或海量的文本则是另一个目标，这是社会化编辑的一个目标。《这堆混合肥料》从化学反应的层面上说明了前者的观点，而后者则试图揭露地球的"编辑"过程。当惠特曼在思考群体的活动时，他意识到了超越个体神秘而伟大的力量，甚至是令人恐惧的力量。

参考文献

[1] Adams, T. 2012. Galaxy Zoo and the New Dawn of Citizen Science. *The Guardian | The Observer*, March 17. http://www.theguardian.com/sci ence/2012/mar/18/galaxy-zoo-crowdsourcing- citizen-scientists (accessed February 12, 2014).

[2] Causer, T., and Terras, M. 2014. Crowdsourcing Bentham: beyond the traditional boundaries of academic history. *International Journal of Humanities and Arts Computing* 8 (1), 46–64.

[3] Causer, T., and Wallace, V. 2012. Building a vol-unteer community: results and findings from Transcribe Bentham. *DHQ: Digital Humanities Quarterly* 6 (2).

[4] Causer, T, Tonra, J., and Wallace, V. 2012. Transcription maximized; expense minimized? Crowdsourcing and editing *The Collected Works of Jeremy Bentham*. *Literary and Linguistic Computing* 27 (2), 119–137.

[5] Cohen, P. 2010. Scholars recruit public for project.*New York Times*, December 27. http://www.nytimes.com/2010/12/28/books/28transcribe. html?pagewanted=all&_r=0 (accessed February 17, 2014).

[6] Crompton, C., and Siemens, R. 2012. The social edition: scholarly editing across communities. http://www.dh2012.uni-hamburg.de/conference/ programme/abstracts/the-social-edition-scholarly-editing-across-communities (accessed February 2, 2014).

[7] Devonshire Manuscript. http://en.wikibooks.org/ wiki/The_Devonshire_Manuscript/A_Note_ on_this_Edition (accessed February 2, 2014).

[8] Dillon, E., Aljoe, N.N., Doyle, B., and Hopwood, E. (undated). The Early Caribbean Digital Archive. http://www.northeastern.edu/nulab/ the-early-caribbean-digital- archive/ (accessed February 3, 2014).

[9] Farland, M. 2007. Decomposing city: Walt Whitman's New York and the science of life and death. *ELH* 74 (Winter), 799–827.

[10] Galaxy Zoo Team. 2007. *Galaxy Zoo Newsletter* #1, http://zoo1.galaxyzoo.org/ Article_020807.aspx (accessed February 16, 2014).

[11] Gopnik, A. 2014. A point of view: why I don't tweet. *BBC News Magazine*, February 7, http:// www.bbc.co.uk/news/magazine-26066325 (accessed February 7, 2014).

[12] Holley, R. 2009. Many hands make light work: public collaborative OCR text correction in Australian historic newspapers. http://www.nla. gov.au/ndp/project_details/documents/ANDP_ ManyHands.pdf (accessed February 1, 2014).

[13] Holley, R. 2010. Crowdsourcing: how and why should libraries do it? *D - Lib Magazine* 16 (3/4). http:// www.dlib.org/dlib/march10/holley/03holley.html (accessed January 25, 2014).

[14] Jones, S.E. 2014. *The Emergence of the Digital Humanities*. New York: Routledge.

[15] Klimpel, P. 2012. Consequences, risks and side- effects of the license module "non-commercial use only – NC." http://openglam.org/ files/2013/01/iRights_CC-NC_ Guide_English. pdf (accessed January 20, 2014).

[16] Mandell, L. 2011. Brave new world: a look at 18thConnect. *The Age of Johnson* 21, 299–307.

[17] *Melville Electronic Library* (undated). Editions. http://mel.hofstra.edu/editions.html (accessed February 17, 2014).

[18] Mueller, M. 2013. How to fix 60,000 errors. Scalable reading blog, https:// scalablereading. northwestern . edu/2013/06/22/how-to-fix-60000-errors/ (accessed February 16, 2014).

[19] North American Bird Phenology Program. 2011. https://www. pwrc. usgs. gov/bpp/BPP _ Factsheet_2011.pdf (accessed February 9, 2014).

[20] Nowviskie, B. 2011. Why, oh why, CC-BY? http:// nowviskie.org/2011/why-oh-why-cc-by/ (accessed January 15, 2014).

[21] Ramsay, S. 2005. In praise of pattern. *Text Technology* 2, 177 – 190.

[22] Robinson, P. 2004. Where we are with electronic scholarly editions, and where we want to be. *Jahrbuch für Computerphilologie* 5: 123–143. http:// computerphilologie.uni-muenchen.de/ejournal. html (accessed January 5, 2014).

[23] Robinson, P. (undated). Textual communities. http://www.textualcommunities.usask.ca/ web/ textual-community/wiki/-/wiki/Main/ (accessed January 5, 2014).

[24] Siemens, R., Timney, M., Leitch, C., Koolen, C., and Garnett, A., with the ETCL, INKE, and PKP Research Groups. 2012. Toward modeling the *social* edition: an approach to understanding the electronic scholarly edition in the context of new and emerging social media. *Literary and Linguistic Computing* 27 (4), 445–461.

[25] Tabb, W. 2004. "Wherefore are these things hid?" A report of a survey undertaken by the ARL Special Collections Taskforce. *RBM: A Journal of Rare Books Manuscripts, and Cultural Heritage*.5:123–126.http://rbm.acrl.org/content/5/2/123. full.pdf+html (accessed February 18, 2014).

[26] Terras, M. 2010. Crowdsourcing manuscript material. http://melissaterras.blogspot.

com/2010/ 03/crowdsourcing-manuscript-material.html (accessed January 17, 2014).

[27] US Geological Survey. 2012. *Preserving science for the ages: USGS data rescue.* USGS Fact Sheet 2012–3078. http://pubs.usgs.gov/fs/2012/3078/ pdf/fs2012-3078.pdf (accessed January 29, 2014).

[28] Whitman, W. 1892. *Leaves of Grass.* Philadelphia: David McKay, 1892. Also available at http:// www.whitmanarchive.org/published/LG/1891/ poems/205 (accessed February 17, 2014).

11. 人文学科中的数字方法：
理解和描述数字方法在各学科中的应用[①]

洛娜·休斯、帕诺斯·康斯坦托普洛斯、科斯蒂斯·达拉斯

（Lorna Hughes, Panos Constantopoulos and Costis Dallas）

在过去的20年里，数字学术在人文学科中得到了越来越多的应用，这表现在"数字人文"学科点的增加，开发数字人文项目可以获取更多的资助机会，以及在世界各地建立新的数字人文中心和发布新的数字人文倡议。（Svensson，2012）戈尔德（Gold）在《数字人文大辩论》（Debates in the Digital Humanities）（2012）的引言中，重述了"《纽约时报》（New York Times）、《白然》（Nature）、《波士顿环球报》（Boston Globe）、《高等教育纪事》（Chronicle of Higher Education）和《高等教育内部参考》（Inside Higher Ed）等热门出版物对数字人文的报道"，证实了数字人文学科不仅是《纪事报》（Chronicle）在2009年宣称的"'下一个大事件'（The Next Big Thing），也是指'一个事件'（The Thing），正如2011年出版的同一份刊物所指出的那样（Pannapacker）"。

数字人文会议、期刊和图书数量激增，并为数字人文倡议分配了额外的支持资金。在英国，艺术与人文研究委员会（Arts and Humanities Research Council，简称AHRC）将"数字转型"（Digital Transformations）确定为一个关键的资助主题。参与者被邀请"交叉参考"这个主题的标准研究资助申请，将数字人文学科的方法更稳固地嵌入"传统"人文学科研究中。在其他方面，我们可以看到国家人文基金会数字人文办公室（http://www.neh.gov/divisions/odh）的成立以及相关国家倡议，包括法国的Huma-Num（http://www.huma-num.fr）和丹麦的DigHumLab（http://www.dighumlab.com）。2004年，安德鲁·梅隆基金会预估．"目前，将图书馆和学术交流，以及信息技术研究和

[①] *A New Companion to Digital Humanities*, First Edition. Edited by Susan Schreibman, Ray Siemens, and John Unsworth.

© 2016 John Wiley & Sons, Ltd. Published 2016 by John Wiley & Sons, Ltd.

其他项目中以技术为重点的赠款加在一起,仅占基金会赠款总额的20%多一点。"(Bowen,2005)

这项活动在其他地方已经被广泛记录下来(例如在《高等教育纪事》中与"数字人文"主题有关的更新的文章中),但是对这一发展的主要驱动因素予以考虑是具有指导意义的。这些驱动因素如下:首先,由于过去20年在创建数字内容方面的大规模投资,博物馆、图书馆、档案馆和大学创建的可自由访问的数字藏品规模得到扩大。(JISC,2007)这些举措越来越多地为文学、历史、语言学、古典文学、音乐学、表演研究和相关学科的研究提供了主要的原始资料。原始资料是学术研究的基础,并且对其数字替代物的自由访问已经促进了数字人文研究方法被普遍采用。(Ell and Hughes,2013)其次,基于Web的数字工具和方法的发展,更易于数字研究的创建、分析和共享。具体而言,Web2.0技术、从静态网页到创建一个支持与数字内容有更大交互性的在线环境的转变,以及对这种交互的管理和记录,已经改变了万维网的使用方式,特别是通过社会媒体已将其用于参与式文化之中。(Dafis et al.,2014)这使得整合了原始资源和数字方法的研究得到了最广泛的传播。最后,在此基础上,第三个因素是人们日益认识到跨学科学术研究的价值,人文学科、科学学科和工程学科可以相互协作,并为彼此的研究增加价值。在美国,国家人文基金会《挖掘数据挑战》(*Digging into Data*)等倡议已证明了这一点,该基金会已经资助了大量跨学科协作的研究项目。在英国,2005—2008年开启的艺术和人文电子科学计划(Arts and Humanities e-Science initiative)旨在调查应对新的研究挑战的协作方法(可在http://www.ahessc.ac.uk上找到已归档的材料)。

数字内容的激增、数字内容的传播以及更广泛的跨学科协作的兴起,在一定程度上促进了"数字人文"的蓬勃发展,但这也引发了人们希望对"数字人文"进行更好的阐述和定义的呼声。数字人文学科的定义与该领域本身一样丰富多元(Kirschenbaum,2010:60),但经常被引用作为初始概念框架的是"学术原语"(scholarly primitives)。这是安斯沃斯(2000)在数字人文学科的背景下使用的,用来表示跨学科学术所共有的基本功能:发现、注释、比较、引用、采样、说明和表示。

安斯沃斯提出的概念呼应了早期与学术信息行为有关的研究,这些研究试图确定学者在寻找、管理和使用一次信息来源和二次信息来源时所依据的信息处理过程和需求。（Stone，1982；Ellis，1993；Bates et al.，1995；Palmer and Neumann，2002）。而这同样适用于数字环境中对信息服务和基础设施建设的需求和功能的定义。（明尼苏达大学图书馆，2006；Palmer et al.，2009；Benardou et al.，2013）事实上，将人文学科的研究过程理解为业务处理（business process）的特例，已经被认为是确保计划中的数字基础设施满足学者需求的一个关键条件。（Bearman，1996；美国学会理事会，1998）正如有人争辩的那样，数字学术的兴起需要"对人文学科的方法和实践，以及信息资源和学术交流的功能进行更广泛的审查"，并明确"与特定研究'模式'相对应的学术任务[要]与一套系统和接口功能工具（例如注释和归因、比较和呈现、综合）相匹配"（Dallas，1999）。在欧盟委员会电子基础设施计划（European Commission's e-Infrastructures Program）的背景下，艺术和人文数字研究基础设施（DARIAH）、共同语言资源和技术基础设施（CLARIN）[①]和欧洲人屠杀研究基础设施等数字基础设施的出现促进了几项研究工作，这些研究借鉴了对学术研究过程的审查，旨在深入了解这些基础设施的功能。（Benardou et al.，2010；Speck and Links，2013；Blanke and Hedges，2013）

将安斯沃斯的"学术原语"——人文研究的共同要素——重新定义为构成模拟和数字学术基础的方法，是开始对数字人文学科的实际运作进行系统描述的一个有益的起点。将数字人文学科中使用的"数字方法"视为以数字方式完成的"学术原语"，这是反思数字人文实践的一种有效途径，因为这是将"最先进的"（state of the art）技术运用到人文研究中的一种方式。简而言之，进行数字人文实践包括创建一个学术工作空间；在此空间中，学术方法采用基于计算机的技术形式，可用于创建、分析和传播研究以及教育学。

2007年，位于伦敦国王学院（King's College London）的"艺术人文网络"（Arts-Humanities.net）项目提出了人文学科中数字方法的定义：

"方法"是指艺术家和人文学者使用的计算方法。计算方法定义如下：

1. "方法"一词广义上指的是在构成艺术和人文学科的各个学术领域中，用来获得新知识的所有技术和工具。

---

① CLARIN，Common Languages Resources and Technology Infrastructure，网址：www.CLARIN.eu。——译者注

2. 如果一种方法是以信息与通信技术（Information and Communications Technology，简称ICT）（即数据库技术）为基础，或者过多依赖信息与通信技术（即统计分析），则该方法就是一种计算方法。

3. 在数字资源的创建、分析和传播中使用的方法。

从这个定义来看，使用数字方法的依赖性是显而易见的。这些方法的使用是学术生态系统的一部分；同时，在该系统中这些方法也被应用于数字内容，并且这些方法为使用计算工具进行分析提供了信息。例如，学者可以使用中世纪手稿（内容）的高分辨率数字图像作为原始资料，并使用诸如KILN（工具）[①]之类的数字编辑平台以共享注释技术（方法）。这导致了以内容、工具和方法为核心要素的数字人文实践过程的概念化。数字内容是研究的主要原始资料来源；数字工具能够解释和分析这种原始资料；学术研究方法方面的专业知识——无论是经过试验和测试的，还是新兴的——为研究人员提供了一个在数字化工作空间（Digital Workspace）中实现研究成果的框架。

数字方法——包括文本分析和挖掘、图像分析、运动图像捕获和分析以及定量和定性数据分析——可以在学科、藏品和研究人员之间的关键交叉点中找到。数据丰富的学科（如考古学、图书情报学和音乐学）已经完善了新的信息与通信技术方法，并且在数据驱动的科学中，围绕数据和信息处理出现了新的研究方法。使用先进的信息与通信技术方法可以在艺术和人文学科领域产生显著的效果。它们可以改进现有的研究方法（例如，通过利用高性能计算机的处理能力，以快速有效的或者以复杂和新颖的方式来检索大型数据集），并且它们还可以使用新的研究方法（例如，手稿的高光谱成像）。有时，数字方法的使用是通过与其他学科的合作，以及将其方法应用到人文原始资料中来实现的。例如，伦敦大学学院的英国艺术和人文电子科学项目，即人口普查数据的电子科学分析研究（REACH），应用了由从事AstroGrid项目的物理学家开发的用于记录链接的研究方法，并对历史人口普查数据集中

---

① KILN是一个用于构建和部署复杂的基于XML的网站的框架，主要用于电子版本，包括英国艺术与人文研究委员会资助的项目"威尔士圣徒崇拜：中世纪威尔士语的来源及其传播"（The Cult of Saints in Wales: Medieval Welsh-language sources and their transmission，http://www.Welshsaints.ac.uk)。KILN是由伦敦国王学院数字人文系开发的，网址是：https://kclpure.kcl.ac.uk/portal/en/publications/kiln%2846591d52-afc1-452e-9223-977f6d118efe%29/export.html。

的数据进行模式匹配。（Hughes, 2011）这些例子还表明，在人文学科中使用数字研究方法是如何将实践者与研究基础设施结合在一起的，这种方式"比我们在学术上通常所使用的方式更深入、更明确，且更依赖于人际网络"（Kirschenbaum，2010）。

数字内容、工具和方法的使用，通过更多地获取材料和新的合作与交流模式，正在改变人文学科的研究。这些方法有助于改变理解范式的研究类型，并通过两种方式创造新的知识：

- 首先，通过促进和加强现有的研究，以及通过使用计算工具和方法简化研究过程。
- 其次，通过使没有数字资源和方法就不可能进行的研究成为可能，并提出新的研究问题，这些问题是由只有通过使用新的工具和方法才能实现的见解驱动的。（Hughes, 2011）

莱比锡大学（University of Leipzig）的"洪堡教授"（Humbolt Professor）格雷戈里·克兰将此项工作称为e-Wisenschaft，反映出数字人文学科的最佳范例是作为一种新的知识实践，其要素对这种新兴数字化环境中的知识生活实践与基于印刷环境的实践从质上进行了区分。（Crane，2009）

因此，要真正理解方法在数字人文学科中的作用，最好的方式是在实践中检验和观察数字人文学科，理解数字内容、工具和方法在艺术和人文学科研究中至关重要的许多方式。在数据采集、观察、分析、建模、展示，以及在使用传统和非传统的出版方式向尽可能多的受众传播这项工作的成果的各个方面拓展和转变学术研究范式。较之以前，这可以使人们更积极地参与研究，并且使用和重用研究数据。

确定的数字方法：AHRC信息与通信技术方法网络

从2005年到2008年，艺术与人文研究委员会在英国资助了一个名为"信息与通信技术方法网络"（ICT Methods Network，http://www.methodsnetwork.ac.uk）的研究项目。这是第一个跨学科项目，其开创性的使命是了解数字内容、工具和方法对人文和艺术学科学术研究的影响。此方法网络项目机构的总部设在伦敦国王学院,但与英国各地的研究人员和机构合作建立了一个由五十多项实践活动组成的网络,这些活动在实践中展示了数字人文学科的相关研究,旨在建立跨学科的基于信息与通信技术的变革性和创新性研究的认识。同时,通过这些活动实践和刊物出版,该组织收集了数字藏品(digital collections)的价值及其更广泛影响的证据,以及支持其在学术研究周期中使用的信息与通信技术方法、工具与合作的证据。通过这种方式,数字学术的影响可以从以下几个方面窥见:

- 新的研究问题和新的发现;
- 以重要的新方式进行传统研究;
- 扩展了研究的证据基础;
- 研究机构和学科影响;
- 促进数字人文学科对其他领域信息与通信技术发展的影响(例如,文本编码倡议对XML开发的影响);
- 扩大艺术和人文学科的社会和经济影响(通过扩大用户社区)。

数字方法的初步分类与表达

艺术与人文研究委员会信息与通信技术方法网络最为重要的成果之一,即一份记录数字内容、工具和方法的使用情况并将其正式阐明的报告。使用数字方法需要了解所讨论的方法、它在具体应用语境中的适用性,以及它应用的范例。因此,有必要说明内容、分析和解释工具、技术、方法论以及围绕其使用而出现的实践社区之间的相互作用。该组织以现有的两个项目为基础,这两个项目是为了阐明艺术和人文领域中的数字研究方法而开发的,利于人们认识当下需要更好地记录和描述数字方法以及支持这些方法的学术生态系统。

"方法论共同体"

在模拟人文研究过程的背景下,首先将"方法论共同体"(Methodological Commons)表达为数字艺术和人文学科的知识图谱和学科地图(或"生态")。这一地图是由国王学院人文计算中心(Centre for Computing in the Humanities，简称CCH）的哈罗德·肖特（Harold Short）和威拉德·麦卡蒂共同绘制的，最初是在2002年的文学与语言计算协会（Association for Literary and Linguistic Computing，简称ALLC）会议上进行展示的（也发表在McCarty，2005）。该地图历经各种改进，并且仍在不断发展；虽然只是表达方式的问题，而不涉及基本的概念。① "方法论共同体"背后的思想也促进了由肖特一同指导的艺术与人文研究委员会信息与通信技术方法网络的发展。（Greengrass and Hughes，2008）

简而言之，麦卡蒂的模型"方法论共同体"有以下核心要素：

1. 来自艺术和人文之外的学科领域的技术方法，例如工程和计算机科学，例如用于数字内容的挖掘、可视化与建模；

2. 跨学科和社区合作的新模式，特别是与科学、工程和文化遗产科学学科的合作；

3. 经常需要将数据类型、技术方法和多种技术进行组合，例如文本、数据库、图像、基于时间的数据（视频和音频）以及地理信息系统的组合；

4. 分析和设计源数据以及对可能的技术路径进行建模的形式化方法（Formal Methods）；

5. 处理大规模数据源的方法，以及通过多个集合或源以聚合材料的方法。

计算方法的AHDS分类

在2003年的另一项计划中，英国艺术与人文数据服务中心（Arts and Humanities Data Service，简称AHDS）的希拉·安德森（Sheila Anderson）和雷托·斯派克（Reto Speck）开始开发艺术与人文计算方法分类法（Taxonomy of Computational Methods in the Arts and Humanities）（或信息与通信技术方法分类法），其中，艺术与人文计算方法分类法可作为项目与方法数据库项目（Speck，2005）的一部分。② 该分类法对艺术与人文领域数字资源的创建、管理和可持续性（"数字策展"的生命周期）中使用的数字方法进行了分类，并

---

① 这幅地图以前是在ALLC网站上维护，但后来被并入欧洲数字人文协会（European Association for Digital Humanities，简称EADH），网站：http://www.eadh.org。

② 其目的是建立一个登记册，详细介绍近期使用信息与通信技术的艺术和人文研究项目，以及这些项目所采用的计算方法。它成为更广泛的信息与通信技术指南项目的一部分，网址：http://www.ictguides.ac.uk，随后并入arts-humanities.net。

开发了一个受控词汇表（controlled vocabulary）。此分类方法按行为相似性可分为两个层次：

- 内容类型描述创建的数字资源的类型，例如：文本，图像、视听数据、数据集或结构化数据，3D对象或空间数据集。
- 功能类型描述了数字资源创建过程中通常具备的主要功能。这些功能包括：捕获，即将模拟信息转换成（原始）数字数据（通过"数字化"过程）；结构化和增强，即通过例如数据或标记的规范化、标准化或增强技术，将一个或多个源捕获的数据组织和集成到统一的概念框架中；分析，即从资源中提取信息/知识/意义；以及出版和呈现，即资源的数字化呈现或通信。这些功能并不是相互排斥的，可以在很多方面重叠。因此，为了分类学的目的，可以在不止一个功能的类型标题下对某一计算方法进行分类（例如，"记录链接"方法被分类为结构化/增强方法和分析方法）。

2007年，艺术与人文研究委员会信息与通信技术方法网络建立在现有分类法的基础上，包括用于使用和分析数字内容及其更广泛传播的方法，也包括与数字内容的互动。然后，使用扩展的分类法对由艺术与人文研究委员会资助的大约四百个有数字输出的研究项目所使用的数字方法进行了分类，并提供对这些项目的详细描述，以作为当时英国数字人文实践的范例。这一成果发表在arts-humanities.net的在线平台上。

爱尔兰数字人文观测站（将其作为DRAPIER项目的基础，http://DHO.ie/d rapier）和牛津大学数字人文项目（Oxford University Digital Humanism Programme）也采用了该分类法。其中，后者在此基础上进一步完善了此分类法，并将其用作描述基于牛津大学数字人文项目的一种方式（http://digital.humantics.ox.ac.uk/Methods/ICT-methodology.aspx）。目前，牛津大学数字人文项目所维护的分类法的结构很简单。它有以下高级分类：

- 沟通与协作；
- 数据分析；
- 数据捕获；
- 数据出版与发布；

- 数据结构化与增强；
- 以实践为主导的研究；
- 战略和项目管理。

其中，以上每一级别都有子级别，子级别提供了更多的详细信息。例如，"数据分析"级别被定义为"使用搜索、查询或特征测量等技术从数字资源中提取信息、知识或意义"，其包含下列子级别：

- 视听分析；
- 搜索与链接；
- 统计分析；
- 文本分析；
- 其他分析；
- 可视化。

为了更进一步研究，"文本分析"方法级别下的子级别是：整理、排列、内容分析、索引、解析、词干分析和文本挖掘。

对于每种方法，用户可以直接链接到使用这些方法的项目示例。由于这种与各个项目之间存在着的重要联系，分类法提供了一个框架，用于理解数字方法如何存在于艺术和人文领域的现有研究实践中并使其成为可能，以及该领域的其他研究者如何复制这些方法。以这种基于项目的方式展示数字方法也清楚地说明了方法如何与研究内容和研究工具协作，并避开了是按内容类型还是按内容功能来定义方法之间的区别的问题，因为arts-humanities.net能够使用户以这两种方式去搜索研究的方法。现有项目的框架还显示了尚未完成的工作，可用于为处于其他相关背景中选择何种工具或方法的决策提供信息。然而，由于项目背景对于理解数字方法的基本描述是如此重要，因此随着arts-humanities.net资助期的结束（2011），人们清楚地认识到，这种"登记"（registries）只有在作为其基础的数据不断更新的情况下才具有价值，这是一个需要投入大量专款和关注的项目。

"方法分类"（methods taxonomy）作为一个概念已经被欧洲研究基础设施倡议（European Research Infrastructure Initiative）的德国分支机构DARIAH-DE、DARIAH（http://www.dariah.eu）以及总部设在美国的竹子数字研究工具

维基（BambooDiRT）（http://dirt.projectbamboo.org）项目所采用。由此产生的人文学科数字研究活动的分类（TaDiRAH，http://tadirah.dariah.eu）进一步完善了艺术与人文数据服务中心/牛津分类法，寻求社区的参与以丰富数据，采用集合集体智慧的方法，而不是通过有专款支持的数据收集。从下表中可以看到当前分类法中的高级类别。

表11.1　人文学科数字研究活动的分类方法

研究实践		
1 捕获	**4 分析**	**7 发布**
转换	内容分析	合作
数据识别	网络分析	评论
发现	关系分析	沟通
成像	结构分析	出版
记录	文体分析	分享
转录	可视化	
2 创造	**5 分析**	
设计	语境化	
编程	建模	
网页开发	理论化	
写作		
3 丰富	**6 存储**	
注释	归档	
清理	识别	
编辑	整理	
	保存	

在实践中界定数字方法的范围：艺术与人文领域数字方法网络

理解数字方法在人文学科中的应用情况的最好方式是通过举例。然而，这意味着不仅要了解这些数字方法在特定项目中的作用，还要了解它们在常规学术实践中的作用，这可以提供数字内容、工具和方法如何改变学术的实际示范；也可以扩展上述对数字方法进行分类和定义的尝试，并扩展现有的分类法以使其包括跨学科使用得最广泛的方法。如上所述，已经在数字内容和国际倡议方面进行了大规模投资，以支持对这些内容的策展、管理和保存。也有一些调查表明，研究人员对数字内容的使用已经融入他们的研究实践中（例如，

Houghton et al.，2003）。然而，在界定数字人文最广泛的学术实践方面，却鲜有研究者做过什么工作。研究学者在高级研究方面对数字内容实际上有何贡献，以及"方法论共同体"和它所支持的新的工作方式是如何转化的研究，基本上没有得到什么投资。除了英国的艺术与人文研究委员会信息与通信技术方法网络和爱尔兰的数字人文观测站，很少有倡议将此纳入其职责范围。

2011年，欧洲科学基金会通过资助NeDiMAH一个关于艺术与人文数字方法研究网络的项目（http://www.nedimah.eu）来解决这一问题。艺术与人文数字方法研究网络的资金来自16个欧洲科学基金会成员组织[①]的支持，该网络项目于2011年至2015年5月间进行运作。艺术与人文数字方法研究网络的核心目标是探究整个欧洲艺术和人文领域数字研究的实践和证据。通过一系列网络活动，该项目在活跃于这一领域的欧洲学者群体和来自科学学科、技术领域、图书馆、档案馆和博物馆的其他利益相关群体，以及那些从事学术和文化遗产数字藏品的创作和管理的研究者之间建立合作基础和网络平台。艺术与人文数字方法研究网络和艺术与人义研究委员会信息与通信技术方法网络之间的主要区别在于，方法网络制定的数字方法的分类在很大程度上是以项目为基础，而艺术与人文数字方法研究网络则试图将已经嵌入整个学术生命周期研究工作的实践范围扩大。基于这些信息，艺术与人文数字方法研究网络的活动和研究通过三项关键成果促进了数字艺术和人文学科的分类和

---

① 参与的成员组织有：保加利亚，保加利亚科学院（Bulgarian Academy of Science，简称BAS）；克罗地亚共和国，克罗地亚科学基金会（Croatian Science Foundation）；丹麦，丹麦独立研究理事会（Danish Council of Independent Research，简称FKK）；芬兰，芬兰科学院文化与社会研究理事会（The Academy of Finland-Reseach Council for Culture and Society）；法国，国家科学研究中心（Centre National de Recherche Scientifique，简称CNRS）；德国，德国研究基金会（German Research Foundation，简称DFG）；匈牙利，匈牙利科学院（Hungarian Academy of Sciences，简称MTA）和匈牙利科学研究基金会（Hungarian Scientific Research Fund，简称OTKA）；爱尔兰，爱尔兰人文研究理事会（Irish Research Council for the Humanities，简称IRCHS）；卢森堡，卢森堡国家研究基金会（Luxembourg National Research Fund，简称FNR）；荷兰，荷兰科学研究组织（Netherlands Organisation for Scientific Research，简称NWO）；挪威，挪威研究理事会（Research Council of Norway，简称NCR）；葡萄牙，科学技术基金会（Foundation for Science and Technology，简称FCT）；罗马尼亚，国家研究理事会（National Research Council，简称CNCS）；瑞典，瑞典研究理事会（Swedish Research Council，简称VR）；瑞士，瑞士国家科学基金会（Swiss National Science Foundation，简称SNSF）；英国，艺术和人文研究委员会。

表达：

- 展示欧洲各地数字研究使用情况的可视化地图；
- 基于本体（Ontology）的数字研究方法；以及
- 为活跃在这一领域的欧洲实践者社区提供一个协作、互动的在线论坛。

通过一系列结构化的活动，艺术与人文数字方法研究网络为艺术和人文研究者创建了一个协作论坛，使他们能够描述、开发和共享研究方法，使他们能够创造并充分利用数字方法、工具和内容。

艺术与人文数字方法研究网络项目还试图理解并满足使这项工作得以实施的基础设施（人力和技术基础设施）的需求。因此，艺术与人文数字方法研究网络的工作是基于与欧盟资助的艺术与人文数字研究基础设施、共同语言资源和技术基础设施、电子研究基础设施项目的合作，以及与其他国家和泛国家项目〔例如包括欧洲大屠杀研究基础设施、连接储存库（CORE）项目和欧洲协作数字档案基础设施〕的合作。同时，艺术与人文数字方法研究网络还探究了数字研究方法对学术出版的影响，特别是对数字学术及其成果的评价；展示了艺术和人文学科研究人员与来自其他学科研究者之间的互相协作的模式，以及艺术与人文学科工具和方法如何支持在这种环境下的协作。它培育了一个兼具人性化和协作性的基础设施，并成为支持数字艺术和人文学科的"方法论共同体"的实践范例。

艺术与人文数字方法研究网络的结构支持跨学科的方法论研究。此项实践由六个专题工作组构成，每个工作组均侧重于某一特定的研究领域，跨学科实践社区使用不同的方法、工具和内容，并将这些所使用到的不同的方法和小组专家或个人研究的方法联系起来。每个工作组的任务是在三个重点领域中考虑具体的方法论领域：

- 调查相关方法的使用情况，并收集使用这些方法的具体欧洲项目的信息；
- 对当前实践进行分析，以期开展有意义的案例研究，并了解哪些方法和技术被接受为"最佳做法"，并找出存在的差距；以及
- 在学术实践中可以跨学科应用的建模方法。

下文中概述了每个工作组的一些调查结果，根据每个工作组开展的研究阐述了所涉及的具体方法论领域。

1. 空间和时间

作为高层次、跨领域的概念，空间和时间为数字人文学科提供了超越学科边界的重要参照点。表示和分析这些维度的信息与通信技术方法包括地理信息系统、统计分布指标（statistical distribution metrics）、动态网络制图（dynamic web mapping）、地理参考（geo-referencing）、网络分析、移动计算、增强现实以及地点、时间和事件的语义标注。其中，地理空间技术（geospatial technologies）在艺术和人文领域应用越来越普遍，通常与文化遗产和记忆组织合作。利用信息与通信技术方法处理时间的方法在开辟新的研究路径方面同样具有很大的潜力。该工作组探讨了"地点"（空间概念）、"时期"（时间概念）和"事件"（空间和时间交叉的概念）作为基于坐标和概念性实体的概念。同时，工作组确定了当前新兴的数据表示方法和数据分析方法；明确了人文学科中基于时间和空间建模的多学科方法的现状。工作组也确定了数字方法的标准，以此作为评估和处理出现的新兴数字方法的使用情况，并评估和处理其在文化遗产领域实际工作中的实践情况以及对其进行进一步研究的一种方式。（NeDiMAH时间和空间工作组，2011）在这一领域提供具体研究方法的主要学科有地理学、历史学和考古学，以及语言学、表演学、社会科学和文学。

用于分析空间和时间，并使其可视化的关键之处在于空间和时间数据，以及时间地理信息系统（例如，http://www.hgis-germany.de）或者空间数据库，如PostGIS工具。（Obe and Hsu，2010）同时还需要创建、维护和应用其他数据，包括叙词表[1]、地名词典、其他概念性方案[2]和地图集〔例如，罗马和中世纪文明数字地图集（DARMC）[3]，http://darmc.harvard.edu/icb/icb.do〕，用于描述特定实体，如地点、时期和事件；以及描述它们之间关系的空间和时间

---

[1] 索引典（thesaurus），也称为叙词表或类语辞典，是主题分析的一种实践方法。——译者注
[2] 这是众包数据收集方法取得成功的领域，包括Cymru1900Wales（http://www.cymru1900wales.org）。
[3] Digital Atlas of Roman and Medieval Civilization，简称DARMC。——译者注

本体。① 虽然空间和时间表示和分析方法主要由地理学家和历史学家来实现，但考古学方法也具有最广泛的适用性，包括地电和地磁勘探以及地面雷达（例如欧洲考古景观，*Arcland: Archaeo Landscapes Europe*，http://www.arcland.eu）。同样重要的还有从叙事源中提取年表的语义方法，以及从档案来源的描述中减少地点不确定性的方法。（Eide，2013）由于包含了地点、时期和事件的概念性方法，因此制图呈现和表示不确定性的方法在这个领域也是非常重要的。（Kauppinen et al.，2010）

2. 信息可视化

可视化是指对丰富的材料进行可视化地总结、呈现和演绎的技术，它作为人文学科研究过程中不可或缺的一部分，正变得越来越重要。可视化被认为包括不同类型的交互（例如，传感器技术）、技术（包括高分辨率和多屏幕显示）以及诸如地理数据集、图像、三维表示、图形、表格、网络和档案材料等。技术和研究方法可以共同促进人文学科领域的研究。然而，也需要谨慎使用这些技术，特别是在充满模糊性和复杂性的研究领域。

数字环境中的可视化组件可用于描述和分析。它们汇集了考古学、文学、古典文学、信息科学、建筑学和历史学等学科的研究方法。该领域包括选择数据、数据捕获、建模和表示、搜索和查询数据以及可视化表示的方法。这些技术包括三维建模、三维可视化以及动作捕捉，三维建模和三维可视化旨在创建文化遗产对象或物质文化的三维重建。因为可视化可以涉及精准的表示［例如，建筑模型或通过三维激光扫描创建的考古模型；又如，萨克森考古项目（Archaeology in Saxony，www.archaeologie.sachsen.de/951.htm）］，基于不完整或零散信息的重建（例如，根据描述或旧地图重建历史建筑）以及文学或艺术世界的可视化现象，所以此领域必须解决博弈论的要素，以及数字叙事版本和层次的发展等问题。例如，《艾凡赫》游戏，它结合了文学叙事和博弈论以创建一个可视化的环境。同样，表示不确定性的方法是必不可少的（Latour，未注明日期），无论是空间的还是时间的，正如项目所涵盖的，例如绘制拜占庭帝国犹太人社区地图（*Mapping the Jewish Communities of the Byzantine Empire*，

---

① 这些目前主要涉及几何和拓扑关系。可以通过所示网页找到检索这些本体的资料：http://labs.monDeca.com/DataSet/Lov/Details/WorlumularySpaceSpace-Time.html。

http://www.byzantinejewry.net），或者是用模糊的数据记录开发历史可视化过程中的决策过程。①这是一个多（跨）学科挑战的领域：新工具可能像"特洛伊木马"（Trojan horses）那样，带来源自本土学科的认识论假设。（Drucker，2011）

3. 关联数据和本体方法

无论是在项目内或机构内，还是在全球范围内，本体或概念模型的使用都提供了语义定义和阐释，以便将不同的、本土化的信息转换为连贯的资源。通过这种方式，对通用或兼容本体的使用实现了异构信息源之间的信息交换和集成，例如按照符合资源描述框架（Resource Description Framework，简称RDF）标准表示的关联开放数据（Linked Open Data）。在这一主题下，艺术与人文数字方法研究网络工作组讨论的一个具体问题是文本研究中基于本体的注释，包括文本的表示方法和分析方法。这是一种将文本作为基于计算机的模型来处理的新方法，可以对其进行操作来分析，或者与相关材料进行比较。

方法包括使用开放式注释数据模型，这是一种使用资源描述框架对注释进行编码的方法，科学和人文学科领域都采用这种方法。使用这些方法的项目具体包括澳大利亚电子学术编辑（Australian Electronic Scholarly Editing，简称AustESE，http://www.itee.uq.edu.au/eresearch/projects/austese）框架和使用多种正式外部注释的CaNeDiMAHn写作研究合作机构（CaNeDiMAIHn Writing Research Collaboratory，简称CWRC，http://www.cwrc.ca）。这些方法非常适合大规模的数字数据集，这些数据适合数据建模，并且可以从中推断出正式数据的形式。

4. 建立和发展用于研究的数字数据集

信息与通信技术方法的使用需要在数字生命周期的所有阶段均采取最佳的实践方法，以确保有效使用和再利用数据以进行研究。建立用于研究的数字数据集涉及各种数字方法和工具的使用，需要考虑将这些集合用于学术的后续使用和再次利用。研究人员对数字材料的最终使用是一个值得考虑的因素，它影响到在这个生命周期内每个阶段所做出的决定：选择、数字化、描述、结构化、管理、保存，最重要的是长期的可持续性和可获取性（在授权和互操作性

---

① Paradata是一种社区采用的表示文化遗产可视化不确定性的方法，具体参见网页http://www.londoncharter.org/glossary.html。

方面）。数字资源最终被使用的方式在一开始可能是意想不到的，或者它们对不同社区和学科的价值可能超出最初的预期。相反，一些数字资源对学术研究的"价值"较低，因为其创建者没有将使用方法纳入资源开发中。

目前在创建数字资源时考虑的方法包括编码，即通过元数据和标记对数字对象进行数字编码或丰富数字对象，包括对所描述对象的字词或信息进行分类。这通常是借助XML、TEI或RDF/链接的开放数据编码方案来完成的，其结果可以在"哈斯卡拉文学界"（Haskala Republic of Letters, www.jnul.huji.ac.il/eng/smw.html）或者"对抗与忏悔项目"（Oppossia et Confessio Projekt, www.controversia-et-confessio.adwmainz.de）等项目中看到。同样，语言学、神学或历史研究方面的倡议也改进了语料库的建立方法，以创建大规模的文本集，包括"英国国家语料库"（British National Corpus, www.natcorp.ox.ac.uk）、"数字图书馆或文本网格"（Digitale Bibliotek or TextGrid, http://www.textgrid.de）和（Monsaterium, www.monasterium.net）。

5. 使用大型文本集进行研究

数字工具和方法，例如信息检索和提取方法（包括主题建模、文本挖掘和数据挖掘以及统计分析），可以从大量文本数据中发现新知识，通过分析结果并以有用的格式进行总结，提取隐藏模式。艺术与人文数字方法研究网络对这一领域的实践进行了考察，受到语料库语言学和相关学科工作的启发，以便更好地理解如何将大规模的文本集应用于具体研究。

6. 数字出版

数字工具和方法对于学术和文献编辑生产和传播的转变至关重要，并能够实现数字数据的互操作性和可访问性。数字版本现在已经成为文献出版领域的标准，目前在这一领域使用了许多新兴的方法，包括编码、注释、转录和协同文本编辑。例如，女性作家项目（Women Writers, www.wwp.northeastern.edu）或者让·保罗门户网站（Jean Paul Portal, www.jean-paul-portal.uni-wuerzburg.de）。艺术与人文数字方法研究网络工作组的重点之一是记录实践，以期通过培训和了解这一领域所需要的信息技术能力，鼓励人们更广泛地采用这些方法。

NeDiMAH和DARIAH研究方法本体项目

艺术与人文数字方法研究网络的主要成果之一是开发了研究方法本体以及数字人文的共享词汇表。为此，艺术与人文数字方法研究网络组织了一个跨学科的国际工作组[①]，该工作组分别对上述数字人文分类法的现有工作进行了界定，包括艺术与人文数据服务数字研究方法分类法、牛津方法分类法、人文学科数字研究活动的分类法，以及数字人文观测站和艺术人文网络中应用的信息组织方案。它在与艺术与人文数字研究基础设施—欧盟（DARIAH-EU）研究和教育虚拟能力中心（VCC2）协同作用的基础上，探讨了将这一倡议结合起来所需展开的合作，并概述了从艺术与人文数字方法研究网络六个工作组开展的研究中了解到的关于数字方法的情况。艺术与人文数字方法网络方法本体的设计和实践是由希腊雅典娜研究中心（Athena Research Centre）的数字策展部门信息管理系统（Digital Curation Unit-IMIS）的研究人员进行的。

为什么是本体？

正如前文所述，内容、工具和方法已被确定为这项研究中所提出的使数字人文概念化的核心要素。

理解和绘制数字人文生态系统是沿着一个主轴发展的，这是分析和建模人文研究过程所面临的挑战，包括明确指定内容、工具和方法之间的依赖关系。从早期的学术原语研究到后来的方法论共同体、方法分类学、艺术与人文数字方法研究网络的多方面研究。尽管这通常是隐含的，但一直分属研究的背景。在艺术与人文数字研究基础设施的筹备阶段，确定了需要一个明确的研究过程模型，即捕捉生态系统所有重要元素之间的相互作用，并提出了一个基于经验证据的学术研究活动模型（Scholarly Research Activity Model，简称SRAM），随后对其进行了验证，并由一个设在雅典的数字策展部门的研究小组在欧洲大屠杀研究基础设施项目中进行了扩展。（Benardou et al., 2010, 2013）最后，艺术与人文数字方法研究网络开发了一个综合的形式化模型，整合了现有的相

---

① 工作组成员包括：洛娜·休斯（Lorna Hughes）、克里斯蒂安-埃米尔·奥尔（Christian-Emil Ore）、科斯蒂斯·达拉斯（Costis Dallas）、马特·蒙森（Matt Munson）、托尔斯滕·雷默（Torsten Reimer）、埃里克·尚皮翁（Erik Champion）、莱夫·伊萨克森（Leif Isaksen）、奥拉·墨菲（Orla Murphy）、帕诺斯·康斯坦托普洛斯（Panos Constantopoulos）和克里斯托夫·肖克（Christof Schóch）。

关分类学，并综合了以前的相关研究。

研究过程的模型首先应该能够在数字人文社区内形成共同的理解和词汇；其次，应该形成一个可交互操作的资源和服务环境，用于发现、理解、贡献和链接内容、工具和方法；最后，信息库解决的基本问题是"人们独自或共同工作的方式如何因信息技术的使用而改变"。为此，一个合适的学术研究过程模型必须包括一套精确定义的基本概念，这些概念代表人文研究生态系统的要素、内在结构及其之间的各种关系。这样的模型就是一个本体。另外，分类法是纯粹的分层结构，旨在捕获所讨论问题领域中的各种实体（例如，参与者、工具和方法）的系统组织，这些实体作为基本概念的专门化或细分，它们通常被包含在本体中。与分类法相比，本体的显著特点是概念之间关系的明确表示。这就产生了更适合于联想、探索性研究和推理的语义网络形式的研究过程的表示。

学术研究活动模型

信息管理系统（IMIS）[①]雅典娜研究中心数字策展部门早先对艺术和人文数字研究基础设施和欧洲大屠杀研究基础设施中的学术活动进行分析和建模的工作所取得的成果之一是建立了学术研究活动模型（Benardou et al., 2010, 2013），其目的是支持在数字人文基础设施中获取需求、设计与开发信息储存库和服务。这种做法一方面受到业务流程建模的启示，另一方面受到活动理论的启发，这种理论将活动视为"主体与世界有目的地交互"，使用适当的"中介工具"，并实现某些目标或动机，而这些目标或动机反过来又旨在满足特定的需求。然后，活动系统则被视为活动的层次结构，由旨在满足层次结构目标的有意识行动组成。（Engeström, 1987, 2000; Kaptelinin and Nardi, 2007）学术研究活动模型是在国际文献工作委员会（CIDOC）概念参考模型（CIDOC CRM，被认为是ISO 21127）文化文献本体的基础上开发的，其方法是将相关的概念参考模型（Conceptual Reference Model，简称CRM）的基本概念进行专门化处理以及增加能够兼容的新概念，以便按照活动理论的精神捕捉研究活动，并按照马龙（Malone）等人（2003）的建议处理资源使用模式和活动之间的依赖关系。

---

① 信息管理系统：Integrated Management Information System，简称IMIS。

学术研究活动模型捕获有关参与者、活动、方法、过程、资源、格式、工具和服务以及目标的信息，包括它们之间的关系（图11.1）。

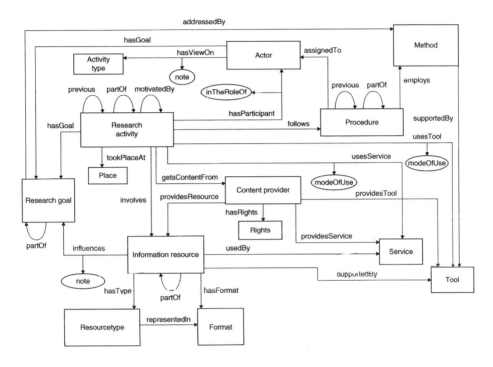

图11.1　学术研究活动模型

该模型分别通过活动和程序的概念区分对活动的描述性和规范性的观点，而有关方法的概念则代表了在执行活动或程序的步骤方面的具体工作方式。有关目标的概念则提供了研究活动的背景，推动了研究活动的步骤，以及特定资源、方法和工具的使用。学术研究活动模型实体有效地捕获了研究活动的性质和在其过程中信息资源使用的主要观点，而这些实体之间的关系提供了调查的语义线索。（Benardou et al.，2013）

NeMO: NeDiMAH方法本体

本文介绍的研究项目的结果是以文件和机器可读形式提供的本体，以及包含本体定义和适当功能的数据库的Web服务，以支持对本体的访问和发展。艺术与人文数字方法网络方法本体包括对象和/或概念的类型、性质和关系，代表了数字时代艺术和人文学术实践的领域。本体中的实体范围包括学术学科和领域、方法论、技术、过程、研究数据和资源、认知对象、研究参与者以及环境、工具、服务和基础设施。学术研究活动模型为开发本体提供了一个有用的起点，因为它已经遵循了文化领域中的一个已建构的本体（CIDOC CRM），并解决了在CHAT和业务流程建模中形式化的研究实践理解中普遍关注的问题。这种方法将内容、工具和方法三元组扩展到一组更丰富的基本概念中，从而能够从三个基本角度对研究实践进行综合描述和分析：机构（Agency）、资源（Resource）和过程（Process）（图11.2）。

将研究实践的分析视为一组相互关联的问题，从机构的维度来看，需要处理有关谁（who）、什么（what）和为什么（why）的问题；而从资源和过程的维度来看，分别面对的是任务和对象方面是什么（what）以及如何（how）处理它们的问题。机构维度包括活动、参与者和目标等概念；过程维度包括活动、过程、方法和工具/服务等概念；资源维度包括活动、概念、信息资源、格式和工具/服务等概念。毫无疑问，这三个维度概念的共同点都包括"活动"这一核心概念。活动可以包括结构，根据子活动和顺序关系的组成而加以定义；活动有发生的时间和地点；它也与各种角色的参与者有关，与使用的资源和工具以及产生的结果（概念和资源）有关，与采用的方法和可能构建的程序以及追求的目标有关。目标的概念包括从高级别目标到较低级别目标再到具体问题的逐步完善，从而与主题的概念一起使研究背景的表述成为可能。这为研究实践的推理提供了明确的支持。

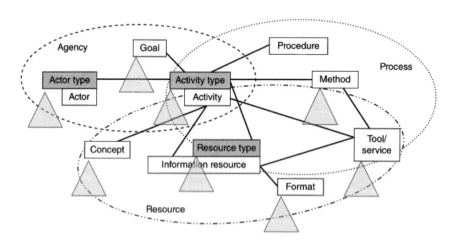

图11.2　学术活动的生态系统

艺术与人文数字方法网络方法本体支持两类分析：记录和分析通过实地研究收集的经验论据（例如，以实例的形式），以及记录知识并支持在分类层面上的推理。为此，参与者、活动和资源的概念由相应的类型概念补充。这些类型概念支持在本体的基本概念下开发和纳入分类法分类方案。如前文所述，可以审查主题分类法，以适应并纳入这一总体规划中，从而有助于形成一个关于人文科学研究实践的不断发展的知识库。在这个框架中，对实证检验的学术实践的描述，例如通过特定的数字人文研究项目使用一个特定的研究方法，以将学术论据的数据集或主体处理为解释性模型、三段论或出版物，可以代表本体的相关实体和属性的实例。

本体所涉及的领域既包括严格意义上的数字人文学科的工作，也包括一般人文学科研究人员的数字化工作。在学科范围方面，本体力求涵盖广泛的人文学科，包括研究文本和视觉资源、物质文化遗产和非物质文化遗产以及定量和定性分析模式的学科。它还力求以同等标准涵盖在学术实践中所使用的信息检索、使用和修改数字资源的方法，以及在适当意义上的研究方法，因为人文学者在学术研究生命周期的各个阶段都在使用这些方法，从发起一个研究领域、提出一个观点或构想开始，再到被学术界发表和评论。此外，本体不仅严格地局限于学术研究，而且还试图示范人文学者，以及那些支持公众理解学术知识的人在学术教学方面的实践。

在文档形式中，本体包括实体和属性的定义，以及出现和使用的示例。在机器可读形式中，本体在资源描述框架（RDF/S，RDF Schema）中定义，以支持它在访问注册表和知识库的广泛应用程序中的使用，这些注册表和知识库包含有关方法及其使用背景的信息。此外，本体的分类部分符合简单知识组织系统（Simple Knowledge Organization System，简称SKOS）。另外，遵守上述标准，旨在满足将来的注册管理机构和应用程序之间的语法和语义互操作性，这些注册管理机构和应用程序采用了艺术与人文数字方法网络方法本体知识库和其他符合CIDOC CRM和SKOS标准的信息系统，这些信息系统涉及艺术和人文学科以及图书馆、博物馆和档案馆等相关研究领域。从体系结构上来看，本体由三层组成：较低层捕获研究实践的细粒度方面，预计其将动态地发展；中间层处理特定但相当宽泛的概念，预计其将相对稳定；而较高层包含最基本的概念，并充当参考框架。最后，可以通过Web服务获得本体，该服务提供本体定义、示例、实例、从其他分类单元到艺术与人文数字方法网络方法本体类型系统的映射，以及支持访问和演变的适当功能。

艺术与人文数字方法网络方法本体将有助于数字艺术和人文研究领域作品表达的正规化和编码化。它将为数字人文学科提供更高的学术可信度，并支持该领域的同行评议学术研究，同时通过开发方法层，使艺术和人文学科研究人员能够开发、完善和共享研究方法，使他们能够创造并充分利用数字方法和收藏品，从而最大限度地发挥国家和国际电子研究基础设施倡议的价值。本体将有助于在实际论据的基础上，根据人文学科学者所做和所需，引出并优先考虑艺术与人文学科中计划好的数字基础设施的功能需求。最重要的是，它将有助于在数字人文学科的新兴领域中发展一个公认的数字方法的命名法：这是一个学科或研究领域在成熟和巩固过程中通常会发生的事情。

结 论

联机计算机图书馆中心（Online Computer Library Center, Inc，简称OCLC）委托撰写的一份报告提及，数字人文学者"经常认为与数字方法决斗是他们智力研究的一个组成部分"（Schaffner and Erway，2014：8）。这种"决斗"的原因之一可能是缺乏可用的、可访问的注册表，这些注册表充分反映了当前的方法，并显示这些方法与数字人文学科方法共同点的整合，以及它们与内容和工具的关系，以及和各学科之间的依赖关系。我们已经做了很多努力来建立数字方法的分类法以克服这一问题，因此，在这些分类法的基础上构建并开发方法本体的倡议是适时的。理解数字人文学科中方法的使用方式能阐明数字人文学科的实践和范围，说明数字人文学科是如何受到人文学科以外的各学科间的方法创新和发展的影响。这些研究方法将向那些投资数字人文学科的人——无论是资助机构还是负责机构投资的人——阐明数字人文学科的价值和影响范围。它还将有助于数字人文学科从一个语言和程序晦涩难解的独立实体，转变为学者们可接受的用于研究实践套件的一部分，不仅仅是做数字研究的一部分，而且是做有价值、有意义研究的一部分。

参考文献

[1] American Council of Learned Societies. 1998. *Computing and the Humanities: Summary of a Roundtable Meeting*. Occasional Paper No. 41. Chicago: ACLS.

[2] Bates, M.J., Wilde, D.N., and Siegfried, S. 1995. Research practices of humanities scholars in an online environment: the Getty online searching project report no. 3. *Library and Information Science Research* 17 (1), 5–40.

[3] Bearman, D. 1996. Overview and discussion points.In *Research Agenda for Networked Cultural Heritage*.Santa Monica, CA: Getty AHIP, 7–22.

[4] Benardou, A., Constantopoulos, P., Dallas, C., and Gavrilis, D. 2010. Understanding the information requirements of arts and humanities scholarship: implications for digital curation. *International Journal of Digital Curation* 5, 18–33.

[5] Benardou, A., Constantopoulos, P., and Dallas, C. 2013. An approach to analyzing working prac-tices of research communities in the humanities. *International Journal of Humanities and Arts Computing* 7, 105–127.

[6] Blanke, T., and Hedges, M. 2013. Scholarly primitives: building institutional infrastructure for humanities e-science. *Future Generation Computer Systems* 29 (2), 654–661. doi:10.1016/j.future. 2011.06.006.

[7] Bowen, W.G. 2005. *Mellon Foundation 2004 Annual Report: President's Report*. http://www.mellon.org/about/annual-reports/2004-presidents- report (accessed November 9, 2014).

[8] Crane, G. 2009. Cyberinfrastructure for classical phi-lology. *DHQ: Digital Humanities Quarterly* 3 (1). http://www.digitalhumanities.org/dhq/vol/ 003/1/000023.html#N10167 (accessed November 9, 2014).

[9] Dafis, L.L., Hughes, L.M., and James, R. 2014. "What's Welsh for crowdsourcing?" Citizen science and community engagement at the National Library of Wales. In *Crowdsourcing our Cultural Heritage*, ed, M. Ridge. London: Ashgate, 139–160.

[10] Dallas, C. 1999. Humanistic research, information resources and electronic communication. In *Electronic Communication and Research in Europe*, ed. J. Meadows and H.-D. Boecker. Luxembourg: European Commission, 209–239. http://hdl. handle. net/123456789/792 (accessed June 20, 2015).

[11] Drucker, J. 2011. Humanities approaches to graphical display. *DHQ: Digital Humanities Quarterly* 5 (1). http://www.digitalhumanities. org/dhq/vol/5/1/000091/000091.html

(accessed November 9, 2014).

[12] Eide, O. 2013. Text to map: rooms of possibilities. Paper presented at *Computer Applications and Quantitative Methods in Archaeology*, Perth, Australia, March 25–28. http://www.oeidc.no/ research/caa2013/TextsAsMapsAbstract.pdf (accessed November 9, 2014).

[13] Ell, P., and Hughes, L.M. 2013. E-Infrastructure in the Humanities. *International Journal of Humanities and Arts Computing* 7, 24–40. DOI: 10.3366/ijhac.2013.0079 (accessed November 9, 2014).

[14] Ellis, D. 1993. Modeling the information-seeking patterns of academic researchers: a grounded theory approach. *Library Quarterly* 63 (4), 469–486.

[15] Engeström, Y. 1987. Learning by expanding. an activity theoretical approach to developmental research. http://lchc.ucsd.edu/mca/ Paper/Engestrom/Learning-by-Expanding. pdf (accessed November 9, 2014).

[16] Engeström, Y. 2000. Activity theory as a frame-work for analyzing and redesigning work. *Ergonomics* 43 (7), 960–974.

[17] Gold, M.K., ed. 2012. *Debates in the Digital Humanities*. Minneapolis: University of Minnesota Press.

[18] Greengrass, M., and Hughes, L.M. 2008. *The Virtual Representation of the Past*. London: Ashgate.

[19] Houghton, J.W., Steele, C., and Henty, M. 2003. *Changing Research Practices in the Digital Information and Communication Environment*. Canberra, Australia: Department of Education, Science and Training. http://www.cfses.com/ documents/Changing_Research_Practices.pdf (accessed November 9, 2014).

[20] Hughes, L.M. 2011. Using ICT methods and tools in arts and humanities research. In *Digital Collections: Use, Value and Impact*, ed. L.M. Hughes. London: Facet, 123–134.

[21] JISC. 2007. Evaluation of the JISC Digitization Programme, Phase One. http://www.jisc.ac.uk/ whatwedo/programmes/digitisation/reports/ evalphase1.aspx (accessed November 9, 2014).

[22] Kaptelinin, V., and Nardi, B.A. 2007. *Acting with Technology: Activity Theory and Interaction Design*. Cambridge, MA: MIT Press.

[23] Kauppinen, T., Mantegari, G., Paakkarinen, P., *et al.* 2010. Determining relevance of imprecise temporal intervals for cultural heritage information retrieval.

International Journal of Human–Computer Studies, 68 (9), 549–560. DOI: 10.1016/ j.ijhcs.2010.03.002 (accessed November 9, 2014).

[24] Kirschenbaum, M.G. 2010. What is digital humanities and what's it doing in English departments? *ADE Bulletin* 150, 55–61. http:// www.ade.org/bulletin (accessed November 9, 2014).

[25] Latour, B. (undated). Mapping Controversies on Science for Politics (MACOSPOL). http://map pingcontroversies.net/Home/PlatformOverview (accessed November 9, 2014).

[26] Malone, T.W., Crowston, K.G., and Herman, G.A. 2003. *Organizing Business Knowledge: The MIT Process Handbook*. Cambridge, MA: MIT Press.

[27] McCarty, W. 2005. *Humanities Computing*.Basingstoke: Palgrave Macmillan.

[28] NeDiMAH Space and Time working group. 2011. European Science Foundation Event Report: Place, Period, Event-based Approaches to Space and Time.http://www.nedimah.eu/reports/place-period-event-entity-based-approaches-space and-time (accessed November 9, 2014).

[29] Obe, R.O., and Hsu, L.S. 2010. *PostGIS in Action*. Shelter Island, NY: Manning Publications

[30] Palmer, C.L., and Neumann, L.J. 2002. The information work of interdisciplinary humanities scholars: Exploration and translation. *Library Quarterly* 72 (1), 85–117.

[31] Palmer, C.L., Teffeau, L.C., and Pirmann, C.M. 2009. *Scholarly Information Practices in the Online Environment*. Dublin, OH: OCLC. http://0-www.oclc.org.millennium. mohave.edu/programs/publications/reports/2009-02.pdf (accessed June 20, 2015).

[32] Schaffner, J., and Erway, R. 2014. Does every research library need a digital humanities center? Dublin, OH: OCLC Research. http:// www.oclc.org/content/dam/research/ publications/library/2014/oclcresearch-digital-humanities-center-2014.pdf (accessed November 9, 2014).

[33] Speck, R. 2005. The AHDS Taxonomy of Computational Methods. http://www.ahds.ac.uk/about/projects/documents/pmdb tax onomy_v1_3_1 pdf (accessed November 9, 2014).

[34] Speck, R., and Links, P. 2013. The missing voice: archivists and infrastructures for humanities research. *International Journal of Humanities and Arts Computing* 7 (1–2), 128–146. doi:10.3366/ ijhac.2013.0085.

[35] Stone, S. 1982. Humanities scholars: information needs and uses. *Journal of Documentation* 38 (4), 292–313.

[36] Svensson, P. 2012. Beyond the big tent. In *Debates in the Digital Humanities*, ed. M.K. Gold. Minneapolis: University of Minnesota Press, 36–49.

[37] University of Minnesota Libraries. 2006. *A Multi-Dimensional Framework for Academic Support: Final Report*. Minneapolis: University of Minnesota Libraries. http://purl.umn.edu/5540.

[38] Unsworth, J. 2000. Scholarly primitives: what methods do humanities researchers have in common and how might our tools reflect this? Paper presented at *Humanities Computing: Formal Methods and Experimental Practice*, King's College, London, May 13.http://people.bran deis.edu/~unsworth/Kings.5-00/primitives. html (accessed November 9, 2014).

12. 定制访问内容[①]

塞马斯·劳尔斯、欧文·康兰科和马克·汉普森

(Séamus Lawless, Owen Conlan, and Cormac Hampson)

引言和目的

对用户搜索和浏览海量内容的支持正面临重大挑战，特别是当不同用户有着不同且不断变化的需求时。内容本身可以依托不同的形式，比如文本、图像和视频。此外，还可以从初始内容集合（collection）中提取若干附加模型和内容形式。例如，对于历史手稿集合，可以存在多种内容形式和提取模型，包括高质量扫描、人工转录、手动编写的元数据、自动生成的规范化信息、自动提取的实体模型（人物、地点、事件）以及所提及的人的社交网络图谱。与这类集合有关的一个例子"1641年的证词"（1641 Depositions）项目是一个由八千余份手稿组成的语料库，该语料库详细描述了1641年爱尔兰的民族起义（http://1641.tcd.ie）。最近由于数字化项目数量的不断增加，导致数字档案和不同内容集合的激增。[②] 例如，"早期英语在线图书"（Early English Books Online，简称EEBO）项目提供了大量在线数字化材料（http://eebo.chadwyck.com）。EEBO总共收集了十二万五千余条记录，但其中许多条目只是提供单独页面的数字图像。这些条目中的单词是不可以被计算机检索到的，因为还没有从数字图像中提取出文本。尽管这种提取通常是一个昂贵且耗时的过程，但是扫描文本图像以提取字词的现代光学字符识别技术在现代字词提取上效果最佳。

本文将介绍各种可用于支持对不同形式的内容进行定制访问的方法和技

[①] *A New Companion to Digital Humanities*, First Edition. Edited by Susan Schreibman, Ray Siemens, and John Unsworth.

© 2016 John Wiley & Sons, Ltd. Published 2016 by John Wiley & Sons, Ltd.

[②] 此类集合的其他例子有：老贝利在线（OldBailey Online, http://www.oldbaileyonline）；谷歌图书馆档案（Google Library Archives, http:// www.google.com/googlebooks/partners.html）；18世纪构建物在线（Eighteenth Century Collections Online, http://find.galegroup.com/ecco/start.do?prodId=ECCO&userGroupName=tcd）；BHL-Europe（http://www.bhl-europe.eu）。

术。这种技术包括对个性化连续性（continuum）的介绍，该连续性致力于调整这一广泛内容的呈现方式，以满足个人用户的需求。它还将研究不同的个性化技术对不同用户群体的适用性，以及如何向用户提供对这种个性化的更高级别的控制。

数字人文学科的跨学科领域为个性化的应用提供了有力的契机。它位于信息与通信技术、知识管理（寻求以结构化的方式支持内容的发现与管理）和广泛的人文学科研究的交叉点。这些学科的研究实践倾向于劳动密集型、单一化的实践活动，其特点是研究材料往往是不连贯的和非数字化的。这给初级研究人员和普通公众的浏览带来了一定障碍，因为访问内容往往就是一个重大的障碍。数字化是向前迈出的重要一步，但对专业环境的需求仍然存在，这种专业环境可以提供丰富的、个性化的和新颖的数字化材料，使来自不同背景和拥有不同经验的用户也能与这些藏品进行交互。

诸如自适应超媒体、自适应网络、智能系统和推荐系统等个性化和自适应语境化技术，已经在教育、旅游和一般信息网站等许多应用领域都取得了成功。个性化技术试图确保内容和服务根据用户的个人偏好、目标以及背景定制，同时使这些媒体的再次使用变得更为容易。布鲁希洛夫斯基（Brusilovsky）是自适应超媒体领域的早期创新实践者之一（Brusilovsky, 2007），他描述了自适应系统的一些基本要素（Brusilovsky, 1996）。随着 *AHA!* 组织的发展，黛·布拉（De Bra）也在早期自适应超媒体系统的创建中发挥了重要作用。(De Bra and Calvi, 1997) 最近对自适应超媒体的研究试图将内容和互动服务结合起来，以提供个性化的体验。(Conlan et al., 2013) 这种自适应技术能协调好每个用户的兴趣、先前的经验或所处的环境，以提供相关数字资源的个性化导航（自适应个性化）或基于相似用户的行为和反馈就可能感兴趣的数字资源进行个性化推荐（社交推荐）。这种类型的系统通过检查用户与系统之间的交互来构建用户兴趣的推断模型。例如，如果用户浏览了关于某个人的一些文档并将其中一些文档添加至书签，则可以推断（可能以较低的置信度）该用户当前对该人感兴趣。如果有人在文档的空白部分创建注释，且注释中提及了此人，则可以增加其可信度。这样的隐式建模可以通过显式建模（即从用户那里获取直接指导）来增强，以调整置信度水平，并从用户的模型中添加/移除项目。用户的这种不断变化的模型用于调整系统呈现信息或提出建议的方式，系统试图优先处理对用户有价值的内容。

各种门户网站（例如，iGoogle，它已转变为Google的主要搜索界面）和Web服务中前缀"i""me"和"my"的兴起旨在给人一种对内容和服务进行某种形式的个人调整以满足个人用户的需求、偏好或历史的印象，以增强个人体验。然而，此类服务通常倾向于（a）识别和排序相关内容（网页）或服务（Teevan et al., 2005；Agichtein et al., 2006；Dou et al., 2007）；（b）通过用户姓名和历史信息/最近使用的资源来简化内容呈现的"个性化"；或（c）屏幕布局的简单扩展（Ankolekar et al., 2008）。然而，典型的自适应个性化技术通常有三个缺点：

- 它们没有考虑到用户所属的更广阔的社区，因此忽略了对用户意图的有价值的洞察的来源。
- 它们也无法根据广泛的标准进行个性化设置，例如用户意图（基于使用环境）或用户交互控制级别。
- 它们没有意识到它们所提供访问的材料的结构和内部互动。对于由自适应系统呈现给用户的材料的选择和排序而言，这种"领域意识"是一个重要的输入。

这些都是数字人文学科的研究可以为其提供洞见和指导的领域。最近的大规模数字化计划使许多重要的文化遗产藏品可以在线访问。这使得这些文化遗产藏品第一次面向全球研究界和感兴趣的公众开放。然而，这些遗产的全部价值并没有得到实现。进行数字化处理之后，这些藏品通常是单一的，很难对其进行检索，并且它们可以在语言、拼写、标点符号、术语和命名的一致性方面具有不同属性的文本。因此，这些藏品往往无法吸引和维持广泛的用户参与，只能涵括在有限的兴趣社区。如果通过个性化访问来增强对这些数字化藏品的浏览，它们可能会变得更容易访问，从而释放其巨大潜力。

本文阐述了如何有效地赋予研究者社区个性化机制以支持他们探索、询问和解释复杂的、与数字文化文物相关的挑战。同时，本文也提供了一些示例来说明研究学者如何应对这些挑战。其中，实现开放式探索和个性化推荐之间的平衡则是最大的挑战，因为仅仅提供自动化的自适应性是远远不够的。过度个性化的危险性在于，呈现给用户的是一个高度规范化的门户（网站），用户可以通过它们与内容之间进行交互，并且该门户以带有限制性或倾向性的方式对内容进行过滤筛选。这与许多人文学科中发现的构建假设和研究过程并不相符。确保用户控制个性化过程对于探索性环境的成功至关重要。这种以用户为中心的控制可以通过以下方式得到增强：将使用模式与自我表达式的用户目标进行关联、预先定义的研究策略，以及为用户提供适当的工具来探索和导航大型文化遗产信息空间。例如，个性化系统应该让用户能够检查和控制系统并根据用户的兴趣偏好对内容进行建模，从而提供尽可能多的控制，为用户生成最适合和最具吸引力的体验。

下一代自适应系统旨在使数字人文实践的构建物（artifacts）对广泛的公众产生吸引力和可用性，同时支持专业研究人员的活动。这将导致更大的、更活跃的关注数字人文作品的社区兴起。这些社区的存在不仅是使人们对文化遗产始终保持兴趣的关键，也是促进人们更深入理解数字人文实践作品及其贡献的关键。这样的社区可以形成持续的和深厚的基础，并参与到数字人文实践作品的创作中。

独具创新性的个性化设置可以通过考虑一系列变量来实现，比如个体用户的目标和使用的多样性、对用户所属社区的活动和兴趣的认识，以及对数字人文艺术品和藏品结构和特征的深入分析。本文的以下各部分将讨论有效定制访问内容所需的关键维度。首先，讨论理解每个用户的重要性，包括该用户的短期和长期兴趣偏好；这与需要让用户控制自适应环境如何对他们进行建模并适应他们的需求相平衡。其次，描述如何通过调整环境的元素来实现个性化设置。这一部分将讨论如何在不限制用户探索数字人文实践作品的情况下引入个性化。最后，讨论这种量身定制的内容访问形式为未来提供的一些机会。

用户和内容

概述：计算机系统不可能真正理解一个人！因此，个性化系统需要兼具充满个性的用户及其感兴趣的内容的模型，以便就如何更好地支持该用户做出算法决策。

可以设置各种各样的个性化技术来促进用户对内容的个性化访问。例如，个性化技术提供了对一个集合中主题的高级别的概述，这可能更适合普通公众，然而，对于对内容集合及其解释环境非常熟悉的研究人员而言，则可以从侧面指导和与相关资源的链接中获得更多的价值。在开发旨在提供内容访问权限的环境时，必须从一开始就明确潜在的最终用户和关键用户社区。如果一个环境被设计为通过自适应技术提供对内容的定制访问，那么就需要对一系列用户群体进行说明，可能包括普通大众——也许是第一次遇到特定内容集合的人——或者经验丰富的专业研究人员。这是一项艰巨的挑战，因为每个用户可能都希望以各种不同的方式参与到此内容的设计中来。然而，这正是个性化技术亟待解决的难题。

用户的先验知识、对集合的经验以及他们希望实现的目标各不相同。从这个意义上来讲，存在着用户所属的经验的连续体。虽然可以顺理成章地假设普通公众的经验比专业研究人员少，但严格来说，情况并非如此。例如，专业研究人员可能会在一个集合中通过特定的设置或主题来表现他们的兴趣，而普通用户可能会引起很多对该集合非正式知识的讨论。除了对内容的理解之外，还应对经验的另一个维度加以考虑，即对于如何有效利用环境中提供的工具来满足自己的需求，用户也会有不同的经验。这既源于一般的技术素质/信心，也源于使用此类工具的具体经验。这方面的经验可能对用户如何处理单个任务有重要影响。

为了成功地给用户建模，掌握关于用户正在使用的内容和构建物的更深层次的信息是很重要的。这些信息，比如文本中提取到的实体，可以用来扩充用户的模型。例如，如果用户导航到关于同一个人的多个文档，则可以推测用户对该人感兴趣。当然这种方法也面临许多挑战：一、需要成功地识别与构建物相关的实体；二、试图确定用户对构建物的兴趣程度；三、确保用户能够适当地控制用户模型，以仔细检查和控制已建模的内容。

内容建模

概述：计算机系统很难或通常不可能"理解"内容。内容的抽象模型（通常被称为元数据）的构建是允许个性化系统对内容进行处理的关键。

如果要向用户推荐内容并用来确定他们不断变化的兴趣，那么对内容中的关键特征进行建模是一个必要的步骤。此建模可能采取不同的形式，但通常需要尝试识别可能与用户浏览内容相关的特征。在基本层面上，这可能包括简单的实体，例如人物、地点和事件。即使在这个基本层面上，确保实体在构建物中被准确标识也可能会出现问题。例如，"指代消解"（anaphora resolution）可能需要由人工注释员或通过软件标注插件来适当地标识实体。在描述构建物的元数据中、在一段内容中被具体命名的实体往往更容易建模和显示。

内容建模的目标是创建文档的元数据表示，无论是手动执行还是通过（半）自动化过程执行。这将充当文档的替代表示形式，并突出显示与文档相关的关键实体。理想情况下，这些实体应该是可客观验证和易于验证的。如果可行，实体也应该链接到构建物的不同部分。例如，如果在一段文字中提及某一个人，那么通过字符偏移量来确定提及的位置是很有价值的。构建物的这种抽象视图将允许用户通过建模功能将围绕其周围的用户活动与用户潜在感兴趣的实体进行关联。

用户建模

概述：用户的体验、偏好和能力各不相同。为了使个性化系统为每个单独的用户量身定制体验，需要构建一个该用户的抽象模型。

在任何自适应环境中提供的自适应服务的核心就是用户模型。（Kobsa, 1993）当用户与系统进行交互时，每个用户的模型都是默默地构建的。用户执行的所有操作都被记录下来，以便建立与每个用户相关的详细信息。用户模型是自适应环境所采用的任何自适应策略中的关键输入。

例如，出现许多不同的用户操作会导致用户模型的更新，其中包括查看、添加书签和注释内容，执行搜索，可视化交互以及单击推荐选项。每个操作都会导致存储在用户模型中的相关实体占有不同的权重。实体是通过检查用户正在与之交互的特定内容来标识的。例如，查看包含某一个体信息的页面会导致用户模型中这一个体权重的略微增加；而其他不那么被动的操作会得到更大的增量。例如，查看特定文档的可视化效果会增加相关实体的权重（边距更高），而为页面添加书签则会进一步增加权重，就像在文档中创建注释或标注特定实体一样。与这些操作相关联的权重可以很容易地向上或向下调整，且添加的新操作也会影响用户模型中的实体权重。这种灵活性是正确定制用户模型的关键。以这种方式构建的用户模型的示例可以在*CULTURA*研究环境中找到。（Bailey et al., 2012）

重要的是，一个用户模型具有某种形式的衰减函数（decay function），这种衰减函数将用户最近对某些实体表现出的兴趣也考虑在内。例如，用户在探索某个集合的早期阶段，可能会对某个城市表现出很大的兴趣，但随着探索的进行，可能会转移到对某个地区更感兴趣的具体表达。应用于原始实体的权重应随时间减少，或者更准确地说，应伴随交互作用而衰减。也可以为用户维护代表短期和长期兴趣偏好的各种不同的模型。一种方法是让环境维护两个模型，一个完整的模型捕获并衰减所有用户操作，另一个仅捕获有限数量的交互。通过这种方式，可以构建不同的推荐器来考虑短期和长期兴趣偏好。无论采用何种建模方法，重要的是让用户尽可能多地控制模型，允许对其进行调整以满足每个用户的需求。

透明、显示和用户控制

概述：有时计算机会出错！计算机向用户提供个性化系统对用户自身进行建模的创造力，以及调整和控制该模型的能力，对于确保系统按照用户希望的方式运行是十分重要的。

用户通常很好奇为什么会向他们提出具体的建议，但他们通常无法在后台看到代表他们兴趣倾向的模型。这可以通过两种方式来解决。

首先，当推荐器向用户提供建议时，应该解释为什么要提出这些建议。例如，在*CULTURA*中，推荐器所提供的建议附有说明性文本，指出链接与用户在探索中遇到的实体（人物、地点、事件等）相关。在图12.1中，每个条目中的项目链接到与具体位置实体"利斯莫尔"（Lismore）、"特里姆"（Trim）和"米斯郡"（Meath）相关的资源。此框显示在输入文本框旁边，使用户可以快速找到可能与其研究和兴趣相关的新资源。该框同时说明向用户推荐这些资源的原因。这样，即使用户不一定同意这些建议的相关性，也很清楚为什么会有这些建议。（Hampson et al., 2014）

图12.1　基于用户兴趣的个性化推荐

图12.2　以词云方式呈现的用户模型

这种潜在的分歧与自适应环境应该提供的第二个特性产生了共鸣：一种显示对用户模型影响最大的实体的机制。显示此类信息的一种机制是使用标签云图。这用于促进可视化呈现，并允许用户理解和操作模型。重要的是，标签云图并不是静态的，用户可以通过提供的界面调整各种实体的相对权重（图12.2）。例如，如果存在系统认为用户在当前语境中感兴趣但并不那么感兴趣的多个术语时，则很容易选择这些术语并在标签云图中完全删除它们或缩小它们。此外，用户可以手动添加新术语，或增加模型中实体的大小。实体大小的任何变化都会直接影响用户继续浏览内容集合时所产生的推荐计算。这一过程使在后台进行的自动处理变得更加透明，同时还使用户能够很好地控制这一用户模型以表示他们的兴趣倾向，可以为不同类型的实体（人员、组织等）呈现不同的标签云图，以及详细描述用户的总体兴趣模型和当前短期兴趣模型的标签云图。

个性化和自适应性

概述：仅用户和内容模型还不足以产生定制的体验。个性化系统需要一些算法和逻辑来决定如何最好地支持用户。

个性化方法和技术根据用户的信息需求、知识、偏好等，为每个用户提供了对内容进行访问的服务。这些技术支持对内容的连续性参与，从基于每个用户行为模型的高度规范化服务，到针对用户类别内容集合的不受约束的、以用户为中心的内容集合管理。已经提出了一个有关个性化的四阶段模型，以支持这种连续性的参与，并允许用户在受限的、可导航的和更自由的、更开放的内容集合探索之间无缝移动。（Hampson et al., 2014）

个性化四阶段模型

概述：个性化用户体验的方法有很多，但很少有适合人文学者进行探索的方式。本部分介绍的四阶段模型提供了较为灵活的机制，用于在各种内容中实现个性化体验。

新用户难以接触到大型文化集合的一个原因是，当他们最初遇到这组资源时，缺乏一定的指导。个性化四阶段方法的设计旨在通过提供一个结构化的入门路径来解决这一问题，而不会限制用户在兴趣被激起时探索材料。该方法定义的四个阶段是指导、探索、建议和显示。

对内容缺乏经验的用户通常在指导阶段开始调查。这里使用了"叙述"（narrative），并使得集合中的资源能够按照特定的主题进行排序。（15世纪帕多瓦复兴形式的演变；Agosti et al., 2013）此外，这些资源是如何呈现给用户的（文本、可视化等），也可以在叙述元数据中指定，后者被编码为XML。这一过程对于向用户提供指向特定内容的路径很有裨益，尽管它并不限制用户将这些顺序叙述作为其进行调查的基础技能。在个性化四阶段方法中，这涉及从指导阶段进入探索阶段（图12.3中的箭头1所示）。其中，叙述路径将在下一部分中更详细地讨论。

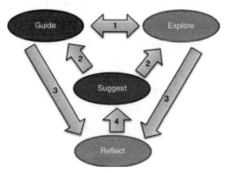

图12.3　个性化四阶段方法

探索阶段将提供一些工具来支持对基础内容集合的探索和浏览。这些工具包括数据丰富的地图、面向实体的搜索、社交网络分析和可视化呈现等。在任何阶段，用户都可以返回他们在指导阶段的位置，而对资源知之甚少的用户通常会在探索和指导阶段之间来回切换。相比之下，对集合资源有深入了解的专业研究人员通常将大部分时间花在探索阶段，而可能永远不会参与到更结构化的指导阶段。

重要的是，当用户探索内容时，通过监视用户模型，系统可以调整指导阶段中呈现的叙述路径。这是通过为用户路径选择与该用户的兴趣或信息需求最匹配的材料来实现的。这可以使这条研究路径更加丰富，包括更多的资源、探索要点和概念。

无论是在指导阶段还是在探索阶段，用户都会获得个性化内容的建议，或者提供探索要点的工具。这些建议基于系统对用户行为和兴趣的解释，正如用户模型所示。这一过程发生在建议阶段（与指导阶段和探索阶段并行），同时向用户侧面提供非侵入性的建议（图12.3中的箭头2所示）。这些建议受到用户长期和短期兴趣偏好的影响，如用户提交搜索词、查看实体、创建注释等操作所示。

在指导或探索阶段的任一阶段，用户都可以进入显示阶段。这包括查看他们的用户模型，以及查看环境与他们相关的兴趣（图12.3中的箭头3所示）。显示阶段并不是静态不变的，用户也可以对他们的用户模型进行编辑。他们可以添加或删除词语，或者手动改变现有词语字号的大小（从而改变其影响程度）。重要的是，在显示阶段所做的任何更改都会直接影响到建议阶段，并最终渗透到指导阶段和探索阶段的建议（图12.3中的箭头4所示）。

通过支持四阶段个性化方法，数字人文环境可以动态地适应用户，支持他们想要参与内容集合的各种方式，并在适当的时间向他们提供有用的建议。此外，该过程还提供了适合于具有不同能力级别或对基础资源有不同兴趣的用户的一系列机制。

叙述

概述：缺乏经验的用户在面对大量的构建物时，往往会畏缩不前。叙述提供了跨越构建物的灵活的指导路径，温和地向用户介绍可用的内容。

在个性化系统中，叙述表示基于域中概念之间关系的导航结构。（Conlan et al., 2013）。此导航结构旨在实现目标，例如为内容集合中的主题提供具有指导性的介绍。在设计时，这个策略用来表示各种潜在的概念路径，这些概念路径可以用来生成用户体验。在执行过程中，这些潜在的路径与用户模型相协调，以便为用户选择最适合或最相关的路径。该路径上的每一步都可以是一部分内容，或者是一项服务，例如网络可视化或面向实体的探索。

当使用运用个性化四阶段方法设计的环境时，对内容收集缺乏经验的用户通常会借助叙述模块在指导阶段进行调查研究。在图12.4的例子中，这一"叙述"模块即作为用户界面中的"课程"模块呈现给用户，使得集合中的资源能够按照特定主题进行排序，例如插图手稿集合中插图的派生链，或者证词集合中证人陈述的可靠性。

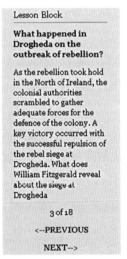

图12.4　指导性课程计划

这些课程是由领域专家开发的,其中包括不同长度(包括选修和必修部分)的路径,以便容纳不同兴趣级别的用户。此外,这些资源是如何呈现给用户的(文本、可视化等),也可以在叙述中加以指定。

如上所述,通过使用作为探索阶段的一部分所提供的服务,在指导路径上并不限制更具冒险精神的用户以更自由的方式探索集合。事实上,许多"叙述"明确地鼓励用户这样去做,将服务包含于叙述中,这可以成为用户自己进行调查的基础。

个性化环境可以通过"叙述"监视用户的进展,如果用户对特定概念表现出足够的兴趣,则可以通过添加更多相关资源来动态地增强叙述。重要的是,用户还可以在取得进展时明确地调整叙述(通过选择查看有关特定概念的更多资源),这使他们最终能够操控自己的体验。

个性化探索

概述:对于大多数用户来说,在线搜索是一个非常熟悉的过程。但是,对于给定的查询,向每个用户提供相同的结果集合并不能说明他们的个体化差异。个性化搜索借助用户模型为每个用户定制搜索结果。

现今,依托数字图书馆、储存库和档案馆,可以在线获取数量空前的数字人文内容。这些信息在多种格式中均可用,为知识发现提供了极好的机会,但也为从不同来源发现、组合和探索适当的信息提出了许多复杂的挑战。

个性化的在线信息搜索过程已经被证明是一种非常有效的方法,可以支持用户浏览这些日益庞杂的内容。个性化搜索试图提供定制的结果,以满足不同用户的兴趣、偏好、信息需求和所处环境(Micarelli et al., 2007; Zhou et al., 2012)。这是通过使用与用户有关的信息来调整所选择和呈现的内容以满足该用户的需求、偏好、知识和兴趣,并自动解决搜索中潜在的模糊性部分来实现的。如上所述,为用户提供对这些用户模型的一些操控权限以及个性化过程何以影响搜索,这是确保用户满意度和促进该用户模型被采用的关键。(Ahn et al., 2008)

当使用搜索界面探索和调查文化遗产藏品时,用户的信息需求随着他们所获得的知识和所处的环境而不断变化。因此,个人对某一内容相关性的看法也会不断变化。从传统意义上讲,相关性被视为搜索系统中的一种静态呈现,如今则必须被认为更具流动性和自适应性。

推荐

概述：在线浏览藏品的一个潜在问题是：不搜索特定内容的用户可能永远不会意识到这一点。推荐使个性化系统能够突出显示与用户活动和兴趣相关的内容。

推荐是一种信息过滤方法，它试图识别单个用户可能感兴趣的内容。推荐通常是通过分析集合的内容并将该集合中的项目与用户模型匹配来实现的。（Ricci et al., 2011）我们已经讨论了如何根据用户先前的操作构建这样的用户模型。另一种推荐方法被称为协同过滤（collaborative filtering）（Resnick et al., 1994），系统尝试根据用户与其他用户的相似性来预测用户将发现哪些相关性的内容。

CULTURA（http://www.cultura-strep.eu）开发的推荐器就是如何使用协调过滤的一个例子。在这种方法中，当用户探索文化遗产藏品时，会向他们提供两组完全不同的建议。这些推荐意见由两个工具提供，一个是"混合推荐器"（Hybrid Recommender），另一个是"全局推荐器"（Global Recommender）。这些工具实现了四阶段个性化方法的建议阶段。

混合推荐器根据个人的用户模型和用户当前正在查看的内容生成推荐内容列表。具体而言，这涉及查看从每个资源提取的实体，并将它们与存储在用户模型中的用户兴趣倾向的加权实体进行混合。混合推荐器还可以访问用户最近关注的实体之间的权重，而不是那些始终看起来与用户相关的词语。在对结果进行分析和混合后，相关内容的链接被生成，并在环境中的一个侧块（side block）中呈现出来。这为用户提供了一套用于进一步浏览文化藏品资源的有用的、非侵入性的机制。

当混合推荐器考虑用户正在查看的内容并将该内容中包含的实体与用户模型中的那些实体进行平衡时，全局推荐器仅基于个人的用户模型给出推荐。此推荐器旨在为探索提供初始起点，而不是在探索过程中提供到达补充资源的链接。

结 论

本文介绍了在提供定制的内容访问时所面临的一些挑战。已经讨论了如何分析用户的操作和集合中的构建物，从而产生许多生成个性化体验的可能性。然而，在实现这些可能性时必须谨慎。用户的探索应该得到支持，提供的任何个性化服务都应该是外围的。与内容集合进行交互的用户有着各种不同的背景和不同层次的经验水平。当定制对这些内容集合的访问时，所有这些用户都应该在他们试图完成的任务中得到有效支持。

提供的任何个性化解决方案都应该让用户完全掌控。个性化的四阶段模型允许在指导、探索、建议和显示之间无缝移动，从而使用户能够最大限度地参与到内容集合中。在这个模型中，最重要的是显示阶段，它使用户能够仔细检查和调整个性化所依托的用户模型。用户通过参与到显示阶段中，不仅可以实现这种控制，还有助于识别他们没有明确意识到的相关主题和实体。指导阶段能够使新用户在导航集合中的关键构建物之间获得定向支持。这一指导是由叙述、策划的路径和将许多构建物连接在一起的批注链接相组合来提供的。同样，这个指导是伴随构建物一起提供的，因此用户可以随时进行探索。提供个性化体验的关键之处在于，应鼓励用户按照自己的兴趣和意愿探索内容，个性化的推荐、叙述和搜索在此过程中也会提供适当的支持。

参考文献

[1] Agichtein, E., Brill, E., and Dumais, S. 2006. Improving web search ranking by incorporating user behaviour information. Proceedings of the 29th Annual International ACM SIGIR Conference on Research and Development in Information Retrieval, Seattle, Washington, USA, 2006, 19–26.

[2] Agosti, M., Manfioletti, M., Orio, N., Ponchia, C. 2013. Enhancing end user access to cultural heritage systems: tailored narratives and human-centered computing. In *New Trends in Image Analysis and Processing: ICIAP 2013 International Workshops, Naples, Italy, September 2013*, ed. A. Petrosino, L. Maddalena, and P. Pala. Berlin: Springer, 278–287.

[3] Ahn, J., Brusilovsky, P., He, D., Grady, J., and Li, Q. 2008. Personalized web exploration

with task models. *Proceedings of the 17th International Conference on World Wide Web, WWW 2008, Beijing, China, April 21–25, 2008*. New York: ACM, 1–10.

[4] Ankolekar, A., Krötzsch, M., Tran, T., and Vrandečić, D. 2008. The two cultures: mashing up Web 2.0 and the Semantic Web. *Journal of Web Semantics* 6 (1).

[5] Bailey, E., Lawless, S., O'Connor, A., et al. 2012. CULTURA: supporting enhanced exploration of cultural archives through personalisation. *Proceedings of the 2nd International Conference on Humanities, Society and Culture, ICHSC 2012, Hong Kong, China, October 27–28, 2012*.

[6] Brusilovsky, P. 1996. Methods and techniques of adaptive hypermedia. *User Modeling and User-Adapted Interaction* 6 (2–3), 87–129.

[7] Brusilovsky, P. 2007. Adaptive navigation support. In *The Adaptive Web*, ed. P. Brusilovsky, A. Kobsa, and W. Neidl. Lecture Notes in Computer Science, 4321. Berlin: Springer, 263–290.

[8] Conlan, O., Staikopoulos, A., Hampson, C., Lawless, C., and O'Keeffe, I. 2013. The narrative approach to personalization. *New Review of Hypermedia and Multimedia* 19 (2), 132–157.

[9] De Bra, P., and Calvi, L. 1997. Creating adaptive hyperdocuments for and on the Web. *Proceedings of the AACE WebNet'97 Conference, Toronto*, 149.

[10] Dou, X., Song, R., and Wen, J. 2007. A large-scale evaluation and analysis of personalized search strategies. *Proceedings of 16th International Conference on World Wide Web (WWW16), Banff, Alberta, Canada*.

[11] Hampson, C., Lawless, S., Bailey, B., et al. 2014. Metadata-enhanced exploration of digital cultural collections. *International Journal of Metadata, Semantics and Ontologies* 9 (2), 155–167.

[12] Kobsa, A. 1993. User modeling: recent work, prospects and hazards. In *Adaptive User Interfaces: Principles and Practice*, ed. M. Schneider-Hufschmidt, T. Kühme, and U. Malinowski. Amsterdam: North-Holland.

[13] Micarelli, A., Gasparetti, F., Sciarrone, F., and Gauch, S. 2007. Personalized search on the world wide. In *The Adaptive Web*, ed. P. Brusilovsky, A. Kobsa, and W. Neidl. Lecture Notes in Computer Science, 4321. Berlin: Springer, 195–230.

[14] Resnick, P., Iacovou, N., Suchak, M., Bergstrom, P., and Riedl, J. 1994 GroupLens: an open architecture for collaborative filtering of netnews. *Proceedings of the ACM*

Conference on Computer-Supported Cooperative Work, Chapel Hill, NC, 175–186.

[15] Ricci, F., Rokach, L., and Shapira, B. 2011. Introduction to Recommender Systems Handbook. In *Recommender Systems Handbook*, ed. F. Ricci, L. Rokach, B. Shapira, and P.B. Kantor. New York: Springer, 1–35.

[16] Teevan, J., Dumais, S.T., and Horvitz, E. 2005. Personalizing search via automated analysis of interests and activities. *28th International ACMIR Conference on Research and Development in Information Retrieval, Salvador, Brazil, 2005.*

[17] Zhou, D., Lawless, S., and Wade, V. 2012. Improving search via personalized query expansion using social media. *Journal of Information Retrieval* 15, 218–242.

13. 昔日的辉煌：数字人文学科中的复古计算[①]

马修·G. 基申鲍姆（Matthew G. Kirschenbaum）

一位业余爱好者将一台封存的Macintosh Plus[②]（它没有板载以太网或WI-FI）连接到树莓派上，这样就可以用它浏览当今的网络。（Keacher，2013）纽约市一家小型艺术机构的档案管理员重建了一个被称为"The Thing"的传奇公告牌系统，使用了从5¼英寸软盘上的备份数据到描述运行中的原始电子公告板（BBS）的35毫米幻灯片的所有内容。（Kopstein，2013）。一位浪漫主义者在20世纪80年代编辑了诗人雪莱的作品，转而通过使用取证计算（forensic computing）方法从传统媒体中恢复其材料，以便包含其中的手稿抄本可以作为在线TEI编码新版本的复制文本。（Olsen，2013）一位电子文学学者兼策展人将一批30年前的机器寄送到现代语言协会的年会上，在那里她组织了一个展览，让与会者在自己的母语平台上看到并阅读早期的数字小说和诗歌作品。（Kopstein，2013）所有这些可以作为复古计算（retrocomputing）的案例是一套实践操作系统，致力于保存、参与和扩展过时的计算机系统的历史遗留问题，以实现文档恢复、教育、实验、批判和艺术表达，以及一种纯粹的满足感。

"复古计算"是一个口语化的术语，没有统一的、规范的定义。它与专业数字保护主义者的活动有重合之处，但也无疑是业余爱好者所做的一种努力，即兴发挥和自由创作，而文化遗产机构则倾向于标准、最佳实践和策展保守主义。尤里·塔赫蒂耶夫（Yuri Takhteyev）和奎恩·杜邦（Quinn DuPont）（2013）将复古计算描述为"一系列与旧计算机系统的当代活动相关的不同实践"，而帕特里夏·加洛韦（Patricia Galloway）（2011）则发现复古计算的特征是"业余性"（amateurism）（即从业者从中获得的报酬很少）、对

[①] *A New Companion to Digital Humanities*, First Edition. Edited by Susan Schreibman, Ray Siemens, and John Unsworth.

© 2016 John Wiley & Sons, Ltd. Published 2016 by John Wiley & Sons, Ltd.

[②] Macintosh Plus是第一台Macintosh模型，包括一个SCSI端口，推出Mac电脑，包括硬盘、磁带机、CD-ROM驱动器、打印机，甚至显示器的外部SCSI设备的普及。

"技术技能"的集中应用,以及对复古计算领域目标的"真诚认同"(sincere identity)所产生的"持久兴趣";她还注意到了类似于其他形式的"技术修补"(technological tinkering),如业余无线电(ham radio)。虽然复古计算的初始模式可能是工程退休人员向计算机历史博物馆贡献时间和专业知识以修复旧式设备,但代际标准是不够的。例如,复古游戏社区中的大部分活动的参与者都是青少年,而复古计算的其他部分,如演景(democene)(Tassäjarvi, 2004),则吸引了那些在原系统首次发布时还没有出生的追随者。加洛韦呼吁人们注意所谓的"隐性知识"在此类企业中的作用。在这些企业中,参与者通常通过经验、动手学习(hands-on learning)和越肩视角(over-the-shoulder)的互动而获得专业技能。因此,物理空间对于复古计算的发展至关重要,不仅是作为集体工作和知识共享的场所,而且也为公众访问和举办展览创造了机会。地区性俱乐部和团体是很普遍的,尽管社区也有重要的在线论坛和渠道。复古计算与创客文化、DIY文化、蒸汽朋克、硬件改装活动(例如,超频)、设计小说、装置艺术,甚至(笔者认为)粉丝文化形式(例如,粉丝小说和角色扮演)以及再现历史有着重要的联系。数字和新媒体研究中新兴的理论方法也有明显的共同点,包括媒介考古学、平台研究、软件研究和关键代码研究。本文的目标是从数字人文的视角来具体研究复古计算,并通过探究复古计算领域研究的相关实践、态度和观点,观察其对数字人文学科的实践和属性有何影响。

数字人文学科通常因其走在最前沿而感到自豪。我们这些管理研究中心或实验室的人,或者管理和教授系列课程的人,都会不遗余力地使硬件和软件的版本始终保持在最新状态。我们参加研讨会、研究所和会议,以便把握研究形势。我们阅读博客和提要,关注推特,与同事交流,所有这些都是为了获取最新信息。随着新工具、新技术、新平台和新设备的出现,研究对象往往倾向于新事物,这些新工具和新设备成为批判性和创造性思维的催化剂:"如果我尝试主题建模,这个语料库会给我带来什么支持?""我怎样才能在这个新的触摸屏上实现这种学术功能?"考虑到这些技术对新事物发展的推动作用,这似乎是违背直觉的,即有意采用过时数十年的技术,而这些技术在物理上缺乏与其周围不断发展的数字世界进行互动(确切地说,在硬件和协议层面)的技术。虽然一些读者可能对他们的旧机器有一些好感,甚至会把这些旧机器留在手边，但他们通常将这种行为倾向归因于个人怀旧，并不认为它们是作为数字人文学者研究的工具和研究人员实践中不可或缺的一部分。

然而，如果让复古计算对数字人文学科的意义完全依赖于其反向冲动，即新旧之间的对立，那将是一个错误。有几位作家已经致力于用批判的方式化解这一特定的二元关系；例如，塔赫蒂耶夫和杜邦（2013）指出了"混合"理念在复古计算实践中的重要性，在复古计算的实践中，这些遗留的组件常常与新技术完全集成在一起，这些新技术要么是制作出来的，要么是临时配备的，以扩展或取代遗留组件的功能。事实上，他们认为复古计算的主要意义不在于其保守主义倾向，而在于其作为一种"变革性"实践的能力，"产生来自不同时期的物理和数字片段的集合，并以新的方式'重新混合'"（Takhteyev and DuPont，2013：358）（上文中描述的支持互联网的Mac Plus就是一个与组合有关的例子，它依赖于传统硬件和当代组件的组合，以及与旧式软件的组合——但旧式软件仍然是来自比传统硬件更晚的时代）。同样，他们注意到严格意义上的真实性和更有趣或异想天开的参与之间的平衡，通过将一台Commodore 64涂成完全非历史的（但引人注目的）蓝色来说明这一点，以重新获得最初使用机器时的愉悦感。（Takhteyev and DuPont，2013：362）这样的例子，以及旧系统的工业设计、外形因素和人体工程学的不同之处，可以提醒我们，计算机系统情感维度的重要性，即它们是世界上的实体和构建物，而不仅仅是通往所谓的"虚拟"场所的工具性门户。

与此同时，乔纳森·斯特恩（2007）有力地论证了计算机主要是相对于其他计算机而言是"新的"，而不是相对于外部形式的媒体或技术而言。他说："如今，计算机和其他数字硬件比其他任何东西都更能取代它们自己的接口。"（Sterne，2007:19）斯特恩还注意到，计算机从"新的"到"有用的"再到"过时的"这一发展过程，支配着我们对计算机技术的时间体验：他的观点是，对新旧事物的感知几乎总是营销策略和社会压力的作用，而不是技术本身的固有属性，它的性能一如既往。（直到20世纪90年代，笔者的父亲还用Apple II和1200波特的调制解调器处理网上银行业务；其他家庭成员都嘲笑这一行为，但不可否认这些工具都起了作用——我们其他人真的只是在转移市场压力吗？）斯特恩接着阐释道，日常计算的特点往往是新旧并置，去年的电脑仍然放在办公室的角落或壁橱的架子上，一些桌子抽屉里不可避免地杂乱地堆放着一些线缆、连接器和适配器。面对这些静静放置的遗留物品（和提醒物品），换言之，即计划被淘汰的产品，没有人会赞同一种完全进步和实证主义的技术创新观。因此，复古计算可能提供了一个独特的视角，以便在我们的计算年表中定位其他类型的标记和分隔符——无论是个人的还是特殊的，而不是完全由外部营销周期强加的那些标记和分隔符。乔治·R. R. 马丁（George R. R. Martin）这样的小说家就持有这种立场，他仍然更喜欢键盘驱动的文字处理器WordStar，而不是任何图形用户界面（Graphical User Interface，简称GUI）的替代品。如果我们的工具真的塑造了我们的想法和思维（就像尼采关于打字机的著名论断），那么数字人文学科就有责任批判性地审视其自身技术和工具的物质遗留：这包括它们在消费商品文化中的含义、它们所带来的情感和影响范围，以及它们作为历史和物质——也就是说不可复归的人文——制品的地位。

本文的其他部分将从数字人文活动的两个潜在研究领域来考虑这可能意味着什么：数据保存和恢复为与图书馆和档案馆的合作提供了机会，这些图书馆和档案馆越来越多地获取原生数字资料（参见研究雪莱的学者转向取证计算的早期例子）；以及对数字文化形式的历史研究，包括创造性探索，这也与人们对批判性创作（如上文所述的电子文学展览）的浓厚兴趣相重合。最后，笔者为有兴趣建立自己的复古计算集合的研究者和研究中心提供一些建议。

保存和恢复

如果数字人文学科要关注我们过去全部的集体历史，那么它必须像一个克莱因瓶一样，也要接受通用计算机问世以来的几十年人类努力的所有领域中的文化产品所具有的原生数字对象和构建物。毕竟，我们把它视为一个范例，数字人文学科关注的是模拟文化记录的数字表示，以及对这些替代数字表示的不同种类的分析操作。艾伦·刘（Alan Liu）（2013）在其关于"数字人文的意义"一文中承认这两组操作是主要的操作，他总结道："一方面，领先的文本编码和数字存档项目发现有必要创建自己的分析、处理和可视化工具来展示材料；另一方面，文本分析、可视化和其他处理项目通常需要耗费大量的时间来选择、清理和准备现存的数字材料以作为可用的语料库。"（Liu，2013：411—412）复古计算提供了数字人文工具和方法，当涉及计算机时代的文化产品时，这些工具和方法可以与"数字化"和"分析"相媲美。换言之，复古计算提供了一套将数字嵌入文化和历史框架中的应用实践，它需要专门的设备、程序和软件来确认这些曾经的"新"对象现在的基本历史性。

  这些实践中的第一个也是最基本的一个实践涉及从传统媒体中恢复数据。这就是访问障碍最为明显的地方。由于数字数据既对肉眼不可见（至少在正常情况下），又使用任意的符号系统进行编码，所以通常必须使媒体可操作（至少在一定程度上），才能尝试恢复数据。因此，控制操作系统及其外围设备之间交互的端口、电缆和设备驱动程序的混乱必须通过重新创建、规避、模仿或以其他方式加以解释。有时，只需使用一系列现代组件就可以实现这些传输，例如，一台仍然可以容纳特定媒体设备的稍旧一些的计算机，道格·雷西德（Doug Reside）将这些偶然获得的硬件配置称为"罗塞塔计算机"（rosetta computers），并以麦金塔"华尔街"G3笔记本电脑（Powerbook G3）为例，它附带了一个所谓的超级磁盘（SuperDisk）（能够读取以不同数据密度记录的3½英寸磁盘）、一个以太网端口和一个CD-ROM驱动器。CD-ROM允许安装Linux等替代操作系统，超级驱动器（SuperDrive）意味着计算机可以容纳各种传统媒体，而以太网端口提供了导出数据的方法（第三方卡甚至允许通过机器的本地PCMCIA插槽添加USB设备）。由数字情报（Digital Intelligence）制造的取证恢复装置（Forensic Recovery of Evidence Device，简称FRED）在本质上是一台特制的罗塞塔计算机，具有各种磁性和光学介质的连接器，包括所有最常见的硬盘接口。但是，复古计算社区也开发出了自己的特制工具，用于访问甚至更旧形式的传统媒体。其中最常见的是软盘控制器卡，它允许5¼英寸的磁盘驱动器通过USB网桥连接到当代操作系统。这就是访问障碍最为明显的地方。由于数字数据既对肉眼不可见（至少在正常情况下），又使用任意的符号系统进行编码，所以通常必须使媒体可操作（至少在一定程度上），才能尝试恢复数据。其中最著名的也许就是KryoFlux，之所以这样称呼它，是因为它捕获的不是单个的"比特"本身，而是捕获以物理记录形式构成的数据的磁通量序列。重要的是，这意味着该卡通常可以绕过损坏的磁道和扇区、残留的复制保护方案和其他格式化特性，因为它不是在试图解释数据，而只是获得从介质表面的磁通量复制而来的信号的记录。

  上述所有工具的目的都是捕捉原始媒体的"图像"。当然，这不是摄影图像（尽管有时出于保存目的也会捕获这些图像），而是由每个单独的比特组成的所谓的"比特流"，无论是处于其原始信号状态还是被解释为二进制值。这样的比特流（或磁盘图像），当在健全的取证条件下获得时，可作为原始媒体的合法替代品，其数字证据可以被法庭接受。校验和确保数字证据在转移过程中，无论是无意还是通过其他方式，都没有任何一处被篡改（尽管从文化遗产的角度来看，这可能看起来有些过于严苛，但请考虑一下学者基于原生数字媒体获得的档案证据进行论证时所产生的影响。然后可以对磁盘映像进行分析、搜索关键字和字符串或其他形式的数据和元数据，甚至可以"平铺"以查找未分配和不完整的文件片段。磁盘映像是保存一组原生数字材料"原始顺序"的最佳方式，因为在与新的主机操作系统进行交互时，它将适用于重新设置其日期和时间戳。因此，从学术研究的视角来看，磁盘映像应被视为一个传真件，是"原件"极高保真度的替代品（实际上在数学上无法将之区分）。由于我们对马里兰人文科技学院的这些研究问题感兴趣，且一直是BitCurator项目机构的合作者，在该项目中，我们与北卡罗来纳大学教堂山分校（UNC Chapel Hill）的研究人员合作，致力于开发一个完全具有这些功能的开源数字取证处理环境（图13.1）。

图13.1　马里兰人文科技学院的数字取证工作站，运行BitCurator环境，还可以看到各种媒体驱动器、写阻止程序和Kryoflux控制器卡

因此，存在一个数字人文学科的机会空间：虽然一些图书馆和档案馆内部现在具备这些能力，即把处理原生数字收藏材料作为其工作的一部分，但

许多图书馆和档案馆仍然没有加以实践。此外，这些机构通常关心的是汇总处理大量藏品的总体情况，但往往缺乏充足时间和资源以及合适的工作流程来承担这一重大项目。在MITH，我们参与了几个重要的数字恢复项目——实际上，通过将一个原生数字对象从传统的媒体迁移到一个当代平台，并使其"数字化"，在这个平台上，它可以成为保存和可进一步分析、再利用或重新混合的对象。道格·雷西德能够通过前面提到的罗塞塔计算机，从原始磁盘中恢复威廉·吉布森著名的、被认为是自毁或自加密的诗歌《阿格里帕》未经修改的磁盘映像；有了磁盘映像，这首诗就可以在麦金塔操作系统7（Macintosh System 7）仿真器中"播放"，以体验它最初的屏幕演示。在这些发现中，其中一个发现是这首诗在其脚本行为中包含了原始的声音效果。同样，笔者使用了上述类型的软盘控制器卡，恢复了保罗·泽莱文斯基（Paul Zelevansky）的动画数字游戏文本SWAlLOWS，它最初是用Forth-79为Apple II编写的。泽莱文斯基从最初5¼英寸的软盘中提取了140KB的图像文件，并发布了这部作品的2.0混音版本，这是20世纪80年代中期以来从未出现过的版本。其他评论家，如洛里·爱默生（Lori Emerson）利用由此恢复的数据对泽莱文斯基的研究工作进行了重要的、新的批判性研究，帮助其恢复了在经典电子文学中的地位。最后一个例子是IBM的磁带电动打字机（MT/ST），它是有史以来第一个被标榜为"文字处理器"的产品［1964年首次推出，重约200磅（90千克），标价10000美元］。由于笔者目前从事文字处理文学史方面的工作，我们在MITH设有一个网站，并且正在修复它；华盛顿地区档案机构的专家们存有最初用MT/ST准备的盒式磁带，正在等待我们的修复工作以尝试他们自己的数据恢复。

最后一个例子代表了一种可能得到进一步认可的伙伴关系。由于并非每个文化遗产机构都需要保留处理所有复杂媒体和设备格式的能力，因此可能会形成一个交流网络，其中各机构利益相关者将维持相互支持的旧式设备储存库。事实上，联机计算机图书馆中心正在尝试这样一项计划，并将其称为旧式技术软件和工作站（Software and Workstations for Antiquated Technology，简称SWAT）。他们注意到：

> SWAT站点可能有各种各样的计算平台，包括用于读取多种媒体的软件和驱动器。或者，SWAT站点可以专门处理一个特定的挑战，例如穿孔卡片、早期文字处理磁盘或Apple II媒体。服务可以提供给其他档案馆

（也可以想象，提供给企业、执法部门和个人），也许是在收回成本的基础上提供……（Erway，2012：5）

数字人文中心可能是SWAT站点潜在的最佳选择，因为它们通常比图书馆、特别收藏单位享有更大的制度灵活性。无论如何，从旧时的媒体格式中恢复数据的工具和专业知识应该在数字人文中心和个体从业者的能力范围之内，正如我们理所当然地认为，获得扫描仪、数字摄影站和其他形式的媒体传输和数字化——以及利用它们的能力——是数字人文工作不可或缺的组成部分。

数字文化

1952年，布卢姆斯伯里（Bloomsbury）的坚定支持者吉尔斯·里顿·斯特拉奇（Giles Lytton Strachey）的侄子克里斯托弗·斯特拉奇（Christopher Strachey）为曼彻斯特马克一号（Manchester Mark I）计算机编程，让它根据一套简单的规则从词汇表中创建句子来生成情书。这可以说是数字计算被用于创造性和艺术性表达的开始，当然，也有可能存在其他日期和里程碑。无论如何，在整个20世纪下半叶，特别是20世纪70年代末个人计算机问世以来，计算机一直是视觉和文学艺术以及音乐、电影创作的一个基本要素，还包括计算机自身的本地媒体中具有创造力的重要元素。正如关于书的历史领域的研究学者们通常密切地关注其主题的材料细节一样——比如一本特定的书是如何进行排版、装订或插图的，但也有更宏观的问题，比如印刷和营销——数字文化学者也开始提出涉及编程语言、软件接口、硬件功能和网络架构等类似的问题。正如诺亚·沃德罗普–弗鲁姆（Noah Wardrop-Fruin）（2011）在关于斯特拉奇的程序（通过对其在牛津大学图书馆的源代码进行档案研究）中所发现的那样，重要的是，它的单词列表中确实包含"爱"这个词及其变体，从而驳斥了艾伦·图灵（Alan Turing）等传记作家（图灵和斯特拉奇相识）的解读，即这是一个"不敢说自己名字"的计算机程序。同样，根据人们所提出的问题的类型，小说家是否在3×5英寸屏幕的Osborne 1上运行WordStar，或者是否在一对配置成串联运行的21英寸等离子显示屏上使用页面，这都可能产生一定影响。屏幕上一次可见多少行？这种限制是否影响了作者修改过程的方法？近年来，许多数字文化研究和新媒体理论经历了一个"物质"转向，出现了大量新的研究方法，如媒体考古学、平台研究、软件研究和关键代码研究。尽管从根本上不可互换——尤其是媒体考古学来自一些完全不同的背景，主要是欧洲大陆——但与我们的目的相关的是，复古计算提供了此类学术所需的特定技术资源，无论是正常运行的Osborne 1还是更专业的工具，如十六进制编辑器、仿真器、反编译器和反汇编程序。

因此，拥有资源和复古计算环境的数字人文中心可以与当代媒体和文化领域的学者建立实质性的合作，包括游戏研究、数字艺术和电子文学。事实上，这是一种特别有效的方式，可以使数字人文学科从传统的对公共领域材料的关注中解放出来，这往往导致20世纪（更不用说21世纪）的学科被忽视。此外，数字人文中心和项目有时更容易看到早期电脑游戏和软件的价值，而在其他领域，这些可能会被视为流行文化领域的昙花一现。因此，有机会在这些领域大举增持。在MITH，我们是两个大型硬件、软件、数据文件和手稿资料的管理者，这些资料来自两位作者，他们从早期开始聚焦文学超文本的研究，一位是迪娜·拉森（Deena Larsen），另一位是比尔·布莱（Bill Bly）（图13.2）。拉森和布莱的收藏在许多方面类似于典型的文学手稿集；正如笔者在其他地方详细描述的那样，它们由模拟和数字内容组成，跨越两种状态下的多种类型和形式，从信件和期刊到草稿、校样、概念证明，以及最终无法归类的内容。（Kirschenbaum，2013）我们最初收购了拉森收藏（Larsen Collection），作为我们当时在数字保护领域开展项目的研究试验台，但即使在那时，我们也理解作为材料的保管者和管理者的长期义务。最为关键的是，在拉森和布莱的支持下，我们采用了一种类似于弗吉尼亚大学（University of Virginia）古籍学校（Rare Book School）的访问模式，在那里，馆藏材料通常被处理、共享、强调，甚至为了教学目的被拆除。对我们来说，拉森的麦金塔电脑不仅本身就是一个保存对象，而且还是一个可操作的平台，我们毫不犹豫地使用它来访问传统媒体或为用户提供真实的时代体验。最近，我们与马里兰州的图书馆特别馆藏合作开发了一种联合管理模式，以确保这些藏品得到与其他特别藏品材料同等的保护和长期的护理；同样重要的是，现在可以借助特殊的收藏界面，通过按照正常手稿处理程序准备的查找辅助工具来发现它们。前面的示例演示了复古计算资源如何打开与不同校园实体以及周围社区和其他社区的合作伙伴协作的大门。

图13.2 马里兰人文科技学院复古计算收藏的一部分，包括迪娜·拉森和比尔·布莱的材料

探路者（Pathfinders）项目就是另一个例子（http://dtc-wsuv.org/wp/pathfinders）。由戴恩·格里加尔（Dene Grigar）和斯图尔特·穆鲁普（Stuart Moulthrop）指导，由美国国家人文基金会数字人文办公室资助，探路者项目致力于解决以下问题：如何在斯特恩所描述的加速技术变革的环境中记录数字文学历史，在这种环境中，那些用于创作和传播某一特定电子文学作品的机器都早已过时和报废。当然，仿真器是一种局部解决方案，它本质上是一种通过编程可以复制其他计算机程序操作的计算机程序，甚至是完整的硬件和芯片组，但是，它们并不是完全准确的，而且通常无法捕捉到档案管理员所说的原始数字作品的"重要属性"（例如，并不是所有的仿真器都支持声音）。借助格里加尔自己收藏的大量旧式电脑，探路者项目采用了案例研究的方法，其中包括与五位早期非常重要的电子文学创作者（包括布莱）合作，记录他们的作品所产生的各种文学和互动体验。探路者项目对这些作者进行口述历史访谈，关键是记录项目术语"遍历"（traversals），这是作者本人和其他读者在修复了原系统样本的基础上浏览文学作品的视频会议（实际上，这两种方法以前都在游戏保护社区中使用过，在那里有更多的人有兴趣保护他们的创意遗产）。一部分是数字保存，一部分是文学和文本研究，还有一部分是计算机历史，探路者项目是复古计算具体实践的典型案例，体现了通过复古计算进行集中的学术研究。

当然，任何保存行为都不能完全恢复给定体验的每一个缺失的部分，无论是通过数字媒介还是以其他方式。亨利·洛伍德（Henry Lowood）（2013）最近将其称为"真实体验的诱惑"，由于有限的策展资源和相互竞争的需求而不得不做出的各种让步之间的平衡一直存在。例如，博物馆展览原始硬件的运行，但将输出导向到大屏幕显示器以便观看。虽然找到并维持这种平衡是许多策展人焦虑的根源，但它也是学术钻研和理论研究的一个极具吸引力的领域，它将媒体考古学、软件或平台研究等最新方法的重要性放在了首位。例如，洛伍德指出："真实体验的另一个问题是，它通常对研究人员没有那么有用，也可能不是理解历史软件在执行过程中的最有用的方式。"他以仿真机为例，虽然如上所述可能需要在真实性方面做出让步，但也可以通过"提供有关系统状态和代码执行的实时信息"以进行补偿。这与沃尔夫冈·恩斯特（Wolfgang Ernst）（2011）等媒体考古学家的立场直接相左，恩斯特经常在自己的著作中论及技术机构的首要地位，并维护着一个被修复后的由计算机和媒体设备组成的实验室。他宣称："'历史'的媒体对象，即使它们的外部世界已经消失，当它们还在运作的时候，就会从根本上呈现出来。"（Ernst，2011：242）这一观点与观看一台过时的机器闪烁并重新焕发生机的纯粹乐趣相吻合。因此，复古计算和数字保存是一个需要将相互竞争的理论付诸实践的领域，在有限的资源和物质障碍面前，必须做出选择和权衡。当然，对于大多数形式的数字人文研究，人们都可以这样说。

复 古

虽然复古计算活动可以很容易地由个人执行，因为所需的资源往往相对便宜，但对协作工作的关注、存储和维护物质制品的需要以及公开展示和访问的机会使其特别有利于研究中心和实验室的活动。如上所述，MITH在马里兰共同管理两个文学手稿收藏，其中包括大量的复古计算资产；此外，MITH还收集了大量计算机、软件和其他与拉森或布莱材料无关的早期计算机藏品，包括上文所述的MT/ST单元，以及各种旧式驱动器、电缆、连接器和其他支持各种形式的数字恢复的外围设备。也许在北美公开的人文背景下，最庞大的旧式电脑收藏库是由科罗拉多大学博尔德分校的洛里·爱默生指导的媒体考古实验室（Media Archaeology Lab，简称MAL），该实验室维护着数十台旧式机器，且保证所有机器都处于正常运行状态，其中包括一台正常工作的复制机Apple I和一款个人计算机Altair。同样，尼克·蒙特福特在麻省理工学院创立的Trope Tank，作为一个研究空间，学生们可以试验各种老式平台，包括一台原创的小行星（Asteroids）游戏机（http://trope-tank.mit.edu）（虽然后者看起来可能有点放纵，但想想其也能教给学生人机交互和电脑游戏方面的相关知识、矢量图形和光栅图形之间的区别、按钮控制器的可供性、在操纵台前站立的人体工程学，以及大胆粉刷游戏机陈列柜的美学影响）。探路者项目中的戴恩·格里加尔（Dene Grigar）维护着电子文献实验室，也拥有类似的资源和技能（http://dtc-wsuv.org/wp/ell）。

重要的是，所有这些空间不仅仅是为了保存过去，而且还在各种媒体上创造了新的作品——正是塔赫蒂耶夫和杜邦所描述的混音类型。例如，媒体考古实验室赞助来访艺术家借助他们的收藏进行驻留。最近的一位参与者马特·索尔（Matt Soar）在他的项目中写道：

> 我的焦点……将使用各种"原材料"（16毫米和35毫米胶片导片）来制作作品，使用的工件来自MAL的收藏品。我们的目标是将创造"美丽的意外"：通过合成图像、投影和基于时间的媒体，以突出和颂扬电影短时的、副文本方面的"元数据"。（媒体考古实验室，2013）

另外，MAL还赞助讲座、课堂参观和开放式活动，公众可以在那里试用旧式硬件、玩游戏等。与此同时，Trope Tank对蒙特福特与其他九位作家合著的一本书起到了重要作用。10 PRINT CHR$（205.5+RND（1））;: GOTO 10（2013）是一项对同名代码单行的文化、技术和想象力意义方面的严格的技术和理论研究，它在C64的屏幕上绘制了一个连续和随机计算的迷宫状图案。蒙特福特经常在实际的C64上演示这个程序，注意到它依赖于用户对直接打印在原始键盘上的特殊字符代码的访问，这些代码虽然可以用仿真器进行复制，但并不是作为主机系统的一个功能被直观地显示出来。对10 PRINT程序的严格审查也促使蒙特福特及其合作者在它的启发下编写了新的程序（BASIC和当前编程语言）。除了在代码和计算的概念元素层面上进行混合外，复古计算还需要与电路板、电路和其他物理组件进行混合操作，从而产生这样的戏剧性创作，例如，杰里·埃尔斯沃思（Jeri Ellsworth）将C64混合到低音吉他的琴颈上，以便通过C64的原始声卡处理收集到的信号（她经常在穿旱冰鞋时使用乐器进行表演）。（Louisgoddard，2012）

对于个人和研究中心或机构来说，也许开发用于复古计算的集合的最好方式是"蜜罐"（honeypot）。将一台旧电脑（最好是仍在工作的）放在人流密集场所的显眼位置，游客和行人会注意到，并提供他们仍然放在阁楼上的Osborne或衣橱里的Kaypro。正如斯特恩提醒我们的那样，许多人倾向于保留他们的旧电脑和外围设备，但却很积极地将这些旧的设备捐赠到一个空间，在那里这些旧的设备能在对其感兴趣和积极组织的社区中获得重新使用的机会，这将被证明是不可抗拒的。事实上，在很短的时间内，你会发现制定一个收藏策略是十分有必要的，这样就不会漫无目的地获取硬件和软件。考虑因素包括：你希望广泛收集还是在特定时间段内收集？有任何特殊类型或品牌的设备？它们是否处于正常工作状态也是很重要的，或者你是否有资源来修复它们？这台设备的使用者是谁？它们中有哪一个本身是独特的或者是有价值的？你是想要保存和修复这些设备，还是要将它们拆开并重新组装？像打印机这样的外围设备？那么存储介质又如何？你能否确保在存储介质上可能存在的仍可访问的全部数据的隐私安全？等。易贝（eBay）和Craigslist都是寻找潜在收藏材料以及零部件的绝佳场所，尽管有些机构在从这些渠道购买时也会遇到一些制度障碍（事实上，这是一个非常重要的考虑因素）。同样适合的还有许多校园都保留着的多余的研究室。除了实际的硬件之外，配置一台或多台当代设备作为一个复古计算中心是值得的，它配备有仿真器等软件资源和Retrode2等专用设备，允许用户通过当代计算机上的仿真器使用原始控制器播放任天堂SNES盒带，同时也允许用户提取ROM文件（Donahue，2012）（如前所述，复古计算有时可能成为法律上的灰色地带，各个机构将不得不研究可能面临的问题，并找到它们各自的舒适度）。最后，人们不应忽视这样一个事实：有关数字文化和计算机的历史仍以印刷品、手册、书籍、杂志和时事通信的形式存在，以及早期软件产品附带的包装和宣传材料。这也是建立藏品库的一个基本要素，手册和文档通常可以以很便宜的价格买到。这样一个颇具规模的参考图书馆可以很快建立起来。

对于数据恢复活动，虽然人们可以花费大量资金在专门的数字取证资源上，但正如波特·奥尔森（Porter Olsen）（2013）所展示的那样，这些必需品也可以以非常低的成本获得。需要考虑的元素包括必要的驱动器和控制器卡的源码、用于确保数据完整性的写阻止程序以及具有取证功能的软件。旧式的3½英寸和5¼英寸软盘驱动器在二手市场上很容易找到，价格也很便宜。前者可以附带USB连接，因此与当前平台的兼容性不是问题；后者将需要用到上述类型的专用控制器卡，而且这些卡价格稍微贵一些（尽管不是高得令人望而却步）。写阻止程序是一种物理硬件设备，可以确保数据在获取磁盘映像的过程中不会不经意地从主机传递到传统媒体中；它是专业取证工作的基本组件，也是管理档案和文化遗产应用程序的基础。软件选项包括几个每年收取许可费的高端软件包，以及一些开源实用程序，其中最著名的是Sleuthkit。前面提到的BitCurator项目收集并打包了许多开源数字取证实用程序，并允许用户通过自定义Linux安装和虚拟机访问它们。

因此，复古计算是非常实惠的。它并不是精英机构长期建立的唯一中心区域。相反，它通常是通过礼品经济和易货贸易、合作、互换、集体、聚会和二手市场来获得支持。复古计算提醒人们，计算机可以提供多种形式的交互，包括那些并不总是以简单、高效、即时或可访问性为特征的交互。因此，从理论上讲，这是数字人文活动的一个重要补充，而且在这方面可能比前文中所谈及的更为重要。因为如果说新与旧的二元对立最终难以维持，那么，至少在目前，可以在大与小的对比中找到一种更有成效的二元对立。许多数字人文学科的特点是与所谓的"大数据"相关联；这本身是一个相对较新的现象，主要由诸如HathiTrust等知识库的大量研究语料库以及用于分析它们的桌面工具的广泛可用性所驱动。远程阅读、宏观分析、文化分析、文化经济学、大人文（big humanities）、人文学科的"大范围"和"大规模"都是具有一定影响力的比喻和术语，本书的其他论述将证实这一点。在这种背景下，复古计算可能会为那些毫不掩饰的小事物、毫不妥协的本土化和特殊化的事物打开一个空间：这台机器、那根大头针、那颗螺丝钉（你卡住手指也要松开的那个）、那块板（通过燃烧自己而进行焊接的那块）。无论人们如何定义数字人文学科，它都必须足够大，大到能够容纳这些微小的事物。

致　谢

我很感谢和泰德·安德伍德在推特上的一次阐释交流，这次对话帮助我思考了复古计算及其与"大数据"之间的关系。

参考文献

[1] Donahue, R. 2012. Preserving virtual SNES games. Maryland Institute for Technology in the Humanities, October 25. http://mith.umd.edu/ preserving-virtual-snes-games (accessed June 20, 2015).

[2] Emerson, L. 2014. *Reading/Writing/Interfaces: From the Digital to the Bookbound*. Minneapolis: University of Minnesota Press.

[3] Ernst, W. 2011. Media archaeography: method and machine versus history and narrative of media. In *Media Archaeology: Approaches, Applications, and Implications*, ed. E. Huhtamo and J. Parikka. Berkeley and Los Angeles: University of California Press, 239–255.

[4] Ernst, W. 2013. *Digital Memory and the Archive*.Minneapolis: University of Minnesota Press.

[5] Erway, R. 2012. *Swatting the Long Tail of Digital Media: a Call for Collaboration*. Dublin, OH: OCLC Research. http://www.oclc.org/research/ publications/library/2012/2012-08.pdf (accessed June 20, 2015).

[6] Galloway, P. 2011. Retrocomputing, archival research, and digital heritage preservation: a computer museum and ischool collaboration. *Library Trends* 59 (4), 623–636.

[7] Goto80. 2013. *Computer Rooms*. Bräkne-Hoby, Sweden: Click Festival.

[8] Keacher, J. 2013. How I introduced a 27-year-old computer to the Web. http://www.dailydot. com/opinion/mac-plus-introduce-modern-web (accessed June 20, 2015).

[9] Kirschenbaum, M.G. 2008. *Mechanisms: New Media and the Forensic Imagination*. Cambridge, MA: MIT Press.

[10] Kirschenbaum, M.G. 2013. The .txtual condition: digital humanities, born-digital archives, and the future literary. *DHQ: Digital Humanities Quarterly* 7 (1). http://www.digitalhumanities. org/dhq/vol/7/1/000151/000151.html (accessed June 20, 2015).

[11] Kirschenbaum, M.G. 2014. Software, it's a thing. https://medium.com/@mkirschenbaum/software-its-a-thing-a550448d0ed3 (accessed June 20, 205).

[12] Kopstein, J. 2013. "The Thing" redialed: how a BBS changed the art world and came back from the dead. The *Verge*, March 15. http://www.theverge.com/2013/3/15/4104494/the-thing-reloaded-bringing-bbs-networks-back-from-the-dead (accessed June 20, 2015).

[13] Lee, C.A., Woods, K., Kirschenbaum, M., and Chassanoff, A. 2013. *From Bitstreams to Heritage: Putting Digital Forensics into Practice*. Chapel Hill, NC: The BitCurator Project. http://www. bitcurator.net/docs/bitstreams-to-heritage.pdf (accessed June 20, 2015).

[14] Liu, A. 2013. The meaning of the digital humanities. *PMLA* 128, 409–423.

[15] Louisgoddard. 2012. Commodore 64 transformed into hybrid bass keytar. *The Verge*, July 9. http://bw.theverge.com/2012/7/9/3146354/ commodore-64-bass-guitar (accessed June 20, 2015).

[16] Lowood, H. 2013. The lures of software preservation. In *Preserving.exe: Toward a National Strategy for Preserving Software*. Washington DC: Library of Congress. http://blogs.loc.gov/digitalpreservation/ 2013/10/preserving-exe-report-toward-a-national-strategy-for-preserving-software (accessed June 20, 2015).

[17] Manovich, L. 2013. *Software Takes Command*.New York: Bloomsbury.

[18] Media Archaeology Lab. 2013. Matt Soar. http:// mediaarchaeologylab.com/matt-soar (accessed June 20, 2015).

[19] Montfort, N. and Bogost, I. 2009. *Racing the Beam: The Atari Video Computer System*. Cambridge, MA: MIT Press. A demonstration of the platform studies approach.

[20] Montfort, N., Baudoin, P., Bell, J., et al. 2013. *10 PRINT CHR$(205.5+RND(1)); : GOTO 10*. Cambridge, MA: MIT Press.

[21] Olsen, P. 2013. Building a digital curation work-station with BitCurator (update) *BitCurator*, August 2. http://www.bitcurator.net/building-a-digital-curation-workstation-with-bitcurator-update (accessed June 20, 2015).

[22] Parikka, J. 2013. *What Is Media Archaeology?* Cambridge: Polity. A short and accessible introduction to the topic.

[23] Pathfinders. 2013. Curatorial plan for the Pathfinders exhibit at the MLA 2014. http://dtc-wsuv.org/wp/pathfinders/2013/12/16/curatorial-plan-for-the-pathfinders-exhibit-at-the-mla-2014 (accessed June 20, 2015).

[24] Reside, D. 2010. Rosetta computers. In *Digital Forensics and Born-Digital Content in Cultural Heritage Collections*, ed. M. Kirschenbaum, R. Ovenden, and G. Redwine. Washington DC: CLIR, 20.

[25] Sterne, J. 2007, Out with the trash: on the future of new media. In *Residual Media.*, ed. C.R. Acland. Minneapolis: University of Minnesota Press, 16–31.

[26] Takhteyev, Y., and DuPont, Q. 2013.Retrocomputing as preservation and remix. *Library Hi Tech* 31 (2), 355–370.

[27] Tassäjarvi, L., ed. 2004. *Demoscene: The Art of Real-Time*. Even Lake Studios.

[28] Wardrip-Fruin, N. 2011. Digital media archaeology: interpreting computational processes. In *Media Archaeology: Approaches, Applications, and Implications*, ed E. Huhtamo and J. Parikka. Berkeley and Los Angeles: University of California Press, 302–322.

第三章 分析 / Analysis

14. 绘制地理空间转向地图[①]

托德·普雷斯纳、大卫·谢泼德（Todd Presner, David Shepard）

近年来，数字人文学科中的地图绘制、地理–时间可视化和定位叙事等子领域呈现爆炸式发展。这一发展的原因包括最近Web和全球定位系统（GPS）设备的普及、绘制地图所需的技术软件的简化，以及历史图像和地理数据集的广泛可获得性。为了描述这一领域的特征，人们使用了许多趋同的术语来描述数字人文学科中的"空间转向"，"空间人文学"（spatial humanities）作为一个研究领域和方法论的兴起，以及"地理人文学"（geohumanities）作为地理学科和人文学科创造性交汇处的基于地点的调查的出现。（Guldi，未注明日期；Bodenhamer et al.，2010；Dear et al.，2011）声称源自地理信息系统的定量研究方法只是简单地对人文学科的定性、历史和解释方法产生影响，这种说法可能不还够充分；相反，"地理人文学"促成了一种学术上对地方与叙事、表现实践和数字技术之间的关系的重新认识。"空间"和"时间"不是空的容器或给定的范畴；相反，它们是需要多种映射方法的定位结构和概念问题。因此，研究者需要对"空间"和"时间"概念上的差别化和文化上特定的方式具有历史意识。

在最基本的层面上，绘制地图作为一种可视化方式，通过使用抽象、比

[①] *A New Companion to Digital Humanities*, First Edition. Edited by Susan Schreibman, Ray Siemens, and John Unsworth.

© 2016 John Wiley & Sons, Ltd. Published 2016 by John Wiley & Sons, Ltd.

例尺、坐标系、透视、符号和其他形式的表示来传达一组关系。地图可能有指向"外部现实"的参照物（无论人们如何定义它），但是从某一事物与其他事物产生关联的那一刻起，地图又始终是相关的。在地图学、批判性地图学研究，以及最近的激进地图学（radical cartography）的历史中，用丹尼斯·伍德（Denis Wood）（2010：34）的话说，地图被证明是"命题系统"（systems of propositions），因为它们总是会提出论点和主张（并且在这样做的同时，它们也会排除、压制和消除其他论点和主张）。地图学的历史揭示了地图以多种方式与发现、所有权和控制的意识形态联系在一起，形成了民族国家的权力和影响范围，培养了殖民的认识意愿，并将权力动态编码为对理应"存在"（out there）的世界的自然化表达。在人文科学、地理学和批判性地图学研究方面已经开展了许多工作，以使地图"去自然化"（denaturalize），并揭示支配其命题形式的结构假设、认识论和世界观。[①]

数字人文学科中的地图绘制范围从"时间层"的历史地图到记忆地图、语言和文化地图、概念地图、基于社区的地图，以及试图使制图去本体化和想象新世界的对抗性地图（counter-mapping）。在20世纪50年代，实验性情境主义小组（situationist group）的成员开发了一种体验城市空间的方法，他们称之为"心理地理学"（psychogeography），以创造一种新的对城市环境的批判意识。同样地，认知地图被用来模拟人类生活中许多领域的经验，在这些领域中，定性属性被赋予了视觉形式的维度和形式价值。此外，借助定位媒体，对自然景观和建筑环境进行策划和注释，以产生增强的体验。数据景观可以在城市的物理空间中进行规划，例如，使用GPS移动设备的用户可以在人行道行走时收听具有地理坐标功能的音景，跟随已逝之人的生命历程，或者聆听几代移民讲述的关于某一社区的故事。这种定位调查将地理信息系统的分析工具、地理–时间数据库的结构和查询能力，以及支持GPS的移动设备上的传输接口结合在一起。

虽然对地理信息系统和GPS技术的批评正确地指出了它们在军事和企业基础设施上的投资和部署（Parks，2005），但这些技术也被深刻地重新利用，破坏了物理边界的稳定，并促成了关键形式的对抗性地图、颠覆活动和

---

① 除了伍德，请参见Harley and Woodward，1987—1995；Harvey，2001；Harley，2002；Pickles，2004。

黑客行动。例如，电子干扰剧场（Electronic Disturbance Theater，简称EDT）的创办人里卡多·多明格斯（Ricardo Dominguez）开发了"跨境移民工具"（transborder immigrant tool），这是一款装有GPS接收器、地理信息系统地图和数字指南针的可循环使用的电话，用于引导移民前往墨西哥和南加州之间荒漠中的水窖和安全地带。正如伊丽莎白·洛斯对多明格斯的项目所解释的那样，"无法购买所谓智能手机的全球移民下层阶级将不再'置身于这一新兴的超地理测绘功能的电网之外'（'跨境移民工具'），而且边境的严酷现实可以通过数字手段增强，以促进另一种形式的政治"（Losh，2012：169）。换言之，正如劳拉·库根（Laura Kurgan）在其关于使用和颠覆数字定位技术的工作中所主张的那样，通过批判性和激进的创造性模式来撬开"这些地图技术的不透明性、假设和预期目标"，有可能回收、重新利用这些地图技术，并将其政治化。（Kurgan，2013：14）

GPS和GIS发展简史

遥感卫星的历史可以追溯到20世纪60年代，当时发射了第一批军用侦察卫星，并研究建立了全球定位系统。这24颗卫星和5个地面站于1993年建成，它们提供的信号使接收器根据纬度、经度、海拔和时间能准确计算位置信息并时刻定位地球上的任何一点。GIS被称为地理信息系统或科学（geographic information systems or sciences），是指用于分析地理数据和基于这些数据生成地图的计算工具和软件。GIS是相互竞争和交叉的利益网络的产物。正是由于这种企业与政府间的交流，我们现在所知道的开放空间数据的工具和政治挑战才应运而生。如今，基于Web的地图应用程序，如Google Earth、OpenStreetMap和WorldMap，已经将GIS的分析工具带给公众，并正在改变人们创建、可视化、解释和访问地理信息的方式。

第一个基于位置的技术是20世纪60年代由专注于土地管理的各种政府利益集团开发的。最早的大型GIS项目之一是加拿大地理信息系统（Canada Geographic Information System，简称CGIS），该系统是加拿大土地统计局（Canada Land Inventory）于1962年开发的。（Tomlinson，2012）但直到20世纪70年代末，随着美国鱼类和野生动物管理局（US Fish and wildife Services）

创建了地图覆盖和统计系统（Map Overlay and Statistical System，简称MOSS），大规模GIS才开始发展。MOSS是由非营利性组织落基山脉各州联合会（Federation of Rocky Mountain States）开发的，是第一个广泛部署、基于矢量的交互式GIS。（Reed，2004）同样，陆军工程兵团在1982年开发了地理资源分析支持系统（Geographic Resources Analysis Support System，简称GRASS）。MOSS和GRASS是第一批大规模部署系统，由不同办公室的不同客户使用。GRASS最终向国际学术界开放，到20世纪90年代初已拥有近六千名用户。两个广泛使用的系统（加上其他系统）具有不同优势，这使得用户希望在这两个系统之间进行数据交换。地理资源分析支持系统跨机构指导委员会（GRASS Interagency Steering Committee，简称GIASC）和GRASS的用户小组合并，成立了开放式地理资源分析支持系统基金会（Open GRASS Foundation，简称OGF）。OGF将私人公司、政府机构和学术用户聚集在一起，推动开发可交互操作软件的共享标准。OGF最终成为开放的地理空间联盟，也就是我们今天所知的组织。（McKee，2013）它创建的标准是为了确保应用程序之间的兼容性，而不是生成供公众使用的开放数据。

可以说，在地理信息系统技术发展之后不久，第一个计算机化的人文测绘项目随之发展起来。20世纪70年代初，语言学家马里奥·阿利奈（Mario Alinei）、沃尔夫冈·维雷克（Wolfgang Viereck）和安东尼乌斯·韦伊宁（Antonius Weijnen）指导了一个研究项目，绘制了欧洲语言使用模式的地图，即"欧洲语言地图集"（Atlas Linguarum Europae，简称ALE）。ALE项目组派遣了现场工作人员前往从葡萄牙到俄罗斯的3000个地点，对当地人在特定概念中使用的词汇进行了调查，旨在描述与国界或"意大利语"或"西班牙语"等语言类别无关的语言使用情况，这些语言类别忽略了这些国家所使用的地区方言和其他语言。结果是用计算机绘图仪绘制的（Weijnen and Alinei，1975），并从1983年开始作为一系列印刷地图出版（Alinei，2008）。该项目已更新并正在进行中。然而，除了ALE项目之外，由于地理信息系统的成本和复杂性，在20世纪70年代和80年代，测绘技术并没有广泛应用于人文学科；ALE项目可以利用这些尖端技术，因为它是一项跨多所大学的国际合作的项目，并获得了联合国教科文组织（UNESCO）的资助。

在20世纪90年代，基于开放地理空间信息联盟（Open Geospatial Consortium，简称OGC）的发展，"网络地图"（Web mapping）领域随着网络浏览器的发展而兴起。从桌面到网络地理信息系统（WebGIS）的转变在许多方面都产生了深远影响，从技术方面到社会方面都是如此。虽然向公众提供网络地图肯定需要克服许多技术挑战，但最大的转变来自地图制图者自身的心态和公共事业。基于桌面的GIS系统主要用于制作印刷地图，而基于Web的地图则面向（潜在的）全球受众。静态地图被动态的、实时的、交互式的动画地图所取代，有时甚至是被沉浸式的3D环境所取代。数据是可替换的，用户可以通过空间查询、过滤器、切换、时间滑块、平移和缩放等选项，以交互方式修改他们在地图上看到的内容。Web地图的开发始于1994年，当时施乐帕克研究中心（Xerox Parc）在第一届万维网会议（World Wide Web conference）上展示了一个基本的地图服务器。（Putz，1994）当地图搜索（MapQuest）在1996年发布了它的第一份Web地图时，Web地图又迈出了重要的一步。美国环境系统研究所（Environmental Systems Research Institute，简称ESRI）分别于1998年、1999年和2000年发布了专业的网络地理信息系统产品Map Objects、ArcGIS和ArcIMS。ArcGIS（正如我们今天所知）于1999年首次发布8.0版，并结合了其他两个产品ArcView和Arc/Info。虽然这些早期的工具按照现代标准来说是相对落后的，与2005年谷歌地图所具备的功能相比显得微不足道，但却为公众打开了一扇大门，让公众对可以与其他类型的数据合并的基于Web的地图产生兴趣。

　　随着地理数据的突如其来的可见性，空间数据标准变成了一个政治问题，而不仅仅是兼容性问题。2000年，OGC发布了其第一个地图标准网络地图服务（Web Map Service），并在2003年发布了另一个标准网络要素服务（Web Feature Service）。当谷歌收购数字地图测绘公司Keyhole之后，随着Keyhole成为谷歌地球（Google Earth）的项目，他们将Keyhole的内部Keyhole标记语言（KML）提交给OGC组织并对其进行正式标准化处理。（开放地理空间信息联盟，2008）同时，地理开发者社区开始创建替代政府和企业提供的软件和数据。OpenLayers是谷歌地图的开源替代品，并于2006年发布。公开地图（OpenStreetMap）是另一项由志愿者推动的测绘项目，也始于同一年，原因是英国政府拒绝发布其军用测量地图的开放版本。（OpenStreetMap，未注明日期）如今，地图服务器（Geoserver, http://geoserver.org）是经OGC认证的开源软件服务器，能够在全球范围内共享可交互操作的、符合标准的空间数据、地图和地理可视化。其他平台，如ESRI社区站点GeoCommons（http://geocommons.com），近年来也上线公开分享地理数据。

因此，向Web地图的转向改变了谁能够创建地图的问题。政府、军队、公司和专业地理学家、城市规划师和制图员不再是唯一或唯一权威的地图测绘者。地图向Web的扩展，再加上从Google到OpenLayers的卫星图像、数据提供商和地图应用程序编程接口（Application Programming Interface，简称API）的可用性，消除了获取基础地图和学习深奥软件的耗时较大的问题。它授权了整整一代的地图测绘者，他们现在只需要一点编程知识就可以创建网络地图。时至今日，推动开放空间数据交换的动力仍来自多个方向。

尽管技术发生了变化，但30年后，一些初始的GIS程序仍然是可行的开源项目，并与新的网络地图技术进行交互操作，这似乎是合适的。GRASS（http://grass.osgeo.org）现在可以在Windows、Mac OS和LINUX下运行，并且仍然拥有一个强大的用户社区。曾经的政府工具作为开源项目获得了新生，就像人们重新调整企业网络地图软件和从侦察卫星收集的数据的功用一样，使社区组织和非营利组织能够讲述自己的故事，创建自己的地图。标准化最初是出于兼容性的考虑，后来发展到讲述其他故事和制作对抗性地图。

数字人文的空间转向

当谷歌在2005年夏天发布地图应用程序编程接口（maps application programming interface，简称API）时（随后不久又发布了Earth API），一场小小的革命发生了。任何具备基本编程技能的人现在都可以将谷歌的世界地图和附带的卫星图像整合到各个网站中，使用这些图像创建和标记地图，甚至可以使用谷歌地图开发新的软件。突然之间，复杂的GIS世界在网络中向广大新兴地理学家开放，地图混搭几乎在一夜之间蓬勃发展起来。地理和时间标记成为大量Web内容不可或缺的元数据字段，这促使谷歌的首席技术专家迈克尔·琼斯（Michael Jones）修订了公司的使命："从地理上组织世界信息，使其普遍可访问和可使用。"（Jones，2007）

虽然谷歌几乎没有发明（更不用说组织）地理空间网络，但值得注意的是，自从地图技术、地理数据和卫星图像掌握在大众手中，数字地图项目的数量呈现爆炸式增长。正如马丁·杰索普（Martyn Jessop）在2007年发表的一篇富有挑战性的文章中所指出的那样，远非被忽视，地理革命已经以无数种方式被数字人文学科所接受，尽管——或者也许正是因为——他所指出的非常基本的问题解释了地理分析和可视化在人文学科研究中缓慢发展的原因：人文学科数据的模糊性；大多数人文学者研究的文本、视觉和声学，并不适合几何或数学抽象；以及持续存在的学科孤岛（disciplinary silos），阻碍了人文学者和地理学家、城市规划师、建筑师、考古学家、人类学家以及其他处理空间数据的研究者之间的跨学科合作。

在过去的十年里，数字人文学科的地理空间转向已经被许多趋同的制度、技术和知识变革所催化。其中包括主要图书馆和博物馆方面的努力，如纽伯里图书馆、亨廷顿图书馆、南加州大学、弗吉尼亚大学和纽约公共图书馆，以及大卫林士西地图收藏（David Rumsey Map Collection）等个人项目，对历史地图集和地图、报纸和照片收藏进行地理编码。与此同时，许多历史GIS平台，例如"社会探索者"（Social Explorer）已经上线。"社会探索者"项目提供了自1790年以来美国各个地理级别的人口统计信息，从收入中值到宗教信仰，从州和县到人口普查区、街区组、邮政编码和人口普查地点。① 类似的项目有"穿越时间的英国远景"（A Vision of Britain through Time, www.visionofbritain.org.uk），它允许用户下载整个19世纪和20世纪的人口普查报告、各类历史地图、统计地理数据，甚至是地理编码的旅行笔记。

电子文化地图集倡议（Electronic Cultural Atlas Initiative，简称ECAI）是早期基础设施和社区建设项目中规模最大、影响最大的倡议之一。这是2001年在加州大学伯克利分校发起的一项国际项目。ECAI创建了一个致力于人文地理信息系统研究的学者联合会，并成为文化历史地理数据，特别是数字地名目录开发（地理位置的结构化词典）的信息交换中心。ECAI的测绘项目相当多元，包括太平洋地区的制图语言、丝绸之路的文化影响以及澳大利亚悉尼的历史等。它还提供了随时间推移显示的地理数据的软件，如"时间地

---

① 在美国，美国人口普查局为最近一次的人口普查（2010）提供了拓扑集成地理编码和参考（Topologically Integrated Geographic Encoding and Referencing，简称TIGER）数据集，以及主题地图、地名索引和其他地理数据，主要是自1990年以来（尽管有些数据可以追溯到1790年）借助shapefiles的形式提供的文件资料。在其他国家中，比如爱尔兰，爱尔兰人口普查局公布了地名索引，允许编制增强的地名索引目录。

图"（TimeMap），尽管这些程序后来被更先进的工具所取代。虽然如此，这些努力仍在历史地理信息系统、元数据标准的发展和地理数据的链接方面发挥了重要作用，产生了诸如鲁斯·莫斯特恩（Ruth Mostern）和以利亚·米克斯（Elijah Meeks）的"宋代数字方志系统"（Digital Gazetteer of the Song Dynasty, http://Song GIS.ucmerced.edu）等综合地名录。

其他历史学科也在为构建类似的项目而努力。爱德华·艾尔斯（Edward Ayers）的"暗影之谷"（The Valley of the Shadow, http://valley.lib. virginia.edu）项目始于1993年，于2007年完成，该项目对美国南北战争期间的两个社区进行了实地调查，其中一个是北方社区，一个是南方社区。严格来说，虽然这不是一个测绘项目，但存档中包含大量信件、日记、士兵记录、报纸文章、人口普查记录和其他文档，且这些文档允许根据县的类别、时间段和文档类型进行查询。"暗影之谷"项目并没有以客观的方式呈现全局视图，而是作为我们称之为"厚地图"（thick map）的一种基本形式，这种地图揭示了各种材料来源，可以一起购买来讲述任何数量的小故事。其他项目，例如伦敦国王学院的"金属时代的大西洋欧洲"（Atlantic Europe in the Metal Ages, www.aemap）项目，利用大量的历史、语言和考古数据，同时借助地理系统来测试特定的假设，在这种情况下，探究凯尔特语是否以及如何在青铜时代从大西洋欧洲的印欧语演变而来。

20世纪90年代，大规模文本数字化和标记项目数量的激增，为通过文本编码倡议和地理标记语言（GML）制定地理编码标准奠定了基础。虽然位置数据可以在多个层次（从点数据和地址到城市或国家）上加以表示，但最细化的标记是基于标准坐标系（通常是世界大地测量系统84[WGS:84]）提供经度和纬度方面的位置。虽然人文数据有时可能适用于这样一个参照系，但在其他时候这些数据并不适用，特别是当我们考虑到历史记录中的不确定性或可变性、想象性或推测性的地理位置、非西方的空间和地点的概念化方式，或者根本无法映射到标准坐标系或投影的主观空间体验。与此同时，标准坐标系和投影允许跨平台共享数据，这可能会使更多的用户和社区通过制作自己的地图来讲述自己的故事。由大卫·杰玛诺（David Germano）组织的西藏与喜马拉雅数字图书馆（Tibetan and Himalayan Digital Library）提供了一个发布平台、网络信息系统和多语种图书馆，用于访问和分析各种与青藏高原和喜马拉雅南部有关的空间编码信息，包括文本、图像、视频、历史地图和GIS数据图层。它还通过授权"公民学者"（citizen scholars）在遵守标准和促进数据互操作性的同时记录和讲述自己的故事，促进当地社区的参与性学术研究。

在考古学和古典文学中，测绘通过数字重建项目开发了第三维度和第四维度。1997年至2003年，由伯纳德·弗里舍尔（Bernard Frischer）和黛安·法夫罗（Diane Favro）组织的数字罗马论坛（Digital Roman Forum, http://dlib.etc.ucla.edu/Projects/Forum）是加州大学洛杉矶分校（UCLA）文化虚拟现实实验室（Cultural Virtual Reality Laboratory）的一部分，它根据古罗马论坛的考古和文字证据构建了罗马论坛的数字模型。这些模型以三维的时间戳和地理数据为特色，几年后，这些数据可以导出到其他地理感知环境中并可在其中查看，比如谷歌地球。其他多维建模项目也紧随其后，包括数字凯尔奈克项目（Digital Karnak, http://dlib.etc.ucla.edu/projects/Karnak），这是一个位于凯尔奈克的巨大寺庙建筑群的模型，使观众能够通过时间滑块和主题地图追踪探索建筑、宗教和政治的发展。最近，起源于洛桑联邦理工学院（École Polytechnique Federal de Lausanne，简称EPFL）和威尼斯大学（Ca'Foscari University in Venice）的威尼斯时光机（Venice Time Machine, http://partenariats.epfl.ch/page-92987-en.html），是对市政府大量的历史档案进行数字化和再阐释的一次尝试。在目前使用该档案的项目中，有几项测绘计划，包括一座城市在其漫长历史变迁中的三维虚拟现实模型，以及不同时期的航运路线和贸易网络地图。

然而，数字人文学科远不是简单地"重建"历史环境和向更多的公众提供历史数据，它还开发了丰富的批判性词汇来理解地图绘制和地理可视化的修辞。与倾向于实证主义和模拟的传统制图方法不同，数字人文学科设想了地理-时间叙述的批判性实践、对抗性地图的形式，以及"深度制图"或"厚度制图"的概念，这些概念重视体验式导航、基于时间的方法、参与式地图绘制和可视化的替代修辞。（Bodenhamer，2010，2014；另见Presner et al., 2014）地图和模型从来不是对过去现实的静态表征或准确反映；相反，它们作为论据或命题，透露出一种知识状态。其中每个项目都是一个知识状态的快照，是一种动态地理可视化形式的命题论证。

人文测绘

在GIS和地理可视化技术在人文科学领域兴起之前,人文学者并没有忽视文化生产的地理和空间维度的重要性。毕竟,一些关于空间文化生产的最重要的理论都是由人文学者提出的,比如弗雷德里克·詹姆逊(Fredric Jameson)与洛杉矶有关的"认知图谱"(Cognitive mapping)的概念,米歇尔·德·塞图(Michel De Certeau)在纽约的"日常生活"(everyday life)的概念,以及大卫·哈维(David Harvey)在巴黎和伦敦对资本主义现代性的研究。此外,在爱德华·萨义德(Edward Said)著作的基础上,人们在跨国界和后殖民研究方面做了大量工作,以考察文化生产和权力的"空间层次"(spatial strata)。人们只需想想诸如保罗·吉尔罗伊(Paul Gilroy)的"黑色大西洋"(black Atlantic)、阿尔琼·阿帕杜莱(Arjun Appadurai)的"全球民族景观"(global ethnoscapes)、霍米·巴巴(Homi Bhabha)的"文化定位"、詹姆斯·克利福德(James Clifford)对"路线"的人类学研究,以及斯蒂芬·格林布拉特(Stephen Greenblatt)呼吁"流动性研究"(mobility studies)要将重点放在文学和语言研究中的位移、流放和迁徙问题,并呼吁重新关注心理地理学、想象中的景观和异轨实践(practices of détournement),这些都根植于城市参与和认知失调的情境主义理想。

在文学研究方面,弗朗哥·莫莱蒂(Franco Moretti)的《欧洲小说地图集》(*Atlas of the European Novel*)(1998)和《表图、地图、树形图》(*Graphs, Maps, Trees*)(2005)探索了"文学地理",因为游历中的人物将其视为一种文学地图,也是文学文本本身的地图,以揭示市场力量、城市地形,以及民族国家的发展。最近,罗伯特·塔利(Robert Tally)创建了一种称为"地理批评"(geocriticism)的方法,该方法源自波特兰·维斯法尔(Bernard Westphal)的《地理批评:真实与虚构空间》(*GeoCritics:Real and Virtual Space*)(2011),该方法通过文学制图探索了空间和地点在小说中的作用(例如,Tally,2009)。随着跨文学研究和地理信息系统方法的有力合作,地图绘制已经开始研究文学史的新方面。瑞安·科德尔(Ryan Cordell)的"战前报纸的转载、发行和网络作者"(reprinting, circulation, and the network author in antebellum newspapers)(2015)是通过绘制有关转载美国作家期刊方面的地图来研究其读者数量增长的趋势。科德尔将这些出版地图与人口统计数据和美国铁路系统的历史进行了对比，实质上是在执行格林布拉特呼吁的"流动性研究"。

历史研究也发生了空间转向，就像GIS也经历了历史性转折一样。[1]这些混合方法将历史问题置于空间平台上并进行研究，而不是不加批判地接受或盲目地摒弃GIS。例如，理查德·马西亚诺（Richard Marciano）和大卫·西奥·戈德堡（David Theo Goldberg）的T-RACES项目（http://salt.umd.edu/T-RACES），将业主贷款公司（Home Owners' Loan Corporation）在20世纪30年代制作的红线图的历史与人口普查区域相关的档案文件结合在一起，以揭示美国各地为保护种族同质性而创造排他性空间的复杂方式。在T-RACES项目中，一个基于谷歌地图引擎（Google Maps engine）的发现和历史可视化平台，对美国种族历史的大量档案进行了空间和时间上的标记。斯坦福大学开发的另一个项目"绘制文人共和国图谱"（Mapping the Republic of Letters, http://republicofletters.stanford.edu），可视化了18世纪欧美知识分子政治论辩、哲学阐释和政府理论的通信网络。例如，意大利思想家弗朗切斯科·阿尔加罗蒂（Francesco Algarotti）与本杰明·富兰克林和塞缪尔·恩格斯（Samuel Engs）等美国人交换了信件，伏尔泰则写信给俄罗斯的卡捷琳娜·凯瑟琳二世（Czarina Catherine II）。该项目展示了这些通信网络的国际范围，但如果孤立地思考这些思想家的研究，就很难理解这一点。

对于历史学家，比如斯坦福大学空间历史项目的负责人理查德·怀特（Richard White）来说，测绘、建模和可视化是检验假设、发现模式和调查历史过程和关系的研究方法。他认为空间分析和可视化

> 不是通过制作插图或地图来传达人们通过其他方式发现的信息，而是一种进行研究的方式；它产生了一些原本可能不会被问到的问题，揭示了一些可能会被忽视的历史关系，破坏或证实了我们得以建立自己历史的叙述。（White，2010）

包括菲利普·埃辛顿（Philip Ethington）在内的其他历史学家，已经开始构思和设计新的历史制图方法，这些方法突出地点和地点的形成过程，并在

---

[1] 关于时间或历史地理信息系统，参见Johnson，2004和Knowles，2008。

深层时间中可视化和叙述城市的历史。埃辛顿（2007：466）认为："了解过去……从字面上讲就是制图：一种以时空坐标为索引的历史地点的地图。"他认为，地图的工作主要是通过并置性和即时性，将离散的数据聚集在一起，深入研究在给定地点受到影响的分层历史。与句法上是线性和叙事性的口头文本一起，历史——通过"幽灵地图"（ghost maps）讲述——可以被认为是设想洛杉矶众多过去的传统主题。（Ethington，2011；Ethington and Toyo Sawa，2014）作为一部复杂的分层的视觉和制图历史，埃辛顿的洛杉矶历史"幽灵大都会"（Ghost Metropolis）展示了历史是如何从字面上的"接受"和"制造"，到随着各种"地区政权"在全球城市洛杉矶的景观上留下印迹，逐渐改变了城市、文化和社会环境。

与这些发展相一致的是，诸如"城市人文学科"（urban humanities）等新的机构配置已经形成，这些学科结合了建筑学、设计学、城市规划、计算分析、地理信息系统和人文科学，以调查研究城市的复杂性，如具身化、居住、建造、想象和表现的空间。就像数字人文一样，这些结构引发了在规模、方法、内容和输出方面不同类型的研究问题，目前全球约有10%的人口居住在这些超大城市，我们该如何对超大城市的文化、社会和建筑历史进行测绘？要回应这些问题，当然需要更多种视角和专业知识，以及与非政府组织（nongovernment organizations，简称NGOs）、市议会和地区政府、开发商、博物馆以及无数文化和社会团体达成合作伙伴关系。这类合作开始在许多地方建立起来，特别是在"空间研究中心"（spatial research centers），如哈佛大学地理分析中心（Harvard's Center for Geographic Analysis）、斯坦福大学空间历史项目（Stanford's Spatial History Project）［是其"空间和文本分析中心"（Center for Spatial and Textual Analysis）的一部分］、哥伦比亚大学空间信息设计实验室（Columbia's Spatial Information Design Lab）、加州大学洛杉矶分校的体验技术中心以及多机构合作，例如空间人文虚拟中心（Virtual Center for Spatial Humanities, thepoliscenter. iupui.edu/index.php/spatial-humanities/project-1）。

随着越来越多的人文和技术项目的融合和成熟，复杂的通用工具已经被开发出来，用于从根本上跨学科的人文研究的制图。WorldMap（http://worldmap.harvard.edu）是哈佛大学开发的一个用于探索、可视化和发布地理信息的开源代码平台，允许用户以多种格式构建地理信息系统数据的主题集合，并将其发布至网络。HyperCities（http://hypercities.com）建立在谷歌地球上，是一种"厚地图绘制"的实践工具，用于从历史地图、地理信息系统数据和其他地理编码材料中创建地理–时间叙述（geo-temporal narratives）。ESRI最近发布了一个叙事地图工具"地图故事"（Story Maps, http://storymaps.esri.com），而弗吉尼亚大学则发布了"图廊线项目"（NeatLine, http://neatline.org），这是一种借助Omeka平台通过使用地图、时间线和展览资源来讲述故事的交互式工具。除了其他项目，这些项目以及其他一些项目，致力于使曾经复杂的问题——通过使用各种空间数据创建地图——变得易于受众理解，同时接受地图作为一个命题性、具有特定情境知识的重要概念。

未来仍面临许多挑战，尤其是创建一个定性的地理信息系统，通过实现多维透视图、模糊性和不确定性，以及对地图、制图、坐标系和标准化预测进行去殖民化处理的不同方法，以丰富人文研究解释方法。在这个领域，实证主义和客观主义的幽灵仍然挥之不去。随着越来越多的理论体系更臻严谨以及越来越多实验方法的出现，我们很可能会看到新的"厚地图绘制"的形式，它们倾向于参与式故事叙述、对抗性地图和特定地点意义生成的多种模式发展。"厚度制图"远离了从先验视角向下俯瞰的阿波罗式之眼，它暴露了观察的偶然性、任何视角的基础性，以及任何具有位置关系的调查所固有的具身关系。

想象一下这样的替代方案，或许这个领域最有希望的新方向之一是通过基于虚拟化身的虚拟世界游戏环境（例如，人文虚拟世界联盟，http://virtualWorlds.etc.ucla.edu）进行沉浸式的地图测绘。作为一种基于时间的GIS框架内的构建、探索和交互三维模型的经验和实验模式，研究人员在以人类化身为代表的动态环境中提出问题和测试假设。通过这种互动，我们能够研究建筑空间和景观中具身化的、实地的视角，特别是研究基于时间的事件（比如古罗马广场上的演讲、游行或葬礼）。虽然上述进展带来了创新项目，但随着新技术和新档案的出现，这一领域仍在迅速变化。在标记和管理物理环境方面，仍有许多工作要做，可以通过绘制地图来增长知识、深化社区和保存文化记忆的复杂性。

致 谢

作者感谢加州大学洛杉矶分校的同事川野洋对本文的贡献,特别是他对GIS历史方面的支持。

参考文献

[1] Alinei, M.L. 2008. Forty years of AlE: memories and reflexions of the first general editor of its maps and commentaries. *Revue Roumanie de Linguistique* 52, 5–46.

[2] Appadurai, A. 2003. *Modernity at Large: Cultural Dimensions of Globalization*. Minneapolis: University of Minnesota Press.

[3] Bhabha, H. 1994. *The Location of Culture*. New York:Routledge.

[4] Bodenhamer, D.J. 2010. The potential of spatial humanities. In *The Spatial Humanities: GIS and the Future of Humanities Scholarship*. Bloomington: Indiana University Press, 14–30.

[5] Bodenhamer, D.J., ed. 2014. *Deep Maps and Spatial Narratives*. Bloomington: Indiana University Press.

[6] Bodenhamer, D.J., Corrigan, J., and Harris, T.M., eds. 2010. *The Spatial Humanities: GIS and the Future of Humanities Scholarship*. Bloomington: Indiana University Press.

[7] Clifford, J. 1997. *Routes: Travel and Translation in the Late Twentieth Century*. Cambridge, MA: Harvard University Press.

[8] Cordell, R. 2015. Reprinting, circulation, and the network author in antebellum newspapers. *American Literary History* 27 (3).

[9] Dear, M., Ketchum, J., Luria, S., and Richardson, D., eds. 2011. *GeoHumanities: Art, History, Text at the Edge of Place*. London: Routledge.

[10] Ethington, P. 2007. Placing the past: "ground-work" for a spatial theory of history. *Rethinking History* 11 (4), 465–493.

[11] Ethington, P.J. 2011. Sociovisual perspective: vision and the forms of the human past. In *A Field Guide to a New Meta-Field: Bridging the Humanities–Neurosciences Divide*, ed. B. Stafford. Chicago: University of Chicago Press.

[12] Ethington, P.J., and Toyosawa, N. 2014. Inscribing the past: depth as narrative in historical spacetime. In *Deep Maps and Spatial Narratives*, ed. D.J. Bodenhamer. Bloomington: Indiana University Press.

[13] Gilroy, P. 1995. *The Black Atlantic: Modernity and Double Consciousness*. Cambridge, MA: Harvard University Press.

[14] Greenblatt, S., ed. 2009. *Cultural Mobility: A Manifesto*. Cambridge: Cambridge University Press.

[15] Guldi, J. (undated) Spatial humanities: a project of the institute for enabling geospatial scholarship: http://spatial.scholarslab.org/spatial-turn/what- is-the-spatial-turn (accessed June 20, 2015).

[16] Harley, J.B. 2002. *The New Nature of Maps: Essays in the History of Cartography*. Baltimore: Johns Hopkins University Press.

[17] Harley, J.B., and Woodward, D., eds. 1987 1995. *The History of Cartography*, 6 volumes. Chicago: University of Chicago Press.

[18] Harvey, D. 2001. *Spaces of Capital: Towards a Critical Geography*. New York: Routledge.

[19] Jessop, M. 2007. The inhibition of geographical information in digital humanities scholarship. *Literary and Linguistic Computing* 22 (1), 1–12.

[20] Johnson, I. 2004. Putting time on the map: using TimeMap for map animation and Web delivery. *GeoInformatics* 7 (5), 26–29.

[21] Jones, M. 2007. The future of Local Search – Google's strategic vision. Presentation at Where 2.0 (May 29, 2007).

[22] Knowles, A.K., ed. 2008. *Placing History: How Maps, Spatial Data, and GIS are Changing Historical Scholarship*. Redlands, CA: ESRI Press.

[23] Kurgan, L. 2013. *Close Up at a Distance: Mapping, Technology and Politics*. New York: Zone Books.

[24] Losh, E. 2012. Hacktivism and the humanities: programming protest in the era of the digital university. In *Debates in the Digital Humanities,* ed. M.K. Gold. Minneapolis: University of Minnesota Press, 161–186.

[25] McKee, L. 2013. OGC History (detailed). http:// www.opengeospatial.org/ogc/historylong (accessed June 20, 2015).

[26] Moretti, F. 1998. *Atlas of the European Novel:1800–1900*. London: Verso.

[27] Moretti, F. 2005. *Graphs, Maps, Trees: Abstract Models for a Literary History*. London: Verso.

[28] Open Geospatial Consortium. 2008. OGC®OWS-5 KML Engineering Report. http://www.opengeospatial.org/standards/kml (accessed June20, 2015).

[29] OpenStreetMap (undated). History of Open StreetMap. http://wiki.openstreetmap.org/wiki/ History_of_OpenStreetMap (accessed June 20, 2015).

[30] Parks, L. 2005. *Cultures in Orbit: Satellites and the Televisual*. Durham, NC: Duke University Press.

[31] Pickles, J. 2004. *A History of Spaces: Cartographic Reason, Mapping, and the Geo-Coded World*. New York: Routledge.

[32] Presner, T., Shepard, D., and Kawano, Y. 2014. *HyperCities: Thick Mapping in the Digital Humanities*. Cambridge, MA: Harvard University Press.

[33] Putz, S. 1994. Interactive information services using World-Wide Web hypertext. http://web.archive.org/web/20110628195239/http://www2.parc.com/istl/projects/www94/iisuwwwh.html (accessed June 20, 2015).

[34] Reed, C. 2004. MOSS: a historical perspective. http://www.scribd.com/doc/4606038/2004-Article-by-Carl-Reed-MOSS-A-Historical-perspective (accessed June 20, 2015).

[35] Tally, R. 2009. *Melville, Mapping and Globalization:Literary Cartography in the American Baroque Writer*. London: Continuum.

[36] Tomlinson, R. 2012. Origins of the Canada Geographic Information System. *ArcNews*. http://www.esri.com/news/arcnews/fall12articles/origins-of-the-canada-geographic-information-system.html (accessed June 20, 2015).

[37] Weijnen, A.A., and Alinei, M.L. 1975. *Introduction. Atlas Linguarum Europae*. Assen: Van Gorcum, 1975.

[38] Westphal, B. 2011. *Geocriticism: Real and Fictional Spaces*. Trans. R. Tally. New York: Palgrave Macmillan.

[39] White, R. 2010. What is spatial history? http://web.stanford.edu/group/spatialhistory/cgi-bin/site/pub.php?id=29 (accessed June 20, 2015).

[40] Wood, D. 2010. *Rethinking the Power of Maps*. New York: Guilford Press.

15. 音乐信息检索[①]

约翰·艾希礼·伯戈因、藤永一郎、J.斯蒂芬·唐尼

(John Ashley Burgoyne, Ichiro Fujinaga, and J. Stephen Downie)

音乐信息检索（Music Information Retrieval，简称MIR）是"一项跨多学科的研究工作，致力于开发基于内容且具有创新性的检索方案、新颖的界面和不断发展的网络传输机制，以使世界上海量的音乐存储库可供所有人访问"（Downie，2004）。MIR的研究方法几乎总与计算有关，但所使用的特定技术与音乐本身以及其在个人生活中所发挥的作用一样存在很大差别。MIR是为人们可能想要购买的新音乐提供个性化推荐技术的基础，同时也是评估曲目的音调和节奏以帮助唱片播放师（DJ）顺利调节乐曲的软件，是可以将印刷乐谱转换为数字技术可编辑乐谱的扫描仪，以及许多其他音乐信息的数字接口。随着越来越多的消费者通过数字方式与音乐互动，MIR的重要性只会继续增加。

MIR是应用性研究，具有很强的任务导向性。由于其计算基础，人们可以通过检查这些任务所需的输入数据的类型和期望输出的数据类型，从而较为自然地对这些任务进行分类。MIR的输入数据始终是数字音乐数据，主要采用以下四种形式：印刷或手写乐谱的图像；寻求以机器可解释的形式表示乐谱的符号格式，例如乐器数字接口（Musical Instrument Digital Interface，简称MIDI）标准；数字音频以及元数据。其中这些元数据既可以是与图书馆目录相关的传统类别，也可以是较新的形式，如博客、社交媒体帖子、评论或其他有关音乐的在线文本。输出的空间可能要大得多，但有三个基本类别：信息检索任务，主要基于某种查询将一首音乐推荐给用户（例如，基于过去的音乐购买推荐新的音乐）；分类或评估任务，寻求为输入数据分配某一标记或值（例如，识别作曲家或评估节奏）；以及序列标记任务，不是为输入数据分配一个标记，而

[①] *A New Companion to Digital Humanities*, First Edition. Edited by Susan Schreibman, Ray Siemens, and John Unsworth.

© 2016 John Wiley & Sons, Ltd. Published 2016 by John Wiley & Sons, Ltd.

是在输入数据及时展开时寻求在多个位置为其添加标记（例如，提供与音频文件相对应的和弦标记序列）。

虽然在重要的会议上，MIR和音乐学（Musicology）通常被同时提及讨论，但二者的核心问题却存在很大区别。其中音乐学包括计算音乐学和音乐理论、音乐认知，以及声音工程，包括声音合成和作曲技术。一般说来，音乐学问题比MIR问题更具开放性和描述性——例如，描述若斯坎（Josquin）（音乐学）的音乐风格特征与预测一首曲子是由若斯坎还是他的同代人创作的自动检测系统（音乐信息检索）。音乐认知中的计算研究倾向于关注人类思维的模型，而音乐信息检索更喜欢效果最优的模型，不管它们的认知可信度如何［将采用MIR方法的藤永一郎的音色研究（1998）与寻求认知解释的麦克亚当斯（1999）进行比较］。MIR的研究与声音工程有着共同的意义，它强调声音合成中的信号处理研究，但MIR的任务往往集中在标记或检索，而不是创造。尽管如此，人们越来越有兴趣填补音乐信息检索与这些领域之间的空白，这从国际音乐信息检索协会（International Society for Music Information Retrieval，简称ISMIR）研讨会的主题演讲人名单可以看出：尼古拉斯·库克（Nicholas Cook）和德米特里·季莫茨科（Dmitri Tymoczko）（2005，2008）；大卫·休伦（David Huron）、卡罗尔·克鲁姆汉斯（Carol Krumhansl），以及进行音乐认知研究的伊曼纽尔·比根（Emmanuel Bigand）（2006 & 2011，2010，2012）和来自声音工程和计算创造力研究领域的弗朗索瓦·帕切特（François Pachet）（2013）。

本文首先概述了MIR的历史，包括ISMIR和年度音乐信息检索测评比赛（Music Information Retrieval Evaluation eXchange，简称MIREX）项目的发展，分析和比较了MIR的最新技术。以下是对MIR研究中最重要的分支的更详细的总结，按照MIR研究人员使用的四种主要数据类型进行组织：图像、符号数字格式、音频和关于音乐的元数据。本文最后讨论了MIR中的一些未解决的问题，以及未来五到十年可能的发展方向。

音乐信息检索简史

在某些方面，带有符号数据的MIR有着更悠久的历史，这一历史比术语"音乐信息检索"本身能追溯得更远。随着现代统计方法在19世纪末和

20世纪初的发展，一些学者已经将其应用于音乐领域。在没有计算机支持他们研究的情况下，这些早期MIR学者直接根据乐谱手工列出音乐特征，并试图根据这些特征确定音乐风格。例如，与此相关的最早的一项研究表明，在民间音乐中，较大旋律区间比较小旋律区间出现的频率要低。（Myers，1907）一些早期的民族音乐学作品使用这样的音乐特征列表来区分或描述非西方音乐文化的风格，如突尼斯音乐（Hornbostel，1906）或美洲土著音乐（Watt，1924）。

20世纪60年代和70年代，随着计算机对研究人员的普及，人们对音乐的计算机分析越来越感兴趣。"计算音乐学"和"音乐信息检索"这两个术语诞生于20世纪60年代中期，且这两个术语都首次出现在学术论文的标题中。（Kassler，1966；Logemann，1967）许多早期的研究工作都集中在计算机音乐符号编码的最佳表示上。（Lincoln，1972）这个时代的其他学术关注点主要体现在风格上，如今将被视为计算音乐学：例如，若斯坎作品中的水平和垂直区间（Mendel，1969），或者对若斯坎《圣母弥撒》（*Missa Beata Virgine*）（Hall，1975）现存来源之间关系的词干分析。有关音乐音频数据分析的开拓性工作也是从这几十年开始的，包括对乐器音色的详细分析（Slawson，1968；Risset and Mathews，1969；Grey，1975）；音调跟踪研究始于语音领域，后来被应用于音乐领域（Moorer，1975；Askenfelt，1976；Piszczalski and Galler，1977）；以及蔡菲（Chafe）等人（1985）具有先见之明的工作，讨论了提取音高、基调、节拍和节奏等问题。

20世纪80年代，除了《音乐学中的计算》（*Computing in Musicology*）期刊的推出、计算音乐学的广泛研究、音频节奏提取的早期实践（Schloss，1985；Desain and Honing，1989）等重点研究领域外，音乐的计算学研究则相对较少。（另一方面，音乐认知蓬勃发展，《音乐知觉》（*Music Percept*）期刊创立，至今仍是"音乐认知"领域的主要期刊之一。）计算音乐学在这一时期没有像预期的那样迅速发展，特别是与计算机辅助文本分析相比，可能的原因之一是缺乏大型数据集。如果没有光学音乐识别技术将乐谱的扫描图像转换为机器可读编码，所有音乐数据都必须手动输入，这在过去（现在仍然是）较为烦琐、成本较高且容易出错。（Pugin et al.，2007a）

在20世纪90年代，有两件事助力MIR再次发展。其一，越来越多的音乐以数字音频的形式进行访问,这解决了编码问题。其二,台式电脑计算能力的进步,使得研究人员可以轻松地分析音乐。在MIR领域最早介绍了流行的哼唱检索(query-by-humming)研究论文,此篇论文出现在近两年(Kageyama et al.,1993;Ghias et al.,1995),随后是关于通过音频内容搜索数据库的论文(Wold and Blum,1996;McNab et al.,1996)。1999年8月,在加利福尼亚州伯克利举行的美国计算机协会信息检索特别兴趣小组(Association for Computing Machinery,Special Interest Group on Information Retrieval,简称ACM SIGIR)研讨会上,举办了一个"音乐信息检索探究工作坊"(Exploratory Workshop in Music Information Retrieval)。同年9月,另一个工作坊"音乐信息检索"(Music Information Retrieval)在英国伦敦举办,作为伦敦国王学院人文数字资源年会(Digital Resources for the Humanities Annual Conference)的一部分。

这些工作坊激发了2000年10月在马萨诸塞州普利茅斯举行的第一次ISMIR的灵感。自2008年ISMIR成立以来,这个协会发展成了一个年度会议,被称为"国际音乐信息检索协会研讨会"。迄今为止,ISMIR研讨会记录包括近1500篇论文,涉及MIR关注的所有问题,会议已经成为传播该领域新研究成果的主要阵地。ISMIR是特别重要的,因为没有一种学术期刊能够涵盖音乐MIR所有研究的范畴。

MIREX

随着ISMIR变得更加成熟,特别是当某些核心任务变得更加明确时,MIR的研究人员试图确定他们的算法在严格的测试条件下的相对优势和不足。MIREX就是为了满足这一需求开发的,与ISMIR本身一样,MIREX也为MIR研究的日益成功作出了巨大贡献。(Downie,2008;Downie et al.,2010;Cunningham et al.,2012)

2005年,MIREX开启了第一套赛事评估。(Downie et al.,2005)此系列赛事每年举办一次,在这一年的周期里,有相同志趣的研究人员聚集在一起,解决特定MIR子问题,比如音调测试或乐谱对位。当小组成员全部集合时,他们将创建一个MIREX"任务",参与者将对这个"任务"项目进行评估。然后,他们需要构建组成每个MIREX任务的三个主要组成部分:(1)需要进行分析的公共数据集;(2)对数据运行的公共查询或过程集;以及

（3）用于评估每种算法输出的公共度量和评估集。在MIREX术语中，将一种算法聚焦于提供了一组结果的数据集的应用被称为"运行"。运行通常在每年夏末完成，以便提交者及时反思评估结果，以期在每次ISMIR研讨会上举行的特别MIREX上展示他们的海报。在ISMIR顺利进行MIREX之后，新的周期开始。

MIREX模型借鉴了较早的文本检索会议（Text Retrieval Conference，简称TREC）评估活动。然而，与TREC不同的是，MIREX遵循一种非消费性研究范式，其中算法被引入数据（存储在伊利诺伊大学）中，而不是将数据集分发给MIR研究人员。这种非消费性研究模式有助于MIREX避开昂贵和复杂的知识产权安排，这些安排困扰着从事数字音乐材料研究的人。这种非消费性模型现在也正在部署，以允许通过算法访问HathiTrust语料库中大量版权受限的文本材料。（Kowalczyk et al.，2013）

在进行MIR研究的同时，MIREX在过去的几年里也有了显著的进步。2005年，MIREX使用了10个数据集，通过82名参与者提交的算法，在9个任务中共生成86次运行。MIREX（2013）部署了创纪录的37个数据集，涵盖24项任务。2013年，MIREX对一百多名研究人员提交的三百多个算法进行了评估。自2005年以来，MIREX已经评估了两千多次运行。除了数字上简单的增长，MIREX在推动MIR研究方面发挥了较大作用。例如，在2007年，音频翻唱歌曲识别（Audio Cover Song Identification，简称ACS）任务的最高平均准确率为52%。直到2009年的MIREX（2013），最高的平均准确率分数已经达到了75%。

MIR流程

MIREX和其他类型的MIR任务往往遵循一个相当标准的流程，如图15.1所示：特征提取是指将输入数据转换为有用的中间表示，然后进行推断并将特征转换为所需的输出过程。如果输入数据特别复杂（例如，全质量音频文件或高分辨率彩色图像），则流程有时可能包括某种预处理，以简化特征提取之前的数据，例如，将立体声音频转换为单声道或将彩色图像二值化为严格的黑白。MIR的研究人员可能会将注意力放在他们感兴趣的任务流程中的任何或所有步骤上。

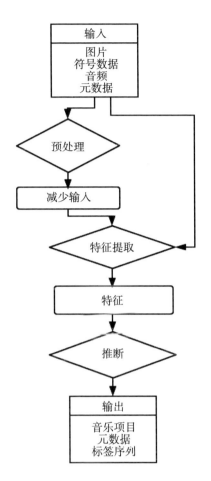

图15.1 典型MIR任务的流程图。在经过可选的预处理步骤后,从音乐输入中提取特征,用于推断最佳输出:通常是音乐项目本身(信息检索)、诸如艺术家姓名的未知元数据片段(分类或估计)或诸如和弦转录的标记序列。对某项特定任务感兴趣的研究人员可能会将精力集中在这一流程图中三个菱形框内的任一处理步骤

机器学习(machine learning)是使用数据自动调整算法参数的一种方法,在整个MIR流程图中起着非常重要的作用。对于MIR研究人员来说,流程图中的每一步都有一个需要解决的重要问题,即如何在机器学习和专家知识之间取得一定的平衡。一般来说,特征提取的平衡点倾向于专家知识,推断的平衡点则倾向于机器学习。例如,从音频中自动评估和弦的研究人员预先知道要提取的有用特征可能是每个调式类别(C调、升C调、D调等)中有多少声能,但是当从这些所谓的色度矢量特征中推断出实际的和弦标记时,他们可能更喜欢让

机器精准地确定特定和弦之间的阈值应该在什么位置。突破这一大趋势的事实是，机器学习仅能在存在大量可用数据的情况下才是可行的。因此，MIR中最早的工作倾向于在流程中的所有层级上支持专家知识，而鉴于目前可用的数据量，MIR中有一个不断增长的趋势，即尽可能地倾向于机器学习。（Humphrey et al., 2013）

无论是通过机器学习还是由人类专家调整，流程的每一个步骤都必须在输入数据的自然约束和可能性范围内工作。因此，有一些典型的MIR任务已经发布，并可能在未来一段时间内保持稳定。例如，在给定大量乐谱图像的情况下，其任务自然是尝试将这些图像转换为同一乐谱的对应符号表示，这一过程被称为光学音乐识别（Optical Music Recognition，简称OMR）。对于音频数据来说，提取符号乐谱也同样是一项自然任务，尽管它仍然是该领域中最大的开放式工程挑战之一；音频数据的MIR往往侧重于中间表示法，例如基调检测、和弦预估、节拍跟踪或节奏预估。表15.1列出了按输入和输出类型划分的经典MIR任务。本节其他部分将更详细地讨论流程图中的每个模块。

表 15.1 按输入和输出类型划分的经典MIR任务

	信息检索	分类 & 评估	序列标记
图像数据	—	印制/打印机识别	光学音乐识别（OMR）
符号数据	节拍拍打检索	乐曲演奏者识别	演奏时间
	音符/和弦相似性度量	作曲者识别	音频分离
	发现主题（音频/乐谱）	流派分类	自动和声分析
		情绪分类	音高拼写
音频	翻唱歌曲识别	乐曲演奏者识别	多基频估计与追踪
	哼唱检索	作曲者识别	旋律提取
	相似性度量/推荐	流派分类	乐谱跟踪
	音频指纹技术	情感/情绪分类	和弦预估
	播放列表生成	标签评估	音频节奏检测
		发现基调	节拍/小节跟踪
		节奏预估	结构分割
		节拍预估	源分离

（续表）

	信息检索	分类 & 评估	序列标记
元数据	音乐推荐	标记完成/聚类	—
	数据库搜索和联合	艺术家聚类	
	播放列表生成		

图像数据

来自图像输入的MIR流程中的变化相对较小，部分原因是可想象的输出的空间非常有限。很难想象一个实际的用例，其中乐谱图像是查询，而不是对信息检索系统的响应。即使是分类或评估任务，充其量也只能在利基应用中实现，例如识别负责手稿特定页面的抄写员。（Bruder et al.，2003）通过类似文本域中的OCR，乐谱图像的标准MIR输出是该乐谱的符号表示，该过程则被称为OMR。作为图书馆和档案机构大型音乐数字化项目的技术支持，MIR极具吸引力，因为它可以以符号格式创建数字化内容的机器可读目录，便于搜索和计算音乐学。（Hankinson et al.，2012）

OMR流程通常包括在特征提取之前的大量预处理，包括文档图像分析以识别包含音乐而不是文本或装饰的页面区域、将图像二值化为黑白、去除人工线以及识别黑色像素的连接组件。（Rebelo et al.，2012）根据原始材料的不同，特征提取和推断也存在很大差别。许多工作都是致力于研究共同的音乐符号（以及几种商业产品），但其他研究小组明确地将重点放在早期乐谱和音乐手稿上，对于这些音乐和手稿，他们不太可能有足够的商业兴趣来推进一个可行的项目。常见的输出格式包括MusicXML、音乐编码倡议（Music Encoding Initiative，简称MEI）和商业音乐符号系统的格式，如Finale或Sibecus。

最近的事态发展正在鼓励更多的OMR在网上进行。Audiveris已经推出了一个在线OMR服务系统，用于通用音乐符号。"创建乐谱搜索与分析的统一界面"（Single Interface for Music Score Searching and Analysis，简称SIMSSA）项目正在努力为早期音乐作品提供类似的服务。（Hankinson et al.，2012）

符号数据

与图像数据相比，符号数据自然适合更广泛的可能性输出。计算和传统音乐学研究的很大一部分是基于乐谱的，许多用于符号数据的MIR工具可以被看作音乐学研究人员的潜在支持工具。

符号数据的典型用途之一是作为信息检索的查询：通过音乐中最令人难忘的几个音符来识别它。早在计算机出现之前，巴洛和摩根斯坦（1948）等音乐主题词典就包含了基于旋律模式的索引。音乐主题数据库Themefinder是最早的，也许仍然是最著名的大型音乐主题计算机搜索引擎之一（Sapp et al.,2004），基于旋律的搜索界面正成为在线音乐数据库（例如Peachnote语料库和全球圣歌数据库）一个近乎标准的组件。MIREX还提供了一些相关任务的具体实践方法，比如节拍拍打检索，用户通过节奏从数据库中检索旋律，并试图模仿人类对旋律相似性的判断，这可以在用户的调查结果不那么完美时提高搜索结果的质量。

分类和评估任务对于符号数据也很常见。这类输出往往与计算音乐学一致。正如前文所述，风格分析长期以来一直是计算音乐学重点关注的问题，而与之相反的问题是如何识别一首未知乐曲的作曲家。MIREX还包括在符号语料库中识别作品流派的任务（McKay and Fujinaga，2005），最近还增加了发现重复主题和章节的任务（Collins et al., 2013）。

符号数据的标记序列输出有两种，一种是面向音乐表演，另一种则是面向音乐分析。音乐表演流派涵括大量研究，旨在寻找让计算机不那么机械地播放符号乐谱的方法，特别是演奏时间的安排。（Kirke and Miranda，2013）另一派别则侧重音乐学工具，如自动和声分析（Temperley，2001）或音高拼写，以处理诸如MIDI等格式的同音异名所引起的歧义，这些格式不会自动区分并记录这种区别。（Chew，2014）

音频

在过去的20年里，音频一直主导着MIR的研究。从某种程度上来说，这是因为没有一种"自然"的音频输出或流程；几乎一切皆有可能。数字音频无处不在，尽管在处理受版权保护的材料方面可能面临对法律的挑战，但对大多数研究小组来说，获得大量数字音频相对容易。

与图像数据一样，音频数据往往过于庞大和复杂，无法直接用于特征提取。一些预处理是比较典型的，包括诸如将立体声或多声道录音材料压缩为单声道、降低采样率，将音频分解成可独立提取的短重叠帧等技术。结果是可以得到一个具有不同特征值的并行序列的集合,然后将其用于推理。

典型的音频信息检索任务是按哼唱方式检索,用户对着麦克风哼唱一首曲子,并要求计算机识别他们刚刚试图哼唱的那段音乐。尽管可能不如以前那么受欢迎,但自20世纪90年代中期以来,哼唱检索一直是MIR研究的一部分,并且在商业领域也已经有了一些较为成功的实践,包括音乐识别软件SoundHound。(Dannenberg et al., 2007)哼唱检索是音频指纹技术的一种特殊情况,它尝试标记任何类型的音频片段,以便有效地从数据库中检索音乐,其应用范围从识别周围环境中播放的音乐到确保版权的合规性。(Chandrasekhar et al., 2011)还有许多用于模糊音频指纹技术的应用程序,用于识别和查询仅类似而不是完全相同的音频。预测音频相似性既有认知上的挑战,也有计算上的挑战,但它也包括许多应用,包括音乐推荐系统、播放列表生成系统和封面歌曲识别系统。(Flexer et al., 2012)

音频适合于符号领域的分类和评估任务,多年来,关于一系列MIREX中的艺术家、作曲家、流派和情绪分类的任务已经逐渐标准化。除了这些任务之外,还有许多与音频相关的音乐学支持任务,因为它们试图重新创建一些最有用的信息片段,这些信息显然来自乐谱,而不是来自音频文件:发现基调、节奏预估(对唱片播放师特别有用)以及节拍预估。随着围绕音乐的社交媒体变得越来越重要,标签评估已经成为一项特别有趣的分类任务:尝试猜测用户如何给一段音乐贴上标记,而用户可以自由选择需要使用的描述符,例如Last.fm音乐服务所用的标记。(Turnbull et al., 2008; Bertin-Mahieux et al., 2011a)

在很多方面,序列标记任务都是音频数据MIR任务的优势技术。其中最大的挑战则是实现从音频到符号乐谱的直接转录,但迄今为止,还没有任何系统可以完全成功地完成这一任务。(Benetos et al., 2013)然而,在许多情况下,完全的转录是不必要的,稍微简单的任务就已经足够了。例如,在表演情境中,乐谱跟踪(计算机通过实时性能跟踪符号乐谱)技术通常足以同步表演过程,并且已成功部署多个这样的系统。(Cont, 2011)而对于其他应用,只需要乐谱的一个特定方面,例如旋律(Salamon, 2013)或和弦转录(McVicar et al., 2014)。这些类型任务的性能正在迅速优化,最终可能会模糊处理符号数据与音频数据之间的区别。

元数据

图像、符号和音频数据都与音乐本身直接相关，即所谓的基于内容的音乐信息检索，也可以使用与音乐有关的元数据，例如标题、艺术家、歌词、音乐博客和新闻报道，要么是单独使用，要么是与基于内容的功能配合一起使用。仅通过元数据不可能进行序列标记，但可以执行几个重要的信息检索和分类任务。元数据最有效的途径之一是用于音乐推荐（Celma，2010），但事实证明，这些类型的"文化特征"或"社区元数据"也被证明有助于完成流派分类（Whitman，2005；McKay et al.，2010）和艺术家聚类（Schedl et al.，2011）等任务。

音乐信息检索的未来

真正解决经典MIR问题的相对较少，我们预计在未来一段时间内，可以将相当大的研究精力投入提高核心任务的技术水平。我们还看到，在未来几年里，MIR可能会在四个更广泛的领域发展和加强与计算音乐学和音乐认知等相关领域的联系。这些关键领域是：（1）更高级别的输出可能性，例如和弦而不是基频；（2）作为数据源的社交媒体和众包；（3）大数据；以及（4）多通道用户界面。

更高级别的输出

MIR诞生于计算音乐学，但随着数字音频在20世纪90年代变得越来越普及，人们的兴趣从传统音乐学家关注的符号数据转向了数字音频。这种倾向如今仍然困扰着这个领域：大约95%的MIREX任务涉及音频信号处理，只有少数任务是专门处理符号数据的。伴随这种倾向，MIR传统上也强调"低级别"任务，即那些处理音频所必需的基础性任务（但那些任务本身在音乐学上并不是特别有吸引力），而不是具有音乐学和文化兴趣的更大的"高级别"任务。例如，与诸如音频和弦预估、发现重复主题和声部以及结构分割等较高级别的任务相比，MIREX中音频节奏检测、多基频估计和音频节拍跟踪的任务将是低级别的。

这些倾向阻碍了音乐学家和MIR研究人员之间的合作。（Cook，2005）不仅许多低级别MIR任务在音乐学上不那么具有吸引力，音乐学还坚持要提供比早期算法更高水平的高级别任务的准确性（还可参见Pugin et al., 2007b，关于如何在某些情况下引导本来级别很低的音乐信息检索工具的示例）。尽管如此，重新填补计算音乐学和MIR之间的差距的研究兴趣仍然存在（Volk and Honingh, 2012），随着高级别音频任务性能的提高，我们可能会与MIR合作，重新进入计算音乐学的黄金时代。

一些新工具和数据集的发布也可能会重新唤起人们对带有符号数据的MIR的兴趣。Music21计算机音乐学工具包试图解决Humdrum工具包的一些缺陷，而且目前正被广泛采用。（Cuthbert and Ariza, 2010）麦吉尔"公告牌"（Billboard）栏目已经发布了一千多位美国流行音乐专家的和弦转录以及用于分析这些数据的工具。（Burgoyne et al., 2011; De Haas and Burgoyne, 2012）垂直间隔序列电子定位器（Electronic Locator of Vertical Interval Successions，简称ELVIS）项目收集并发布了早期音乐符号乐谱的大型数据集，以及用于分析与Music21存在对位关系的新工具。这些项目非但没有取代传统的音乐学，反而开启了丰富的研究路径，而这在15年前完全是无法想象的。

社交媒体和众包

由于对元数据的兴趣，MIR项目从一开始就采用了社交媒体，鉴于数字音乐的普遍性和对更多数据的持续需求，MIR是通过众包方式从一般公众那里收集数据的早期采用者。我们预计，这一趋势将在不久的将来得以持续发展甚至加速发展。研究者的注意力最近转向挖掘微博客网站，如推特（Schedl et al., 2011; Weerkamp et al., 2013），并继续使用游戏作为鼓励众包的工具（Aljanaki et al., 2013）。众包和社交媒体在改善与音乐学和音乐认知的合作方面也提供了独特的价值，因为它们反映了音乐是如何"在野外"（in the wild）被消费的，以及人们如何用自己的语言描述音乐（参见音乐认知中的语言和音乐日记研究：Bernays and Traube, 2011; Van Zijl and Sloboda, 2011）。

大数据

令人惊讶的是，考虑到机器学习在MIR中的强大影响，到目前为止，在MIR中使用的数据集很少是真正意义上的"大"数据。一个显著的例子是百万首流行乐数据集（Million Song Dataset，简称MSD），它明确地挑战MIR在商业规模中的工作，并且也被用来研究关于流行音乐演变的音乐学问题。（Bertin-Mahieux et al.，2011b）"大规模音乐的结构分析"（Structural Analysis of Large Amounts of Music，简称SALAMI）项目试图用超级计算机引导人类进行注释工作，以建立类似规模的数据集。（Smith et al.，2011）Peachnote语料库为符号分析提供了大量的乐谱。（Viro，2011）许多社交媒体数据也可以归入大数据范畴。大数据既对MIR本身有影响——更多的数据使其有可能更依赖机器学习进行特征提取（Humphrey et al.，2013）——也对它可以回答的问题类型有影响。

与莫莱蒂（2005）在文献中运用大数据方法的案例类似，机器可以处理的音乐总量比一个人一生所能处理的音乐总量还要多，最近的研究已经开始追踪音乐风格的变化，而这些变化用传统方法是不可能进行彻底研究的。（Serré et al.，2012；Burgoyne et al.，2013；Zivic et al.，2013）这些最新研究还显示了MIR中大数据研究的解释性挑战，特别是在跨学科交流此类结果以及适当且负责地使用统计技术方面。（Huron，2013）预计在未来几年内，MIR大数据方法和通信技术将迅速发展。

多通道用户界面

在很大程度上，研究人员已经独立于其他任务，并对每个经典MIR任务进行了研究。然而，随着MIR社区内部对MIR相对不那么重视的用户和用户体验的日益担忧，这种情况正在发生变化。虽然这一控诉并不新鲜（Wiering，2007），但最近却变得越来越紧迫（Lee & Cunningham，2013）。其中一种回应是开发多通道用户界面，将多种MIR技术集成到一个界面中。例如，SALAMI项目将音乐相似性和结构分析的多种方法结合起来，设计了一个独特的界面，用于在包含35万首歌曲（两年以上的连续音频）的大型数据库中浏览许多流行的分割算法的输出。（Bainbridge et al.，2012）SIMSSA项目正试图在广泛的OMR技术领域取得类似的成就，同时寻找整合众包平台以提高数据质量，并为机器学习提供新的培训材料。（Hankinson et al.，2012）Songle项目则将众包与多种不同的音频MIR任务结合在一起：节拍预估、节拍跟踪、节拍提取、和弦预估、旋律提取和分割。（Goto et al.，2011；图15.2）所有这些项目都强调真实用户的实际体验情况,我们希望这一趋势将继续下去;在笔者撰写本文时,MIREX本身正在讨论将用户界面评估作为其业务的永久组成部分。

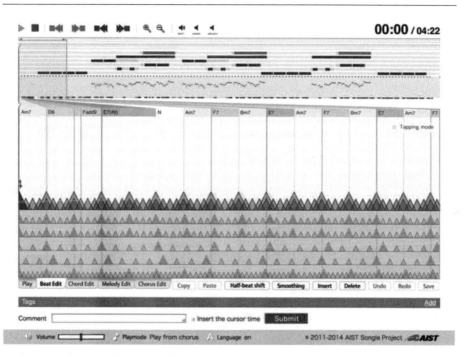

图15.2 本图是项目Songle的屏幕快照,Songle是日本国家先进工业与技术研究所(Advanced Industrial Science and Technology,简称AIST)开发的网络服务。Songle自动执行许多典型的MIR序列标记任务——节奏检测、和弦预估、旋律提取和结构分割——并为用户提供一个极具吸引力的界面来查看和编辑结果(Goto et al.,2011)

(资料来源:http://songle.jp)

结　论

一旦计算机成为学术基础设施的一部分,研究人员就开始对使用计算机进行音乐学习研究产生了兴趣。在几十年的时间里,计算机在回应相关研究问题和满足已证实问题的需求方面已经处理得越来越好。而在过去20年中,MIR领域的发展尤为迅速。MIR研究人员致力于研究各种形式的音乐数据——图像、符号数据、音频和元数据——并回答了不同类别的问题,从经典的信息检索到简单的预估或分类，再到复杂的序列标记。如今大多数数字音乐服务都集成了某种MIR技术，而数字音乐在当代文化中的普遍性和重要性表明：这一领域仍将持续发展。

参考文献

[1] Aljanaki, A., Bountouridis, D., Burgoyne, J.A., *et al.* 2013. Designing games with a purpose for music research: two case studies. In *Proceedings of the Games and Learning Alliance Conference.* Paris, France.

[2] Askenfelt, A. 1976. Automatic notation of played music (status report). *Quarterly Progress and Status Report STL-QPSR* 17 (1), 1–11.

[3] Bainbridge, D., Downie, J.S., and Ehmann, A.F. 2012. Structured audio content analysis and metadata in a digital library. In *Proceedings of the 12th ACM/IEEE-CS Joint Conference on Digital Libraries*, 431–432.

[4] Barlow, H., and Morgenstern, S. 1948. *A Dictionary of Musical Themes*. New York: Crown.

[5] Benetos, E., Dixon, S., Giannoulis, D., Kirchoff, H., and Klapuri, A. 2013. Automatic music transcription: Challenges and future directions. *Journal of Intelligent Information Systems* 41 (3), 407–434.

[6] Bernays, M., and Traube, C. 2011. Verbal expression of piano timbre: multidimensional semantic space of adjectival descriptors. In *Proceedings of the International Symposium on Performance Science.* Toronto, ON.

[7] Bertin-Mahieux, T., Eck, D., and Mandel, M. 2011a. Automatic tagging of audio: the state-of-the-art. In *Machine Audition: Principles, Algorithms, and Systems.* Hershey, NY: Information Science Reference, 334–352.

[8] Bertin-Mahieux, T., Ellis, D.P.W., Whitman, B., and Lamere, P. 2011b. The millon-song dataset. In *Proceedings of the 12th International Conference on Music Information Retrieval, Miami*, 591–596.

[9] Bruder, I., Finger, A., Heuer, A., and Ignatova, T. 2003. Towards a digital document archive for historical handwritten music scores. In *Digital Libraries: Technology and Management of Indiginous Knowledge for Global Access*, ed. T.M.T. Sembok, H.B. Zaman, H. Chen, S.R. Urs, and S.-H. Myaeng. Berlin: Springer, 411–414.

[10] Burgoyne, J.A., Wild, J., and Fujinaga, I. 2011. An Expert Ground-Truth Set for Audio Chord Recognition and Music Analysis. In *Proceedings of the 12th International Conference on Music Information Retrieval, Miami*, 633–638.

[11] Burgoyne, J.A., Wild, J., and Fujinaga, I. 2013. Compositional data analysis of harmonic structure in popular music. In *Mathematics and Computation in Music: Fourth International Conference*, ed. J. Wild, J. Yust, and J.A. Burgoyne. Berlin: Springer, 52–63.

[12] Celma, Ò. 2010. *Music Recommendation and Discovery: The Long Tail, Long Fail, and Long Play in the Digital Music Space*. Berlin: Springer.

[13] Chafe, C., Jaffe, D., Kashima, K., Mont-Reynaud, B., and Smith, J.B.L. 1985. Techniques for note identification in polyphonic music. In *Proceedings of the International Computer Music Conference*, 399–405.

[14] Chandrasekhar, V., Sharifi, M., and Ross, D.A. 2011. Survey and evaluation of audio finger-printing schemes for mobile query-by-example applications. In *Proceedings of the 12th International Society for Music Information Retrieval Conference, Miami*, 801–806.

[15] Chew, E. 2014. *Mathematical and Computational Modeling of Tonality*. Berlin: Springer.

[16] Collins, T., Arzt, A., Flossmann, S., and Wedmer, G. 2013. SIARCT-CFP: improving precision and the discovery of inexact musical patterns in point-set representations. In *Proceedings of the 14th International Conference on Music Information Retrieval, Curitiba, Brazil*, 549–553.

[17] Cont, A. 2011. On the creative use of score following and its impact on research. In *Proceedings of the 8th Sound and Music Computing Conference, Padova, Italy*.

[18] Cook, N. 2005. Towards the compleat musicologist? [Invited talk, Sixth Annual Conference on Music Information Retrieval, London, England].

[19] Cunningham, S.J., Bainbridge, D., and Downie, J.S. 2012. The impact of MIREX on scholarly research (2005–2010). In *Proceedings of the 13th International Society for Music Information Retrieval Conference, Porto, Portugal*, 259–264.

[20] Cuthbert, M.S., and Ariza, C. 2010. music21: a toolkit for computer-aided musicology and symbolic music data. In *Proceedings of the 11th International Society for Music Information Retrieval Conference, Utrecht, the Netherlands*, 637–642. Retrieved from

http://web.mit.edu/music21、

[21] Dannenberg, R.B., Birmingham, W.P., Pardo, B., *et al.* 2007. A comparative evaluation of search techniques for query-by-humming using the MUSART testbed. *Journal of the American Society for Information Science and Technology* 58 (5), 687–701.

[22] Desain, P., and Honing, H. 1989. The quantization of musical time: a connectionist approach. *Computer Music Journal* 13 (3), 56–66.

[23] Downie, J. S. 2004. The scientific evaluation of music information retrieval systems: Foundations and future. *Computer Music Journal* 28 (2), 12–23.

[24] Downie, J. S. 2008. The Music Information Retrieval Evaluation Exchange (2005–2007): a window into music information retrieval research. *Acoustical Science and Technology* 29 (4), 247–255.

[25] Downie, J.S., West, K., Ehmann, A., and Vincent, E. 2005. The 2005 Music Information Retrieval Evaluation eXchange (MIREX 2005): Preliminary overview. In *Proceedings of the 6th International Conference on Music Information Retrieval, London, UK*, 320–323.

[26] Downie, J. S., Ehmann, A.F., Bay, M., and Jones, M.C. 2010. The Music Information Retrieval Evaluation eXchange: some observations and insights. In *Advances in Music Information Retrieval*, ed. Z.W. Rás and A.A. Wieczorkowska. Berlin: Springer, 93–115.

[27] Flexer, A., Schnitzer, D., and Schlüter, J. 2012. A MIREX meta-analysis of hubness in audio music similarity. In *Proceedings of the 13th International Conference on Music Information Retrieval, Porto, Portugal*.

[28] Fujinaga, I. 1998. Machine recognition of timbre using steady-state tone of acoustic musical instruments. In *Proceedings of the International Computer Music Conference*, 207–210.

[29] Ghias, A., Logan, J., Chamberlin, D., and Smitch, B.C. 1995. Query by humming: musical information retrieval in an audio database. In *Proceedings of ACM Multimedia*. San Francisco, CA.

[30] Goto, M., Yoshii, K., Fujihara, H., Mauch, M., and Nakano, T. 2011. Songle: a web service for active music listening improved by user contribution. In *Proceedings of the 12th International Society for Music Information Retrieval Conference, Miami*, 311–316.

[31] Grey, J.M. 1975. An exploration of musical timbre. PhD dissertation, Stanford

University.

[32] Haas, W.B. de, and Burgoyne, J.A. 2012. Parsing the Billboard chord transcriptions. Technical report UU-CS-2012-18. Utrecht University, the Netherlands.

[33] Hall, T. 1975. Some computer aids for the preparation of critical editions of Renaissance music. *Tijdschrift van de Vereniging voor Nederlandse Muziekgeschiedenis*, 25, 38–53.

[34] Hankinson, A., Burgoyne, J.A., Vigliensoni, G., and Fujinaga, I. 2012. Creating a large-scale searchable digital collection from printed music materials. In *Proceedings of the 21st ACM Conference on the World Wide Web*, 903–908.

[35] Herrera-Boyer, P. and Gouyon, F., eds. 2013. MIRrors: music information research reflects on its future. *Journal of Intelligent Information Systems* 41 (3) [special issue].

[36] Hornbostel, E.M. von. 1906. Phonographierte tune-sische Melodien. *Sammelbände der Internationalen Musikgesellschaft* 8 (1), 1–43.

[37] Humphrey, E.J., Bello, J.P., and LeCun, Y. 2013. Feature learning and deep architectures: New directions for music informatics. *Journal of Intelligent Information Systems* 41 (3), 461–481.

[38] Huron, D. 2013. On the virtuous and the vexatious in the Age of Big Data. *Music Perception* 31(1), 4–9.

[39] International Society for Music Information Retrieval. http://www.ismir.net (accessed June 20, 2015).

[40] ISMIR Cloud Browser. http://dc.ofai.at/browser (accessed June 20, 2015).

[41] Kageyama, T., Mochizuki, K., and Takashima, Y. 1993. Melody retrieval with humming. In *Proceedings of the International Computer Music Conference*, 349–351.

[42] Kassler, M. 1966. Toward musical information retrieval. *Perspectives of New Music* 4 (2), 59–67.

[43] Kirke, A., and Miranda, E. 2013. An overview of computer systems for expressive music performance. In *Guide to Computing for Expressive Music Performance*, ed. A. Kirke and E. Miranda. Berlin: Springer, 1–47.

[44] Klapuri, A. and Davy, M., eds. 2006. *Signal Processing Methods for Music Transcription*. New York: Springer.

[45] Kowalczyk, S.T., Sun, Y., Peng, Z., et al. 2013. Big data at scale for digital humanities: an architecture for the HathiTrust Research Center. In *Big Data Management, Technologies, and Applications*, ed. H. Wen-Chen and N. Kaabouch. Hershey, PA: IGI

Global, 207–294.

[46] Lee, J.H., and Cunningham, S.J. 2013. Toward an understanding of the history and impact of user studies in music information retrieval. *Journal of Intelligent Information Systems* 41 (3), 499–521.

[47] Li, T., Ogihara, M., and Tzanetakis, T., eds. 2012.*Music Data Mining*. Boca Raton, FL: CRC Press.

[48] Lincoln, H.B. 1972. Uses of the computer in music composition and research. In *Advances in Computers*, ed. M. Rubinoff. New York: Academic Press, 73–114.

[49] Logemann, G. 1967. The canon in the Musical Offering of J.S. Bach: an example of computational musicology. In *Elektronische Datenverarbeitung in der Muiskwissenschaft*, ed. H. Heckmann. Regensburg: Gustave Bosse, 63–87.

[50] McAdams, S. 1999. Perspectives on the contribu-tion of timbre to musical structure. *Computer Music Journal* 23 (3), 85–102.

[51] McKay, C., Burgoyne, J.A., Hockman, J., Smith, J.B.L., Vigliensoni, G., and Fujinaga, I. 2010.Evaluating the genre classification performance of lyrical features relative to audio, symbolic and cultural features. In *Proceedings of the 11th International Society for Music Information Retrieval Conference, Utrecht, the Netherlands*, 213–218.

[52] McKay, C., and Fujinaga, I. 2005. The Bodhidharma system and the results of the MIREX 2005 Symbolic Genre Classification contest. In *Proceedings of the 6th International Conference on Music Information Retrieval, London*, ed. J.D. Reiss and G.A. Wiggins.

[53] McNab, R., Smith, S., Witten, I., Henderson, C., and Cunningham, S.J. 1996. Towards the digital music library: tune retrieval from acoustic input. In *Proceedings of the ACM Conference on Digital Libraries*, 11–18.

[54] McVicar, M., Santos-Rodríguez, R., Ni, Y., and De Bie, T. 2014. Automatic chord estimation from audio: a review of the state of the art. *IEEE Transactions on Audio, Speech, and Language Processing* 22 (2), 556–575.

[55] Mendel, A. 1969. Some preliminary attempts at computer-assisted style analysis in music. *Computers and the Humanities* 4 (1), 41–52.

[56] MIREX Wiki. http://music-ir.org/mirex.

[57] Moorer, J.A. 1975. On the segmentation and analysis of continuous musical sound by digital computer. PhD dissertation, Stanford University.

[58] Moretti, F. 2005. Graphs, Maps, Trees: Abstract Models for a Literary History. London: Verso.

[59] Myers, C.S. 1907. The ethnological study of music. In *Anthropological Essays Presented to Edward Burnett Tylor*, ed. W.H.R. Rivers, R.R. Marett, and N.W. Thomas. Oxford: Clarendon Press, 235–253.

[60] Piszczalski, M., and Galler, B.A. 1977. Automatic music transcription. *Computer Music Journal* 1 (4), 24–31.

[61] Pugin, L., Burgoyne, J.A., and Fujinaga, I. 2007a. Reducing costs for digitising early music with dynamic adaptation. In *Proceedings of the European Conference on Digital Libraries, Budapest, Hungary*, 417–474.

[62] Pugin, L., Burgoyne, J.A., Eck, D., and Fujinaga, I. 2007b. Book-adaptive and book-dependent models to accelerate digitization of early music [paper, poster and lecture presentation at the Neural Information Processing Systems Conference Workshop on Music, Brain and Cognition]. Whistler, BC.

[63] Rás, Z.W. and Wieczorkowska, A.A., eds. 2010. *Advances in Music Information Retrieval*. Studies in Computational Intelligence, 274. Berlin: Springer.

[64] Rebelo, A., Fujinaga, I., Paszkiewicz, F., *et al.* 2012. Optical music recognition: state-of-the- art and open issues. *International Journal of Multimedia Information Retrieval* 1 (3), 173–190.

[65] Risset, J.-C., and Mathews, M.V. 1969. Analysis of musical-instrument tones. *1969* 22 (2), 23–30.

[66] Salamon, J. 2013. Melody extraction from polyphonic music signals. PhD dissertation, Universitad Pompeu Fabra, Barcelona, Spain.

[67] Sapp, C.S., Liu, Y.-W., and Selfridge-Field, E. 2004. Search-effectiveness measures for symbolic music queries in very large databases. In *Proceedings of the 5th International Conference on Music Information Retrieval*.

[68] Schedl, M., Knees, P., and Böck, S. 2011. Investigating the similarity space of music artists on the micro blogosphere. In *Proceedings of the 12th International Society for Music Information Retrieval Conference, Miami*, 323–328.

[69] Schloss, W.A. 1985. On the automatic transcription of percussive instruments. Ph. D dissertation, Stanford University.

[70] Serrà, J., Corral, Á., Boguñá, M., Martín, and Arcos, J.L. 2012. Measuring the

evolution of contemporary Western popular music. *Nature Scientific Reports* 2 (521).

[71] Slawson, A.W. 1968. Vowel quality and musical timbre function of spectrum envelope and fundamental frequency. *Journal of the Acoustical Society of America* 43 (1), 87–101.

[72] Smith, J.B.L., Burgoyne, J.A., Fujinaga, I., De Roure, D., and Downie, J.S. 2011. Design and creation of a large-scale database of structural annotations. In *Proceedings of the 12th International Society for Music Information Retrieval Conference, Miami*, 555–560.

[73] Temperley, D. 2001. *The Cognition of Basic Musical Structures*. Cambridge, MA: MIT Press.

[74] Turnbull, D., Barrington, L., Torres, D., and Lanckriet, G. 2008. Semantic annotation and retrieval of music and sound effects. *IEEE Transactions on Audio, Speech, and Language Processing* 16(2), 467–476.

[75] Viro, V. 2011. Peachnote: music score search and analysis platform. In Proceedings of the 12th International Conference on Music Information Retrieval, Miami, 359–362.

[76] Volk, A., and Honingh, A., eds. 2012. Mathematical and computational approaches to music theory, analysis, composition and performance. *Journal of Mathematics and Music* 6(2) [special issue].

[77] Watt, H.J. 1924. Functions of the size of interval in the songs of Schubert and of the Chippewa and Teton Sioux Indians. *British Journal of Psychology* 14 (4), 370–386.

[78] Weerkamp, W., Tsagkias, M., and Rijke, M. de. 2013. Inside the world's playlist. In Proceedings of the 22nd ACM International Conference on Information and Knowledge Management, San Francisco, 2501–2504.

[79] Whitman, B. 2005. Learning the meaning of music. PhD dissertation, Massachusetts Institute of Technology.

[80] Wiering, F. 2007. Can humans benefit from music information retrieval? In *Adaptive Multimedia Retrieval: User, Context, and Feedback*, ed. S. Machand-Maillet, E. Bruno, A. Nürnberger, and M. Detyniecki. Berlin: Springer, 82–94.

[81] Wiering, F. 2012. Balancing computational means and humanities ends in computational musicology.Talk in the Humanities Lectures series at Utrecht University. http://www.staff.science.uu.nl/~wieri103/presentations/DHlectureWieringDecember2012.pdf (accessed June 20, 2015).

[82] Wold, E., and Blum, T. 1996. Content based classification, search and retrieval of

audio. *IEEE Multimedia* 3 (3), 27–36.

[83] Zijl, A.G.W. van, and Sloboda, J. 2011. Performers' experienced emotions in the construction of expressive musical performance: an exploratory investigation. *Psychology of Music* 39 (2), 196–219.

[84] Zivic, P.H.R., Shifres, F., and Cecchi, G.A. 2013. Perceptual basis of evolving Western musical styles. *Proceedings of the National Academy of Sciences* 110 (24), 10034–10038.

16. 数据建模[①]

朱莉娅·弗兰德斯、福蒂斯·贾尼迪斯（Julia Flanders, Fotis Jannidis）

如今，计算机可以处理很多事情：它们预测股市将如何发展、描述火箭如何飞行，它们允许人们从许多图书馆中挖掘数千本书以寻找共同的主题，或者向人们展示很久以前的地图和事件。对所有这些事情的处理，计算机都需要构建模型：股价及其发展所涉及因素的模型、火箭这样的实物在大气层中的行为模型、书本模型，以及区域和事件模型。这些模型提供了一种与其主题相关的形式化视角，其表达方式使得收集有关主题的特定信息成为可能。简而言之，形式化模型决定了主题的哪些方面是可计算的，以及以何种形式进行计算。

虽然中心建模对计算的影响是显而易见的，但在数字领域中并没有涉及与建模相关的学科领域。我们确实涵盖了参与数字建模讨论的不同领域：例如，在计算机科学中，"数据建模"指的是数据库的设计（Simson，2007），而"对象建模"通常指的是软件开发环境中的实体设计，如借助统一建模语言（Unified Modeling Language，简称UML）的帮助。数学建模涵盖了离散动力系统或增长模型（Mooney and Swift，1999）以及统计模型（Freedman，2009）等领域，这些模型不仅适用于物理学和生物学，也适用于经济学和社会学（Miller and Page，2007）。而数据建模，尤其是文本的数字建模，在数字人文学科展开了长期激烈的争论，涉及如何对文本的实质性内容进行建模，如何表示数据模型的语义，以及模型是由功能驱动还是由更高层次的描述性目标进行驱动等问题。到目前为止，这些讨论只获得了其他领域建模研究中的部分信息：至今还没有统一的理论。然而，随着数字人文领域的发展，建模已经成为一个越来越热门的话题，一些共同的研究线索开始出现。

建模包括不同的形式，通常分为两类：过程建模和数据建模。第一类描述

[①] *A New Companion to Digital Humanities*, First Edition. Edited by Susan Schreibman, Ray Siemens, and John Unsworth.

© 2016 John Wiley & Sons, Ltd. Published 2016 by John Wiley & Sons, Ltd.

的是股价走势或国家的发展等过程；第二类描述的是对象，要么是现实世界的对象及其数字替代品，要么是以数字形式创建的对象。在接下来的讨论中，我们将集中讨论数字人文学科中的数据建模，这是因为数字人文学科领域的研究集中在寻找最佳方式来表达文化制品的特定属性，从而影响了一般的数据建模实践，而对于过程模型则没有类似的研究。

数据建模：集成视图

数据建模是数字人文学科中许多不同实践得以进行的基础，例如，创建数据库以捕获文化对象的重要方面，通过使用符合文本编码倡议的模式标记文本以创建数字版本，创建用于研究目的的软件以处理特定数据集。数据建模的结果可以在手册、模式、数据库设计、软件设计、样式表和许多其他地方找到。那么数据建模到底是什么？如何在这种情况下定义数据建模的问题是人们关注的中心问题，这不仅是一个涉及术语厘清的问题，而且也是为了将数据建模置于适当的环境中。

在计算机科学中，数据建模是"用于描述数据、数据关系、数据语义和一致性约束的概念性工具的集合"（Silberschatz et al., 1996:7）。因此，数据模型与数据并不完全相同，而是包括对数据模型的描述，其中包括数据语义，并且可以从中派生出更正式的方面，比如数据的结构属性或应用于数据的一致性约束。因此，数据建模可以理解为一个抽象的过程，从真实（或数字）对象开始，以非常形式化的符号中的非常抽象的描述结束。

在数据模型中，可以区分出三个级别，这通常也被视为建模过程中的三个步骤：

1. 概念数据建模：识别和描述"论域"（建模者正在建模的那部分世界的既定术语）中的实体及其关系，并对结果进行注释；例如，在实体—关系图中。

2. 逻辑数据建模：根据底层关系模型定义数据库表。

3. 物理数据建模：优化数据库性能。人们似乎一致认为，这第三个级别处于（甚至超出）数据建模的边缘。

这里需要注意的是，尽管与数据库设计有着密切联系，但这个建模过程是在相当抽象和普遍的意义上进行理解的。理想情况下，概念模型和逻辑模型都应该在不引用特定实现（implementation）的情况下加以设计，以便以后可以优化实现，甚至完全替换为不同的实现。此外，即使逻辑和概念级别之间的区别是特定数据库建模技术的结果，它也捕获了数据建模的一个重要方面。虽然概念模型起源于意义结构，但逻辑模型的重点在于为数据提供一种结构，该结构允许用户使用一组算法来回答与数据相关的问题。这种可计算性通常是通过使用数学模型来实现的：对于数据库来说是关系模型，对于XML来说是树结构。在这些情况下，逻辑模型是一种强大的形式化抽象，但它是以省略语义信息为代价来实现这一功能的。另一方面，概念模型保留了语义信息，并提供了一个完整的嵌入式数据视图，同时它以这样一种方式组织信息：逻辑模型可以自动导出，或者至少非常容易导出。

概念模型和逻辑模型之间的这种区别在设计和管理数据方面具有战略价值，但问题是是否以及如何将其扩展到数据库设计领域之外，这种区别在其他数据建模系统中是否具有等效性。例如，在XML中，底层的数学模型是树，因此XML模式充当了逻辑数据模型的角色。但当我们试图找到概念数据模型的等价物时，情况变得更为复杂，到目前为止还没有可行的XML概念模型。例如，伊芙·马勒（Eve Maler）和珍妮·埃尔·安达卢西（Jeanne El Andaloussi）（1995）提出了具有实体—关系图的一些功能的树形图，并且还尝试扩展现有技术，例如UML。

在数字人文学科中得到广泛应用的一种方法是TEI。文本编码倡议指南描述了一种XML语言，在这种语言中，模式首先使用一个被称为ODD（One Document Does It All，一个文档可以完成所有任务）的系统进行建模。ODD格式是包含XML模式片段及其记录的文档；它还包含表达特定选择和约束的机制，例如应用本地控制的词汇表或省略特定元素。因为ODD在文档的语义域和模式的逻辑/结构域（直接从ODD文件生成）之间创建了显式链接，它提供了一种概念建模。此外，因为TEI语言的设计（至少在原则上）没有参考特定的逻辑模型，所以ODD理论上可以用来使用XML以外的逻辑模型生成其他类型的约束系统。

陈海涛和廖湖声（2010）在回顾XML概念建模的建议时，观察到在概念级别上对XML数据建模的一个基本冲突：

> 一方面，概念建模需要高层次的抽象，这意味着不应该公开数据组织的细节。另一方面，如果我们想在概念模型中捕获到特定的XML的内容，就必须揭示数据组织上的一些特点。（Chen and Liao，2010）

正如笔者所指出的那样，概念建模不仅对于语义和现实世界概念的表达具有价值，而且因为它反映了最终用户的直觉——就数字人文学科而言，最终用户是对数据建模真正负责的学者。同样的逻辑也适用于其他数据建模系统，例如资源描述框架：概念数据模型和逻辑数据模型之间的区别似乎很有益处，即使在这样的情况下，例如在XML中，还没有明显的机制来表示概念模型数据，但在常见用法中存在。

数据模型或多或少地以一种形式化的方式描述数据的结构，因此我们可以在数据及其信息结构之间划分出区别。结合计算机科学，我们可以引用模型数据在以下三个方面的区别：

- 模型化实例：例如，通过XML标记表示的文本结构，或以表格形式组织的通讯录；
- 数据模型：例如，文本标记所遵循的模式（例如，诸如TEI的XML语言），或者数据库表的结构；
- 元模型：例如，XML元语言或关系模型。

至少在XML的世界中，建模实例和数据模型之间的关系可能会有很大的不同：建模实例通常仅实例化数据模型中指定的许多完全不同的可能关系中的一个。也就是说，实例属于数据模型所描述的类，而该类可能包含许多彼此存在很大差异的实例。相反，如果我们查看实例集合并考虑如何对其建模，我们的模型可能会在更高或更低的通用性级别上表达这些实例的共同点。例如，四行诗、六行诗和十行诗的集合可能会产生一个非常具体的数据模型，该模型只支持那些精确形式的诗歌类型；或者产生一个更普遍的数据模型，它支持诗歌有任意数量的行（或者任意偶数的诗歌，或者任意不超过十行的诗歌等）。

图16.1 数据模型结构矩阵

如果我们将数据模型的这些不同方面映射到上文已明确的级别上，则可以将结果表示为一个矩阵：该矩阵提供了一种理解不同的数据建模活动如何在不同类型的构建物中实例化，以及这些构建物如何在整个信息生态中运行的方法。然而，要全面了解建模在人文环境中是如何运行的，还有另外两个维度需要考虑。

第一个维度与模型背后的动机有关。为了创建和评估模型，必须清楚地了解用户对数据模型的需求，这是数据建模文献的一个共同特点。一方面，数据模型支持用户和用户社区（包括档案管理员、图书馆和历史学会）的"策展"活动。这些活动通常涉及为保存文献而对印刷材料进行修复，或创建旨在提供与用于主要研究的实物档案功能相类似的数字档案。我们可以将这些用户群体描述为策展驱动型的建模者，因为他们的建模工作旨在创建可重复使用的资源，这些资源可以捕获文本中最常见且无争议的"中性"特征，这些特性可以服务于非常广泛的潜在用户群体，使他们能够以低成本进行大规模的数字化。这种建模方法的一个很好的例子是TEI图书馆（TEI in Libraries）模式系列，它提供了一个递增的、更为复杂的TEI模式的分层系统，允许图书馆对大型文本集合进行数字化处理，以便进行一般搜索和检索，并随着时间的推移不断丰富标记。一个典型的例子是TEI Tite，它被设计为一种数据捕获模式，利于与数字化供应商合作的图书馆以非常低的成本进行最基本的数据捕获。

另一方面，数据模型也存在，其功能是为个别学者和项目表达特定的研究想法，我们可以将他们描述为研究驱动型建模者。例如，研究人员构建一个用于训练机器学习算法的语料库，可能会以服务于该目标的方式对语料库进行建模，而排除了大多数其他的语料库。虽然策展驱动型建模人员还假设大多数用户和大部分用例对数字对象的某些功能感兴趣，但研究驱动型建模人员通常会专注于生成更具体地针对自身研究需求的数据。这两个群体在采用标准的方式上也往往有所不同：策展驱动型建模人员发现，标准对于将数据的多样性限制在可管理的范围内，以及提供跨大型数据集扩展的通用工具集和接口的方式至关重要，尽管研究驱动型建模人员可能会发现，他们的研究所需要的建模尚不受现有标准的支持。

第二个维度——与第一个维度密切相关——涉及将在其中使用模型的环境。一方面，有些模型被明确地设计为在特定应用程序的环境中以最佳方式运行，并且利用应用程序的特性。例如，在Web早期的超文本标记语言标准化之前，Web页面通常被建模为在特定的Web浏览器中使用，其功能需要特定的编码。这种方法的优点和局限是显而易见的：建模数据的可移植性要差得多，但在其预期的环境中，它比更具通用性的模型的效果更好，并且为有限的应用程序开发一个可运行模型的成本通常要低很多。相反的方法是设计那些试图独立于应用程序的模型，但要考虑这样的模型在任何给定的环境中可能不如单独为该环境设计的模型运行得好，并且开发成本可能更高。

将这些考虑因素纳入具体实践层面和战略层面，以确定数据建模活动的框架。我们现在转向数据建模如何在人文环境中运行的问题，以及它是否需要一套专门的理论方法。

面向人文学科的数据建模

尽管人文学科中的数据建模工具在很大程度上是从科学中获取的，但它们在人文环境中的使用却受到人文学科话语世界的强烈影响。在计算机科学中，大多数实践者认为数据建模是对真实客观世界的描述（其中包括测量数据模型正确度的可能性），而只有少数实践者将其视为设计过程。在数字人文学科中，似乎存在一种普遍的理解，即数据模型与所有模型一样，是对现实生活或数字领域中某一对象的解释。同样，大多数人假设数据建模主要是一个建设性和创造性的过程，并且数字代理（digital surrogate）的功能决定了哪些方面需要建模。随着我们从有强烈共识的特征（例如个体的可识别性）转向通过学科或解释性观点影响其边界和关系的特征（例如文本删除的意义或一座被毁坏的建筑物的结构功能），模型的构造性质变得更为清晰。如前所述，可能存在某一动机将研究人员吸引到共识上或远离共识，但即使是在人文学科中已有的有强烈共识的情况下，人文学科的实践者也倾向于将共识理解为一种社会功能，而不是客观现实的证据。因此，在人文学科中运行的建模系统通常被设计成具有一定的适应性，允许修改术语或结构假设，以适应不同的观点。近年来，"自下而上"或"用户标记"方法的流行反映了这种预期，即通过归纳的方式反映多种观点，而不是从预先确立的权威立场进行操作。可由用户自定义的XML语言（尤其是TEI和DocBook）的设计是这种适应性得以体现的一个更为复杂的实例。即使这些方法的实际缺点阻碍了它们的使用——因为流动性降低了模型在支持高效的数据创建工作流程方面的有效性——但人文学者也普遍承认，他们的模型是社会结构。

与此同时，我们有一种感觉，虽然模型可能并不代表客观现实，但这并不意味着所有的模型都一样好。有可能构建的数据模型与我们关于世界如何组织的任何共同想法都不匹配，也可能构建的模型以有缺陷、不优美或低效率的方式来表示世界。因此，即使我们发现谈论数据模型的真值（truth-value）并无用处，也可以从数据模型的说服力、智能或战略价值方面来评估它们。文学作品的分类系统可以合理地将流派归为一个分类，作为一种论证流派在分析上与现代文学批评无关的方式，或者可以提出任何基于流派的分类，这些分类具有不同程度的说服力、优美性和战略价值。另一方面，将所有文学作品归类为"抒情类"或"非虚构类"的分类系统在这三个标准上都是不成立的。再举一个例子，XML中的表格建模因语言的不同而存在很大差异，但大多数模型都支持将行作为主要的组织单位（通过行中单元格的数量和宽度以辅助方式表示列）。显然，"现实中"的表格由行和列组成，原则上可以将这两种中的任何一种视为主行，但是以通用方式对其进行建模时则具有战略价值和智能经济。我们可以在人文学科中找到类似的例子：在学术版本中对文本变体进行建模，这可能需要根据某种模式（区分实体和临时标记，或者区分拼写变体和词汇变体）对变体进行分类。这些分类代表了特定实践社区内的本地共识，既反映了战略价值，也反映了其智能优美。散文文献中段落的表述也可以理解为这样一种共识——诚然，这是一种更广泛的但仍然不普遍的共识。

一旦我们在人文学科中构建了建模的初始条件，我们就可以将注意力转向一些更为复杂的问题上，这些问题源于人文数据模型在学术中的使用方式。许多以数字人文研究为模型的构建物都具有区别于自然物的特征：它们是由可识别的代理主体出于某种目的而创造出来的，它们有一段作为其身份的一部分的历史。博物馆和文化遗产机构发展了本体——特别是CIDOC概念参考模型——在该模型中，来源和目的等概念得到了明确的表达。此外，在大部分情况下，我们的模型不仅需要表示构建物本身的历史，还需要表示它被描述和语境化的方式的历史。寻找辅助材料、目录、考古描述和其他记录，这些都是具有自身复杂的传统、盲点和话语模式的话语结构。因此，已经存在需要被形式化且具有丰富描述的分层，其中关于所涉及的实体的信息可能以嵌入传统的方式进行编码，并且可能难以解读。这些描述所提供的数据模型还必须使我们看到和使用这些中介层。在诸如编码档案描述（Encoded Archival Description，简称EAD）等标准的制定中，如何以及在多大程度上表示这些资源的文献标准以允许基础数据得到有效利用的问题一直是一个重大的挑战。

在数字人文学科中，人们非常关注数字研究对象的中介作用，以及这种中介作用的机制。在实践层面上，像TEI指南这样的代表性系统包括数字对象本身的明确机制，用于记录转录和编辑方法的细节、不确定性区域、文本干预以及其他有助于构建数字对象及其意指实践的过程。数字人文学科的研究人员同样把这一层面的智力工作视为一项重要的工作：数字人文学科年度会议涵括大量的研究论文，在这些研究论文中对这些机制的检查、比较和评估是核心问题，随着时间的推移，适时的实践已经出现，并已在标准和文献记录中得到了实例化。然而，在大多数情况下，这些标准和文献记录还没有在我们的数据模型层面上被形式化，并且目前还不清楚这是如何实现的。例如，人文数据建模中的一个关键信息层就是对不确定性的表示。人文学科研究者以一种非正式的方式承认，研究材料的所有表现形式——文本、物体、空间等——都带有某种程度的不确定性，因为它们都是人类创造的。誊本或金石学等领域的长期实践可以使用正式符号（形式化方法）来捕捉不确定性，而这些实践反过来又推动了TEI等系统的发展，其中包括将不确定性作为标记的显式特征。然而，该特性的实现并不均衡：关于转录细节的不确定性是采取一种方式建模的，而所选标记的不确定性则是以另一种方式建模的，并且在TEI中仍有一些不确定性的方面还不能被有效地建模。因此，我们可能会说，尽管TEI的数据模型具有代表性，而且其重要性得到了认可，但这种不确定性并不是专门为TEI的数据模型构建的。其他信息层也会出现类似的情况，例如责任归属、特定建模干预的日期分配、确定特定信息层的来源，或者实际上将这些层标识为不同的信息单元。

数字人文学科中最后一个问题的根源是，那些试图将自己对某一作品的知识形式化的人，比那些有兴趣同时修改大量作品的人更能感知到这一点。近两百年以来，人文学者一直强调艺术作品的独特性，并对其独特意义的生成方式进行了详细的描述和分析。将文化传统的洪流缩减到代表一个社会的美学和伦理价值的经典中，是其社会功能的一部分。这一功能决定了一个传统（法国社会学家皮埃尔·布迪厄说），这一传统比一般人更能评价个体的价值。显然，这里存在价值冲突的问题，即计算机科学的视角使我们寻找适用于所有实体的普遍性描述，而人文研究的视角使我们寻找使这个实体独立于其他个体的特质：模型在揭示时处于隐藏状态。（McCarty，2005:52）作为数字人文研究者，我们感受到了来自两个方向的牵引力，简单的解决方案可能同时牺牲双方的优势。在数字人文研究中，最丰富也最紧迫的领域涉及如何开发数据建模的方法，这些方法既能适应人文研究所需的自反性，又能适应数字领域所需的可操作性和计算明确度。

参考文献

[1] Buzzetti, D. 2002. Digital representation and the text model. *New Literary History* 33, 61–88.

[2] Chen, H., and Liao, H. 2010. A survey to conceptual modeling for XML. In 2010 3rd IEEE International Conference on Computer Science and Information Technology (ICCSIT), IEEE, Chengdu, China.

[3] Coombs, J.H., Renear, A.H., and DeRose, S.J. 1987. Markup systems and the future of

schol arly text processing. *Communications of the ACM* 30 (11), 933–947.

[4] Freedman, D.A. 2009. *Statistical Models: Theory and Practice*, revised edition. Cambridge: Cambridge University Press.

[5] Maler, E., and El Andaloussi J. 1995. *Developing SGML DTDs: From Text to Model to Markup*. Upper Saddle River, NJ: Prentice Hall.

[6] McCarty, W. 2005. Modelling. In *Humanities Computing*. Basingstoke: Palgrave Macmillan, 20–72.

[7] Miller, J.H., and Page, S.E. 2007. *Complex Adaptive Systems. An Introduction to Computational Models of Social Life*. Princeton: Princeton University Press.

[8] Modern Language Association (undated). Guidelines for evaluating work in digital humanities and digital media. http://www.mla.org/guidelines_evaluation_digital (accessed June 20, 2015).

[9] Mooney, D., and Swift, R. 1999. *A Course in Mathematical Modeling*. Mathematical Association of America.

[10] Silberschatz, A., Korth, H.F., and Sudarshan, S., eds. 1996. *Database System Concepts*, 3rd edition. New York: McGraw-Hill.

[11] Simsion, G. 2007. *Data Modeling: Theory and Practice*. Bradley Beach, NJ: Technics Publications.

[12] Sperberg-McQueen, C.M., and Huitfeldt, C. 2011. Ten problems in the interpretation of XML documents. In *Modeling, Learning, and Processing of Text-Technological Data Structures*, ed. A. Mehler, K.-U. Kühnberger, H. Lobin, *et al.* Berlin: Springer, 157–174.

17. 数字人文学科中的图形化方法[①]

乔安娜·朱可（Johanna Drucker）

数字人文学科已经遵从了信息可视化和用户界面的惯例，这些惯例源自认识论前提与人文研究方法完全不一致的学科。这种影响渗透到数字实践的各个方面。在人文学科中，面对来自图形化方法的挑战，要求我们从人文研究的视角对可视化和界面进行批判性描述，分析其发展过程中内置的认识论假设，思考使这些方法适应于人文研究的问题域，并设想出替代方案。

可视化和界面

可视化工具已迅速融入数字人文项目中，但在此过程中，人们并没有注意到使用其他学科工具的图形化论证所带来的影响。与此同时，数字人文学科对图形化（现在是触觉）用户界面的基本操作的依赖，由于对图形显示方式太过于熟悉而几乎视而不见，因此没有产生实质性的批判性评论。在"所见即所得"系统普及30年后，以及可联网材料在浏览器上显示20多年后，如今是时候反思人文学科的图形化方法与用于解释和知识生产的人文研究之间的关系。理解图形格式的修辞逻辑是一项非常重要的工作，尽管对于许多人来说，意义产生的视觉模式语言仍然是一门外语，但是对于通过文本细读进行实践的人文学者却是非常适合的。在分析中实现新的创造将推动符合人文学者需求和研究方法的图形表达方式的创新，应从揭示当前惯例的操作和局限性中得到提升。

图形表达的两个主要领域——信息可视化和界面显示——都是以数据、知识设计、内容模型和文件格式的假设为前提，如果要从人文视角理解这些假设，并为人文研究项目重新应用，则需要特别关注这些假设。

从可视化的基本类型及其基本用途开始：条形图（值的比较）、饼图和

[①] *A New Companion to Digital Humanities*, First Edition. Edited by Susan Schreibman, Ray Siemens, and John Unsworth.

© 2016 John Wiley & Sons, Ltd. Published 2016 by John Wiley & Sons, Ltd.

树图（值的百分比）、散点图（离散值）、连续图（随时间不断变化）、网络图（关系和连接）、有向图（影响或力）、树形图（层次关系）、气泡图（相对比例和值，尽管它们比其他格式更容易失真）。网上充斥着很多好的和坏的、最好的和最差的、糟糕的和获奖的图形库，它们对于教学和研究仍很有益处。①许多标准平台或软件包，从基本的Excel图表到ManyEyes（http://www-958.ibm.com/software/analytics/manyeyes/）或Tableau（www.Tableau.com），都使用这些相同的格式。它们是创造爱德华·塔夫特（Edward Tufte）（2001）这位知名设计师所说的"定量信息的可视化显示"的基础。从18世纪作为对经济、人口和资源的官僚管理的一部分兴起的"政治算术"（political arithmetik）开始，信息图形学的历史追踪了这些格式的发展。②当然，有些图示更为久远，例如电子表格网格，其内容建模功能已经被古巴比伦人用于记账以及几何研究。（Drucker，2014）还有一些是较新的图示——例如矩形区域的"树形图"，如果没有自动化的方法（这是数字处理的优势之一），其要素将很难计算。

准确、恰当地表示定量信息是一门艺术，而不仅仅是一项简单的机械任务。图形组织、尺寸、比例、线、条、符号、纹理等的标记和排序都会创建视觉形式与读者/观者所看到的视觉形式相同的人工制品（Artifacts）。有一句俗语说，信息可视化技术可以让复杂的数据集被有效地感知，让那些几乎不可能以电子表格的形式识别其关系的数字集之间的模式变得清晰可读；同时这句俗语应始终伴有这样一个警示，即要小心阅读图形的人工特征，就好像它们是潜在信息的非中介表示一样。简单地改变X轴或Y轴的比例，可以放大或缩小值与值之间差异的显著性。那些对创建有效图形感兴趣的人可以参考专门研究人员的经典作品[卡尔文·施密德（Calvin Schmid）就是一个很好的例子]以了解

---

① 有关最好的和最差的可视化的信息，请参阅：可视化数据，http://www.visualisingdata.com/index.php/2013/02/best-of-the-visualisation-web-january-2013/；可视化和视觉通信（EagerEyes Visud:zat:on and Visud communicat:on），罗伯特·利萨拉（Robert Kosara），http://eagereyes.org/blog/2008/ny-times-the-best-and-worst-of-data-visualization，以及许多其他网站。

② 这个术语通常可以追溯到17世纪的经济学家威廉·佩蒂（William Petty），他的著作《政治算术》（*Political Arithology*）于1690年其去世后出版（https://en.wikipedia.org/wiki/William_Petty）。另见威廉·普莱费尔（William Playfair）的著作《强国和富国衰落研究》（*An Inquiry into the Decline and Fall of Powerful and Wealthy Nations*, London: Greenland and Norris, 1807）。

基本原理。(Schmid, 1983)把最基本的工作做好，其他的也就相对容易了。但是所有的可视化本身都是构件，了解如何将其作为图形表示来读取是至关重要的。图形产生意义的方式也是其产生的意义的一个组成部分。尽管存在出色的图形制作指南（主流数字平台看不到这些指南，因为它们的自动参数和成套解决方案都没有智能指导），但很少有（如果有的话）指南明确阐明图形格式的意义生产机制。今后可以并将在这一领域做很多工作。以下是对这种设想的一些提示性想法。

信息可视化的基本格式保留了其学科起源的印记。图形在链接到特定的信息集之前，会以其形式提供参数。如上所述，电子表格的柱状形式可以追溯到美索不达米亚时代，它在列和行中构建了值的分配，且这些值可以相互读取。事实上，这项发明的强大功能令人难以置信，因为网格排列的生成潜力支持对其整个内容进行值的组合选择——人们可以从单个图形显示中读取每列和每行的交叉区域。几千年来，这种格式一直用于对信息的分类和管理。离散的框和边界，以及具有单一标识的字段或列中的"数据"分组，都使得强大的认识论策略成为可能。行/列格式的表示方式十分复杂，即使表示很简单，但是结构允许以不同的组合生成读取值。在这种结构中，网格的使用强调内容的空间/字段，而连续图则使用网格来表示线/值的交叉处的点。

网格形式（Grid forms）在其图形系统中不表示层次结构。相比之下，树形图（tree diagrams）[不要与树映射（tree-maps）相混淆，树映射是基于区域的图表]表明了通过派生和连续性连接的父子关系。树形图中的节点之间总存在一些联系，因此图形形式的表达决定了作为这些关系的某一方面的意义。树形图将其历史追溯到生命之树的古代图像，但在系谱表中得到了广泛应用，从耶西之树到具备跨代血统追踪特质的人类、谱系动物和其他正在映射直接关系的系统。(Watson，1934；Cook，1974；Klapisch-Zuber，2007)一个有趣的转折是，犹太神秘主义的"生命之树"（Sephirotic Tree），虽然映射了一个层次结构，以及一个神圣的存在置于其顶部，但它经常被抽象出来，与传统的对当方阵（squares of opposition）结合起来，创造出一种逻辑结构，其意义的生成依赖于从一个节点到另一个节点的多重交叉。对当方阵是古典时代（classical antiquity）发明的一种形式化的图形结构，用来表示亚里士多德逻辑中的命题。虽然它们在欧洲中世纪哲学中享有特殊的地位，但对当方阵作为乔治·布尔（George Boole）在19世纪正式研究的一部分，也被用于结构主义和符号学分析。（Boole，1854；Parsons，2012）对当方阵表面上的简单形式掩盖了它们所能表达的论点和问题的复杂性，并且就像网格一样，它们在激发多重解读和阐释方面具有生成性。

条形图（bar charts）在图形家族中出现的时间相对较晚，它是为记账和统计目的而发明的，因此在18世纪才开始投入使用，在此之前只有极少数的例外情况。它们依赖于基本的统计信息，这些信息在映射到二元图之前已被划分为离散值。这些技术属于自然科学和社会科学，属于经验度量的外化标准，属于可重复结果和独立于观察者的现象的假设。条形图将离散的定量值表示为视觉特征（每个条形图一个值），但条形图的大小、比例和高度成为其产生影响的一个重要方面。相比之下，散点图将离散值显示为X、Y网格上的点，以及集合中的单个点。条形图意味着一个值是通过聚合来实现的，聚合即指已经达到一定水平的集合（就像雨柱中的水），而散点图仅仅是根据一个度量标记一个值。当然，尽管所有指标都是构建的，但散点图中的点表示的是内在值（如温度、日期或重量），而不是累积值（四十多厘米厚的积雪）。这些区别是图形特征的本质，应该用于确定任何特定可视化技术对特定任务的适用性。

气泡图（bubble charts）和面积图（area graphs）是19世纪和20世纪信息设计师的发明，尽管这些信息设计师使用平面几何学、制图和建筑学的基础平面图和地形图方面的先例也有着古老的渊源。使用几何图形来表示和划分区域，以及创建使用区域面积作为变量变化的效果来生成显示的图形，这两者之间的区别需要一次智力上的飞跃。在模拟计算中，重新确定气泡图中圆的面积或树映射中的面积细分所需的计算量都不容小觑，但在数字自动化计算中则是公式化的。依赖于圆的任何数值表示都存在大量失真现象，因为半径的任何一点变化都会导致不相关的面积急剧变化，而这与实际变化的比例并不相符。弗洛伦斯·南丁格尔（Florence Nightingale）发明了鸡冠花图（coxcomb diagram），以传达战后感染和疾病造成的巨大死亡人数。她巧妙利用鸡冠花图失真的特性来说服人们。树映射更为准确、失真更小，并且支持嵌套和层次结构，按照值的比例或百分比显示在同一系统中。硬边矩形格式（hard-edged rectangular format）在适当的范围内具有高度的易读性，并且可以非常有效地表示大量复杂的信息。

网络图（network diagrams）、有向图（directed graphs）和其他对于关系的描述已经成为人文学科中极其流行的可视化形式。它们似乎很好地展示了沟通系统、社会关系、权力和影响力或者市场，以及其他类型的基于关系的现象。构成网络语言的边和节点是简化的，虽然它们可以加载属性，为定量信息的表示提供额外的信息和描述，但它们基本上是复杂系统的静态表达形式。建立动态系统模型的复杂程度给信息分析及其可视化带来了另一个挑战。一个网络图与另一个网络图的群体相似性似乎比其个体特征强得多，因此应该暂停下来。尽管网络图在信息交流方面非常顺畅，但它们通常使用在屏幕空间的限制范围内优化易读性的算法来创建图形显示，组织节点和邻域以提高运行效率，而不是基于原始材料中的语义或意义驱动。当我们将注意力转向任何可视化的数据创建和提取这一根本问题时，这些问题就会变得更加清楚了。

地理信息系统和传统地图在人文研究项目中的使用打开了一个潘多拉魔盒——从历史的时代错误到认为空间是一种静态的、先验的，而不是一种文化上有争议的和社会构建的现象的假设。特别是谷歌地图的使用，基于地图绘制思想的毋庸置疑的假设，生成了一组图像，这是任何严肃的地理学家都无法容忍的。人文学者投入大量精力到地图绘制工作中，狂热地在虚拟地图上粘贴虚拟图钉，使用诸如"地理校正"（Geo-rectification）之类的术语，就好像它们只是机械层面的便利，而不是解释层面的歪曲（通常宣扬霸权价值观）。空间和时间，这两个伟大的哲学概念，突然在数字人文学科中被视为"给予者"，仿佛是几千年来对其哲学复杂性的充分反思——例如，作为容器的时间和作为关系系统的时间性之间的区别，以及其在空间/空间性上的平行——在新的研究领域里毫无用处。这些挑战对于数字人文学科而言是至关重要的，但是如果要以人文研究的方法将这些富于深刻性和实质性的问题进行可视化处理，则比目前聚焦其概念表述的工作还要付出更多的努力。就目前而言，这一简短的提及将足以支持其他地方正在进行的详细讨论。（Thrift, 2007; Drucker, 2009）

信息图形设计的基本规则建议采用一种适合于参数和"数据"的图形格式（稍后将作更多的介绍），只使用与信息中的维度一样多的图形变量/元素

(颜色、大小、形状、色调值、纹理、方向、位置),并使图形尽可能易读,失真度尽可能降低。这些都是令人钦佩的原则,但它们是建立在透明度的假设之上的,在这种假设中,可视化意味着"显示"预先存在的数据集的形式。一个问题是,尽管数据集具有结构和形式,但是它们不是图形化的,因此图形化表示始终是一种"翻译"和修正。在大部分情况下,生成的图形包含了太多额外的信息,以至于人们读取它是因为它的人为特性,而不是它的信息特性。从功能主义的观点来看,数字人文主义者的研究方向是学习图形的基本语言,并按照统计学家制定的专业指南来使用这一图形语言。然而,从批判的视角来看,这一信息更具怀疑性,表明对统计学家们留给我们的认识论假设进行了彻底反思。其问题不在于来源,因为有问题的是对人文项目的借用,而不是统计图形本身。这些统计图形在统计问题上效果很好。(Börner,2010)

对可视化惯例中图形修辞结构的细微一瞥,意在表明:使用这些格式中的任何一种都涉及意义生成的过程,这些意义生成过程是构建在其结构中的,并且来源于其认识论观点体现在形式中的学科起源。在微观层面上也是如此,格式之间的区别对信息的编码方式有影响。图形图像格式可以是基于像素的图形,也可以是可缩放的矢量图形。这种区别将数字世界划分为"图片"(Pictures)和"形状"(Shapes)两类,前者可以通过屏幕上挂毯的颜色值模式来描述任何事物,后者具有约束图像的属性。许多技术用于渲染图像,但渲染效果符合描述性或可缩放的数据结构。人文学科面临的挑战是思考如何为可缩放图形中的属性赋值以实现人文属性。考虑到这一点,一个具体方法是思考上述网络图中的"边"或连接线(关系)。"节点"(点或实体)可以承载以复杂方式变化的属性,并对关系进行建模以使各因素相互影响,就像在自适应系统中一样,这比仅仅赋予它们权重或保持不变的值或质量更有意义。创建能够适应这些因素的可视化程序将是朝着确立人文学科的方法论基础及其在计算环境中的作用迈出的一步。

除了持续使用信息可视化技术之外,人文学者和基于屏幕技术的所有用户都参与用户界面的中介体验(Mediated Experience)。在数字环境中,界面的图形化几乎已不可见。尽管它的惯例是最近才出现的,但是它们是如此的熟悉,以至于我们认为导航栏、搜索框、下拉菜单和侧边栏菜单是理所当然的。即使我们通过"点击"或"滑动"来移动它们,但是信息结构也是图形化的。提供行为线索和呈现信息结构之间的界面的基本张力是数字人文项目的一部分，正如它们在商业、新闻或娱乐网站中所呈现的一样。域名之间的差异并不是以功能特征为标志，而是以广告的缺失、全网的一致性、微妙但独特的品牌以及其他平面设计元素为标志。同样，学术图书和故事图书之间的区别也不在于其结构——两者都是封面敞开设计的装订页和封面内的书芯——而在于类型、字体、版面、副文本、学术工具和学术内容各方面的细节。与界面代码相比，数字人文项目中的信息排序和组织惯例并不那么成熟。换言之，导航功能、导航控件等的使用可能或多或少是标准的，但关于重大历史事件项目的内容模式将从根本上不同于对重要政治人物书信或对出版物合集的研究。传达数字项目的内容是一个知识设计问题——因为数据库结构的多面性提供了对材料的不同看法。关于项目内容如何呈现的决定实际上构成了一个争论，尽管在使用"搜索""主页"和"内容"选项卡的界面的一些默认功能时，它们可能会被考虑，也可能不会被考虑。界面通常必须在显示智能内容模型和为用户行为创建提示之间取得平衡。（Garrett，2002）使知识的结构变得易于访问和读取的问题，很难通过设计来解决，并不是通过过于有限的访问点菜单来限制用户的参与。在界面设计中，这些都是普遍存在的问题，而在人文学科中，因为内容的形式本身就是内容，所以这个问题就显得格外重要。

  我们对数字环境中设计问题的理解，可以通过回顾模拟工件为意义生成提供语义变化的模架的方式。或者，换言之，我们应该更多地关注形式就是意义的方式，或者表示方法通过并列、层次、顺序、接近、连续、断裂、位置、比例、方向等基本特征对已经确定意义如何产生的指令进行编码。而这些基本的图形原则构成了意义。我们读取页面顶部的标题与文本块中的一行不同，读取的标题与脚注也不同……每个元素都是根据层次结构定位在语义场中，这意味着这些层次结构是该模架中显示的图像/文本文件/内容的性能的一部分。

  当前的图形界面设计惯例并不是社会或自然界中秩序的自然表达。图形界面设计是最大限度地利用屏幕空间的便利方式。引入人文研究视角的技术将从视差视图或任何在信息场和显示中记录非奇点的视点系统开始。不同之处在于，认识到一种解读与另一种解读、一种解释行为与另一种解释行为之间不可通约的区别——可以通过微妙的图形方式加以呈现，标记出主体在显示区域内存在的痕迹。视点系统是视觉表现历史的中心。它们存在于所有图像中，无论是否有标记,无论它们是否明显存在,如单点透视渲染(one-point perspective renderings),还是呈现为中性和全知,如轴测投影和同构投影。视点系统将任何表示都置于主体位置,远离价值中立和独立于观察者的主张。这一转变,从表现到再现,从一个表现自身的形象到一个标志其建构性的形象,是从非人文研究视角到人文研究视角的关键性转变。这是一种在知识生产系统中记录个体或集体主体存在的行为。

在超文本早期和Web达成协议之前,界面协议并不是固定的。电子文学组织(Electronic Literature Organization)(http://eliterature.org)的档案馆是一个极好的资源库,可以让用户在体验和导航设计方面充分发挥想象力。在这些早期设计的结构中,传达的是什么,是如何传达的,以及它们的某些实践如何为我们的想象力注入活力?事实上,这些设计迫使人们意识到阅读行为、构建方式以及参与数字作品的行为,这似乎是一种将经验"去自然化"的有效方式。当然,透明度也有其重要作用,并不是所有的作品都应该是元作品,一件在每一个拐点都会让我们感到疑惑的作品,迫使我们对用户体验产生极端的自我意识。这使得新奇事物会变得单调乏味。但是,要让界面设计在人文主义的框架内不断发展成熟,则要体现主观的、解释性的、依赖于用户的和历史情境的知识条件,需要一些尚未完成的设计工作。同样,要使信息可视化能够将人文文献中的各种变化、情感和多面向的多样性和细微性展现出来,以便进行分析、再现、解释或研究,需要对现有技术进行扩展。情感指标和关联变量都是至关重要的,因此,出现的场景就不会与一个总是虚构的先验给定保持静态关系,而是体现了解释作为一种实践的使命性。我们将在下文中继续阐释这个问题。

假设分析

正如在文章开头所述,信息可视化技术从统计社会科学、自然科学和官僚管理业务中借鉴而来,对人文学科来说效果并不佳。不匹配的情况开始于参数化的那一刻(使用度量标准来生成定量信息)。此时,数据是可获取的(是构造的,而不是给定的),这是最为明显和最为关键的,因为这与什么将被计算和如何塑造可视化过程的每个后续特征的最初决策相关。

内容建模（通过数据库或其他结构对数据进行处理），在原始决策的基础上构建多层解释性框架。例如，考虑人口普查数据和对不同族裔或种族群体成员的统计，然后思考这种量化的"数据"与教育、寿命、收入水平等其他参数之间的对比关系。关于如何确定种族的第一套决定是有很大问题的，但是一旦它被用于生成信息，这些信息就会脱离最初的过程。"数据"似乎是不言而喻的，而不是事实上的构造效果。在人文学科中，数据创建过程通常取决于将知识和/或经验从模拟形式转变为数字形式（文本转录、将胶片或黑胶声音重新录制为数字文件格式）的行为。模拟现象的连续频谱被分成数字单元的离散形式。一旦这些信息存在，它们对于各种各样的分析处理都是较为容易的，但是这些信息与初始信息相去甚远。

原生数字人文资源呈现出一张模拟的面孔。所有类型的文本、图像、音乐、视频和文档都可以用数码相机、键盘或程序制作，但它们的体验方式与模拟文本相同。所有的数字格式都是可替换的，输入或源的形式不必确定输出。声音信号可以以光的形式输出，文本文件可以以音乐的形式输出，任何文件都可以进行某种定量分析，从而以图表形式将一些变量与另一些变量（例如音轨长度和音符范围）进行对比。

可视化都是基于以下顺序：参数化（指定度量）、量化（计算或测量已参数化的内容），以及将捕获的构建的信息转换为图形。可视化是一种解释性的翻译，但它们以数据图像的形式出现。因此，可以说几乎所有的信息可视化都是对错误信息的具体化，这在人文学科中尤其如此。在人文学科中，最初的参数化通常是对原始构件、文档语料库或其他现象的强烈干预和简化提取。换句话说，可视化是所有的表示（替代物和代理物），它们把自己伪装成表示（信息本身），就好像塔夫特（2001）"形式遵循数据"的名言是准确的，就好像屏幕上的伪影是数据的真实图像一样。作为数据构建核心的错误信息会被放大，每一次显示行为都会产生一个伪影。这通常会向查看者呈现这样一种情况，即他们正在读取构件的特征，并将附带的元素作为数据集的表示方式。该数据集已经是从语料库、文本或美学作品中提取出来的，并且是一种修正。可以说图像是另一个层面的翻译，进一步脱离了最初创建数据的行为。

人文文档和审美艺术作品不是"数据"，也不包含"数据"。它们必须通过修正，才能成为"数据"——量化的、离散的信息单元，在这个过程中，有几个问题开始发挥作用。首先,话语平面和参照平面被混为一谈。数据挖掘可以在任何数字文件上执行,但只能在话语上执行——即用ASCII码或比特流或文件的其他特征编码的文本信息。文件不必在数据库或更高级别的组织中进行处理。一旦运行数据挖掘操作,它就会产生一个"派生",然后作为"信息"传递,以供可视化。这些信息不仅从源代码中被删除,而且与源代码不同,还充斥着建立在彼此基础上的其他问题。举一个看似简单的例子,例如对文本进行数据挖掘处理。搜索算法可以找到每一个词的每一个实例,甚至可以创建关键词上下文分析,但搜索是在我们所说的符号学中的话语层面上进行的。在话语层面上,数字文件的信息只是代码。但是我们能从参照层面捕捉到什么?话语性/指示性(discourse/reference)的区别和"话语"(the telling)与"故事"(the told)的区别相同。我们无法捕捉到"故事",因为它是一次演绎,在每一个实例中都是全新的,而且它没有具体的实例。然而,通过阅读或查看任何文本、图像、人工制品、声音或音乐文件,产生意义的是"话语",而不是"故事"。科学文本、法律文本或商业文件的内容结构类似,但大多数目的是在话语性和指示性之间建立尽可能紧密的联系,以避免歧义(如在合同或条约中)。

笔者的观点是,"阿米巴"(amoeba)一词在一系列科学文本中的每一个实例都可能比"感觉"(feeling)这个词在单个美学文本中的每一个实例联系得更为紧密。许多导致可视化的数据挖掘忽略了这一事实,因此单词计数或字符串搜索的过程是基于一种有缺陷的方法,这种方法将文字话语和符号/解释引用合并在一起。在艺术历史的背景下,这相当于在不区分符号功能和表示功能的情况下,对图像集合中的红色实例进行计数。这些红色的意义是不同的,不能以同样的方式计数,不能归入同一类别,也不能重新表示为图形或图表中的可视化数据,否则会出现严重失真的情况。

在使用来自人文学科以外的可视化技术时,下一组关键问题涉及量子和质量之间的区别。数据是离散的,不是连续的;它们是明确的,而不是模棱两可的;它们是模块化的和有界的,而不是模糊定义的;它们被分类到不支持对立关系的类别中;它们是根据层次、结构或其他具有十分有限和高度定义性质的排序原则置入关系中的。换言之,"数据"与人文作品是对立的,它们在本质上与从中派生出来的人文制品是完全不同的。创建人文数据集,或者从人文文档或语料库中筛选定量信息或统计信息，在许多层面上都存在一定问题。人文数据很少是离散的。例如，一个单词不能简化为字母，而"相同"单词的20个实例很可能是20种不同的语言形式，在这些形式中，该单词通过使用而被赋予了价值和意义。有些词产生了巨大的共鸣，会影响整个段落，而另一些词则可能起到辅助作用，或者起到相对被动的作用。所有这些内容都不能通过字符串检索进行记录，同样，通过数据挖掘以统计字词会产生量化的结果，需要根据这些结果进行进一步处理。在所有实例中，同一个词并非都取相同的含义（同音异义词和双关语是最典型的实例）。词汇的含义也不总是明确的，语言使用的影响在很大程度上在于其微妙性、暗示性以及细微的差别，而这些都是通过联合其他词汇共同创造的——微妙的情境和精致的蕾丝花边是不一样的。同样，人文学科的数据很少有界限——事件何时开始？何时结束？其促成因素和助力是什么？我们如何衡量没有实际原因而切实存在的影响？

  人文经验世界中的现象，以及在美学文献中多变而复杂的话语领域中的现象，都不适合在有限制的、详细界定的参数内表示出来。用于衡量或表征人文现象的指标比单值系统所能表示的更为复杂，因此，以边缘节点关系的单个度量值为基础的网络图，展示文化系统中各个节点之间的"关系"，包括文档、作者、概念等要素，这是很难简化的。无论是人与人之间的关系，还是人文概念之间的关系，它们都是动态的、流动的、灵活的和多变的。它们总是在不断变化，而不是静态的或固定的。人文现象与其生产条件是相互依存的：新闻事件是一个结果还是一个原因，是一种表现还是一种驱动力，是一种力量还是它所参与的社会条件系统的反映？

  显然，这些都是无法回答的问题；这些问题的提出是为了揭示表征系统的局限性，这种局限性建立在决策的先验的或初始条件之上。随后将对这些条件进行分析。当我们查看网络图、显示单词使用频率的条形图或绘制历史事件日期的散点图时，我们已经深深地参与了这样一个过程：将可视化的人工制品误认为是它所（歪曲）表征的现象。

  正如我们所看到的，信息可视化的过程包括一系列不同和相关的阶段：通过参数化和量化将数据提取为信息，按照惯例来表示数据集的统计和量化特征的形式和格式，并对其进行修正。这些方式都（几乎完全）是那些不仅与人文研究无关，而且在理论和方法上通常与人文研究核心价值和信念背道而驰的领域所采用的。允许创建、显示和分析数据的信息可视化范围由图表、图形和示意图组成，这些图示的谱系将它们与统计、管理和官僚领域联系起来。简单地把人文学科的内容换成与企业或政府机关的内容，并不足以改变认识论的印记。这就是在人文学科中使用这些技术的问题症结所在。困难不仅在于这套范式不合适，而且还在于它所需要的大量证据和论据在人文学科的构建方式与那些在统计处理相关领域的构建方式存在根本的不同。

可视化的基本图形环境似乎与解释的工作原理背道而驰。信息可视化的图形惯例几乎都是欧几里得式的。它们都是按照常规的空间划分和标准的度量单位构建的。当单词、图像、注释或其他意义生产单位的值因上下文语境、词性变化、接受条件而变化时，其值需要用一个能反映这些细微差别和复杂性的图形系统来表示。以数据库或其他格式创建的结构化数据的内容模型要求将知识表示（Knowledge Representations）形式排序到已经命名的、标识的框或字段中。这些被命名的标记进一步确定了输入字段的信息的值，因此数据结构成为参数的一个重要组成部分，可以表示为其所包含的信息。类似的观察延伸到图形界面框架上，即通过其结构原则创建语义值的方式。

通过创建人机界面在屏幕上设计体验的结构原则在很大程度上是由工程敏感性所驱动的，这些工程敏感性优先考虑效率、用户满意度以及短周期结果和奖励；其中，这些结果和回报建立在用户作为消费者而不是生产者或学者的模型的基础上。"用户"不等同于"主体"或"解释者"。消费主义用户体验模型的前提与解释性模型的前提不同。然而，在网络环境中，屏幕显示的图形格式已经成为人们所熟悉的阅读、处理、理解和意义生产的惯例，它们来自商业和娱乐领域，也来自文学或学术领域的范例。现在，我们根据一组代码来导航、搜索、定位和理解我们在网络环境中发现的材料，这组代码的图形惯例只是偶尔作为关键研究对象。

替代方案

从人文视角重新思考图形显示将涉及在可视化和界面中设计视点系统、部分知识表示、比例转换、模糊性、不确定性以及观察者依赖性。这些项目可以是定制的精品项目，但最好是制定旨在参与和揭示文化条件、霸权和权力结构原则的惯例。

为了解决这个问题，我们必须解决首要原则：如何创建具有人文文献和表达方式的一些特征的数据生成方法。这些都必须体现出人文现象的模糊性、复杂性、流动性、动态性、相互依存性等特征。如果我们认真对待20世纪语言哲学中关于意义生成的最基本前提，即意义依赖于使用，那么建模使用条件是在语料库上映射词频和用法的先决条件。

除了对现象的基本建模，以及创建更适合其具体特征和质量的数学和概念设计之外，我们还面临着创建可视化惯例的挑战，这些标准包括清晰易读，修辞上可用，有效地传达关于影响、发展、变化，以及其他解释层面的争论。

大多数界面惯例都起到了隐藏的作用：它们是用来隐藏站点后端结构化内容的设备。无论是简单（仅仅是HTML大纲和层次结构），还是复杂（一个根据最后的粒度定制的庞大而精细的内容管理系统），后端都会构建前端显示的内容。该显示包括设计过程、决策制定和内容模型的所有方面，以便通过用户体验提供一种访问方式。这不是有害的，但它确实有一定影响，文件设计的思想意识、数据库的修辞和信息结构的霸权力量都在知识体系的持续工具化中发挥着作用。我们知道这一点，并在建筑、文本制作、景观和表演中认识到这一点——对新媒体作品的批判性研究在这里以有用的方式与数字人文学科相交叉。关键是要厘清隐藏的运作逻辑是什么，它们的技术、模式和功能是什么，以及允许解释参与数据库和数字格式的知识设计的技术是什么。这将是人性化界面的开始。

至于可视化，它们是错误信息的具体化，是伪装成表现的再现。所有数据都是被捕获、制造、构建和生产的。重要的是什么可以被量化，什么可以被参数化。因此，创建数据的第一步，特别是在充满模糊性、复杂性和对立性的人文文献中创建数据，这是一种解释性不足的行为，甚至是粗暴的操作。然后，将这些"数据"修正为图形形式，就需要进行第二轮解释行为，也就是另一种翻译。回到最初的问题，文本中有多少个"x"通过条形图表示出来，并精确地显示了文本中有多少个"x"。但是，这些假定的等价关系究竟是基于什么？各种"x"真的是一样的吗？数据翻译是虚构的、失真的、歪曲的陈述，然后它们被具体化为可视化的、不言而喻的表示。图中只显示了文本正文中有多少个"x"，而每个人都忘记了它们是如何呈现在那里的。解读图形的修辞逻辑需要另一套批判性训练，包括图形的规模、内部指标、正则化和静态指标。使用人文学科之外的可视化,以及基于经验观察的领域的可视化,表明解释性分析的呈现可以使用与企业管理或人口普查相同的工具。这是多么狭隘的观点。人们不妨用度量表写诗,或者用机械表演绎奏鸣曲。这些工具对于这些任务来说太粗糙了。人文学科所面临的挑战是显而易见的:构建图形设计系统,在我们工作的可视化和界面中展示人文价值和方法。

参考文献

[1] Boole, G. 1854. *An Investigation of The Laws of Thought*. London: Macmillan.

[2] Börner, K. 2010. *The Atlas of Science: Visualizing What We Know*. Cambridge, MA: MIT Press.

[3] Cook, R. 1974. *The Tree of Life*. New York: Avon Books.

[4] Drucker, J. 2009. *SpecLab*. Chicago: University of Chicago Press.

[5] Drucker, J. 2014. *Graphesis*. Cambridge, MA:Harvard University Press.

[6] Garrett, J.J. 2002. *The Elements of the User Experience.*Upper Saddle River, NJ: Peachpit Press.

[7] Klapisch-Zuber, C. 2007. The tree. In *Finding Europe: Discourses on Margins, Communities, Images ca. 13th – ca. 18th Centuries*, ed. A. Molho, D.R. Curto, and N. Koniordos. New York: Berghahn Books, 293–314.

[8] Parsons, T. 2012. The traditional square of opposition. *Stanford Encyclopedia of Philosophy*. http:// plato.stanford.edu/entries/square (accessed June 20, 2015).

[9] Schmid, C. 1983. *Statistical Graphics: Design Principles and Practices*. Hoboken, NJ: Wiley.

[10] Serna, S.P., Scopigno, R., Doerr, M., et al. 2011. 3D-centered media linking and semantic enrichment through integrated searching, browsing, viewing and annotating. *VAST'11: Proceedings of the 12th International Conference on Virtual Reality, Archaeology and Cultural Heritage*. Aire-la-Ville: Eurographics Association, 89–96.

[11] Thrift, N. 2007. *Non-Representational Theory: Space |Politics | Affect*. New York: Routledge.

[12] Tufte, E. 2001. *The Visual Display of Quantitative Information*. Cheshire, CT: Graphics Press.

[13] Watson, A. 1934. *The Early Iconography of the Tree of Jesse*. Oxford: Oxford University Press.

18. Zen与关联数据的艺术：人文知识语义网的新策略[①]

多米尼克·奥尔德曼、马丁·多尔、斯特凡·格雷德曼
（Dominic Oldman, Martin Doerr, and Stefan Gradmann）

> 意义是不可量化的，所以意义在信息文化中已经被边缘化，即使这意味着一种判断——即意义的分配——已经被置于意义之上。意义就好像生活在一座现代监狱里，这里关押着灵魂、内我（self）、外我（ego），以及一系列连续不断并荒谬地断言其仍存在的事物。（Pesce，1999）

本文讨论语义网及其最常见的关联形式——关联数据（Linked Data）。关联数据是一种发布和实现数据关联的方法，而语义网则更广泛地关注这些信息的含义，因此也就是关联的意义和上下文。它们通常被认为是同义词，但使用关联数据的实践表明，在表示丰富的意义（不仅是支持学术活动，还支持有趣的参与）和实施特定战略方面，语义网的实现程度存在明显的差异。（Berners-Lee et al.，2001）

这些差异，尤其反映在人文研究领域内不同社区和学科的方法和成果上，突出了当前在处理人文语料库及其数字表示时使用语义技术的相关问题。它们还反映了数字人文领域更深层次的紧张关系，特别是在开放数据世界中，这种紧张关系阻碍了连贯性和渐进性战略的形成，并可能损害其跨学科目标。我们认为，在所有人文学术活动中，知识表示形式的一致性是正确反映人文研究话语和认识论的前提。我们还讨论了结构化数据在语义网的开放环境中可能发挥的重要作用，其中大部分数据是由在存储机构中工作的人文学者所贡献的，并在过去30年间记录在机构信息系统中。作为人文分析研究的重要来源，这些资源在很大程度上被忽视了（Prescott，2012），但可以在微观和宏观研究层面上提供有价值和独特的意义、背景和视角。

[①] *A New Companion to Digital Humanities*, First Edition. Edited by Susan Schreibman, Ray Siemens, and John Unsworth.

© 2016 John Wiley & Sons, Ltd. Published 2016 by John Wiley & Sons, Ltd.

如果数字人文是"人文学术和计算技术的交叉点"（Pierazzo，2011），那么关联数据和语义网则可以被视为代表这两种学科文化的两极化的观点。当数字人文朝着这个想象中的交叉点前进时，它们要么联合数字基础设施、计算机推理、解释和数字协作极具吸引力的发展，要么参与一次令人沮丧的碰撞，只留下一个毫无意义的机械外壳。关联数据"对科学家来说是不够的"，因此对人文学者来说也是不够的，"断章取义地发布数据既不尊重研究方法，也不尊重研究人员的权利和声誉"（Bechhofer et al.，2013）。这应该适用于整个研究生命周期。

万维网给人文学者带来了近乎残酷的挑战。它存储着有关世界及其历史的海量信息，传统学者越来越难以忽视这些信息。从表面上来看，它为大多数非技术用户提供了一个可访问和友好的环境，以供浏览和探索，并对其在世界的地位给予了毋庸置疑的认可。但是，一旦我们试图在万维网上主张学术诚信，我们就会发现完全相同的前网络问题[①]（Unsworth，2002），只是它们被放大了，且变得更为复杂。我们的选择是放弃科学方法，并让自己确信，数据网络在数量和初始可访问性方面的优势超过了对其易于失去控制、来源、透明度、可再现性和所有其他好的研究要素的担忧（并且相信，技术可能会在将来解决这个问题），或者接受这样一个观点：建立一个真正支持人文知识发展的网络，这意味着不接受技术为我们服务，而是主张让我们自己和我们的学科建立在它和它的发展之上。

关联开放数据和语义网？

> 网络与其说是一种技术创造，不如说是一种社会创造。我设计它是为了达到一种社会效果——帮助人们一起工作——而不是作为一种技术玩具。(Berners-Lee and Fischetti，2008)

有人认为，语义网是一种有意义的、由计算机处理的数据网络，并且采用"关联数据"作为将结构化数据发布到万维网的机制，在万维网中可以链接和集成这些数据。它使用与网页（W3C技术架构组，2001）相同的HTTP协议

[①] 数字项目中的诚信问题在术语"Charlatanism"（参见Tito Orlandi）下进行讨论。（Unsworth，2002）

（超文本传输协议）和类似的数据识别方式［统一资源标识符（URI）或"网络资源"］。①然而，与HTML网页相比，数据网络使用一个被称为资源描述框架的简单元模型，该模型只包含三个元素：主语、谓语和宾语，通常被称为"三元组"。②这种三元组语句的示例如下：

主语："http://www.digbib.org/Franz_Kafka_1883/ Das_Schloss"
谓语："http://www.cidoc-crm.org/rdfs/cidoc-crm#P14_ carried_out_by"
宾语："http://viaf.org/viaf/56611857"

（最后一个元素也可以是文字值"Franz Kafka"），或者再次以图形方式呈现：

这样的三元组可以组合成大型、复杂的图形结构，这些结构可以使用RDF Schema③语言编写的"语法"进行组织，其中包括用于声明子类和超类以及属性的构造函数。它还引入了"继承"的概念，允许对RDF三元组的这种聚合进行简单、明确的逻辑操作（"推理"）。

语义网与知识表示（一种为计算机解释而设计的表示现实世界的方式）具有很强的一致性，但是信息可以作为关联数据发布，这为有意义的交互提供的解释空间很小。蒂姆·伯纳斯-李（Tim Berners-Lee）呼吁发布开放数据（open data），并将重点放在"现在的原始数据"上，几乎没有额外的公共资格。（Berners-Lee, 2009）因为RDF的使用并不强制要求数据具有未受限制的开放许可，因此链接的开放数据具有特别重要的意义。如果计算机，而不是人类，正在跟踪和探索链接，那么许可限制就造成一定障碍并增加复杂性，限制了充分利用关联数据和语义的能力，这是约翰·安斯沃斯（2006）在建立数字

---

① 请注意，术语URI包含URL或网页地址的网络资源。
② 虽然大多数系统使用另一个可选字段来标识一个三元组（命名为图），但这会形成一个四元组。
③ 一种基于RDF的模式，它提供了定义本体的基本类和属性（http://www.w3.org/TR/RDF-schema）。

基础设施方面提出的主要挑战之一。因此,数据网络与旨在将数据发布的性质转变为一种开放模式的活动相结合,这种开放模式推进更先进的知识目标,并超过了现有网络页面中根深蒂固的当前限制性商业模式。(Renn,2006)

RDF的使用解决模式不匹配(在不同结构中建模的信息)的问题,并为潜在解决语义上的差异和等价性提供了平台,从而解决了实质性的数据集成问题。这些不匹配的问题也存在于其他类型的数据模型中,尤其是那些在关系数据库和可扩展标记语言中使用的数据模型,XML是许多人文研究者熟知的一种用于文本编码倡议的模型。[1]最常见的数据管理系统是关系数据库,它使用相关(或连接)的字段列表(通常高度规范化)以及一组约束(constraints)。相关的管理系统(关系数据库管理系统)(Relational Database Management System,简称RDMS)采用数据查询和检索标准[2],但供应商之间的差异,以及用于类似信息的不同数据模型(不同字段和结构),意味着在实践中,它们并不适合大规模开放世界数据的集成。具体而言,不可能将数据的语义有效地嵌入底层模型中。

尽管在数字人文领域,特别是在群体传记学领域[3],使用关系数据库的例子很多,但缺乏句法和语义的互操作性不可避免地限制了结构化数据项目超出相对狭窄范围的能力,可以说,这导致了信息的碎片化和筒仓(即使是"关联")数据存储库的累积。XML的使用通过一种通用的、开放的语法和灵活的、可扩展的结构,为数据共享问题提供了一些答案(并且仍然在这一角色中占据主导地位)。然而,XML也没有解决语义互操作性的问题,即使是在约定的模式下也未能有效地对意义和关系进行编码。它的灵活性和可扩展性的主要优势造成了可持续性应用方面的相关问题,因为任何微小的变化都可能破坏依赖于数据集成的系统,从而需要进行潜在且昂贵的日常维护,并造成持续的和不可接受的不稳定风险。

RDF也有其自身的问题,但它的不同之处在于,模型在所有实践中都是一致的(模型的三个主要元素是固定的,即主语、谓语和宾语),因此从语法

---

[1] 参见文本编码倡议网站http://www.tei-c.org/index.xml。
[2] 关系系统的查询语言是SQL(结构化查询语言),由ISO/IEC9075:2011提供。
[3] 例如,盎格鲁-撒克逊时期英格兰群体传记学(Prosopography of Anglo Saxon England,简称PASE):http://www.pase.ac.uk。

上来讲，无论编码的信息是什么，它在语法上都不会被中断。对人文研究者尤为重要的是，语义可以嵌入（而不是单独描述）完全相同的结构中。这为使用标准的网络协议集成海量数据存储库提供了更大的潜力，并为具有日益复杂的表现能力的附加技术层提供了基础。它还提供了研究人员所需的灵活性，以便在其研究过程中快速整合必要的、新的信息和数据结构，并为所有研究活动提供创建一致的知识表示形式的机会。

RDFS定义了具有特殊含义的三元组，它们为实现分层本体提供了基本的构建块。在计算机科学的意义上，本体被用来表示知识，并采用类和属性的多层次结构来反映不同级别的特异性（或知识级别），从中可以做出推断。对于信息集成而言，特别重要的是RDF在属性或"数据字段"之间建立专门化/一般化关系的独特能力。网络本体语言（Web Ontology Language，简称OWL）[①]实际上是指知识表示逻辑的多个不同实现，它与其他系统[②]一起为不同程度的自动计算机推理提供额外支持，以定义不同来源概念之间的可计算关系。

语义网为人文研究者带来了短期和长期的挑战，以促进更具意义导向的数据表示方法。为了处理知识表示的工具，人文学者、关联数据软件开发人员和基础设施所有者必须理解人文学者需要借助这些工具表示什么样的意义，以及在技能、劳动力分配和基础设施方面需要借助什么来表示这种意义。[③]因为在这些合作伙伴之间缺乏更深入的理解和有效的沟通，并且倾向于将技术视为用户"发现"的不言自明的应用程序的解决方案，而这些应用程序将通过用户自己的使用而得到发展。（Aberer et al.，2004）关联数据通常被视为终点，而没有任何真正意义上的益处和最终用处——这只是我们被敦促去做的事情。（Schraefel，2007）虽然基本关联数据的发布对某些类型的数据可能很有用，但对于许多类型的人文资源来说，它通常是适得其反的，除非经过调整以反映特定的方法和实践，并将其整合到它们真正属于的认识论过

[①] http://www.w3.org/2001/sw/wiki/OWL。

[②] 例如，SPIN（http://spinrdf.org）。

[③] 目前，国际文献工作委员会之概念参考模型特别兴趣小组计划Synergy正在定义这些流程，该计划为协作数据供应提供了参考模型。参见www.cidoc-crm.org/docs。

程中。

在RDF/OWL框架中表示意义、在全球范围内关联和交换意义的高级方法只有在人文研究者参与其中并学会如何以形式化的方式详细表示其概念、方法和过程时才会变得有效。知识工程本身就成为人们关注的焦点。普遍观点认为，谓语的直观列表（如所谓的应用概要①）和术语的集合构成了技术与人文学者的话语和认识之间的充分接口，这一观点的缺陷体现在"元数据词汇表"的开发相对停滞，以及对其应用推理方法演绎的结果很差，尽管这些保证仍在继续。（Brown and Simpson，2013）如果没有与技术专家和管理人员的跨学科协作，所有各方对语义技术的可能性以及人文学者话语的结构和复杂性没有共同的理解，那么人文学者本身将无法充分驾驭工具中潜在的表达力。

意义和语义网

> 因此，语义网所面临的挑战是提供一种既表达数据又表达规则的语言，以便对数据进行推理，并允许将来自任何现有知识表示系统的规则导出到网络上。（Berners-Lee et al.，2001）

许多计算机科学家都熟悉香农（Shannon）的"通信数学理论"，它描述了信息源是如何以尽可能完整的形式编码、传输、解码和接收的。（Shannon，1948）香农假设信息的发送者和接收者在所用信号的意义上是完全一致的。他没有考虑到更多的用户通过不同的符号进行通信。虽然通信的目的是传达某种意义，但该理论只是处理"通信的语义方面与之无关"的工程问题。（Shannon，1948：349）因此，香农从未试图解决的理论是，意义是如何从信息中推导出来的？这被描述为"信息悖论"，基于"一个系统如何在不考虑其意义的情况下处理信息，同时在其用户体验中产生意义？"（Denning and Bell，2012）丹尼（Denning）和贝尔提供的解释补充了这样一个概念，即信息由符号和所指对象组成，正是这两者之间的关联才使得新信息的接收者可以获得新知识。

---

① 定义一组数据或元数据元素，这些数据或元数据元素适用于特定的应用程序，但是在人文学科中几乎没有应用程序，因为这些概要文件无法在没有错误陈述的情况下被定义。

虽然这一解释填补了香农留下的空白，但它让我们更清楚地思考这种关联的重要性。如果符号和所指对象模棱两可、定义不明确，并且与原始来源脱节，那么关联在获得知识方面的价值就会降低。虽然某些类型的简单信息带有更易于理解的符号和所指对象，模糊性更小，但并非所有信息都是如此，而且导致意义丢失的可能性也很大，特别是在大规模的数据发布中。这对于主要由命名"普遍原则"组成的信息尤其如此，这些"普遍原则"关注事物的性质和类型——"本质"。用伯特兰·罗素（Bertrand Russell）的话来说，那些只关注这些普遍原则的信息是"不完整的和非实质性的；它们似乎在做任何事情之前都需要一个上下文"（Russell，2011：64）。同样重要的是，一条信息的意义不一定包含在一个片段中。它的意义是由它周围的其他信息（上下文）所决定的。因此，不仅单个语句的上下文对于理解关联很重要，而且有意识地（以及通过数据集成，无意识地）提供关联信息的上下文也很重要。

如果信息（编码的知识）不能提供足够的清晰度（并且与其他上下文信息脱节），那么对于任何进一步的分析，这显然都将成为一个问题，因为数字表示必须首先提供真实的、可理解的和可供解释的源，并作为进一步进行有效学术研究的基础。无论研究人员多么熟练，也无论使用何种学术研究工具，如果数据与其原始意义的一致性很差，都很难产生任何有用或有意义的信息。虽然高速公路道路工程的位置或列车从国王十字车站出发的时间可能需要较少的上下文框架，但人文研究的信息，尤其是历史信息，在很大程度上依赖于来自不同视角的、有意义的上下文。在数字环境中缺乏上下文不仅是学术研究方法论上的问题，而且对后续研究中任何有意义的参与都产生一定影响。然而，大量以关联数据格式发布的历史信息所提供的上下文很少，因此包含了大量的歧义和误述。这在一定程度上可以解释为，某一领域研究专家本身在数据的数字表示中缺乏参与或介入，缺乏对语义技术可能性的了解，最终导致技术专家在所谓的数字人文研究的跨部门协作中占据主导地位。

计算机科学似乎也低估了在人文研究中表示数据依赖于复杂环境所带来的挑战，也不易于帮助人文学者找到充分或适合的解决方案。[1]同样，人文学者

---

[1] 一个例子可能是语义网中对具体化机制或命名图的技术支持仍然犹豫不决，这些机制或命名图可以被视为以一致的方式表示与数据相关的论证的必不可少的元素。（Doerr et al., 2011）例如，由于担心命名图的成熟度，开放数据模型（Open Annotation Model）避免使用命名图，这导致了与塞尔纳（Serna）等人（2011）提出的解决方案形成鲜明对比。

往往没有意识到学科发展的复杂性和重要性，以及在关联数据世界中构造它的方法（例如，Roux and Blasco，2004）。因此，他们不需要也不鼓励计算机科学家来处理这个问题。发布的信息越是缺乏实质性和毫无意义，人文学者就越有理由拒绝将其作为合法的学术资源，并且由于其提供价值的有限性，机构就越不可能投资关联数据。

系统化、机械化地发布数据，实际效益有限，但从长远来看，它不利于数字人文学科目标的推进。在"两种文化"争论的背景下，马修·阿诺德（Matthew Arnold）[①]（在19世纪）警告说，由于"盲目相信机器"（Arnold，1869：第934节）造成了一种迫在眉睫的无政府状态，这一立场与当前对关联数据的盲目相信及其"无政府状态"、不可持续性和非战略性部署相似。虽然数字研究界表达了担忧，但这些担忧往往集中在更高层次的方面，比如在网络基础设施的机制和功能方面，特别是学术功能或"原语"（primitives）的作用（见下文）。数字人文研究者虽然在数字人文其他领域的知识表示方面拥有丰富的专业知识[②]，但在更大的开放世界环境中往往缺乏知识表示，这影响了所表示信息的质量和意义。

尽管关联数据已经成为一种越来越普遍的发布数据的方式，但支持网页知识表示的OWL机制尚未取得重大进展，通常只实现了一些最为简单的功能。（Glimm et al.，2012）虽然RDF为语法协调提供了基础，但RDF和OWL工程（例子）为语义协调和计算机解释提供了密钥，而人文学者可能会对语义网的这一方面表示出特别的兴趣和关注。只有当所使用的谓词、术语和词汇的意义更系统地发展为人文理论本身，方法论以经验为导向、以人文话语的推理规则为导向时，这种情况才可能发生；正如加丁（Gardin）（1990）所讨论的那样，不是将人类的解释视为一个"黑匣子"。[③]（Gangemi et al.，2005）

[①] 一位诗人和教育家　他与托马斯·赫胥黎（Thomas Huxley）就社会中文化与科学的平衡进行了辩论。

[②] 例如，文本编码倡议是知识表示的一种形式。

[③] 这与"玻璃盒子"（glass box）相反，在"玻璃盒子"中，"我们可以将这些数据的内部结构视为专业知识的内部结构"。这也是国际文献工作委员会之概念参考模型（见下文）这样的本体在设计上是"自下而上"的原因。

建模与语义网

数据和文本之间一直存在着这种对立。为了处理文本，我们必须把它当作数据来处理，就像文本是由可量化的元素组成，比如字符，这些字符可以组成其他客体，如单词、短语和各种组合对象，同样的，当我们处理数据时，我们试图以一种非文本的方式来处理它……这些数据显然不需要解释……我对此并不相信。（Bernard，2011）

在最初版本的《数字人文导论》（*Companion*）（McCarty，2004）中，建模被认为是人文计算的一项基本活动，是与其他已建立学科共享的一种方法。与知识表示相结合，它已经在许多不同的人文研究领域得到了发展。与模型不同的是，建模能够模拟引入不同变量和输入并呈现效果。使用公认的学术方法证明了学术的完整性，这对于试图构建新的研究领域而言是至关重要的。但同样重要的是，需要展示如何继续使用建模之类的实践以及其他学术实践的过程，从而产生一段发展、扩张和日益复杂的历史。麦卡蒂指出，与更多的手工方法相比，使用计算机对人文语料库进行建模更具有优势。在这样一个模型能以惊人的速度进行操作的环境中，计算机提供了"可处理性"和"绝对一致性"，同时也满足了计算机和建模对精度的严格要求。这使得代表更广泛的知识的更大的数字数据集的创建、管理和控制成了问题（McCarty，2004：259），也给关联的开放数据环境带来了挑战。

麦卡蒂确定了"模型和工件之间的结构化对应关系的重要性，这样我们就可以通过操作一个模型以推断出另一个模型的事实"（McCarty，2004:259）。在分析文学作品的过程中，这可能涉及对单词和词组所进行的操作，并比较文本的最初表示形式和后续操作版本之间的这些变化。为了得出不同的结果（推论），这些词汇表操作应在相同的整体上下文和表示框架中，在模型的所有版本中一致地运行。通过回溯或可窥见，麦卡蒂的最终不满主要是对奥维德（Ovid）的《变形记》（*Metamorphoses*）（McCarty，2014；另见McCarty，1996）进行建模，包括人们认为无法客观地（在微观层面）模拟上下文："结果模型得出了十分有趣的结果，但当我意识到它的结构与其说是不完整的，毋宁说是武断的的时候，就陷入了僵局。"（McCarty，2007）（我们回到这个问题上。）远读的发展提供了一种从宏观或"鸟瞰"的角度更系统地识别上下文的方法。在这里，从结构化信息系统中生成的关联数据可以在各个层面上提供有价值的和更广泛的历史背景。

对于人文结构化数据（其中大部分来自文化或存储机构的信息系统），上下文的问题是不同的。在大多数组织系统中，它通常是隐式的，因此我们忽略了它，只是将数据误认为是一个名词列表。①然而，利用领域专家的知识，上下文可以被准确而有目的地识别和表示。明确这一上下文可以在微观层面和宏观层面（以及两者之间的许多层面）进行分析，从而创建一个高效的知识系统，尤其是在与其他数据集成时。这是结构化数据的一个极其重要的方面，而这些结构化数据是由人文研究者（如馆长、图书管理员和档案管理员）不断生成的。对于这类信息，对应关系是不同的。推理和类比的使用并不是像麦卡蒂例子中的文本那样，以作品为初始材料，相反，而是与生成信息（仅部分记录在信息系统中）的学者有更直接的联系，这些信息可能被归类为知识的表示，而知识要么是"已知事实"（通常来源于那些与作品接近的事实），要么是"可能存在"的表示。当区分和理解这些差异时，数据就开始变得非常有用。

语义网技术提供了一种体系结构，用于处理包含来自异构数据源的不同类型事实的大量数据，即使是在数据网络的无政府状态下也是如此，这使得"大数据"分析的形式成为可能，但仍存在困难。对一部文学作品模式进行建模是一回事，如奥维德的《变形记》（McCarty，1996）；对历史模式进行建模（与通过计算机推理和推断以在不同的历史数据中找到相似和不同的特定模式的建模相反）可能是另一回事，会引起更多的怀疑，因为没有一个系统能够希望包含所有相关的数据和上下文，或者与"我们头脑中的计算机已经或可以拥有内置于其中的历史经验"这一事实进行比较。（Hobsbawm，1998：38）

大型信息库中对历史（具有预测未来事件的隐含能力）进行建模的问题突出了数字人文学科中普遍存在的一个强有力的隐含假设，即研究系统应主要包含和操纵人文学科研究主题的表示，如物理学中的力学可能会构建一个模型来描述刚性物体如何运动一样。这种对范围的狭隘解读立即引发了人们对人文学科中这种努力的怀疑，在人文学科中，主题的规律性是微妙的、模糊的或罕见的，影响因素（学科、使命、历史、地方视角等）数不胜数。即使是在自然

---

① 例如，"'名词'是用户想要的数据或信息"（Winesmith and Carey，2014）。

科学和"电子科学"中，使用观察到的或假定的最终感兴趣的现实模型也是信息系统所提供的服务中相当小的一部分。可能只有气象预测学科广泛关注持续评估"现实"的连贯的模型，而历史则在更大的时间尺度上起作用（longue durée!）。

信息系统（现在为关联数据存储库提供信息）可以且应该发挥的主要作用是对认识论过程的支持，即存在什么知识，知识从哪里来、在哪里使用过、可以在哪里使用以及应该在哪里使用——这也是麦卡蒂得出的结论，他对"分析模型"[①]进行了描述——"提出了一个认识论问题，即我们如何知道以何种方式对知识进行认识"[②]（McCarty，2007：7）。信息系统不能被视为某种视角和过滤器所约束的现实的替代品（使用"数字替代品"一词是这种混乱的症状）。相反，它必须被视为"论证的外部化"的平台（Serres，2011），以追踪不同的知识片段之间的联系，以及它们与过去或所有已知事实范围内可能的范畴理论的一致性程度。

信息建模，不是试图处理或建模无限的事实，而是涉及我们观察的方式，我们如何以及在何种条件下接受信息来源并采纳其中所包含的想法，我们将在辩论中使用何种信息来源和知识，以及我们应用何种类型的推理范式。任何人文或科学领域的学术研究的最终结果以及相应材料，仅构成事实探索、事实收集和事实评估活动的冰山一角。

所有这些认识论的信息流都需要在结构化数据中进行管理。如果管理足够充分，它应该成为一种人类行为对信息作用的组合的表现（认识论）与现实模型（本体论）的紧密结合，将现实描述到与我们讨论它们的能力相关的水平。例如，水杯和酒杯之间的区别可以通过将"玻璃"与"功能"联系起来，以及结合"使用情况"和"预期用途"的上下文来充分建模，以便将学术知识与之联系起来。在这种模式中，与学者的对应关系更易于将相关的上下文信息关联到计算机兼容的格式中，这似乎是一种比了解两个上下文相关术语及其所在语

---

① 而不是尝试建立历史模型。
② 麦卡蒂列出了五个发展趋势，其中最实用的是第一项实践："1. 在世界范围内，通过半协调的努力来创建大量的在线学术资源；2. 除了这类项目，新类型的实践发展缓慢，例如数字图书馆；3. 分析建模，提出认识论问题，即我们如何知道我们所知道的；4. 综合建模，从零散的证据中重建遗失的文物，逐渐模糊为5. 可能的世界的建模。"

言中的特定知识更相关、更简单的整合知识的方式。

在结构元素的语义中，在关联数据中显式表达的关系对应用程序来说至关重要，远远超出了世界所能描述的范围。即使是上下文中最小的信息片段，也可能提供解锁来自不同位置的数据中的关系链所需的缺失链接。通过使用特定的上下文模式发现潜在的相关事实，使我们能够辨别其异同，从而可以重复使用这些异同点来进一步推断和论述各种观点，并对其他证据加以应用。

这种类型的关联数据可以在微观层面上进行操作，允许隔离特定信息（其视角和上下文保持完整），或者对信息进行分组，以提供一个更宏观、更为远距离的视角。换言之，在某些类型的上下文模型（如概念参考模型）中，从微观层面而言，数据永远不会丢失或失真；它只是数据密度的一部分，这些数据不仅可以提供定量信息，还可以对提供本地上下文的单个实例进行"缩放"。研究人员可以在知识抽象的不同层面上，在事实和参数之间切换。

在更离散的数字研究活动中建立的相同原则和思维模式应该应用于大型关联数据存储库中，我们不应该被数量分散注意力。这需要移除"两种文化"的历史，意味着存储机构数据库系统的价值低于精心编制的TEI类型表示。[①]（Prescott，2012）关联数据资源越集成越丰富（Crofts，2004：ii），并且可以提供独立或互补的上下文。它们不应该被视为对立或竞争关系。

因此，在关联数据世界中，我们面临以下四个问题：

1. 我们需要区分"已知"事实和"可能"事实。

2. 我们需要一个嵌套（而不是平面）关系模型，以提供适当地表示学者知识的集成数据的可能性。

3. 我们需要提供对现实的描述信息，使我们能够在任何层面上参与有意义的讨论。

4. 我们必须始终能够追溯到知识的源头，追溯到微观层面（保持其原始上下文和视角完整）。

这在过去是不可能的，而这正是数字人文可以提供的一种新的"创新"能力。通过表示嵌入在机构数据集中的隐含关系，有机会建立一个既丰富又广泛的知识库，以便在众多不同的历史视角的支持下，为复杂的数字人文学科方法

---

① 例如，参见http://sites.tufts.edu/liam/2014/04/23/trends。

提供动力。与存储机构合作研究这个单一的数字数据管理问题，可以极大地提高人文研究的质量，为社会带来广泛的益处。

数字人文和语义网

你在路边找到一些东西，或者你买了一本由当地历史学者写的小册子，这本小册子在某个地方的一个小博物馆里，这是你在伦敦永远找不到的。你会发现一些奇怪的细节，这些细节会把你带到另一个地方，所以这是一种非系统的搜索形式，对于一个学者来说，这当然远不是正统的，因为我们应该系统地做事情。（Max Sebald：Cuomo，2011）

坊间证据表明，那些在数字人文研究更为成熟的领域工作的人可能会对关联数据持有怀疑态度，认为这是对既定方法的颠覆性威胁。当前的"意义"和关联数据存在的问题不可避免地会导致质量上不平衡的比较，就好像关联数据技术本身对于低质量数据发布或机构数据记录过程负有全部责任一样。[1]本文指出了低质量输出的一些原因，但无论如何，这些技术比较并不是特别有用。与实现技术无关的知识表示是计算机和信息处理的重要基础步骤。所有的技术格式，无论是XML、关系数据库，还是RDF，都有其优缺点。然而，语义网的目的是为来自不同领域和社区的所有知识表示系统提供支持和集成。它"允许将任何现有知识表示系统中的规则导出到网络上"（Berners-Lee et al.，2001）。讨论知识表示的常见问题并理解如何改进这些系统和更好地集成信息会更有成效。关联数据和语义网并没有使现有的知识表示方法失效，而是支持历史研究依赖于许多不同的环境，包括数字环境和非数字环境。这对于获得更广泛的人文学者的信任很重要。

国际文献工作委员会之概念参考模型[2]最初是为文化遗产领域设计的本体，但范围更广，它提供了一个有用的案例研究。CRM是意识到文化遗产机构代表了如此广泛的不同方面的知识而产生的，因此试图在已建立的元模型（例如，关系数据库或XML）中对其进行建模或集成将是不可持续的，并且在语义上是有限的。基于不断协调的实体和关系层次结构的"自下而上"的

---

[1] 参见LiAM，2014：将文本编码倡议源与结构化源的关联数据进行比较的示例。

[2] http://www.cidoc-crm.org——"提供定义和形式结构，用于描述文化遗产文献中所使用的隐式和显式概念及关系"。

知识表示方法的创建解决了这些问题，并允许各种知识被可持续地管理和集成。①（Doerr and Crofts，1998）不同层次的通用性和专用性创建了一个不那么复杂、更为简洁和更可持续的模型，但是使用从数据结构和专家实践分析的经验中得出的"基于事件"的方法可以丰富语义。

随着TEI项目使用XML模型进行开发，它在管理日益增加的可变性和专业化方面也遇到了问题，产生了管理和数据集成方面的问题。它还受对上下文语义缺乏支持的困扰。尽管目标不同，但人文学者在处理和表示结构化数据的经验时与处理和表达那些涉及表示和分析文本和文学的经验有相似之处。然而，如果能更好地整合这两个社区的知识，对整个数字人文研究领域来说将是极为有益的。

最近的一些会议论文都总结了人文学者处理数字人文的代表性问题和有关上下文的讨论。2010年数字人文大会（Sperberg-McQueen et al.，2010）讨论了缺乏语义标记工具的问题，以及引入基于RDF的解决方案的早期倡议和建议。在2014年TEI会议上，一篇论文指出："XML对于语义数据建模来说是一种较为糟糕的语言"，并建议对TEI项目进行扩展，其中包括TEI的"本体"以及RDF和OWL工具的使用。（Ciotti and Tomasi，2014）在2012年数字人文大会上，考虑到麦卡蒂试图在近距离（微观）层面提供一种系统化的上下文标记方法，学者们对远读使细读变得多余的说法提出了质疑，并表示"事实是，定量方法与近距离的文本阅读一起使用时最为有效，它使我们能够根据当前信息过剩的背景来进行上下文分析"（Gooding et al.，2012）。该论文认为，质量需要继续使用微观或细读分析。最后这一点反映出，数字文本技术在宏观方法和微观方法之间缺乏一致性所造成的紧张关系，这是在结构化数据世界中使用国际文献工作委员会之概念参考模型等本体来解决的问题。对于现代主义者（以及后现代主义批评家，例如Jameson，1991）来说，当我们掩盖历史的细节并将我们对应该在更人性化的背景下记住和讨论的事件的记忆抽象化时，仍会感到不安。

在融合方面，一直有人试图将TEI引入语义网世界。这包括拟议对CIDOC CRM的本体和TEI进行整合，以促进文学和文本项目以及更大的文化遗产结构

---

① 另请参见http://www.cidoc-crm.org/docs/CRMPrimer.pdf上的国际文献工作委员会概念参考模型初级教程。

化数据存储库之间的集成。（Eide and Ore，2007）虽然TEI的上下文"依赖并锚定于正在建模的对象（文本）上"，而CIDOC CRM依赖于"一个特定的世界模型"（Ciula and Eide，2014）。然而，在TEI P524[①]中添加了基于事件的特征（包括名称、日期、人物和地点），这些特征"旨在涵盖各种对真实世界的描述"，这样就可以将TEI P5标记集与CIDOC CRM的真实世界相集成，并通过将CIDOC CRM实体和关系直接插入到文本中以使用上下文标记。（Ore and Eide，2009）

英国国家博物馆是一个重要的知识和储藏机构，它利用CIDOC CRM知识表示作为支持研究环境和开发更好的参与可能性的基础，数字发布其藏品。[②]在2014年的数字古典学夏季研讨会（Digital Classicist Summer Seminar）上，提出了一种文本标记的方法 [在这种情况下，古埃及《死亡之书》(Book of the Dead Spells)以及目前由埃及古物学家和软件设计师马尔科姆·莫舍(Malcolm Mosher)博士翻译的未出版译本] 使用CIDOC CRM（和CRM扩展FRBRoo[③]，用于书目数据）和RDFa[④]，提供将RDF链接数据插入HTML、SHTML和XML的技术。这使得《死亡之书》成为文化遗产来源（可能来自古埃及收藏品，也包括来自其他文化和时期的相关信息）更广泛的上下文结构化信息的一部分，模糊了结构化数据库和文本表示之间的边界，创建了一个遍历两者的模型。（Norton and Oldman，2014）虽然这可能不能解决TEI实现的所有目标，但是它展示了一个将文本和结构化历史数据结合在一起的强大工具。

尽管缓慢但可以肯定的是，人们正在摆脱那些在语法和语义方面表现不佳的技术解决方案，并对上下文及其与质量研究之间的关系再次展开辩论。至关重要的是，这些方法有可能将目前分散的数字人文社区引向更为一体化的运作模式，并鼓励创建可重复使用的信息集成系统，以保留创建这些系统的专家组不同且有价值的观点，而不论其专业性如何。它还开辟了联合和加强数字人文学科的可能性，构建了一种可以在所有类型的人文语料库中使用的论证和观

---

① 参见网页：http://www.tei-c.org/Guidelines/P5。

② 关联数据界面：http://collection.britishmuseum.org，研究空间（ResearchSpace）：http://www.researchspace.org。

③ 该模型的面向对象本体的版本，书目记录的功能需求(Functional Requirements for Bibliographic Records)。

④ 参见：http://www.w3.org/TR/xhtml-rdfa-primer。

点的一致表示，以支持宏观层面和微观层面的上下文识别，包括"非系统的"主观命题（不是武断的命题），与更客观但"远距离"的方法配合使用。实际上，非系统的微观方法和更系统的宏观方法一样适合大数据研究范式，正如马克斯·塞巴尔德（Max Sebald）从上面的引述中继续描述的那样：

> 如果你观察一只狗，它会听从鼻子的建议，它会以一种完全不可绘制的方式穿过一片土地。它总能找到它想要找的东西。我想这是对的，因为我一直养狗。我从它们那里学到了如何去做到这一点。这样，你就有了一小部分材料，通过积累一些材料，研究材料就会不断增多；一些材料会指引你找到另一些材料，这样你就可以从这些杂乱无序的材料中构建出一些新的研究项目。（Cuomo，2011）

基础设施和语义网

> 图书馆、美术馆、档案馆和博物馆正是研究的对象，是研究的核心和灵魂，而不是基础设施。（Prescott，2013）

为数字人文学科建设数字知识基础设施（也称为网络基础设施）是一项复杂的工作。《通过网络基础设施改革科学与工程》（*Revolutionizing Science and Engineering Through Cyberinfrastructure*）（Atkins et al.，2003）是一份长达84页的报告，它试图为数字研究环境提供一个全面的理论基础和描述，该环境适用于任何学科。推荐的结构包括一个架构层：该架构层包含用于计算、存储和网络的底层组件；一个中间层，包含启用硬件、算法工具、软件和操作支持；最后是一个服务层，包含应用程序、服务、数据、知识和实践。制定这样一个蓝图的风险在于它自身缺乏与任何特定知识领域的动态和现实一致性。

这样的环境不能确保研究的成功，因为"研究基础设施不是研究，正如道路不是经济活动"（Rockwell，2010）。正如关联数据提供语法集成而不一定传达任何含义的情况一样，通用网络基础设施是为任何特定的学术领域需求（包括数据意义和上下文问题）而设计的，但没有得到任何特定学术领域的指导，存在技术可能使这些研究方法"失真"的风险（Rockwell，2010），数字研究可能发展为技术主导型研究，这是一个反复出现的问题（Oldman et al.，2014）。

阿特金斯（Atkins）发表报告以来，不同风格的网络基础设施出现在不同的专业领域。一些项目（如欧洲数字图书馆"Europeana"，www.europeana.eu）专注于内容，成为众所周知的"数据聚合器"（data aggregators），并鼓励社区提供基于其管理资源的服务（尽管其非协作的收集数据的方法意味着在质量方面做出妥协）；还有一些项目则关注采用"自下而上"的方法来提供一个良好的方法流程框架，在该框架下，各个项目可以运作并鼓励协同作用；其他一些项目则侧重于具体的工具和服务。几乎没有项目关注质量或上下文问题及其与数据提供者的长期关系。然而，当前的项目，例如艺术和人文数字研究基础设施和欧洲数字手稿项目（Digitized Manuscripts to Europeana，简称DM2E；http://dm2e.eu），在一定程度上关注了学术活动自身是如何整合的。虽然可以通过定义和分析学术原语来了解工具的功能，但是它们的输入和输出是什么，以及它们是如何在实践方面和意义方面进行连接的？

DARIAH项目在评估单个项目中使用的数据管理时，证实了语义"在很大程度上是隐含在这些关系数据库中，并且因为表示数据时使用的各种惯例而变得更为复杂"。语义网和关联数据被认为具有"巨大的潜力……因为它们支持研究人员可以更灵活地将资源及其之间的关联进行形式化处理，并创建、探索和查询这些关联的资源"。此外，"本体因此可以充当异构数据集之间的语义中介，使研究人员能够更有效地探索、理解和扩展这些数据集，从而增加数据对他们的研究的贡献"（Blanke and Hedge，2013：8）。同样，对于DM2E而言，语义技术在将组件和流程进行有效整合（提供语义粘合支持）方面起到了关键性作用，并就使用关联数据环境形式化的学术工作的基本本体达成了共识。尽管如此，目前的重点仍聚焦于"功能""操作"和"机制"。

下一个关注的焦点必须是为这些学术活动提供信息来源，以及随着研究创造出的新的信息，这些研究功能带来了产出。从传统上来说，数字人文项目大多是在有限的资源限制下构建其自身的数据集。虽然他们提出的研究问题是有意义且信息丰富的，但是项目缺乏调用更大的存储库的能力，尽管在过去30年里，数字化存储机构的大量投资积累了大量的数据。这再一次引发了人们对研究项目的批判，即认为研究项目过分关注技术，而不是在他们分析的内容和解决的问题的范围上，从而提出了这样一个问题："越来越复杂的在线资源是使学者们能够解放出来探索新的思想，还是让他们成为数字机器的奴隶？"

（Reisz，2011）

另一种批判是，数字人文实践没有与更广泛的社区接触。（Zorich，2008）缺乏联系是可以理解的，因为机构和聚合器未能以符合基础研究标准的方式进行记录、表示和集成数据。（Terras and Ross，2011:92）无论如何，人们似乎不愿在知识平等的基础上与存储机构进行更密切的合作，以完善学术数据发布的质量和实践。（Poole，2013：Para. 23）这反过来会引发一些评论，比如"我非常不喜欢'研究基础设施'这个词。这表明图书馆、档案馆等在某种程度上是研究的附属机构"（Prescott，2013）。

人文研究的基础设施问题不可能独立于知识的来源而得到解决。关联数据和语义技术的目标是鼓励数字协作，并"帮助人们一起工作"（Berners-Lee and Fischetti，2008）。如果这些组成部分所依据的信息缺乏足够的意义和上下文，那么如何构建"最先进"的网络基础设施，或者如何很好地定义和整合学术方法，这些都无关紧要。开放世界建模（Open World modeling）和麦卡蒂的封闭世界建模（Closed World modeling）也如此——它们涉及相同的学术活动，应该使用相同水平的细节和质量。

在人文领域存在两个重大挑战。第一个挑战是如何最大限度地发挥现有信息源的潜力，因为许多提供数据的组织已经通过采用数字信息系统来使用封闭世界模型（同样，语义是"隐式的"，而不是显式的），而这些模型从未打算为我们不断尝试构建的那种网络基础设施类型提供支持。将这些数据转换成可供研究人员使用的数据，不仅需要简单的机械提取，还需要社区的参与，特别是馆长、档案管理员和图书管理员，从源头上提供有意义的数据环境，然后再将其导出。第二个挑战是支持将这些源系统转换为专门为满足更广泛的开放世界受众需求而设计的系统，这意味着对数字策展进行改进。（Doerr and Low，2010）

为了应对这些挑战，本体（ontologies）出现了，支持本体使存储机构能够提供其"封闭"数据模型的研究质量的表示，这些数据模型与关联数据标准兼容，并充分利用语义技术。[①]最终，源组织必须参与进来，编码其自身信息的意义，并利用其积累的知识来提供与研究和其他用途相关的信息。将大量资金投资到"一刀切"（one-size-fits-all）的收获机制中，然后将其转换为关联

[①] 最值得注意的是国际文献工作委员会之概念参考模型，尽管它能够使用关联数据加以实现，但与技术无关。

数据，会移除其大部分原始值，并且无法提供与原始知识相符的对应关系。这似乎与为何创建关联数据和语义技术的精神和本质背道而驰，而赋予关联数据和语义技术权利是关键目标。

学术原语和语义网

> 假设我把《纯粹理性批判》（*La Critique De La Reason Pure*）下载到电脑上，并开始研究它，在字里行间写下我的评论，要么我具有哲学的思维方式，能认出我的评论；要么，三年后，我再也说不出什么是我的评论，什么是康德的论述。我们就会像中世纪的抄写者一样，自动修正抄写的文本，因为觉得这样做很自然——在这种情况下，对于文献的任何努力都可能付之东流。（Eco and Origgi，2003：227）

在关于基础设施的讨论中，我们发现人们越来越关注重新审视和开发安斯沃斯最初的学术功能和活动列表，这通常被称为"学术原语"：发现、注释、比较、引用、采样、说明、表示。（Unsworth，2000）这一最初的说明性列表后来被不同的研究者（例如，McCarty，2003；Palmer et al.，2009；TaDiRAH，2014）扩展。越来越多的不同倡议试图将原语视作一种定义和促进框架构建的工具，为改进数据共享和协作创造"条件"。这些框架旨在提供更多的关注点，甚至为参考模型提供信息以支持研究项目、工具和基础设施的流程和工作流。

然而，虽然核心学术原语在分类和定义研究人员所认可的活动方面很有用，但是它们提供了一个相对较高水平的立场，并且在有见地的研究成果方面缺乏总体目标。尽管试图明确原语定义的一致性，但项目仍然创建了具有广泛方法论解释的学术工具。例如，多年以来，"注解"（annotation）这个学术原语一直是许多项目的焦点，并已产生了大量的注解工具，最近的注释工具带有关联数据输出。在实践中，注释作为一种功能的确切性质总是在不同的项目中以不同的方式被查看、解释和表示。创建一个适用于所有研究人员和研究项目的注释工具似乎不太可能。在这方面，研究活动分类法的发展类似于许多其他结构化数据术语的发展。正如应用程序配置文件无法定义一组被社区认可的公共字段一样，原语也无法定义一组属于它们的固定属性，并且有可能转向支持认识论过程。

但是，大多数核心原语都间接或直接地与做出推断和生成新事实相关，这些新事实将被编码为新信息[①]，这些新信息是隐式论证和观念价值系统的一部分[②]。研究人员陈述、发现、比较以及取样等，这样他们就可以推断出关于被分析材料的新的陈述。虽然学术原语有助于识别常见的活动模式，但它们的讨论与研究成果和结论的表示方式相分离，从而限制了在研究工作流另一端与知识表示相关的对话。如果不关注学术活动结果的表示，那么我们最终会处于与源数据及其在语义网上的表示相关的讨论中的相似的位置，只是为了研究的产出。症候是相同的，因为社区继续界定越来越广泛的活动范围，模糊了知识表示的区域，并强调了主题的可变性。对学术原语不平衡的兴趣可能也支持本文的论点，即我们目前无法在语义网上实现学术作品的有意义的表示。尽管我们认为语义技术可能会为这些问题提供解决方案，但是从活动定义到知识表示，隐含的内容显式化所需的技能和知识仍处于早期阶段。

在上文中，我们强调了数据源与分析之间的对应关系，以及研究活动产生的新的信息层次。结论是，作为研究的一部分，我们所创建的命题，如果要与源数据或规范数据进行结合分析，并与之保持对应，则必须使用相同的本体论方法（采用适当的区分方法）进行表示。

本体CRMinf（CIDOC CRM的一个扩展：可从www.ics.forth.gr获取）是最早完全实现这种方法的知识表示系统之一。CRMinf扩展了CIDOC CRM的知识表示原则，并纳入许多论点和观念价值系统的概念。[③]（Doerr et al., 2011）它提供了在数据的初始表示中使用相同的关联数据模式（图）来推断新事实的方法；此外，它还支持对有关归因的重要环境信息以及观察、推断和观念采纳等科学概念显式表示为新的学术主张。此外，它还提供了一种方法，即使源数据自身无法实际集成，也可以将具有不同表示系统的不同信息源引入一个共同的学术话语中。数据库记录、电子表格、一段文本，或者实际上任何其他类型的信息对象都可被视作得出新的观念的前提，并创建一个相互关联的、强有力的论点。

论证，不再仅仅以一个附属物或附加品嵌入学术话语中，而是完全整合到

[①] 诸如欧洲数字手稿项目专家注释系统之类的工具（http://dm2e.eu/digital-humanities）表明其正朝着完整的论证和观念价值系统迈进。

[②] 类似于结构化数据信息系统中的隐式关系。

[③] 包括以下论文的论证实例：Toulmin, 2003; Kunz & Rittel, 1970; Pinto et al., 2004。

模型中。将同样的知识表示原则扩展到研究人员的推论中，这意味着计算机推理可以很清晰地应用于所有事实，并具有充分的学术来源。由于论证理论是跨学科的，它提供了必要的重点和适当的范围，使其他研究活动或原语结合在一起。

结 论

在某种形式上，语义网是我们的未来，它将需要人类记录的正式表示。这些表示——本体论、模式、知识表示，随便你怎么称呼它们——应该由受过人文训练的学者来生成。（Unsworth，2002）

关联数据是链接结构化数据的技术方法，它提供了一个非常有用的工具，用于将结构化信息而不是信息页面关联在一起。知识表示和语义技术提供了将关联数据转换为有意义的语句的方法，即通过传达理解这些语句及其关联所需的预期含义，不仅包括描述，还包括上下文和出处。这为传达信息提供了基础，能够为最终引起争论的认识论方法提供信息，为此，其他学术活动的结果，包括建模和注释，可以成为一项综合性且更具协作性的努力的一部分。

然而，许多存储相关人文数据的内部信息系统使用的技术并不能明确其意义，这使得技术专家很难在没有领域专家帮助的情况下理解应该如何正确地表示人文数据。虽然在数字人文研究的其他领域已经发展了大量的专业知识，但仍需一些新的技能以支持人文学者在开放世界语义学的复杂性中进行操作，并对这一开放世界语义学的复杂性产生影响。在此之前，数字人文学科在这一日益重要的领域的"交点"（intersection）将是不平衡的，并浪费宝贵的资源。对于人文学者而言，这是一种令人不安的情况，他们经常为获得更高质量的信息而展开实践，同时在面对关联数据社区时，又感到力不从心。这对使网络成为知识网（Web of Knowledge）和进行严肃的人文研究的场所的能力产生了深远的影响。

知识表示（独立于技术的活动）和语义网（一个坚持跨学科协作的环境）提供了通用网络基础设施的基本要素，在这种基础设施中，人文学者可以从事个人研究和专业研究，但不同研究领域之间的差异可以互相弥合。将适当的本体正确地应用于人文资源高度多变的输出中，仍然可以在不破坏局部意义和视角的情况下进行集成，并在更广泛的研究问题范围内作为环境使用。诸如CIDOC CRM这样的本体的使用为精确的微观和宏观分析创建了一个平台，该平台可以用作许多不同研究领域中的其他信息源的支持环境。例如，可以通过从存储机构获得的结构化数据，再从结构化数据中获得的其他环境来推动数字文学史的研究，反之亦然。

这种更加综合的研究观点意味着将文化组织、档案馆、图书馆、博物馆和其他相关信息系统资源视为研究院的一部分，并将其视为促进输入和输出数据质量的整体研究基础设施的一部分，作为主要关注的问题。这些机构的专家是人文社区的一部分，而不是初级合伙人、感兴趣的从业者或中间服务提供者。（Prescott，2012）如果可能的话，信息的知识表示从信息的产生到信息的聚合和集成，以及在整个信息的分析和论证过程中都应该保持一致。论证和观念的表示应该是研究环境的一个基本焦点，并将其形式化，以便与权威来源相协调、区分，并最终影响权威来源（并成为权威来源）。这为分析数据建模活动（如语义推理）提供了一个新的视角，它可以应用于跨异构数据集，并在同一过程中丰富来自不同学科和组织的研究人员提出的命题。

学术界有责任确保他们的工作成果反馈到存储机构的信息系统中，并确保一代又一代人文学者能够在前人工作的基础上继续发展，生成稳定而非零散的数字遗产。（McGann，2010；Prescott，2012）从一开始，我们就有责任持续改进数据的开发，包括目前封闭世界信息系统中所缺乏的有关重要性和相关性的信息。（Russell et al.，2009）所有的利益相关者都应该关注数字策展系统（systems of digital curation）的发展完善，而不仅仅是存储机构本身。

虽然我们需要像对待其他人文资源一样，对结构化数据源施以同样的关注，但我们仍需警惕，不要将注意力转移到目前我们无法达到的目标上，这些目标对于数字人文的坚实发展来说是外围的。这意味着不要把稀缺的资源浪费在"未来学（futurology）中的危险实践上，这些实践把不可想象的事物作为思考可思考的事物的替代品"（Hobsbawm，1998：72）。人文学者仍需掌握一些技能，以便对数字和网络基础设施作出更专业、更权威的贡献，这些基础设施目前是由计算机科学家和技术人员主导的，而且是毫无帮助的。[①]从这方面来看，本结论开头引用的约翰·安斯沃斯十多年前所说的话，现在仍然是正确的。

[①] 例如，请参见W3C链接的开放数据和语义Web邮件列表。

致　谢

感谢艾伦·范克尔（Ellen Van Keer）（古物图书馆、皇家艺术和历史博物馆）的热情帮助。

参考文献

[1] Aberer, K., Cudré-Mauroux, P., Ouksel, A.M., et al. 2004. Emergent semantics principles and issues. In *Database Systems for Advanced Applications*, ed. Y. Lee, J. Li, K.-Y. Whang, and D. Lee. Belin: Springer, 25–38. http://link.springer.com/ chapter/10.1007/978-3-540-24571-1_2 (accessed October 12, 2014).

[2] Antoniou, G., and Van Harmelen, F. 2004. *A Semantic Web Primer*. Cambridge, MA: MIT Press.http://www.dcc.fc.up.pt/~zp/aulas/1415/pde/geral/bibliografia/MIT.Press. A.Semantic.Web.Primer.eBook-TLFeBOOK.pdf (accessed October 31, 2014).

[3] Arnold, M. 1869. *Culture and Anarchy*. London:Smith, Elder & Co.

[4] Atkins, D., Droegemeier, K.K., Feldman, S.I., et al. 2003. Revolutionizing Science and Engineering Through Cyberinfrastructure: Report of the National Science Foundation Blue-Ribbon Advisory Panel on Cyberinfrastructure. National Science Foundation. https://arizona.openrepository.com/arizona/handle/10150/106224 (accessed September 17, 2014).

[5] Bechhofer, S., Buchan, I., De Roure, D., et al. 2013. Why linked data is not enough for scientists. *Future Generation Computer Systems* 29 (2), 599–611.

[6] Bernard, L. 2011. *Data vs. Text: Forty Years of Confrontation. Hidden Histories Symposium (UCL)*. Hidden Histories. University College London. http://hiddenhistories. omeka.net/items/show/8 (accessed August 5, 2013).

[7] Berners-Lee, T. 2009. The next web. http://www. ted.com/talks/tim_berners_lee_on_ the_next_web (accessed September 17, 2014).

[8] Berners-Lee, T., and Fischetti, M. 2008. Weaving the Web: The Original Design and Ultimate Destiny of the World Wide Web by Its Inventor. San Francisco: Harper.

[9] Berners-Lee, T., Hendler, J., and Lassila, O. 2001. The semantic web. *Scientific American* 284 (5), 28–37.

[10] Blanke, T., and Hedges, M. 2013. Scholarly primitives: Building institutional infrastructure for humanities e-Science. *Future Generation Computer Systems* 29 (2),

654–661.

[11] Brown, S., and Simpson, J. 2013. The curious identity of Michael Field and its implications for humanities research with the semantic web. In *Big Data, 2013 IEEE International Conference on*. IEEE, 77–85. http://ieeexplore.ieee.org/xpls/ abs_all.jsp?arnumber=6691674 (accessed October 10, 2014).

[12] Ciotti, F., and Tomasi, F. 2014. Formal ontologies, Linked Data and TEI. In *Decoding the Encoded*. Evanston, IL: Text Encoding Initiative. http://tei.northwestern.edu/files/2014/10/ Ciotti-Tomasi-22p2xtf.pdf (accessed October 29, 2014).

[13] Ciula, A., and Eide, Ø. 2014. Reflections on cultural heritage and digital humanities: modelling in practice and theory. In *Proceedings of the First International Conference on Digital Access to Textual Cultural Heritage*. New York: ACM, 35–41. http://doi.acm.org/10.1145/2595188.2595207 (accessed October 29, 2014).

[14] Crofts, N. 2004. Museum informatics: the challenge of integration. University of Geneva. http://archive-ouverte.unige.ch/unige:417 (accessed July 23, 2014).

[15] Cuomo, J. 2011. A conversation with W.G. Sebald (interview). In *The Emergence of Memory: Conversations with W.G. Sebald*, ed. L.S. Schwartz. New York: Seven Stories Press, 93–118.

[16] Denning, P.J., and Bell, T. 2012. The information paradox. *American Scientist 100*, 470–477.

[17] Doerr, M., and Crofts, N. 1998. *Electronic Esperanto: the role of the oo CIDOC Reference Model*. Citeseer. http://citeseerx.ist.psu.edu/viewdoc/download? doi=10.1.1.47.9674&rep=rep1&type=pdf (accessed August 26, 2013).

[18] Doerr, M., and Low, J. T. 2010. A postcard is not a building why we need museum information curators. In *ICOM General Conference, Shanghai, China*. https://www.ics.forth.gr/_publications/CIDOC_2010_low_martin.pdf (accessed November 1, 2014).

[19] Doerr, M., Kritsotaki, A., and Boutsika, K. 2011. Factual argumentation: a core model for asser tions making. *Journal on Computing and Cultural Heritage*, 3(3), p.1–34.

[20] Eco, U., and Origgi, G. 2003. Auteurs et autorité: un entretien avec Umberto Eco. *Texte-e: Le texte* à l'heure de l'Internet, 215–230.

[21] Eide, Ø., and Ore, C.-E. 2007. From TEI to a CIDOC-CRM Conforming Model: Towards a Better Integration Between Text Collections and Other Sources of Cultural Historical Documentation. In *Get Swept Up In It*. Digital Humanities 2007,

University of Illinois, Urbana–Champaign. http://www.edd.uio.no/ artiklar/tekstkoding/ poster_156_eide.html (accessed October 28, 2014).

[22] Gangemi, A., Catenacci, C., Ciaramita, M., and Lehmann, J. 2005. A theoretical framework for ontology evaluation and validation. *SWAP*. Citeseer. http://www.loa.istc.cnr.it/old/Papers/ swap_final_v2.pdf (accessed October 28, 2014).

[23] Gardin, J.-C. 1990. The structure of archaeological theories. In *Mathematics and Information Science in Archaeology: A Flexible Framework*, ed. A. Voorrips (ed.). Studies in Modern Archaeology 3. Bonn: Holos, 7–25.

[24] Glimm, B. Hogan, A., Krötzsch, M., and Polleres, A. 2012. OWL: yet to arrive on the Web of Data? arXiv preprint arXiv:1202.0984. http:// arxiv.org/abs/1202.0984 (accessed September 14, 2014).

[25] Gooding, P., Warwick, C., and Terras, M. 2012. The myth of the new: mass digitization, distant reading and the future of the book. In *Digital Humanities 2012, Hamburg*. http://www.dh2012.uni-hamburg.de/conference/programme/abstracts/the-myth-of-the-new-mass-digitization-distant-reading-and-the-future-of-the- book.1.html (accessed October 29, 2014).

[26] Gradmann, S., and Meister, J.C. 2008. Digital document and interpretation: re-thinking "text" and scholarship in electronic settings. *Poiesis & Praxis* 5 (2), 139–153.

[27] Heath, T., and Bizer, C. 2011. *Linked Data: Evolving the Web into a Global Data Space*. San Rafael, CA: Morgan & Claypool.

[28] Hobsbawm, E. 1998. *On History*, new edition.London: Abacus.

[29] Hooland, S. van, and Verborgh, R. 2014. *Linked Data for Libraries, Archives and Museums: How to Clean, Link and Publish Your Metadata*. London: Facet.

[30] Jameson, F. 1991. *Postmodernism, or the Cultural Logic of Late Capitalism*. Durham, NC: Duke University Press.

[31] Kunz, W., and Rittel, H.W.J. 1970. *Issues as Elements of Information Systems*. Institute of Urban and Regional Development, University of California.

[32] LiAM. 2014. Trends and gaps in linked data for archives. LiAM: Linked Archival Metadata. http://sites.tufts.edu/liam/2014/04/23/trends (accessed October 28, 2014).

[33] McCarty, W. 1996. Finding implicit patterns in Ovid's *Metamorphoses* with TACT. *CH Working Papers*. http://journals.sfu.ca/chwp/index.php/chwp/article/ view/B.3/91 (accessed December 27, 2011).

[34] McCarty, W. 2003. Humanities computing. *Encyclopedia of Library and Information Science* 2, 1224.

[35] McCarty, W. 2004. Modeling: a study in words and meaning. In *A Companion to Digital Humanities*, ed. S. Schreibman, R. Siemens, and J. Unsworth. Oxford: Blackwell. http://www.digitalhumanities.org/companion (accessed December 27, 2011).

[36] McCarty, W. 2007. Looking backward, figuring forward: modelling, its discontents and the future. In *Digital Humanities 2007*, University of Illinois Urbana–Champagne. http://www.mccarty.org.uk/essays/McCarty,%20Looking%20backward.pdf (accessed October 24, 2014).

[37] McCarty, W. 2014. Getting there from here: remembering the future of digital humanities. Roberto Busa Award lecture 2013. *Literary and Linguistic Computing* 29 (3), 283–306.

[38] McGann, J. 2010. Sustainability: the elephant in the room. In *The Shape of Things to Come*. A Mellon Foundation Conference at the University of Virginia. http://shapeofthings.org/papers/JMcGann.docx (accessed May 18, 2014).

[39] Moretti, F. 2007. *Graphs, Maps, Trees: Abstract Models for a Literary History*. London: Verso.

[40] Nen, E.H. 2012. *Publishing and Using Cultural Heritage Linked Data on the Semantic Web*. San Rafael, CA: Morgan & Claypool.

[41] Norton, B., and Oldman, D. 2014. A new approach to digital editions of ancient manuscripts using CIDOC-CRM, FRBRoo and RDFa. In *Digital Classicist London & Institute of Classical Studies seminar 2014, UCL, London*. http://www.digitalclassicist.org/wip/wip2014-10do.html (accessed October 29, 2014).

[42] Oldman, D. Doerr, M., de Jong, G., Norton, B., and Wikman, T. 2014. Realizing lessons of the last 20 years: a manifesto for data provisioning and aggregation services for the digital humanities (a position paper). *D-Lib Magazine* 20 (7/8). http://www.dlib.org/dlib/july14/oldman/07oldman.html (accessed July 15, 2014).

[43] Ore, C.-E., and Eide, Ø. 2009. TEI and cultural heritage ontologies: exchange of information? *Literary and Linguistic Computing* 24 (2), 161–172.

[44] Palmer, C.L., Teffeau, L.C., and Pirmann, C.M. 2009. Scholarly Information Practices in the Online Environment: Themes from the Literature and Implications for Library Service Development. Dublin, OH: OCLC Programs and Research. http://www.oclc.

org/programs/publications/reports/2009-02.pdf (accessed October 13, 2014).

[45] Pesce, M. 1999. SCOPE1: information vs. meaning. In *Hyperreal, Vienna*. http://hyperreal. org/~mpesce/SCOPE1.html (accessed October 5, 2014).

[46] Pierazzo, E. 2011. Digital humanities: a definition. http://epierazzo.blogspot.co.uk/2011/01/ digital-humanities-definition.html (accessed July 16, 2013).

[47] Pinto, H.S., Staab, S., and Tempich, C. 2004. DILIGENT: towards a fine-grained method ology for DIstributed, Loosely-controlled and evolvInG Engineering of oNTologies. In *ECAI 2004: Proceedings of the 16th European Conference on Artificial Intelligence*, ed. R. López de Mántaras. Amsterdam: IOS Press, 393–397.

[48] Poole, A. 2013. Now is the future now? The urgency of digital curation in the digital humanities. *DHQ: Digital Humanities Quarterly*, 7 (2). http://www.digitalhumanities.org/dhq/ vol/7/2/000163/000163.html (accessed October 24, 2014).

[49] Prescott, A. 2012. An electric current of the imagination. *Digital Humanities:Works in Progress*.http://blogs.cch.kcl.ac.uk/wip/2012/01/26/an-electric-current-of-the-imagination (accessed March 15, 2012).

[50] Prescott, A. 2013. Andrew Prescott (@Ajprescott) | Twitter. https://twitter.com/Ajprescott (accessed October 17, 2014).

[51] Reisz, M.2011. Surfdom. *Times Higher Education*. http://www.timeshighereducation.co.uk/story. asp?storycode=418343 (accessed December 28, 2011).

[52] Renn, J. 2006. Towards a web of culture and science. *Information Services and Use* 26 (2), 73–79.

[53] Rockwell, G. 2010. As transparent as infrastructure: on the research of cyberinfrastructure in the humanities. *openstax cnx*. http://cnx.org/ contents/fd44afbb-3167-4b83-8508-4e7088 5b6136@2 (accessed September 21, 2014).

[54] Roux, V. and Blasco P. 2004. *Logicisme et format SCD: d'une épistémologie pratique à de nouvelles pratiques éditoriales Hermès*. Paris: CNRS-éditions.

[55] Russell, B. 2011. *The Problems of Philosophy*.Vook.

[56] Russell, R., Winkworth, K., and Collections Council of Australia. 2009. *Significance 2.0: A Guide to Assessing the Significance of Collections*. Rundle Mall, SA: Collections Council of Australia.

[57] Schraefel, M.C. 2007. What is an analogue for the semantic web and why is having one important? *ACM SIGWEB Newsletter*, Winter 2007. http:// eprints.soton.

ac.uk/264274/1/schraefelSW AnalogueHT07pre.pdf (accessed September 17, 2014).

[58] Serres, M. 2011. Interstices: les nouvelles technol ogies, que nous apportent-elles? *Interstices*. https://interstices.info/jcms/c_15918/les-nouvelles- technologies-que-nous-apportent-elles (accessed October 16, 2014).

[59] Shannon, C.E. 1948. A mathematical theory of communication. *The Bell System Technical Journal* XXVII (3). http://www3.alcatel-lucent.com/ bstj/vol27-1948/articles/bstj27-3-379.pdf (accessed September 21, 2014).

[60] Sperberg-McQueen, C.M., Marcoux, Y., and Huitfeldt, C. 2010. Two representations of the semantics of TEI Lite. In *Cultural Expression, Old and New. Digital Humanities 2010, King's College, London*. http://dh2010.cch.kcl.ac.uk/academic- programme/abstracts/papers/html/ab-663.html (accessed October 29, 2014).

[61] TaDiRAH. 2014. TaDiRAH: Taxonomy of Digital Research Activities in the Humanities. *Dariah*. http://tadirah.dariah.eu/vocab/index.php (accessed October 13, 2014).

[62] Terras, M., and Ross, C. 2011. Scholarly information-seeking behaviour in the British Museum online collection. In *Museums and the Web 2011, Philadephia*. http://www.museums andtheweb.com/mw2011/papers/scholarly_ information_seeking_behaviour_in_the.html (accessed October 29, 2014).

[63] Toulmin, S.E. 2003. *The Uses of Argument*. Cambridge: Cambridge University Press.

[64] Unsworth, J. 2000. Scholarly primitives: what methods do humanities researchers have in common, and how might our tools reflect this? Paper presented at *Humanities Computing: Formal Methods and Experimental Practice*, King's College, London. http://people.brandeis.edu/~unsworth/ Kings.5-00/primitives.html (accessed October 2014).

[65] Unsworth, J. 2002. What is humanities computing and what is not? http://computerphilologie.uni-muenchen.de/jg02/unsworth.html (accessed December 27, 2011).

[66] Unsworth, J. 2006. Our Cultural Commonwealth: the report of the American Council of learned societies commission on cyberinfrastructure for the humanities and social sciences. ACLS: New York. https://www.ideals.illinois.edu/ handle/2142/189 (accessed September 22, 2014).

[67] W3C Technical Architecture Group. 2001. *Architecture of the World Wide Web, Volume One*. http://www. w3.org/TR/webarch (accessed September 14, 2014).

[68] Winesmith, K., and Carey, A. 2014. Why build an API for a museum collection? San

Francisco Museum of Modern Art. http://www.sfmoma. org/about/research_projects/lab/why_build_an_api (accessed November 9, 2014).

[69] Zorich, D. 2008. *A Survey of Digital Humanities Centers in the United States*. Washington, DC: Council on Library and Information Resources. http://www.clir.org/pubs/reports/pub143/ contents.html (accessed November 9, 2014).

19. 文本分析和可视化：量化意义[①]

斯特凡·辛克莱、杰弗里·罗克韦尔

（Stéfan Sinclair，Geoffrey Rockwell）

符号学的问题之一是……通过将不同文本置于一般文本（文化）中来定义不同文本组织的特殊性，而一般文本（文化）是文本（文化）的一部分，文化又是文本（文化）的一部分。（茱莉亚·克里斯蒂娃）[②]

哪些词用来描述"黑白"NFL前景？

2014年5月，体育网站Deadspin发表了一篇关于美国国家橄榄球联盟（National Football League，简称NFL）球探报道黑人球员和白人球员发展前景的文章。（Fischer-Baum et al., 2014）他们发现了其中的不同之处。白人球员更有可能被评论为"聪明的"，而黑人则更有可能被评论为"天生的"。他们汇编了一个语料库的文本集，并使用Voyant Tools文本分析工具对其进行了分析。[③]数字人文研究的方法和工具已经运用于体育新闻业。

但Deadspin走得更远。他们并没有讨论词汇方面的差异，而是提供了一个"交互式"视窗供读者进行比较（他们将"交互式"视作名词，用省略号表示类似交互式小部件的内容）。用户通过键入需要搜索的单词，交互界面呈现出一个简单的条形图，这样就可以将其放入评论中（图19.1），就像数百名读者

[①] *A New Companion to Digital Humanities*, First Edition. Edited by Susan Schreibman, Ray Siemens, and John Unsworth.

© 2016 John Wiley & Sons, Ltd. Published 2016 by John Wiley & Sons, Ltd.

[②] 这句话出自克里斯蒂娃的《封闭的文本》（1968）。我们特别强调了克里斯蒂娃的后结构主义实践，在概念上将文本等同于文化（一切都是文本）。英译本即为："One of the problems for semiotics is ... to define the specificity of different textual arrangements by situating them in the general text (culture) of which they are a part and which, in turn, is part of them"（克里斯蒂娃，1980:83）。译者注：原文此段话是法语，注释中是英文。

[③] Voyant Tools是我们为网络开发的一套文本分析工具。用户可以在http://voyant-tools.org上尝试使用它们。

所做的那样。他们使用了简单的交互式文本可视化表达他们的观点。

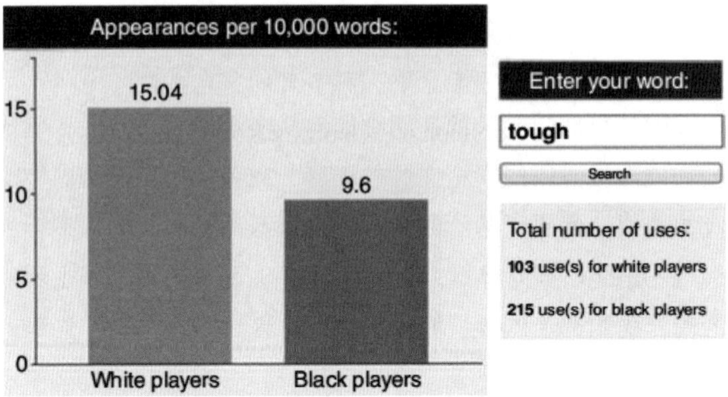

图19.1　Deadspin提供的交互式文本分析和可视化小部件

与此类似，这篇文章主要聚焦文本分析和可视化。[①]随着数字文本的不断涌现与普及，数字人文的分析实践正变得无处不在。这即是对电子文本的分析和可视化所带来的相关思考的介绍。首先，在进一步分析的背景下，我们再次询问什么是电子文本——这是第一步也是至关重要的一步；然后，我们分析如何拆解文本，以及如何对其进行重新编译，而后读者通过重新阅读编译后的文本获得新的见解；最后，我们将回到交互式可视化方式何以产生意义这一问题。

无处不在的文本

与声音、图像和视频等其他交流形式相比，文本可能没有那么丰富和迷人，但它仍然是人类进行交流、发现和处理信息的主要方式。据估计，每天约有两千亿封电子邮件被发送，约有50亿次谷歌搜索被执行——而且它们几乎都是基于文本的。[②]如果不是对标题、描述和其他元数据进行基于文本的搜索，每分钟上传到YouTube上的数百小时的视频将在很大程度上仍然无法

---

① 本文内容基于《解释学》（*Hermeneutica*）。参见 http://hermeneuti.ca。

② 数字的规模比精确值更重要，众所周知，精确值是难以确定的。电子邮件的数据出自被广泛引用的Radicati Group报告（2014），谷歌搜索量则出自谷歌相关档案材料和comCore统计数据（2014）（http://bit.ly/1s3deqZ）。

被全部访问。即使我们不愿加入后结构主义理论家（就像上文中引用的克里斯蒂娃的话一样）的行列，承认一切都是文本，但我们也肯定会承认文本无处不在。

对于人文学者和学生来说，将文本作为文化作品来研究，从中可以认识到，数字社会中各个部门的人都在纠结如何从文本中获得意义，从研究论文主题的高中生到梳理被泄露的安全文件的记者，或者从衡量社交媒体对产品发布产生的效应的公司，到研究基于两个多世纪的审判程序的移民多样性的历史学家。① 当然，特定的文本、方法、假设和目标在不同的应用程序中差异很大，但从根本上说，我们都在试图从遍及生活的大量文本中获取洞察力。

一方面，我们的生活为一些文本所充斥；另一方面，我们又可以接触到数量难以估量的另外一些文本。② 然而，对一些人来说，问题却恰恰相反：无论是由于法律原因（例如，版权或隐私权）、技术挑战（例如难以自动识别手写文档中的字符），还是由于资源限制（例如散布在世界各地的教区记录），都缺乏易于获取的和可靠的数字文本。因此，数字文本的可获得性存在着显著的不平等性，这对学者们能够从事的工作种类产生了深远的影响。

当文本可用时，可能会出现非常多的文本，以至于我们自然而然地寻求更简洁、更有效地表示文本重要特征的方法，通常是通过可视化。可视化能实现文本的转换，它倾向于减少呈现的信息量，但有助于引起人们对某些重要维度的注意。例如，如果你想就主流商业广告中聚焦女孩的玩具和聚焦男孩的玩具所使用的词汇之间的差异进行讨论，则可以简单地从大约六十个广告样本集中汇编示例，并邀请读者仔细阅读全文。或者你可以像克里斯托·史密斯（Crystal Smith）（2011）所做的那样，为每种性别创建词云可视化效果图（图19.2）。

---

① 这些例子的选取具有一般性和代表性，但灵感来自具体的例子。例如：1. 一名高中生正在对《权力的游戏》（hit.ly/1m6H9if）进行文本分析。2. 一名独立分析师解析爱德华·斯诺登（Edward Snowden）泄露的加拿大安全文件（bit.ly/1m6H9if）。3. 像起亚这样的汽车公司追踪一种新型车辆的社会反响（buswk.co/1mIsf4i）；4. 一位历史学家通过使用伦敦老贝利刑事法庭（the Proceedings of the Old Bailey）记录中的20万份文件对移民问题展开研究（bit.ly/1satlmL）。

② 假设一个人可以保持一天阅读一本电子书的速度，仅阅读古腾堡计划（Project Gutenberg, gutenberg.org）中的45000本电子书就需要100多年的时间。

（A）

（B）

图19.2　其中，图（A）和图（B）分别聚焦男孩玩具和女孩玩具的商业广告词汇的词云可视化效果图

类似这样的词云在广告、海报和演示文稿等内容中已变得司空见惯，也就是说，从数字文本的分析过程中导出的数据表示已经变得标准化，它们并不是人文科学或计算机科学中某一晦涩分支的产物。词云特别适用于更广泛的受众，因为它们相对简单和直观——单词所占面积越大，意味着其出现的频率就越高。①然而，词云通常是静态的，或者其交互性非常有限（用于布局、悬停和点击索引词的动态效果）。它们提供了一个快照，但不支持进一步探索和实践。

在过去的几年里，我们也见证了网络主流媒体中越来越多的以文本为导向的更为复杂的可视化实践。特别是《纽约时报》制作了一些丰富的数字文本交互式可视化效果界面，包括一个用于浏览探索美国国情咨文演说（American State of the Union Address）的界面，如图19.3所示。

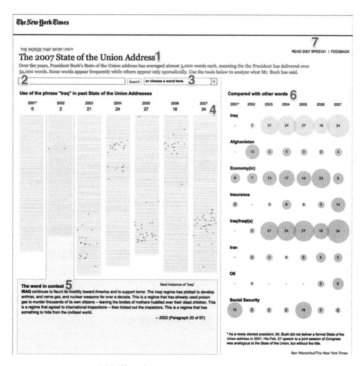

图19.3　2007年美国国情咨文演说：来自《纽约时报》交互式文本分析和可视化效果界面

---

①　词云的其他方面可能看起来很直观，但事实并非如此——例如，通常情况下，词的位置几乎没有什么意义。对词云持有批判态度的学者有理由认为它们经常被误用（在其他可视化效果更合适时），语境化、还原性不够以及信息具有误导性（例如在某些情况下，单词的颜色）；参见实例Harris，2011。

值得关注的是此界面的以下几个方面：

1. 解释性标题为可视化实践提供了简洁的上下文，并明确邀请读者分析文本（与传统报纸阅读相比，其参与性更强）。
2. 该界面提供了开放式搜索功能。
3. 它还提供了可供探索的建议词汇。
4. 整个语料库都有一个可视化的表示——吕克尔（Ruecker）等人在书中谈及七次美国国情咨文演说，并称其为"丰富的前景视图"（2011）——清楚地显示了索引词出现情况的分布。
5. 感兴趣的内容出现时，可以显示其相邻的文本（上下文）。
6. 索引词出现的频率可以比较，不仅可以跨多个年份比较同一索引词出现的频率，还可以比较多个索引词出现的频率。
7. 这里有指向整个2007年美国国情咨文演说的链接。

在如此丰富复杂的分析环境中，我们还需要阅读文本吗？我们对这个问题的回应在很大程度上揭示了我们与文本进行交互的目的。如果我们为了乐趣而阅读文本——引人入胜的故事、细致入微的描述、对历史事件的详细叙述等——文本分析和可视化不大可能以同样的方式令人满意。如果我们对文本的语言或语义特征感兴趣，则分析工具可能会有所裨益。在我们（作者）自己作为数字人文学者的实践中，我们倾向于将这些实践结合起来：我们阅读感兴趣的文本，然后用分析工具和可视化界面来探索和研究它们，然后带我们回到以不同方式重新阅读文本的状态。这就是我们所说的灵活的循环解释。

在本文的其他部分，我们将更详细地探讨阅读、分析和可视化之间的这种循环，但是首先我们将更深入地了解什么是文本。

什么是文本分析？

分析工具和交互式可视化的可用性和普及性很容易让我们在没有正确把握数字文本的本质和多样性的情况下开始实践。出于某种目的，这种想法是可以被接受的，但有效和创造性地使用工具通常需要对所使用材料有充分的理解。此外，数字人文学科的历史不仅与算法分析有关，也与重新想象文本的丰富传统有关——麦甘恩（McGann）在《辐射文本性》（*Radiant Textuality*）

（2001）中提供了一个著名的例子。[①]

比特和字节

数字文本基本上是一个字符串中的字符序列，也就是说，它是由微小的离散信息比特组成的，这些信息是用序列中选定的字符集进行编码的。通常，我们从广义的字符级来处理文本信息，无论它是罗马字母表中的字符（大写或小写的a–z），是阿拉伯数字（0–9），是汉字（例如三或者"sān"），是表情符号字符（例如☺），是计算机控制字符（例如制表符），还是来自预定义字符集中的任何其他值。有许多不同的字符集，关键在于一致性——如果文本已使用特定字符集进行编码，那么将来对该文本进行的任何处理都必须使用兼容的字符集以避免出现问题。对于纯文本格式尤其如此，其中没有格式（也没有字符集信息）与文本一起存储，而文本只是集合中的代码序列。

Unicode是一个字符集家族，它帮助解决了许多与不兼容字符集相关的问题，但它仍远未得到普遍使用（例如，Mac OS X默认使用不兼容的MacRoman字符集），当然，也有大量早于Unicode的纯文本文件存储。字符编码在文本分析中并不是一个模糊的技术问题；它仍然是文本分析和可视化所面临的常见挑战。遗憾的是，除非在文本查看器（如浏览器）或纯文本编辑器中尝试不同的字符编码设置，否则没有可靠的方法来确定纯文本文件的字符编码。[②]

有些字符集每个字符仅限于一个字节，其中一个字节由八位（bit）组成，而且每一位都是0或1的二进制值。其他字符集（如Unicode，特别是UTF-8）可以使用1—4个字节来表示字符。换句话说，单个Unicode UTF-8字符实际上可以由高达32位（0和1）的内聚序列表示。字符通常是数字文本中最小的信息单位，但它是由更小的粒子组成的原子（当出现字符编码错误时，工具可能会错误地将原子分开）。

尽管如此，数字文本的神奇之处在于，它们由离散的信息单元（比如字符单元）组成，这些信息单元可以根据算法的不同设置而进行无限重组和排列。是否提取文本的前100个字符？当然。是否颠倒文本中的**字符顺序**？可以。是

[①] 还可参阅瑞安·科德尔的著作《关于忽略编码》（*On ignoring encoding*）（2014），该书试图重新校准与数字编辑和编码实践相比，人们对文本分析的过度关注。

[②] 一些文本编辑器（如JEdit）和分析工具（如Voyant）具有内置的启发式算法来尝试猜测字符编码，但在大多数情况下，它仍然是一种猜测，最好指定已知的字符编码。

否可以分离出字符序列"爱"的每一次出现？可以。数字文本有助于操作——它邀请我们以印刷文本无法支持的应用方式来试验其形式。这就是拉姆齐所说的算法批评的本质，它是通过数字文本的低级字符编码使其成为可能的。

格式和标记

虽然纯文本文件只包含文本的字符，但其他格式也可以表示有关字符编码、样式和布局（屏幕上或打印）、元数据（例如创建者和标题）以及有关文本的各种其他属性的信息。一些文件格式使用标记策略对文本的部分或全部进行基本注释。比较这些标记语言表示"重要性"这个单词应该以粗体呈现的不同方式：[1]

Rich Text Format (RTF)	This is {\b important}.
LaTeX	This is \textbf{important}.
HyperText Markup Language (HTML)	This is <b>important</b>.
Markdown	This is *important*.

值得注意的是，这些格式中的每一种都可以使用纯文本编辑器轻松地进行编辑，因为标记语言本身使用了一组简单的字符。许多其他文件格式在纯文本编辑器中是不可编辑的，通常是因为它们以二进制格式（如MS Word、OpenDocument或PDF）存储。文件是以纯文本格式还是以二进制编码进行编辑，与它是专有（封闭）格式还是开放标准无关。例如，EPUB是一种开放的电子书标准，以二进制形式（作为压缩文件）发布，其中大部分内容通常以HTML格式编码。由于对保存和访问的关注，以及图书馆文化的深厚根基，数字人文学者长期以来一直青睐人类可读（而不是二进制）的和开放的格式。

数字人文领域最大的成果之一即文本编码倡议项目，这是一个成立于20世纪80年代的集体项目，旨在以可读和开放的格式对数字文本的标记进行标准化处理。[2]正如一致性和兼容性对于字符编码至关重要，对于其他类型的标记也是如此：例如，如何对文本中提到的段落或人物进行编码。

尽管在传统上TEI更关注用于保存的详细编码，但标记无疑具有分析优势。

---

[1] LaTeX可能是这里最不常见的格式，但它被广泛用作科学出版物的文档准备格式。

[2] 参见Renear，2004和Hockey，2000了解更多关于文本编码倡议的信息。

假设我们想要研究莎士比亚《麦克白》中的"女士"（lady）一词。在纯文本文件中，每个角色名称在谈话之前会被指明，这意味着单词"lady"的频率计数可能还会错误地将角色名称"麦克白夫人"（Lady Macbeth）包括在内。使用TEI时，角色名称使用<speaker>元素进行标记，这样更易于可靠地过滤掉那些无意义的匹配项。相反，我们可能只想考虑麦克白夫人的谈话内容——同样，这也是一个相对简单的文本转换。数字文本是无限可重组的，而标记（如TEI）则有助于增加逻辑操作的数量，就像攀岩墙上的额外把手一样。

尽管如此，对经过精心标记的文本执行的第一个操作通常是去掉标记。这一方面是因为许多分析操作没有从标记中获益（实际上，标记可能会干扰工具的正常运行），另一方面是因为仍然缺乏真正支持使用标记的工具。[①]

形式和尺寸

文本和文本集合有不同的格式，但也有不同的形式和尺寸，这也有助于确定什么是可能的，以及什么是最佳的。

语料库是文本的主体（尽管一个语料库只能有一个文本）。当然，可以或应该执行的文本分析操作的种类将在一定程度上取决于我们称之为语料库的几何结构和工具设计之间的兼容性。一种尺寸不可能适合所有的格式。正如诗歌查看器的工具Pool Viewer（图19.4；ovii.oerc.ox.ac.uk/PoemVis），主要用来帮助读者细读单首诗歌，而Google Ngram查看器（图19.5；books.google.com/ngram）则是用来查询数百万本书（但不能阅读文本）。这些例子代表了不同类型的智力工作，这在一定程度上是由语料库的性质决定的。

正如单个数字文本的比特可以重新排列，数字语料库中的文本也可以重新排列和采样以用于各种目的。想象一下，过去150年以来哲学期刊上的系列文章[②]——这是一个连贯的语料库，但是它可以根据各种逻辑生成任意数量的其他语料库，用于排序、分组和筛选。例如，我们可能希望将所有文档先按出版年份排序，然后再按作者姓名排序，或者先按期刊排序，然后再按年份排序，最后按作者排序。同样，我们可能希望创建新的、聚合的文本，将所有文章按十年或按哲学时期组合在一起。或者，也许我们只是想处理那些在英语国家以

---

① 一个显著的例外是TMX（textometrie. ens-lyon.fr）。
② 我们正在着手研究由JSTOR提供的过去150年哲学文本的语料库。

外发表的文章。除了语料库的分解和重组，在有些情况下，单个文本可以生成包含多个文本的新语料库：例如，在一部戏剧中，每个说话人的所有讲话内容都可以放在单独的文档中，或者RSS①提要中的每一项都成为其文档。数字语料库有点儿像一袋乐高积木，其中的部件可以按照各种配置进行构建，但它甚至比乐高积木效果更好，因为数字文本很易于复制，文档可以一次性存在于多个结构中（一个无限的乐高积木袋）。

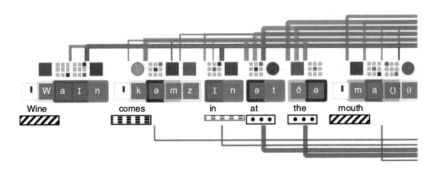

图19.4　Poem Viewer，用于细读诗歌中的语言特征

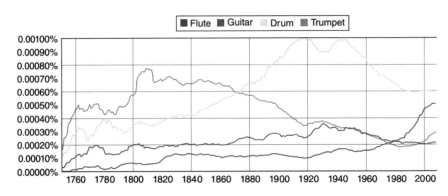

图19.5　谷歌Ngram浏览器（Google Ngram Viewe），支持对数百万本书进行查询

标记和元数据的存在对于这种灵活、动态的语料库创建至关重要。由于结构化和重组步骤通常特定于本地研究环境（可用的语料库及其格式、现存的研究工具、要询问的问题类型等），于是我们发现，在解析和处理文档集方面具备一定的编程能力是很有意义的。

---

① 简易信息聚合（也叫聚合内容）（Really Simple Syndication，简称RSS），这是一种基于XML的格式，允许将多个项目（例如新闻文章或博客文章）包含在单个文档中。

分析和阅读

在所有这些应用中,计算机作为文本处理辅助工具的吸引力可以在很大程度上归结为两类问题:

1. 对于我已经熟悉的文本,计算机如何帮助我识别和学习以前没有注意到的有趣的内容,或者我已经注意到但没有合理方式去研究的问题?数字文本使大量的表征得以探索语言和语义特征,并产生新的表征和新的联想,所有这些都有助于巩固我们可能已有的感知或产生全新的视角。

2. 计算机如何帮助我识别和理解我不熟悉或无法阅读的文本?人工阅读是费时且具有选择性的,而内容的保留则是独特的。计算机可以帮助扩展人们的阅读和理解能力,尤其是那些对你来说可能穷尽一生都无法读完的海量文本。计算机可以帮助你识别你可能想要阅读的内容。[①]

当然,你一直在做文本分析。网络上的读者已经习惯了嵌入式交互分析,就像前文所述的Deadspin示例一样。我们通常使用查找工具来搜索文档或网站。在博客中经常会看到交互式的词云,可以一目了然地显示该博客中使用的高频词有哪些。如图19.2所示,Wordle词云已经成为数字人文活动海报中常见的设计。像《卫报》(*The Guardian*)这样的报纸有专门的数据新闻部门,专门收集数据集,并创建窗口小部件以供读者探索。[①]问题是,我们如何使用类似的方法来研究和表示历史文献、哲学文本或哲学文献?[②]为了理解我们能做些什么,我们需要折返字符串。

计算机对文本的理解,如果我们可以这样表述的话,与人类对文本的理解完全不同。计算机将文本"读取"(处理)为无意义的字符串。它所能做的就是对这个字符串进行操作,而且能够可靠地执行重复的操作。例如,计算机可以将一个短字符串(如单词)与一个长字符串(如小说)中的每个位置进行比较。这就是检索的运作原理。计算机会根据你想找到的内容去核对每一个词。它能快速、可靠地完成这项琐碎的工作。

---

① 参见http://www.theguardian.com/media/datablog/2012/mar/07/open-data-journalism,了解其数据存储和数据博客的入口。

② 有关文本分析教学的探索,请参见Sinclair and Rockwell,2012。

计算机可以做的不仅仅是检索单词。计算机可以找到更复杂的模式。假设你想要查找"woman"（女性）或"women"（女性的复数形式）——计算机可以按照正则表达式"wom[ae]n"的形式给出一个模式。①或者，你也可以执行截断搜索，搜索任何以"under"开头的单词——比如"underwater"（水下）、"understand"（理解）等。根据系统的不同，这个正则表达式可能类似于"under.*"——其中"."表示任意字符，"*"表示任意数字（任意字符）。图书馆数据库系统通常会假设用户想要的单词的变体，特别是末尾带有"s"的复数形式。事实上，一个人仅仅使用正则表达式就可以进行大量的文本分析，这些正则表达式描述了你想要查找的模式，并返回到已匹配好的段落。②

但是什么是单词？我们倾向于把一个单词看作一个意义单位，它在现实世界中常常也有类似的意思。"猫在那边的垫子上"中的"猫"一词指代的是我们所认为的那个毛茸茸的动物。计算机不知道单词是什么，当然也不知道单词可能指代的是什么。③为了使计算机处理单词，用户需要定义字符串中的正字法（书面）单词，而我们往往是通过识别界定单词的字符来实现这一点的。单词通常以空格和标点符号为界，进而计算机可以通过检索分界字符将长字符串（文本）拆分成短字符串（单词）——尽管这种拆分成单词的过程（称之为标记化）在一些没有字符表示单词边界的语言（如日语和泰语）中极具挑战性。将文本拆分成单词标记的规则可能会很复杂，这些规则因语言的不同而不同，但这种拆分或标记化基本上是文本分析的第一步，因为单词对我们而言非常重要，尤其是因为有如此多的工具在词汇（单词）层面上进行操作，而不是在短语等这样的单元上进行操作。不过应该指出的是，标记化不是一个量化操作——它是文本分析的一个阶段，本质上必须与符号处理和模式识别有关，与人们的阅读方式有一些相似之处。

---

① 我们在这里着重于简单的搜索，但是当然也可以让计算机进行形式分析以查找属于同一家族的单词变体。

② 有关正则表达式的更多信息，请参见斯蒂芬·拉姆齐的经典著作《使用正则表达式》（*Using regular expressions*）（http://solaris-8.tripod.com/regexp.pdf）。拉姆齐（2011）还谈到了阅读机器中的模式。

③ 半个世纪以来，自然语言处理的一些挑战可以通过人类和计算机之间的符号学模型的差异来总结：对于人类来说，语言是通过经验学习的概念；对于计算机而言，语言是低级二进制数据的形式化表示。

这使我们回到了分析，从词源上来讲，这意味着分解成更小的单位。文本分析和任何形式的分析一样，都是一个分解的过程，因此是理解事物的标准方式。当我们试图理解任何复杂的现象时，一种方法即是将其分解成较小的部分——理想的情况是分成原子部分。身体可以先用器官来理解，然后再用细胞来理解。历史可以根据时代和事件来理解。文本可以按照章节、段落、句子，最后是单词来理解（即使意义跨越这些单元）。在我们可以正式定义这些部分的地方，计算机可以帮助我们分解文本。

那么，我们又该如何处理一份分成几个小部分的文本？我们可以在书的末尾建立索引，或者在上下文中显示每个单词的共现。实际上，词语索引（concordance）是计算机在人文学科中最初的用途之一，因为这正是布萨在20世纪40年代末希望IBM提供支持的项目。（Hockey，2004）词语索引，尤其是圣经中的共现关系，是一种可以追溯到13世纪的工具。它们允许读者快速扫描重要文本中某一个单词的所有实例，例如"爱"。它们比索引更好，索引只显示可以在哪些页面上找到单词，因为包含索引词相关概念的文本行，其排列方式使人更容易看到单词外观的模式。

```
moon (29)
I.1/577.1    four happy days bring in | Another moon: but, 0, methinks, how
I.1/577.1        0, methinks, how slow | This old moon wanes! she lingers my
I.1/577.1          away the time; | And then the moon, like to a silver bow |
I.1/577.2    faint hymns to the cold fruitless moon. | Thrice-blessed they
I.1/577.2          to pause; and, by the nest new moon-- | The sealing-day
```

图19.6　来自TACTWeb《仲夏夜之梦》中"月亮"（moon）的上下文关键词索引（Key Word In Context，简称KWIC）

检索单词并将其显示在屏幕上，已经从印刷检索演变为像谷歌这样的大型搜索引擎。计算机可以按照不同的方式排列文本段落，例如上下文关键词索引，关键词（例如"月亮"）排列在一起，这样用户就可以看到关键词前后出现了哪些单词（图19.6）。直到个人计算机和网络出现，电子文本可以直接在计算机屏幕上发布，然后使用COCOA和OCP等批量处理检索工具来创建大型印刷检索。直到类似ARRAS这样的第一个交互式工具出现之前，文本分析史多的是将文本进行拆分，然后重新排列，以便用户可以打印重新排列的文本内容。这就是当时被用作研究工具的印刷检索。

文本分析的另一个用途是识别特定作者的用词模式，这一领域被称为文体学（stylistics）。计算机不仅可以找到模式，还可以计算模式和比较计数。通过统计虚词，人们可以大致了解作者的写作风格，虽然这些虚词传达的语义内容不多，但是在语法上却很重要（并且出现的次数更多，使它们在统计上更具有意义）。一旦正式描述了写作风格，就可以对其进行衡量和比较（Kenny，1982），甚至可以将其作为一种尝试识别匿名作者的工具，比如"炸弹客"（Unabomber）。（Foster，2000）

　　文本分析不仅仅是分析，更是合成。诸如词语索引这样的文本分析工具不仅可以拆分文本，还可以通过新的方式将其重新组合在一起。这些新的方式包括从KWIC到越来越抽象的文本表示的可视化。文本分析合成了一个新的文本，就像把《弗兰肯斯坦》中的怪物的各个部分缝合起来一样，它可以让读者从一个新的角度来研究原著。这在文本中相当于采样和合成新的音乐作品，或者用从其他地方剪下来的图像进行拼贴。这种合成可以是出于艺术目的，也可以是出于解释目的。对创造性和实验性的强调与当代创客文化及其核心原则（建设性创造）十分契合，即在实践中促进学习和发现。通过思考创造的方式和内容，以及观察和批判所创造的物品，可以提供产生洞察力的契机。此外，仅仅是对文本执行操作的能力（或功能可供性）就可以增强读者的阅读能力，并有助于进一步摆脱僵化、规范文本的概念（如果在电子文学和超文本兴起后还存在这样的概念的话）。

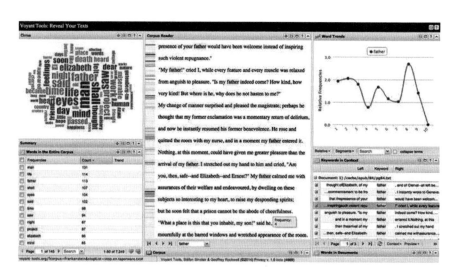

图19.7　Voyant Tools标准阅读界面，显示对玛丽·雪莱的作品《弗兰肯斯坦》进行的分析

为了更好地研究和理解文本，我们将"解释学"（Hermeneutica）作为交互式和解释性的分析工具，以便重新排列和处理文本。例如，Voyant Tools（图19.7）支持用户单击云中的一个单词（卷云），然后查看该单词在文本中的分布情况（单词趋势）。单击直方图会在上下文中显示关键字，然后单击上下文关键字面板中的一个实例，则会将全文语料库阅读器跳转到正确的位置。每个面板在文本上显示不同的视图，可用于控制其他视图。不过，需要警惕的是我们不能只依赖合成技术；它们是半自动化的重新排列，应该像任何其他解释一样受到质疑。它们的存在取决于人们的广泛选择，从数字文本的编码和分析工具的编程，到用户选择的参数和读取结果的方式。正如乔安娜·朱可在其作品《计算机介导的人文探究诗学》（*Poetics of Computer-mediated Humanistic Inquiry*）（2011）中所提醒我们的那样，文本分析和可视化数据是处理获得的，而不是给出的。

分析和可视化

印刷文本和数字文本都是通过视觉表示的方式供读者阅读的，而排版是与特定介质中的字符有关的图形表示。[1]从这个简单的意义上来讲，文本已经是一种可视化，一种更具概念性的文本的实例，它与诸如页码或滚动位置等特性无关。[2]强调将显示的文本视作可视化使我们能够考虑到文本可视化的全部范围。考虑一个只有轻微的文体变化的文本，比如所有的形容词都显示为绿色。这是文本还是可视化？两者都是。

---

[1] 盲文是一个例外，因为其字符代表的是触觉而不是视觉感知。

[2] 对于一些人来说，在任何印刷作品或实例展示之前都有一个概念性文本的说法似乎是存在争议的，但我们特别感兴趣的是，文本采用的任何形式都已经带有视觉特性（字体、大小和颜色、页面布局等），这些特性势必会影响读者阅读文本的体验。

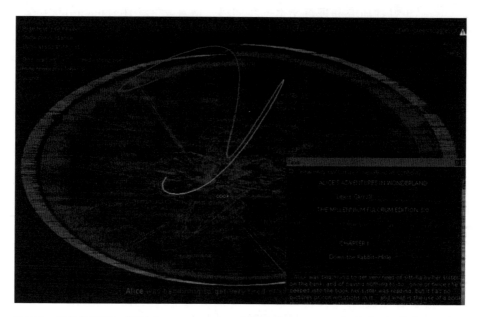

图19.8 布拉德福德·佩利（Bradford Paley）发布的TextArc，将《爱丽丝梦游仙境》显示为具有边界的文本和边界内的分布式索引词

我们可以反复向文本渲染添加其他变量，以更改其他样式属性（斜体、尺寸、方向等），甚至可以开始将单词或其他词汇单元从它们的原始顺序位置分离开来。富文本可视化的一个经典示例是布拉德福德·佩利发布的TextArc（textarc.org），文本中的单词实际上显示了两次，一次是以线性顺序从顶部沿着椭圆周长顺时针排列（将鼠标停在线条的极小表示上，会出现更清晰的版本界面）；然后再次绘制圆圈内的每一个内容词，就好像每一个出现在圆圈上的索引词都会被其引力（也称为质心）拉向它一样。因此，这个单词的位置传达了它在文档中的分布信息——例如，"国王"和"王后"更多地出现在作品《爱丽丝梦游仙境》的最后三分之一（图19.8）。

因此，文本可视化的范围包括各种文体和位置转换，但也包括文本属性的更抽象的表示。Voyant Tools中的节点界面（knots interface）就是一个例子，当每次选定的单词出现时它通过在线条中引入一个扭结来表示单词的重复程度。线越"打结"，重复的次数就越多（图19.9）。

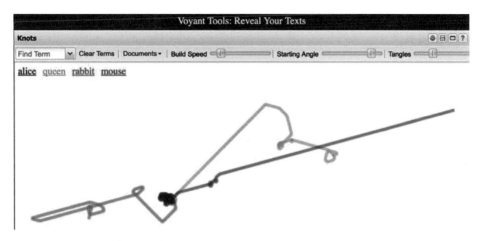

图19.9 《爱丽丝梦游仙境》中的节点可视化——一些索引词经常且有规律地重复（例如，"爱丽丝"，靠近中间），而另一些索引词则在局部出现（例如，"老鼠"，整体趋势呈现出向右发射状）

尽管节点是一种更为抽象、更为定性的重复表示，但它只有在基础数据和算法操作的情况下才有可能实现。定量和定性之间明显的二分法可能会引起误解，特别是因为文本可视化依赖于它们之间的共生关系。

文本可视化可以使用非常广泛的图形特征，从连续文本中的细微排版属性到从文本派生的数据生成的复杂几何形式。阅读实践同样具有扩展性：我们阅读文本是为了理解或体验某种事物，同样，阅读数据可视化也是如此。

在如何阅读文本的可视化和如何解释正在被可视化的内容之间有一个重要的区别：理解消费的机制，而不是理解消费的内容。一旦我们学会了用一种语言阅读文本，我们就应该能够阅读该语言的大部分文本，尽管这些文本对我们来说并不总是有意义的。并不是所有的文本可视化都是如此——阅读文本时，我们就知道了，但对于某些文本可视化，我们可能会被引导问："我们在阅读什么？"可视化使用了视觉语法，就像语言需要语言语法一样，在试图分析和理解之前，需要我们能够解析所看到的内容（有关研究图形中的视觉信息的基础工作，请参阅Tufte，2001）。我们已经为简单的图表、地图和时间线等表示开发了通用的视觉文字，但其他表示（如TextArc和Knots）可能需要解释。可视化的有效性首先取决于读者对所阅读内容的解读能力，这可能是因为读者熟悉视觉范式，也可能是因为读者愿意熟悉视觉范式。我们通常理解视觉特性的一种方式是使用参数或交互式控件，这就是为什么交互式可视化更易于理解的原因。通过交互，戏剧变成了理解重新排列的文本的一种方式，同时也成了理解文本的工具。

量化意义

如果有一套可靠的文本可视化方法可以保证产生新的见解，这将是很方便的，但（幸运的是）解释从来不会那么公式化。有时，词云的相对简单和稀疏性有助于获得文本的概览，而在另一些时候，用显示对应分析结果的散点图来模拟索引词集群（term clusters）的3D表示，则是研究语料库的有效方式。[①]

我们发现，在使用文本分析和可视化工具时，有两个原则很重要——它们看起来很明显，但仍值得说明：

- 不要对这些工具寄予太高的期望。我们使用的大多数工具都具有很弱的或不存在的语义功能；它们计算、比较、跟踪和表示单词，但是它们不能产生意义——而我们却可以。当你对工具不抱太高期望时，它就会转移解释责任，让你理解文本可以采用的丰富多样的表现方式。

- 先尝试看看。单独使用每种工具可能产生的作用不大，但是从许多工具中积累方法可能是有益的。一种工具可能会帮助你注意到一些值得使用另一种工具进行更详细探索的内容。在每种工具中，都可能有一些设置需要进行修改或使用以获得不同的效果。（Sinclair，2003）我们使用工具不是为了得到结果，而是为了产生问题，所以尝试的内容越多，我们可能遇到的问题就越多。拉姆齐（2014）称之为螺旋式前进。

这两个原则部分地体现了我们开发的Voyant Tools环境：各种工具被设计成简单化和模块化的，以便工具之间的交互。这些工具旨在通过在不同范围的阅读文本、分析和可视化之间实现导航（在细读和远读实践之间往返的"鉴别

[①] 对人文研究讨论小组邮件列表清单的档案进行研究的对应分析图是研究数字人文社区随着时间推移关注点逐渐变化的有用方法：参见bit.ly/1ljh2BT，以及Wang and Inaba，2009。

阅读法"——参见Clement，2013），从而促进增强的解释循环（hermeneutic cycle）。

  Voyant Tools的优点是易于在网络上进行访问，并且对用户相对友好，但还有许多其他工具和界面值得探索。为了从数字人文学科的视角进行文本分析和可视化，我们建议探索研究文本分析门户和数字研究工具目录的文本挖掘部分（bit.ly/1sRGAuI）中所列出的资源。

  文本分析和可视化是解释性实践的想法乍一看似乎是自相矛盾的，一方面，因为数字是建立在匹配和量化的基础上的，但再多的量化也不能产生意义；另一方面，数字工具确实促进了数字文本表示的实践，而这些表示可以引导我们作为读者观察到一些值得关注的现象和联系，我们可能会说，其中一些现象和联系是有意义的。有时我们也会对这些解释工具所带来的解释产生兴趣，但这是另一种文本分析。

参考文献

[1] Clement, T. 2013. Text analysis, data mining, and visualizations in literary scholarship. In *Literary Studies in the Digital Age: A Methodological Primer*, ed. K. Price and R. Siemens. New York: MLA Commons.

[2] Cordell, R. 2014. On ignoring encoding. http:// ryancordell.org/research/dh/on-ignoring-encoding (accessed June 20, 2015).

[3] Drucker, J. 2011. Humanities approaches to graphical display. *DHQ: Digital Humanities Quarterly* 5 (1).

[4] Fischer-Baum, R., Gordon, A., and Halsley, B. 2014. Which words are used to describe white and black NFL prospects? *Deadspin*. http://deadsp.in/1iNz1NY (accessed June 20, 2015).

[5] Foster, D. 2000. *Author Unknown: On the Trail of Anonymous.* New York: Henry Holt and Company.

[6] Harris, J. 2011. Word clouds considered harmful. *Nieman Journalism Lab.* http://bit.ly/QKNMdD (accessed June 20, 2015).

[7] Hockey, S. 2000. *Electronic Texts in the Humanities*. Oxford: Oxford University Press.

[8] Hockey, S. 2004. The history of humanities computing. In *A Companion to Digital Humanities*, ed. S. Schreibman, R. Siemens, and J. Unsworth. Oxford: Blackwell, 2004.

http://www.digitalhumanities.org/companion (accessed June 20, 2015).

[9] Jockers, M. 2013. *Macroanalysis: Digital Methods and Literary History*. Urbana: University of Illinois Press.

[10] Kenny, A. 1982. *The Computation of Style*. Oxford:Pergamon Press.

[11] Kristeva, J. 1968. Le texte clos. Langages 3 (12). Kristeva, J. 1980. *Desire in Language: A Semiotic Approach to Literature and Art*. Trans. T. Gora, A. Jardine, and L.S. Roudiez. New York: Columbia University Press.

[12] McGann, J. 2001. *Radiant Textuality: Literature After the World Wide Web*. New York: Palgrave.

[13] Michel, J.-B., Shen, Y.K., Aiden, A.P., et al. 2011. Quantitative analysis of culture using millions of digitized books. *Science* 331 (6014), 176–182.

[14] Moretti, F. 2005. *Graphs, Maps, Trees: Abstract Models for a Literary History*. London: Verso.

[15] Radicati Group. 2014. Email statistics report, 2014–2018. http://bit.ly/1o6GmQA (accessed June 20, 2015).

[16] Ramsay, S. 2011. *Reading Machines: Toward an Algorithmic Criticism*. Urbana: University of Illinois Press.

[17] Ramsay, S. 2014. The hermeneutics of screwing around; or what you do with a million books. In *Pastplay: Teaching and Learning History with Technology*, ed. K. Kee. Ann Arbor: University of Michigan Press.

[18] Renear, A. 2004. Text encoding. In *A Companion to Digital Humanities*, ed. S. Schreibman, R. Siemens, and J. Unsworth. Oxford: Blackwell. http://www.digitalhumanities.org/companion (accessed June 20, 2015).

[19] Ruecker, S., Radzikowska, M., and Sinclair, S. 2011. *Visual Interface Design for Cultural Heritage: a Guide to Rich-Prospect Browsing*. Burlington, VT: Ashgate.

[20] Sinclair, S. 2003. Computer-assisted reading: reconceiving text analysis. *Literary and Linguistic Computing* 18 (2).

[21] Sinclair, S., and Rockwell, G. 2012. Teaching computer-assisted text analysis: approaches to learning new methodologies. In *Digital Humanities Pedagogy: Practices, Principles and Politics*, ed. B.D. Hirsch. Cambridge: OpenBook. http://www.openbookpublishers.com/htmlreader/DHP/chap10.html#ch10 (accessed June 20, 2015).

[22] Sinclair, S., and Rockwell, G. 2014. *Voyant Tools*. http://voyant-tools.org (accessed June 20, 2015).

[23] Sinclair, S., Ruecker, S., and Radzikowska, M. 2013. Information visualization for humanities scholars. In *Literary Studies in the Digital Age: A Methodological Primer*, ed. K. Price and R Siemens. New York: MLA Commons.

[24] Smith, C. 2011. Word cloud: how toy ad vocabulary reinforces gender stereotypes. *The Achilles Effect*. http://bit.ly/1osjjji (accessed June 20, 2015).

[25] Tufte, E. 2001. *The Visual Display of Quantitative Information*. Cheshire, CT: Graphics Press.

[26] Wang, X., and Inaba, M. 2009. Analyzing structures and evolution of digital humanities based on correspondence analysis and co-word analysis. *Art Research* 9. http://bit.ly/1jLWnbX (accessed June 20, 2015).

20. 人文学科中的文本挖掘[①]

马修·L.乔克斯、泰德·安德伍德

（Matthew L. Jockers，Ted Underwood）

为什么是我的？

在人文学科中，学术关注的焦点往往集中在细节上——通常是微妙的细节，只有通过缓慢而细致的文本细读才能被揭示出来。常见的分析方法主要是综合法。学者们阅读并建立联系，他们发现并揭示那些对于普通读者来说并不明显的现象，在某种程度上，计算在这个活动中起到了关键作用，通常是在简单的关键词检索层面：一位学者想知道梅尔维尔关于上帝的思考，然后在数字文本中检索上帝，以便在有见地的细读语境下找到将要研究的段落。计算机非常擅长这项任务，对于某些类型的问题研究，计算关键词检索是唯一的保证。但是，直到最近才被提出的问题，比如文本的规模问题又是怎么回事？

1988年，罗姗·波特写道："在一切都被编码之前，或者在编码成为工作中常见的一部分之前，传统的评论家（everyday critic）可能不会考虑计算机对文本的处理"（1988：93）。她是对的，对于工具也可以这么说。在一切都被数字化之前，为什么还要费心去构建工具来分析它们？波特谈及的"传统的评论家"无法想象计算机对文本的处理，因为文本并不存在，即使它们已经存在，工具的状态也是如此，以至于这些批评家不太可能有重大的发现。事实上，许多学者——包括几位对数字人文学科抱有惋惜态度的学者——在过去都已提出了这一观点：计算机对文本的处理对主流人文学科几乎没有影响。马克·奥尔森（Mark Olsen）（1993：309）写道："计算机化的考据研究对人文学科的研究没有产生重大影响"；斯蒂芬·拉姆齐（2007：478）写道："数字革命尽管有其奇迹，但它并没有渗透到文学研究的核心活动中"。但这些评论已经显得有些过时了，而且他们之所以这么认为，正是因为自2007

[①] *A New Companion to Digital Humanities*, First Edition. Edited by Susan Schreibman, Ray Siemens, and John Unsworth.

© 2016 John Wiley & Sons, Ltd. Published 2016 by John Wiley & Sons, Ltd.

年以来，变革的步伐是如此之快。我们现在不仅拥有大量的数字档案馆①，而且还拥有全新的和先进的工具来研究这些数字资源。这些工具的重要性也不容小觑。蒂姆·莱诺尔曾辩称，如果不是为发现夸克而建造的粒子加速器，夸克如今也不会存在。②一些最为先进、最有前景的文本分析和文本挖掘（text mining）新工具，直到最近才引起人文学科学者的注意，并被接受和使用，这意味着人文学者必须从看似无关的自然语言处理和机器学习这两个领域的研究中进行学习。

背　景

定量方法在人文学科中具有悠久的历史，但当代文本挖掘也是一个与计算机科学、统计学、语言学、社会学和其他社会科学密切相关的跨学科项目。在这些可实践的研究范围中，我们只能勾勒出几条重要的发展路线。

正如约翰·安斯沃斯（2013）所指出的，文本定量分析的历史可以追溯到19世纪。量化通常被理解为一种被称为"文体风格"的方法，要么是为了理解文体风格的历史，如L. A. 谢尔曼（L. A. Sherman）的《文学分析》（*Analytics of Literature*）（1893）中所述；要么是为了鉴别某一特定作者的作品，如T. C. 门登霍尔（T. C. Mendenhall，1887，1901）的研究中所述。在20世纪，作品作者归属项目开始与更为普遍和多样化的"文体学"（stylometry）实践密切相关，至今它仍然是文本挖掘的一个重要方面。20世纪的语言学家将文体视为一种社会现象，特别是在"文体学"的分支领域。反过来，文体学与语言学的定量研究方法互相重叠，这些方法不一定将其研究对象描述为"文体风格"——例如，语料库语言学，它使用样本集合（语料库）来描述现实世界中的语言变异。③

短语文本挖掘本身是以数据挖掘为模型的，数据挖掘（data mining）是

---

① 例如：古腾堡计划、谷歌图书、HathiTrust数据库。
② 莱诺尔多次提出这一论点，主要是在其关于实用主义和社会建设的演讲中。他在《科学研究》（*Instituting Science*）（1997）一书中对此进行了广泛的论述，特别是在"哈伯博世"（Haber-Bosch）一章中，他详细讨论了这一观点。参见Hacking，1983。
③ 例如，参见Biber，1998。语料库语言学（corpus linguistics）对于识别在一组数据源中相对于另一组数据源而言过度表示的特征，特别有价值，参见Kilgarriff，2001。

计算机科学的一个分支领域的非正式名称，也被称为数据库中的知识发现（Knowledge Discovery in Databases，简称KDD）。20世纪80年代后期，这个研究领域从更广泛的人工智能项目，特别是建模和自动化学习过程的相关实践中脱颖而出。"知识发现""数据挖掘"和"机器学习"这三个术语在一个复杂的拓扑结构中结合在一起，要将历史知识与标准定义分开并非易事。[①]现今，数据挖掘通常意味着无监督学习，而机器学习更常应用于监督学习过程（见下文）。但是，这个界限可以用几种不同的方式来划定：有时，数据挖掘会给予机器学习理论相对应的实践命名。

关于数据挖掘的教科书通常包括一章关于文本挖掘的内容，这被计算机科学家视为一个致力于从非结构化文本中提取知识的子领域。[②]但在人文实践中，文本挖掘是一项跨学科的工作，它也可以自由地借鉴语料库语言学和计算语言学，以及社会网络分析等社会科学研究传统。或许最为重要的是，人文文本挖掘试图构建对现有传统人文研究有意义的问题框架。鉴于学科之间的这种复杂融合，关于文本挖掘的论争通常涉及对不同学科方法在应用中相对权重的不同意见，这一点也就不足为奇了。

方法：机器学习和文本挖掘

"文本（或数据）挖掘"和"机器学习"这两个术语经常被混为一谈，有时甚至被混淆，但它们确实代表了两种不同的实践。一般而言，挖掘是指专注于探索和发现的技术，而机器学习是指为了进行预测而设计的技术或方法。前者统称为监督学习，后者称为无监督学习。从更深层次的特殊性来看，这

[①] 例如，实践者宣称，数据挖掘已被适当地理解为"数据库中的知识发现"的一部分，但这并不一定是该术语的起源，也不一定是其在自然环境中的运用方式。（Fayyad et al., 1996）

[②] 例如，参见Witten et al., 2011: 386—389。还需要注意的是，关于究竟是什么构成"结构化"数据或文本，什么构成"非结构化"数据或文本，目前还没有达成共识。在语言学界，人们倾向于认为文本是高度结构化的，而在计算机科学和相关领域中，文本通常被认为是非结构化的，而术语"结构化"通常是为讨论数据库和表而保留的，这些数据库和表将元结构强加到该结构中所包含的对象上。2013年12月，聚焦"关于万维网上非结构化数据的可引用统计数据"（http://mailman.uib.no/public/corca/2013-12月12/019362.html）这一主题，对语料库列表相关问题展开了激烈辩论。

些类似的实践可以被称为机器聚类（machine clustering）和机器分类（machine classification）。区分二者最为简单的方法是考虑研究人员的角色，以及该研究人员是否对数据的结构和组成具备先进的和特定的知识。

例如，在机器聚类中，我们没有关于数据如何组织或可能如何组织的预设概念，也没有预先标记各个数据点属于一组或另一组；目标是基于数据对象特征的相似性，通过机器分类或机器聚类来发现数据对象中的隐藏结构。例如，如果我们对形状进行聚类分析，可能会出现一个被称为"边数"（number of sides）的特征。给定关于这些形状特征的数据，无监督算法则可以将三边对象聚集成一组，而将四边对象聚集到另一组。然而，计算机不会事先获得关于这些形状类别的信息。计算机仅被赋予特征，并尝试基于对特征的分析将对象分类。

在文本挖掘中，我们经常希望根据文档的相似性对其进行分组。相似性通常基于或通过一些有限的文本特征集来衡量，例如最常出现单词的相对频率；或者，如果我们有兴趣根据文体风格的相似性将文本进行聚类分析，那么从多年的文本作者归属研究中可窥见，区分不同作者之间创作风格的最为有效的特征是高频特征，例如"the""of""him""her"和"and"，以及常见的标点符号。[①]当然，机器聚类的作用不仅拘泥于作者的身份分析。假设我们有兴趣探索爱尔兰作家在何种程度上具有独特的文学语言风格。[②]为了进一步说明这一点，我们随机抽取了300本19世纪的小说：100本是由英国作者创作的，

---

① 有关特征集组合如何影响归因准确性的相关研究，请参见Grive，2007。
② 这并不是一个随意选取的例子。在有代表性的爱尔兰故事中，W. B. 叶芝（W. B. Yeats）（1979）明确了两种基本的爱尔兰小说类型，他称之为"绅士口音和农民口音"。其他学者，包括托马斯·麦克唐纳（Thomas MacDonagh）（1916）、托马斯·弗拉纳根（Thomas Flanagan）（1959）、约翰·克罗宁（John Cronin）（1980），以及最近的查尔斯·范宁（Charles Fanning）（2000）对爱尔兰叙事中独特而具体的语言使用进行了评论，以及这种语言使用在多大程度上反映了或并没有反映爱尔兰和盎格鲁-爱尔兰作家在一个英语以一种相当戏剧性的方式发展的国家中的独特地位。尽管马克·霍桑（Mark Hawthorne）（1975）曾写道："爱尔兰人不习惯使用英语，没有意识到它的微妙之处和引爆点"，但范宁和克罗宁皆认为爱尔兰人掌握了英语，用范宁的话说，是一种"语言颠覆"的模式。（Fanning，2000）

100本是由爱尔兰作者创作的，100本是由美国作者创作的。①对于每本小说，我们计算了每个单词和标点符号（类型）的总引用次数（标记）。然后，我们将给定文本中每个特征的原始计数除以文本中的单词总数，以计算每一单词类型在文本中出现的相对频率。

这些信息可以表示为一个数据矩阵，其中每一行是一个文本（在机器学习的术语中，每一个文本都是一个观测值），每一列是一个不同的词类型（每个词是一个特征）。在此案例中，得到的矩阵是300行乘以154312列。由于我们对基于高频特征来计算文体相似度感兴趣，因此该矩阵被缩减，只保留那些在整个语料库中平均相对频率至少为0.1的特征。这种阈值处理产生了具有107个特征的新矩阵。②以这种方式减少矩阵后，机器被配置成使用这组107个特征和一种被称为欧几里得距离的相似性度量来对文本进行聚类分析。③这种聚类分析的结果可视化为树状图，由于树状图具有分层的性质，因此可以通过在特定点"切割"树来识别组。图20.1显示了整个"树"的表示，通过使用阴影和虚线分支线显示了三个不同的簇。黑色的簇（簇2）包含36%的爱尔兰文本，正好是包含0%的英国文本和0%的美国文本（表20.1）。

在这样一个环境中，三个国家之间的文体风格截然不同，将树状图分成三个分支会导致三个国家在图形表示上完美分离：一组是爱尔兰作者创作的100本小说，一组是英国作者创作的100本小说，另一组则是美国作者创作的100本小说。除了观察到这种完全分离之外，我们还观察到一些文本的混合，但是簇2中没有任何英国文本和美国文本，这表明语料库中至少有36%的爱尔兰文本确实存在一些独特之处，即通过这36本书中的107个特征表示的总体信号与美国和英国文本的典型信号完全不同。

---

① 这一随机样本取自乔克斯为其宏观分析工作收集的3500部小说大型数据集。用户可以下载示例数据和必要的R代码，以便再次进行实践研究。示例数据具体参见网址：http://www.wiley.com/go/schreibman/digitalhumangical。这里的英国作者包括不列颠群岛（不包括爱尔兰岛）的作者。

② 在这里，特征包括单词和标点符号。示例数据中标点符号的列标题以"p"开头：例如，逗号（comma）的列以pcomma开头。

③ 欧几里得距离是计算多维数据集中各点之间的"距离"的一个相当标准的数学公式。也就是说，希望使用距离度量的读者应该意识到此类度量所存在的潜在问题。所谓的维度诅咒描述的是这样一种情形，即维度的数量变得如此之大，以至于数据变得稀疏，所有的观测结果差别似乎都特别大。在本例中，将特征空间减少到107维，我们有300个观测值。

如前所述，无监督聚类通常被视为一种探索性方法，在这种方法中，我们试图发现数据中的一些隐藏结构。观察到这一结果的研究人员现在可能会回到数据中，检查这36本爱尔兰小说中的特征与在其他簇中发现的爱尔兰作者创作的小说的特征有何不同。经过深入观察，可能会发现宗教、阶级或性别等其他因素也是造成这种分离的原因。这项测试的结果也可能被认为是足够好的，以保证使用监督分类方法进行进一步的测试。

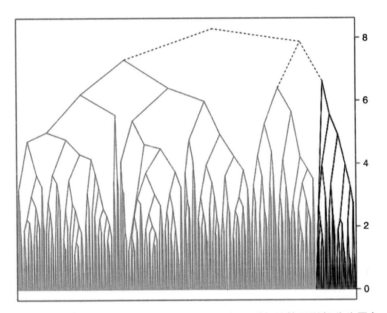

图20.1 聚类树状图（cluster dendrogram），爱尔兰簇阴影部分为黑色

表20.1 三簇测试

	簇1	簇2	簇3
美国	15	0	85
英国	24	0	76
爱尔兰	18	36	46
总簇数	57	36	207

在文本分类之监督式分类中，研究人员预先建立一组已知的文本类别，

然后编写程序，根据未知文本和已知文本类别之间的相似性或差异性对未知文本进行分类。这方面的经典例子是作者归属研究。对于作者身份未知或不确定的文本，根据其与封闭候选文本集合中已知作者作品的统计相似性处理和分类。与无监督聚类一样，最大的挑战通常来自必须确定要比较的特征。例如，假设有一组封闭的二维对象集：正方形、三角形和圆形。此处的封闭意味着仅考虑这些类型的对象。这些类中的每一个都是由一组特征定义的。对于这个例子，我们假设只有三个特征："形状的大小"（以面积衡量）、"形状的颜色"和"边数"。首先从每一类中收集许多示例，并为每一类提取这三个特征的特征信息。假设我们有100个不同的三角形、100个不同的正方形和100个不同的圆形。对于每个对象，我们提取三个数据点：对象的面积、对象的颜色和边的数量。然后，这些数据被输入一个分类器：一种旨在识别不同类之间统计差异的计算机算法。在这种情况下，分类器被预先告知（监督）这些形状代表三类不同的二维对象。机器"知道"哪些图形是什么形状，并且能够使用这些信息来组织数据。在这个示例中，分类器检查所有数据，并识别或计算出边的数量特征，这在区分类时非常有用。①分类器识别出区域和颜色特征在类之间似乎是随机波动的，因此发现形状大小和形状类之间或形状颜色和形状类之间没有相关性。通过这种方式，机器被训练成识别哪些类型的对象是哪些预定义类的一员。一旦以这种方式进行训练，可以赋予机器一个新的对象，并要求它根据与已知类别的相似性对对象进行分类。如果给定的对象恰好是一个椭圆形，则该假设分类器就会猜测（即分类）这个椭圆形最有可能是一个圆形：和圆形一样，椭圆形只有一条边。②如果我们给这个分类器一个矩形，它将被归类为正方形：虽然与正方形不完全相同（即边的长度相等），但矩形最像四条边的正方形。当然，在文本分类中，问题要复杂得多，因为特征集比此次假设的仅有的三个特征要大得多。然而，这里值得强调的一点是，无论问题是简单的还是复杂的，我们都可以对模型进行测试，以确定其性能效用如何。然

---

① 在这些例子中，很难避免机器所做的拟人化表示。显然，机器实际上并不"知道"或"辨别"哪些是对象。机器只是根据程序员设定的规则进行计算，然后呈现出"学习"有关数据的状态。类比对人类学习是有用的，特别是对于这样一个简短的章节，但建议读者不要过于迷信类比。

② 当然，从数学上讲，一个圆并没有任何边，至少如果我们将边定义为多边形特有的属性。有人可能会说一个圆有无数边。无论是哪种情况，在本例中，椭圆都最像圆。

而，在我们还没有建立预先定义的类集的无监督聚类中，这不是我们可以做到的。在分类中，我们执行此性能测试的方法是：首先使用总观测值中随机选择的子集来训练模型，然后通过观察模型对其余待定样本的分类情况来测试模型。[①]

再次回到上文中我们对小说进行聚类分析的例子，然后考察作者国籍是否可以被视作这些图书聚类的解释因素。使用相同的语料库，可以构建一个分类实验，在这个实验中，分类器被训练成基于聚类中使用的107个特征来识别美国、英国和爱尔兰小说。首先，这个过程要让计算机从每个国家随机选择一部分小说进行测试。在本例中，我们使用了66%的美国小说、66%的英国小说和66%的爱尔兰小说；其余34%被用于测试经过训练的模型。在监督分类中，与上面进行的无监督聚类不同，我们（和计算机）已经知道可能的组或类（例如三角形、圆形和正方形，或者美国、英国和爱尔兰小说），我们希望计算机获取它从未见过的特定对象，并将其分类到这些已知组中。为此，我们通过向计算机提供这些对象的大量示例，为计算机提供有关正方形、圆形和三角形（或国家文献）的典型特征的信息。我们说："这里是一些典型的美国小说，这里是一些典型的英国小说和爱尔兰小说；把这些对象取出来，构建一个模型，以了解每一类最常见或最典型的特征是什么。"计算机从这些例子中建立了构成美国信号、英国信号等的模型。然后，当计算机被赋予一个新对象时，它会查看对象的所有特征，并找出哪些已知类与新对象最为相似。

在这个示例的分类测试中，我们使用了最近收缩质心（Nearest Shrunken Centroid，简称NSC）分类算法，能够准确地识别出数据中的作者国籍，平均准确率为71%。[②] 考虑到该实验的概率为33%，观察到的71%的结果比机器简单随机猜测的结果要好得多。然而，要想真正理解计算机是如何运行的，检查混淆矩阵并理解精确性和召回率是很有必要的。

表20.2显示了此分类测试的混淆矩阵。混淆矩阵是作为交叉验证例程

---

① 这种类型的测试有多种技术，K折交叉验证可能是最常见的方法，K值通常设置为10。另外两个典型的交叉验证测试包括重复二次抽样和留一法。而对每一种方法的完整描述都超出了本文讨论的范围，但是所有这些方法都有一个共同的目标，即在较大语料库的随机生成子样本上训练模型，然后使用随机过程中没有选择的保留数据来测试模型的准确性。

② 最近收缩质心已在许多文本作者归属研究中得到有效利用，包括基准研究（Jockers and Witten, 2010），该研究证明了其在这类问题中的功效。另见Tibshirani et al., 2002。

（cross-validation routine）的一部分产生的，交叉验证例程从数据中迭代采样，以便训练和测试一系列模型。表中的第一列表示每个样本的真实类。因此，我们从标有美国类的数据行开始。在这项测试中，当实际的类是美国作者时，机器在66次中共猜出了52次；其中，这52次我们称之为真正例（true positives）。5次猜出是英国作者，9次猜出是爱尔兰作者；我们称之为假负例（false negatives）。我们通过将正确猜测的数量（真正例）除以正确猜测（真正例）和不正确猜测（假负例）之和（在本例中为52/66）来表示此结果的召回率（如表中的第五列所示）。得出的数字（0.79）即指分类器在识别美国作者撰写小说方面有多出色。

表20.2 分类测验中的混淆矩阵表

	美国人	英国人	爱尔兰人	召回率
美国人	52	5	9	0.79
英国人	0	44	22	0.67
爱尔兰人	1	20	45	0.68
精度	0.98	0.64	0.59	

如果继续看第二行，我们会注意到计算机可以毫不费力地猜测是英国作者写的小说而不是美国作者写的。这个模型从未猜到一部英国小说的作者竟然是美国人。然而，在大约三分之一的测试中（22个案例），这台计算机错误地将一部英国小说的作者识别为爱尔兰人。因此，尽管这台机器没有把英国作者写的小说分配给美国作者，但是它仍然只能正确识别67%的英国小说。第三行显示了爱尔兰作者写的小说的情况。其中，1部小说被认为是美国作者所写，20部小说被认为是英国作者所写。在这个模型中，几乎不难区分爱尔兰作者和美国作者所写的小说，比较难区分爱尔兰作者和英国作者所写的小说。

这种困难不会让人感到意外：阅读这些民族文学作品的读者会期望在英国和爱尔兰文本之间找到更多的类同。但召回率只是解释了部分故事。如果召回率指出给定类别被正确识别的频率，那么最后一行显示的精度则告诉我们一个给定的预测被正确识别的频率。精度表示真正例（被模型预测为正的正样本）的数量除以真正例和假正例的数量，因此，在标记为"美国人"的列中，我们取真正例的总数，然后除以真正例和假正例之和。在这种情况下，精度非常好：52/（52+1）或0.98。这个模型只猜错了一次美国作者。换言之，当计算机猜测一部作品是美国作家所写的时候，被模型预测为正的比率是98%。或者，当计算机猜测一本书是爱尔兰作者所写的时候，被模型预测为正的比率是59%。

就总体分类的准确率而言，这个测试的结果，特别是仅仅在偶然的情况下，并不算太糟糕。有时，诸如此类的分类测试的总体准确率将被概括为F量度（F-measure）或F分数（F-score），F值旨在提供精确度和召回率的加权平均值。在此示例中，F分数是0.72。在其他时候，研究人员可能只描述正确分类的总数除以案例总数：在本例中为0.71。尽管我们可能会认为这些分类结果相当不错，但是对这些结果的解释在很大程度上取决于我们工作的领域和所涉事务。如果这些案例样本与谋杀案嫌疑人有关，我们可能对这些交叉验证的结果并不满意。但是，从该示例可以明显看出，美国作者的文本与爱尔兰和英国作者的文本之间存在相当明显的差异。考虑到这样的结果，探索模型发现的最能区分这些群体的实际特征可能是具有成效的。例如，在此测试的三组群体中，美国作者更喜欢使用逗号，其次是爱尔兰作者，最后是英国作者。另外，英国作者对这一时期表现出更高的偏好，其次是美国作者，最后是爱尔兰作者。[1]

使算法适用于具体问题

在上述两个示例中，学习算法只需在语料库中选择最常用的单词（或标点符号）即可生成一个特征列表。其他特征选择策略也是可能的。研究人员可以使用语料库中的所有单词作为特征，或者使用信息增益等措施来识别最有效地

---

[1] 在对作者国籍进行的一项更广泛、更细致的研究中，乔克斯讨论了19世纪英国作家倾向于使用表示绝对性和决定性的词语，例如 "always, should, never, sure, not, must, do, don't, no, always, nothing, certain, therefore, because, can, cannot, knew, know, last, once, only, right"。这些词在英语散文中被广泛使用。通过分类器可以发现，爱尔兰小说最常用可以被认为具有不精确性和模糊性特征的词来区分，比如 "near, soon, some, most, still, less, more" 以及 "much"。总而言之，前者意味着确定性，而后者意味着不确定性或谨慎性。感兴趣的读者可以参考乔克斯著作《宏观分析：数字方法与文学史》中题为"国家"（Nation）的章节。

区分特定类别的特征。①特征选择策略可能取决于正在探究的问题：一组常用单词有效地区分了作者，但在区分主题类别方面可能不太有效。最后，除了可以作为特征处理的单词之外，还有许多元素可以被视为特征：例如，可以使用两个单词的短语（二元语法）。

将参照系扩展到短语会引发一系列更大的问题，我们在这里只能简单提一下。新来的文本分析者常常感到惊讶的是，如此多的算法依赖于词袋（bag-of-words）模型，舍弃对词序的考察，以便只关注单词出现的频率。②我们对文本的日常经验是连续的，基于这种经验的直觉会表明，文本的意义完全取决于顺序。在某些情况下，这是正确的，但在许多情况下，语序出人意料地可有可无。使用词袋模型的分类器通常与考虑多词短语的算法性能一样好。（Bekkerman and Allan，2003）另外，词序成为分析的中心也确实存在。自然语言处理工具包依赖于监督模型，可以用词性标记每个单词，分析句子以识别语法依赖关系，并提取命名实体（人、地点、组织等）。③

关于数据挖掘的入门教科书列出了一系列已知的能在文本上运作优良的算法。朴素贝叶斯（Naïve Bayes）、正则化逻辑回归和支持向量通常用于监督分类；聚类可能涉及K均值、混合模型或分层方法。计算机科学家和统计学家正在不断改进这些算法以提高性能，当多个模型组合成一个集合时，性能也可能会提高。但即使是机器学习方面的专家也建议先尝试相对简单的方法，因为"当机器学习应用于实际的数据挖掘问题时，实验室性能的细微提高……可能会被其他因素所淹没"（Witten et al.，2011：377—378）。研究人员花费在优化算法上的时间往往比改进数据所花费的时间更多。

另外，理解简单的方法如何解决一系列不同的问题是很有用的。分类算法不一定通过预测单个类中的隶属度来描述文本的特征；例如，在多标签分类中，它们可以将一个文本分配给多个类（也许可以用不同的置信度来描述每个预测）。（Tsoumakas and Katakis，2007）模糊聚类和混合模型聚类提供了一种无监督聚类的等价方法。当测试数据相对较少时，诸如主动学习之类的方法

---

① 有关特征选择问题的介绍，请参见Yang and Pederson，1997，但也要注意，对于一些当代算法［例如支持向量机（Support Vector Machines）］，特征选择的重要性比1997年时有所降低。

② 主题建模是一种非常强大的技术，它完全依赖于文本的词袋表示，近年来非常流行。

③ 例如，参见http://nlp.stanford.edu/software/corenlp.shtml和/或 http://nltk.org/。

可以通过识别选定案例以节省人力，在这些案例中，人工指导将有助于算法性能的显著提升。（Han et al.，2012：433—434）当一个问题定义不完全时（人文科学中通常出现这种情况），半监督学习可能是适合的，因为它允许研究人员在不完全确定模型中可能类的范围的情况下提供初始指导。（Han et al.，2012：432）最后，在某些情况下，人文学者可能需要与计算机科学家进行合作，以便设计出适用于特定领域的新方法。概率图形模型通过一种灵活的语言来表示人类的假设，并将其转化为算法，从而支持这种创新。[①]

挑 战

与现有的研究项目相比，文本挖掘在人文学科中有更多的潜在应用，因为现有的研究项目在启动阶段要面临许多重大挑战。其中的主要挑战是企业自身的跨学科特性。数据挖掘过程中易于标准化的部分通常已经标准化：流行算法的实现可在诸如Wcka（Hall et al.，2009）和Mallet（McCallum，2002）等工具包中随时获得。但是工具从来都不是一个完整的解决方案。由于每个研究问题都是不同的（几乎是根据定义），每个问题都会带来一些无法标准化的问题。这就需要收集特殊类型的元数据，以及执行特殊目的的分析，并且需要将结果转换为解决特定问题的可视化。其中许多步骤可能会借助熟悉编程和正在探索的人文学科；有些步骤可能还需要统计学知识。因此，人文文本挖掘问题通常需要跨学科的团队，或者具有丰富经验的研究人员，或者两者兼而有之。

众所周知，数据准备往往比数据分析耗费更多的时间。即使在以相对结构化的数据开始的项目中也是如此，因为名称和日期的格式多种多样，在进行有意义的比较之前，可能需要对这些格式进行标准化处理。非结构化文本的准备可能更具挑战性，人文学科的研究人员面临着与历史变迁相关的特殊困难。例如，当读者跨世纪回溯时，大写、分词和拼写规则都会发生变化。这些变化本身就可以被看作语言学研究的主题。但是，一个研究医学史而不是研究英语拼写的学者可能想要确保将"physic"和"physike"作为一个单词来对待。更值得商榷的是，研究人员可能会决定将18世纪出现的"any body"等同于21世纪

[①] 有关这一过程的示例，参见Bamman et al.，2013。

出现的"anybody",甚至可以通过词干或词元化(lemmatization)的过程进一步实现规范化——消除所有格、复数和动词时态之间的区别,使它们与单个词根相关联。

虽然我们经常在不经意间谈到数据"清理",但标准化文本不同方面的决策涉及权衡取舍,这远非一件简单的事情。在一个上下文中被视为"噪声"的细节在另一个上下文中可能成为"信号"。例如,词元化可以提高搜索引擎的效率,但会丢弃可能对作者身份或文体线索有帮助的语法变化。因此,虽然研究人员想使拼写变体标准化,也确实存在资源以支持拼写变体的标准化,但是并没有形成一个统一的数据准备过程。①

在理想的情况下,所有文本都可以得到准确的副本,用TEI或类似的标准标记,以区分脚注、行头和正文。实际上,大型数字图书馆的文本通常是通过光学字符识别技术转录的。OCR过程会产生错误(特别是在较旧的文本上),并且不能提供太多明确的线索来区分正文文本和副文本。面对这些挑战,人文学者有时会感到绝望。我们的学科告诉我们,确定一个准确的版本是进行负责任的研究的第一步;在这里似乎是不可能的。或者,我们可能会寻找一个固定的精度截止值,以确保我们的结果"足够好"。

解决这个问题的一种更有用的方法可能是从提出问题的性质及其与特定类型的错误的关系开始。从宏观层面来看,真正的随机误差不一定是单独考虑单词分析方法的主要障碍。如果给定语言中的每个单词都存在10%的随机误译概率,那么在量级分类(volume-level classification)和主题建模等方法上几乎不会受到干扰。量级的字数统计是多余的,而且由于误译产生的随机字符串是很罕见的,因此它们很可能会被排除在分析范畴之外。有些错误几乎是随机的:咖啡斑、撕裂的角落。但问题的出现是因为其他错误在语料库中分布不均。纸张质量或磨损了的金属铅字使某些卷比其他卷更容易被误译。最糟糕的问题是那些在特定时期优先影响特定单词的问题——例如,在一些18世纪使用了臭名昭著的"longs"的书本中,"ship"几乎也总是被误译为"fhip"或"flip"。如果不加以纠正,这些系统误差则可能会使分析失真。幸运的是,即使在这样复杂的情况下,例如"ship"和"flip"之间的混淆,我们也可以使用一些算法来纠正OCR技术所产生的问题。(Tong and Evans,1996)

---

① 有关早期现代拼写的规范化,请参见Baron,2013。后续文本见Underwood,2013。

由于不同类型的错误会产生截然不同的影响，因此不存在单一的准确率能够证明一个文本足以支持分析；但有些基本原则是明确的。由于字体或连字不明确，经常系统地出现的小类错误比不常见的大类错误问题更大。（总的来说，不常见的错误会变得越来越多，而且它们也是近似随机的。）因此，部分OCR校正，处理有限数量的可预测误差，可能足以满足许多研究需求。另外，不同类型的研究具有不同程度的敏感性。与自然语言处理相比，词袋方法对随机错误的鲁棒性更强，因为在自然语言处理中，一个拼写错误就会使整个句子难以解析。需要更多的研究来确定不同方法的相对鲁棒性。支持文本与副文本自动分离的研究也还在进行中。（Underwood et al., 2013）

到目前为止，我们主要关注的是文本挖掘所面临的挑战。但是，这项工作面临的一些最为重要的挑战是它与人文学科的其他领域共同面临的挑战。通过允许研究人员调查较大的文档集，文本挖掘有望提供一些打印记录的图片，这些打印记录比基于一些人工选择的示例的描述"更具代表性"。但是具体代表什么？数字图书馆主要建立在大学图书馆的基础上，但并不包含曾经出版的所有图书。此外，即使我们拥有每本书的复印本，印刷记录本身也无法反映过去的人口统计学事实，因为印刷文本的获取已经受到阶级、性别和种族的影响。人们可能会主张构建一个分层的语料库，对这些不平等问题进行重新平衡。更为常见的是，文本挖掘的批评者抓住了困境的另一角，认为将每个标题都计数一次会造成一种误导性的平等。也许广受欢迎且重印的标题（或"重要"标题）应该在语料库中占有更大的权重？（Rosen，2011）

但这些问题都不是新问题。它们是人文学者长期以来在"文化"和"规范性"这两个评价标准下进行的一场辩论的版本——这场辩论所聚焦的问题不太可能很快得到解决。幸运的是，在我们尝试进行宏观研究之前，这个问题不一定需要解决。文本挖掘并不受限于任何特定的表示模型，也不需要预设对该主题的共识。例如，没有什么能阻止我们创建一个按人口统计分层的语料库，或者频繁重印标题的语料库。只要研究人员清楚他们所使用的选择标准，这些都是有效的研究途径。通过这种方式，我们甚至可以学到比辩论"代表性"的抽象定义更多的知识。通过向不同结构的语料库提出相同的问题，研究人员可以发现选择不同的标准对具体问题的影响。在某些情况下，选择标准所起的作用比人们想象的要小——例如，体裁的历史在流行和不太流行的作品中大致相似。（Underwood et al.，2013）简而言之，关于代表性的问题，通常被认为是文本挖掘的障碍，但应更好地理解为机会。

一个仍然不祥地笼罩在地平线上的障碍是挖掘文本和生成关于这些文本的派生数据是否在实际情况下侵犯了版权的问题。简单的事实是，文本挖掘者需要挖掘数字文本，正如美国洛约拉法学院（Loyola Law School）教授马修·萨格（Matthew Sag）（2012：2）所说，"现代版权法"使扫描和数字化的过程陷入了一系列棘手的问题中"。由于对什么是合理使用缺乏明确的定义，许多研究人员迄今为止仅限于研究1923年以前产生的文本。①2005年，在谷歌宣布它正在扫描和数字化一些私人和公立学术图书馆的藏书，以使其藏书可供检索之后，美国开始出现一些法律纠纷。一个代表成员作者的维权团体美国作家协会（Authors Guild）起诉谷歌，声称这些扫描工作侵犯了版权。②经过8年多的反复诉讼，该案于2013年11月14日获得和解，法官丹尼·钦（Denny Chin）作出了有利于谷歌的简易判决。在那次审判中，钦以为谷歌图书可以

> 促进艺术和科学的进步，同时保持对作者和其他创造性个人权利的尊重，而不会对著作权持有人的权利造成不利影响。它[谷歌图书（Google Books）]已经成为一个非常宝贵的研究工具，它可以让学生、教师、图书管理员和其他研究人员更有效地识别和检索图书。它使学者们第一次有能力对数千万本图书进行全文搜索。（美国作家协会起诉谷歌案，第26页）

钦还专门写了文本挖掘给感兴趣的人文学者提供的机会。他引用了一份代表数字人文和法律学者提交给法院的非当事人意见陈述：

> 除了作为一个重要的参考工具外，谷歌图书还极大地促进了一种被称为"数据挖掘"或"文本挖掘"的研究。[（后向报告（Br.）：作为法庭之友的数字人文与法律学者提供的1号档案（文件1052号）]谷歌图书支持人文学者分析海量数据——这是由数千万册图书组成的文学记录。研

---

① 1923年之前在美国出版的所有作品的版权都已到期。
② 读者可以在马修·萨格的博客中找到有关此案例的精彩阐释。（http://matthewsag.com）

究人员可以检查词频、句法模式和主题标记，以思考文学风格是如何随着时间的推移而发生变化的。（美国作家协会起诉谷歌案，第9—10页）

虽然这一阶段的案件已经在钦法官的裁决下解决了，但在撰写本文时，美国作家协会已经声明要上诉。如果他们兑现这一承诺，那么此案件将提交至第二巡回法院审理，然后可能提交至最高法院。萨格认为，这些高等法院驳回钦的可能性不大，因为除其他原因外，美国作家协会未能说服法官谷歌的扫描工作在任何方面都对版权所有者造成伤害。

无论谷歌和美国作家协会之间发生了什么，人文学科的研究人员都可以松一口气，因为他们知道，HathiTrust研究中心现在已经获得HathiTrust委员会的许可，在其东道主密歇根大学的批准下，以及在印第安纳大学和伊利诺伊大学的支持下，开始提供对HathiTrust储存库中受版权保护的资源的计算机访问。这一决议是在HathiTrust赢得了一场类似的诉讼之后做出的，这起诉讼也是由美国作家协会提起的。该案的裁决表明，根据美国法律，HathiTrust使用作为谷歌图书扫描项目一部分的扫描图书是合理的。[1]在撰写本文时，HathiTrust已经表示，访问权限将于2014年年底或2015年年初开始对外开放。

尽管面临这些挑战，但在人文学科中，文本挖掘的前景仍然非常广阔。在历史上，我们从来没有这样的机会接触书面记录，尽管这一记录在许多方面都不那么完善，但它现在标志着一个充满巨大希望和进步的时刻。尽管本文可能过分强调了文本挖掘在文学研究中的应用（并毫不掩饰地揭示了作者的偏见），但文本挖掘也已被应用于人文学科其他领域的广泛问题中。虽然许多项目都在探索数字图书馆，其中大部分是印刷图书，但历史学家正在积极研究报纸，法律学者聚焦对法庭案件的研究，媒体研究学者在社交媒体上进行了大量的文本挖掘工作。当学者们研究当代材料时，"人文文本挖掘"和"计算社会科学"之间的界限可能会变得并不那么明晰。另外，文本挖掘也有可能应用于个人作品，服务于与社会科学完全不同的解释性项目。下面我们提供一份简短的示范项目列表。

---

[1] 与谷歌案件一样，美国作者协会也在向第二巡回法院上诉。

人文学科中文本挖掘的示范项目和实例

- 卡梅隆·布列文斯（Cameron Blevins），主题建模玛莎·巴拉德的日记（Topic Modeling Martha Ballard's Diary, http://historying.org/2010/04/01/topic-modeling-martha-ballards-diary）。布列文斯在这篇博客中使用主题建模更好地理解了1735年出生的美国助产士玛莎·巴拉德长达27年的日记。

- 丹·科恩，犯罪意图（With Criminal Intent, http://criminalintent.org）。这个项目使用计算机模型来探索和可视化犯罪历史，就像其在老贝利法庭记录中所表达的那样。

- 大卫·班曼（David Bamman）、雅各布·艾森斯坦（Jacob Eisenstein）和泰勒·施诺贝伦（Tyler Schnoebelen），社交媒体中的性别认同和词汇变异（Gender identity and lexical variation in social media, http://arxiv.org/abs/1210.4567）。一项关于性别、语言风格和社交网络之间关系的研究，使用了1.4万名推特用户的语料库。

- 让-巴蒂斯特·米歇尔（Jean-Baptiste Michel）等人，文化组学（Culturomics, http://www.culturomics.org）。这是一个与谷歌联合开展的项目，目的是研究"文化"在谷歌图书语料库中的表达方式。

- 马特·威尔肯斯（Matt Wilkens），美国内战时期小说的地理想象（The Geographic Imagination of Civil War-Era American Fiction, http://mattwilkens.com/2013/12/02/new-article-in-alh），旨在探索1851年至1875年间在美国出版的一千多部美国作家小说语料库中的位置表征。

- 罗伯特·K.纳尔逊（Robert K. Nelson），挖掘电讯报（Mining the Dispatch, http://dsl.richmond.edu/dispatch）。使用主题建模来探究美国内战期间里士满（Richmond）的社会和政治生活，并在1860年至1865年间的《每日电讯报》（*Daily Dispatch*）版面上有报道。

- 瑞安·科德尔、伊丽莎白·马多克·狄龙和大卫·史密斯（David Smith），病毒式文本：19世纪报刊转载的地图网络（Viral Texts: Mapping Networks of Reprinting in 19th-Century Newspapers and Magazines, http://www.viraltexts.org）。此项目旨在探讨19世纪新闻报纸报道中的文

本转载情况，以分析美国内战前的转载文化。

- 莎拉·艾利森（Sarah Allison）、瑞安·豪泽（Ryan Heuser）、马修·乔克斯、弗朗哥·莫莱蒂（Franco Moretti）和迈克尔·威特莫尔（Michael Witmore），量化形式主义（Quantitative Formalism, http://litlab.stanford.edu/LiteraryLabPamphlet1.pdf）。一项旨在确定计算机生成的算法是否能"识别"19世纪英国小说中的文学体裁的研究报告。
- SEASR（http://www.seasr.org）。一个多年的梅隆资助项目，旨在为学术研究创建一个文本挖掘平台。笔者与SEASR合作完成了许多文本挖掘项目，包括本文作者谈及的一些项目。
- HathiTrust研究中心（http://www.hathitrust.org/htrc）。一个虚拟研究中心，使用HathiTrust馆藏中的资源进行大规模、高性能和安全的量化分析（截至2014年，来自多个时期、多语言的文本共计约40亿页）。

参考文献

[1] Authors Guild v. Google Inc., 770 F. Supp. 2d 666 – Dist. Court, SD New York 2011.

[2] Bamman, D., O'Connor, B., and Smith, N.A. 2013. Learning latent personas of film characters. *Proceedings of the 51st Annual Meeting of the Association for Computational Linguistics*, 352–361.

[3] Baron, A. 2013. *Variant Detector: (VARD2)*. http:// ucrel.lancs.ac.uk/vard/about (accessed June 20, 2015).

[4] Bekkerman, R., and Allan, J. 2003. Using Bigrams in Text Categorization. CIIR Technical Report. http://people.cs.umass.edu/~ronb/papers/ bigrams.pdf (accessed June 20, 2015).

[5] Biber, D. 1998. *Corpus Linguistics: Investigating Language Structure and Use*. Cambridge: Cambridge University Press.

[6] Bird, S., Klein, E., and Loper, E. 2009. *Natural Language Processing with Python*. O'Reilly Media. http://nltk.org/book (accessed June 20, 2015).

[7] Clement, T. 2008. "A thing not beginning or ending": using digital tools to distant-read Gertrude Stein's *The Making of Americans. Literary and Linguistic Computing* 23 (3), 361–382.

[8] Cronin, J. 1980. *The Anglo-Irish Novel*. Totowa, NJ: Barnes & Noble.

[9] Fanning, C. 2000. *The Irish Voice in America: 250 Years of Irish-American Fiction*, 2nd edition. Lexington: University Press of Kentucky.

[10] Fayyad, U., Piatetsky-Shapiro, G., and Smythe, P. 1996. From data mining to knowledge discovery in databases. *AI Magazine* 17, 37–54.

[11] Flanagan, T. 1959. *The Irish Novelists, 1800–1850*. New York: Columbia University Press.

[12] Grieve, J. 2007. Quantitative authorship attribution: an evaluation of techniques. *Literary and Linguistic Computing* 22 (3), 251–270.

[13] Hacking, I. 1983. *Representing and Intervening: Introductory Topics in the Philosophy of Natural Science*. Cambridge: Cambridge University Press.

[14] Hall, M., Frank, E., Holmes, G., et al. 2009. The WEKA data mining software: an update. *SIGKDD Explorations* 11 (1).

[15] Han, J., Kamber, M., and Pei, J. 2012. *Data Mining: Concepts and Techniques*. Burlington, MA: Morgan Kaufmann.

[16] Hawthorne, M.D. 1975. *John and Michael Banim (the "O'Hara Brothers"): A Study in the Early Development of the Anglo-Irish Novel*. Salzburg Studies in Romantic Reassessment, vol. 50. Salzburg: Institut für Englische Sprache und Literatur, Universität Salzburg.

[17] James, G., Witten, D., Hastie, T., and Tibshirani, R. 2013. *An Introduction to Statistical Learning: with Applications in R*. New York: Springer.

[18] Jockers, M. 2014. *Text Analysis with R for Students of Literature*. New York: Springer.

[19] Jockers, M. Text-mining. http://www.matthewjockers.net/category/tm (accessed June 20, 2015).

[20] Jockers, M.L. and Witten, D.M. 2010. A comparative study of machine learning methods for authorship attribution. *Literary and Linguistic Computing* 25 (2), 215–224.

[21] Jockers, M.L. 2013. *Macroanalysis: Digital Methods and Literary History*. Urbana: University of Illinois Press.

[22] Jones, K.S. 1972. A statistical interpretation of term specificity and its application in retrieval. *Journal of Documentation* 28 (1), 11–21.

[23] Kilgarriff, A. 2001. Comparing corpora. *International Journal of Corpus Linguistics* 6 (1), 97–133.

[24] Lenoir, T. 1997. *Instituting Science: The Cultural Production of Scientific Disciplines*. Writing Science. Stanford, CA: Stanford University Press.

[25] Macdonagh, T. 1916. *Literature in Ireland: Studies Irish and Anglo-Irish*. London: T.F. Unwin.

[26] Manning, C.D., Raghavan, P., and Schütze, H.2008.*Introduction to Information Retrieval*. Cambridge: Cambridge University Press, 2008.

[27] McCallum, A.K. 2002. MAlLET: a Machine Learning for Language Toolkit. http:// mallet. cs.umass.edu (accessed June 20, 2015).

[28] Mendenhall, T.C. 1887. The characteristic curves of composition. *Science* n.s. 9 (214), 237–246.

[29] Mendenhall, T.C. 1901. A mechanical solution of a literary problem. *Popular Science Monthly* 60, 97–105.

[30] Muralidharan, A. Text mining and the digital humanities. http://mininghumanities.com (accessed June 20, 2015).

[31] Olsen, M. 1993. Signs, symbols, and discourses: a new direction for computer-aided literature studies. *Computers and the Humanities* 27 (5–6), 309–314.

[32] Potter, R. 1988. Literary criticism and literary computing. *Computers in the Humanities* 22 (2), 93.

[33] Ramsay, S. 2007. Algorithmic criticism. In *A Companion to Digital Literary Studies*, ed. R.G. Siemens and S. Schreibman. Oxford: Blackwell.

[34] Rosen, J. 2011. Combining close and distant, or the utility of genre analysis: a response to Matthew Wilkens's "Contemporary Fiction by the Numbers". *Post* 45. http://post45. research. yale.edu/2011/12/combining-close-and-distant-or- the-utility-of-genre-analysis-a-response-to-matthew-wilkenss-contemporary-fiction-by-the- numbers (accessed December 3, 2011).

[35] Sag, M. 2012. Orphan works as grist for the data mill. *Berkeley Technology Law Journal* 27 (4).

[36] Shaw, R. 2012. Text-mining as a research tool in the humanities and social sciences. http:// aeshin.org/textmining (accessed June 20, 2015).

[37] Sherman, L.A. 1893. *Analytics of Literature: A Manual for the Objective Study of English Prose and Poetry*. Boston, MA: Ginn.

[38] Tibshirani, R., Hastie, T., Narasimham, B., and Chu, G. 2002. Diagnosis of multiple cancer types by shrunken centroids of gene expression. *Proceedings of the National Academy of Science* 99 (10), 6567–6572.

[39] Tong, X., and Evans, D.A. 1996. A statistical approach to automatic OCR error correction in context. In *Proceedings of the Fourth Workshop on Very Large Corpora*, 88–100.

[40] Tsoumakas, G., and Katakis, I. 2007. Multilabel classification: an overview. *International Journal of Data Warehousing & Mining* 3 (3), 1–13.

[41] Underwood, T. 2013. A half-decent OCR normalizer for English texts after 1700. *The Stone and the Shell*. http://tedunderwood.com/2013/12/10/ a-half-decent-ocr-normalizer-for-english-texts- after-1700 (accessed June 20, 2015).

[42] Underwood, T. 2015. Where to start with text mining. http://tedunderwood.com/2012/08/14/ where-to-start-with-text-mining (accessed June 20, 2015).

[43] Underwood, T., Black, M.L., Auvil, L., and Capitanu, B. 2013. Mapping mutable genres in structurally complex volumes. *arXiv preprint:1309.3323*. http://arxiv.org/abs/1309.3323 (accessed June 20, 2015).

[44] Unsworth, J. 2013. Digital humanities: from 1851? Brandeis University Library and Technology Services. http://blogs.brandeis.edu/ lts/2013/05/17/digital-humanities-from-1851 (accessed June 20, 2015).

[45] Witten, I.H., Frank, E., and Hall, M.A. 2011. *Data Mining: Practical Machine Learning Tools and Techniques*. Burlington, MA: Morgan Kaufmann.

[46] Yang, Y. and Pederson, J.O. 1997. A comparative study on feature selection in text categorization. In *ICML '97: Proceedings of the Fourteenth International Conference on Machine Learning*.

[47] Yeats, W.B. 1979. *Representative Irish Tales*. Atlantic Highlands, NJ: Humanities Press.

21. 文本学术与文本编码[①]

埃琳娜·皮耶拉佐（Elena Pierazzo）

文本研究与文本编码：一种新的理论框架

在过去25年里，文本编码，特别是由文本编码倡议发布和维护的格式，在数字编辑和文本研究中发挥了重要作用，既作为建模和分析工具，也作为文本和页面的现象学本体论。在同一时期，最有可能与此相关的是，文本学术（textual scholarship）发生了一个关键性转变，正如理查德·芬纳兰（Richard Finneran）（1996：X）所指出的那样，文本的物质支持——文献——在理论反思和实践中占据了中心地位。此外，由于高清数字传真机的现成可用性，事实证明，数字方法和传统印刷方法相比，更支持以文本重要性为中心的版本的制作和出版，因此数字方法受到新兴的文本学术理论实践者的欢迎；这些理论非常强调"书目编码"（Bibliographic Codes），例如新语言学、社会文本理论和遗传学批判。[②]

这里提到的数字方法在大多数情况下意味着使用文本编码。文本编码是一种将显式代码（或标记）添加到文本中，以使文本本身的某些特征显式化的一种方法，其目的是使它们可以被某些计算机应用程序处理。（Renear，2004）在人文学科中，早期制定的文本编码综合标准（由文本编码倡议组织发布的标准）促进了学者编码者（scholar-encoders）社区的发展，这一事实引起了热烈的学术辩论，但这并没有阻止在建立数字学术版本方面出现相关问题。

TEI是一个国际组织，其主要目的是开发和维护一套由《TEI电子文本编码和交换指南》（*TEI Guidelines for Electronic Text Encoding and Interchange*）

[①] *A New Companion to Digital Humanities*, First Edition. Edited by Susan Schreibman, Ray Siemens, and John Unsworth.

© 2016 John Wiley & Sons, Ltd. Published 2016 by John Wiley & Sons, Ltd.

[②] 杰罗姆·麦甘恩表示，除了"语言编码"，还要关注"书目编码"的存在和重要性，即排版、版式、正字法、装订等因素要与任何给定文本的实际语言内容一起予以考虑。（McGann，1991:57）

（Cummings，2008：451）所记录的编码实践。TEI最初采用标准通用标记语言（Standard Generalized Markup Language，简称SGML）作为其编码的正式语言，但自2002年以来一直用XML来表示，XML是一种广泛支持的标记语言，被描述为数字时代的"无酸纸"（Price，2008：442）。TEI现今被认为是人文学科中文本编码的通用标准，如果一个项目要得到主要资助机构的支持，它几乎已成为强制性的使用标准。提出这一要求的原因是：一方面，TEI文件以XML为基础，而XML被认为是一种高度可持续的技术；另一方面，从学术角度来看，TEI格式也被认为是在实践研究社区中开发的最佳实践。事实上，TEI从一开始就不仅为文本编码提供了一套指导标准，而且旨在在用户之间建立牢固的纽带，从而发展成一个庞大的国际研究社区。福蒂斯·贾尼迪斯（2009）曾指出TEI同时代表三种不同的内容：一个组织、一组概念和标记以及如何使用它们的指南，以及一个研究社区。事实上，TEI致力于研究和学术应用；正如TEI的目标和使命中所述，《TEI电子文本编码和交换指南》"旨在探索支持特定学科的分析与研究方法"[①]，并且它们将TEI的研究社区视为TEI自身的主要资产之一。为了响应这一研究使命，TEI于2011年推出了一份同行评议的开放获取期刊《文本编码倡议期刊》，将其年度成员会议重新调整为学术会议，并将精选的论文发表在该期刊上。

TEI的主要意义不仅在于它提供了一组用于编码文本特征的元素，更重要的是提供了一种用于分析和理解文本的工具："TEI成功地……开发了一种新的数据描述语言，极大地提高了我们描述文本特征的能力，而不仅仅是我们基于当前实践交换描述的能力。"（Renear，2004：235）TEI包括五百多个元素和属性，它产生了一个共享的词汇表，这是一个超越国界和学科边界的文本特征本体。

文本学术界中的许多学者都将TEI视作一种描述文本所有可观察特征的方式，其详细程度在以前是无法想象的。（Driscoll，2006）事实上，在使用TEI编码时（也可以在采用基于类似标准的任何其他类型的标记时），编辑者添加标记是为了描述他们正在转录的源代码的某些特征或其他特征，例如抄写错误、页面损毁、在日历中出现公历以外的日期，以及不同源中存在的异读（variant reading）等。然后，这些标记由软件处理并转换成合适的显示格式，

[①] 具体请参见TEI网站，尤其是http://www.tei-c.org/About/mission.xml。

其标记可以转换为传统的学术标记,例如,莱顿公约提出的那种标记。①但关键原因在于,人们不仅可以识别和注释许多特征,还可以对它们进行过量编码,以满足不同读者的需求;正如我们将看到的那样,正是这一特殊的特征最终为文本学术提供了新的视角。编辑人员不再需要在忠实地呈现文本来源以及使文本在专家读者面前具有可读性之间做出选择:他们可以拥有蛋糕,也可以吃蛋糕。

编码和提供多种形式的版本(也称为"范例版本",参见下文),决定了文本学术启发式的深刻变化,从理论和实践的角度都产生了重大影响。事实上,文本编码支持将编辑工作的文本转移到编辑文本中。与通常提供的解释文本版本或导言中采用的格式标准的总结性说明不同,这种文本现在可以放在干预发生的确切位置,使编辑工作更为严谨,并使编辑人员有可能在空闲时间折返到每一次干预活动中,以核实其一致性和准确性,并严格控制他们的工作质量。事实上,人们不能低估编辑人员为了使文本便于现代读者阅读而对文本进行无声校对的数量。例如,为了准备一部16世纪意大利戏剧〔*Lo Stufaiouolo*,安东·弗朗西斯科·多尼(Anton Francesco Doni)所作〕的数字版本,扩展缩写、规范标点符号和单词拼写等编辑干预行为相当于在11500个单词中约进行6652次编辑干预,这意味着编辑人员每隔一个单词即需要修改一次。(Pierazzo,2015)在印刷版中,编辑人员唯一的选择就是在"版本注释"(note to the edition)中对这些干预行为进行总结性说明。相反,文本编码能提供更多的选择,学者可以提供编码(因此可以提供适当的文本),对于上文中提及的所有干预行为可以都不提供、部分提供或全部提供编码。此外,这种实践还允许向读者提供对编辑工作每个环节的相同访问,从而为编辑人员做出的决策提供更全面、更开放的文本。这是博达尔(Bodard)和加塞斯(Garcés)(2009)指出的标准之一,是将一个版本限定为"开放源代码"(open source)和适当学术性的最佳实践。

有如此多的利害关系,TEI社区的很大一部分确实是由文本学者代表也

---

① 关于莱顿公约及其在经典著作中的编辑实践意义,例如,参见Panciera,1991。莱顿公约到XML-TEI的映射是创建EpiDoc编码格式的基础。(Elliot et al., 2011—2013)

就不足为奇了。①TEI邮件列表中补充的消息类型就表明了这一点。例如，在2014年2月1日至12日期间，共有109条信息发送至TEI列表（TEI List），其中79条是与编辑问题直接相关的主题，这表明社区内编辑辩论的活跃程度是如此之高。②

过量编码和范例版本

文本编码的使用，尤其是对同一文本特征进行过量编码的实践，使得可以通过应用不同的软件（和/或样式表）以多种形式向读者呈现版本。许多学者强调了这种方法的优势（Ralıtz，2006；Hunter，2007；Cummings，2008；Rehbein，2010；仅举几例），但这种做法的结果可能比他们想象的更为广泛。例如，设想我们将要编辑一本中世纪手稿，其内容的特点是大量使用缩写词和非正规的拼写，这可能有助于将我们的手稿追溯到特定的时期、地理区域，甚至是抄写室。这种文本的传统版本将根据公认的正字法（orthography）扩展缩写词和规范文本，以帮助读者理解文本内容，但会失去手稿的大部分特征和上下文语境。但是，如果转录是用XML-TEI编码的，那么就可以同时使用缩写及其扩展来转录文本；这些文本或存在错误和不存在错误，或同时使用非正规拼写和正规拼写；此外，这些文本还可以记录人们可能不想一直显示的特征，甚至不想显示的特征，而这些特征用于生成统计数据或索引。让我们来看一个更为详细的示例。在我们正在探讨的所假设的那份手稿时，我们可能会看到如下顺序：

iñs

研究中世纪手稿的学者会立即认出它是拉丁单词"Iesus"（Jesus，耶稣）的标准缩写。在TEI-XML中，可以将其编码为：

---

① TEI手稿特别兴趣小组是迄今为止TEI特别兴趣小组（The TEI Special Interest Group，简称TEI SIGs）中规模最大的组织，在邮件列表中有150多个订阅者（2014年1月）。当然，并不是所有研究人员都是文本学者，而是大部分的研究者都是文本学者。对他们来说，可能还需要添加通信方面的特别兴趣小组（SIG）成员。

② 数据分析分属个人研究范畴。TEI-L在线档案可在以下网址免费访问：http://listserv.brown.edu/archives/cgi-bin/wa?A0=tei-l。

i\<choice>\<am>ɧ\</am>\<ex>esu\</ex>\</choice>s

可以看出，元素\<choice>包含两个元素，即\<am>（TEI术语中的"缩写标记"）和\<ex>（"编辑扩展"），其中的选项表明我们在任何给定的时间都需要考虑这两个元素中的一个。通过这种编码，可以将文本转换为以下任何格式：

- iɧs：缩写词保留原样，这是仿真本（diplomatic editions）特有的格式。
- i[esu]s或iesus或i(Esu)s：缩写是扩展的，但在图形标志上与正文区分开来，这是半仿真本（semi-diplomatic editions）的一种显示方式。
- iesus：缩写是扩展的，没有任何图形标志表明它曾经是缩写，这是一种阅读本的特征。

但是，根据现代用法，编辑可能还想将单词"Iesus"大写；为了实现此结果，编码必须由另一个\<choice>元素来补充，这次包含\<orig>（源代码中的"初始"文本）和\<reg>，其中包含正规化形式：

\<choice>\<orig>i\</orig>\<reg>I\</reg>\</choice>
\<choice>\<am>ɧ\</am>\<ex>esu\</ex>\</choice>s

在这种情况下，诸如"i[esu]s"和"Iesus"之类的输出也可用。然而，编辑也可能认为，顶部带有笔画的"h"实际上不是一个字母，而是一个符号，因为"Iesus"一词中没有出现字母"h"[①]；在这种情况下，将其标记为\<am>（缩写标记）可能被认为是不合适的，因此\<choice>可能会包含缩写词和扩展词，而不会试图猜测哪个部分构成缩写标记：

\<choice>\<abbr>ɧs\</abbr>\<expan>Iesus\</expan>\</choice>

使用此编码时，只有两种类型的输出可用：

---

① 假定的字母"h"实际上是对（缩写的）单词"ΙΗΣ"的原始大写希腊语形式有所误解的结果，其中大写的"ETA"看起来确实像大写的"H"。一旦将单词转录为小写，大写的"ETA"就被转录为小写的"h"。感谢彼得·斯托克斯（Peter Stokes）对此的阐释。

- iħs
- Iesus

可以看出，不仅可以用多种方式对同一特征进行编码，而且标记还可以传达编辑对页面上字母的理解和解释，这将进一步确定可以生成的版本类型。

这种做法对文献本（documentary editions）（即一次基于一个来源的版本）的影响尤其显著。传统上，印刷文化为这些版本精心设计了几种编辑模式，其中既有方法论（我们如何准备版本）上的差异，也有表现形式（我们如何发布版本）上的差异。这些模式被称为传真本（type-facsimile editions）或超仿真本（ultra-diplomatic editions）、仿真本、半仿真本和阅读本，它们的主要区别在于对主要来源传递的文本进行不同程度的编辑干预。（Greetham，1994：347—372）同时它们还根据版面以及编辑评论和注释的数量进行区分。选择其中一种格式呈现版本会促使编辑以某种方式工作：例如，要制作仿真本，编辑必须以比阅读版更为保守的方式转录文本来源。在抄本中包括什么内容以及如何加以呈现的问题，以及由此产生的方法论意义，一直是学术界激烈讨论的基础，比如1978年文献编辑协会（Association for Documental Editions）的历史学家们与托马斯·坦塞尔（Thomas Tanselle）进行的一场激烈的学术讨论，或者是反对德式风格的历史本（historical editions）和英美编辑背景下的文本复制本（copy-text-based editions）。在前一个示例中，坦塞尔指责历史学家在转录文本时不够一致或者保守（Tanselle，1978；Kline and Perdue，2008：19—22）；在后者中，德式版本的支持者主张将记录在页面上的批注以及他们对批注的解释进行严格区分，质疑基于作者意图建立的编辑实践（Eggert，2009：164—178）。以文本编码为基础的编辑实践在某种程度上构成了一种克服这类分歧的核心问题的方式。事实上，一种能够应用新的编辑方法的新媒体的出现，使得媒体依赖性与理论性的分离变得更为明晰，重申了基于不同目的的学术论争。

回溯坦塞尔对当时普遍流行的处理历史文献的方法的批判：在谴责了许多版本的糟糕做法后，他最后的建议是："编辑的目标是印刷版本尽可能多地再现文本的特征。"（Tanselle，1978：51）这类声明将方法论问题与印刷技术的表达力结合在一起，最佳做法是由出版商允许编辑表达的内容来确定，这一声明并不是孤立的,它反映了编辑从印刷页面的角度思考问题的习惯。在这个框架中,一个人的方法论是由媒体支持其能做什么来塑造的,而不是基于他应该做什么。相反,当使用文本编码转录文本时,人们可以超越印刷文本所能承受的范围,不仅可以更准确地对更多的特征进行编码,同时因为媒体更为灵活,而且还可以通过多种方式记录这些特征,正如我们刚才所看到的那样,可以同时满足许多不同的需求。从这个意义上来说,在数字环境中应用文本编码有可能将文本学术从媒体的限制中解放出来,事实上,它使编辑能够质疑那些由学术关注之外的因素所驱动的假设。这并不意味着数字编辑不受新媒体的限制,恰恰相反:正是由于数字环境的限制与印刷环境的限制不同,使得编辑得以反思什么是最佳学术实践,从而区分什么是媒体所引起的,什么是由学术目标所决定的。它需要一种新的媒体来理解旧的媒体及其对学术实践的影响。

因此,文本编码同时也是一种不同的实践方法,它需要编辑人员在转录文本的同时向文本添加标记,以及一种不同的基础设施框架;它需要使用能够根据用户定义的规则处理此类标记的计算机程序,从而能够索引、搜索和展示最终作品。这一事实意味着我们需要将数据模型[添加信息的位置(源)]和发布[显示信息的位置(输出)]区分开来。在这个框架中,诸如传真本、仿真本或阅读本之类的发布模式仅表示源代码的某些可能输出。这反过来又增加了用比任何单一输出所需的更多的信息来丰富源的可能性,因为在任何给定的环境中,软件可以根据读者的需求来选择使用什么版本。在这个框架中,版本的概念被分成不同的层次:源成了一种数据存储区,编辑器合并了若干本应在印刷框架中保持分离的版本;该软件存储构成了理想输出的智能方式;输出是根据用户的需求生成的,并可视化地表示软件和数据存储中存在的智能信息。这种模式可能会让人想起电脑游戏和网络文学,在这些游戏和网络文学中,用户可以从许多可能性中选择自己的路径。爱德华·范胡特(Edward Vanhoutte)(2010)确实注意到了这种相似之处,他精心设计了"遍历本"(ergodic edition)的标记[遵循阿尔萨斯(Aarseth),1997年构建的理论框架],以解释和模拟基于文本编码的数字学术版本中内在的用户定义的遍历性。

这种基于过量的、范例化编码类型的机制,实际上要求我们重新思考"编辑"(edition)的含义,即体现一种或另一种编辑理论的方式。从传统上来说每种类型的版本(批判的、仿真的等)都与特定的编辑理论相关:例如,采用

"新文献学"（New Philology）方法的学者可能会选择仿真本，而采用文本理论方法的学者则可能会选择批判本（critical edition）；然而，一旦这些出版物的不同格式不再塑造编辑方法，而只是在同一知识库表示不同的内容，那么不同出版格式之间的区别就变得不再那么重要。在这种情况下，还可以说源文件可能包含仿真本、半仿真本、阅读本和解释本（interpretative edition）——所有这些版本都可能同时存在于源文件中，但是每个版本都需要应用不同的脚本集和样式才能实现。在这种情况下，传统的通过编辑干预的数量和质量来区分版本类型的方法不再起作用，因为编辑干预总是存在，但却是不可见的。最后，数字版本的这种易变性和累积性也挑战了单一编辑文本的概念。哪一个是"文本"？冗余的、范例化编码的文本，是众多可能的输出之一，还是所有这些输出的总和？

基于许多witness服务系统的数字版本，也可以进行类似的考虑，换言之，聚焦批判本。例如，在彼得·德·布鲁因（Peter de Bruijn）、文森特·奈特（Vincent Neyt）和德克·范·胡尔（Dirk van Hulle）（2007）编辑的《幕后》（*Achter de Schermen*）版本中，为读者提供了每个witness的XML源代码，以及一组能够为每个witness生成多个输出的复杂脚本，同时还能够生成组合的批判本和阅读本的能力——实际上，许多批判本都是基于读者交互选择的不同文本。这种模式具有开创性的原因有很多：它不仅挑战了"批判本"的定义，在这里"批判本"变成了用户按需生成的文本，而且还模糊了文献本和批判本之间的区别，因为这两种编辑方式都具有同等的代表性，因此，它也模糊了支持不同编辑格式的理论方法之间的区别。（Vanhoutte，2007：162—163）基于印刷的编辑理论是由各种参数定义的：编辑文本与传输文本的主要来源的关系，在最终文本中处理和组合异读的方式，是否将异读与错误分开等。每种编辑理论都要求编辑遵循一条路径，而不是另一条路径。但是，基于文本编码的数字版本允许人们不进行选择，而是采用了多种传统上保持独立的方法。因此，这种新方法需要对文本学术研究相关的理论框架进行重新定义和分配。

虽然基于源和输出相分离的数字版本似乎旨在通过与印刷版本没有太大不同的方式呈现其输出，但二者在性质方面却存在很大不同，需要对其差异进行彻底评估。笔者称这些为"范例本"（paradigmatic editions）（Pierazzo，2014），因为提供给读者的选择位于变化轴（使用索绪尔和雅各布森引入的符号学术语）上。这就是聚合轴线（paradigmatic axis），沿着这个轴，文本在组合上基本保持"相同"，但呈现出具有不同符号学特征的差异，并响应不同用户或不同研究目标的需要。范例本并不意味着"最终本"（definitive editions），因为即使它们可能包含许多版本，它们也永远不可能包含所有可能的版本，迈克尔·斯珀伯格-麦克奎恩（Michael Sperberg-McQueen）（2009）和彼得·希林斯堡（Peter Shillingsburg）（2006）都提示读者不要抱有这种期望。

文本编码、TEI和文本学术：开放性问题

正如一些早期的想法所表明的那样，使用文本编码和出版数字本（digital edition）的学科影响可能是巨大的。此外，还应该考虑到TEI编码所提供的跨学科性和国际化的潜力，以及这些潜力对文本学术的影响。事实上，人们可以使用TEI标记对11世纪的历史文献、21世纪的现代手稿以及公元前2世纪的希腊语和拉丁语铭文进行编码，例如：文本编码确实已用于所有这些情况，并使得这种方法成为一种真正的多学科和超学科的文本学术形式的独特汇聚点。

然而，尽管TEI编码具有许多优点，但自TEI产生以来，人们对这种格式的使用及其所表征的理念一直存在一系列批判。所阐述的问题主要有三个方面：（1）可访问；（2）灵活性；（3）重叠的层次结构。

作为编码器的编辑：一场革命还是一次进化？

学习使用TEI需要投入和钻研，一些学者认为TEI技术性太强，不属于他们研究的兴趣领域。然而，尽管有这样的顾虑，学习TEI并不像人们预想的那么困难。大多数学习者，尤其是大多数编辑，似乎都很享受这种体验，事实上，笔者在12年多的TEI教学经验中收集到的主要反馈是：与传统研究方式相比，通过对特征进行编码，编辑可能会"看到"更多的文本。（Mahony and Pierazzo，2012；Rehbein and Fritze，2012）这并不令人意外。编辑工作总是包含一定技术成分，所以编辑完全有能力采用新的技术。然而，技术只是一种手段，而不是目的，因此人们感兴趣的不是技术本身，而是它所传达的对内容的理解，无论是数字的还是前数字的（pre-digital）。大卫·格里瑟姆（David Greetham）强调了这种双重性：

必须强调的是，编辑和文本学术并不是简单的技术技能，一旦学会，就可以很容易地从一个领域或时期转移到另一个领域或时期，而不需要编辑在新的领域里接受任何相关历史知识的培训。编辑有赖于文本学术，但文本学术不仅仅是方法或技术，它也是判断、批判、评价和辨析，还包括历史和文化方面的研究。（Greetham，1994：5）

因此，计算技能的获取不应被视为编辑实践之外的能力，也不应被视为编辑实践的一场革命，而应被视为一次进化。如果学习XML和TEI不是那么困难，这并不意味着完全不会遇到困难。《TEI电子文本编码和交换指南》是一本极具开创性的出版刊物：最新版本（v2.6.0）以A4格式发布，新版本的页数多达1588页。对于初学者和开发者来说，要在篇幅如此之长的图书中找到自己的研究路径是一项艰巨而令人乏味的任务。（Burghart and Rehbein，2012）TEI的简化版本（如TEI Lite）并不能解决这个问题，因为简化通常意味着忽略使用TEI所持有的一些真正优势，特别是那些支持高级研究的优势。大多数可用的教学材料都是零碎的，并不是为了自学，"TEI示例"（TEI by Example）项目值得关注，但却是孤立存在的反例（Van den Branden et al.，2010）；它也停留在较低的水平，对于大多数学术研究目的或TEI而言，无法显示其真正的潜力。许多学者发现学习TEI并没有吸引力，因为他们很快意识到仅有TEI-XML是不够的：要产生任何有意义的输出或分析编码的数据，还必须精通许多编程和标记语言。

在撰写本文时，处理TEI编码文本的工具还很少，而且大多数可用的工具通常需要复杂的计算技能。公平地说，目前存在少量对用户较为友好的工具（例如Juxta和Versioning Machine）[1]，以及其他一些正在开发的工具；但是对于一个有近三十年历史的标准来说，效果似乎相当不明显。工具匮乏的原因十分复杂，不太容易解决（尽管关于该主题的讨论参见下文），但这种匮乏的后果是，为了制作数字版本，编辑必须自己习得高水平的计算素养，或者需要专业信息技术中心的支持；这两个条件都阻碍了文本编码实践的普及与发展。此外，网络上数字版本的出版和维护需要足够的基础设施，这也超出了大多数编

---

[1] 分别参见：http://www.juxtasoftware.org/和http://v-machine.org/。Juxta是在19世纪电子学术的网络基础设施框架内开发的一个项目（http:// www.nines.org/），而Versioning Machine则是由苏珊·施莱布曼领导的团队开发的。

辑的资源范围。因此，文本学术界和数字人文学科界之间需要密切合作，以产生有意和可持续的编辑工作和工作流模型，这些工作和工作流包含合理的计算素养，同时又不会失去文本编码带来的授权。而困难则在于如何确定其界限，即哪些技能和专业知识应该单独从编辑那里获得（这反过来意味着知道应该教给年轻学者什么知识），以及哪些应该由工具来处理。一方面，正如我们将在下文中所谈及的那样，期望工具能够处理大量的编辑工作可能不仅过于乐观，而且风险也太大；另一方面，期望编辑在计算能力上完全自给自足也是不合理的，仍然需要在这两种期望之间找到一种困难而微妙的平衡。

将编辑转换为一个编码器可以被视为提高人们表现要编辑的材料的能力的一种方式，但这也可能是一种令人不适的、不安的变化[①]，甚至超出了编辑关注的范畴。事实上，布里（Bree）和麦克拉弗蒂（McLaverty）抱怨过这样一个事实，即在数字编辑中，"学者很可能还必须获得对自身可能非常有用且有趣的技能，但这些技能与可以被认为是对学术研究作出直接贡献的技能相比则相去甚远"（Bree and McLaverty，2009：127）。当新一代接受过数字化培训的年轻学者占据主导地位时，这种看法是否会消失？有可能。然而，缺乏支持工具和基础设施，以及学术界对数字化成果更为广泛的接受，使年轻学者无法参与到数字编辑工作中。提供一个使年轻学者更容易接触到新方法的环境，必然在未来几年发挥重要作用。

当灵活性太大时：为文本学者构建工具

那些已开发（和正在开发）并取得不同程度成功的编辑工具旨在支持一系列学术研究工作：转录、传真分析和分词、校勘、关键工具和词干的构建、比较、语言分析，以及上述两种或两种以上的组合。然而，尽管可用的工具数量相对较多，但这些工具很少能适合这项工作，并且在产生这些工具的环境之外，它们的影响仍然很小。

TEI作为建模和研究工具的最大优点之一是它的丰富性和灵活性。正如我们已经看到的那样，TEI提供了不止一种方式来编码看似相同的现象，只是与不同编码相关的意义略有不同。这可以被视为确定TEI作为主要来源编码和数

---

① 例如，参见蒂姆·麦克洛林（Tim McLoughlin）（2010）的一篇文章，其中学习TEI并将其用于编码一系列文本的经验，生动地描述了这种体验所带来的困难的类型。另外，雷宾（Rehbein）（2010）在一篇同样详细的文章中逐点回答了他的问题。

字版本创建的最常用框架的特征之一，因为它为学者提供了尽可能切实实现其研究目标的可能性。然而，这一相同的特点使得开发通用工具变得极其困难，这些工具可以帮助TEI学习者在很短的时间内掌握这些新技能。实际上，为了构建文本学者可能用于编辑的工具，开发人员需要预见学者希望执行的任务；换言之，开发人员必须对学者的工作进行建模。然而，这说起来容易，实践起来却很难。虽然对一位学者的工作模式甚至是一个小团体的工作模式进行建模（相对）简单，但是对大型社区的工作模式进行建模则复杂得多，这在很大程度上是由于他们在工作流基础上采用了不同的理论方法，他们打算发布的编辑文本的类型也不尽相同，以及他们所持有的不同的民族习惯和学科特质。要使跨学科的学者就一套标准达成共识似乎遥不可及，正如塔拉·安德鲁斯（Tara Andrews）（2013：63）所谈及的那样："灵活性和可定制性目前对文本学者来说，比那种允许数字批判本取得真正突破的标准化更为重要。"

在提供工具方面，编码模型的灵活性并不是唯一的问题。开发和采用支持文本学术的工具是一个微妙的操作，它本身就有可能导致未来学术的深刻变化。这是因为，在循环模式中，开发人员要构建一个工具则必须对编辑的行为进行建模，但是，一旦生成了该工具，该工具本身将决定未来的行为，因为编辑可能会尝试以一种与该工具的预期兼容的方式对他们的数据和工作进行建模。当然，这并不是什么新鲜事。如上所述，印刷品也是如此，TEI本身也是如此：它的发展是由编辑工作的分析和建模决定的；另一方面，TEI的存在正影响着编辑的工作方式。因此，学术界参与工具和模型的开发也是至关重要的，并且这些工具和模型必须从社区内部加以阐述，以确保这些开发能够满足编辑的需求，而不是迫使他们受到限制学科发展因素的约束。考虑到编辑工作和工具开发所要求的不同功用性和专业性，在一定程度上有必要将编辑工作和工具开发区分开来；然而，它们也必须相互协作，才能产生持久的结果。

重叠层次结构，分离式标记和解释

基于XML（以及遵循类似标准的许多其他语言）进行文本编码的主要挑战之一，即这种语言无法处理所谓的重叠层次结构（overlapping hierarchies）。根据XML的规则，如果想要对诗行和句法边界进行编码，则必须选择是否将诗行结构优先于句法结构，或者反之亦然。两者不能兼得，因为诗律和语法的边界只是偶尔重合，而XML要求其中一个始终包含在另一个之中。例如，如果关注托马斯·艾略特（T. S. Eliot）创作的《荒原》（*Waste Land*）的前四行，就会发现不可能同时用XML对诗行和分句进行编码，因为这部分诗歌系统地使用了跨行接续方式（逗号标记分句的边界）：

> April is the cruellest month, breeding
>
> lilacs out of the dead land, mixing
>
> memory and desire, stirring
>
> dull roots with spring rain.
>
> （四月是最残忍的月份，
>
> 从死去的土地里培育出丁香，
>
> 把回忆和欲望混合在一起，
>
> 用春雨搅动迟钝的根蒂。）

同样的问题也发生在人们试图编码时，比如说，在删除之后开始并继续的下划线，或者影响文本重叠部分的异读，或者出现许多其他情况；事实上，所有的文本都以这样或那样的方式重叠。在单个有序层次结构中构建每一个XML文件的必要性在于开发内容对象的有序层次结构［ordered hierarchy of content object，简称OHCO（DeRose et al., 1990）］模型的基础。这就是说，每个文本都可以被简化为单个层次结构，每个层次结构的组成部分可以完美地包含在彼此之间。然而，文本的现实情况表明，这种情况几乎从未出现过，因为可以同时采用多种观点。詹姆斯·卡明斯（James Cummings）列出了一系列可能有助于绕开这一问题的高度复杂的方法，即：

- 通过多种形式对同一信息进行冗余编码（redundantly encoding）；
- 重建文本结构，将相互竞争的层级结构合并为非TEI形式；
- 元素切分和将单个元素虚拟地重新创建为多个部分，每个部分都适当嵌套；
- 使用转折点符号（milestones）以形成非嵌套结构开始和结束元素位置的边界标记；
- 分离式标记（standoff markup），将文本与注释和虚拟再创建的元素分开；

● 许多竞争的非XML解决方案。（Cummings，2008：463）

存在如此多可能的解决方案表明，没有一个解决方案是完全适合解决这个问题的；此外，它们的复杂性超出了大多数学者兼编码者（scholar-encoders）的能力。诚然，多年来，层次结构重叠的问题一直是学术界争论的焦点，学者们对此提出了不同的看法。杰罗姆·麦甘恩（2010）事实上已经声明，TEI对文本学术的主要贡献在于证明了OHCO模型是错误的，通过这一点，他认为TEI的主要贡献恰恰在于它作为一种文本学术版本编码格式的失败。人们可以赞同这种观点，事实上，XML的内在局限性是非常严重的；由于不存在现成的解决方案，学者们试图通过限制自己的研究范围来解决这个问题，而不是自由地追求他们的研究目标，而且这种解决方案远非理想。然而，还需要注意的是，TEI和文本编码比OHCO有更多的内容；特别是，正如前面的讨论所示，TEI的主要意义可以追溯到用于描述和说明编辑工作所提供的分类法，以及建立一个使用和维护它的国际研究社区。

在卡明斯列出的可能的"解决办法"中，有一种方法得到广泛共识，即采用"分离式"标注（"standoff" annotation）。（Eggert，2005；Cummings，2009；Schmidt，2010）根据这种方法，需要维护一个"低密度"XML源文件（例如，仅具有最少标记的文本），将所有复杂和存在冲突的标记层保存在单独的文件中，这些文件返回源文件，并由用户根据请求加以实例化［或者像贝里（Berrie）等人那样即时实例化，2006］。另一种更为激进的方法是，一方面看到纯文本文件，另一方面看到非XML分离式标记。这一解决方案尤其受到施密特（Schmidt）（2010）的支持，他认为在文本中嵌入XML标记在实践中和方法上都不适合文化遗产材料，而分离式标记则支持更好地管理知识和实现互操作性。在他看来，嵌入式标记使得共享文件变得不可能，因为它们不可避免地会被编辑的解释所干扰。因此，潜在的假设是：从标记中"抽离"的文本是不需要解释的文本。（Eggert，2005；Berrie et al.，2006；Schmidt，2010）

不幸的是，这种假设是不可持续的：所谓的"纯文本"（即没有XML编码等可见代码的文本）不是没有解释的文本，而是通过编写惯例和隐式假设来传达解释的文本，而不是通过诸如XML中的显式标记加以传达。计算机标记系统的使用支持对编辑工作进行清晰和可靠的记录，而这些内容往往被清晰的阅读文本所掩盖。事实上，大多数段落符号（标点符号、破折号、括号、重音符号、撇号等）以及惯例（大写字母、空格、换行符等）都被视为几千年以来写作惯例发展演变的结果；此外，在大多数情况下，它们不是随文本而生的，而是由编辑根据自己的解释而引入的，以使文本更容易为现代读者所接受。实际上，如果一篇文章是在古代、中世纪、早期现代或现代时期写作的，那么它现在所用的标点符号至少有一部分（如果不是全部的话）很可能不是作者原始文本中的，而是在某些时候被有意插入文本的，无论是编辑人员、排版人员还是转录员做的。

例如，如果我们看到任何现代版本所呈现的莎士比亚文本，几乎整个段落系统都是一个或多个编辑的产物，从而重新定义他们对文本的解释。事实上，这种系统是现代写作的一部分，因此对现代读者来说似乎是"自然的"，这一事实并不能改变其解释性质，例如，观察到莎士比亚文本的两位编辑都没有统一标点符号就证明了这一点。这些符号和惯例本身可以被认为是一种标记，因为它们是由编辑添加到大多数文化古籍文本中的，以便指示TEI所处理的许多相同的内容（诗句、从句、专有名词等），但是这一次的目的是使文本更具可读性。持有这一观点的作者是夏洛特·鲁奇（Charlotte Rouché）（2012），其追溯了一段与标记相关的悠久的历史，从古至今，从"连写字"（*Scriptio Continua*）（古希腊和大多数古拉丁语文本的特征是没有空格或标点符号，只用大写字母写成）追溯到XML，同时还讨论了如何逐步（但不是线性地）采用诸如单词间距和段落符号等标记来支持不同形式的阅读和文学。①然后，鲁奇讨论了学术标记的引入，比如莱顿公约，它使我们顺利地进入文本编码，标记既可以帮助阅读（由人和计算机），也可以作为学术惯例。

假设没有（XML类型）标记的文本是没有解释的文本，那么这一假设的第二个可能更为危险的含义是，客观文本可以而且确实存在于编辑调解的谈判和文化辩证法之外，而编辑调解反过来是解释性的。考虑到这个假设的一个极端反例，即在我们通常所称的荷马史诗《奥德赛》（*Odyssey*），它的每一个

---

① 关于标点符号的"发明"，作出最重要贡献的当然是帕克斯（Parkes）（1992），鲁奇（2012）经常引用。相反，施密特（2010：338）认为标记系统和段落系统是两个截然不同的实体，不应混为一谈。

单词，它的位置，它所属的结构，比如诗句，都是千百年来层层编辑惯例和折中的结果。它最久远的见证人比所谓的创作日期晚了几百年，因此只能使用假设来推断在那个时间差中发生了什么——这些假设令人着迷，但基本上并未得到支持。

分离式标记可能是解决严重问题（重叠层次结构问题）的一种实用而巧妙的方案，它使不同级别的编码能够共存，但是它与解释或缺少解释无关。即使是在阅读一份清晰干净的文本时，我们也不能忘记它在本质上具有解释性。学者们可能会决定就文本的某一特定版本达成一致，但这只能从文本的本质来看，即一种实用主义的妥协，一种有效的假设。在文本学术中使用标记固然有缺点，但从学术和方法论的角度来看，人们不能轻易忽视其无可争辩的优势，其中最重要的不是避免编辑解释的可能性，而是使编辑解释变得明确和可靠。

结　论

数字编辑是一个统一的现实。人们甚至可以说，所有的编辑都已经是数字化的，因为所有的现代版本都是在计算机的支持下编写的，哪怕只是作为排字机和文字处理器。然而，只有一小部分版本的编写方式充分利用了为那些采用文本编码作为工作方法的编辑所提供的可能性和优势。为了使人们更容易获取这种方法以及获得它所带来的特权，还有很多工作需要去处理。在这种情况下，学者和开发者之间的协作仍然至关重要。这样的合作并不新鲜：编辑总是与来自出版业的专业人员进行合作。然而，技术基础设施的变化促使现在亟须建立新型的合作关系，虽然这种变化可能会令人不安，甚至不受欢迎，但它是紧迫的，同样也是必要的。

在过去的几年里，数字出版物主要以电子书的形式出现，这一趋势无疑会增强。这些产品几乎掩盖了将自己呈现为印刷书籍替代品的企图，而页面式的隐喻是它们的定义特征之一。但是，由于这种页面式的表示是可以调整大小的，因此，像学术版本所要求的那种复杂而可控的排版布局是不可能实现的。此外，当谈及基于网络的学术版本所提供的功能时，电子书的格式远远不够；事实上，电子书在设计时就考虑到了图书的高度简化的模型，即一种适合现代小说和散文的模型。如果没有编辑社区积极参与数字媒体（就像学术界在其早期参与印刷工作一样），那么存在的风险是，我们将不得不使用并不充分的模型来表示，这些模型没有考虑到学术编辑文本等文化复杂产品的需求。正如来自鹿特丹的皮埃特罗·本博（Pietro Bembo）和伊拉斯谟（Erasmus）在16世纪的威尼斯与阿尔杜斯·马努蒂乌斯（Aldus Manutius）进行合作一样，文本学者应该感受到与开发者和整个数字世界合作的重要性，以便开发出能充分支持其学术活动的模型和工具。只有这样，我们才能为编辑人员的工作和编辑事业的繁荣发展创造一个友好且富有成效的环境。

参考文献

[1] Aarseth, E. 1997. *Cybertext. Perspectives on Ergotic Literature Cybertext. Perspectives on Ergotic Literature*. Baltimore: Johns Hopkins University Press.

[2] Andrews, T.L. 2013. The third way: philology and critical edition in the digital age. *Variants* 10, 61–76.

[3] Bree, L., and McLaverty, J. 2009. The Cambridge Edition of the works of Jonathan Swift and the future of the scholarly edition. In *Text Editing, Print and the Digital World*, ed. M. Deegan and K. Sutherland. Aldershot: Ashgate, 127–136.

[4] Berrie, P., Eggert, P., Tiffin, C., *et al.* 2006. Authenticating electronic editions. In *Electronic Textual Editing*, ed. L. Burnard, K. O'Brien O'Keeffe, and J. Unsworth. New York: Modern Language Association, 269–276.

[5] Bodard, G., and Garcés, J. 2009. Open source critical editions: a rationale. In *Text Editing, Print and the Digital World*, ed. M. Deegan and K. Sutherland. Aldershot: Ashgate, 83–98.

[6] Burghart, M., and Rehbein, M. 2012. The present and future of the TEI Community for Manuscript Encoding. *Journal of the Text Encoding Initiative* 2. http://jtei.revues.org/372 (accessed February 12, 2014).

[7] Cummings, J. 2008. The Text Encoding Initiative and the study of literature. In *A Companion to Digital Literary Studies*, ed. R.G. Siemens and S. Schreibman. Oxford: Blackwell, 451–476.

[8] Cummings, J. 2009. Converting Saint Paul: a new TEI P5 edition of "The Conversion of Saint Paul" using stand-off methodology. *Literary and Linguistic Computing* 24 (3), 307–317.

[9] DeRose, S.J., Durand, D.G., Mylonas, E., *et al.* 1990. What is text, really? *Journal of Computing in Higher Education* 1 (2), 3–26.

[10] Driscoll, M.J. 2006. Levels of transcription. In *Electronic Textual Editing*, ed. L. Burnard, K. O'Brien O'Keeffe, and J. Unsworth. New York: Modern Language Association, 254–261.

[11] Eggert, P. 2005. Text-encoding, theories of the text, and the "work-site". *Literary and Linguistic Computing* 20 (4), 425–435.

[12] Eggert, P. 2009. *Securing the Past: Conservation in Art, Architecture and Literature*. Cambridge: Cambridge University Press.

[13] Elliot, T., Bodard, G., Mylonas, E., *et al.* 2011–2013. EpiDoc guidelines: ancient documents in TEI XML. http://www.stoa.org/epidoc/gl/latest/ index.html (accessed February 12, 2014).

[14] Elsschot, W. 2007. *Achter de Schermen*, ed. V. Neyt, P. de Bruijn, and D. van Hulle. Antwerp and The Hague: Universiteit Antwerpen, and Huygens Institut.

[15] Finneran R.J., ed. 1996. *The Literary Text in the Digital Age*. Ann Arbor: University of Michigan Press.

[16] Greetham, D.C. 1994. *Textual Scholarship: An Introduction*. New York: Garland.

[17] Hunter, M. 2007. *Editing Early Modern Texts: An Introduction to Principles and Practice*. New York: Palgrave Macmillan.

[18] Jannidis, F. 2009. TEI in a crystal ball. *Literary and Linguistic Computing* 24 (3), 253–265.

[19] Kline, M.-J., and Perdue, S.H. 2008. *A Guide to Documentary Editing*. Charlottesville: University of Virginia Press.

[20] Mahony, S., and Pierazzo, E. 2012. Teaching skills or teaching methodology? In *Digital Humanities Pedagogy: Practices, Principles and Politics*, ed. B.D. Hirsch. Cambridge: OpenBook, 215–225. http://www.openbookpublishers.com/htmlreader/ DHP/chap08.html#ch08 (accessed February 12, 2014).

[21] McGann, J. 1991. *The Textual Condition*. Princeton, NJ: Princeton University Press.

[22] McGann, J. 2010. Electronic Archives and Critical Editing. *Literature Compass* 7(2), 37–42.

[23] McLoughlin, T. 2010. Bridging the gap. In *Jahrbruch für Computerphilologie*, ed. M. Rehbein and S. Ryder, 10, 37–54.

[24] Panciera, S. 1991. Struttura dei supplementi e segni diacritici dieci anni dopo. *Supplementa Italica* 8, 9–21.

[25] Parkes, M.B. 1992. *Pause and Effect: An Introduction to the History of Punctuation in the West*. Aldershot: Ashgate.

[26] Pierazzo, E. 2014. Digital documentary editions and the others. *Scholarly Editing*, 35.

[27] Pierazzo, E. 2015. Lo 'Stufaiuolo' by Anton Francesco Doni. A Scholarly Edition. *Scholarly Editing*, 36. http://www.scholarlyediting.org/2015/editions/ intro.stufaiuolo.html.

[28] Price, K.M. 2008. Electronic scholarly editions. In *A Companion to Digital Literary Studies*, ed. R.G. Siemens and S. Schreibman. Oxford: Blackwell, 434–50.

[29] Rahtz, S. 2006. Storage, retrieval, and rendering. In *Electronic Textual Editing*, ed. L. Burnard, K. O'Brien O'Keeffe, and J. Unsworth. New York: Modern Language Association, 310–333.

[30] Rehbein, M. 2010. The transition from classical to digital thinking: reflections on Tim McLoughlin, James Barry and collaborative work. In *Jahrbruch für Computerphilologie*, ed. M. Rehbein and S. Ryder, 10, 55–67.

[31] Rehbein, M., and Fritze, C. 2012. Hands-on teaching digital humanities. In *Digital Humanities Pedagogy: Practices, Principles and Politics*, ed. B.D. Hirsch. Cambridge: OpenBook. http://www. openbookpublishers . com/ htmlreader/DHP/chap02.html#ch02 (accessed February 12, 2014).

[32] Renear, A. 2004. Text encoding. In *A Companion to Digital Humanities*, ed. S. Schreibman, R. Siemens, and J. Unsworth. Oxford: Blackwell, 218–239. http://www.digitalhumanities.org/companion (accessed February 12, 2014).

[33] Rouché, C. 2012. Why do we mark up texts? In *Collaborative Research in the Digital Humanities*, ed. M. Deegan and W. McCarty. Farnham: Ashgate, 155–162.

[34] Schmidt, D. 2010. The inadequacy of embedded markup for cultural heritage texts. *Literary and Linguistic Computing* 25 (3), 337–356.

[35] Shillingsburg, P. L. 2006. *From Gutenberg to Google*. Cambridge: Cambridge University Press.

[36] Sperberg-McQueen, C. M. 2009. How to teach your edition how to swim. *Literary and Linguistic Computing* 24 (1), 27–52.

[37] Tanselle, G. T. 1978. The editing of historical documents. *Studies in Bibliography* 31,

1–56.

[38] TEI Consortium. 2009. *TEI P5: Guidelines for Electronic Text Encoding and Interchange*. http:// www.tei-c.org/Guidelines/P5 (accessed February 12, 2014).

[39] Van den Branden, R., Terras, M., and Vanhoutte, E.2010. *TEI by Example*. http://www.teibyexample.org (accessed February 12, 2014).

[40] Vanhoutte, E. 2007. Traditional editorial standards and the digital edition. In *Learned Love: Proceedings of the Emblem Project Utrecht Conference on Dutch Love Emblems and the Internet (November 2006)*, ed. E. Stronks and P. Boot. The Hague: DANS – Data Archiving and Networked Services, 157–174.

[41] Vanhoutte, E. 2010. Defining electronic editions: a historical and functional perspective. In *Text and Genre in Reconstruction: Effects of Digitalization on Ideas, Behaviours, Products and Institutions*, ed. W. McCarty. Cambridge: OpenBook, 119–144.

22. 数字物质性[①]

悉妮·J. 谢普（Sydney J. Shep）

保罗·埃里克森（Paul Erickson）（2003：110）曾经说过，图书历史学家"准备为我们理解新的电子媒体作出巨大贡献"（Erickson，2003：110）。人们意识到沟通始终是一种中介经验（mediated experience），结合取证分析（forensic analysis）和书目想象的技能，这与图书和包括电子记录在内的任何其他材料形式有关。研究的核心是对数字物质性（digital materiality）的理解，不是利用物理、代理和虚拟之间的表面区别来界定网络空间的无形性，而是作为无处不在的、留下痕迹的电子硬件和软件的可触及的比特和字节，这可以被看作创建、传播、接收和保存这些新的传播形式的物质基础。在这个数字化的时代，实体（"硬"）和电子（"软"）出版物共存，通常是以混合的形式出现。马克·丹涅列夫斯基（Mark Z. Danielewski）的《叶之屋》（*House of Leaves*）（2000）和《只有革命》（*Only Revolutions*）（2006）架起了印刷和数字文化之间的桥梁，并构建了高度互动、自我反思的作品。威廉·吉布森的早期电子文本《阿格里帕》（1992）将其物质性表现为一个计算机磁盘和一本限量版艺术家的图书；在屏幕上，加密的300行诗意代码一经读取就会自动删除；另外，这本书的感光页在光照下会褪色。本文旨在探讨数字物质性的概念，它是如何在元数据、界面、带有时间和日期戳的信息处理中以及在当代多重性背景下、用户和形式的多元交互中被捕获的。

在讨论吉勒文学奖（Giller Prize）获奖小说《感伤主义者》（*The Sentimentalists*）的过程中，数字人文学者、图书历史学家和媒体考古学家艾伦·加利（Alan Galey）（2012）提出了一个从表面上看似乎很简单的问题：精美印刷的限量版作品、大众市场平装图书和电子书之间有什么不同？乍一看，答案可能在于物理和数字、材料和虚拟之间的明显区别；一种是发挥到极致的物理创作实践，

[①] *A New Companion to Digital Humanities*, First Edition. Edited by Susan Schreibman, Ray Siemens, and John Unsworth.

© 2016 John Wiley & Sons, Ltd. Published 2016 by John Wiley & Sons, Ltd.

从手工设置金属字体到在受潮的手工纸张上进行手工印刷，再到手工装订最终作品。另外两种是用数字文本制造的，商业平装书是通过数字方式印刷在机器制造的纸张上，然后由机器进行装订；电子书则是通过专门软件编码并交付给科博阅读设备（Kobo reading device）。然而，通过关注标题页、字体和题词中所包含的书目代码，加利证明了不仅当代出版一直都是数字化的，而且数字的物质性是通过有意的语言越界行为暴露出来的：暴露和阅读计算机代码；识别元数据中的异常情况；突破科博数字版权管理系统的安全墙。新媒体取证是数字人文智力工具包的一部分，它依赖于对数字形式的基本物质性的认识，提取数字形式存在的证据，并解释其个别、独特的表现形式。

在科学家将纳米尺度确定为物质和非物质之间的精确阈值之前（Kirschenbaum，2008：2），网络空间及其电子比特和字节的世界通常被认为是无形的、看不见的、短暂的、不稳定的和虚拟的。人为干预的能力被认为是神奇的，而数字对象的提供被认为是神秘的，只对技术发起者开放。这种修辞与物理世界的修辞形成鲜明的对比，物理世界有形的、可替代的、可见的存在遵循传统物理学的正常的、可观察的定律，并保持可预测性和可靠性。然而，自21世纪初以来，数字对象应该被重新概念化为物质，而不是虚拟的想法；这一观点已经成为人文科学中大量学术研究的主题（McGann，2001；Hayles，2002；Drucker，2003；Lavagnino et al.，2007）；它也引起了社会科学领域（Hindmarsh et al.，2006；Hand，2008）和信息科学领域（Orlikowski，2006；Leonardi，2010）的关注。学者们越来越多地认识到，数字物质性，无论是数字化的还是原生数字物体，在术语上都不是矛盾的，而是一个简明扼要地概括了意义创造和知识生产过程的短语，它强调的是实践中的技术，而不是最终的技术制品。

文本学术、电子编辑和新媒体史学都对印刷和数字形式、模拟—数字连续体（analog-digital continuum）和数字物质性之间的关系进行了大量有意义的讨论。从麦克肯齐（D. F. McKenzie）（1986/1999，2002）提出了涵盖所有传播媒体（包括数字媒体）的文本社会学，到杰罗姆·麦甘恩的"文本社会化"（socialization of texts）概念（1991），该概念为当前社会本的讨论提供了支持（Siemens et al.，2010）；从乔安娜·朱可早期对艺术家图书、可见版式和图形形式的研究（1994，2003）到艾伦·刘（1994）对数字媒体在编码实践和网络传输的必要性方面所声称的超越性的质疑，物质性被视作"可持续辩证法"的一部分（Drucker，1994：43），其现象学的存在与解释的过程密不可分。丽莎·吉特尔曼（Lisa Gitelman）（2006）对从18世纪早期至今的"新"媒体研究丰富了我们对模拟和数字形式相互渗透的理解（Gitelman，2006：95—96）。凯瑟琳·海尔斯（N. Katherine Hayles）（2012）继续对假设这种交际连续体（communication continuum）、理解人类与技术的混合性、探索技术起源（即人类与技术的共同进化）所固有的挑战与机遇做出富有挑战性的回应。图书历史学家罗杰·查蒂尔（Roger Chartier）提醒我们，物质实例化也是一种参与行为："阅读不仅仅是一种纯粹抽象的智力活动；它也涉及身体，被设定在一个空间内，并暗示着一种与自己或他人的关系。"（Chartier and Cavallo，1999：4）正如保罗·埃格特（Paul Eggert）（2005：428）所指出的那样，即使是跨媒体形式，"无论文本载体是物理页面、计算能力，还是传播口头诗句朗诵的声波，文本的存在总是依赖于物质条件"。媒体考古学学者和新唯物主义的支持者，如沃尔夫冈·恩斯特（2011）和朱西·帕里卡（Jussi Parikka）（2012a，2012b）也强调了物质材料在他们研究文化硬件和软件时的中心地位。

马修·基申鲍姆（2008）在揭露数字非物质性的触觉谬论时，区分了两种类型的数字物质性：取证的和形式的。取证物质性包括生产、分配、接收和保存的物证，这些物证可以通过识别和分析各种肉眼可见或通过仪器可以获取的痕迹、残留物、标记和铭文进行检测。一方面，芯片、触摸屏、终端、电缆、键盘和鼠标都可以记录人机交互；另一方面，纳米技术的磁力显微镜可以显示切入计算机磁盘上的位模式，并揭露出物理基板的化学降解或多重覆盖所造成的可恢复的损坏区域。数字取证类似于从事手稿和印刷工作的图书历史学家和书目研究人员的实践活动，他们分析了纸张合成和制造的物理特征，笔迹风格和油墨、版画、插图和装订技术等其他物质表现形式。两者都包含一种"犯罪现场调查"（crime scene investigation）过程，该过程使用现有的物证和归纳推理来论证文本传播的模式、合法或非法干预的模式，或者出版过程中人工遗产的模式。加利在本文开篇的《感伤主义者》案例研究中，说明了出版商是如何利用数字文件对科博电子书封面插图的文件名和格式进行分析，这些数字文本生成了在传统活版印刷版中手工印刷的感光聚合物，从而使相互排斥的印刷和数字形式的简单二进制变得复杂。

无论是单个软件程序的结构、嵌入式数据标准和元数据编码，还是操作系统配置，形式物质性与数字媒体的体系结构及其符号形式密切相关。就像取证物质性（物证）一样，总是有一种物理表现形式，但是取证关注的是属性，而形式物质性集中于数字环境，基申鲍姆（2008：11）将其定义为"一种由其传播非物质行为的错觉（或称其为工作模型）的能力所支持和维持的抽象投影：无歧义的识别、无损失的传递、无原创性的重复"。尽管存在这种错觉，但可以使用诸如"显示源"（reveal source）和"显示标头"（show header）之类的内置功能，或者通过部署密钥来正式揭露现有内容（如果隐藏）；错误的存在会揭示出运行中不完善系统的致命弱点。例如，在确定小说《感伤主义者》电子书中的题词为何有不同的顺序时，加利深入研究了推动出版的SQL数据库，并发现了一个编码转换，该代码传递了错误的信息，破坏了初始文本的逻辑顺序。

乔安娜·朱可（2013）最近提出，在取证和形式词汇中增加两种形式的物质性：分布式（distributed）和表现式（performa-tive）。它们都有益地补充和扩展了基申鲍姆的研究，并借鉴了广泛的哲学知识和方法。基于信息学和加密专家让–弗朗索瓦·布兰切特（Jean-François Blanchette）的研究，分布式物质性与"任何数字制品的基本存在都依赖于相互依赖的复杂关系"有关；也就是说，涉及"驱动器、存储器、软件、硬件、系统和网络的功能所依赖的相互依赖的分层偶然性"（Drucker，2013：Paras. 21，6）。表现式物质性来源于认知、感知、读者反映、文本解释学和界面设计的研究，进一步强调了物质性的功能维度，它的存在由使用性、交互性、过程定义并相互依赖；也就是说，"必须从它的功用，即它如何在机器、系统和文化领域发挥作用的角度来进行理解"（Drucker，2013：Para. 4）。正如朱可所解释的那样：

> 因此，表现式物质性的多个方面都涉及数字媒体的每一层——在对材料基质的相互依赖性和偶然性的分析中，在对从代码到作为表现式行为的处理的显示生产过程的描述中，在用户参与观看的生成性体验中，以及在数字技术可变基质里文本的可变性和可重复性中。虽然这样的描述听起来像是对数字媒体基本特征的描述，但它也意味着描述这些特征总是在偶

然场（contingent fields）、流（flows）和重构它们的关系中运行的方式。（Drucker，2013：Para. 13）

在万维网推出近三十年后，我们很容易就能识别无处不在的计算机硬件，如智能手机、平板电脑、笔记本电脑或电子阅读器，它们与作为实体的椅子、桌子、咖啡杯或茶杯一样具有物质性。即使是软件及其用户也会在硬盘、服务器和"云"（cloud）上留下有形的、可恢复的痕迹。数据结构和文件格式是同样有形的，同样可恢复的；我们知道，计算机黑客既擅长揭露信息体系结构，又擅长识别可驱逐和破坏其系统的虫洞。因此，虽然我们可以同意数字世界和物理世界一样充满了各种内容，但如果这些内容只在与像我们这样的有感知的存在交互时才有意义，那会如何？包括朱可在内的许多学者认为，物质性只存在于感知行为、表现行为、使用行为和实践行为中。正如莱奥·纳尔迪（Paul Leonardi）在信息系统和组织管理方面所建议的那样：

> "物质性"不是指人工制品的固有属性，而是指人工制品在与创建和使用它们的人的关系中存在的方式。这些可供选择的、相关的定义将物质性"移出人工制品"，进入人与人工制品之间的交互空间。无论这些人工制品是物理的还是数字的，它们的"物质性"在很大程度上取决于它们的使用时间、方式和原因。这些定义表明，物质性不是人工制品的属性，而是人工制品与生产和消费它们的人之间的关系的产物。（Leonardi，2010）

为了重新概念化物质性的工具性，海尔斯主张将实体性（physicality）与物质性（materiality）进行必要的区分：前者是一个本体论上的离散实体，后者是通过参与行为或者如她所说是"注意力机制"的新兴属性，这种机制识别和隔离一个或多个具体的物理属性。（Hayles，2012：91）正如她所指出的："物质性产生于一个物质世界的丰富性和人类智能之间的动态相互作用，因为人类智能塑造了这种物质性来创造意义。"（Hayles，2002：33）。海迪·盖斯马尔（Haidy Geismar）（2013）关于对象管理、博物馆策展和数字归还领域中有关物质性和元数据之间关系的实践在这里是恰当的。她认为，数字化应该被定义为一种形式和过程，而不是一种固定的材料或媒介。根据盖斯马尔的说法，通常被描述为可编辑、交互式、开放式和分布式的数字对象的特征是情感关系的结果,而不是数字技术本身固有的特质。根据霍斯特(Horst)和米勒(Miller)的人类学观点,"将数字定位于社会关系和文化差异的研究之中"(Geismar,2013),她认为物质性和社会性是相互构成的,是一种流动的、相互关联的、物体和实践的混合景观。在这种观点下,元数据成为认识论的另一个词;它记录的不是似是而非的无价值或中立的信息描述,而是一种处于时间和空间中的社会隐含的建构行为。例如,当前在关于远读、机读或超阅读及其与细读传统的关系的辩论中,人文学者们已经恢复了注意力机制和情感的概念,以记录表层或深层阅读的具体的、社会的和政治的影响过程。(Price,2009;Ramsay,2011;Nuttall,2011;Hayles,2012)同样对物质性的持续辩证法的回应为这些新的研究方向奠定了基础。

如果说元数据标志着数字物质性的社会学维度,那么最近创造的一个术语"并行数据"(ParaData)——用于描述对数字人文项目决策中各个方面的自动化和语义化过程的捕获和记录——就暴露了其本体论基础和偏见,如果不是形而上学的话。"并行数据"或"过程性学术"(processual scholia)是一种知识透明的形式,它使"基于计算机的文化遗产可视化……作为研究和展示过去文化的有效学术方法"合法化。(Bentkowska-Kafel et al.,2012:245)就像取证式、形式化、分布式和表现式物质性一样,它被记录在物理痕迹中,正如威拉德·麦卡蒂在计算模型中指出的那样,这些痕迹反映了"认识过程中的临时状态,而非知识的固定结构"(参见Bentkowska-Kafel et al.,2012:248)。并行数据揭示了我们所知事物的本质,但是,与元数据结合起来,同样可以揭示我们是如何知道我们所知道的事物。

在弗兰克·厄普沃德(Frank Upward)对文件连续体建模的基础上,澳大利亚档案和记录保存从业者苏·麦克米希(Sue McKemmish)(1996)提出记录和档案总是处于"成为的过程"中,并声称它们既包含"我的证据",也包含"我们的证据",这是一种随时间和空间变化的社会契约。我们如何识别和分析这些无生命和有生命物体之间的关系?一种方法是通过深入理解吉布森(1979)所提及的"可供性"概念;也就是说,一组流动的、偶然的能力定义了如何使用物体,即使这些能力在不同用户和在不同时空连续体中有所不同。可供性是指非人类事物或物品成为知识建构的行动者或代理者的方式,或者在社会符号学领域中被称为"辩证的舞蹈"(Sewell,2005:92)。在主张对社会行为的技术塑造形成一个新的理解，而不是对技术的社会塑造提出一个过于简化和还原的概念时，伊恩·哈奇比（Ian Hutchby）（2001）认为："可供性并不完全是人或人工制品的属性——它们是在人及其所接触事物的物质性之间的关系中构成的……人工制品的功能可供性可以在不同环境中不断发生变化，即使它的物质性并不会发生改变。"（Hutchby，in Leonardi，2010）也许更为简单的是，"当这些研究人员将数字制品描述为具有'物质'属性、方面或特征时，我们可以有把握地说，它们之所以成为'物质'，是因为它们提供了能够支持或限制行为的能力"（Leonardi，2010）。

　　这种功能或可供性的存在已经引起了人们关于对象、人工制品和事物的物质性和工具性方面的大量争论。布鲁诺·拉图尔对行动者网络理论（actor-network theory）的发展取决于对事物的广泛定义，这种定义包含并体现了物理对象、生命形式、数字对象、概念、词语、知识体和实践，以及动态交叉和转译的网络模型，同时这种模型登记并记录了作为行动者的事物本质上"不变/可变"的性质。（Latour，2005：196）德勒兹（Deleuze）和瓜塔里（Guattari）（1987）提出了一种由流浪或游牧事物的实例构成的线性、非树生的根茎网络概念，这种网络不断地变异和变形，可能是模拟社会和文化，但它也是数字物质世界中物体的有力类比。由美术馆、图书馆、档案馆和博物馆组成的文化遗产或GLAM部门，一直在处理实物、数字化或原生数字的物品。正如凯雷娜·戴维斯·肯德里克（Kaetrena Davis Kendrick）（2013）所指出的那样，信息专业人员的知识框架、方法和活动经常相互交叉，数字人文学者对此非常熟悉。鉴于许多数字人文项目都位于这些公共机构中，因此追踪GLAM部门如何应对数字物质性的挑战可以提供有价值的见解。例如，公共宣传最近采取了实物传记的形式，通过图片、文本和音频的叙述来展示与事物有关的、丰富的、具有人文关怀的故事。这种发展为18世纪的"它—叙事"（it-narratives）提供了一个转折点，这些讲述"叽叽喳喳的纸币、貌似虔诚的硬币、喋喋不休的怀表和自顾自言的鼻烟盒"的故事在19世纪让位于与拟人化的有声读物同步的虚构自传。这些自传往往带有悲剧色彩，从一个所有者到下一个所有者，从一个现场布景到下一个现场布景。（Price，2012：108）英国国家博物馆馆长、《100件文物讲历史》（*A History of the World in 100 Objects*）一书的作者尼尔·麦格雷戈（Neil MacGregor）（2010）赋予这些文物以动画效果，他谈到了"强有力的诗意想象"的必要性，并由此产生了"必要的事物诗意"（MacGregor，2010：XV—XVI，23）。日常物品的"生命"伴随着一个从平凡变成非凡的复兴过程。

博物馆和数据管理专家科斯蒂斯·达拉斯通过术语"事物形成"（thingformation）来描述"一个充满活动、物质缠绕的领域"，在这个领域中，数字媒体被定义为"跨数字领域和物理领域的事物文化的连续性"，从而捕捉到了物体和文化相交汇的方式。他建议，"事物文化"（thing cultures）的整体概念可以作为认识论中充分的数字遗产策展的理论基础（Dallas, 2011: lecture 4），并提出了一个根本性的反思，不仅是对作为策展对象的"事物"的构成，而且对它们所嵌入的文化也是如此。对于数字对象，这些可能包括"文化遗产中的数字基础设施——藏品管理系统、数据库、数字藏品、研究储存库、[和]虚拟博物馆，这些基础设施将物质事物展现为文化活动的场所"（Dallas, in Sanderson, 2014）。同样，桑德森（Sanderson）（2014）关注的是遗产对象的表现式物质性，以及在这些对象和研究者社区之间的中介系统。她提醒人们注意达拉斯的"事物形成论"和厄普沃德的"连续体理论"（continuum theory）之间的相似之处，并指出认识到物体固有的复杂性的理论和实践将会更好地服务于整个GLAM领域知识赋能系统。

哲学家简·贝内特（Jane Bennett）（2010）对事物和文化相互渗透的这种社会学观点表示赞同，她在充满活力的物质和事物的政治生态的背景下讨论了她所说的"物权"（thing-power）概念。她将卢克莱修（Lucretius）、斯宾诺莎（Spinoza）、达尔文（Darwin）和拉图尔等不同学者聚集在一起，倡导一种与人类中心主义和历史唯物主义背道而驰的生机物质主义（vital materialism）。她认为："我们需要培养一点儿拟人论（anthropomorphism）——即人类的能动性在非人类本性中有一些共鸣，以对抗人类主宰世界的自恋倾向。"（Bennett，2010：XVI）然而，就像许多面对物质性的本质化的学者一样，她承认试图描述客体—主体/人类—非人类关系的自给自足性所面临的挑战。很有可能魔力取代虚拟，成为想象数字世界的新空间。文学学者史蒂文·康纳（Steven Connor）的《日用品趣话》（*Paraphernalia: The Curious Lives of Magical Things*）（2013）将"赋魅"（enchantment）置于物质文化的最前沿。康纳唤起的是特定的体验，而不是一般的体验，他对个人与一度崭新的事物的物质接触进行了取证分析，那些事物传递了他所说的"新旧冲击"（the shock of the newly old）。正如他所言：

> 这些事物栖居于空间之中，但却是一种对空间的顺应，随时间不断变化；它们带着朦胧的暮色和色调，将现在的正午白光折射成一道慢性的时间彩虹。这些事物之所以嗡嗡作响，自有其暗示性和重要性，因为它们存在而非完全在场；近在眼前，又不完全是此时此地。（Connor，2013:8）

从闪烁的屏幕到人与技术的混合体，数字物质性是数字人文学科中的核心概念、方法和实践。使用一个工具包，从取证式和正式的物质性，到分布式的和表现式的物质性，我们可以反思当前新兴的但却始终处于历史位置的事物属性。沃尔特·本杰明（Walter Benjamin）（1932/2005）在他的短文《挖掘和记忆》（"Excavation and Memory"）中指出，重要的不是物体本身或考古学家发现的文物目录，而是标记出发现它们的确切位置的行为。（Benjamin，2005：576）在记录这种参与和赋魅的行为时，数字人文学者居住在一个反思实践的世界中，而这个世界的核心是关于数字物质性的关键问题。如果说乔纳森·弗兰岑（Jonathan Franzen）（2010）的作品《自由》（*Freedom*）是一种以无线Kindle下载、泛滥出现的盗版、相应的英国召回、45种亚马逊格式和版本，以及由追随弗兰岑的狂热者所产生的社交媒体互动的多元形式存在，这部作品的历史已经很错综复杂，如果作者的创作过程驻留在一台过时的戴尔机器上，而它的数字复写本可能会或不会作为其文学档案的一部分被收集起来，那就更为复杂了。（Kirschenbaum and Werner, 2014:423—425）正如伊恩·哈奇比（2001：450）所建议的："与其将分析的目光局限于描述、表现或技术的构建，我们需要更多地关注物质基础；物质基础支撑着与人工制品相关的不同行为过程的可能性，也构成了技术参与日常行为的实践框架。"

参考文献

[1] Benjamin, W. 2005. *Selected Writings, Vol. 2, part 2 (1931–1934), "Ibizan Sequence" 1932*, ed. M.P. Bullock, M.W. Jennings, H. Eiland, and G. Smith. Cambridge, MA: Belknap Press, 576.

[2] Bennett, J. 2010. Thing-power. In *Political Matter: Technoscience, Semocracy, and Public Life*, ed. S. Whatmore and B. Braun. Minneapolis: University of Minnesota Press.

[3] Bentkowska-Kafel, A., Denard, H., and Baker, D., eds. 2012. *Paradata and Transparency in Virtual Heritage*. Farnham: Ashgate.

[4] Berry, D. 2012. Introduction: understanding digital humanities. In *Understanding Digital Humanities*, ed. D. Berry. London: Palgrave Macmillan, 1–20.

[5] Chandler, J., Davidson, A.I., and Johns, A. 2004. Arts of transmission: an introduction. *Critical Inquiry* 31 (1), 1–6.

[6] Chartier, R., and Cavallo, G. 1999. Introduction. In *A History of Reading in the West*. Amherst: University of Massachusetts Press.

[7] Connor, S. 2013. *Paraphernalia: The Curious Lives of Magical Things*. London: Profile Books.

[8] Dallas, C. 2011. Thingformation: informing thing cultures, curating digital heritage, Lecture series 22 March – 5 April 2011. Digital Curation Institute, Faculty of Information, University of Toronto. http://entopia.org/costisdallas/ 2011/04/05/spring-lecture-series-at-the-digital- curation-institute-university-of-toronto (accessed January 15, 2014).

[9] Deleuze, G., and Guattari, F. 1987. *A Thousand Plateaus: Capitalism and Schizophrenia*. Trans.Brian Massumi. Minneapolis: University of Minnesota Press.

[10] Drucker, J. 1994. *The Visible Word: Experimental Typography and Modern Art, 1909–1923*. Chicago: University of Chicago Press.

[11] Drucker, J. 2003. The virtual codex from page space to e-space. http://www.philobiblon.com/ drucker (accessed January 15, 2014).

[12] Drucker, J. 2013. Performative materiality and theoretical approaches to interface. *DHQ: Digital Humanities Quarterly* 7 (1). http://digitalhumanities. org:8080/dhq/vol/7/1/000143/000143.html (accessed January 15, 2014).

[13] Eggert, P. 2005. Text-encoding, theories of the text, and the "work-site". *Literary and Linguistic Computing* 20 (4), 425–435.

[14] Erickson, P. 2003. Help or hindrance? The history of the book and electronic media. In *Rethinking Media Change: The Aesthetics of Transition*, ed. D. Thorburn and H. Jenkins. Cambridge, MA: MIT Press, 95–116.

[15] Ernst, W. 2011. Media archaeography: method and machine versus history and narrative of media. In *Media Archaeology. Approaches, Applications, and Implications*, ed. E. Huhtamo and J. Parikka. Berkeley: University of California Press, 239–255.

[16] Galey, A. 2012. "The enkindling reciter": e-books in the bibliographic imagination. *Book History* 15, 210–247.

[17] Geismar, H. 2013. Defining the digital: a comment. *Museum Anthropology Review* 7 (1–2), 254–263. http://scholarworks.iu.edu/journals/index.php/ mar (accessed January 15, 2014).

[18] Gibson, J.J. 1979. *The Ecological Approach to Visual Perception*. London: Houghton Mifflin.

[19] Gitelman, L. 2006. *Always Already New. Media, History, and the Data of Culture*. Cambridge, MA: MIT Press.

[20] Hand, M. 2008. *Making Digital Cultures: Access, Interactivity, and Authenticity*. Aldershot: Ashgate.

[21] Hayles, N.K. 2002. *Writing Machines*. Cambridge, MA: MIT Press.

[22] Hayles, N.K. 2012. *How We Think: Digital Media and Contemporary Technogenisis*. Chicago: The University of Chicago Press.

[23] Hindmarsh, J., Heath, C., and Fraser, M. 2006 (Im) materiality, virtual reality and interaction: grounding the "virtual" in studies of technology in action. *The Sociological Review*, 54 (4), 795–817.

[24] Hutchby, I. 2001. Technologies, texts and affordances. *Sociology* 35 (2), 441–456.

[25] Kendrick, K.D. 2013. Keeping the "L" in digital: applying LIS core competencies to digital humanities work. *Journal of Creative Library Practice*. http://creativelibrarypractice.org/2013/09/06/ keeping-the-l-in-digital-applying-lis-core-competencies-to-digital-humanities-work (accessed January 15, 2014).

[26] Kirschenbaum, M.G. 2008. *Mechanisms: New Media and the Forensic Imagination*. Cambridge, MA: MIT Press.

[27] Kirschenbaum, M.G., and Werner, S. 2014. Digital scholarship and digital studies: the state of the discipline. *Book History* 17, 406–458.

[28] Latour, B. 2005. *Reassembling the Social: An Introduction to Actor–Network Theory*. Oxford: Oxford University Press.

[29] Lavagnino, J., McCarty, W., and Schreibman, S. 2007. Digital representation and the Hyper Real. http://www.digitalhumanities.org/dh2007/ abstracts/xhtml.xq?id=219 (accessed January 15, 2014).

[30] Leonardi, P.M. 2010. Digital materiality? How artefacts without matter, matter. *First

Monday 15, 6–7. http://www.uic.edu/htbin/cgiwrap/ bin/ojs/index.php/fm/article/view/3036/2567 (accessed January 15, 2014).

[31] Liu, A. 2004. Transcendental data: toward a cultural history and aesthetics of the new encoded discourse. *Critical Inquiry* 31 (1), 49–84.

[32] MacGregor, N. 2010. *A History of the World in 100 Objects*. New York: Viking. http://www. britishmuseum.org/explore/a_history_of_the_ world.aspx (accessed January 15, 2014).

[33] Manoff, M. 2006. The materiality of digital collections: theoretical and historical perspectives. *portal: Libraries and the Academy* 6 (3), 311–325.

[34] McGann, J. 1991. The socialization of texts. In *The Textual Condition*. Princeton, NJ: Princeton University Press, 69–83.

[35] McGann, J. 2001. Visible and invisible books in *n*-dimensional space. In *Radiant Textuality: Literature after the World Wide Web*. London: Palgrave Macmillan, 167–191.

[36] McKemmish, S. 1996. Evidence of me. *Archives and Manuscripts* 24 (1), 28–45. http://www. infotech.monash.edu.au/research/groups/rcrg/ publications/recordscontinuum-smckp1.html (accessed January 15, 2014).

[37] McKenzie, D.F. 1999. *Bibliography and the Sociology of Texts*. The Panizzi Lectures (1986). Cambridge: Cambridge University Press.

[38] McKenzie, D.F. 2002. "What's past is prologue": the Bibliographical Society and the history of the book. In *Making Meaning: "Printers of the Mind" and Other Essays*, ed. P.D. McDonald and M.F. Suarez. Amherst: University of Massachusetts Press, 259–275.

[39] Nuttall, S. 2011. The way we read now. http:// slipnet.co.za/view/blog/sarah-nuttall/the-way-we-read-now/ (accessed January 15, 2014).

[40] Orlikowski, W. 2006. Material knowing: the scaf-folding of human knowledgeability. *European Journal of Information Systems*, 15 (5), 460–466.

[41] Parikka, J. 2012a. New materialism as media theory. medianatures and dirty matter. *Communication and Critical/Cultural Studies* 9 (1), 95–100.

[42] Parikka, J. 2012b. *What is Media Archaeology?* Cambridge: Polity Press.

[43] Price, L. 2009. From the history of a book to a "history of the book". *Representations* 108, 120–138.

[44] Price, L. 2012. *How to Do Things with Books in Victorian Britain*. Princeton and Oxford: Princeton University Press.

[45] Ramsay, S. 2011. *Reading Machines: Toward an Algorithmic Criticism*. Urbana: University of Illinois Press.

[46] Sanderson, K. 2014. Digital materiality, heritage objects, the emergence of evidence, and the design of knowledge enabling systems. PhD thesis, Victoria University of Wellington.

[47] Sewell, W.H.J. 2005. The concept(s) of culture. In *Practicing History: New Directions in Historical Writing after the Linguistic Turn*, ed. G.M. Spiegel. New York: Routledge, 76–95.

[48] Siemens, R., Elkink, M., McColl, A., *et al.* 2010. Underpinnings of the social edition. In *Online Humanities Scholarship: The Shape of Things to Come*, ed. J. McGann. http://cnx.org/content/ m34335/1.2 (accessed January 15, 2014).

23. 螺旋解释学和解释学：解释学的计算性[1]

乔里斯·J. 范赞德特（Joris J. van Zundert）

> 但正如我的一位同事常说的那样，人文主义者以相对主义者的身份介入这些对话，而后以实证主义者的身份离开，因为他们认识到，批评理论的某些原则在那种环境下是无法持续的。（Johanna Drucker，2012）

计算机是否可以成为一种解释学（hermeneutical，又称诠释学）工具？这个问题很简单，因为显然计算机是可以做到的。只要有人类进行转译，任何物体都可以被解释，因此计算机可以成为解释学实践的工具，所以问题不在于计算机是否可以，而在于它如何作为解释工具，如何将计算机作为人文学科的解释工具加以应用。这个问题不是那么简单，忽略了一些重要的先验问题。首先，计算机一定要成为人文学科的解释工具吗？这又引出一个问题：解释学在人文学科中的作用是什么？如果我们能够（至少尝试性地）回答最后一个问题，我们就可以评估数字人文是否可以而且必须以解释学作为支撑。如果是这样的话，问题就变成了解释学何以成为数字人文的支撑？

论解释学

解释学是文本解释的理论。词根（希腊语 έρμηνεύω，hermeneuō）的意思是"解释、翻译"。根据民间词源，它起源于希腊神的使者赫尔墨斯（Hermes）。赫尔墨斯不仅将语言作为一种交流的手段，同时他也是一位语言的破坏者，他享受着编造具有欺骗性的信息所带来的令人困惑的力量。他是过渡和边界之神。因此，解释是发生在文本和读者之间的知识转换，是解释学的恰当称谓。解释学已经被经典哲学家以各种方式提及，但它是亚历山大的斐洛（Philo of Alexandria）所提出的第一个系统理论，旨在揭示圣经更深层次的

---

[1] *A New Companion to Digital Humanities*, First Edition. Edited by Susan Schreibman, Ray Siemens, and John Unsworth.

© 2016 John Wiley & Sons, Ltd. Published 2016 by John Wiley & Sons, Ltd.

寓意。（Ramberg and Gjesdal，2013）在方法论上，解释学与解释圣经文本这一关键问题联系在一起，在哲学史、人本主义理论史、文献学史和文学批评史上发挥着核心作用。在解释学理论的发展过程中，有许多重要作品，但无论如何都应该提及的是希波的圣奥古斯丁（St. Augustine of Hippo）（公元400年）创作的《论基督教教义》（*De Doctrina Christiana*）。在他的这一作品中，奥古斯丁展示了一种解释圣经的方法论。但更为重要的是，在他的方法论中，他将符号学（符号和符号理论）与语言联系起来，并将语言的解释与更深层次的存在意义联系起来（参见 Green，2008）。在他的理论中，词语是将认知概念传达给解释者的标志，就像烟雾这样的自然符号向解释者发出"火"的信号一样，词语也作为语言的"给定"符号传达意义。但问题是，这个含义可能是字面意义，也可能是隐含意义。太阳可以代表白昼的光，也可以代表视觉的光。当奥古斯丁认为是读者的意志和意图使他能够阐述更深层次的寓言解释时，存在主义的观点就被提了出来。

从奥古斯丁开始，我们历经了人文历史的巨大飞跃，我们越过了托马斯·阿奎那（Thomas Aquinas）、但丁（Dante）、彼得拉克（Petrarch）、路德（Luther）、斯宾诺莎（Spinoza）和许多其他哲学家和学者，他们的名字和作品见证了奥古斯丁思想的深远影响，以及解释学在人文学科中的核心作用。（Barolini，2007；Marchesi，2011；Ramberg and Gjesdal，2013）我们转向19世纪早期以及弗里德里希·施莱尔马赫（Friedrich Schleiermacher）对解释学方法论的贡献。施莱尔马赫指出了解释学的一个重要方面，那就是它在本质上具有强调性。读者之所以能够理解一篇文章，不仅是因为读者与作者拥有共同的语言代码，而且在本质上也是因为他们拥有共同的人性。因此，文本的部分解释和部分意义不是基于文本中的内容，而是基于文本之外的内容。继施莱尔马赫的作品之后，威廉·狄尔泰（Wilhelm Dilthey）进一步拓宽了其作品的范围，并将其形式化。他认为作品是从作者所持有的特定世界观的视角出发而构建的。因此，对文本的解释和理解涉及将文本与其作者的生平和历史环境联系起来。对狄尔泰和施莱尔马赫来说，一个基本的假设是文本的意义根植于作者的意图和历史的发展。（Mallery，1986）但更为重要的是，他们相信这些意图是可以通过后来的解释者的重建而被理解的。然而，狄尔泰认识到，这种重建会被解释者当前的世界观所影响。因此，在他看来，解释不可能是科学意义上的客观的经验性事实。但他认为，多种解释的聚合可能会激活更有效和更具普遍性的解释。

施莱尔马赫和狄尔泰都向我们指出了这样一个事实，即任何解释都必然涉及数据本身之外的信息。这些信息可能以其他明确的数据、文本等形式存在于其他地方。但解释也涉及解释者的独特认知，即默会认知。承认解释的部分默会性质使解释学有别于其他解释框架，例如受克劳德·香农启发提出的信息论概率模型。

在狄尔泰生活和工作的时期，解释学仍与语文学（philology）紧密相连。在20世纪初，语文学旨在根据原著作者的意图和想法来构建文本。从哲学家马丁·海德格尔（Martin Heidegger）开始，这种情况即被改变。因为对于海德格尔来说，解释学过程不是语文学工具。相反，解释学扩展到本体论的层面，并在本质上变成了哲学。解释和理解关系到我们所有人，因为这是我们的自我理解和我们对世界的理解之间的相互作用。（Ramberg and Gjesdal，2013）海德格尔认为，解释和理解在很大程度上是直觉的操作。我们对世界的理解在很大程度上是基于经验积累的先验知识，对我们感知到的内容的直接和不假思索的把握。海德格尔认为这种理解具有独特的主观性。我们只能通过文本"解读"自己的想法。几十年后，哲学家汉斯–格奥尔格·伽达默尔不再那么悲观，他提出人们可以通过接触他人的话语和语言来超越自己的视野。甚至再后来，于尔根·哈贝马斯（Jürgen Habermas）和卡尔·奥托·阿佩尔（Karl-Otto Apel）将语用学（pragmatics）加入解释和理解的理论中，即解释和理解的理论也必须考虑到语言学（linguistics）的意向性。

于是，解释学从一种文本解释理论转变为一种理解的本体论理论。它现在可以被广泛理解为将信息转化为知识的过程理论。因此，解释学在人文学科中的作用不容低估：人文实践以解释学为主，其主要理论框架是解释学。因此，随着时间的推移，解释学的发展方式对人文学科的认识论有着重大的影响。人文学科：

> 具有解释性、互文性、参与性，有价值倾向，依赖于上下文语境以及相对不确定性；同时，没有信息的分层结构，没有明显的因果解释，也没有发现任何重要的且无可争议的真理。（Chambers，2000）

后结构主义解释学的高度相对论性将事实性问题化为真正的人为。这给那些关注建立具体的人文记录的人文学科领域带来了问题，例如，在语文学方面，具有讽刺意味的是，这是一种与解释学关系最为密切的人文追求。杰罗姆·麦甘恩反对后结构主义项目，尤其是利奥塔（Lyotard）和德里达（Derrida），在海德格尔哲学的启发下，用"未知科学"取代"传统科学"。（McGann，2013）麦甘恩认为哲学相当于语文学的一个分支学科，涉及测试、重建或证伪其关注的主题。因此，语文学的主要关注点是建立已知或已知内容的档案："语文学是人类记忆的基础科学。"麦甘恩将后结构主义解释学的影响简化为对既定来源的"事实之后"（after the fact）的重新解释：

> 对于语言学家来说，材料之所以得以保存，是因为它们的存在证明了它们曾经有价值，尽管我们永远无法完全知道，甚至根本不可能知道它们的价值。如果我们目前的利益为他们提供了某种价值，那么这些只不过是为我们自己增加的德里达式的补充。（McGann，2013：345—634）

然而，语言学不能简单地通过陈述其目的是一个事实档案来逃避问题性的解释学范畴。例如当遇到难以识别的手稿时，发现解释中世纪的手稿也并非易事。因此，即使它只是表现为通过字形记录单词字形，文本编辑也需要解释。此外，编辑历史文本的语文学家在不违背语文学的语用学前提下，是不可能背离现实的，这一语用学的前提是要使档案文本为当前的读者所理解。注释在这种翻译解释中发挥着重要作用，但因此也不是历史性的。语言学解释学（philological hermeneutics）的任何"非历史性"预设都会被历史性所否定：

> 不仅是选择一种可能的修正而不是另一种已经存在的解释，而且是对出现了哪些修正的可能性的判断，这取决于语言学家自己的历史视野……对历史意义的理解随着历史观的变化而变化……一旦人们开始怀疑自己是否能够体验到事物的真实情况，那么同样值得怀疑的是，人们是否能够明确事物曾经的意义。（Szondi and Bahti，1978）

这严重颠覆了传统语文学，传统语文学"认为自己独立于自己的历史观点"。菲奥蒙特（Fiormonte）和普塞德杜（Pusceddu）（2006）在文本的时间维度上也提出了类似的问题，认为遗传版本（genetic editions）也无法逃脱基本的主观性："有人可能说，到目前为止，我们一直按照海森堡之前宇宙的规律对文学文本进行分析，也就是说，在一个稳定的系统中，观察者不会修改被观察到的对象。"这种"解释学条件"可以推广到人文学科的许多子研究领域。例如，对历史的研究也同样依赖于人文记录，也受到了类似的影响。

数字人文学科中的解释学

数字人文学科和人文学科一样有解释学吗？鉴于数字人文学科也是人文学科，答案毋庸置疑是肯定的。然而，似乎没有一个重点研究项目来揭示数字人文学科的解释学。笔者想探讨的是，如果不是一个特定的项目，呼吁人们关注这种解释学是否是进行数字人文学科研究的必要条件。拉斐尔·卡普罗（Rafael Capurro）（2010）似乎最接近于呼吁对数字解释学（digital hermeneutics）采取一种程序化的方法。卡普罗指出，互联网挑战解释学，因为它与知识的创造、交流和解释具有社会相关性。也就是说，互联网使知识的创造和分享成为一种更加开放性和社会性的活动。应对这一挑战所面临的一个问题是，在20世纪后半叶，解释学在一般技术，特别是数字技术方面被拒绝。但是，正是数字技术，尤其是互联网，对我们作为人类的存在方式和行为方式具有本体论意义或暗示：互联网塑造了人类表达和经验的重要部分，反过来，人类通过互联网表达自己，将互联网塑造成一种技术。根据卡普罗的说法，由此产生的一个问题是，人类只是部分地控制了他们所塑造的网络，但这个网络却是塑造人类自身的重要因素。

另一种相反的论点可能是，个体人类也只能部分地控制他们的物理环境，而且控制力在虚拟环境和物理环境中的分布也不均衡。然而，卡普罗认为更为重要的一点是，网络正在以比我们可能意识到的更为基础的方式塑造我们。我们的生活越来越多地通过数字技术来表达，这些数字技术可以延展我们的思想和身体：我们在Facebook上与众不同，而Facebook也使我们在现实生活中变得与众不同。这就提出了一个特别具有人文性的问题，卡普罗的结论是，当前的解释学未能解决这些问题，这些问题"远远超出了作为文本解释理论的经典解释学的范畴，也超出了经典哲学解释学的范畴"。

如果当前的解释学无法解决这些问题，这或许可以解释我们在数字人文学科中发现的解释学理论相对缺乏的原因。围绕解释学的对话在数字人文学科中似乎还没有得到充分发展——对解释学的参考很少，而且往往是在文本解释实践的具体层面上，比如凯瑟琳·海尔斯（2012）使用了短语"解释学细读"（hermeneutic close reading）。然而，从文献中的几个段落和章节来看，辩论的结果似乎是可以追溯的。与卡普罗一样，弗雷德·吉布斯（Fred Gibbs）和特雷弗·欧文斯（Trevor Owens）（2012）也对历史书写的解释学提出了纲领性的主张。他们的论点主要集中在数据上。历史学家一直在使用数据，但如果能够获取大量的数据，则意味着数据的"使用"可以指向更广泛的活动范围。吉布斯和欧文斯认为，使用数据并不等同于完全符合统计学家的认知范畴。在没有完整的正式的数学严谨性要求的情况下，一种有趣的定量工具的迭代方法兼具探索性和尝试性，可以使用大量的数据来发现和建构研究问题。数据并不总是必须用作证据；它可以通过各种形式引出新的问题和探索。数据分析不必被定义为数学。"历史学家必须将数据视为文本，需要从多个角度尽可能公开地处理数据。"（Gibbs and Owens，2012）

就像数字人文理论中的许多贡献一样，吉布斯和欧文斯的文章将量化和叙事之间的对立称为方法论手段。他们站在历史学家的立场上写"认识论的抖动"和"对数据的敌意"。他们解决这个难题的方案是：数据可以作为文本被读取。这是事实，但这也是一个不那么令人满意和不太完美的解决方案。数据作为文本的预设将解释学行为简化为在整理、分析和可视化过程之后对剩余数据的后期处理。然而，这些整理、分析和可视化的过程都有它们自己的解释学。因此，关于数字人文学科解释学的对话不能简单地假设定量和定性之间的二分法，并将解释学降级为对特定数据的定性解释，就好像这些数据不会承载价值和解释一样。与卡普罗类似，费德里卡·弗拉贝蒂（Federica Frabetti）也正是沿着这条研究路线，认为新技术会影响文化理解。她提议对数字人文学科进行再概念化，这确实超越了技术和文化方面假定的二分法。这种追求"必须通过与数字化和软件本身的密切接触加以实现"（Frabetti，2012）。因此，数字人文学科的部分解释学涉及编码、计算和量化的解释学。

然而，数字性（digitality）与解释学之间的密切甚至更为亲密的接触并不是数字人文学科的主要关注点。相反，人们强调的恰恰相反。在1995年出版的期刊《文学与语言计算》（*Literary and Linguistic Computing*）中，莉萨·莱娜·奥帕斯·赫尼宁（Lisa Lena Opas-Hänninen）写道："只有在涉及索引和抽样的情况下，计算机才能在计算机辅助的文学研究中提供有用的帮助。因此，在对文本进行解释和评估之前，计算机辅助技术的影响就已经存在。"回顾过去，奥帕斯·赫尼宁的引言像是一次非常谨慎的尝试，以避免指出在文学研究领域的计算分析可以超越任何分析方式，除了前解释学的支持工具。简·克里斯托弗·梅斯特（Jan Christoph Meister）在同一卷里提出：

> 文学计算工具的智能与平衡的应用使我们能够通过测量和绘制文学结构中的差异来协调这两种范式，然后将它们传递到最终解释机器，即人类的大脑。（Meister, 1995）

奥帕斯·赫尼宁和梅斯特当时都认为，数字技术的解释学潜力受到以下事实的限制："在文学研究中，只有可以形式化的问题才能进行电子分析（electronic analysis），这就是为什么在某些明确界定的应用领域，计算机辅助技术只能覆盖文学批评家的部分工作。"（Opas-Hänninen，1995）梅斯特在数字范式和语义范式之间形成了一个非常强烈的对立，他认为：第一种数字范式与计算相关，第二种语义范式与解释学相关。概言之，梅斯特的论点基本上是语义学，不适用于数字范式。算法可以操作或处理对象，但只能在它们可以被形式化和量化的情况下才可以。计算操作是一种严格和明确的变革："结果实际上不过是对原始数据输入的……一种或多或少复杂的重新表述。"但是这些易见的数据重复和数据排列在语义范式中是多余的。当涉及解释学时，"只有那些不同的结果、那些碰巧质疑产生这些结果的程序的有效性或局限性，最终才会被发现是相关的和值得注意的"。回想起来，有趣的是梅斯特当时并没有考虑到这一论点有明显的解释学意义。实际上，算法转换可以识别出不同的结果，因此在"解释学"上不是中立的。首先，即使是一个基本的索引算法也可以将一本书的全文转换成每章使用的次数超过平均值的术语列表，并且随后可以单独挑出显示最少术语重叠的章节。这难道不是一种通过算法表达的解释学吗？其次，我们可以考虑软件的故障问题。当算法只是用于转换数据时，它可能不是一个解释学上的内容。但是，当它在某些输入上犹豫不决，出现故障，或输出不一致和意外的结果时，就可能会出现这种情况。这与我们在海德格尔的作品中所发现的类似，海德格尔认为只有在实践中崩溃才会获得理论知识。(Froesse,2006)只要锤子是锤子,它就是锤子;只有当它被破坏时,我们才会考虑它的功能以及它是如何运作的。

20年过去了,对数字人文学科解释学的思考似乎还没有超越模型与叙事之间的基本对立,或者量化与解释之间的基本对立,这些已经在梅斯特的数字与语义之间的强烈二元对立中可见一斑。这种对立通常表现为人文学科和数字人文学科之间明显的意识形态或政治对立。例如,斯坦利·费什将数字人文学科定性为应对人文学科合法化危机的另一种风尚。(Fish,2010,2011)其他研究者则指出了创新的意识形态和制度动机,这当然不是中立的(例如Piersma and Ribbens,2013)。这些危机或意识形态,即使它们存在,也不能使我们不去批判性地评估新兴技术对解释学的影响。首先,这些技术越来越多地被用来创造人文艺术作品,而这些人文作品是人文学科的研究对象。其次,我们正在应用这些技术采集和分析研究数据。这两个过程在数字技术的驱动下,以独特的方式影响着我们的解释模型。皮尔斯马(Piersma)和里本斯(Ribbens)认为,对这些数字技术的评估"更为紧迫,鉴于经常隐含的说法……技术进步也意味着一种新兴的历史科学范式"——一种基于量化方法和大数据计算分析的范式,以及随后在这些大数据中的意外发现。

然而,从解释学的角度来看,数字人文学科的文学似乎并不能证明预设的科学范式的隐含转向是正确的。杰弗里·罗克韦尔(2003)在他撰写的与文本分析解释学有关的文章中提到了18世纪的法国哲学家埃蒂耶纳那·博诺·德·孔狄亚克(Étienne Bonnot de Condillac):分析仅仅是对我们的思想进行合成和分解,以创造新的组合,并通过这种方式发现它们之间的相互关系以及它们所能产生的新的思想。罗克韦尔认为,任何解构和重构的过程都不存在先验特权。但是,在计算数据分析中,一致性和同质性的潜在先验性可能是在自动化文本分析开始时被无意中引入的,这与罗伯托·布萨于20世纪40年代后期开始的通过计算构建的索引有关。语料检索旨在发现文本或语料库中的一致性模型——以一种解释学中简单直接的方式,因为它假设一个词在文本的任何地方出发都具有相同的含义和权重。然而,即使是有关索引的算法创建,也显示了文本的解构和随后的重构是何以导致一个新的文本的,即词语索引。但这只是重构的一种方法。为了避免这种直接的偏见,我们应该摒弃习惯做法和任何统一性和一致性至上的公理。为此,罗克韦尔追随伽达默尔和赫伊津哈

（Huizinga），提出了一种遵守规则的游戏解释学（a hermeneutics of disciplined play），该解释学优先于实验和建模，而不是狭隘的量化经验主义。

斯蒂芬·拉姆齐甚至比罗克韦尔更坚决地否认解释学的科学范式。

> 几十年来，人文计算中占主导地位的假设……如果计算机对人文学者有用，它的功用必然在于科学隐喻对人文研究的适用性。（Ramsay，2011）

拉姆齐持相反的观点，他认为科学方法和隐喻在很大程度上与人文研究的实践并不相容，只会导致一种扭曲的认识论，即"科学主义"（scientism）。拉姆齐在伽达默尔之后指出，解释学现象根本不是一个方法问题。解释学根本不关心积累能够符合科学方法论思想的那种经过验证的知识。相反，文学批评是在一个解释学框架内运作的，在这个框架中，事实、度量、验证和证据的具体科学意义并不适用。然而，人文学科也关注知识和真理，只是与科学不同而已。拉姆齐还认为，更多数字数据的可获得性在本质上并没有改变人文学科的解释学假设。事实是，总有太多的信息可完整整合；数字时代只是让这种情况变得更加明显。但现在解释学和以往一样，仍然需要在过多的信息中找到一条有明确目的的、有选择的以及主观的路径。这就是拉姆齐（2010）所指称的"螺旋解释学"（Screwmeneutics）所隐含的基本假设。对拉姆齐来说，"螺旋式规则"无非是罗兰·巴特"写作文本"（writerly text）概念的实现，即读者通过将文本的所有可能意义还原为自己对文本的解释而构建的文本。

在标记领域，在以文本编码倡议项目为代表的数字人文学科中，可能的科学主义似乎也不是一个非常相关的问题。这可能部分是由于标记的描述性而非分析性特质。这个领域的解释学对话更多地涉及多视角的问题。与拉姆齐一样，卢·伯纳德（Lou Burnard）也提出了后结构主义的观点：

> 文本和其他人工制品一样，都是通过使用它们而被赋予了意义，因此，只有解释才能赋予它们价值。难怪德里达引用蒙田（Montaigne）的话，认为"我们需要解释的内容比解释事物更重要"，这是不言而喻的。（Burnard，1998）

伯纳德承认，作者意图、重构和原创性阅读是已经过时的概念，但他也认同狄尔泰的观点，认为："有充分的证据表明，并不是所有的解释都同样有用或具有同等的解释力。"他认为，正典性（canonicity）在这个意义上是一种聚合的解释学。伯纳德还支持后结构主义的互文性观点：文本的阅读和意义部分是通过对其他文本的参考建构起来的。因此，标记的基本原理是，它提供了一个单一的形式化符号系统，能够作为一种通用语言，用于共享大量的个体解释，这些解释通过聚合可以达成关键性的共识。一个单一的、全面的符号系统是可能的，诸如SGML/XML和DTDs等技术可以使其实现的说法，从那时起就一直饱受争议。许多理论家和实践者（例如 Buzzetti and McGann, 2006; Fiormonte and Pusceddu, 2006; Schmidt and Colomb, 2009）发现，TEI强制执行的单层次的文本结构化方法与多种可能的结构和语义解释并不匹配。这个对话本身就证明了这样一个事实，即文本学术和数字人文社区内的文本编码方法主要是以解释学为导向的。

因此，计算转向并不自动意味着转向经验主义和科学主义，也不意味着对解释学传统的漠视。文体学和远读"学派"（Moretti, 2005; Jockers, 2013）可能更倾向于经验主义或科学主义的态度。这主要归功于在这些研究领域中大量使用了量化数据的方法，更为重要的是对统计方法的应用。大卫·胡佛（David Hoover）（2013）、泰德·安德伍德（2010）、卡丽娜·范达伦·奥斯卡姆（Karina van Dalen-Oskam）（2011）、马修·乔克斯和弗朗哥·莫莱蒂等研究人员的工作在统计学、语料库语言学和自然语言处理方面有着坚实的方法论基础。这些方法论确实倾向于数字解释，但这并不排除解释学——数字当然也允许解释。然而，量化确实引入了还原的问题。例如，当前的文体统计方法主要基于词频和文本表层结构的共现分析。但是仅仅基于词语形式的聚合词通常会使这些方法对更微妙的语义关系（例如同音异义、隐喻、回指等）视而不见，这些语义关系在解释学上也很重要。然而，这并不否认数字方法是解释学的工具。事实上，它们可能提供了很强大的解释学支持。

例如，迈克·凯斯特蒙特（Mike Kestemont）（2012）使用的主成分分析之类的统计方法，证明了中世纪荷兰亚瑟王小说《莫里亚恩》（*Moriaen*）的风格从其所属的中世纪亚瑟王文本汇编中脱颖而出。此文本与其他两个文本构成了一个更为紧密的文体单位，其中一本甚至不是亚瑟王的小说，而是一个发生在法兰西马提埃（Matière de France）王国的故事，涉及查理曼大帝统治时期的文化、宫廷和主要人物。基于我们对中世纪荷兰文学流派和文学史的所有了解，如果不是一位荷兰语言学家在20世纪70年代去世后出版的作品中已经暗示了这些可能性，这种说法将是离谱的。最为有趣的是，语言学家和诗人克拉斯·希罗姆（Klaas Heeroma）将他的猜想建立在一个基本的解释学原则上：他声称"听到"了两部小说之间的所属关系。颇具讽刺意味的是，现在通常被认为是最不具解释学意义的工具之———基于数字处理的主成分分析——表明希罗姆的解释学"第六感"是正确的。

上面的例子让我们注意到当前数字人文量化方法中固有的另一个问题。正如吉布斯和欧文斯（2012）所指出的那样，邻接法（neighbor joining）、最大简约系统发育树分析（maximum-parsimony phylogenetic trees）、z分数[①]（z-scores）以及用于系谱重建（stemma reconstruction）、作者归属和其他各种计算方法的概率方法似乎最早被用作验证工具。它们验证作者身份，并确认正典性和体裁类型。它们不回答新的问题，而是验证现有的答案。这很可能是一个应用相对不成熟的正在开发的领域的简单标志。然而，如果这种确认偏差是数字人文学科量化方法的一个特定角度的真正特征，那么这再次使它与证伪的科学范式区分开来，而不是将它大规模引入人文学科。到目前为止，数字人文学科中的量化方法也显示出相对缺乏解释力的现象。例如，文体学可以告诉我们——或者更确切地说向我们表明——某一文本是由两位作者合作完成的。（Dalen-Oskam and Zundert，2007）但令人不满意的是，它几乎很少告诉我们作者的写作风格是如何不同以及为什么不同。通过参与和揭示此类方法的"黑匣子"效应，可能会适时地将文体学的实践转化为对文学解释学的追求——就像传统的解释学一样，只是方式不同。

解释学的计算性

量化方法和远读目前有很大的影响力。但我们应该注意，不要仅仅通过这些方法来识别数字人文学科。这个领域无疑更为广阔（参见，例如 Alvarado，2012）。在辩论中存在将计算的潜力降低为量化方法的倾向。然而，数字人文学科的本质是混合的，与解释学传统并不存在先验的不连续性。我们仍然认为

---

① z分数，也叫标准分数（standard score）是一个数与平均数的差再除以标准差的过程。

知识具有解释性，即研究对象的状态由其上下文情境决定，并依赖于观察者的解释。计算机辅助的文本使文本变得可以计算处理。从布萨的工作开始，这使得文本量化方法的应用变得可行和实用。然而，计算的可处理性并不决定量化和概率方法。这些方法的灵感来自它们在计算语言学领域所取得的成功，而该领域主要受实证主义和结构主义传统的影响。这一传统认为知识具有因果确定性，因此任何给定对象的状态必然由其先验状态所决定。概率论，以及例如支持许多自然语言处理算法的马尔可夫模型（Markov models），最终均源自这种实证主义的确定性哲学（参见 Vandoulakis，2011）。乔安娜·朱可明确否认确定性计算方法对人文问题的适用性：

> 实证主义、严格定量、机械化、还原性和文字化特质，这些可视化和处理技术从它们的操作中排除了人文研究的方法，这是因为它们的设计基于非常严格的假设：知识对象可以被理解为自我同一、不证自明、非历史和自主的。（Drucker，2012）

这相当简洁地总结了概率方法中存在的固有问题，这些问题只会导致"天真的经验主义"（naive empiricism）。

将大量的数字人文方法论建立在量化和确定性推理的基础上，可能会产生深远的颠覆性影响。凯瑟琳·海尔斯指出，数字人文学科作为一个研究领域，可能会趋同于传统人文学科，也可能与传统人文学科背道而驰，这取决于数字人文学科相对于传统人文学科如何表达自己。

> 出现的各种表达方式对未来有着强烈的影响：数字人文学科将成为一个独立的领域，其研究兴趣将越来越背离传统人文学科，或者恰恰相反，它将变得与解释学所解释的问题紧密地交织在一起，以至于任何严肃的传统学者都不会对其结果一无所知。（Hayles，2012）

因此，海尔斯将数字人文学科与传统人文学科的成功互动、与数字人文学科将如何更好地顺应解释学的问题联系在一起。然而，人们并不总是很好地理解解释学方法在多大程度上是人文学科的基础。在伦斯·博德（Rens Bod）最近的人文史研究中，他在标题为"解释学和预期的'方法'"（Bod，2013：333—334）的章节中，仅用了两页篇幅来阐述解释学的概念和历史。博德认为这种"方法"是建立在猜测和预感的基础上。如果不是因为博德作为计算和数字人文学科的教授，从计算和历史的角度研究人文，这种摒弃可能会被当作轶事搁置一边。在模型和叙事的二分法中，博德明确地选择了模型作为研究的主要原则。他强烈倾向于一种确定性的范式，并得出结论，只有基于研究数据中发现的模型，推论才是有效的。另一个例子是计算领域和人文研究之间的对话，它揭示了一个有趣的"计算"视角，即语境概念对解释学的根本重要性：

> 我们不排除存在其他关系构成有效叙述的可能性……然而，这样的示例依赖于上下文语境，并且不容易归纳，因此我们……将重点限制在所描述的原型叙事结构上。（Akker et al., 2011）

这段话源自一个项目，该项目的具体目标是为（历史性）事件找到一个合适的形式化表示，并从这些事件中构建叙事——历史记录。这种说法揭示了解释学的语境依赖性和计算可处理性所需的泛化之间的明显的紧张关系。泛化要求对事件进行形式化处理或建模，以便可以通过计算跟踪和量化。研究人员试图通过减少事件维持关系的数量和类型来回避有问题的解释学。但是这个问题依然存在，因为形式化和模型并不是无需解释学的。正如语言学实践无法脱离某种解释学一样，无论是建模还是量化，都无法摆脱在选择形式化所依据的基本假设时所涉及的解释学。帕萨内克（Pasanek）和斯卡利（Sculley）在他们关于"挖掘数以万计的隐喻"的文章中指出，在这方面，没有免费午餐这样的概念：

> 重要的是要避免这样的错觉，即自动化分析比传统研究方法更为客观或更少偏见。不存在新的绝对正确的文学科学。正如"没有免费的午餐"所述，每种机器学习方法都需要接受基本层面的假设，例如距离度量的适当选择或数据背后的概率分布形状。这些假设必须在某种程度上被信任，并影响自动化分析的结果，就像文化和理论偏见影响传统分析一样。（Pasanek and Sculley, 2008）

与量化方法一样，任何形式化都存在一种解释学。从伯纳德·塞奎利尼（1999）到彼得·希林斯堡（2013）的考据学者都认为，文本的版本不是文本本身，而是关于文本的知识论证。数字本是一种解释，在完全相同的意义上，形式化和模型也是解释。这方面的一个简单示例是数据库字段，它与类别标签无异。类别标签、数据库和数据模型，所有这些都是模型，必然是对现实各个方面的狭义表示。面对现实中的任何数据库，都会遇到与任何已定义的数据库字段不匹配的观察结果。因此，大多数数据模型都排除了数据的某些属性，这在主要处理高度复杂、异构和非具体数据的人文学科等领域会产生一定问题。将观察结果与模型所选择的类别或属性相匹配，就是将主观观察到的现实与模型所表达的解释相匹配。其效果是，所选择的形式化为一组并不真正适合的数据强加了一种特定的解释，从而在一定程度上降低了信息体的丰富性和复杂性。定量模型或数据模型是印象派的基础，它们绘制着更多的解释。因此，统计数据和模型在形式化的还原性解释的基础上为解释性叙述提供了信息。

如果形式化、模型和量化也有解释学，我们可以同意凯瑟琳·海尔斯（2012）的说法，她指出算法分析和解释学细读之间的张力关系不应被夸大。海尔斯认为，在算法分析和严密的解释性阅读之间不是对立关系，而是协同作用。她列举了马修·基申鲍姆所说的"快速穿梭"（rapid shuttling）的例子，即在文本细读和解释大数据分析结果的模式之间反复切换，比较不同模式所产生的解释。拉姆齐（2011）在谈到"算法批评"时，也指出了语料库分析和细读之间的递归交互作用，这种交互可以为文本的人文探究提供信息。这些观点的共同点是，解释行为被推迟到算法后阶段。只有当计算完成，算法和数字运算产生可视化时，解释行为才会凸显出来。因此，这种类型的数字人文解释学面向外部，远离计算模型、数学和代码。它只解释算法或定量阶段的结果。但是，如果算法和模型确实也有解释学，那么在建立算法分析中的解释的有效性时，难道不应该以某种方式考虑这些因素吗？

大卫·贝利（David Berry）和凯瑟琳·海尔斯一样，并没有

> 想夸大模型和叙事作为不同分析模式之间的区别。事实上，模型潜在地需要叙事形式才能被理解，而且可以说代码本身由一种叙事形式组成，这种叙事形式支持数据库、集合和档案发挥作用。（Berry，2012）

贝利并没有将代码和算法视为解释学领域，而是主张在这方面将人文学科和计算机学科更紧密地结合在一起。他提出，数字人文学科在某种程度上也应该专注于计算媒介中所持有的形式的潜在计算性："为了理解当代诞生的数字

文化和充斥其间的日常实践……我们需要关注与生活的各个方面息息相关的计算机代码。"根据贝利的说法,计算也存在一个"不可否认"的文化维度,它指出了参与和理解代码的重要性:"从某种意义上来说,理解数字人文学科就是理解代码。"贝利认为,计算技术不仅仅是传统方法运用的工具。相反,它们对学科的各个方面都有深远的影响,因为计算逻辑与物理对象、文本和"原生数字"人工制品的数字表示相纠缠。但是,数字档案的深度计算方式以及这种计算的后果目前还没有被很好地理解,而且如果没有人文学科和计算机学科之间的深入对话,就不可能被理解。费德里卡·弗拉贝蒂(2012)按照类似的思路得出结论:"必须通过与数字化和软件本身密切,甚至亲密的接触以寻求理解"——这并非没有问题,因为数字人文和计算机科学之间不存在现成的相互了解的方法来检查软件,而且:

> 对于那些在数字人文领域并不活跃的人而言,尤其难以理解模拟材料的数字替代品的创建、支持可视化和分析工具的开发以及高端计算技能的贡献……是如何构成研究的。(Schreibman et al., 2011)

在文本学术领域,埃琳娜·皮耶拉佐也提出了类似的需求,即密切理解编码。和其他人一样,她认为编辑文本是"解释性的和不可逆转的"。她效仿克劳斯·惠特菲尔德(Claus Huitfeldt)和迈克尔·斯珀伯格-麦奎恩的观点,认为文本的转录是由"选择性改变的系统程序"组成的。因此,即使给出相同的转录标准,两位学者也不大可能对同一样本产生相同的转录。(Pierazzo, 2011)随着学术编辑进入数字化环境,计算方法和编程在创建数字学术本(digital scholarly editions)方面发挥着重要的作用、承担了重要的责任。因此,皮耶拉佐认为,编程设计的作用不应被低估,更为重要的是,"它隐含的学术内容也不应被低估"。艾伦·加利和斯坦·吕克尔(2010)从不同的角度得出了一个相似的结论,呼吁人们将人工制品的设计作为一种批判性和解释性的行为来关注。他们认为,数字人文学科不能忽视设计作为一种塑造人工制品意义的行为,这对于数字人工制品的解释潜力同样至关重要。加利和吕克尔在软件设计与图书制作中所涉及的文本和材料设计之间进行了类比:"通过了解图书历史等领域是如何将嵌入人工制品中的设计决策作为解释性对象,我们可以开始将数字人文学者创造的新数字人工制品视为解释行为。"到目前为止,数字人文学科对数字文本制作和软件设计还缺乏深入的理解，而我们对非作者代理在印刷和手稿图书制作中的角色有着明确的理解，如抄写员、装订员、印刷员、排字员、校正员和插画家。（Galey and Ruecker，2010）

软件设计所涉及的选择和方法确实塑造了数字人文的解释学。建模包括模型设计者的世界观、背景以及主观决定。数据模型绝不是中性的——相反，它们是对语义类别和属性的有目的的特定选择。编程语言具有影响解释学的范例。此外，人文学科的解释学与计算机科学方法之间的相互影响超出了软件设计的范畴。在使用统计检验的分析性选择中所做的选择，本质上是解释性的。可以说，目前这些选择在很大程度上是由软件设计和计算机科学的专家和专业人士来决定的。然而，计算机科学作为一个领域，并不是建立在问题化的范式之上，而是建立在解决问题的范式之上。计算机科学家和软件工程师具有很强的归纳倾向。他们的推理倾向于归纳：在特定的上下文语境中解决特定的问题，然后将解决方案扩展到普遍适用性。这种倾向引入了实证推理和还原性决定论，这有利于构建模型，并将例外降级为"极端情况"。

这些特征与人文学科相去甚远，人文学科习惯于对不同信息进行推理，倾向于多视角，将问题作为创造知识、观点和理解的手段。数字人文学科相对于传统人文学科的最终表达——以及凯瑟琳·海尔斯所描述的对未来的影响——将在很大程度上取决于弗拉贝蒂和贝利所讨论的人文学科与计算机学科之间的密切对话是如何建立起来的。正如加利和吕克尔所阐明的那样，目前很少有人关注软件设计方面的解释学含义。同样，也很少有人关注数据建模和分析模型在计算机科学和其他数字人文学科领域（例如数学和人工智能）中的解释学含义。因此，在一个非常基础的层面上，在其研究链的重要部分中，数字人文的解释学是由软件设计师和计算机科学家所驱动的。这意味着在实践中，数字人文学科的解释学选择基本上是由软件设计师和计算机科学家做出的。如果不能对这些选择进行批判性的反思，可能很容易导致一种天真的科学主义渗透到数字人文研究中，而这种科学主义源自计算机科学和软件工程的归纳性和解决问题的特质。

斯蒂芬·拉姆齐（2011）认为，在不改变计算本质的情况下，使算法程序符合人文主义批判性探究的解释学方法论是可能的。尽管如此，如果没有人文学科和计算机学科之间的基本对话，这种一致性就不会实现——这种对话不是拉姆齐数字人文解释学的一部分，因为这是关于后算法解释行为的对话。然而，数字人文解释学的特定性质的很大一部分正好起源于计算的本质。这种本质不需要像人们经常暗示的那样是还原性的、确定性的、绝对性的和量化的。相反，人们在这里有一个探索"解释学"的理论基础，这是一种计算解释学，可以补充拉姆齐后算法的"螺旋解释学"。计算不必是绝对数和二进制逻辑的领域。在人工智能领域，非二进制推理和不确定性的表达已经取得了相当大的进步（参见 Russell and Norvig, 2009）。存在比一阶逻辑更微妙的计算逻辑，而一阶逻辑目前构成了大量常用的计算机语言（参见 Forbus, 2008；Pratt, 1976）。例如，有些人关心的是对真实性和有效性的直觉概念的建模。它们的本质可能更适合人文解释学。对计算解释学潜力的探索是数字人文学科可能对自身和代表人文学科的计算机科学提出的挑战。这并不意味着改变计算的本质，但它必须涉及通过计算逻辑和设计来修正解释学的本质，而这些逻辑和设计是通过与人文学科的对话来实现的。显然，对于人工智能和计算机科学而言，当它们与人文学科相互作用时，源自人文学科的科学方法将比科学主义更合适（参见 Mallery et al., 1986）。

结　论

毋庸置疑，解释学在数字人文学科中扮演着重要的角色。因此，问题就变成了：这样的解释学是什么样的？卡普罗展示了数字化的本体论意义对于文化动力学（cultural dynamics）和人文作品的创造具有多么深远的意义。由此推论，人文学科必须考虑解释学的范围和特征，同时将数字化考虑在内。目前的实践表明，如果这不是不证自明的话，以"后算法"解释形式出现的传统解释学不可否认占据了很大的部分。同时，当我们应用算法、模型和量化时，我们迫切需要了解这些分析方法对解释学的影响。我们已经看到，分析方法的设计并不是没有它自己的解释学。尽管如此，这些隐含的解释学对人文解释和推理的影响和后果尚不清楚，它们很少被理解，也几乎很少被研究。为了更全面地理解这些影响，也就是说，为了理解算法和量化方法的解释学，我们需要与计算机科学和软件设计领域进行建设性和密切的对话。我们不能简单地面对算法事实并解释其结果，而后不含蓄地、不自觉地成为其解释学的代理。数字对人类文化和人文学科的深刻影响，要求我们充分把握其解释学的潜力。

参考文献

[1] Akker, C. van den, Legêne, S., Erp, M. van, *et al.* 2011. Digital hermeneutics: agora and the online understanding of cultural heritage. *Proceedings of the ACM WebSci'11*. Koblenz: ACM WebSci'11, 1–7. http://www.websci11. org/fileadmin/websci/Papers/116_paper.pdf (accessed June 20, 2015).

[2] Alvarado, R.C. 2012. The digital humanities situation. In *Debates in the Digital Humanities*, ed. M.K. Gold. Minneapolis: University of Minnesota Press, 50–55. http://dhdebates.gc. cuny.edu/debates/text/50 (accessed February 12, 2014).

[3] Barolini, T. 2007. Introduction. In *Petrarch and the Textual Origins of Interpretation*, ed. T. Barolini, and H.W. Storey. Columbia Studies in the Classical Tradition. Leiden, Boston: Brill, 1–12.

[4] Bod, R. 2013. *A New History of the Humanities: The Search for Principles and Patterns from Antiquity to the Present*. Oxford: Oxford University Press.

[5] Burnard, L. 1998. On the hermeneutic implications of text encoding. In *New Media in the Humanities: Research and Applications: Proceedings of the first seminar on Computers, Literature and Philology*, ed. D. Fiormonte and J. Usher. Edinburgh: New Media in the Humanities: Research and Applications, 39–45. http:// users.ox.ac.uk/~lou/wip/herman.htm (accessed February 12, 2014).

[6] Buzzetti, D., and McGann, J. 2006. Critical editing in a digital horizon. In *Electronic Textual Editing*, ed. L. Burnard, K. O'Brien O'Keeffe, and J. Unsworth. New York: Modern Language Association, 53–73. http://www.tei-c.org/Activities/ETE/Preview (accessed February 12, 2014).

[7] Capurro, R. 2010. Digital hermeneutics: an out line. *AI & Society* 35 (1), 35–42.

[8] Cerquiglini, B. 1999. *In Praise of the Variant: A Critical History of Philology*. Baltimore: Johns Hopkins University Press.

[9] Chambers, E. 2000. Editorial: Computers in humanities teaching and research. *Computers and the Humanities* 34 (3), 245–254.

[10] Dalen-Oskam, K. van. 2011. Karina van Dalen-Oskam. http://www.huygens.knaw.nl/en/vandalen (accessed January 17, 2014).

[11] Dalen-Oskam, K. van, and Zundert, J.J. van. 2007. Delta for middle Dutch: author and copyist distinction in "Walewein". *Literary and Linguistic Computing* 22 (3), 345–362.

[12] Drucker, J. 2010. Graphesis: visual knowledge production and representation. *Poetess*

Archive Journal 2 (1). http://journals.tdl.org/paj/index. php/paj/article/view/4 (accessed February 12, 2014).

[13] Drucker, J. 2012. Humanistic theory and digital scholarship. In *Debates in the Digital Humanities*, ed. M.K. Gold. Minneapolis: University of Minnesota Press. http://dhdebates.gc.cuny.edu/ debates/text/34 (accessed February 12, 2014).

[14] Fiormonte, D., and Pusceddu, C. 2006. The text as a product and as a process: history, genesis, experiments. In *Manuscript, Variant, Genese – Genesis*, ed. E. Vanhoutte, M. de Smedt. Gent: KANTL, 109–128. http://www.academia. edu/618689/The_Text_As_a_ Product_and_As_a_Process._History_Genesis_Experiments (accessed February 12, 2014).

[15] Fish, S. 2010. The crisis of the humanities officially arrives. http://opinionator.blogs. nytimes. com/2010/10/11/the-crisis-of-the-humanities-officially–arrives (accessed January 12, 2014).

[16] Fish, S. 2011. The old order changeth. *New York Times: Opinionator*. http://opinionator. blogs. nytimes.com/2011/12/26/the-old-order-changeth (accessed February 26, 2014).

[17] Forbus, K.D. 2008. Qualitative modeling. In *Handbook of Knowledge Representation: Foundations of Artificial Intelligence*, ed. F. van Harmelen, V. Lifschitz, and B. Porter. Amsterdam: Elsevier, 361–394.

[18] Frabetti, F. 2012. Have the humanities always been digital? In *Understanding Digital Humanities*, ed. D. Berry. London: Palgrave Macmillan, 161–171.

[19] Froesse, K. 2006. *Nietzsche, Heidegger, and Daoist Thought: Crossing Paths In-Between*. Albany: State University of New York Press.

[20] Galey, A., and Ruecker, S. 2010. How a prototype argues. *Literary and Linguistic Computing* 25 (4), 405–424.

[21] Gibbs, F., and Owens, T. 2012. The hermeneutics of data and historical writing. In *Writing History in the Digital Age*, ed. J. Dougherty and K. Nawrotzki. http://writinghistory.trincoll. edu/data/gibbs-owens-2012-spring (accessed January 17, 2014).

[22] Gleick, J. 2011. *The Information: A History, A Theory, A Flood*. New York: Pantheon.

[23] Green, R.P.H., ed. 2008. St. Augustine of Hippo, *On Christian Teaching*. First published 1997, reissued 1999, 2008. Oxford: Oxford University Press.

[24] Hayles, K.N. 2012. *How We Think: Digital Media and Contemporary Technogenesis*. Chicago: University of Chicago Press.

[25] Hoover, D. 2013. Selected print and web publications, https://files.nyu.edu/dh3/public/

SelectedPublications.html (accessed January 17, 2014).

[26] Jockers, M.L. 2013. *Macroanalysis: Digital Methods and Literary History*. Urbana: University of Illinois Press.

[27] Kestemont, M. 2012. *Het Gewicht van de Auteur: Een onderzoek naar Stylometrische Auteursherkenning in de Middelnederlandse Epiek*. Antwerpen: Universiteit Antwerpen, Faculteit Letteren en Wijsbegeerte, Departementen Taal-en Letterkunde.

[28] Mallery, J.C., Hurwitz, R., and Duffy, G. 1986. Hermeneutics: from textual explanation to computer understanding? *AI Memos*, Memo AIM-871. http://hdl.handle.net/1721.1/6438http://hdl. handle.net/1721.1/6438 (accessed January 17, 2014).

[29] Marchesi, S. 2011. *Dante and Augustine: Linguistics, Poetics, Hermeneutics*. Toronto: University of Toronto Press.

[30] McGann, J. 2013. Philology in a new key. *Critical Inquiry* 39 (2), 327–346.

[31] Meister, J.C. 1995. Consensus ex machina? Consensus qua machina! *Literary and Linguistic Computing* 10 (4), 263–270.

[32] Moretti, F. 2005. *Graphs, Maps, Trees: Abstract Models for a Literary History*. London: Verso.

[33] Opas-Hänninen, L.L. 1995. Special section: New approaches to computer applications in literary studies. *Literary and Linguistic Computing* 10 (4), 261–262.

[34] Pasanek, B., and Sculley, D. 2008. Mining millions of metaphors. *Literary and Linguistic Computing* 23 (3), 345–360.

[35] Pierazzo, E. 2011. A rationale of digital documentary editions. *Literary and Linguistic Computing* 26 (4), 463–477.

[36] Piersma, H., and Ribbens, K. 2013. Digital historical research: context, concepts and the need for reflection. *BMGN – Low Countries Historical Review* 128 (4), 78–102.

[37] Pratt, V.R. 1976. Semantical considerations on Floyd-Hoare logic. In *Proceedings of the 17th Annual IEEE Symposium on the Foundations of Computer Science*. 17th Annual IEEE Symposium on the Foundations of Computer Science, 109–121.

[38] Ramberg, B., and Gjesdal, K. 2013. *Hermeneutics*. http://plato.stanford.edu/archives/sum2013/ entries/hermeneutics (accessed December 6, 2013).

[39] Ramsay, S. 2010. The hermeneutics of screwing around: or what you do with a million books. http://www.playingwithhistory.com/wp-content/uploads/2010/04/hermeneutics.pdf (accessed January 12, 2014).

[40] Ramsay, S. 2011. *Reading Machines: Toward an Algorithmic Criticism*. Urbana: University of Illinois Press.

[41] Rockwell, G. 2003. What is text analysis, really? *Literary and Linguistic Computing* 18 (2), 209–219.

[42] Russell, S., and Norvig, P. 2009. *Artificial Intelligence: A Modern Approach*, 3rd edition. Upper Saddle River: Prentice Hall.

[43] Schmidt, D., and Colomb, R. 2009. A data structure for representing multi-version texts online. *International Journal of Human–Computer Studies* 67 (6), 497–514.

[44] Schreibman, S., Mandell, L., and Olsen, S. 2011. Evaluating digital scholarship: Introduction. *Profession*, 123 201. http://www.mlajournals.org/doi/pdf/10.1632/prof.2011.2011.1.123 (accessed January 17, 2014).

[45] Shillingsburg, P. 2013. Is reliable social scholarly editing an oxymoron? In *Social, Digital, Scholarly Editing*. Saskatoon: University of Saskatchewan. http://ecommons.luc.edu/ctsdh_pubs/1 (accessed January 17, 2014).

[46] Szondi, P., and Bahti, T. 1978. Introduction to literary hermeneutics. *New Literary History* 10(1), 17–29.

[47] Underwood, T. 2010. Historical questions raised by a quantitative approach to language. *The Stone and the Shell*. http://tedunderwood.com (accessed January 17, 2014).

[48] Vandoulakis, I.M. 2011. On A.A. Markov's attitude towards Brouwer's intuitionism. In *Extended Abstracts of the 14th Congress of Logic, Methodology and Philosophy of Science*. Nancy: 14th Congress of Logic, Methodology and Philosophy of Science. Available at: http://www.mendeley.com/download/public/8335063/5498343341/25aa151120b0b290b513266d49ae52c92b66da61/dl.pdf (accessed January 17, 2014).

24. 当研究文本是音频文件时：数字人文学科中声音研究的数字工具①

塔尼亚·E.克莱门特（Tanya E. Clement）

2010年，美国图书馆和信息资源委员会和美国国会图书馆发布了《美国录音保存状况：数字时代面临风险的国家遗产》（*The State of Recorded Sound Preservation in the United States: A National Legacy at Risk in the Digital Age*），这表明如果我们不使用录音档案，文化遗产机构将不会保存或创建获取这些档案的途径。这份报告得出的结论是：用户希望获取不受限制的访问和更好的发现工具，用以"深度倾听"（deep listening）或"从音符、性能、情绪、质感和技术方面倾听内容"，但是缺乏对"这在数字环境下意味着什么"的一般性理解。（CLIR and LC，2010：157）在数字人文学科中，基础设施、研究资源和研究工具的生产主要集中在文本和视觉文化制品的检查、教学、出版和传播上。与此同时，周围沉默的声音研究并不仅仅是对数字人文的简单反映；这种沉默反映了一种普遍的人文探究根源上的偏见。这种偏见部分是由于版权限制，但也是由于访问、存档和共享音频格式的困难，所有这些都导致缺乏研究、写作和声音教学的模型。这是一个典型的数字人文研究问题：如果不能更好地理解什么是"深度"或"近距离"倾听，我们就无法生产出能够提供、增强、拆除和质疑这些活动的工具。然而，由于我们缺乏能够大量处理文本和图像的模型，很难想象如何描述声音的使用以及我们可能希望参与的声音研究或教学。

访问：声音，声音，无处不在的声音

在世界各地的档案馆里，存有数百万小时的重要录音，可以追溯到19世纪，并一直延续到今天。例如，仅在美国，国会图书馆的民间生活中心

---

① *A New Companion to Digital Humanities*, First Edition. Edited by Susan Schreibman, Ray Siemens, and John Unsworth.

© 2016 John Wiley & Sons, Ltd. Published 2016 by John Wiley & Sons, Ltd.

（American Folk Life Center）的储藏库就藏有20万小时的录音，其中包括来自全美各地的丰富藏品。纽约公共图书馆（New York Public Library）的"罗杰斯和哈默斯坦录音档案"（*Rodgers and Hammerstein Archives of Recorded Sound*）有七十多万份录音材料，包括百老汇音乐剧、古典和流行音乐、总统演讲、广播剧和电视特辑。美国非营利组织"故事团"（*StoryCorps*）收藏有长达3万个小时的5万段口述历史，仅在过去十年中，来自各个社区的8万多名参与者创作了这些口述历史。此外，许多藏品已经数字化，可以在网上免费获取。美国国会图书馆的"国家留声计划"（National Jukebox）项目在启动时已经数字化处理了1万盘由胜利留声机公司（Victor Talking Machine Company）在1901年至1925年间制作的录音，可以从国会图书馆帕卡德校园音像保护收藏中获取。宾夕法尼亚大学的在线诗歌档案"宾大之声"（*PennSound*）在网上存有3万份声音文件，包括诗歌表演，以及著名创作者的访谈和演讲，从纪尧姆·阿波利内尔（Guillame Apollinaire）（1913）到格特鲁德·斯泰因（Gertrude Stein）（1934—1935）、埃兹拉·庞德（Ezra Pound）（1939）和威廉·卡洛斯·威廉姆斯（William Carlos Williams）（1942）；从垮掉派诗人（beat poets）到语言诗人（language poets），再到当代诗人。此外，在互联网档案馆（Internet Archive, https://archive.org）中也存有一百多万份录音文件，包括历史广播、公共和私人的总统活动，以及音乐和口述历史录音。与实物收藏一样，各地图书馆和档案馆中的小型藏品还有更多的录音材料，而且在大多数情况下，这些都是试图了解我们文化中的现在和过去的口头传统的唯一研究文本：去倾听、去思考以及去传授过去和现在的声音。的确，数字化对于声音遗产来说至关重要，因为这些声音遗产在传统格式（蜡筒、铝盘和电磁磁带）上继续被损坏，且无法为越来越稀有的声音遗产设备（留声机和磁带机）所读取，但是仅靠数字化是无法解决保存和访问、获取问题的。

即使在音频收藏不断数字化的数据泛滥时代，文化遗产专业人士、学者和教师对音频资源的访问仍然有限。通常情况下，访问声音集合的模式包括基本功能，如按下"播放键"和"暂停键"，有时，将音频与附带的文本记录和元数据并置在一起，可以提供一些免费和开放源代码的方法来执行约翰·安斯沃斯所称的人文学术研究的"原语"（primitives）实践——"发现、注释、比较、引用、采样、说明和表示"（Unsworth, 2000）。例如，位于印第安纳州的西北大学的"阿瓦隆媒体系统"（Avalon Media System）和肯塔基大学的"口述历史元数据同步"（Oral History Metadata Synchronization，简称OHMS）项目都是专门为音频和视频设计的免费开源的内容管理系统，增强了终端用户在精心设计的环境中的访问能力，同时也能够与存储库基础设施很好地配合使用。与Omeka或Wordpress等内容管理系统（Content Management System，简称CMS）不同，这些系统包括转录文本和同步音频。Scalar是一个开源多媒体学术出版平台，由网络视觉文化联盟和《媒介》（Vectors）期刊的创建者合作开发，它提供了将文本与多媒体对象并置的方法，包括启用不同的解释路径和实现这些路径的可视化。最后，"弹出档案"（Pop Up Archive）侧重通过从语音到文本的技术来创建转录本，主要使用广播录音的方式。这些工具提供了一种将单个音频或视频事件与转录本相链接的方法，以便使用文本或文本元数据或伴随多媒体事件的转录本进行"学术原语"的研究。

令人惊讶的是，没有更好的（或者不同的）方法来促进对声音本身的访问和分析，因为计算机性能——就速度、存储容量以及机器学习和可视化方面的进步而言——已经提高到现在完全有可能实现音频某些方面的自动化。由代表加拿大、荷兰、英国和美国的资助机构支持的非常受欢迎的"挖掘数据挑战"项目，证明了数字项目可以涵盖的广泛视角和方法。虽然大多数项目分析图像和文本，但其他项目提供了新的音频文件发现方法，例如旨在分析音乐的"海量音乐信息的结构分析"项目和"垂直间隔序列电子定位器"项目，或者旨在分析自然语言使用情况的"年度语音挖掘"（Mining a Year of Speech）计划和"基于网络语言研究的语音数据采集"（Harvesting Speech Datasets for Linguistic Research on the Web）项目。

尽管如此，用于访问和分析声音特征的软件开发还不够成熟。一些开源软件可以处理声音文件自身的不同方面，包括用于共享带有注释的声音剪辑片段的"声云"（SoundCloud）、用于分割或剪辑音频并制作播放列表的康考迪亚大学的"故意"（Stories Matter）项目、用于可视化和编辑音频的音频编辑录音器（Audacity），以及用于查询和统计分析有关声音特征的可视化和注释的语音学软件（Praat）。尽管我们目前已经将如此多具有文化意义的音频文件数字化，并且开发了越来越复杂的声音分析系统，但是对于在诗歌表演、演讲和故事会上所产生的口语文本感兴趣的学者们来说几乎没有方法来使用或理解低性能或高性能的音频工具，这些工具将支持跨多个文件或整个集合以进行模式识别。因此，在数字时代，声音文件仍然无法完全用于新的分析和教学形式。然而，也正是因为无法构思和表达我们具体想要对声音做什么——杰罗姆·麦甘恩（2001）称之为"想象你不知道的事物"——才使我们无法利用现有的计算资源，并严重阻碍了数字人文在声音研究方面的技术发展和理论发展。

分析：做这个，不做那个；你不能读取声音吗？

来自民俗、历史、文学、音乐和表演研究、语言学和传播学、历史和文化研究等广泛领域的人文学者对声音的研究持有不同的视角和理论。诗人和学者查尔斯·伯恩斯坦（Charles Bernstein）将声音解释学称为"近听"（close listening），他认为这种解释模式应该包括将"声音作为物质，其中声音既不是任意的，也不是次要的，而是意义的组成部分"（Bernstein，1998：4）。乔纳森·斯特恩将"声音研究"定义为利用声音来提出"关于文化时刻、危机和时代问题的大问题"；斯特恩和其他研究者认为，需要新的文化批评来对抗"视听连祷文"（audiovisual litany）先入为主的观念，这些陈词滥调已经在文化研究中盛行并限制了我们对声音的理解。（Sterne，2012a：3；Chow and Steintrager，2011）斯特恩认为，存在一种普遍的观念认为，视觉以某种方式呈现了对事件或对象的外部或客观的"观点"，而听觉是一种具体的、主观的沉浸感；或者说，听觉是关于情感和时间性的，而视觉是关于智力和空间性的。（Sterne，2012a：9）最后，虽然沃尔特·翁（Walter J. Ong）曾经宣布，录音技术预示着"文字和印刷使声音变得无声"（Ong，1967：88）的研究已经进入了一个新时代，但其他研究者则认为："言语中有一些元素是对理论的挑战。"（Gunn，2008：343）当然，在生产、复制和再现的技术和方法论背景下，关于研究声音性质的理论将成为数字人文学科讨论中一个特别富有成效的结合点——即将文化和声音研究结合在一起。

首先，在声音和新媒体研究方面的实践表明，社会技术史构成了对声音进行批判性审查的一个重要方面。正如马歇尔·麦克卢汉（Marshall McLuhan）（1965）提醒大众的那句话：在大众传媒时代，媒体即信息。基于对留声机、磁带和数字音频的研究理论反映了这一观点。例如，弗里德里希·基特勒

（Friedrich Kittler）（1999：22）声称，留声机作为"噪音频谱"（spectrum of noise）和"无声发音"（unarticulated）的记录器，引起了人们的质疑：它"颠覆了文学和音乐（因为它再现了文学和音乐所基于的不可想象的真实世界）"。此外，丽莎·吉特尔曼（Lisa Gitelman）将留声机置于与发声相关的书写和阅读历史中，而不是"根据音符、作曲和演奏的实践或商品化"（Gitelman，2006：25）。相反，这种发声技术作为一种档案装置被广泛地陈列在公共展览会上，引发了大众如何"共同参与制定文化等级制度"的问题（35）。从另一个角度来看，亚历山大·韦赫利耶（Alexander G.Weheliye）的作品（2005）试图将留声机置于录音和复制的连续体中，这种连续体达到曾经无处不在的索尼随身听的效果，并与非洲裔侨民文化的生产不谋而合。伴随克里斯汀·哈林（Kristen Hling）对业余无线电产生（和性别化）的业余文化的审视（2008）以及詹特里·塞耶斯对磁性录音文化历史的研究（2011），声音技术方面的实践得到进一步发展。另外，乔纳森·斯特恩的工作是开创性的，他在《可听见的过去：声音复制的文化源头》一书中对电话、留声机和收音机进行了社会技术文化批评，而在他的新书《MP3》（2012）中，他呼吁在这种背景下进行数字音频的"格式研究"（format studies）。其他重要的研究则集中在听觉史（Smith 2001，2006；Moten，2003；Mills，2010）、声景史（Thompson，2002；Toop，2010；LaBclle，2010）以及人种学现代性（ethnographic modernities）和声系学（acoustemologies）（Hirschkind，2006；Ochoa，2006）。

其次，文学研究中关于声音的大部分讨论都集中在现代诗学和实验诗学上，并越来越多地接触到代表诗人或诗人群体声音档案的录音制品，探究这些录音制品何以影响对诗歌美学维度的解读。（Morris，1998；Perloff and Dworkin，2009）20世纪70年代，随着轻松录制现场录音的技术开始蓬勃发展，人们有机会重新思考如何研究诗歌。迈克尔·戴维森（Michael Davidson）在早期对声音和演绎的思考中指出，有许多问题需要重新考虑。戴维森声称，诗人通过演绎来创作诗词，他"'听到'和'想到'一样多（或者更准确地说是……他听到了他的想法）"。因此，"任何诗人'心中的想法'都很难通过倾听诵读而传达，就像通过阅读图书一样难以传达。'文本'是一个比这更为复杂的事实，口述记录使其变得更为复杂"（Davidson，1981）。

所以，对声音版本的访问成为人工制品集合中的另一个人工制品，这些人工制品集合为我们提供了研究诗歌及其所有版本的"文本"的方法。

除了关于意向性、表现性和"文本"性质的新问题之外，访问有声实验性的诗歌有助于在文学研究中就语言的一般建构性进行对话。当然，亨利·肖邦（Henri Chopin）的有声诗歌（audio-poems）和约翰·凯奇（John Cage）表演作品的结构长期以来一直是关于非具象派"对世界的技术攻击"（McCaffery，1998：158）的对话中心。麦卡弗里（McCaffery）特别感兴趣的是以先锋声音片段为代表的"新的非语义词汇"，它要求听者能够"超越声音的复杂性"，以质疑"音素和音节本身的文化构造性"（160，162）。凯瑟琳·海尔斯认为实验性的录音工作，可以解构记录媒体本身的性质。她将塞缪尔·贝克特（Samuel Beckett）对录音的关注视为他在独幕剧《克拉普最后的录音带》（*Krapp's Last Tape*）以及威廉·巴罗斯（William S. Burroughs）作品《微动磁带》（"inching tape"）中的自我的早期表现，通过将麦克风置于喉咙处录制他自己的声音，或者拼接剪辑他自己录制的广播片段，这可以被看作他基于文本的"切割法"（cut-up method）的另一个示例。（Hayles，1998：90）

最后，与声音记录有关的语言理论往往转向关于"声音"的理论视角，以及声音特征在身份建构和声音意义生成理论中的作用。罗兰·巴特（Roland Barthes）（1978：182）认为声乐中有助于表达意义的声音有两种模式：第一种模式（pheno-song）是富有表现力的情感模式或作品中的结构性元素，如语音或旋律（"表演中用于交流、表现、表达的一切内容"）；第二种模式（geno-song）是关于声音的物质性或身体性方面（"唱歌和说话的声音的音量，意义萌芽的空间"）。巴特坚持，声音的"微粒"（grain）是它的"灵魂"，而不是它的"身体"（body）。他声称，"近听"的解释学需要第一种模式（"灵魂"）和第二种模式（"身体"）的协调来传达意义。

巴特认为声音的物质性特征是没有表现力的，而迈克尔·希翁（Michael Chion）则表示这些特征确实有意义，但是由于缺乏一个描述性的系统，使得人们无法倾听和批判这些特征。希翁通过考虑因果、语义和简化倾听形式的声音解释学来进行声音研究，这三个方面似乎与罗兰·巴特在他的文章《倾听》（"Listening"）（1985）中所提及的三种截然不同的倾听类型有关。在因果倾听（causal listening）中，听者试图更多地了解声音的来源，无论来源是乐器大号、男人还是女孩，而在语义倾听（semantic listening）中，人们关注的是"对信息的解读"（50）。希翁将所倾听到的声音特征描述为"独立于声音的原因或对其意义的理解"，即简化倾听。（Chion，2012：51）他认为，这样的倾听妨碍了描述，原因有二：其一，通过录音来捕捉声音特征的"固定性"是"近听"的必要条件，因为要感知声音特征就必须反复倾听。然而，希翁将"固定"的声音视为"真实对象"（veritable objects）和"物理数据"（physical data），他认为这些数据并不能实时重新发送实际说出或听到的内容；其二，我们"目前的日常语言以及专门的音乐术语完全不足以描述声音的特征"（Chion，2012：51）。

然而，这种认为声音只有在传达信息的言语语境中才有意义的论点，是一种很容易受到质疑的逻各斯中心主义的理论立场。阿德里亚娜·卡瓦雷罗（Adriana Cavarero）试图"从声音的角度而不是从语言的角度来理解言语"，她希望"把言语本身从逻各斯中心主义的致命束缚中拉出来"（Cavarero，2012：530，531）。卡瓦雷罗争辩说，从这个角度理解的"声音"优先于清晰表达的言语和无实体的"独特"声音，她表示："逻各斯中心主义从根本上否定了声音本身的意义，而这种意义并不总是注定要成为言语。"（529）卡瓦雷罗批评了希翁（2012）、麦克卢汉（1988）和翁（1967）的观点，他们立即将声音本质化为"存在"（presence），去实体化和神话化（以及神秘化）的口头性。为了理解先锋派对文化建构的语言规范的挑战和评论，研究实验性诗歌的文学学者卡瓦雷罗断言，一个更富有成效的立场是将言语理解为，"声音的独特性和语言系统之间的张力点"（Caravero，2012：530）。同样，姆拉登·多尔（Mladen Dolar）（2012：539）认为："这并不是说我们的词汇量不足，而是应该弥补它的不足：面对声音，词汇在结构上是失效的。"多尔提出了包括咳嗽、打嗝、叽叽喳喳、尖叫、大笑和唱歌在内的"非声音语言学"（linguistics of non-voices）的概念，并将这些声音置于音位结构（phonemic structure）之外，而不是语言结构之外。（552）多尔在口音（accent）、语调（intonation）和音色（timbre）等语音方面寻找研究的可能性，他提出了所有这些问题的核心问题："我们如何追求声音的这个维度？"（544）。

最后，关于声音的其他文化研究都集中在声音制作和批判性游戏（Critical

Play）的交叉点上。例如，塔拉·罗杰斯（Tara Rodgers）创作的《粉红噪音》（*Pink Noises*）（2010）中讲述了一段女性的历史，她们创造性地、批判性地使用电子声音来演绎时间、空间和语言，以质疑女性制作和创作电子音乐的文化和社会背景。杜克大学富兰克林人文学院的"音箱"（SoundBox）项目正在出版一本关于声音的数字"挑衅"集，这些声音既有批判性又有趣味性。这个项目提出了一个疑问："如果可以通过声音本身来论证声音，那会怎样？"这些挑衅包括肯尼思·大卫·斯图尔特（Kenneth David Stewart）开发的"以声音为灵感的电吉他"，这是一个批判性的制作项目，它提供了"通过将历史嵌入乐器，对信号处理历史进行文化批判的研究"（Mueller，2013），以及基于现场录音、文本和照片的声音化的实验声景，还有通过使用声音对其他文化制品进行评论的反思性作品。

批判性游戏还包括实验性的当代声音艺术和视频游戏之间的联系，因为它们是在基于音频的数字游戏的创作中制定的。例如，亚伦·奥尔登堡（Aaron Oldenburg）的作品（2013）和由理查德·范托尔（Richard van Tol）和桑德·惠伯茨（Sander Huiberts）组织的音频游戏（AudioGames.net）项目，其中包括一个基于音频和盲人可访问的游戏、描述、评论和文章的档案，以及一个活跃的论坛。著名且屡获殊荣的音频游戏示例包括《几何波浪》（*Square Waves*），在这款游戏中，"视觉玩家"（看得见的玩家）必须与"听觉玩家"（只能通过耳机获取信息的玩家）合作；还有游戏《沼泽激战》（*Swamp*），这是一款在线合作的第一人称射击游戏，玩家在游戏中可以通过代表不同场景的声景进行定位；《地形改造》（*Terraformers*）是一款使用3D双耳录音打造的太空殖民地；还有游戏《血色桑格雷II》（*Papa Sangre II*），它使用类似的技术来引导玩家穿越死亡之地。

结论：数字人文学科中的声音前景

大量的模拟和数字声音收藏表明，音乐和广播录音以及口语文本，包括诗歌朗诵和戏剧表演、口述历史和实地录音、总统演讲和电话语音，或者来自土著社区的很久以前的和现在的长老所讲述的故事，这些都是重要的文化遗产，必须使它们更易于进行研究。上述简要概述的实践还表明，声音研究可以为主要在文本和图像的研究中发展起来的数字人文学科提供很多的理论、模型、工具和教学法，反之亦然。正如本文所示，记录、传输、复制和广播声音的技术——如电报、无线电、电话和留声机——都是在社会技术史中发展起来的，在这段社会技术史中，追求声音"意义"的目标和过程都备受争议。关于如何研究口语文本（就声音特征或语言内容而言）辩论的重要性，斯特恩在《声音研究读本》（*Sound Studies Reader*）中特别强调了一个题为"声音"（"Voices"）的章节，他认为其中一些片段主要关注的是"人类最基本的能力"或"作为人类意味着什么"（Sterne，2012a：11）。可以肯定的是，在看似不同的（技术与人文）理论中发现共同点，可以为思考如何构建信息基础设施，以促进数字音频收藏的文化研究提供一个框架。

一些数字人文项目已经开始思考基础设施开发对人文学科音频研究的影响。例如，SALAMI项目研究员斯蒂芬·唐尼指出了开发音乐信息检索系统时亟待解决的10个主要研究问题，包括确定有效的程序和评估技术，以用于（1）索引；（2）检索查询；（3）用户界面设计的访问和分析；（4）音频压缩的有效处理；（5）产生有效分析的音频特征检测；（6）机器学习算法；（7）分类技术；（8）敏感材料的安全措施；（9）一系列用户社区的可访问程序，以及（10）为数据密集型技术开发提供足够的计算和存储基础设施。（Downie，2008；Downie et al.，2010）此外，得克萨斯大学奥斯汀分校信息学院和伊利诺伊大学伊利诺伊信息研究所（伊利诺伊大学香槟分校）开发的"高性能声音技术的访问和学术研究"项目试图解决基础设施不足的问题，以便更好地访问声音，部分方法是通过将人文学者引入ARLO，ARLO是一个应用程序，已经开发用于对大量鸟类叫声进行光谱可视化、匹配、分类和聚类。在得克萨斯高级计算中心的超级计算机系统上实现ARLO对HIPSTAS的应用，给未来在人文学科中使用音频大数据进行研究带来了三个重要结果：（1）对用户需求进行评估，用于对人文学科感兴趣的口语词集进行大规模的计算分析；（2）对短期（沙盒）和长期（可持续）访问和部署超级计算资源所需的基础设施进行评估，用于人文学科用户可视化和挖掘大型音频集合；以及（3）使用这些超级计算资源来检测重复和找到感兴趣的声音特征（如掌声和笑声）的初步项目结果。（Clement et al.，2014）最后，马里兰大学帕克分校信息学院组织的一项新的合作项目，旨在根据对记录时偶然捕获的电力供应的微小变化痕迹（电网频率特征）的分析，并将其与已知来源信息进行比较，从而恢复与记录和时间相关的时间数据。（Su et al., 2013；Oard et al., 2014）

当然，理解如何解释"声音"有助于我们考虑如何用计算系统为这些活动建模，但是有许多新的研究领域可能对数字人文学科产生普遍的影响，其中包括对声音的技术转换、复制和传播的批判性研究；对声音环境的批判性研究（包括录音技术的语境化的滴答声和嗡嗡声、城市夜晚的汽车警报声，或者是声音空间和录音空间的鼓掌声、婴儿啼哭声、咳嗽声、犬吠声、笑声以及呼呼声）；对听觉行为（如倾听、听力或耳聋）的批判性建模；以及对美学、声学艺术和声音（语言和副语言）进行批判性分析。此外，美国图书馆和信息资源委员会发布的《大学图书馆音频收藏状况调查》（*Survey of the State of Audio Collections in Academic Libraries*）（Smith et al., 2004）和美国国会图书馆发布的《国家录音保存计划》（*The Library of Congress National Recording Preservation Plan*）（Nelson-Strauss et al., 2012）阐述了版权立法改革、共享保存网络的组织举措，以及发现和改进编目的过程等，并将其作为最需要研究和开发以增加访问量的领域。为了缓解未描述的音频集合的积压，他们呼吁采用"音频采集和自动元数据提取的新技术"（Smith et al., 2004：11），重点是"开发、测试和增强影响音频保存的所有领域的基于科学的方法"（Nelson-Strauss et al., 2012：15）。显然，需要对声音研究中的访问和发现以及保存和可持续性的基础设施开发进行更多的调查，这应该会在数字人文学科中引起共鸣，而精通声音研究的数字人文学者已经做好了应对这些挑战的准备。

参考文献

[1] Barthes, R. 1978. *Image–Music–Text*. New York: Hill and Wang.

[2] Barthes, R. 1985. *The Responsibility of Forms*. Trans. Richard Howard. New York: Hill and Wang.

[3] Bernstein, C. 1998. *Close Listening: Poetry and the Performed Word*. New York: Oxford University Press.

[4] Cavarero, A. 2012. Multiple voices. In *The Sound Studies Reader*, ed. J. Sterne. New York: Routledge, 520–532.

[5] Chion, M. 2012. The three modes of listening. In *The Sound Studies Reader*, ed. J. Sterne. New York: Routledge, 48–53.

[6] Chow, R., and Steintrager, J.A. 2011. In pursuit of the object of sound: an introduction. *differences*, 22 (2–3), 1–9.

[7] Clement, T., Tcheng, D., Auvil, L., and Borries, T. 2014. High Performance Sound Technologies for Access and Scholarship (HiPSTAS) in the digital humanities. *Proceedings of the 77th Annual ASIST Conference*, Seattle, WA.

[8] Council on Library and Information Resources (CLIR) and the Library of Congress (LC). 2010. *The State of Recorded Sound Preservation in the United States: A National Legacy at Risk in the Digital Age*. Washington DC: National Recording Preservation Board of the Library of Congress.

[9] Davidson, M. 1981. "By ear, he sd": audio-tapes and contemporary criticism, *Credences* 1 (1), 105–120. http://www.audibleword.org/poetics/Davidson- By_Ear_He_Sd.htm (accessed February 28, 2010).

[10] Dolar, M. 2012. The linguistics of the voice. In *The Sound Studies Reader*, ed. J. Sterne. New York: Routledge, 539–554.

[11] Downie, J.S. 2008. The Music Information Retrieval Evaluation Exchange (2005–2007): a window into music information retrieval research. *Acoustical Science and Technology* 29 (4), 247–255.

[12] Downie, J.S., Ehmann, A.F., Bay, M., and Jones, M.C. 2010. The Music Information Retrieval Evaluation eXchange: some observations and insights. In *Advances in Music Information Retrieval*, ed. Z.W. Rás and A.A. Wieczorkowska. Berlin: Springer, 93–115.

[13] Gitelman, L. 2006. *Always Already New: Media, History and the Data of Culture*. Cambridge, MA: MIT Press.

[14] Gunn, J. 2008. Speech is dead; long live speech.*Quarterly Journal of Speech* 94 (3), 343–364.

[15] Haring, K. 2008. *Ham Radio's Technical Culture*.Cambridge, MA: MIT Press.

[16] Hayles, N.K. 1998. Voices of out bodies, bodies out of voices: audiotape and the production of subjectivity. In *Sound States: Innovative Poetics and Acoustical Technologies*, ed. A. Morris. Chapel Hill: University of North Carolina Press, 74–96.

[17] Hirschkind, C. 2006. *The Ethical Soundscape:Cassette Sermons and Islamic Counterpublics*. New York: Columbia University Press.

[18] Kittler, F. 1999. *Gramophone, Film, Typewriter*.Writing Science. Stanford, CA: Stanford University Press.

[19] LaBelle, B. 2010. *Acoustic Territories: Sound Culture and Everyday Life*. New York: Continuum.

[20] MacKay, D. 1969. *Information, Mechanism and Meaning*. Cambridge, MA: MIT Press.

[21] McCaffery, S. 1998. From phonic to sonic: the emergence of the audio-poem. In *Sound States: Innovative Poetics and Acoustical Technologies*, ed. A. Morris. Chapel Hill: University of North Carolina Press, 149–168.

[22] McGann, J. 2001. *Radiant Textuality: Literature After the World Wide Web*. New York: Palgrave.

[23] McLuhan, M. 1965. *Understanding Media:The Extensions of Man*. New York: McGraw-Hill.

[24] McLuhan, M. 1988. *Laws of Media: The New Science*.Toronto: University of Toronto Press.

[25] Mills, M. 2010. Deaf Jam: from inscription to reproduction to information. *Social Text* 28 (1) (102), 35–58.

[26] Morris, A., ed. 1998. *Sound States: Innovative Poetics and Acoustical Technologies*. Chapel Hill: University of North Carolina Press.

[27] Moten, F. 2003. *In the Break: The Aesthetics of the Black Radical Tradition*. Minneapolis: University of Minnesota Press.

[28] Mueller, D. 2013. A sonically inspired electric guitar (in progress). SoundBox Project. http://sites.fhi.duke.edu/soundbox/2013/09/12/a-sonically-inspired-electric-guitar-in-progress (accessed December 11, 2014).

[29] Nelson-Strauss, B., Gevinson, A., and Brylawski, S. 2012. *The Library of Congress National Recording Preservation Plan*. Washington, DC: Library of Congress.

[30] Oard, D., Wu, M., Kraus, K., *et al.* 2014. It's about time: projecting temporal metadata for historically significant recordings. *Proceedings of the 2014 iConference*. Berlin, Germany. *ACM Digital Library*. https://www.ideals.illinois.edu/ handle/2142/47262 (accessed June 20, 2015).

[31] Ochoa, A.M. 2006. Sonic transculturation, episte-mologies of purification and the aural public sphere in Latin America. *Social Identities* 12 (6), 803–825.

[32] Oldenburg, A. 2013. Sonic mechanics: audio as gameplay. *Game Studies* 13 (1).

[33] Ong, W.J. 1967. *The Presence of the Word: Some Prolegomena for Cultural and Religious History*. New Haven: Yale University Press.

[34] Perloff, M., and Dworkin C.D. 2009. *The Sound of Poetry, the Poetry of Sound*. Chicago: University of Chicago Press.

[35] Rodgers, T. 2010. *Pink Noises: Women on Electronic Music and Sound*. Durham: Duke University Press.

[36] Sayers, J. 2011. How text lost its source: magnetic recording cultures. PhD thesis, University of Washington.

[37] Sayers, J. 2013. Making the perfect record. *American Literature* 85 (4), 817–818.

[38] SoundBox Project. 2013. http://sites.fhi.duke.edu/ soundbox (accessed December 11, 2014).

[39] Smith, A., Allen, D.R., and Allen, K. 2004. *Survey of the State of Audio Collections in Academic Libraries*. Washington, DC: Council on Library and Information Resources.

[40] Smith, M.M. 2001. *Listening to Nineteenth-Century America*. Chapel Hill: University of North Carolina Press.

[41] Smith, M.M. 2006. *How Race Is Made: Slavery, Segregation, and the Senses*. Chapel Hill: University of North Carolina Press.

[42] Sterne, J. 2003. *The Audible Past: Cultural Origins of Sound Reproduction*. Durham: Duke University Press.

[43] Sterne, J. 2012a. Sonic imaginations. In *The Sound Studies Reader*, ed. J. Sterne. New York: Routledge, 1–18.

[44] Sterne, J. 2012b. *MP3: The Meaning of a Format*. Durham: Duke University Press.

[45] Su, H., Garg, R., Hajj-Ahmad, A., Wu, M. 2013. ENF analysis on recaptured audio recordings. *Proceedings of the 2013 IEEE International Conference on Acoustics, Speech, and Signal Processing (ICASSP)*. Vancouver, May 26–31, 2013. 3018–3022.

[46] Thompson, E.A. 2002. *The Soundscape of Modernity: Architectural Acoustics and the Culture of Listening in America, 1900–1933*. Cambridge, MA: MIT Press.

[47] Toop, D. 2010. *Sinister Resonance: The Mediumship of the Listener*. New York: Continuum.

[48] Unsworth, J. 2000. Scholarly primitives: what methods do humanities researchers have in common, and how might our tools reflect this? Paper presented at *Humanities Computing: Formal Methods and Experimental Practice*, King's College, London. http://people.brandeis.edu/~unsworth/ Kings.5-00/primitives.html (accessed October 2014).

[49] Weheliye, A.G. 2005. *Phonographies: Grooves in Sonic Afro-Modernity*. Durham, NC: Duke University Press.

25. 多维度文本标记[①]

杰罗姆·麦甘恩（Jerome McGann）

符号就是通过它，我们可以了解更多。（C. S. Peirce）

什么是文本？

尽管五十多年来，"文本"（text）一直是文书乃至大众话语中的"关键词"，但在雷蒙德·威廉姆斯的重要作品《关键词》（*Keywords*）（1976）中，并没有"文本"的一席之地。这种奇怪的缺漏或许可以用这个词所包含的文化普遍性和权力来加以解释。在威廉姆斯称为"文化与社会词汇"的现代性词汇中，"文本"一直是"一个统领一切的词"。事实上，"文本"这个词的意义变得非常丰富，以至于我们或许应该用托尔金（Tolkein）的指称来对它进行阐释："文本"过去是，现在仍然是，"一个统领着它们并在黑暗中束缚它们的词。"

当讨论数字化文本、文本标记和电子编辑时，我们需要牢记这一总体背景。虽然这些都是本文关注的问题，但它们对文学和文献学研究的各个方面都有着十分重要的意义。当我们为将继承下来的文化资料档案（包括大量纸质材料的语料库）转化为数字存储库和形式奠定基础时，我们需要对文本性进行清晰的思考，而大多数人，甚至是大多数学者却很少这样做。

例如，考虑短语"有标记的文本"。有多少人认为这是一种冗余？所有的文本是有标记的文本，正如你现在阅读的文本中所呈现的那样。当你遵循这一概念时，可以尝试观察一下塑造思想和思维过程的物理表征体（physical embodiments）。你看到这种字体了吗？你能辨认出来吗？它对你而言有什么意义？如果没有，具体原因是什么？现在浏览一下（当你继续阅读时），快速观察一下页面的总体布局：字体大小、每行字符数、每页行数、行首、页眉、

[①] *A New Companion to Digital Humanities*, First Edition. Edited by Susan Schreibman, Ray Siemens, and John Unsworth.

© 2016 John Wiley & Sons, Ltd. Published 2016 by John Wiley & Sons, Ltd.

页脚和页边距。而且，仅在你阅读的文献层面上，另外还有很多内容可以被看到、记录和理解：纸张、墨水、书籍设计，或者不是控制文本文献状态，而是控制文本语言状态的标记。如果笔者用汉语、阿拉伯语、希伯来语，甚至西班牙语或德语和你对话，你会看到以及读到什么？如果这篇文章像莎士比亚的十四行诗一样，是1609年印刷的，你又会看到和读到什么？

我们都知道这类传统文献的理想读者。她是真实存在的，就像这个人阅读和研究的文本一样。他以不同的名字撰写她的阅读和研究，包括兰德尔·麦克劳德（Randall McLeod）、兰迪·克罗德（Randy Clod）、兰登·克劳德（Random Cloud）等。她是我们这个精妙而复杂的文献时代的文本之谜的杜宾（Dupin）。

就我们目前的目的而言，最重要的是要认识到，数字标记方案并不容易——甚至可能会不自然地——映射到遍布纸质文本的标记。当然，对于当前使用的每一种电子标记都是如此：从简单的ASCII到任何内联的SGML衍生品，再到最近的分隔标记方法。（Thompson and McKelvie，1997）这种差异体现在人工智能社区努力模拟自然语言和交际交流的复杂过程中。尽管在实现这一目标的过程中遇到阻碍，但这些努力却富有成效，使我们更清楚地认识到传统文本机制的丰富性和灵活性。

那么，传统文本是如何标记的？如果我们能为这个问题给出一个详尽的答案，我们就能用数字形式模拟它们。但由于以下两个原因，我们对此无法给出确切的答案。第一，答案必须从文本性自身的话语场域（discourse field）中进行框定；第二，这个框架是动态的，是其自身操作的一个不断涌现的功能，包括其明确的自反性操作（self-reflexive operations）。这并不是说标记和标记理论必须是"主观的"（也不是说——见下文——它们不能是主观的）。而是说，它们是而且必须是社会性的、历史性的和辩证性的，有些形式的范围和权力比其他形式的范围和权力更大；有些形式之所以有用，正是因为它们试图为了某些特殊目的而限制它们的活动范围。

自创生系统及其相互依赖性

苏珊·霍基（Susan Hockey）在她的著作《人文学科中的电子文本》（*Electronic Texts in the Humanities*）（2000）中描述了电子文本的问题，她简要指出："没有明显的语言单位"（20）。霍基正在批判性地反思这样一个普通的假设，即这个单位就是单词。语言学者应更为清楚。单词可以有效地分解成更为初始的部分，因此可以理解为二级甚至更高级别的结构。这一观点与物理学家不断碰到的观点并无不同，物理学家们一直在寻找物质的基本单位。我们的分析传统使我们倾向于理解各种形式都是从"更小的"和更初始的单位"构建"起来的，因此我们把这些部分的自我同一性和完整性以及它们所组成的整体视为客观现实。

霍基回顾了文本单位的问题以澄清创建电子文本的困难。为了实现这一点，我们指示计算机识别自然语言文本的基本元素，并试图确保该识别没有歧义。然而，在自然语言中，基本单位——实际上，任何类型的所有划分——只是基于程序加以确定。这些单位是任意的。更为重要的是，任何单位本身不可能具有绝对的自我同一性。自然语言在各个单位、各个层面以及整个操作系统中都充斥着冗余和歧义。分析程序的悠久历史在语言和交际行为的研究中已经形成了一系列最佳实践，但即使在短期内，分析的术语和关系也已发生变化。

印刷和手稿技术代表了对自然语言进行标记的努力，使自然语言得以保存和传播。它是一种限制语言变形的技术，而语言本身就是一种对人类交流进行编码的专用系统。电子编码系统也是如此。在每种情况下都制定约束条件，以便进行在其他情况下难以或不可能进行的操作。对于像TEI这样的系统，该系统旨在"消除"待编码材料的歧义。

TEI标记约束的输出与由手稿和印刷技术约束生成的输出截然不同。虽然冗余和歧义TEI项目排除了，但它们在手稿和印刷品中得到了保留——并被标记出来。虽然印刷品和手稿标记不会"复制"自然语言的冗余，但它们确实构建了足够稳健的系统，以开发和生成等效类型的冗余。正是由于这种能力，使得手稿和印刷编码系统比目前使用的任何电子编码系统都更为灵活（"自然语言"是我们所知的最为复杂、最为强大的自反式编码系统）。（Maturana and Varela, 1992）

就像生物形式和所有生命系统一样，尤其是所有语言本身，印刷和手稿编码系统都是在相互依赖关系的视域下构建起来的。也就是说，印刷技术——笔者今后将使用该术语作为印刷和手稿技术的简称——是一种编码（或模拟）被称为自创生系统（autopoietic systems）。它们通常使用以下术语进行描述：

> 如果有人说机器M中有一个通过环境的反馈循环（feedback loop），因此其输出的效果会影响其输入，那么实际上我们所谈论的是一个更大的机器M1，其定义包括环境和反馈回路。（Maturana and Varela，1980：78）

这样一个系统构成了一个封闭的拓扑空间，"通过其作为自身组件生产系统的运作，不断地生成和指定自身的组织，并在组件无休止周转中实现这一点"（79）。因此，自创生系统与它生产系统（allopoietic systems）有所不同，它生产系统是笛卡尔式的，并且"作为其功能的产物，具有与自身不同的内容"（80）。

在这种情况下，所有编码系统似乎都占据了一个特殊的位置。因为"编码……代表了[一个]观察者"与给定系统之间的交互作用，所以映射与"观察域"不同。（135）编码是"人类设计空间"操作的一种功能，或者被称为"异质生产的"（heteropoietic）空间。因此，编码和标记就显得是"它生产的"（allopoietic）。

然而，作为模拟机器，编码和标记（印刷或电子）并不像大多数它生产系统（汽车、手电筒、公路网络、经济学）。编码功能仅在自创生系统中以代码的形式出现，而自创生系统的这些功能对于维持其生命（其动态操作）至关重要。语言和印刷技术（以及电子技术）是二阶和三阶自创生系统——麦克卢汉著名的、富有表现力的，同时也有点误导性的观点，被称为"人的延伸"。编码机制——蛋白质、印刷技术——是它们所维护的拓扑空间的生成性组件。它们被折叠在自创生系统中，就像生物体内的细胞膜一样，在那里不同的成分实现并执行它们自身的延伸。

这一普遍的参照系使得马图拉娜（Maturana）和瓦雷拉（1980：95）将这种系统的"起源"与它们的"构成"等同起来。这个等式意味着相互依赖性弥漫在一种自创生的关系结构中。

系统的所有组件（可以说）同时出现，它们执行集成功能。系统的生命是一个形态发生过程，其特征是局部系统组件的各种动态突变和转换。这些过程的目的或目标是自创生的——通过自我转换以实现自我维护——其基本元素不是系统组件，而是在动态稳定的变化状态下维持突变组件的关系（相互依赖），这些状态产生了可测量的相互依赖的函数，无论是在它们的稳定时期，还是在它们产生剧烈变化的特别时刻。

标记文本：必要的区分

在2002年"极限标记语言"（Extreme Markup Languages）会议上，迈克尔·斯珀伯格—麦奎恩就基于SGML标记系统的重叠结构问题提出了以下观点：

> 这是一个有趣的问题，因为它是所遗留问题中最大的问题。如果我们有一组定量观测数据，并且试图将它们拟合成一条直线，那么最好是系统地研究我们的方程（我们的理论）预测值和实际观测值之间的差值；这些差值的集合就是残差……在SGML和XML的上下文环境中，重叠是一个遗留问题。（Sperberg-McQueen，2002）

但在除了SGML和XML之外的任何上下文中，这种表述都是一种机智的游戏，一种玩笑——就好像现在有人会说，牛顿数学计算产生的统计偏差产生了一些"有趣"问题的"残差"，需要通过进一步深入的计算来加以阐明。但这些问题并不是残留的，它们就像是量子外衣的褶边。

当然，笔者自己所做的比较本身就是一种玩笑，因为与物理世界的牛顿模型相比，文本世界SGML/TEI模型在全面性方面相形见绌。但是在每种情况下所进行的这种比较有助于阐明问题。在SGML这样的结构模型的视界下，没有任何一种自创生过程或形式可以被模拟，即使是主题地图也不可以。当我们观察到类似TEI这样的派生模型也无法呈现传统文本文档的形式和功能时，我们可以非常清楚地意识到这一点。后者本身部署了标记代码，为我们提供了语言的模拟以及许多其他类型符号过程（皮尔斯所说）的模拟。文本化的文件出于各种反身性目的，限制和修正了它们所参与的更大的符号域。尽管如此，传统文本性（traditional textualities）在其建模和模拟的更大符号域上所施加的程序性约束，在完全皮尔斯式（Peircean）的意义上，比我们目前正在部署的电子模型更为实用。

当我们试图想象如何优化我们的新数字工具时，理解传统文本设备的功能尤其重要。手稿和印刷技术——通常是图形设计——为信息技术工具提供了引人注目的模型，尤其是在传统人文研究和教育需求的背景下。为此，我们可以先从对文本（一般而言，还有符号）系统的归档和模拟功能进行基本区分开始。与基因编码一样，传统文本性具有以下基本特征：作为其模拟和生成过程的一部分，它们将自己作为这些过程的记录。模拟和记录保存是任何自创生或符号系统的共同特征，可以出于各种原因和目的对其加以区分。图书馆通过严格将传统文本视为记录来处理它们。它可以保存内容，并使它们易于被访问。相比之下，诗歌将文本记录作为一个动态模拟的领域来处理。一个是信息机器，另一个是反映机器。每一种都可以被视为一个极性指标，用来表征所有符号系统或自创生系统的特征。大多数文本——例如，你现在所读的文章——都是受这两种极性影响的领域。

传统文本性的强大之处恰恰在于它们能够将这些不同的功能集成到同一组编码元素和过程之中。

SGML及其派生品在很大程度上（如果不是严格意义上的话）是用于存储和访问记录的编码系统。它们还具有一定的分析功能，这些功能基于这样的前提，即文本是"上下文对象的有序层次结构"（"OHCO论文"；Renear et al., 1993）。这一文本性的概念显然是不全面的。事实上，它对"文本"的理解反映了这种标记代码的实用目标，即存储对象（在TEI中是文本对象），以便可以快速访问和检索它们的信息内容，或者更为严格地说，是信息内容的某些部分（根据对书本结构的语言分析而划分为按照层次结构排列的部分）。

电子标记代码的这些局限性不应令人遗憾，但对于人文学者来说，它们应该被清楚地理解。像TEI这样的标记代码以某种形式创建传统文本的记录。特别重要的是，与设计用于标记的文本字段不同，TEI是一个它生产系统。它的元素被明确界定并被先验地识别，它的关系结构是精确固定的，它是非动态的，它关注的是独立于自身的对象。事实上，它不仅把所标记的内容定义为客观的，而且也用系统先验范畴中明确的术语将其所标记的内容定义为客观的。因此，这种机器只能用于某些特定的目的。文本字段的自创生操作——尤其是与人文学者感兴趣的文本相关的操作——完全超出了TEI的范围。

那么，针对某些存档目的，结构化标记将发挥作用。它不会不适当地干扰或禁止使用某些搜索和链接功能，这些功能使数字技术对不同类型的比较分析非常有用。它的形式非常抽象，足以支持在更高阶的形式化中实现。在这些方面，它比文本标记的对峙方法具有更大的灵活性，后者更难集成到由不同类型的材料组成的、分散的在线网络中。（Caton, 2000）然而，所有这些都已经被论说过，这些它生产文本处理系统（allopoietic text-processing systems）无法访问或显示文本字段的自创生特征。数字工具尚未开发出用于显示和复制书目工具的自反性操作的模型，这些操作本身就是用于思考和交流——也就是说，用于将存储转换为记忆，将数据转换为知识。

我们必须为这些目的设计和建设数字环境。衡量其能力和实现程度的一个标准是：它们是否能将类似TEI这样的数据功能机制集成到它们的高阶操作中。笔者认为，要实现这一目标，需要部署动态的拓扑模型，以绘制数字操作空间［参见勒内·托姆（René Thom）的经典研究，1975］。但是这些模型必须被重新认识，正如人们可以通过反思斯坦利·费什几年前在其关于解释学的演讲中对文本解释的评论中所看到的那样。他会指出，即使是最简单的文本——比如路标——他也能将其视为一首诗，从而形成他自己对其自创生潜力的"回应"和评论。这句话强调了话语场域的一个基本且几乎完全被忽视（理论化不足）的特征：要"阅读"它们——在任何时候"读入"它们——就必须把我们所称的"文本"和"读者"视为该场域中相互依赖的主体。二者缺一不可。

因此，费什的观察尽管是正确的，但是它表明我们在文本性概念上，无论是传统的还是非传统的，普遍存在理论和方法论上的缺陷。这种方法将"文本"看作从更大的话语场域中提取出的一种启发式抽象。"文本"一词由不同的学者以不同的方式使用——巴特的理解与TEI的理解不同——但无论如何，这个术语使得人们更为关注话语场域的语言维度。但是，书籍和文学作品是沿着多个维度组织起来的，语言只是其中的一个维度。

对话语场域进行数字模拟需要为该场域指定一组正式的维度。这就是TEI提供的先验前提，尽管我们知道，这一规定是最低限度的。事实上，我们所接受的学术传统已经将对这些领域的理解传达给了我们，这些领域既复杂，又相当稳定。话语场域，我们的文本条件，有规律地沿着六个维度被映射（见下文）。然而，在当前语境中，最为重要的是将话语场理解为自创生的含义。在这种情况下，场域测量（field measurements）将由位于场域内的"观察者"进行。场域解释者（field interpreter）的内部位置实际上是场域及其组成部分相互依赖特性的逻辑结果。"解释"不是从场域之外的立场出发，它是场域的出现以及它的出现可能呈现的任何状态的重要组成部分。

当我们对文本事件（如诗歌或其他类型的有序但不连续的现象）进行充分的形式化处理时，理解这一问题是至关重要的。勒内·托姆非常清楚地解释了为什么在动态系统中拓扑模型比线性模型更可取：

> 不能认为线性结构是存储或传输信息（或更准确地说是意义）的必要条件；从演绎的视角来看，一种由拓扑形式组成的语言、语义模型，可能比我们使用的线性语言更具有相当大的优势，尽管我们并不熟悉这一概念。拓扑形式适合于更为丰富的组合范围……而不仅仅是两个线性序列的并列。（Thom，1975：145）

这些评论清楚地让人回想起皮尔斯将存在图（existential graphs）作为逻辑思维场所的探索。但是托姆对拓扑模型的介绍并不包括自创生的场域空间，这似乎是皮尔斯的观点。①尽管托姆的方法通常会避开实际考虑，而倾向于理论的清晰度，但他的模型假设他们将处理一些外部来源进入系统的数据。如果托姆的"数据"以理论的形式进入他的研究，那么，此"数据"已经被传统的经验术语理论化了。因此，风暴的拓扑模型可以被认为是对风暴的描述和/或对其未来行为的预测。但是，当模型的数据与其系统的所有其他组件共同出现时，就会产生一个非常不同的"结果"。当设想应用于文本的自创生时，拓扑方法将自身从分析性描述或预测转变为一种演示或设定的形式。

这里采用的观点是，任何文本场域（textual field）如果本身不"包括"对场域的读取或测量（从内部指定场域的数据集），那么就不能存在这样的文本场。一首诗的创作是这部作品的第一次阅读，在这种情况下，它可以唤起他人的共鸣。一种旨在明确或定位诗歌场域（poetic field）自反性的外在分析，通常是从文本的修辞维度或社会维度开始，在这些维度中，诗歌场域的人类动因（有效原因）最为明显。正如我们所知，过去一个世纪对文化现象的结构主义方法的迷恋产生了大量的分析策略，它们选择从考虑形式上的因果关系开始，因而从语言学或符号学的优势开始。这两种策略都是基于经验模型的分析惯例。

传统的文本性为我们提供了自创生模型（autopoietic models），这些模型已经被设计成有效的分析工具。古书手抄本（Codex）项目是其中最伟大和最著名的。我们的问题是思考如何将它们重新编码到数字空间。要做到这一点，

---

① 皮尔斯关于存在图的开创性论述在MS514中发布［在线发表，约翰·索瓦（John F. Sowa）评论：http://www.jfsowa.com/peirce/ms514.htm］。

我们必须构想出自创生过程的形式模型，这些模型可以被编写成计算机软件程序。

场域自创生：从"艾凡赫"到"超批评"

让我们回顾一下图书标记和TEI标记之间的区别。TEI将其自身定义为一个二维的生成空间，映射为（1）一组定义的"内容对象"；（2）这些对象组织在一个嵌套的树结构内。这种形式显然源于语言的基本结构主义模型（词汇+句法或语义+组合维度）。在SGML/TEI标准中，这两个维度都是固定的，并且它们之间的关系被定义为任意的，而不是相互依赖的。因此，这种系统的输出必然与输入是对称的。在传统文本性领域中，输入和输出的运作方式是不同的。正如我们所知，即使在相当狭隘的观点中，自然语言和交际交流的运作也产生了不可比拟的影响。这些操作表现出拓扑学家追踪到分岔或者广义突变的行为，即初始结构稳定性集合产生不可预测的形态发生行为和条件。"自然语言"——也就是交际交流的话语场域——的这一基本特征，一方面使它如此强大，另一方面又使它难以建模和形式化。

在这种情况下，像TEI这样的模型之所以值得推荐，是因为它们可以被量化为经验性的、可计算的结果（empirical-numerable-results）。但是，正如托姆很久以前所观察到的那样，不存在一种像自然语言那样的"动力系统突变的量化理论"。为了实现这样的理论，他接着说："有必要在函数空间中有一个好的积分理论"（Thom，1975：321），这是托姆无法想象的。

定性数学模型的局限性并没有妨碍托姆大力推荐他们的研究和探索。他特别批评了普遍存在的科学习惯——"以先验的方式来划分科学的主要分支，即分类法"，而不是试图将分类学重新理论化。（Thom，1975：322）在这个参考框架中，我们可以看到（1）印刷技术中的文本化是自然语言的一种定性（而非分类）功能；（2）文本化通过演示和实践而不是描述来整合功能空间。印刷文本性（print textuality）不是语言，而是一种可操作的（基于实践的）语言理论，这一至关重要的认识长期以来一直摆在我们面前，但我们却没有看到。电子文本性（electronic textualities）的出现，特别是像TEI这样的自然语言操作理论的出现，揭示了印刷品和手稿文本的更深层次的意义。SGML及其派生语言通过将场域成分简化为抽象形式以冻结（而不是整合）话语场域的功能空间——柯勒律治（Coleridge）在《文学传记》（*Biographia Literaria*）中称之为"固定性和确定性"。当对象标记文本场域进行存储和访问时，此方法将起作用。

然而，动态功能的整合不会通过这种抽象的简化而出现。为了开发一个有效的自创生系统模型，需要一种"遵循作者所写的精神"构建和执行的分析。亚历山大·蒲柏（Alexander Pope）的这一表述用一种更古老的阐释表达了我们在21世纪所称的"不确定性原理"（the uncertainty principle），即测量与现象之间的相互依赖关系。代理者从系统本身定义和解释系统，即但丁·加布里埃尔·罗塞蒂（Dante Gabriel Rossetti）所说的"内部立场"。我们所说的"科学客观性"在某种意义上是一种数学函数，在另一种意义上，它是一种控制变量的有用方法。当我们研究文本时，我们使用它，就好像它们是客观的事物，而不是动态的自创生领域。

传统的文本条件促进了内部立场的文本研究，因为所有的活动都可以在同一个领域中进行，通常是在一个书目场域（bibliographical field）。主体和客体在同一个维度空间中相遇和互动——当我们阅读或写作时，这种情况会变得更为具体化。然而，数字操作为文本性研究领域引入了一个新的、更抽象的关系空间。这种抽象的空间给传统文本的研究带来了新的可能性，并在某些方面也带来了更大的分析能力。然而，数字化——至少到目前为止，通常情况下是这样——将关键代理置于场域之外，以便绘制地图和重新显示。或者——更准确地说，这一关键点（因为没有任何衡量标准比客观性的相对条件更为重要）——数字化将关键代理置于文本场域维度的层次内，而这些维度很难形式化书目。

为了利用这些新的形式化的力量，数字环境必须暴露其主观状态和操作（与所有科学形式一样，数字程序只在相对意义上是"客观的"）。在目前的情况下——即文本场域的数字标记——这意味着我们需要构建工具，以强调所采集和显示的所有测量数据的主观性。只有这样，才能准确地实现文本场域的自创生特征。这种工具带来的巨大益处是能够指定——测量、显示并最终计算和转换——实际上是量子级别的自创生结构。

大约十年前，弗吉尼亚大学的推测计算实验室（Speculative Computing

Laboratory，简称SpecLab）开展了一系列探索此类工具的相关项目。（Drucker，2009）第一个是"艾凡赫"，它是一个在线游戏空间，旨在对传统文本和话语场域进行富有想象力的重建。（*Text Technology*，2003）玩家通过数字显示空间进入这些作品，该空间鼓励他们更改和转换文本场域。游戏规则要求转换为话语场域的一部分，该话语场域通过对特定初始材料集所做的更改而动态出现。

随着"艾凡赫"项目的发展，另一个被称为"时间建模"（Temporal Modelling）的项目得以开展，并由乔安娜·朱可和贝萨妮·诺维斯基负责。这个项目寻求"将可视化和界面设计纳入早期的内容建模阶段"，类似"艾凡赫"这样的项目。这些项目通过与原始数据的转换甚至变形、交互作用来寻求解释。[①] "艾凡赫"的计算机被设计成用于存储游戏玩家的表演性解释动作，然后在事后形成算法生成的动作分析。因此，在计算机分析所揭示的差异模式的一系列人类反思中，关键功能出现在事后。然而，在时间建模设备中，由于人类积极参与一系列经过深思熟虑的数字转换，执行动作和关键动作更为紧急地结合在一起。时间建模设备为用户提供了一组设计功能，用于根据主观和假设条件重建给定的线性事件的时间线。事件相关数据的指定场域通过强调初始场域关系集的可延展性的编辑和显示机制进行转换，提出事件相关数据的指定场域，以便进行转换。从概念上讲，该项目介于设计程序（及其制作工具集）和罗塞蒂档案馆（*The Rossetti Archive*）等复杂网站（及其超文本数据集，用于即时搜索和分析）之间。它是一组编辑和显示工具，允许用户为给定的数据集设计自己的假设（新）公式（hypothetical［re］formulations）。

时间建模数据（重新）构建（［re］constructions）的实验性质导致了对初始"艾凡赫"项目的一次重要的重新构想。自此项目开始，我们就打算将"解释器"置于解释性转换的主题话语场域中。我们最初的构想是朝着我们称之为"终极艾凡赫"（Ultimate IVANHOE）的方向发展，也就是说，朝着一个由涌现意识软件（emergent consciousness software）控制的游戏空间迈进。在"艾凡赫"会话中，计算机是一个活跃的代理，玩家可以根据计算机生成的

[①] 该项目出自麦甘恩和朱可的SpecLab项目：参见贝萨妮·诺维斯基2003年关于该项目的在线报告：http://www2.iath.virginia.edu/time/time.html。诺维斯基及其在弗吉尼亚大学学者实验室（University of Virginia's Scholar's Lab）的合作者们正在切实推进这个实验项目，称其为"图廊线项目"。

一组视图来衡量和比较他们自己对自己行为的理解。"艾凡赫"的这一发展前景依然存在，但是时间建模的例子揭示了另外一种方法，即将人类解释器（human interpreter）置于自创生系统的内部立场内。

如果用"后形而上学"（pataphysics）的创始者的话说，"后形而上学"就是"超然科学"，那么这里谈及的项目就是在"超批评"（patacriticism）或在"主观解释理论"范畴的指导下重新认识"艾凡赫"。这一理论是通过这里所称的"失序法"（dementianal method）来实现的，这是一种标记文本场域的自创生特征的过程。这种方法基于这样一个假设，即这些特征表征了拓扑学家所称的一般突变场域，失序法标记了自创生场域的动态变化，就像托姆的拓扑模型支持人们绘制突变行为的形式一样。超批评模型（patacritical model）不同于托姆的模型，因为对自创生场域行为的测量是从场域内部产生的，而场域只有通过对人的行为的解释才能显现出来——也就是说，标记和显示场域的一组特定元素和关系。该场域的产生依赖于标记和测量它的行为。在这方面，我们把它的结构描述为"失序的"（dementianal），而不是维度的（dimensional）。

正如这个设备最初构想的那样，读者沿着三种行为"失序"参与自创生场域：事务处理（transaction）、连接（connection）和共振（resonance）。一种常见的页面空间事务是沿着页面对角线向下移动，对于水平线事务，常常是从左边距到右边距，从左上角的顶部到右下角的底部。读者经常以不确定的方式违反这一模式，通常被早期机构对该领域的标记所误导。连接则以同样的方式假设存在多种形式。事实上，自创生连接的初始行为就是识别和定位要"阅读"的文本元素。在这个意义上，自创生场域的事务一方面是标记各种连接的特性，另一方面则是标记共振的特性。共振是一种信号，它会引起人们对文本元素的关注，因为文本元素具有一个字段值——一种连接的可能性——而且这个字段值存在，但似乎并没有实现连接。

请注意，所有这些行为"失序"（dementians）都表现出相互依赖的关系。当连接和共振被标记时，该字段被处理；连接和共振被标记时，该字段被自理；连接和共振是彼此的涌现功能（emergent functions）；而对"失序"的标记会立即对场域的空间重新排序，在动态场域空间及其各种元素的显著变化的标志下，场域自身不断重新出现。

这些行为"失序"内置于一套自创生语法，它基于一个基本的行为或代理事务：G. 斯宾塞–布朗（G. Spencer-Brown）的"召唤法则"（law of calling）（1969），此法则宣称可以做出区分。根据这一定律，身份的要素可以被定义。它们是随着文本场域的控制维度（即场域的自创生语义）的协同出现而出现的。

自创生场域的写作与阅读

这种针对文本"失序"的超批评的方法（patacritical approach）是文本场域的元理论，是一种关于如何揭示不连续文本行为的实用主义的概念（即所谓的"自然语言"，或哈贝马斯更好地称之为"交往行为"）。动态功能的整合不是从目标对象中抽象出理论（即分类方法学方法），而是在话语空间内整合元理论功能。

信息话语场域通过限制冗余和并发的文本关系，从而能够很好地发挥作用。因为诗歌——或者广义的富有想象力的文本性——假设了更大的表达自由，所以对于任何想要研究文本性动态的人来说，它展现出了特殊的吸引力。亚里士多德对符号系统的研究保留了它们的基本特征，因为它们把注意力引向自创生而不是它生产的话语场域。他的研究致力于对制造和交换（重新制作）模拟的动态过程进行分类。

相比之下，柏拉图的《对话录》（*Dialogues*）将其批判性思考置于（或者更确切地说，是产生于）它们自身所展现的文本性内部的一个立足点。在这方面，它们与维特根斯坦在《哲学探究》（*Philosophical Investigations*）中的批判性谈话或蒙田的作品《蒙田散文》（*Essais*）存在许多共同之处。但是，从读者的角度来看，即使是这些文本场域的动态实践，也仍然是一种堪称典范的练习。这种情况普遍存在于所有的批判性思考模式中，这些模式假定要保持他们所研究的文本场域的完整性和自我同一性。两种形式的批判性思考经常性地破坏这种自成一体的文本空间的神圣性：翻译和编辑。像文本场域这样的批评对象是一个研究对象的观点，既可以作为一个启发式过程，也可以作为一种本体论想象来维持。因此，翻译和编辑行为是批判性反思的一种特别有用的形式，因为它们以物质的方式如此明显地侵入和改变了主体。无论承担这两项任务中的哪一项，你几乎不可能意识不到关键代理的表现性特征（甚至是变形性特征）。

现在，笔者举例说明自创生文本性的通用标记模型。这是以罗伯特·克里利（Robert Creeley）早期诗歌作品《纯真》（The Innocence）中的假设段落的形式出现的。因为以这种观点看来，想象的文本性是一种典型的自创生过程，任何诗歌作品都可以进行叙事性的演示。笔者之所以选择诗歌《纯真》，是因为它阐释了克里利和其他人所说的"田间诗学"（field poetics）。因此，它特别适合阐明这里所提出的文本性的自创生模型的概念。"田间创作"（composition by field）诗学已被广泛讨论，但就目前而言，仅仅把诗学看作一种自我展开的话语就足够了。"诗"是在诗歌本身所展示的场域中的诗意事务处理中产生的行动和能量的"场域"。"田间创作"通过查尔斯·奥尔森（Charles Olson）与当代哲学和科学的接触可以有效地研究"场域写作"的理论基础，其既包括一种理解（重新思考）整个诗歌传承的方法，也包括当代和未来诗歌话语（写作和阅读）的算法程序。

这首诗选自唐纳德·艾伦（Donald Allen）的著名诗集《美国新诗》（The New American Poetry, 1960），1999年由加州大学出版社重印。

The Innocence
纯真

Looking to the sea, it is a line
of unbroken mountains.
向大海望去，
是连绵不断的山脉。

It is the sky.
It is the ground. There
we live, on it.
这是天空。
这是大地。
我们就住在这里。

It is a mist

now tangent to another

quiet. Here the leaves

come, there

is the rock in evidence

这是一片薄雾，

现在正在与另一片寂静相切。

树叶出现，

岩石就出现了

or evidence.

What I come to do

is partial, partially kept

部分，部分保留

或者什么能证明

我的出现

在追溯这个诗歌场域的模型之前，我们要记住两个问题。首先，我们正在处理的这个场域是相对于"文本"这一文献实例的本地化。在传统解释学中，最为持久和最具误导性的方法之一就是将研究对象不仅看作抽象的、脱离实体的内容，而且还将其视为存在于批判性表现行为的场域空间之外的内容——场域本身是具体的和实体的。其次，阅读顺序（下文）有意识地假设了一组先前的阅读，其中某些基本的顺序形式（绝不是无关紧要的形式）已经被整合到各自的文本失序（textual dementians）中。所有这些形式都是从基本的符号学运动中提炼出来的，这是G. 斯宾塞–布朗的基本形式法则：可以区分（作为失序，或者在失序内部或之间）。因此，下面的阅读假设每个"失序"都指向一组已建立的形式化对象，这些对象在场域的事务处理中被调用，然后交叉（转换）。

也就是说，笔者通过上面提供的初始文本模型来处理诗歌场域。

第一次阅读

笔者在第一行组合中标记了以下元素（在该行为中，笔者还标记了（a）行和（b）行组合的存在）："Looking"作为悬垂分词（dangling participle）；"it"（第一行）作为表意模糊的代词；"line"作为一种文字游戏，它引用（第一行）笔者正在处理的这一行诗，以及（第二行）"连绵不断的山脉"的风景（仅在这一组中的最后一行作标记）。所有这些都被定义为（与场域空间相连）具有明显共振的文本元素（预期和清晰的早期回忆）以及若干明显的二阶连接（例如，作为景观中的对象的"海""线"和"山"）。

第二行的出现是为了连接由"it"构成的网络，并解决以初始标记的"景观"（landscape）（语言维度子域）为中心的语言引力场的主导地位。随着第三行组合继续阐释"景观场域"（landscape field），若干明显的新元素出现并被标记出来，它们以"相切"（tangent）、"寂静"（quiet）和"迹象"（evidence）这些词为中心，在行组末端存在明显的跨行接续手法的应用，以及指示词"这里"（here）和"那里"（there）。前四个词与笔者在场域事务中定义的先前元素的差异产生了共振。指示词可以连接到第二语言维度子域［第一行中标记为悬垂分词和最后一个单词"线"（line）所形成的文本元素的自反集合］。第四行也就是最后一行，它被标记为强烈的共振，因为文本内部出现了独特的"我"（I）和不断的重复（"迹象""部分的"/"部分地"）。

因此，场域事务在几何中被标记为从左上角到右下角、从左到右逐行进行的完整且连续的过程。文本空间的这段文字标志着两种控制维度：语言维度和图形维度，以及它们内部几个不同的有序稳定时期。在图形失序（graphical dementian）中，我们可以看到一组有标记的字母、单词、行和行组合。在语言失序（linguistic dementian）中，笔者标记了两个不同的子域：一个是指称域（即"景观"语义学的集合），一个是纯能指的子域（从第一行通过指示标记"这里"和"那里"进行扩散）。

第二次阅读

将这首诗的标题标记为强烈的共振，笔者发现自己对这首诗的浏览不是线性阅读，而是标记了在第一次阅读中未被注意到的元素。笔者重新标记了"it"单词数组，并将它们全部与标题连接起来，从而标记出了另一个语言子域。笔者把"一片薄雾/现在正在与另一片寂静/相切"这一奇异的想法标记为共振,并将"风景"的不同感官方面在语言子域("景观")中进行区分,同时将同样引人注目的最后一句话和短语"岩石出现//或者迹象"标记为共振。

第三次阅读

就像第一次阅读时一样,这是一首诗歌的连续事务。它主要致力于标记已经用共振值标记的各种元素之间的连接。"行"中的文字游戏被标记为跨语言子域的场域空间连接的强共振轨迹。当"线"和"切线"这两个词连接在一起时,这种连接的场域空间特别具有共振性。笔者将之前标记的所有文本元素都标记为在一个广泛分散的符号失序(semiotic dementian)中彼此连接的整体,因为笔者看到不同场域空间失序和场域(例如,"薄雾"和"寂静")中的元素是彼此连接的。

第四次阅读

顺序阅读导致将最后一句标记为场域空间中修辞失序(rhetorical dementian)的戏剧性轨迹。文本空间的构建是"我来做什么"(What I come to do)。这个想法的出现让笔者可以将这首诗标记为一个经过深思熟虑的序列组织,它暴露在某些讲述(标记)的时刻和文本元素中:"看"(Looking)、"线""切线"、指示词、之前未标记的词"我们"(we)(第五行)以及第三行组和第四行组之间的跨行接续。在所有这些标记元素中,笔者标记了一个修辞组织,它与"我来做什么"这句话联系得最为紧密。笔者注意到这些标记是作为一种必须被视为有序的关系展开的:这里预示现在时态的"我"在这部作品的语言失序中总是现在时态。以这种方式标记动词时态,会在阅读过程中第一次显著地呈现出这部作品的社会失序。"我"是来创作这首诗的,这首诗由此被标记为世界上的一个事件,和任何物质存在一样客观(这些物质的内容,即"景观"所指代的内容,最初在语言失序中被标记)。在修辞失序中,笔者还标记了这部作品的社会失序的一个关键因素,首先是在语言失序中进行标记的:"我们"和"我"之间的关系。短语"部分,部分保留的"现在被标记为文本空间的社会失序中的一个元素——就好像我们要解释诗歌的"做"(doing)只是诗歌所属和指向的更大领域中的一个事件。笔者对这首诗的标记行为,既属于地方性的场域空间,也属于这个地方性诗歌场域所标记的更大的话语场域,还通过将文本空间和印刷文本的书籍联系起来,以进一步标记社会空间——因为这本书(所引起的争论)以最强烈的方式标记了这个特定的文本。在这一点上,场域空间的第六个维度开始被标记,即物质失序(material dementian)。笔者特别标注了三个文献特征:文本在书中的位置、出版机构以及出版日期。笔者还注意到这样一个事实,即作品的这些物质特征,就像"线"这个词一样,具有双重含义(或双重失序),在作品的社会失序中也有明确的位置。

第五次阅读

笔者在六个标记过的失序中标记了新的元素,这些失序是在一个广泛的细分和扩散过程中出现的。在一个失序或子域中定义的元素在另一个失序或子域中被标记出来[例如,"我"(I)开始于修辞,在社会中重新出现,现在也被标记在所有其他失序中];未被标记的文本特征,如字母"t",被标记为共振;从单词到行再到词组的文本空间的形状被标记为一组连接的备用元素。这些附加标记有利于发现其他以前看不见的和未标记的关系和元素。其他图形失序与语言失序("纯真")以及社会失序和修辞失序相互联系在一起(图形方面的缺乏仅在与缺席/在场的话语场域相关时才是显著的,而这首诗所处的话语场域表明了其相对忠实性)。

第六次阅读

这是一篇提出重大理论和实践问题的文章。在前几次阅读之后的两周时间里,这一次的阅读让笔者回想起阅读这首诗的历史体验,并在脑海中不断延伸思索。因此,这是一个需要在事后进行数字标记的阅读过程。聚焦最后行组,也标志着整个自创生场域。阅读这首诗标志着"我"被标记为社会失序中的一员,即创作这首诗的诗人(克里利)。然而,在这种联系中,作为读者的我与语言上的"我"连接在一起,这也是一个社会性的"我"。这种连接是通过标记一组"部分的"代理来实现的,这些代理"来做"(come to do)自创生场域的持续构建的一部分(克里利负责他自己所做的事,笔者负责自己所做的事,我们都生活在一个与其他尚未指明身份的代理者产生共振的空间里)。

第三章 分 析

结 论

笔者在这里提出的理论和数字实践是一门关于超然科学,一门关于想象的(主观的)解决方案的科学。古书手抄本项目的标记技术已经演变成一种非常成功的工具来实现这一目的。数字技术也应得到类似的发展。将我们获取的人文资料整理起来,就好像它们仅仅是信息储存库,计算机标记是目前想象中的障碍,甚至完全阻碍了我们参与文本作品众所周知的动态功能的行动。另一种解决这些问题的方法是将文本空间重新定义为拓扑空间,这具有明显的优势。然而,由于这个空间是自创生的,它没有数学家通常所说的维度性。作为自创生过程的一部分,我们所提出的模型自动地建立和测量它自己的维度,作为它自我生成过程的一部分。此外,由普遍的相互依赖关系定义的空间意味着为系统指定的任何维度都可能在形式上与任何其他维度相关。正是这种变形能力将维度(dimension)的概念转化为失序的概念。

这种文本处理模型是开放式的、不连续的和无层次的。它发生在一个场域空间中,当它被"阅读"过程映射时,就会显露出来。我们可以设想并构建一个数字处理程序,用来标记和存储这些文本场域的映射,然后研究它们的发展和展开方式,以及它们如何与其他文本映射和事务进行比较。将文本性构建为这种类型的场域空间,会遮蔽许多关键性的偏好,而这些偏好会抑制我们对文本状态的普遍理解。首先,它避免了文本和读者,或文本的"主观性"和"客观性"等严重的解释性二分法。所谓的读者反映批评介入了这一问题空间,但仅成功地进一步具体化了主要区别。然而,从这种观点来看,人们发现这些区别纯粹是启发式的。在这种情况下,我们"阅读"的"文本"是一个我们与之互动并为之作出自己贡献的自创生活动。每一个文本事件都是一种嵌入复杂历史中的涌现,并由一系列复杂历史组成,其中一些读者个体在参与这些文本历史时都会部分地意识到。有趣的是,在这种观点下,这些历史必须被理解为行动领域而不是线性展开。这些领域是拓扑结构的,具有各种涌现的和动态的有序稳定时期,其中一些是线性的和分层的,而另一些则不是。

附件A:文本的后形而上学和场域标记

文本及其场域空间是相互依赖的涌现的自创生场景。因此,它们的初始状态是动态的，最好的特征是G. 斯宾塞–布朗的《形式的法则》（*Laws of Form*）（1969），其中，"区别的形式"——通过划分出区别而对行为进行表示——被认为是"给定的"和"初始的"。这意味着基本法则不是同一性法则，而是非同一性法则（所以我们必须说"a等于a，当且仅当a不等于a"）。当区别被划分和重新划分出来时，同一性就出现了，而划分出区别的行为则是对场域同一性的相互依赖的反应，这种区别的形式引起了人们的注意。

G. 斯宾塞–布朗提供了阿尔弗雷德·贾里所说的"后形而上学"的正式论证，同时他和他的乌力波派（OULIPian）继承者们以传统文本实践的形式（即以"文学"的形式）论证了这一点。后形而上学是一种关于自创生系统的一般理论（即我们传统上称为"想象文学"的一般理论），而《形式的法则》是一种特殊的后形而上学事件（pataphysical event），因为它明确地将逻辑优先权赋予其自身的理论思想的独特行为和实践。洛特雷阿蒙（Lautréamont）的《马尔多罗之歌》（*Les Chans de Maldoror*）的第五首"圣歌"（Chant）、贾里的著作《福斯特洛尔博士的行为与意见》（*Gests et options du docteur Faustroll*）、《后形而上学》（*patapbysicien*）以及这些自觉作品的所有著者——劳拉·瑞定（Laura Riding）的故事是最早的英语例子——都是对G. 斯宾塞–布朗《形式的规律》的"文学"实践。

从任何系统学的角度来看，系统的分类法都是皮尔斯所说的最初溯因推理（abduction）的派生。溯因推理是一种关于系统完全符号学完整性的假设。这一假设在辩证的过程中被检验和转化（内部和外部都是如此），最终是无尽的表现和反思。

附件B：控制失序对文本性的超批评

文本场域的事务处理是通过一系列操作（场域行为）进行的，这些操作（场域行为）源于（上文）被指定为连接和共振之间的基本模态区别，这是对文本进行事务处理的基本行为形式。这些模式对应于传统语法学家所定义的陈述语气和虚拟语气。（在这种观点中，疑问语气词和感叹语气词是这两个主要类别的派生词。）与这些行为失序共同出现的是控制失序的基本分类法，这些失序被称为形式，然后在内部进行详细阐述。

文本研究的历史已经发展出一套标准的场域形式，可以分成六个不同的部分进行有效的分析。这些对应于文本场域的基本维度的集合（或者说，在被认为是自创生系统的场域中，一组基本的六个失序的集合）。这些控制失序的研究者定位语法学家所指定的语言的语义。

这里要说的是，这些行为和控制失序，正如它们的它生产维度一样，包括一组类别，这些类别可以通过之前使用的进化史来推荐它们自身，可能会提出或设想其他维度（和失序）。然而，由于这里提出的建议都是在实用主义的参照框架内构思的，因此这些类别带来了惯常用法的强大权威性。

语言维度/失序

文本条件的这一方面一直是西方关注的主要焦点。它代表了一个由概念标记或概念区别组成的高级框架，这些概念标记或概念区别是从最初的一对范畴（语义和语法）中展开和衍生的。前者是一个基本范畴，后者是一个关系范畴，两者共同体现了相互依赖的结构，这种结构在每个维度中都相互渗透并在某种意义上定义了所有的文本过程。也就是说，无论是标记还是范畴，都不具有概念上的优先权，它们在一个相互依赖、辩证的过程中共同生成意义。然而，要明确它们二者之间的相互依赖性，就必须采取实用主义或表现主义的方法，就像我们在马图拉娜、G. 斯宾塞–布朗和皮尔斯的著作中所看到的那样。

图形或听觉维度/失序

某种图形和/或听觉状态是任何语言维度的显现或功能操作的先决条件，且这种状态必须受到形式上的约束。在西方试图澄清语言和文本性的努力中，这些形式被定义在构词学（morphology）和音韵学（phonology）的系统描述中，它们是语言维度中相互依赖的子范畴。

这种图形/听觉维度包括一组文本的物质性代码（与特定文档的特定物质状态）。在印刷和手稿状态下，维度包括书目代码和副文本的各种子集：排版、布局、书籍设计以及这些形式的载体组件。（如果我们考虑的是口头文本，那么材料将采用听觉形式，也可以包含视觉成分。）

文献维度/失序

这包括物理化身——可以说是"真实存在"——即所有文本过程的形式可能性。我们认为它是某一特定对象的书目或古文书（paleographical）描述，或者是某一对象历史长廊（传播历史）的图书馆或档案记录。

请注意，这个维度并不是简单地构成某种复杂的化学或物理实体——柯勒律治在谈到"客体即客体"时所指的内容，他称之为"固定的和无生命的"。柯勒律治的"客体即客体"是一种消极的抽象概念——也就是说，一种文献维度的形式概念，它将文献维度（先验地）与文本性的研究或解释中的任何地方区分开来。文档可以并且——在任何一种全面的文本性方法中——都应该作为文本过程的一个整体功能而得到维护。

文献是体现和约束特定文本过程的特定对象。就印刷文本和手稿文本而言，它是图形/听觉维度的一种具体实现状态。

符号学维度/失序

这个维度定义了任何文本形式可能性的极限状态。它假设了话语场域中所有要素和动态关系的完全整合。因此，在这个维度上，我们从整体的角度来认知文本过程。然而，这是一个纯粹的形式视角，因此它是文献本身的镜像对立面，其完整性是作为一个现象性事件而得以实现的。文献是总体形式假设的图像，它出现在（或作为）由最初的假设所设定的永恒运动的动态过程的终结。

我们将符号学维度看作贯穿整个文本系统的模式关系的普遍性——无论是在系统的每个部分，还是在各个部分之间。这些关系以不同的类型或模式出现：元素开始和元素结束；它们可以累积、分区和复制；它们可以锚定在某个地方，与其他元素相链接，并通过系统进行传递。

第一个被赫伯特·西蒙（Herbert Simon）称为"人工科学"（sciences of the artificial）的后期分析系统，也即符号学，将其自身标记为一种启发式机制。因此，文本过程的符号学维度的普遍顺序表现为形式范畴的功能，包括系统元素和系统过程，这些形式范畴是由系统代理者有意识地指定。秩序是由对秩序的系统需求构成的。因此，秩序的形式可以是任何类型的——分层的或非分层的、连续的或不连续的。

修辞维度/失序

这一维度的主导形式是体裁，体裁是文本形式的二阶集合。体裁包括戏剧诗、数学证明、小说、散文、演讲、戏剧等。这个维度的功能是建立读者注意力（readerly attention）的形式——选择和整理各种文本材料，以吸引读者（观众、用户、听众），并建立回应的基础。

读者和作者（演讲者和倾听者）都是修辞功能。（作者的第一个读者就是他们自己的创作行为。）巴赫金著名的文本多元性（textual polyvalence）和复调（heteroglossia）研究论证了这一文本维度存在的可操作性。

社会维度/失序

这是文本生产和接受历史的维度。它是客体作为主体的维度：也就是说，在"作者""印刷员""出版商""读者""受众""用户"等称谓下排列着的是一组确定的文本元素。正是这个维度揭示了文本条件所有维度中不可分割的时间性功能。

文本性的社会维度展现了它的作品的一系列功能，超出了新批评家所称的"诗歌本身"（the poem itself）的范畴。文本作品的动态性和非自我同一性是在这个维度中最为明显的维度。

在大多数传统的文本性理论中，社会维度并不被认为是一种内在的文本特征或功能。在"上下文"标志的框架下，它被看作文本和文档所处的环境。直到最近出现了更全面的环境观——特别是在唐纳德·麦肯齐（Donald McKenzie）的作品中——这种看待文本的社会维度的方式，迫使我们理解和研究文本过程的动态特征的能力受到了严格限制。

参考文献

[1] Allen, D., ed. 1999. *The New American Poetry, 1945–1960*. Berkeley: University of California Press.

[2] Caton, M. 2000. Markup's current imbalance. *Markup Languages* 3 (1), 1–13.

[3] Drucker, J. 2009. *SpecLab: Digital Aesthetics and Speculative Computing*. Chicago: University of Chicago Press.

[4] Hockey, S. 2000. *Electronic Texts in the Humanities*.Oxford: Oxford University Press.

[5] Maturana, H.R., and Varela, F.J. 1980. *Autopoiesis and Cognition: The Realization of*

Living. Boston: D. Reidel.

[6] Maturana, H.R., and Varela, F.J. 1992. *The Tree of Knowledge: The Biological Roots of Human Understanding*. New York: Random House.

[7] McGann, J. 2014. *A New Republic of Letters: Memory and Scholarship in the Age of Digital Reproduction*. Cambridge, MA: Harvard University Press.

[8] McKenzie, D.F. 1986. *Bibliography and the Sociology of Texts: The Panizzi Lectures, 1985*. London: British Library.

[9] Renear, A., Mylonas, E., and Durand, D. 1993. Refining our notion of what text really is: the problem of overlapping hierarchies. Final version, 1993. http://cds.library.brown.edu/resources/stg/ monographs/ohco.html (accessed June 20, 2015).

[10] Simon, H. 1981. *The Sciences of the Artificial*, 2nd edition. Cambridge, MA: MIT Press.

[11] Spencer-Brown, G. 1969. *Laws of Form*. London:George Allen and Unwin.

[12] Sperberg-McQueen, C.M. 2002. What matters? *Extreme Markup Languages*, Montreal. http:// cmsmcq.com/2002/whatmatters.html (accessed June 20, 2015).

[13] *Text Technology*. 2003. [Special issue devoted to IVANHOE.] *Text Technology* 12 (2).

[14] Thom, R. 1975. *Structural Stability and Morphogenesis: An Outline of a General Theory of Models*. Trans. D.H. Fowler, Reading MA: W.A. Benjamin.

[15] Thompson, H., and McKelvie, D. 1997. Hyperlink semantics for standoff markup of read-only documents. In *SGML Europe 97, Barcelona*. Graphical Communications Association.

[16] Williams, R. 1976. *Keywords: A Vocabulary of Culture and Society*. London: Fontana.

26. 分类及其结构[①]

迈克尔·斯珀伯格—麦奎恩(Michael Sperberg-McQueen)

严格来说，分类（classification）是将某一事物分配给某一个类（class）；更一般而言，分类是将对象分组到一个类中。反过来，类则是共享某些属性的对象的集合（形式上是一个组）。

例如，一位历史学家准备对从人口普查簿、教区记录和城市目录中转录的人口数据进行分析，可能会按性别、年龄、职业和出生地对个人进行分类。出生地可以依次划分为大/小城市、城镇、村庄或乡村教区。语言学家可能会根据词性或者句子结构对文本中的每一个连续词进行分类。语言学家、文学家或社会学家可能会根据语义类别对单词进行分类，将它们组织成语义网（semantic category）。分类有两个目的，并且每一个目的都很重要：通过对共享属性的对象进行分组，它将类似的对象组合到一个类中；通过将具有不同属性的对象划分成不同的类，它可以区分与分类目的相关的不同对象。分类模式本身，通过识别与这种相似性和差异性判断相关的属性，可以对被分类对象的性质做出明确的判断。

范　围

由于分类可以基于被分类对象的任何一组属性，因此广义的分类涉及对研究对象属性的识别，并且在任何连贯的话语中都很难免除。（然而，过于严格地坚持分类可能会沦为迂腐，而错误的分类可能会妨碍理解，而不是帮助理解。）信息检索系统可能被视为，并且通常被描述为，每次用户查询时，都将查询记录分为"相关"和"不相关"两类。诸如XML1.0或Unicode之类的规范和标准可以被理解为将任何数据流或程序分配给"符合"类或"不符合"类的分类模式。从法律方面进行解释，可以将行为归类为合法或非法，

[①] *A New Companion to Digital Humanities*, First Edition. Edited by Susan Schreibman, Ray Siemens, and John Unsworth.

© 2016 John Wiley & Sons, Ltd. Published 2016 by John Wiley & Sons, Ltd.

审查员将图书、记录、特性等进行分类。任何一类事物的任一特征，使用任何一组概念，都可以被视为将该类事物分类成与这些概念相对应的类别。在极端情况下，与类相关联的属性可能是空的：成员可能只共享类中成员的属性。一般而言，如果按照与分类目的相关的属性来组织类，那么分类模式会更有用。关于各种分类法中使用的概念、类别和机制的详细信息，下文将详述。

从狭义上来讲，对于人文学科中的计算机应用，分类通常涉及将预先存在的分类模式应用到对象样本中，或者事后识别样本对象之间的聚类。这些对象可以是文本（例如，语言语料库中的样本）、文本的部分（例如，文本的结构成分或非结构特征）、书目条目（用于列举书目或专业图书馆中的主题描述）、单词（用于文本的语义表征），或者文本之外的事件或个人（例如，历史著作）。读者最为熟悉的分类方法可能是图书馆和文献中用于按主题对图书和文章进行分类的分类系统；在下文中，将尽可能使用从这些分类系统中抽取的例子来阐释重点，但这些要点绝不仅仅与主题分类相关。

因为分类依赖于识别被分类的对象的属性，所以完美的分类要求对被分类对象有全面的认识，进而推出完美的分类模式。例如，由于完美的主题分类将每个主题定位在N维空间的某一领域中，靠近相关主题，远离不相关主题，所以完美的主题分类代表了被分类区域所覆盖的知识域的完美地图。因此，分类模式除了具有实用性外，还具有很大的纯理论意义。分类模式必然涉及被分类对象的某些理论，即使只是在断言对象具有某些属性时。每一个本体都可以被解释为为它所描述的实体分类提供了基础。相反，每一个分类模式或多或少都可以被解释为一个特定本体的表达。在实践中，大多数用于一般用途的分类模式本身在呈现其学科领域知识结构时都具有不完美的特征，因此试图将其理论假设限制在大多数预期用户可能会同意的那些假设上，并取得不同程度的成功。在极端情况下，分类模式所依据的假设实际上可能是无形的，因此不再被质疑或反思；但对于学术工作而言，这种无形是危险的，应当避免。

本文首先描述了分类中最常用的抽象结构，并描述了一些经常被认为是有用分类模式的规则。然后，从集合论的角度给出一个纯粹形式化的分类说明，以确定没有一种单一的分类模式可以是详尽无遗的。事实上，对对象进行分类的方法比任何语言所能描述的方法都要多得多。最后，本文则转向讨论分类系统开发和使用中涉及的各种实际问题。

一维分类

非常简单的分类模式（有时被称为名词性分类，因为所用的分类标签通常是名词或形容词）仅由一组类别组成：男性和女性；法语、德语、英语等；名词、动词、冠词、形容词、副词等。在这样的情况中，分类对象的某些特征可以取若干离散值中的任何一个；从形式上来讲，与类相关联的属性是给定特征的某个特定值的属性。模式中的不同类彼此之间并不是相互排序的；它们仅仅是离散的类，把它们联合在一起，可以对被分类事物的集合进行细分。

在一些分类中（有时称为序数），所使用的种类之间存在某种顺序或者排序：一年级学生、二年级学生、三年级学生；对开、四开、八开、十二开；上层阶级、中层阶级、下层阶级。

在其他情况下，基本特征可能需要大量甚至无限数量的值，这些值之间具有明确的数量关系：年龄、身高、议会席位数、页数、价格等。出于分析目的，将不同的值集合（或聚合）成单个类别可能是方便的或必要的，例如，将以年为单位给出的年龄概括为婴儿、儿童、成人，或者划分为18岁、18—25岁、25—35岁、35岁以上的类别。

到目前为止所描述的所有情况都是根据对象的单个特征值对对象进行分类。在理想情况下，特征可以简单并可靠地得到评估，而且它可以采用离散的值。边界情况越多，应用分类模式的难度就越大，并且依赖分类数据而不是原始数据的分析可能会丢失更多的信息。

N维空间的分类模式

在较为复杂的分类模式（classification scheme）中，可能会关联多个特征。这些特征通常被描述为涉及越来越精细的区分层级。例如，《杜威十进分类法》（Dewey Decimal Classification，简称DDC）将800年代的分类号分配到文学作品中。在800年代，它将820年代的年份数字分配给英国文学，将830年代的年份数字分配给德国文学，840年代的年份数字分配给法国文学等。在820年代，数字821代表英国诗歌、822代表英国戏剧、823代表英国小说等。第三个数字之后的更多数字形成了更为精细的区分；因此，作为一个整体，分类模式可以被视为给分类器和用户提供了一个类和子类的树状层次结构，其中较小的类从较大的类中分出来。

然而，在杜威文学分类法中，第二位和第三位数字彼此（几乎）完全独立：第三位数字3表示小说，无论第二位数字是1（美国）、2（英国）、3（德国）、4（法国）、5（意大利）、6（西班牙）、7（拉丁）或8（古希腊），而作为第三位数字，2同样表示戏剧，独立于语言。

我们可以把杜威体系的文献分类法想象成描述一个平面，杜威数的第二位表示x轴上的位置，第三位表示沿y轴的值。请注意，无论是类型编号的顺序和值，还是语言数字的顺序和值，都没有任何数量上的意义，尽管值的顺序实际上是经过精心选择的。

归纳这一思想，分类概括这一思想，分类模式通常被视为在N维空间中识别位置。每个维度都与一个轴相关联，沿任何一个轴的可能值集有时被称为数组。分类模式的许多显著特征可以用这种N维空间模型来描述。

应该注意的是，与笛卡尔空间的维度不同，分类模式中所要求的不同特征并不总是完全相互独立的。例如，医学分类很可能根据所涉及的器官或生物系统以及患者的年龄、性别或其他显著特征来细分疾病或疗法。由于有些疾病只影响某些年龄组或某一性别，所以这两个轴并不是完全独立的。根据给定词项的发音对方言进行分类，仅适用于该词项所在的方言。在社会分类（social classification）中，世袭和非世袭头衔之间的区别只适用于那部分拥有头衔的人，而且只适用于拥有贵族头衔的国家。在杜威文学分类法中，表示戏剧的数字2和表示小说的数字3具有这些含义，但在900年代（历史）或100年代（哲学）中则不具有这些含义。诸若此类。

因此，将分类描述为N维笛卡尔空间的想法在许多情况下是一种戏剧性的简化。尽管如此，将分类中涉及的每个特征或属性描述为沿着一个轴确定一个位置是很便利的，即使该轴对于模式中的许多类没有任何意义。那些被这种隐喻中的不准确性所冒犯的人，可能会自娱自乐地认为，这种分类所定义的逻辑空间不是由笛卡尔或牛顿的分类定义的，而是由一个非欧几里得几何的相对论空间定义的。

分类模式间的区别

当逻辑空间的轴在分类模式的描述中被明确标识时,该模式通常被称为刻面分类(faceted classification),并且每个轴(或沿特定轴表示给定类的值)被称为刻面。分类模式中的刻面概念最初是由阮冈纳赞(S. R. Ranganathan)系统化阐述的,尽管基本现象在早期的系统中是可见的,正如上面给出的杜威分类法的例子所示。

刻面模式(faceted schemes)通常与枚举模式(enumerative schemes)形成对比,在枚举模式中,系统中的所有类在分类手册或明细表中被详尽地列出来。在典型的刻面模式中,每个刻面都有一个单独的调度,刻面由分类器根据指定的规则进行组合;因为分类器必须创建或合成类号,而不是在枚举中查找类号,所以刻面模式有时也被称为合成(或者,强调合成任务之前必须分析对象的相关属性分析合成)模式。由于刻面分类模式的清晰性能够很容易地利用电子数据库管理系统的优势,最近几年变得越来越流行。

一些分类模式提供表示逻辑空间区域的单个表达式;在下文中,这些表达式被称为(类)公式。当分类对象必须列在单一的一维列表中时,例如在图书馆的书架上或分类书目的页面上,那么公式是很方便的。在这样的模式中,轴的表示顺序可能非常重要,并且可以非常巧妙地决定分类模式是否应该首先按照语言,然后按照体裁,最后按照时期,或者按照其他顺序来排列项目。

然而,在计算机化的系统中,通常更容易改变轴的顺序,并且不需要在单个序列中列出集合中的每个对象,因此,轴的顺序在用于计算机的多维分类模式中往往变得不那么重要。为方案逻辑空间中的每一点提供独特的分类公式的重要性也相应下降,而在电子文献时代之前,关于分类标记法的讨论已经呈现出一种明显的古朴特质。然而,对于那些需要为分类模式设计简洁的标记公式的研究者,阮冈纳赞的序言(1967)中关于标记的讨论仍然是值得推荐的。

当逻辑空间的每个轴可以与表示类的公式的某个特定部分相关联,且反之亦然时,符号是具有表现力的(如上面所提到的杜威系统的部分)。完全表达的符号往往比其他必要的符号更长,因为一些分类模式有意使用不表达或不完全表达的符号,就像美国国会图书馆分类系统的大部分分类模式一样。表达符号在基于计算机的应用中是具有优势的,因为它们通过对类符号的搜索,可以轻松地在逻辑空间中执行检索。例如，检索任何语言的戏剧，都可以通过搜索具有与正则表达式"8.2."匹配的杜威类编号的项目来执行。在无表达的符号中，不可能进行类似的简单搜索。

一些分类系统使用自然语言短语来描述类，而不是通过将它们分配到类层次结构中的特定位置对类进行描述；图书馆主题词是一个众所周知的例子，但还有许多其他的例子（一些分类理论家将这种字母系统与索引系统区分开来，与严格意义上的分类系统不同，后者仅限于为其类公式提供形式符号而非自然语言的系统）。通常情况下，此类系统按字母顺序排列主题，而不是按分类模式的结构强加的系统顺序。在一种极端情况下，这类系统可以使用对象的自由形式文本描述来对它们进行"分类"。然而，大多数按字母顺序组织的分类系统在一个或多个方面不同于完全自由形式的索引。首先，为了避免或尽量减少使用不同但同义的描述所造成的不一致，此类系统通常使用受控词汇，而不是不受限制的自然语言处理：必须从封闭列表中选择除专有名词以外的描述符。在理想情况下，受控词汇表在分类模式范围内的任何一组同义词中只有一个代表。其次，作为受控词汇的一部分，字母系统通常规定某些类型的短语应该被"倒排"，以便按字母顺序排列的列表将它们放在其他条目附近。在某些模式中，特定类型的描述符可以由其他描述符以分层方式细分。因此，美国国会图书馆为《贝奥武甫》（*Beowulf*）设置的主题标题之后依次将是《贝奥武甫——改编》（*Beowulf*—Adaptations）、《贝奥武甫——参考书目》（*Beowulf*—Bibliography）、《贝奥武甫——批评、文本》（*Beowulf*—Criticism, textual）、《贝奥武甫——研究与教学》（*Beowulf*—Study and teaching）、《贝奥武甫——翻译——参考书目》（*Beowulf*—Translations—Bibliographies）、《贝奥武甫——翻译——历史与批评》（*Beowulf* —Translations—History and criticism）等。实际上，破折号后面的短语是对匿名文学作品的一系列可能的细分；《美国国会图书馆标题表》（*Library of Congress Subject Headings*，简称LCSH）为各种不同类型的对象提供了一套规定的扩展集：匿名文学作品、各种类型的个人创作、神学主题、立法机构、体育、工业、化学制品等。最后，大多数使用受控词汇表的系统也在一定程度上提供了术语间的系统性交叉引用。至少，这些交叉引用将包括从未使用的术语到首选同义词的参考引用。在更为复杂的情况下，参考引用还将提供对广义术语、狭义术语、并列术语（即，具有相同广义术语的其他术语）、部分同义词、属/种术语等的引用。另外，更广义和更狭义的术语的链接支持按字母顺序排列的模式提供了至少部分与严格分层模式相同的信息。和《美国国会图书馆标题表》一样，米尔斯（Mills）（1983）所描述的《纽约时报主题词表》（*New York Times Thesaurus of Descriptors*）为此类工作提供了一个有用的模型。

分类所具有的区分细度——即分类允许我们区分的逻辑空间中区域的大小——被称为（混合隐喻）分类模式的深度（混合隐喻）。一些分类模式提供了固定的且不变的深度；其他分类模式则允许可变的深度。深度可以通过在分类中添加更多的轴来增加，就像图书馆使用杜威系统按时间细分822（英国戏剧）一样，也可以通过在已经存在的轴上添加更多的细节以增加分类的深度。刻面分类模式通常支持刻面长度变化，以便通过任何刻面提供更精确的值来增加分类深度。相比之下，具有固定长度刻面的符号（如上文所述的杜威部分）不能增加除最后一个刻面之外的其他刻面的特异性，否则就会产生歧义。

无论是否使用表达符号，有些分类模式为其层次结构中的每个节点提供符号（例如，一个公式表示"文学"，另一个公式则表示"英国文学"等）；在这种情况下，严格地说，分类的类别并不是不相交的：较广泛的类必然包含在它们之下的较窄的类。表达符号的一个优点是它使这种关系显式化。其他模式仅为层次结构中最完全指定的节点提供符号：分层安排可以在模式描述中明确，但在符号定义中被折叠，因此分类给人的印象是仅提供一个数组值。常用的词性分类系统（part-of-speech classification systems）通常以这种方式折叠它们的层次结构：用于表示词类和词形信息的每个标记都代表了此类信息的完整数据包；没有符号来表示更一般的类，如"名词，而不考虑其具体的形态"。同样，标记语言也通常只为元素类型的树状层次结构的"叶子"提供名称；即使类的层次结构是设计的一个明确部分，例如在文本编码倡议中，也可能没有与层次结构中的类直接相对应的元素类型。

当来自不同轴的术语组合被预先指定时，作为对象分类或索引过程的一部分，我们称其为前坐标系（pre-coordinate system）。当分类系统将其自身限制为沿不同轴确定适当的值，并且在搜索分类模式的过程中可以随意组合这些值时，我们称其为后坐标系（post-coordinate system）。例如，以固定的轴的顺序列出应用于书目中的项目的所有主题描述符的印刷索引，呈现出一种前坐标的分类模式。相比之下，允许沿任意轴组合进行搜索的在线索引提供了一种后坐标模式。印刷索引可以提供术语的自由组合，但后坐标索引在计算机系统中更容易实践。后坐标索引提供了更大的灵活性，并对索引用户的检索能力提出了更高的要求。

在通常情况下，分类是根据与每个类相关联的充要条件来定义的，因此，将某个项目I分配给某个类别C，相当于声明I满足C的所有必要条件和至少一个充分条件。这可以明显地转换为逻辑术语，并且便于对分类的类和项目进行推理。

在其他情况下，分类不是基于充要条件，而是基于每个类的一组范例；项目根据它们与类的范例的相似性被分配给一个类或另一个类。在这里，将项目I分配给类C意味着要求I在相关方面更类似于C的范例，而不是其他类的范例。所使用的相似性度量的性质并不总是清晰的或明确的，即使是明确的，也可能是某个领域内激烈辩论的主题。对于这样分类的给定有限总体，可以确定（后验的）类的充要条件集合，但是当分类是基于对潜在无限总体的有限子集的检验时，这样的经验性归纳必须是临时的，并且在进一步检查总体样本时可能需要加以修改。〔将生命形式划分为动物和植物两个系统的经典分类就是众所周知的例子。显微镜技术的发展导致了原生生物被发现，而原生生物显然不属于这两种类型，因此有必要建立第三个系统。随后又有了进一步的发现；不同的权威人士或机构现在已确定了五个系统，六个或更多系统，而林奈（Linnaeus）只确定了两个系统。〕

当轴和沿着每个轴上的值或类的范例都预先被指定时，我们就可以称之为先验系统。当范例或轴及其值是从分类对象的集合中所涉及的项目事后推导出来时，我们则可以称之为后验的或数据驱动的系统。作者指定的关键字和自由文本搜索是数据驱动分类的简单示例。另一种是引文分析，特别是加菲尔德（Garfield）（1979）所描述的学术文献中共引模式的研究。

在某些情况下，数据驱动系统中的轴识别涉及数据的统计分析。潜在语义分析技术就是一个例子：最初，将索引集合中所有文档词汇表中每个词的出现或不出现均视为一个轴，然后执行统计分析以尽可能多地将这些轴折叠在一起，并识别出一组有用的轴，这些轴在数据允许的情况下尽可能彼此正交。在一个典型的应用中，潜在语义分析将识别大约200维空间中的文档。有时可以分析各个维度并将其意义单独关联起来，但在大多数情况下，数据驱动的统计方法不会试图单独解释其空间的不同轴。相反，它们依赖于N维空间中常规的距离测量方法来识别彼此相邻的项目；当分类成功时，彼此相邻的项目在对应用有用的方面是相似的，而彼此相距较远的项目则不同。

先验系统也可以被解释为提供了一些项目之间某种相似性的度量，但是它很少被赋予一个数值。

一些数据驱动系统的工作原理是：提供预先分类的训练材料样本，并归纳出一些特性模式，使其能够在一定程度上与培训材料的分类相匹配。其他数据驱动的系统在没有公开监督的情况下工作，仅根据观察到的数据进行分类。

无论是在分类模式的定义方面，还是在熟练应用分类器方面，先验系统都需要比数据驱动系统提前付出更多的努力。数据驱动系统的成本集中在分类工作的后期，并且往往涉及较少的人力工作和更严格的计算工作。数据驱动的分类模式也可能对学者产生吸引力，因为它们没有先验模式表现出的明显的偏差机会，因此看起来似乎更接近于理论中立。必须强调的是，虽然数据驱动系统的理论假设可能并不那么明显，也不太容易被那些对统计技术不甚了解的研究人员检查，但这些假设必然存在。

分类规则

几个世纪以来，构建分类模式的一些标准在不断发展；它们并不总是被遵循，但通常被推荐来产生更有价值的分类模式。

首先是避免交叉分类：一维分类（one-dimensional classification）通常应取决于被分类对象的单个特征值，应该提供离散的（非重叠的）值，并且应考虑到将遇到的所有值，也许这一规则最著名的例子在于它在豪尔赫·路易斯·博尔赫斯（Jorge Luis Borges）想象中的虚构中国百科全书中被违反了，在这本百科全书中，

> 据记载，动物可分为：（a）居于统治地位的动物；（b）成为标本的动物；（c）受过训练的动物；（d）乳猪；（e）美人鱼；（f）神奇的动物；（g）流浪狗；（h）属于这种分类的动物；（i）像疯了一样颤抖的动物；（j）数不清的动物；（k）用非常精细的骆驼毛刷绘制出的动物；

(l) 其他；(m) 那些刚刚打碎花瓶的动物；(n) 那些从远处看起来像苍蝇的动物。（Borges，1981）

这一规则的一个明显例外通常出现在试图尽量缩短其类公式长度的模式中：往往将两个特征在分类层次结构中被折叠为一个步骤，例如，人口统计学分类中包括这样的分类：婴儿（性别未指定）、男婴、女婴、儿童（性别未指定）、男孩、女孩、成人（性别未指定）、男性和女性。

分类模式的其他可取属性可以简要概括（笔者在这里简称为由阮冈纳赞所定义的"规范"）。用作逻辑空间中轴基础的每个特征应该：

1. 区分某些对象与其他对象，即它应该至少产生两个子类。

2. 与分类模式的目的相关（任何分类模式均有其目的；任何模式不参照该目的，都不能被完全理解）。

3. 明确的和可确定的；这意味着如果不考虑进行分类工作的条件，就不能成功地设计或部署分类模式。

4. 永久性的，以避免不断重新分类的需要。

5. 有一可枚举的可能值列表。通常应该对最终无法确定该值的情况做出规定：允许未知或未指定之类的值通常是明智的。在许多情况下，需要几个不同的特定值；其中有时使用的是：未知（但适用）、不适用、任何值（与该字段的所有可能值兼容的数据）、近似值（有一定程度的不精确性）、有争议的、不确定的（分类器不确定这个轴是否适用；如果适用，则值是未知的）。

在提供明确类别符号的分类模式中，在构建类别符号时提供一致的轴序列是有益处的（如果文学的主题分类首先按国家或语言划分，然后按照时期划分，那么对于历史的主题分类，可能明智的做法是先按照国家划分，然后按时期划分。反之亦然）。在给定轴的值数组中的值序列也应该有所帮助，并且在不同的应用中保持一致。有时建议的模式包括排列顺序以增加具体性、增加人为性、增加复杂性、增加数量、按照时间顺序、按照空间邻近性排列、从下到上、从左到右、顺时针顺序、按照传统规范顺序排列、按值的频率排列（在文献语境中，这被称为文献保证原则），或者作为最后的方式按照字母顺序排列。

许多分类模式在某种程度上诉诸若干共同特征之一，以便细分一个有可能变得过大的类别（在书目实践中，如果一个类别包含20个以上的项目，有时建议将其细分）。按照年表、地理位置或按字母顺序进行细分都是常用的方式；按照时间、地理、语言、体裁和其他原因进行细分的明细表可以在标准分类模式中找到，在创建新模式时，可以对其进行有效的研究或全面采用。

旨在供其他人使用的分类模式在考虑到分类实践的深度变化方面做得很好。图书馆分类模式（library classification schemes）通常通过允许将类号截断（对于较为粗略的分类）或将类号扩展（对于较为精细的分类）来实现这一点；标记语言可以通过使某些标记成为可选并提供不同程度的特定性元素类型以支持标记的可变深度。

对于分类的许多应用，将一个对象分配给一个类应该仅取决于对象和分类模式，而不是（例如）依赖于分类器的特性。在某些领域（例如，词性标注），分类模式通常是通过测量在该模式中训练的不同分类法以相同方式对相同数据进行分类的一致性来进行测试（在计算语言学中称为标注者间信度）；分数越高表明分类的可重复性越可靠。标注者间信度（inter-annotator agreement）通常用于设定输入的机器分类目标；当自动化过程与人工标注者一致性达到一定程度时，分类就可以自动进行，而不会出现明显的质量下降的情况（实际上，即使机器分类没有完全达到这个标准，质量的下降也可以通过数据量的急剧增加来弥补）。标注者间信度也可用作分类模式及其文档的质量衡量标准。

在作用于一般用途的模式中，还应提供语义扩展和添加新的概念。这并不总是容易的。图书馆分类模式通常试图通过提供标准的明细表来实现这一点，这些明细表按照年代、地理分布等对类进行细分，并根据分类器的判断加以应用；《冒号分类法》（Colon Classification）分类模式则更进一步，其定义了一组抽象语义概念，当按照其他标准轴进行细分不可行或不合适时，可以使用这些抽象语义概念。它很好地说明了在分类模式设计者没有预见到的领域中提供有价值指导的困难：

1. 统一、上帝、世界、进化或时间、一维、直线、固态……
2. 二维、平面、锥体、形式、结构、解剖学、形态学、知识来源、地理学、身体人类学……

3. 三维、空间、立体、分析、功能、生理学、语法、方法、社会人类学……

4. 热、病理、疾病、运输、联系、合成、杂交、盐……

5. 能源、光、辐射、有机、液体、水、海洋、异乡、外国人、外部、环境、生态、公共控制计划、情感、树叶、美学、女人、性、犯罪……

6. 维度、微妙、神秘主义、金钱、金融、异常、系统发展、进化……

7. 个性、个体发生学、整合、整体论、价值、公共财政……

8. 旅行、组织、健身。

在标记语言中，一个简单的语义扩展采用的形式是允许元素具有类或类型属性：对于任何元素类型e，可以将标记有类或类型属性的元素实例视为具有特殊含义。在一些标记语言中，提供了具有非常通用语义的元素（例如TEI div、ab或seg元素，或者HTML div和span元素），以便最大限度地灵活使用专门化属性。

任何新的分类模式，无论是计划用于一般用途还是仅用于单个项目，都将受益于对其目的和（尽可能明确的）其假设的明确文档记录。对于模式中的每个类，类的范围应该是明确的；有时从名称上看类的范围是足够清楚的，但通常必须提供范围注释以描述用于确定对象是否属于该类的规则。经验在这里是最好的老师；与许多大型图书馆一样，一些项目保留其分类模式的主副本，并在出现可疑情况并得到解决时添加注释或附加范围注释。

正式的回应

从纯形式的角度来看，分类可以被看作将一组类（我们称之为集合O）划分成某个类的集合（我们称这个组类为C或分类模式）。

在简单的情况下（名义分类），C的类彼此之间没有确定的关系，而仅仅作为O中的对象被分类到其中的容器。对于任何有限的O，都存在有限数量的O可能划分为O的非空成对不相交子集。因此，至多存在有限数量的可扩展的不同方法来将任何有限集O划分成类；在达到这个数目之后，任何新的分类都必须重新构建已经由其他分类组成的分组，从而与它具有外延等效性。这种在外延上对等的分类不一定是有意对等的：如果我们根据音韵值对a、b、l、e这四个字母进行分类，我们可能会将a和e放在一起作为元音，将b和l放在一起作为辅音。如果我们根据它们的字母形式是否有升部（ascenders）来对它们进行分类，我们也会产生相同的分组。因此，这两种分类在外延上是对等的，尽管在意图上存在很大不同。在实践中，两种分类方法的外延对等性往往暗示了所诉诸属性之间的某种联系，例如在根据德语的词汇性（lexicality）和重音对德语音节进行分类时。

在某些情况下，C的类别可以通过某种类型的邻近度量来关联。在这样的分类中，任何两个相邻的类都比一对不相邻的类更相似。如果这样的分类模式依赖于单个标量属性，则可以将其类想象为对应于直线上的位置或区域。如果分类模式依赖于两个独立的属性，则这些类将对应于平面上的点或区域。在实践中，实际的分类模式通常涉及任意数量的独立属性；如果一个分类模式使用N个属性，那么单个类则可以用N维空间中的位置来标识。然后，笛卡尔几何规则可以应用于测试类之间的相似性；如果轴是定量的，或者至少是有序的，那么这是最简单的，但适当修改的距离度量也可以用于纯名义（无序的、非定量的）分类：例如，如果两个项目对该轴具有相同的值，则沿轴的距离可以为0，否则为1。

如果我们设想一些有限数量的类，并且设想一个分类模式是由一些有限长度的描述（例如，在英语或任何其他自然语言中）定义的，描述如何将这些类应用于无限的对象集合，然后可能会注意到，存在无限数量的可能分组，这些分组将不会由我们列表中描述的任何分类模式生成。论据如下：

1. 我们用数字1至N来标记类，其中N是类的数量。

2. 我们假设要分类的对象可以按照某个确定的顺序排列；其中我们所使用的方法在这里并不重要。

3. 那么，我们把可能的分类描述也置于一个确定的顺序中；很容易看出，描述的列表可能是无限的，但是我们仍然可以将它们置于一个确定的顺序中。由于将这些描述设想为英语或其他自然语言，所以我们可以设想先按照长度排序，然后再按照字母顺序对它们进行排序。在实践中，可能会存在一些困难来确定一个给定的英文文本是否可以算作一个分类模式的描述，但是出于此实践训练的目的，我们不必担心这个问题：我们可以按照一定的顺序列出所有英文文本，甚至列出所有字母、空格和标点符号的顺序（如果我们不能将字母序列解释为定义一个将对象分配给类的规则，则我们可以任意将每个对象分配到类1）。

4. 现在我们设想一个表，每一行描述一个分类模式，每一列表示要分类的每个对象。在与给定模式和对象相对应的单元格中，我们写入由该分类模式分配给该对象的类的编号。因此，每一行都描述了将对象分组到类的过程。

5. 现在，我们将对象分组到不同于列表中的每个分组的类中：

a. 从第一行和第一列开始，我们检查写入那里的数字。如果这个数字小于n，我们将其加1；如果它等于n，则从中减去n-1。

b. 接下来，我们转到下一行和下一列，并执行相同的操作。

c. 因此，我们在表中描述了单元格的对角序列（diagonal sequence），并且对于每一列，我们指定了一个不同于表中所写的类的类号。结果是，我们将每个对象分配给了一个类，但结果分组与表中列出的任何分组都不对应（因为它至少在一个位置上与每一行不同）。

因此，我们不得不得出结论，即使我们的分类模式的有限长度描述列表被假设为无限长，但是至少有一个对象分配给与列表中的任何分类模式都不对应的类。（该列表仅包含具有有限长度描述的模式，但是我们刚才描述的分类需要一个无限大的表来对其进行描述，因此它不会出现在列表中。）事实上，这样的分类并不只有一种，而是有无数种这样的分类不在列表中。

由于该列表构造包含每一个具有有限长度描述的分类模式，因此我们必须推断上述对角线法（diagonal procedure）所描述的分类没有任何有限长度的描述。因此，我们将其称为不可言说的分类。

不可言说的分类的存在不仅仅具有理论上的意义；它也可以作为一个有益的提示，即在捕获O成员的所有可想象的区别或共同属性的意义上，任何单一的分类模式都不可能是"完整的"。因此，在上述意义上，一个"完美"的分类模式完美地捕捉了O对象之间所有可设想的相似性，是一个纯粹的设想的结构；实际的分类模式必然只捕捉了对象可设想的属性的子集，我们必须从实用的角度在它们之间进行选择。

构建还是发现？

每当需要进行系统分类时，研究人员可以应用现有的分类模式，或者为当前的目的设计一个新的分类模式。现有的模式可能比临时模式得到更好的记录和更广泛的理解；在某些情况下，它们将受益于在构建过程中对技术问题的持续关注，而不是研究人员在更大的研究项目中偶然发现的问题。以更广泛的材料为基础，它们很可能比研究人员通过其他方式进行处理的情况更好地发现异常情况的覆盖问情；因此，它们更有可能为每个轴提供一份详尽的可能值列表。标准分类模式的使用确实允许与其他人员准备的材料进行更直接的比较。

另外，覆盖范围广的模式往往无法为专门研究目的提供足够的深度（正如"杜威十进分类法"的上千种基本类别很少会为一个单一的主要作品或作者的二级文献的参考书目提供一个有用的框架），而且所研究的供广泛使用的模式的理论中立性可能与研究目的不相符。

在准备供他人使用的资源时，通常应优先使用现有的标准分类模式，而不是临时编制的新的分类模式。值得注意的是，一些现有分类模式是专有的，只能在获得许可的情况下才能在公开可用的资料中使用；在使用一个已构建的分类模式之前，研究人员应该确认其使用是经过授权的。

对于为特定研究议程服务的项目，不可能存在一般标准；分类的目的越接近研究的中心问题，就越有可能需要定制分类模式。无论如何，研究人员不应低估为任何事物进行系统分类而设计一个连贯模式所需付出的努力。

现有分类模式

事实上，几乎任何类型的对象，都可能需要分类模式，也可能找到现有模式。这里提到的只是一些广泛使用的分类类型的简单示例：按照主题或语言种类对文档进行分类，按词类或语义对词语进行分类，按社会经济和人口统计特征对文本外实体（extra-textual entities）进行分类，以及对图像进行分类。

最著名的主题分类模式是那些在图书馆和主要期刊书目中所使用的方法，以支持对图书和文章的主题访问。"杜威十进分类法"及其国际化版本"国际十进分类法"（*Universal Decimal Classification*，简称UDC）都被广泛使用，部分原因是历史原因（杜威系统是第一个被广泛推广的图书馆分类模式），部分原因是其相对方便的十进制记数法，以及它们的分类表会定期更新。在美国，国会图书馆图书分类法现在在图书馆研究中得到更广泛的应用，部分原因是它的标记符号比杜威的标记符号略为紧凑。

使用不那么广泛，但被一些人高度重视的是由亨利·伊芙琳·布利斯（Henry Evelyn Bliss）提出并经过彻底修订的"布利斯书目分类法"（Bliss Bibliographic Classification，简称BBC），以及有可能是历史上最重要的书目分类理论家阮冈纳赞设计的"冒号分类法"。两者都是较为全面的分类模式。

《美国国会图书馆标题表》的受控词表（controlled vocabulary）也可能是有用的；它用于细分各种主题的模式为从属轴提供有用的数组。

需要进行专门学科分类的研究人员还应研究该领域主要期刊书目所使用的学科分类；巴莱（Balay）（1996）为查找此类书目提供了一个有用的来源。

语言语料库的创建者通常希望根据体裁、语域和作者或说话者的人口统计特征对文本进行分类，以便构建所收集语言变体的分层样本，并允许用户选择适合各种任务的子语料库。似乎没有一种单一的分类模式被普遍用于这一目的。现有语料库所使用的模式在其手册中都有记录；其中，布朗语料库（Brown Corpora）和兰开斯特—奥斯陆/卑尔根语料库（Lancaster–Oslo/Bergen Corpora）所使用的模式在某种程度上就是一个典型的例子。或可看出，它根据出版物的主题、体裁和类型对样本进行分类：

  A 新闻：报告文学

  B 新闻：社论

  C 新闻：评论

  D 宗教出版

  E 技能、职业和爱好

  F 民间传说

  G 纯文学、传记和散文

H 杂项（政府文件、基金会报告、行业报告、大学目录、行业机构）
J 学术和科学著作
K 一般小说
L 悬疑侦探小说
M 科幻小说
N 冒险与西部小说
P 浪漫爱情故事
R 喜剧

作为一种副作用，一些语料库项目已经发表了关于抽样问题和文本分类的经过深思熟虑的文章。比伯（Biber）（1993）就是一个例子。一些语料库，例如英国国家语料库，尚未尝试提供布朗语料库和兰开斯特—奥斯陆/卑尔根语料库风格的单一文本分类。相反，它们提供了对每个文本的显著特征的描述，允许用户在一种后坐标系中根据他们选择的任何标准来选择子语料库。

一些语言的语料库为其文本提供逐字注释，最为常见的是根据词类和屈折变化信息（例如，复数名词和单数名词，因此被分配到不同的类中）的混合以提供单一的单词平面分类。目前已使用了多种词类标记模式，但对于英语语料库来说，典型的参照点仍然是由现代美国英语布朗语料库所定义的标记集，由兰开斯特—奥斯陆/卑尔根语料库进一步完善，并通过英国兰卡斯特大学开发和维护的几代成份似然性自动词性自动标注系统（Constituent Likelihood Automatic Word-tagging System，简称CLAWS）标注器开发而成。（Garside and Smith，1997）当新的词类模式被设计出来时，标记的兰开斯特—奥斯陆/卑尔根语料库的详细文档（Johansson et al.，1986）可以作为一个有用的模型。

词汇的语义分类仍然是一个研究课题；最常用的分类似乎是罗格（Roget）的经典作品《罗格同义词词典》（*Roget's Thesaurus*）；米勒（Miller）及其同事在WordNet上（见Fellbaum，1998）发布的较新的更以计算为导向的作品，以及他们的翻译者、模仿者和其他语言的类似物（参见Vossen，1998）。

在历史工作中，分类通常有助于提高数据的一致性，并支持进行更可靠的分析。当系统分类应用于诸如手稿普查登记簿之类的历史资料来源时，通常需要保留一些原始数据的记录，以便进行一致性检查和之后的重新分析（例如，使用不同的分类模式）。另一种方法则是对信息进行预编码，并只记录指定的分类信息，而不是源文件中给出的信息，这种方式在计算机应用史的早期被广泛应用，因为它提供了更为紧凑的数据文件，但现在已经被淘汰，因为它使后来的学者更难或不可能检查分类过程或提出替代的分类模式。

历史学家可能会发现现代政府和其他组织的工业、经济和人口方面的分类是有用的；即使这些分类不能被一成不变地使用，它们也可以提供有用的模型。人口普查局和类似的政府机构，以及社会科学数据档案馆，都是这种分类模式的很好的信息来源。在英语世界中，最为著名的社会科学数据档案馆可能是安娜堡（Ann Arbor）校际政治和社会研究联盟数据档案（Inter-university Consortium for Political and Social Research，简称ICPSR）（www.icpsr.umich.edu）和英国埃塞克斯大学创立的英国数据档案馆（UK Data Archive at the University of Essex）（www.data-archive ve.ac.uk）。欧洲社会科学数据档案馆委员会（Council of European Social Science Data Archives）（www.nsd.uib.no/cessda）保存着欧洲内外不同国家的数据档案馆列表。

随着人文学科对基于图像的计算的日益重视，以及大型电子图像档案馆的建立，图像分类模式似乎显示出巨大的潜力。如果图像分类模式的分类公式是用常规字符编写的（与缩略图图像本身相反），那么则可以通过索引和搜索图像分类公式，然后提供对图像本身的访问，以使图像集合可由搜索和检索系统访问。较旧的图像分类模式通常使用受控的自然语言词汇表；一些资源使用相当公式化的英语对图像进行详细描述，旨在提高描述的一致性，并有助于实现更好的检索。普林斯顿大学的基督教艺术索引（Index of Christian Art at Princeton University）（http://ica.princeton.edu）就是一个例子。

然而，在基于关键字的图像分类或描述中，难以达成一致并保持一致性，这意味着人们对图像的非结构化自然语言标记和图形图像之间相似性的自动识别都具有浓厚的兴趣；在这个领域有大量的专利技术。就其用于搜索和检索而言，图像识别可以被视为一种数据驱动分类的专门形式，类似于基于统计的文本自动分类。

参考文献

[1] Anderson, J.D. 1979. Contextual indexing and faceted classification for databases in the humanities. In *Information Choices and Policies: Proceedings of the ASIS Annual Meeting, vol.* 16, ed. R.D. Tally and R.R. Deultgen. White Plains, NY: Knowledge Industry Publications, 194–201.

[2] Balay, R., ed. 1996. *Guide to Reference Books*, 11th edition. Chicago: American Library Association.

[3] Biber, D. 1993. Representativeness in corpus design. *Literary and Linguistic Computing* 8 (4), 243–257.

[4] Borges, J.L. 1981. *The Analytical Language of John Wilkins*. Trans. R.L.C. Simms. In *Borges: A Reader*, ed. E.R. Monegal and A. Reid. New York: Dutton, 141–143.

[5] Bowker, G.C., and Star, S.L. 1999. *Sorting Things Out: Classification and Its Consequences*. Cambridge, MA: MIT Press.

[6] Deerwester, S., Dumais, S.T., Furnas, G.W., Landauer, T.K., and Harshman, R. 1990. Indexing by latent semantic analysis. *Journal of the American Society for Information Science* 41 (6), 391–407.

[7] Fellbaum, C., ed. 1998. *WordNet: An Electronic Lexical Database*. Cambridge, MA: MIT Press.

[8] Floud, R. 1979. *An Introduction to Quantitative Methods for Historians*. London: Methuen.

[9] Foskett, A.C. 1996. *The Subject Approach to Information*, 5th edition. London: Library Association. [first published by Linnet Books and Clive Bingley, 1969.]

[10] Garfield, E. 1979. *Citation Indexing: Its Theory and Application in Science, Technology, and Humanities*. New York: Wiley.

[11] Garside, R., and N. Smith, N. 1997. A Hybrid Grammatical Tagger: CLAWS4. In *Corpus Annotation: Linguistic Information from Computer Text Corpora*, ed. R. Garside, G. Leech, and A. McEnery. London: Longman, 102–121.

[12] Johansson, S., Atwell, E., Garside, R., and Leech, G. 1986. *The Tagged LOB Corpus*. Bergen: Norwegian Computing Centre for the Humanities.

[13] Kieft, R.H., ed. 2008. *Guide to Reference*. Chicago: American Library Association. http://www.guidetoreference.org (accessed June 20, 2015).

[14] Kuhn T. 1977. Second Thoughts on Paradigms. In *The Structure of Scientific Theories*,

2nd edition, ed. F. Suppe. Urbana: University of Illinois Press, 459–482.

[15] Library of Congress Cataloging Policy and Support Office. 1996. *Library of Congress Subject Headings*, 19th edition, 4 vols. Washington, DC: Library of Congress.

[16] Mills, H. 1983. The *New York Times* Thesaurus of Descriptors. In *Software Productivity*. Boston: Little, Brown, 31–55.

[17] Mills, J., and Broughton, V. 1977. *Bliss Bibliographic Classification*, 2nd edition. London: Butterworth.

[18] Ranganathan, S.R. 1967. *Prolegomena to Library Classification*, 3rd edition. Bombay: Asia Publishing House.

[19] Ranganathan, S.R. 1989. *Colon Classification,* 7th edition. Basic and Depth version. Revised and edited by M.A. Gopinath. Vol. 1, Schedules for Classification. Bangalore: Sarada Ranganathan Endowment for Library Science.

[20] Svenonius, E. 2000. *The Intellectual Foundation of Information Organization*. Cambridge, MA: MIT Press.

[21] Vossen, P. 1998. Introduction to EuroWordNet. *Computers and the Humanities* 32, 73–89.

第四章 传播 / Dissemination

27. 集合访问、文本分析和实验的中介：界面[①]

斯坦·吕克尔（Stan Ruecker）

界面设计在数字人文中常常是不可或缺的。对此，长期以来一直有一个传统，适用于学者们创建自用和他用的系统。虽然可以从界面是什么和做什么的"幼稚"角度来处理界面的设计、编程和测试问题，但是数字人文主义者的另一个核心活动是更深入地探究学术活动的各个方面，其双重目标是提高我们的理解和改善我们的最佳实践。一个可能富有成效的检查界面设计的视角是"行动者—网络理论"（actor–network theory，简称ANT），它认为获得对结构、对人们与技术的交互行为更全面的理解的方式，是在一定程度上公平竞争，并将系统的所有部分都视为在代表系统某个方面的关联网络中具有行动潜力。

为了这一讨论目的，我们可以确定三种类型的数字人文界面项目。它们分别聚焦于集合、文本分析（有时具有可视性）和设计实验。在每种类型中都有一个范围。对于集合和集合联邦（federations of collections），内容覆盖领域是多种多样的。一些相对"精品"的项目，有时候会集中于一个单一作家，而另一些则会覆盖整个研究领域，又或者作为一般的数字图书馆。（如图27.1）

在文本分析方面，这个范围从拉姆齐的命令行脚本（command-line scripts）到大卫·胡佛（David Hoover）的以"开箱即用Excel"（out-of-the-box Excel）为基础的文本分析，再到斯特凡·辛克莱尔的一系列在线工具包。

[①] *A New Companion to Digital Humanities*, First Edition. Edited by Susan Schreibman, Ray Siemens, and John Unsworth.

© 2016 John Wiley & Sons, Ltd. Published 2016 by John Wiley & Sons, Ltd.

［当前的工具包是，与杰弗里·罗克韦尔合作创建的Voyant；图27.2。］

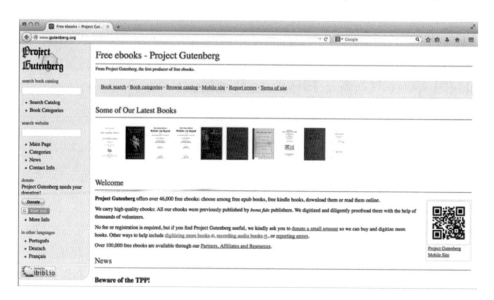

图27.1 古腾堡计划集合界面提供对数以万计的电子书进行访问

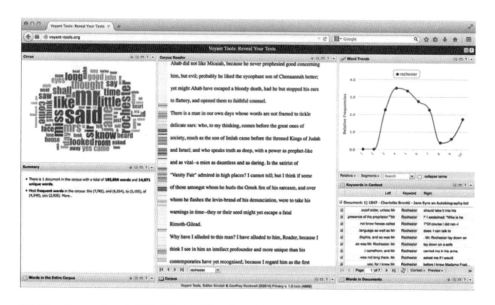

图27.2 Voyant文本分析界面揭示了夏洛蒂·勃朗特（Charlotte Bronte）在《简·爱》中对"罗切斯特"（Rochester）这一名字的使用情况。该项目由斯特凡·辛克莱尔和杰弗里·罗克韦尔主持

最后，在另外一些项目中，实验性人机界面（human-computer interfaces）的设计是学术活动的核心。这些原型用于"边做边思考"（thinking through making）并且可以处理集合内容或分析工具；又或两者兼具，但却不同于这两个类别，因为实验原型不是生产系统：它们只需要足够强大，将一个概念中需要重点研究的部分具体化。（如图27.3）

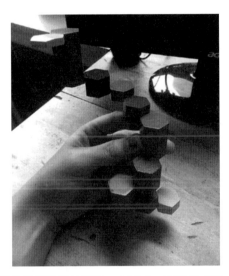

图27.3　一个为手持对话设计的模型，由利兹·杰尼根（Liz Jernegan）设计

也就是说，三种类型的界面（集合、文本分析和原型）的共同之处在于它们被置于人与技术的交叉点。如果我们采用ANT的视角，那么人、基础技术（无论是集合还是分析过程）和界面本身都会成为网络中的行动者。然而，界面发挥着独特的作用，因为它是一个调解者——它的存在主要是为了提供一种手段，来加强人、技术、内容和正在实验研究的抽象概念之间的交流。一旦我们认识到界面的这个角色，我们就可以开始询问有关它如何作为中介进行调解的问题。例如，它是假定对核心概念和术语的理解是一致的，还是承认多个实践群体？它是区分了复杂程度或经验的级别，还是建立在人们已经达到一定的具体能力级别之上？它使哪些内容信息可见甚至优先显示，又贬低了哪些内容信息或可能使它不可见？

行动者—网络理论

尽管ANT主要是社会学家的实践，也就是说学者用来研究现有的社会概念、系统和行为，但对于设计师来说，它也是一种有价值的方法（例如，Fleischmann，2006），他们更感兴趣的是研究回忆、提示或推测，以便更好地理解创造的目的。在通过行动者—网络理论的视角来研究人机界面时，也许首先要注意的是，视角这个名字包括那些在传统意义上没有被使用的术语。布鲁诺·拉图尔曾说过一句名言，他对整个术语不满意："有四点不适合行动者—网络理论：行动者一词、网络一词、理论一词和连词符！这犹如棺材里的四颗钉子。"（Latour，1997）

他之所以不满意，是因为那些已经有理有据地确立了关于什么是行动者、网络和理论的观点的人可能产生误解。在这种情况下，行动者是追求行动计划的任何事物，网络可能是行动者之间的短暂联系，而理论并没有提出一套构建良好的可测试的假设，而是一种可能富有成效的猜测。在其主要支持者中，劳和辛格尔顿（Singleton）（2013）最近将其描述为一种敏感性。当然，连接号用于表示复合形容词，并且已被某些人解读为暗示行动者和网络可能是同一个，或者至少因某个问题而相关（例如，Cressman，2009）。

界面作为行动者

软件成为行动者意味着什么？这个名称是否仅适用于特定类型的软件，还是考虑所有软件，特别是所有人机界面，在此类别中的有用性？

在专业软件方面，顶端的代理商是软件"代理"，其目的是代表人们行动。在相关的类别中，是通过训练过程来开发人工智能的各种尝试，该方法的目标之一是结果并不完全可以预测。对于软件"学习"，也许通过激活和加强节点之间的连接，学习过程的结果需要被研究从而能被理解。这与主流软件不同，因为在主流软件中，程序员安排了对输入条件的一种机械反应。当这种可预测性受到损害时，我们会说该软件有一个必须要找到并删除的错误。

然而，即使是机械反应也可以被理解为起作用。布鲁诺·拉图尔在其著名的关于液压闭门器的论文（以笔名出版）中，详细分析了将关闭门的责任卸载到机械设备上给人们带来的影响。这种机制通常是可以预见的，但有时它会动摇，使人们倾向于把它当作一种易变动的东西。它的默认行为也可能与遇到它的人的意愿不一致。例如，他们可能希望在特定时刻将门部分打开与其他人交流，以便在必要时可以进入它们，但是不容易进行包括随意的社会交际在内的交流。在这方面，闭门器犹如严格的警察，其职责是需要通过抵抗来克服阻力。然而，与人机界面相比，闭门器是一种相对简单的技术。

一致性假设

把一个用户群体看作有着对核心概念和词汇的一致理解，是有很多原因的。首先，任务的特殊性可以表明一个功能将适合所有人——没有必要质疑这一假设，即使用计算机的每个人都能够掌握搜索框的概念，并通过"搜索"来识别它。其次是可学习性。如果出现不同的用户不共享概念或术语的情况，那么希望一些用户已经共享了由设计人员和程序员使用的概念或术语，而另一些用户只需要学习它们。最后是实用的论点，即界面只有这么多可用的资源，定制在很大程度上是一种奢侈品，我们无法提供。

但是，并非所有任务都很简单。例如，在元数据提供新知识项目（*Metadata Offer New Knowledge,* 简称MONK，www.monkproject.org）[①]中，我们试图以一种对人文学者来说有用的形式，来提供一些可用的国家艺术文本挖掘工具。MONK（图27.4）是结合三种数字人文界面的几个项目之一。首先，它是不断增长的源文档（如小说、戏剧和诗歌）的库，因此从这个意义上讲，需要界面来提供集合访问。其次，它涉及一些复杂的文本分析工具，如"朴素贝叶斯"和"支持向量机"等。最后，虽然它主要是一个基础设施项目（由梅隆基金会提供资金），但试图让各种复杂系统一起运行的这一创新，涉及各个层面的许多实验。

---

① 原文给出的MONK全称为*Metadata Open New Knowledge*，或为*Metadata Offer New Knowledge*的误写，译文和索引均已改正。——译者注

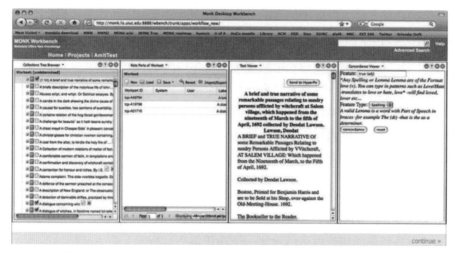

图27.4 其中一个MONK界面迭代的屏幕截图,由米莲娜·拉齐科夫斯卡(Milena Radzikowska)设计,首席程序员是阿米特·库马尔(Amit Kumar)

从一开始就显而易见的是,我们无法依赖共享核心概念和词汇的实践群体。例如,MONK关键的文本挖掘功能之一是,它允许用户提供短文本段落的集合,如表示一些较高级别概念的句子或段落,并且让系统搜索其集合以找到类似的段落。几个月来,设计团队的成员将此功能称为"按示例搜索"。我们认为这个名称会把使用工具的目的传达给以前从未使用过这种工具的人。

然而,从计算机科学家的角度来看,这种类型的描述是不被接受的。这完全是错误的。被运行的不是任何传统意义上的搜索过程,将其称为搜索具有误导性。用户实际在做的是为受监管(或可能是半监管)的朴素贝叶斯分类算法提供训练材料。因此,虽然不是完全合适,但更好的标签可能是"分类"。这一术语的使用对于我们要求使用者完成的任务也更准确。为了使系统能够工作,只提供积极的例子不是最好的做法。最好提供几种示例,每种示例都尽可能多地提供例子,以便系统能够利用示例集合之间的差异来建立其分类规则。其中一个最有效的用途是由斯蒂格(Steger)(2013)做的,她正在认真研究感伤小说。她的训练集包括各种典型情感场景的例子,如订婚、浪子归来、临终前的改变等。她的结论之一是,这些场景的分布为读者情感的消退和流露提供了一个结构。

在为MONK设计界面时也能清楚地看到,文本挖掘在分类和聚类

（clustering）之间存在明确的区别。分类意味着用户通过提供示例参与"监督"或我们的例子中的"半监督"这个过程。相反，聚类是无监督的，即系统接受输入的内容并自动对其进行分组，通常分成预先设置的多个类别。

我们继续讨论一致性假设的其他两个原因。如果人们不知道分类的含义是什么，那么他们根本不可能使用MONK。此外，我们有预算和时间表的限制，不能在这些细节上花费太多。是对的而不是错的，或多或少是由我们决定的，不管后果怎么样。公平地说，该项目确实提供了一些写得非常好的文档，不仅解释了术语，而且还做了一项可靠的工作，即描述这些过程在幕后是如何工作的。请阅读使用手册。

然而，如果我们用ANT的视角来研究MONK的界面，可能会更清楚地理解我们正在尝试做什么，并为此产生一些最佳的改进方式。例如，在ANT中，界面是社交网络中的一个行动者。该网络还包括算法及对其负责的程序员、收集人员和他们辛勤清理出来的文档、设计人员、用户体验（UX）和可用性专家，涉及各种硬件设备和网络协议，以及大量该系统的潜在用户。

然后，讨论变成了一种调解。界面如何同时适应所有相关对象的核心概念和词汇，并支持它们之间的沟通？

一个答案是，这根本不可能，这个答案可能对用户产生各种影响。首先，为了负责任地使用系统，他们可能需要成为基础技术的专家。界面的目的仍然是中介，但是它是一种非常简单的中介形式，因为其他行动者一方面是算法及其实现者，另一方面是一组能够使用相同语言的人。这种解决方案的问题在于，它不符合项目的初衷，即让人文学科的学者能够访问这些技术，那些人文学者的兴趣、经验和专业知识通常不在这里。

第二种可能性是，用户遇到系统时对他们正在使用的技术一无所知，就像人们看电视或开车不需要了解任何"隐藏在引擎盖下"的技术一样。了解如何使用界面就足够了。事实上，许多理论家提出，使用系统可能只是为了提供模式来丰富之后的解释。杰罗姆·麦甘恩（2001）将这一过程称为"变形"，而斯特凡·辛克莱尔（2003）和拉姆齐（2011）更喜欢"游戏"（play）一词。可以认为，在每一种情况下，转换背后的机制不如所得到的模式重要：

> 我怀着痴迷、焦虑和兴奋的心情浏览着一篇文章，如同我探索一个陌生城市的街道：我毫不犹豫地踏入神秘的道路和街巷，即使它们可能通

向死胡同。旅途中的各种事情可能会促使我改变方向，虽然我经常不知道要去哪里，但我知道我正在某种程度上积累更多的对地形的了解。如果给我一张详细的地图和一条可走的路，我将失去探索和意外发现的乐趣。如果给我一张关于城市的历史遗迹和特色的清单，我对它的了解仍然很有限。同样的，一篇文章的单词和其他组成部分的列表可能非常有用、信息丰富，但要真正体会这篇文章，我需要其他方法来探索它。（Sinclair, 2003）

这种方法的问题在于，涉及算法的学术活动不可避免地需要对算法的作用进行一些讨论。没有一个负责任的期刊编辑会对"谁在乎？"这个答案满意。科学的遗产太过强大，而且与计算机编程的联系太过紧密，以至于不能允许本质上的艺术介入，这可能会导致进一步的研究，也可能不会。

另一个答案是，界面可以作为中介对象，或者更确切地说是边界对象（Star and Griesemer, 1989），它可以支持多种翻译，从高度精确的技术概念和词汇，到与人文学科中的潜在用户群体领域的概念和词汇密切相关的术语。边界对象要避免的危险是，它可能成为教育的尝试，而不是沟通的尝试。确实，通常使用界面的人能够尝试做某件事而不是学习。然而，有时他们也可能在这个过程中学习，算是一种附带效果。一个未被充分利用的策略是使用鼠标时出现的工具提示，并包含一组不同的术语来描述同一事物。虽然这在显示多个术语的意义上是多余的，但是它们可以通过连接不同群体讨论同一主题的不同方式，为用户提供边界功能。例如，为了重新访问我们的MONK示例，我们可以将函数标记为"聚类"，并编写工具提示："提供示例以定位类似的项"。然而，需要克服的一个障碍是，从更精确的技术群体的角度来看，额外的描述是误导或错误的，他们使用的术语没有将功能的好处传达给用户群体。

复杂或经验的层次

通常情况下，界面是为第一次使用的用户设计的。原则是，为初次使用带来直接和愉快体验的因素对于更有经验的用户同样适用：简单、清晰、透明。此外，如果没有初次的愉快体验，用户就不太可能变得更有经验。这种方法的缺点是，老用户可能希望开始尝试那些第一次访问时不需要的其他功能。对于某些工具（如MS Office或Adobe Creative Suite中包含的工具），功能的数量可能会变得非常大，有经验的用户有时会发现找不到在以前版本中存在的功能。为了使第一次用户体验更容易，这些功能被删除了。未删除的功能也可能被降级到一个模糊的位置。更糟糕的是，界面中控件的排列和视觉外观与它们的使用频率不一致。一般来说，最常用的控件应该是最明显和最方便的，而不太常用的功能应该在层次结构中较低的位置。

一种替代策略是提供一组界面，分别为初学者、中级用户和高级用户设计。让用户能够自行选择和决定如何处理系统。萨帕赫（Sapach）和萨克洛夫斯克（Saklofske）等人（2013）最近提出了一个与游戏隐喻相关的策略，学术编辑环境的用户可以通过获得前一级界面的经验来"升级"。

从ANT的角度来看，需要考虑的一个问题是，不同的行动者可能有一些专业知识，这些知识对于系统的使用并不重要，但是为了提高用户体验，即使是在测试中，也能得到认可。特别是在实验原型中，任何使用该系统的人都不太可能直接体验到类似的东西。因此，界面必须以某种方式在使用原型的人员现有的知识和专业与预期功能之间进行调解。改善这种调解的一种方法是向用户体验研究的行动者提供对他们有意义的内容，这些内容看起来就像他们经常使用的材料。（图27.5）（Giacometti et al., 2012）对于那些通常习惯于抨击一些"伪造的"乱数假文（lorem ipsum）内容的设计师来说，提供这种交流优势有时看起来是不合理的。

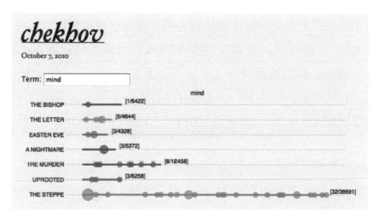

图27.5　Bubblelines原型展示了契诃夫的短篇小说，每一篇小说中都有"mind"一词。由卡洛斯·菲奥伦蒂诺（Carlos Fiorentino）设计，程序员是亚历杭德罗·贾科梅蒂（Alejandro Giacometti）

可见与隐藏

数字人文学界一直关注"富有前景的浏览界面"（rich-prospect browsing interfaces），其方法是对集合中的每个项目进行一些有意义的表征，用户可以使用从多种可用的元数据中产生的工具来操纵这些表征。（Ruecker et al., 2011）

富有前景的浏览最适合项目数量在几百到几千的小型集合。在数字人文领域，这是相当多的集合，尽管随着这个领域的扩展，内容的聚合变得越来越普遍，要么集合在一把伞下，要么集合在一个公共门户下。在这些情况下，不可能同时表征所有单独的项，但可以通过初始搜索将集合子集化，然后将结果作为一个较小的集合，使用富有前景的方法进行浏览。

富有前景的浏览，其理念核心是个人收藏项目的有意义的表征。有时用语言完成，有时用图像完成。不同实践群体之间的中介对象的有意义表征，应该很可能包含来自每个群体的信息，或者包含介于两者之间的某种混合形式。

然而，富有前景的浏览器并不是使内容对用户可见的唯一方法。最流行的常规方法之一是简单地列出项目，或者按字母顺序列出项目。对于用户来说，浏览列表有时令人失望且乏味，但列表至少有这样的优点：内容是可见的，而不是隐藏的。

出现的问题是，是否有这样的情况，界面的中介功能可以通过选择不可见的方式得到最好的服务。一个典型的例子是XML标记，读者通常不想看到标记，除非搜索概念或试图将文本呈现为可在线查看或可打印的形式。然而，即使是在XML的情况下，也需要存在某些人类可读的标记版本，使文本更容易搜索。例如，在原型阅读环境中的"上下文动态表"（*Dynamic Table of Contexts*，简称DToC；图27.6），读者可以看到语义编码，以便使用它从目录表中添加或删减项。（Ruecker et al., 2014）

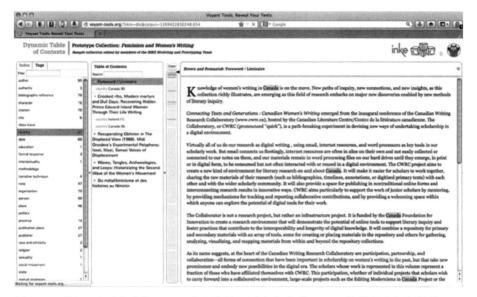

图27.6 "上下文动态表",显示由文档管理员命名为"country"的语义标记的结果,由珍妮弗·温莎(Jennifer Windsor)设计,首席程序员是安德鲁·麦克唐纳(Andrew MacDonald)

为了使不熟悉模式的人看懂标记,DToC有一个"管理员"(curator)模式,该模式允许懂集合的人选择要显示的标记,并将它们重命名为更容易访问的形式。

结 论

尽管我们可以把人机界面看作系统中普通的、实用的一部分,但它们的作用往往要复杂得多,在这种情况下,把它们看作ANT意义上的行动者是更容易理解的一种方式。特别是在数字人文领域,审查"交易工具"是一项核心工作,ANT允许我们从更微妙的角度考虑界面在做什么。通过研究界面作为中介行动者,可以看到,界面涉及多个行动者,并且是意义协商的场所。认识到这一点,可以对三种类型的数字人文界面有一些指导意义。

参考文献

[1] Callon, M. 1986. The sociology of an actor-network: the case of the electric vehicle. In *Mapping the Dynamics of Science and Technology: Sociology of Science in the Real*

World, ed. M. Callon, J. Law, and A. Rip. London: Macmillan, 19–34.

[2] Cressman, D. 2009. *A brief overview of actor–network theory: punctualization, heterogeneous engineering and translation*. ACT Lab/Centre for Policy Research on Science and Technology (CPROST) School of Communication, Simon Fraser University, Canada.

[3] Fleischmann, K. 2006. Boundary objects with agency: a method for studying the design–use interface. *Information Society* 22 (2), 77–87.

[4] Giacometti, A., Ruecker, S., Fiorentino, C., and the INKE Research Group. 2012. Showcase browsing with Texttiles 2.0 and BubbleLines. *Scholarly and Research Communication* 3 (2).

[5] Latour, B. 1988. [pseud. "Jim Johnson"]. Mixing humans and non-humans together: the sociology of a door-closer. *Social Problems* 35 (3), 298–310.

[6] Latour, B. 1997. On recalling ANT. in John Law & John Hassard eds., *Actor Network and After*, Oxford: Blackwell Publishers, 15–25, http://www.bruno-latour.fr/sites/default/files/P-77-RECALLING-ANT-GBpdf.pdf (accessed December 23, 2020).

[7] Law, J. 1992. Notes on the theory of the actor-network: ordering, strategy, and heterogeneity. *Systems Practice* 5 (4) : 3,79–93.

[8] Law, J., and Singleton, V. 2013. ANT and politics: working in and on the world. *Qualitative Sociology* 36, 485–502.

[9] McGann, J. 2001. *Radiant Textuality: Literature After the World Wide Web*. New York: Palgrave.

[10] Miettinen, R. 1999. The riddle of things: activity theory and actor–network theory as approaches to studying innovations. *Mind, Culture and Activity*, 6 (3), 170–195.

[11] Ramsay, S. 2011. *Reading Machines: Toward an Algorithmic Criticism*. Urbana: University of Illinois Press.

[12] Ruecker, S., Radzikowska, M., and Sinclair, S. 2011. *Visual Interface Design for Cultural Heritage: A Guide to Rich-Prospect Browsing*. Farnham: Ashgate.

[13] Ruecker, S., Adelaar, N., Brown, S., *et al.*, and the INKE Research Group. 2014. Academic prototyping as a method of knowledge production: the case of the Dynamic Table of Contexts. *Scholarly and Research Communication* 5 (2).

[14] Sapach, S., Saklofske, J., and the INKE M&P Team. 2013. Gaming the scholarly edition: opening the private sphere of academic scholarly editing to public

apprenticeship via digital game paradigms. Paper presented at *Media in Transition 8*. MIT, May 3–5, 2013.

[15] Sinclair, S. 2003. Computer-assisted reading: reconceiving text analysis, *Literary and Linguistic Computing* 18 (2), 175–184.

[16] Star, S.L., and Griesemer, J. R. 1989. Institutional ecology, "translations" and boundary objects: amateurs and professionals in Berkeley's Museum of Vertebrate Zoology. *Social Studies of Science* 19, 387–420.

[17] Steger, S. 2013. Patterns of sentimentality in Victorian novels. *Digital Studies/Le champ numérique* 3 (2). http://www.digitalstudies.org/ojs/index.php/digital_studies/article/view/238 (accessed January 15, 2014).

28. 拯救比特：永远的数字人文？
威廉·基尔布赖德（William Kilbride）

人文学科的学问在某种程度上总是具有历史意义。研究成果在很长一段时间内都不过时——甚至比创造成果的学者意识到的还要长。这些漫长的生命周期造成了独特的损失或衰变风险；尽管人文研究的保存问题曾经是关于实体馆藏所面临的化学和生物危害，但它也日益成为一个数字问题。

在过去的十年里，出现了一系列的标准来编纂保存数字和数字化内容的最佳实践，与此同时，越来越多的群体围绕数字材料的寿命、真实性和管理等问题联合了起来。从许多行业和专业中借鉴经验，数字保存得以进展迅速。这种发展速度逐渐提高了进入该领域的门槛：新的工具、标准、项目和服务过剩，似乎令人眼花缭乱。与许多数字基础设施一样，数字保存在一定程度上是为了满足数据密集型科学的需求，尤其是空间科学，其次是为了满足社会科学的需要。因此，那些试图确保他们的珍贵的数字物品能有一个长久未来的人文学者，一直面临两个风险：数字保存的新兴实践很难适应人文学科不断变化的需求，而那些行业术语和误传使参与者的努力付之一炬。

人们普遍认为，数字保存的案例应该作为访问和使用的案例来阐述（例如，BRTF, 2010; HLEG, 2010）。虽然这在狭义上是正确的，但是持续访问数据的前景并不一定诱人，尤其是随着数据量的增长。访问和使用，就像保存一样，是达到目的的手段。我们面临的挑战当然是通过对数字收藏的缜密分析和考虑，使其产生持久的影响，进而为更广泛的群体带来持久的成果。这就是数字保存之所以重要的原因，也是为什么数字人文与数字保存需要保持密切对话的原因。

本文介绍和回顾了过去十年来数字保存的一些主要和常见的主题，旨在确保数字人文和数字保存之间保持适当的联系。为了确保数字研究基础设施能够提供数字人文现在和将来可能需要的各种保存服务，频繁和清晰的沟通是必不可少的。

数据、人文学科和数字保存

本部分讨论和探索了人文研究的独特期望和方法。虽然其他人会更全面地评论数字人文的这些方面，但有一些术语需要在数字保存的背景下加以描述。

例如，"数据"（data）这个词存在一个根本问题——不仅仅是单数或复数的问题。在数字保存中，"数据"通常以"提交信息包"的形式呈现给档案。它们被转化为"档案信息包"并作为"传播信息包"分发（术语解释可见Lavoie, 2004:11—12）。这不是一个关于经验价值的陈述，只是一个简单的方法用来区分数据和硬件或进程。人文学科不像科学那样拥有"数据"：他们有原始资料，而原始资料的构成是复杂的。这些原始资料是具体的、零碎的、棘手的，在部署它们之前需要对上下文和配置有正确的理解。插入是危险的，分类是危险的，甚至命名都是挑战。因此，尽管英国国家图书馆的"电子版贝奥武甫"可能是最早的数字化手稿，但它并不是自然科学可以理解的数据。数字化的替代物是某种意义上的数据，而不是硬件或软件；它是对手稿颜色的一系列系统度量的数据；但这几乎不是关于"过去持矛的丹麦人"的数据。

这对人文学科，包括数字人文的发展有一定的启示意义。尽管有更激进的声音，但人文学科的学术是经验性的、解释性的和历史性的。由于原始资料本身是站不住脚的，学者们很难仅用经验方法来验证结论。人文学科从方法论入手，并始终依赖于一致性、经济性和效率。事实陈述总是依赖于它们的语境，也在很大程度上依赖于它们的范式，而且只能通过语言产生意义。

在这些问题中，原始资料来源的历史构成导致了它们需要保存。解释随着时间而改变。我们认为英国国家图书馆里的《贝奥武甫》手稿很重要，因为格里穆尔·琼森·索克林（Grímur Jónsson Thorkelin）在18世纪末期就确认了这一点（索克林对《贝奥武甫》的"发现"，见Kiernan, 1986）。他的抄本很有趣，因为他是第一个认识到它的重要性的人；在此之前，它只是布帛收藏中又一份未经研究、被火熏黑的手稿。他是在丹麦王室赞助的一次考察旅行中才知道这份手稿的，该旅行明确的目标是"收集并记录所有现存的丹麦和挪威纪念碑、契约和文件……他承诺回国后会给国家档案馆和图书馆交回他所能得到的东西"（Kiernan, 1986），这是一项民族主义计划的一部分，目的是在整个欧洲大陆发生革命动乱和战争之际，发展和维持一个权威的民族神话。（Niles,

1997：4）因此，手稿的重要性在特定的时间点显现出来，早期的抄本仍然重要，不仅是因为它们对腐烂的手稿的早期见解，还因为它们的接受揭示了它们的生产和后续部署的文化历史。

这个例子可能在人文学科的许多不同分支中反复出现。关键在于人文研究，它的方法和原始资料是由他们所经历的历史所承载的。这段历史，也可以被称为背景或起源，不能在实验室里重现，也不能通过巧妙的模拟来增补。数字学术，尤其是在人文学科中，对数字保存有着独特的需求。

数字保存关乎人与机遇，而非数据与风险

对数字保存的需求可能很有吸引力，但这并不能使解读变得有趣。不友好的批评家可能会将两种文学形式区分开来：一种是时髦的对数字世界末日的预言，另一种是成堆枯燥无味的技术垃圾。前者容易夸张，后者有时似乎与实际需要脱节。但是，如果我们要确保数字人文有一个长久的未来，这两个问题都需要理解。

数字保存大多始于提高公众意识的重要举措，这催生了一种关于意外数据丢失的报告文学。这方面的例子有很多，所以这里只引用了三个与人文学科直接相关的例子：

- 阿曼达·斯潘塞（Amanda Spencer）在2009年的报告中指出，1997年至2006年期间，在对议会提问的答复中引用的网络链接，有40%已无法解析（Spencer et al., 2009；也可参见Pennock, 2013）。值得补充的是，斯潘塞研究发现，这些并不是偶然的网站，而是告知和证明政府的决定是正确的网站。它可能不是1834年的大火①（Shenton, 2013），但能够查阅这些文献是让政府在当下承担责任，并在回顾中反思公共政策方针的重要方式。此外，至少从1996年起，就已经存在可以防止这种情况发生的网络收集技术。
- 1999年，考古学数据服务（Archaeology Data Service）回顾了英国和爱尔兰考古研究得出的数字数据的未来走向。（Condron et al., 1999）它

---

① 指1834年10月16日在英国国会大厦发生的火灾。工人在国会地下室焚烧废旧的木棍时引起火灾，英国国会大厦几乎被完全烧毁，只有威斯敏斯特大厅幸免于难。英国国会大厦于1840年重建。——译者注

的结论是，不仅大部分数据的管理方式不能够确保未来正常使用，而且很少注意维护存储数据的脆弱的物理介质。值得强调的是，这些发现指出，挖掘过程是破坏性的，在某些情况下，数字对象可能是昂贵的、无法重复的、干预后留下的唯一有意义的残留物。即使在1999年，人们对脆弱的物理介质的保护机制也已了解多年。

- 在2010年，英国数字保存联盟（the Digital Preservation Coalition，简称DPC）与伦敦大学学院学生信息系统（Portico）和伦敦大学计算机中心（the University of London Computer Centre，简称ULCC）共同发表了一份关于由高等教育资助委员会（Higher Education Funding Councils）英国联合信息系统委员会资助的数字化项目所采用的保存方法的研究报告（DPC, 2009），邀请了16个项目来评论他们的数据将在项目结束后多长时间内可用。一些项目给出了含糊但充满希望的答案："无限期"和"永久"；一些项目根据对机构政策的具体了解，给出了具体的答案（例如，10年之后，政策评论可能会转向另一个平台）；一些项目只承诺了资助协议所要求的最低年限5年；还有一个项目意识到根本没有明确的基础设施。JISC对数字化的资助是对未来的一种投资，这种基础设施是在经济繁荣时期建立的，目的是在经济低迷时期能够维持和扩大学术研究。那些艰难的时刻已经到来，投资的回报是最重要的。

这只是三个数据丢失的简短的例子，它们与人文研究有着特殊的共鸣。很多时候，数字保存像是一个令人遗憾的故事，它本可以被避免。

这个故事可以轻易地掩盖数字收藏的重要性。数字数据具有价值：这一代人之所以拥抱数字技术，是因为它提供了机会，以及以前根本无法获得的工作和交互方式。数字技术具有重要意义：使学生能够近距离地看到古代手稿；加快考古学家数据共享的进程；提供支持公共政策的证据。它在"真实世界"中对我们有影响。然而，数字技术的部署取决于软件、硬件和人员的配置，这三种特性是不停运转的。因此，如果不努力管理这种配置，就不能保证对数字收藏的访问。如果不进行管理，几乎一定会导致数据丢失，但如果没有因此造成后果，这就不是问题。

简而言之，数字保存不仅仅是关于数据或访问：它是关于人和机遇。它不仅仅是数字化的生命支持，它是潜力的保管。那些刚开始从事数字保存的人最好从这里开始，一旦他们弄清楚了什么是不能失去的，什么是无法保留的，他们就会担心数据丢失。

五个挑战，以及我们已经完成的任务

尽管现在的情况不尽如人意，但十年或更久之后，这个问题可能会有解决方案。与其试图对这些问题进行全面的叙述（相关指南可参见Brown，2013），不如将解决方案大致归纳为学术界面临的各种实际挑战。

捕获软件、硬件和人员的配置

数字保存的一个基本任务是捕获和展现使数字对象有意义的软件、硬件和用户的配置。通常通过捕获和提供元数据和其他相关文档来确保访问（有关该话题的完整介绍，请参阅Gartner and Lavoie, 2013）。数字保存需要有不同级别的表征，而且保存元数据不是资源发现元数据的一个子集。开放档案信息系统（The Open Archival Information System，简称OAIS）标准提供了一个参考模型，通过提供表征信息，从数据对象（如数字对象）创建信息对象。（Lavoie, 2004:10—14）OAIS基本上对元数据的细节并不关注，因此保存元数据维护活动（Preservation Metadata Maintenance Activity，简称PREMIS）工作组提供了一个模型，用五个实体来保存元数据，这些实体反过来又由一系列语义单元描述。（PREMIS, 2012）它没有具体要求如何显示这些信息，只是简单地指出应该以某种方式恢复这些信息。对这些信息进行编码的一种普遍方法是使用元数据编码和传输规范（Metadata Encoding and Transmission Standard，简称METS），它本身就是OAIS信息包的一种XML实现。（Vermaaten, 2010）

在开发元数据标准的同时，数字保存界也积极发展技术注册中心，以维护和公开保存工作的核心资料（对不同注册中心服务的描述，请参考Delve et al., 2012, and Brown, 2007）。对于表征信息的注册中心的必要性及其潜力已经有了相关讨论（Brown, 2008），但是很难找到部署的例子。

变化将会持续

在创建时捕获表征信息，不足以确保长期访问。变化将持续存在，无论是硬件、操作系统、软件的改变，还是系统互相依赖性，标准，文件格式规范，软件遵守标准的能力，操作人员的能力，捕获、存储或显示元数据的能力的改变等。人们可能会错误地得出结论：变化才是问题所在。相反，正如诺顿（Naughton, 2012: 43—110）所说："颠覆是一种特性，而不是一种缺陷。"信息系统和信息经济的体系结构使快速创新能够以低成本在全球市场发生。这就是为什么如此多的在线服务能够迅速地获得成功——也是为什么这些服务无法使用的原因。"因此，任何渴望一段稳定时期的人——一段能让我们有时间喘口气、把握局面的间歇期——注定会失望。"（108—109）因此，数字保存是一个积极的过程，它需要拥抱变革，认为规划总是暂时的，而不是试图阻止创新的潮流。

这有一个政策含义：从事数字保护的机构必须是（或成为）密切关注新兴趋势和解决方案的学习机构。这一目标的实际执行可以从对保存计划的关注中看出来，这是OAIS的一个具体职能领域。（Lavoie, 2004:9）已经出现了一系列规划工具来评估机构的准备情况，如评估机构数字资产（AIDA）[①]或研究数据基础设施和目标的协同评估（CARDIO）[②]（Pinsent, 2009; CARDIO, 2011）；评估数字保存计划的实际开发和测试，如PLATO或SCOUT（Becker and Rauber, 2011）；并对存储库的功能进行持续评估，如数据合格标记（Data Seal of Approval, www.datasealofapproval.org; 参见Schumann and Mauer, 2013）。

储存不是保存，但储存很重要

人们普遍存在一种误解，认为可以通过强大的存储解决保存问题。这是一个令人沮丧的混淆，因为存储很重要，但它本身不是解决方案。有大量关于存储体系结构的文献，在这里详述它们没什么意义（参见Petersen, 2009, 介绍了数据中心管理者和数字保存从业者之间有意义的对话所必需的概念）。

与传言相反，比特保存并不是一个可以解决的问题。（Rosenthal, 2010）从工程的角度来看，保存遵循和主流数据存储基本相同的趋势，但它往往会添加一个更专业的策略层。OAIS将归档与发布和提交区分开来，这一划分在许多保存服务中都在使用。例如，"暗存档"（dark archive）一词在出版业被用来描述这样一种档案，即除非发生事先约定的触发事件，否则不允许公众访

---

① AIDA，全称为Assessing Institutional Digital Assets。——译者注

② CARDIO，全称为Collaborative Assessment of Research Data Infrastructure and Objectives。——译者注

问（更完整的解释可参见Beagrie, 2013:3—5）。一个更宽泛的代管概念的例子是，受信任的第三方代表两个或更多个客户提供数字保存服务，如果发生某些预先商定的事件，例如服务提供商破产，他们将提供源代码或数据。（Hoeren et al., 2013：168—196）在这两个例子中，与众不同的是合法的安排，而不是技术。此外，这两种安排都假设，会有一个管理员定期检查存档内容是否仍可正常运行，即使这些内容不能公开访问；从这个意义上说，没有哪个OAIS是一个完全的暗存档。

存储的技术和法律方面与LOCKSS[①]技术一致。LOCKSS技术提供了一种机制，可以在分布式网络上复制和验证内容。通常部署LOCKSS是为了让图书馆能够管理电子期刊内容，如在CLOCKSS或UK LOCKSS联盟（Rusbridge and Ross, 2007; Beagrie, 2013：18—20）中，LOCKSS已经被部署用以提供其他类型内容的安全复制，例如"元档案收集"（MetaArchive Collective）。数据的多个副本应该存储在不同的位置，同时确保数据集同步，这是数字保存中储存的基础，而数字保存则越来越多地被理解为一种分布式活动。（Skinner and Schulz, 2010）

数字保存工具已经过时

数字保存就像接力赛跑，在接力赛跑中，信息对象需要在一圈结束时传递。（Rusbridge, 2006）这对数字保存的架构有三个启示。

首先，模块化和基于标准的架构将比单一的黑箱（black-box）解决方案更具吸引力。（Abrams et al., 2010）像Archivematica和Preservica这样的技术提供"保存服务"，它不是由单个存储库中的单个产品组成的，而是可以根据特定需求配置的一系列工具。从这个意义上说，"受信任的存储库"这个比喻似乎越来越多余：它更多的是评估组装起来的远程工具和服务的可信度。其次，系统可能需要生成解释数字对象托管链的元数据——这反过来又意味着表征信息会随着时间累积。PREMIS一直认为元数据是一个无期限的承诺，而如何管理数字记录的真实性，这一想法在不断发展。（Salza et al., 2012）最后，任何想要获得保存服务的人，不仅要看他们目前提供的服务，还要看他们的后续

[①] LOCKSS，全称为Lots of Copies Keep Stuff Safe（大量复制保存物品安全），由斯坦福大学图书馆主办，www.lockss.org。——译者注

计划。

数字资源与保存密不可分

上面引用的数据丢失的例子，部分原因是技术的变化比数字基础设施的规划和实现要快。虽然模拟保存和存档可能在文档操作的最后，但有关数字保存的决策需要提前一点。

档案管理员、记录管理员、图书管理员和出版商长期以来一直从生命周期的角度理解收藏，即使具体的术语和方法有所不同。数字化的数据生命周期，如数字监控中心（Digital Curation Centre）的生命周期模型（Higgins，2008；也参见Harvey，2010）指出需要更早考虑保存，不能太晚。这在一定程度上是DMP Online等新兴服务背后的逻辑。（Sallans and Donnelly, 2012）JISC数字化项目的经验表明，即使在资金获批之前，保存计划也可能需要纳入项目的政策和基础设施。（DPC, 2009）

数字保存也是一项持续的任务，因此一些机构和项目已经部署了风险管理方法，以提供一个框架，在这个框架中，风险可以被清晰地表达、监控，并传递给高级管理人员以便采取行动。（DRAMBORA, 2007; Barateiro et al., 2010; Vermaaten et al., 2012）

风险管理提供了一个框架，可以同时分析不同类别的问题——环境和财务风险，以及技术风险。与艺术和人文数据服务一样，经验表明，资金的突然变化会损害数字保存，尽管保存执行得非常到位。正如罗森塔尔（Rosenthal）（2012）所说："金钱成为我们数字遗产未来面临的主要问题。"（至少）两个原因使保存的资金筹措变得复杂。首先，很少有机构声称已经充分发展了它们的数字保存能力，这意味着数字保存的早期阶段主要是基础建设支出和服务提供。（Kilbride, 2013）其次，数字保存的价值主张可能是薄弱的。2010年，蓝丝带专责小组（Blue Ribbon Task Force）强调了这个问题："关于数字保存的可持续性经济问题不仅仅是寻找更多的资金。它主要是建立一个经济活动，这个经济活动根植于一个引人注目的价值主张、明确的行动动机以及明确的保存作用和责任。"（BRTF, 2010:13）了解、表达和建模数字保存的潜在成本已经被证明是棘手的（Kejser, 2013），而阐明数字保存的好处可能是困难的（Beagrie et al., 2010），所有这些都意味着对数字资源的经济可持续性进行建模是棘手的。（Lavoie and Grindley, 2013）但如果没有坚实的经济基础，其他一切都是暂时的。

五种新兴趋势及其意义

数字保存似乎正从早期的对工具、技术和容量都焦虑的状态走向一个工具、技术和能力的积极的未来。我们有理由对此保持乐观的态度。即便如此，仍需要继续研究，人文学者才能从中受益，并为此作出独特贡献。下面列举了五个例子，来对应上述五个挑战。

第一，虽然处理"文档互联网"（internet of documents）的技术正在兴起（如Pennock, 2013），但互联网正在迅速发展成为一种服务环境。因此，用户现在经常访问复杂的服务交互，而不是简单的超文本，在这种交互中，很难将数据从应用程序中分离出来，如诺顿（2012:175—208）所说："网络现在就是计算机。"这种集成意味着分布式和碎片化的工具和服务之间存在很长的相互依赖链。这为长期保存带来了两个挑战：我们如何评估和管理一个具有复杂和广泛依赖性的环境，以及我们如何在任何给定的时间里，定义和稳定该环境的规范性或真实性局面。

第二，与这一点相关的是，数字保存趋向于对文件的盲目崇拜。对于标准的更为抽象的发展（例如，Lavoie, 2004:10—14），情况可能不是这样，但是对于向那些在档案中存储数据的人提供操作指导（例如，Archaeology Data Service, 未注明日期）来说，情况确实是这样。早在2006年，拉斯布里杰（Rusbridge）怀疑文件格式过时是否是一个大问题，甚至没有考虑到日益增长的数据和应用程序集成，托德（Todd）发现文件格式选择的一个关键部分是用户群体的容量、存档的战略目的和可用预算。（Todd, 2009：2）最后一点似乎至关重要：考虑到与数字考古相关的成本，考虑到与迁移相关的不可避免的损失，并考虑到问题的规模之大——这个问题似乎与数据损失关系不大，而更多地涉及工作流和容量。无论如何，如果我们想弄清楚那种系统——文件在其中只是一个组件（例如，McGarva et al., 2009；Prom, 2011；Wright, 2012；Ball, 2013；Pennock, 2013），或者寻找文件之间的关系（John, 2012），那么我们真的应该超越文件。

第三个问题强调了我们需要超越文件进行思考：数据量的快速增长，无论是以文件的绝对数量还是以字节的绝对数量来衡量。数字保存需要在不增加额外成本的情况下按比例工作。罗森塔尔（2012）在这里观察到三个趋势：数据存储需求以每年60%左右的速度增长；磁盘上的比特密度以每年25%左右的速度增长；IT中心的预算以每年不超过2%的速度增长。从表面上看，这三种趋势可能预示着迫在眉睫的成本危机，而这一危机又被另外三个问题所放大——缺乏有技能的从业者来理清混乱局面，以及缺乏支持他们的培训（Kilbride et al., 2013）；公众对获取数据的期望程度；以及存储在那些过度填充的存储库中的组件日益复杂。对于这些残酷的经济现实以及我们应对这些现实的能力，实际上只有两种切实可行的对策。要么我们接受某种监管上的忽视（Kilbride, 2010a），要么我们开发能够处理更大数据量的政策和工具。大量的数据带来了另一种威胁：我们无意中发现自己提供了敏感或危险的数据，这些数据包含未知的风险或产生了意想不到的负债。这肯定是每个数据管理员的噩梦；但如果只是简单地锁定大量信息，使其无法访问，或者更糟的是以公共安全的名义删除，那么意想不到的后果可能比我们想象的更为严重。少量的选择，一些有计划的删除，以及潜在的、大量的、适当的衰减将帮助我们的工具瞄准那些真正重要的资源，并帮助我们及早发现危险。

第四，数字保存文献中失败的例子比比皆是，但成功的描述却少之又少。如果对数字保存的需求是微弱的或分散的（BRTF, 2010:1—23），那么它也是随时间动态变化的，也是路径依赖的（28—30）。因此，尽管我们可以合理地假设成功取决于今天做出的决定，但成功总是被推迟。大多数机构所能做的最好的事情不是承诺成功，而是提供合规服务（compliance）。可以援引社区标准来证明，行动在多大程度上符合目前对最佳做法的看法。"受信任的存储库"的概念可以追溯到1996年（CPA and RLG, 1996），可以通过各种工作组（例如, RLG and OCLC, 2002; RLG and NARA, 2005; CRL and OCLC, 2007; Nestor, 2009），追溯到2011年发布的可信任数字馆藏的审计和认证ISO 16363（ISO, 2011）。但合规不如成功那么引人注目。也许数字保存只有在不能运作时才被注意到。（Kilbride, 2010b）我们需要更多成功的案例。

第五，一种完全不同的研究可能彻底改变数字保存。对文档生命周期的干预似乎是档案管理员和记录管理员的圣杯——很有吸引力，但总是遥不可及。

与其试图阻止数字材料的老化，不如建立一个完全不存在老化问题的可保存系统。大多数人都需要一个软件过滤器，它可以识别出当前平台不支持的对象，并且可以从旧对象和现代平台之间转换（通过仿真或迁移）的服务系列中明智地选择，报告过程中的错误或偏差。这样的解决方案不能通过在文档生命周期的早期或在文档的规划中进行干预来设计。这意味着将长期的思考融入我们数字基础设施的生命周期。数字保存的真正挑战是使"过时"过时。

结　论

十多年前，几乎没有什么实用的数字保存建议可供参考；一个人可以在阅读三天左右的情况下成为这个主题的专家，完成一个单独的研究项目即可获得世界权威。这种情况已经不复存在了。

尽管这种明显的进步是受欢迎的，但变化的速度也会阻碍那些从现有的新服务中获益最大、如果失败则损失最多的研究人员的实际参与。数字人文的研究人员不仅仅是数字保存的受益者，他们对数字保存的成功至关重要。只要数字保存仍然是一个"未解决"的问题，这个对话就仍然很重要；只要数字保存领域继续发展，那么实现这种对话的机制就需要继续改变以适应新发展。

参考文献

[1] Abrams, S., Kunze, J., and Loy, D. 2010. An emergent micro-services approach to digital curation infrastructure. *International Journal of Digital Curation 5 (1)* , 172–186. https://doi.org/10.2218/ijdc.v5i1.151 (accessed December 20, 2020).

[2] Archaeology Data Service (undated). Guides to Good Practice. Archaeology Data Service / Digital Antiquity. http://guides.archaeologydataservice.ac.uk (accessed June 20, 2015).

[3] Ball, A. 2013. Preserving Computer-Aided Design (CAD). *DPC Technology Watch Report 13-02*. Digital Preservation Coalition. http://dx.doi.org/10.7207/twr13-02 (accessed December 20, 2020).

[4] Barateiro, J., Antunes, G., Freitas, F., and Borbinha J. 2010. Designing digital preservation solutions: a risk management-based approach. *International Journal of Digital Curation* 5 (1), 4–17. https://doi.org/10.2218/ijdc.v5i1.140 (accessed June 20,

2015).

[5] Beagrie, N. 2013. Preservation Trust and Continuing Access for e-Journals. *DPC Technology Watch Report 13-04*. Digital Preservation Coalition. http://dx.doi.org/10.7207/twr13-02 (accessed December 20, 2020).

[6] Beagrie, N., Lavoie, B., and Woollard, M. 2010. *Keeping Research Data Safe 2*. JISC. http://www.jisc.ac.uk/media/documents/publications/reports/2010/keepingresearchdatasafe2.pdf (accessed June 20, 2015).

[7] Becker, C., and Rauber A. 2011. Decision criteria in digital preservation: what to measure and how. *Journal of the Association for Information Science and Technology* 62,1009–1028. https://doi.org/10.1002/asi.21527 (accessed June 20, 2015).

[8] Brown, A. 2007. Developing practical approaches to active preservation. *International Journal of Digital Curation* 2 (1), 3–11. https://doi.org/10.2218/ijdc.v2i1.10 (accessed December 20, 2020).

[9] Brown, A. 2008. *White Paper: Representation Information Registries*, PLANETS Project D7/PC3. https://www.planets-project.eu/docs/reports/Planets_PC3-D7_RepInformationRegistries.pdf (accessed December 20, 2020).

[10] Brown, A. 2013. *Practical Digital Preservation: A How-to Guide for Organizations of Any Size*. London: Facet.

[11] BRTF. 2010. *Sustainable Economics for a Digital Planet: Ensuring Long-Term Access to Digital Information*. Blue Ribbon Task Force. https://www.webarchive.org.uk/wayback/archive/20140614122901/http://www.jisc.ac.uk/publications/reports/2010/blueribbontaskforcefinalreport.aspx#downloads (accessed June 20, 2015).

[12] CARDIO. 2011. *Collaborative Assessment of Research Data Infrastructure and Objectives* (*CARDIO*) . Digital Curation Centre. http://www.dcc.ac.uk/sites/default/files/documents/Cardio_Characteristics_By_Statement.pdf (accessed June 20, 2015).

[13] Condron, F., Richards, J., Robinson, D., and Wise, A. 1999. *Strategies for Digital Data: A Survey of User Needs*, Archaeology Data Service, University of York.

[14] CPA (Commission on Preservation and Access) and RLG (Research Libraries Group). 1996. *Preserving Digital Information: Report of the Task Force on Archiving of Digital Information*. https://clir.wordpress.clir.org/wp-content/uploads/sites/6/pub63watersgarrett.pdf (accessed December 20, 2020).

[15] CRL (Center for Research Libraries) and OCLC (Online Computer Library Center). 2007.*TRAC: Trustworthy Repositories Audit & Certification: Criteria and Checklist.* https://www.crl.edu/sites/default/files/d6/attachments/pages/trac_0.pdf (accessed December 20, 2020).

[16] Delve, J., Puhl, J., and Cardenas, T.J. 2012. Enabling emulation as a digital preservation approach: the TOTEM technical registry. In *iPres 2012, The International Conference on the Preservation of Digital Objects*, Toronto, Canada.

[17] DPC (Digital Preservation Coalition). 2009. *JISC Project Report: Digitisation Programme: Preservation Study April 2009*, JISC. http://www.jisc.ac.uk/media/documents/programmes/digitisation/jisc_dpp_final_public_report.pdf (accessed June 20, 2015).

[18] DRAMBORA. 2007. *Digital Repository Audit Method Based on Risk Assessment.* http://www.repositoryaudit.eu/img/drambora_flyer.pdf (accessed June 20, 2015).

[19] Gartner, R., and Lavoie, B. 2013. *Preservation Metadata*, 2nd edition. DPC Technology Watch Report 13-3. Digital Preservation Coalition. https://www.dpconline.org/docs/technology-watch-reports/894-dpctw13-03/file (accessed December 20, 2020).

[20] Harvey, R. 2010. *Digital Curation: A How-To-Do-It Manual.* New York: Neal-Schuman.

[21] Higgins, S. 2008. The DCC curation lifecycle model. *International Journal of Digital Curation* 3 (1), 134–140. https://doi.org/10.2218/ijdc.v3i1.48 (accessed December 20, 2020).

[22] HLEG. 2010. *Riding the Wave: How Europe Can Gain from the Rising Tide of Scientific Data*. Final Report of the High Level Expert Group on Scientific Data. European Union. https://www.researchgate.net/publication/255181186_Riding_the_wave_How_Europe_can_gain_from_the_rising_tide_of_scientific_data_Final_report_of_the_High_Level_Expert_Group_on_Scientific_Data_A_submission_to_the_European_Commission (accessed December 20, 2020).

[23] Hoeren, T., Kolany-Raiser, B., Yankova, S., Hecheltjen, M., and Hobel, K. 2013. *Legal Aspects of Digital Preservation*, Cheltenham: Edward Elgar Publishing.

[24] ISO. 2011. Audit and certification of trustworthy digital repositories. ISO 16363:2011 (International Organization for Standardization).

[25] John, J.L. 2012. *Digital Forensics and Preservation*. DPC Technology Watch Report 12-02. Digital Preservation Coalition. https://www.dpconline.org/docs/technology-watch-reports/810-dpctw12-03-pdf/file (accessed December 20, 2020).

[26] Kejser, U. 2013. *Evaluation of Cost Models and Needs & Gaps Analysis* (*Draft*). 4C Project D3.1. https://www.4cproject.eu/d3-1/ (accessed December 20, 2020).

[27] Kiernan, K. 1986. Part one: Thorkelin's discovery of *Beowulf*. In *The Thorkelin Transcripts of "Beowulf"*. Anglistica XXV. Copenhagen: Rosenkilde and Bagger, 1–41. http://www.uky.edu/~kiernan/Thorkelin/Th_1 (accessed June 20, 2015).

[28] Kilbride, W. 2010a. Here comes the tide. *What's New* 31. https://www.dpconline.org/docs/what-s-new/512-whats-new-issue31-nov-2010/file (accessed December 20, 2020).

[29] Kilbride, W. 2010b. We are the people but who exactly are we? *What's New* 26. https://www.dpconline.org/blog/whats-new-issue-26-june-2010 (accessed December 20, 2020).

[30] Kilbride, W. 2013. What's what: capital revenue and the great Post-it note crisis of 2006. *What's New* 53. https://www.dpconline.org/blog/whats-new-issue-53-march-2013#whatswhat (accessed December 20, 2020).

[31] Kilbride, W., Cirinna, C., and McMeekin, S. 2013. *Training in digital preservation: what we've learned and what we're going to do about it*. http://www.rinascimentodigitale.it/conference2012/paper_ic_2012/kilbride_paper.pdf (accessed June 20, 2015).

[32] Lavoie, B. 2004. *The Open Archival Information System Reference Model: An Introductory Guide*. DPC Technology Watch Report 04-01. Digital Preservation Coalition. http://www.dpconline.org/component/docman/doc_download/91-introduction-to-oais (accessed June 20, 2015).

[33] Lavoie, B., and Grindley, N., 2013. *A Draft Economic Sustainability Reference Model*. 4C Project. https://www.4cproject.eu/documents/esrm_MS9.pdf (accessed June 20, 2015).

[34] McGarva, G., Morris, S., and Janee, G. 2009. *Preserving Geospatial Data*. DPC Technology Watch Report 0901. Digital Preservation Coalition. http://www.dpconline.org/component/docman/doc_download/363-preserving-geospatial-data-by-guy-mcgarva-steve-morris-and-gred-greg-janee (accessed June 20, 2015).

[35] Naughton, J. 2012. *From Gutenberg to Zuckerberg: What You Really Need to Know*

About the Internet. London: Quercus.

[36] Nestor. 2009. *Catalogue of Criteria for Trusted Digital Repositories, Version 2*. nestor Working Group Trusted Repositories Certification. https://files.dnb.de/nestor/materialien/nestor_mat_08_eng.pdf (accessed December 20, 2020).

[37] Niles, J.D. 1997. Introduction: Beowulf truth and meaning. In *A Beowulf Handbook*, ed. R.E. Bjork and J.D. Niles. Lincoln: University of Nebraska Press, 1–12.

[38] Pennock, M. 2013. *Web Archiving,*. DPC Technology Watch Report 13-01. Digital Preservation Coalition. https://www.dpconline.org/docs/technology-watch-reports/865-dpctw13-01-pdf/file (accessed December 20, 2015).

[39] Petersen, M. 2009. *Building a Terminology Bridge for Digital Information Retention and Preservation Practices*. Storage Network Industry Association Data Management Forum White Papers. https://www.snia.org/sites/default/files/SNIA-DMF_Building-a-Terminology-Bridge_20090515.pdf (accessed December 20, 2020).

[40] Pinsent, E. 2009. *Assessing Institutional Digital Assets: The AIDA Self-Assessment Toolkit Mark II*. University of London Computer Centre. https://www.slideshare.net/SteveHitchcock/the-aida-toolkit-assessing-institutional-digital-assets-by-ed-pinsent (accessed December 20, 2020).

[41] PREMIS. 2012. *PREMIS Data Dictionary for Preservation Metadata. Version 2.2*. https://www.loc.gov/standards/premis/v2/premis-2-2.pdf (accessed December 20, 2020).

[42] Prom, C. 2011. *Preserving Email*. DPC Technology Watch Report 11-01. Digital Preservation Coalition. https://www.dpconline.org/docs/technology-watch-reports/2159-twr19-01/file (accessed December 20, 2020).

[43] RLG (Research Libraries Group) and NARA (National Archives and Records Administration). 2005. *Draft Audit Checklist for Certifying Digital Repositories*. Task Force on Digital Repository Certification. Mountain View, CA: RLG. http://web.archive.org/web/20050922172830/. http://www.rlg.org/en/pdfs/rlgnararepositorieschecklist.pdf (accessed June 20, 2015).

[44] RLG (Research Libraries Group) and OCLC (Online Computer Library Center). 2002. *Trusted Digital Repositories: Attributes and Responsibilities*. Working Group on Digital Archive Attributes. Mountain View, CA: RLG. http://www.oclc.org/research/activities/past/rlg/trustedrep/repositories.pdf (accessed June 20, 2015)

[45] Rosenthal, D. 2010. Bit preservation: a solved problem? *International Journal of Digital Curation* 5 (1), 134–148. https://doi.org/10.2218/ijdc.v5i1.148 (accessed December 20, 2020).

[46] Rosenthal, D. 2012. Storage will be a lot less free than it used to be. https://blog.dshr.org/2012/10/storage-will-be-lot-less-free-than-it.html (accessed December 20, 2020).

[47] Rusbridge, A., and Ross, S. 2007. The UK LOCKSS pilot programme: a perspective from the LOCKSS Technical Support Service. *International Journal of Digital Curation* 2 (2), 111–122. https://doi.org/10.2218/ijdc.v2i2.34 (accessed December 20, 2020).

[48] Rusbridge, C. 2006. Excuse me? Some digital preservation fallacies. *Aridane* 46. http://www.ariadne.ac.uk/issue46/rusbridge (accessed June 20, 2015).

[49] Sallans, A. and Donnelly, M. 2012. DMP Online and DMP Tool: different strategies towards a shared goal. *International Journal of Digital Curation* 7 (2), 123–129. https://doi.org/10.2218/ijdc.v7i2.235 (accessed December 20, 2020).

[50] Salza, S., Guercio, M., Grossi, M., et al. 2012. *Report on Authenticity and Plan for Interoperable Authenticity Evaluation System*. APARSEN FP7 Project.

[51] Schumann, N., and Mauer, R. 2013. The GESIS Data Archive for the Social Sciences: a widely recognised data archive on its way. *International Journal of Digital Curation* 8 (2), 215–222. http://www.ijdc.net/index.php/ijdc/article/viewFile/8.2.215/329 (accessed June 20, 2015).

[52] Shenton, C. 2013. *The Day Parliament Burned Down*. Oxford: Oxford University Press.

[53] Skinner, K., and Schulz, M., eds. 2010. *A Guide to Distributed Digital Preservation*. Atlanta, GA: Educopia Institute. https://metaarchive.org/wp-content/uploads/2017/03/A_Guide_to_Distributed_Digital_Preservation_0.pdf (accessed December 20, 2020).

[54] Spencer, A. Sheridan, J., Thomas, D., and Pullinger, D. 2009. UK government web continuity: persisting access through aligning infrastructures. *International Journal of Digital Curation* 4 (1), 107–124. http://www.ijdc.net/index.php/ijdc/article/view/106/81 (accessed June 20, 2015).

[55] Todd, M. 2009. *File Formats for Preservation*. DPC Technology Watch Report 09-02. Digital Preservation Coalition. http://www.dpconline.org/component/docman/doc_download/375-file-formats-for-preservation (accessed June 20, 2015).

[56] Vermaaten, S. 2010. A checklist and a case for documenting PREMIS-METS decisions in a METS profile. *D-Lib Magazine* 16 (9/10). http://dlib.org/dlib/september10/vermaaten/09vermaaten.html (accessed June 20, 2015).

[57] Vermaaten, S., Lavoie, B., and Caplan, P. 2012. Identifying threats to successful digital preservation: the SPOT *Model for Risk Assessment. D-Lib Magazine* 18. http://www.dlib.org/dlib/september12/vermaaten/09vermaaten.html (accessed June 20, 2015).

[58] Wright, R. 2012. *Preserving Moving Pictures and Sound.* DPC Technology Watch Report 12-01. Digital Preservation Coalition. https://www.dpconline.org/docs/technology-watch-reports/753-dpctw12-01-pdf/file (accessed December 20, 2020).

29. 数字人文中的众包[①]

梅利莎·特拉斯（Melissa Terras）

随着Web 2.0技术将万维网从一个只读的数字体验转变为一个共同创造的数字体验，出现了一系列商业和非商业平台，允许在线用户参与讨论，并利用他们的知识、经验和时间构建在线内容。随着维基百科等合作资源的广泛成功，文化和遗产部门发起了一场尝试众包的运动——利用在线活动和行为来帮助大型企业，如标记、评论、评级、审查、文本校正，以及以系统的、基于任务的方式创建和上传内容（Holley，2010），以提高在线收藏的质量并扩大对在线收藏的访问。在此基础上，在数字人文领域，有人试图将传统上被认为该由学者完成的更复杂的任务，如手稿材料的准确转录，通过众包的方式来完成。

本文旨在调查文化和遗产的众包的增长和接受情况，特别是在数字人文领域。本文提出了公众参与的问题，并探讨如何利用技术让更多的读者参与并从事传统学术范畴的任务，从而扩大人文探究的范围和价值。最后，本文还探讨了这种日益普遍的面向公众的活动对于数字人文本身意味着什么，因为这些项目的成功证明了为广泛的在线受众建立项目并参与的有效性。

什么是众包

众包——利用大型在线社区的贡献来承担特定任务、创作内容或收集想法的做法——是互联网技术发生重大文化转变的产物。第一代万维网由静态网站主导，搜索引擎只允许信息搜索行为。然而，在线平台的发展允许并鼓励双向对话，而不是广播思维，促进公众参与、知识的共同创造和社区建设，这一阶段通常被称为"Web 2.0"。（O'Reilly，2005；Flew，2008）2005年，《连线》杂志上的一篇文章讨论了企业是如何开始利用这些新平台将工作外包给个人

[①] *A New Companion to Digital Humanities*, First Edition. Edited by Susan Schreibman, Ray Siemens, and John Unsworth.

© 2016 John Wiley & Sons, Ltd. Published 2016 by John Wiley & Sons, Ltd.

的，并将"众包"一词定义为"外包"和"人群"的合成词：

> 从产品设计软件到数码摄像机，科技的进步正在打破曾经将业余爱好者与专业人士分隔开来的成本壁垒。爱好者、兼职者和业余者突然有了自己努力的市场，制药和电视等行业中的聪明的公司发现了挖掘潜在人才的方法。劳动力并不总是免费的，但它的成本比付给传统员工的要低得多。这不是外包，这是众包。（Howe, 2006a）

这个词很快在网上被用来指代

> 公司或机构以公开招聘的形式，将以前由员工执行的功能外包给一个未定义的（通常是大型的）人员网络的行为。这可以采取同行生产的形式（当工作是合作执行的时候），但也常常是由个人承担。先决条件是使用开放招聘模式和庞大的潜在劳动力网络。（Howe, 2006b）

在这个术语被创造出来的一周内，共有18.2万个网站使用了它（Howe, 2006c），它迅速成为一个用来描述各种各样的在线活动的词，例如提供维基百科等在线百科全书、在Flickr等图片共享网站上标记图片、在博客上写评论、校对古腾堡计划没有版权的文本，或者为开源软件作出贡献。["公众科学"（citizen science）是众包的一个别称，它也被用于指代小型在线任务对科学项目的贡献；Silvertown, 2009。]

这里需要注意的是，使用分布式（通常是志愿者）劳动力来承担更大任务的一小部分，收集信息，为更大的项目作出贡献或解决问题，并不是什么新鲜事。科学奖、建筑竞赛、系谱研究、科学观察和记录以及语言研究（仅列举一些应用）的历史由来已久，它们依赖大量个人的贡献来承担集中管理的任务或解决复杂的问题（相关概述参见Finnegan, 2005）。例如，"大众观察项目"（Mass-Observation Project）是英国1937年至60年代的一个社会研究组织，它依靠500名志愿者记录英国的日常生活，包括对话、文化和行为。（Hubble, 2006）当然，这些项目与豪所指出的现代众包现象的不同之处在于，利用互联网、万维网和交互式网络平台作为一种围绕特定任务或主题分发信息、收集反馈、构建解决方案和交流的机制。然而，在线下志愿者劳动和2006年后的"众包"热潮之间存在一个中间阶段，志愿者劳动与计算机和在线机制一起被用来收集数据。布伦菲尔德（Brumfield）（2013a）确定了至少七个谱系项目，如"生育、婚姻和死亡记录免费查询"（Free Births, Marriages and Deaths，简称FreeBMD, http://freebmd.org.uk）、"登记册免费查询"（Free Registers，简称FreeREG, http://www.freereg.org.uk）和"人口普查记录免费查询"（简称FreeCEN, http://www.freecen.org.uk），这些出现于20世纪90年代：

> （至少）有一百年的传统，为手稿来源创建印刷索引，然后发表。一旦网络上线，在网上发布这些内容的想法就变得显而易见。但是用来制作这些表格的工具是人们在家用电脑上使用的电子表格。然后，他们会把光盘或软盘放在邮件里寄出去，以便在网上发布。（Brumfield, 2013a）

因此，最近的众包现象或公众科学，可以被看作利用现有平台和通信网络在大量感兴趣的个人之间分配任务的延续，朝着一个共同目标努力。

什么类型的网络相关活动现在被称为"众包"？达朗·布拉汉姆（Daren Brabham）（2013:45）提出了一个有用的类型学，他观察了众包领域中存在的大部分商业项目，认为使用这种方法可以最好地解决两类问题：信息管理问题和构思（ideation）问题。信息管理问题发生在需要定位、创建、组装、排序或分析信息的地方。布拉汉姆认为，知识发现和管理技术可以用于众包信息管理，因为它们是收集资源或报告问题的理想工具：一个例子是SeeClickFix（http://en.seeclickfix.com），它鼓励人们"报告社区问题并看到它们得到解决"。另一种信息管理的众包方法是布拉汉姆所称的"分布式人类智力任务"，即"已知数据主体，问题不是生成设计、寻找信息或开发解决方案，而是处理数据"。（Brabham, 2013:50）在众包技术中，最缺乏创造性和智力要求的是鼓励用户承担重复性的"微观任务"，如果任务是针对商业实体的，通常是为了金钱报酬。这方面的一个例子是亚马逊的"机械土耳其人"（Mechanical Turk, https://www.mturk.com），它"为企业和开发人员提供了一种随需应变的、可增加的劳动力。工人们从成千上万的任务中进行选择，什么时候方便就什么时候工作"（Amazon Mechanical Turk, 2014）——亚马逊"机械土耳其人"因其"不道德"的商业模式而受到批评，该公司有很大一部分员工生活在发展中国家，从事的工作报酬很少。（Cushing, 2013）

布拉汉姆认为适合众包的第二种类型的任务包括构思问题：需要提出

创造性解决方案，要么是经验上正确的，要么是品位或市场支持方面的。（Brabham, 2013:48—51）布拉汉姆认为，众包通常被用作"广播搜索"的一种形式，以定位那些能够为特定问题提供答案的人，或者为某个挑战提供解决方案的人，有时还会给他们金钱奖励。一个使用这种方法的在线平台的例子是InnoCentive.com，它主要面向科学界，为研究和开发提供创意或解决方案，有时会获得巨额奖金：在撰写本文时，有三个价值十万美元的奖项。布拉汉姆认为，解决构思问题的另一种众包解决方案是"同行评审的创意生产"（Brabham, 2013:49），在该方案中，向在线观众开放创意阶段，他们提交大量的意见书，然后建立投票机制，以帮助进行提案分类，来找出更好的建议。这种方式的一个例子就是Threadless.com，一个设计、分类、创建和提供购买各种时尚产品机制的创意社区（该网站最初是从T恤开始，但后来扩展到提供其他产品）。

自2006年引入以来，"众包"一词被用于涵盖大量行业的各种活动：

> 企业、非营利组织和政府机构经常将在线社区的创造性能量融入日常运营，许多组织完全是根据这些安排建立起来的。（Brabham, 2013:xv）

布拉汉姆的总体类型学是一个有用的工具，因为它提供了一个框架，在这个框架中可以思考在线平台正在解决的问题的类型，以及用于提出解决方案的特定众包机制。鉴于网络社区广泛使用众包来完成各种商业和非营利性任务，在文化和遗产领域，尤其是数字人文领域，出现各种众包活动也就不足为奇了。

众包在文化和遗产应用中的发展

众包在历史、文化和遗产的很多方面都适用，尤其是在画廊、图书馆、档案馆、博物馆（GLAM），它们有着悠久的公众参与的历史，通常有推广馆藏和与尽可能广泛的观众接触的机构目标。然而，"众包是一个在商业世界中被发明和定义的概念，重要的是我们要重新塑造它，思考当我们把它纳入文化遗产时，会发生什么变化"（Owens, 2012a）。最明显的区别是，向承担任务的人支付报酬通常不是主办机构的选择，而且需要确定和推行"一种清晰的道德的方法来邀请公众在收集、描述、展示和使用文化记录方面提供帮助"。欧文斯（2012a）概述了商业部门利用的大众供应模式与文化和遗产组织中在线志愿者劳动力的使用之间的一系列差异，强调"许多最终属于图书馆、档案馆和博物馆众包的项目没有涉及大量人群，他们与外包劳动力的关系很小。"遗产众包项目不涉及匿名人群，而是邀请感兴趣和已参与其中的人，通常会有一小群爱好者使用数字工具来作出贡献（就像他们过去自愿地离线进行组织和增加收藏价值一样）。这项工作不是"劳动"，而是个人与历史记录互动、探索和理解的一种有意义的方式。提供帮助的往往是积极性高、技术熟练的个人，而不是那些可以用贬义词"业余爱好者"来形容的人。欧文斯（2012a）认为，该领域的众包是理解人类计算的潜力、采用工具和软件来辅助，以及理解人类动机之间的复杂相互作用。

没有关于文化和遗产众包发展的编年史，但最早采用这种与用户互动模式的大型项目是澳大利亚报纸数字化计划（Australian Newspaper Digitisation Program, http://www.nla.gov.au/content/）。报纸数字化计划于2008年8月寻求公众帮助校正澳大利亚报纸中那些已被数字化了的、具有历史性意义的840万篇文章的OCR文本。这是一个非常成功的项目，到2015年7月，志愿工作者已经校对和更正了超过1.66亿篇独立的报纸文章。由此产生的转录文本不仅可以帮助其他人阅读，而且可以帮助他们在数字化档案中查找文本。该项目成功后，随着商业众包的兴起，其他项目开始采用众包技术，帮助文物数字化、分类和校正。2009年，北美鸟类物候学计划（www.pwrc.usgs.gov/bpp）启动，这是最早的基于历史数据的公众科学项目之一。该项目负责转录600万个由志愿者收集的迁徙卡观察记录，这些志愿者记录了1880年至1970年北美候鸟的首次到达日期、最多数量和出发日期的信息。（North American Bird Phenology Program，未注明日期）在写这篇文章的时候，志愿者已经转录了一百多万张卡片，从而可以对结果数据进行一系列的科学研究。

传统行业的众包在2010年左右开始加速，一系列项目开始启动，通过在线界面向公众寻求各种帮助。其中最成功的一个项目是另一个历史性众包和公众科学的结合，名称为"旧天气"（Old Weather, www.oldweather.org），它邀请公众转录从19世纪中叶到今天的船舶航海日志中记录的天气观测，来"建立模型预测和……提高我们对过去环境条件的认识"。（Old Weather，2013a）

"旧天气"于2010年10月启动，作为"宇宙动物园"（Zooniverse, www.zooniverse.org）门户网站的一部分。该门户网站包含15个不同的公众科学项目。[该门户网站于2009年开始使用流行的星系分类工具[①]"星系动物园"（Galaxy Zoo, www.galaxyzoo.org）。]"旧天气"项目是由英国和美国不同的档案和科学机构、博物馆和大学合作完成的（Old Weather, 2013b），展示了一个共同的数字平台如何将物理上分散的信息聚集在一起，供用户分析。在撰写本文时，已经转录了超过34,000条日志和7条航程（由不同的用户转录了三遍以确保质量，这意味着用户已经转录了超过一百万单页；Brohan, 2012），科学家和历史学家现在用这些数据来了解气候模式和海军历史（他们的博客定期更新，参见：https://oldweather.wordpress.com）。

2010—2011年期间启动的一系列著名的众包项目，显示了在线工作在文化遗产中的应用范围和广度。这些包括（但不限于）："边沁手稿转录"，将在下面详细讨论；维多利亚和阿尔伯特博物馆（Victoria and Albert Museum）的工具，吸引用户来帮助改善照片集；"美国大屠杀纪念博物馆"（United States Holocaust Memorial Museum）的"记住我"（Remember Me）项目旨在识别第二次世界大战刚结束时救援人员拍摄的照片中的儿童，来帮助幸存者之间互相联系（https://www.ushmm.org/remember）；纽约公共图书馆的"菜单上有什么？"（What's on the Menu?, http://menus.nypl.org）项目，用户可以在其中转录他们收集的历史餐厅菜单；芬兰国家图书馆的DigitalKoot项目通过让用户玩游戏来帮助改善他们的历史报纸图书馆（Historical Newspaper Library）的元数据。GLAM机构的非营利众包项目列表保存在https://www.glam.ox.ac.uk/volunteering上。考虑到上述布拉汉姆类型学的这一活动，很明显大多数项目属于"信息管理"类别（Brabham, 2013），其中一个组织（或一系列组织之间的合作项目）向人群发布任务，将信息聚集、组织和收集到一个共同的来源或格式。

---

① 原文为"gallery classification tool"（画廊分类工具），或为"Galaxy classification tool"（星系分类工具）的误写。在Galaxy Zoo网站（https://www.zooniverse.org/projects/zookeeper/galaxy-zoo/）上对该工具的描述是"To understand how galaxies formed we need your help to classify them according to their shapes."（要了解星系是如何形成的，我们需要你的帮助来根据它们的形状对它们进行分类。）——译者注

这些项目与数字人文的项目有什么关系呢？显然，许多众包项目依赖信息或事物来评论、转录、分析或分类，因此，这些历史材料的保管机构通常会与那些对使用数字技术来回答人文学科或基于遗产的研究问题感兴趣的大学研究人员合作。在不同的项目和机构之间，经常有很多专业知识和技术基础设施的共享，例如，支持"旧天气"的Galaxy Zoo平台也被"古代生活"（Ancient Lives, http://ancient lives.org）使用，以帮助完成纸莎草纸（papyri）的众包转录，《作战日记》（*Operation War Diary*, http://www.operationwardiary.org）也用该平台转录第一次世界大战的部队日记。此外，从事数字人文工作的人通常可以为合作机构和学术部门的同事提供建议和帮助："边沁手稿转录"是伦敦大学学院的图书馆服务（包括伦敦大学学院的特别收藏）、边沁项目（以法学院为基础）、伦敦大学学院数字人文中心、英国国家图书馆和伦敦大学计算中心之间的合作项目，数字人文中心的作用是为在线活动、最佳实践方案和公众参与提供指导和建议。另一个合作的例子可以在2013年12月的"转录黑客马拉松"（CITSCribe Hackathon）等活动中看到，该活动"汇集了三十多名生物多样性研究和数字人文领域的程序员和研究人员，为期一周，以进一步使公众参与生物多样性样本标签的转录"。（iDigbio, 2013）

数字人文中的众包也可以用来对不完整的数据集进行分类和改进。例如1576年至1642年间共有493部非莎士比亚戏剧的语料库，其中有32000个部分转录的单词在8周的时间内被学生使用在线工具（http://annolex.at. northwestern. edu，参见Mueller, 2014）纠正，这表明我们可以使用众包，让人文学科学生参与到与更广泛的人文社会相关的语料库的收集和管理之中。在更大范围中对众包活动进行研究、界定和理论化分析，这正是数字人文学者擅长的工作："文化遗产建模众包"项目（Modeling Crowdsourcing for Cultural Heritage, http://cdh.uva.nl/projects-2013-2014/m.o.c.c.a.html），是基于阿姆斯特丹数字人文和创意研究工业中心（Centre for Digital Humanities and Creative Research Industries Amsterdam）和阿姆斯特丹大学的合作项目，旨在确定一个用于"确定众包的类型和方法与特定目的相关"的综合模型。（Amsterdam Centre for Digital Humanities, 2013）

正如我们下面将看到的，数字人文学者和研究中心正在研究和建立新的众包活动平台——尤其是在历史文本的转录方面。此外，数字人文学者可以帮助我们提出建议，告诉我们一旦收集到信息，可以通过众包来做什么；我们现在进入了众包的下一个阶段，我们已经知道，用数据挖掘和可视化技术来查询志愿者收集的数据量是必要的。最后，关于众包更广泛的领域，包括数字人文和GLAM领域，已经有大量文献出现，综合起来，这些文献可以为那些考虑在相关领域开展众包项目的人提供信息。应该强调的是，在众包领域中，通常很难区分应该标记为"GLAM领域"的项目和应该标记为"数字人文"的项目，因为许多项目不仅使用众包来分类、标注或格式化历史信息，而且为创造和理解一些关于我们的过去、我们的文化传承或我们的社会的新信息提供原材料和方法。

霍利（2010）在管理澳大利亚报业数字化项目并取得成功之后，在一场开创性的讨论中提出了"众包：图书馆应该如何以及为什么要这么做"的问题，随后的许多研究和项目实施都从中受益。霍利提出，在图书馆环境中使用众包有几个潜在的好处（我们也可以推断出这包括那些在GLAM领域和数字人文领域工作的人）。众包的好处是，它可以帮助：实现机构本身没有资源（时间、财务或人员）来实现的目标；比独自工作更快地实现这些目标；建立新的用户小组和社区；让社会人士积极参与院校及其系统和收藏的工作；利用外部的知识、专长和兴趣；提高数据质量，改善后续用户搜索体验；为数据增加价值；改进和扩展数据发现的方式；通过与人群建立关系，深入了解用户的意见和愿望；透过公众对项目的高度关注，显示机构（及其收藏）的相关性和重要性；建立信任、鼓励对机构忠诚；激发公众对文物收藏的主人翁意识和责任感。（Holley, 2010）

霍利还探讨了文化、遗产和人文领域的众包志愿者的普遍情况，强调即使是早期的试点项目也会出现相同的情况：尽管最初注册的志愿者人数可能很多，但大部分工作都是由一小群超级用户完成的，他们比其他人完成的工作要多得多。他们愿意长期为这个项目工作，并感激这种学习经验给了他们目标和个人回报，这也许是因为对这个项目感兴趣，或者是认为它是一个崇高的事业。志愿者经常说自己对这些活动上瘾了，承担的工作量常常超出了项目的预期。霍利（2010）认为："激励数字志愿者的因素与激励任何人做任何事情的因素没有什么不同"，兴趣、激情，有价值的事业、回馈社会、帮助实现团体目标，并且有助于在重要领域发现新信息，这通常是志愿者愿意作出贡献的原因。网站管理人员通过对志愿者的观察和调查，发现了各种可以提高用户积极性的手段，例如定期添加内容、增加挑战、建立友谊、与项目建立关系、感谢志愿者的帮助、提供奖励、使目标和进度透明化等。奖励和认可的过程通常与进展报告联系在一起，包含着志愿者的名字、高成就人士的排名以及奖品。

霍利提供了各种注意事项，这些注意事项为各种众包项目提供了指导，值得那些想使用这种方法的人学习。项目应该有一个明确的目标，提出一个大的挑战，定期报告进度，并展示结果。系统应该简单有趣、可靠快捷、直观，并为用户提供选项，让他们可以在一定程度上选择自己的工作。志愿者应该得到项目团队的认可、奖励、支持和信任。内容应该比较丰富，应该是有趣的、新颖的、关注历史或科学的。（Holley, 2010）

霍利的论文是在上述许多项目投入运行之前撰写的，强调了制度的潜力，并挑战了制度结构，使其敢于尝试以这种方式吸引个人参与。到2012年，随着各种项目的全面展开，关于这一领域众包的细微差别的报告和论文开始出现，尽管"关于其应用和结果的学术文献相对较少，无法对其生产学术价值的潜力做出任何确切的判断"。（Dunn and Hedges, 2012:4）

里奇（Ridge, 2012）探讨了"关于文化遗产众包的常见问题"，指出了围绕这个话题的各种误解和疑虑。里奇同意欧文斯（2012b）的观点，即众包的行业定义是有问题的，建议将其定义为：

> 一种新兴的与文化遗产接触的形式，要求公众在一个通过完成任务、目标（或两者兼有）来获取固定奖励的环境中，承担一些不能自动完成的任务，从而为一个共享的、重要的目标或研究领域作贡献。（Ridge, 2012）

里奇提醒要注意个人和组织之间建立关系的重要性，项目应该注意参与的动机。围绕众包的制度紧张是由于担心一些困难的、阻碍性的用户会恶意或故意提供不良信息。不过里奇认为这种情况很少，而且一个好的众包项目应该有内置机制来突出有问题的数据或用户，以及验证其用户创建的内容。里奇再次谈到了使用志愿劳动的伦理问题，通过解释这一点，消除了人们对商业部门剥削行为的担忧：

> 博物馆、画廊、图书馆、档案馆和学术项目都很幸运，它们的工作很有趣，涉及社会公益的元素，而且它们的工作也非常多样，从微观任务到协同管理的研究项目。众包是一种志愿服务和无私奉献的悠久传统的一部分。（Ridge, 2012）

在2013年的另一篇文章中，里奇还强调了通过众包实现数字化参与的优势。他表示，数字平台可以让小型机构与大型机构一样与用户互动；可以与不同的组织建立新的关系，以便之后围绕类似主题开展合作；还可以激发观众参与和加入的潜力。（Ridge, 2013）事实上，欧文斯（2012b）认为，我们围绕文化和遗产中的众包的思考是错误的。与其考虑志愿者帮助我们创建的更好的数据和最终产品，机构不如关注这样一个事实，即众包标志着将数字收集放到网上的使命得以实现：

> 众包所做的，大多数数字收集平台所做不到的，是为人们提供一个机会去做一些事情，而不仅仅是消费信息……众包绝不是一种能让我们最终更好地向最终用户提供内容的工具，它是让我们的用户真正参与进来的最佳方式，这才是这些数字收集存在的根本原因……最好的情况是，众包不是让别人为你工作，而是让你的用户有机会参与到公共记忆中。（Owens, 2012b）

从这些以博物馆和图书馆为基础的项目中学到的经验教训，对于那些希望进行众包的数字人文学者来说，是重要的起点。

众包和数字人文

在2012年对众包的使用范围的界定研究中，特别是在人文领域的应用研究中，确定了54份与该领域直接相关的学术出版物，并发现了另外51个单独的项目、活动或网站，记录或呈现了数字人文学术研究中某些方面申请或使用众包。（Dunn and Hedges, 2012）许多项目与图书馆、档案馆、博物馆和画廊合作，负责提供内容或专业知识，或者自己来主持项目，其中许多项目还没有产生具体的学术成果。正如邓恩（Dunn）和赫奇斯（Hedges）指出的：

当网络同时改变了人们的合作和交流方式,并融合了学术界和非学术界的空间时,思考公共社区(无论是相互联系的社区还是其他社区)在学术性人文研究中所起的作用就显得十分重要了。(Dunn and Hedges, 2012:3)

邓恩和赫奇斯(2012:7)确定了人文科学研究中众包的四个定义因素。它们是:一个人文科学中定义明确的核心研究问题和方向;一个能够添加、转换或解释对人文学科很重要的数据的在线小组;一个可定义的任务,可分解为可实现的工作流程;以及一个可扩展的活动,可以在不同的参与水平下进行。与GLAM领域的工作非常相似,项目的主题和研究问题是区别于其他类型众包的主要因素,同时数字人文项目也从其他领域学习,比如公众科学或行业中的成功项目。

一个符合这种人文众包定义的项目的例子是"边沁手稿转录"(http://blogs.ucl.ac.uk/transcribe-bentham),这是一个手稿转录计划,旨在为世界上任何地方的任何人提供边沁手稿的数字图像供人们转录,以此让学生、研究人员和公众了解哲学家和改革者杰里米·边沁的思想和生活。推动这个项目的基本研究问题是更全面地理解边沁的思想和著作——这对研究18世纪或19世纪来说是一个基本且重要的话题——因为他的著作中有四万份作品仍然没有被转录。"这些内容很多是未知的,使我们对边沁思想的理解,连同对其历史意义和之后的哲学重要性的理解,往好了说是暂时的,往坏了说是歪曲的。"(Causer and Terras, 2014a)这个项目的目标是明确的,可以明显看出对人文(法律和社会科学)研究的好处。

邓恩和赫奇斯(2012:18—19)列举了数字人文众包活动中可能有用的知识类型,从而对人文研究问题有了新的认识。这些数字人文众包项目所涉及的领域包括:使原本转瞬即逝的内容变得可以被获取;开放通常可由不同群体获得的信息;让更广泛的受众了解鲜为人知的书面文件中包含的具体信息;个人历史和日记的流通;建立个人与历史进程和事件的联系;识别对象之间的联系;汇总和循环数据集;从现有资料综合出新资料;记录转瞬即逝的知识。邓恩和赫奇斯强调,在这些众包项目中,一个重要的点是,它们能够积累关于如何在这一领域开展合作研究的知识,同时创建具有共同目的的社区,这些社区经常开展超出项目预期的研究工作。然而,他们也热衷于指出:

大多数以各种形式使用众包的人文学者现在都同意，这不仅仅是一种廉价劳动力的形式，用于内容的创建或数字化。事实上，从成本效益的角度来看，它并不总是能与更传统的数字化和处理方式相比。在这个意义上，它已经与原来大不相同了，正如豪（2006）定义的那样。那些学院以外的社区可以为学术项目带来的创造力、热情和其他关注点是一种资源，现在已经成熟，可以被利用。（Dunn and Hedges, 2012:40）

正如欧文斯关于GLAM领域众包的想法（2012），我们可以看到人文学科的众包注重的是参与，并且鼓励广泛而不同的受众参与人文研究的过程，而不仅仅是一个鼓励人们完成必要工作的廉价方式。

众包和文档转录

人文学科中最引人注目的众包领域是文档转录领域。尽管商用的光学字符识别技术已经存在了五十多年（Schantz, 1982），但它仍然不能生成高质量的手写材料的文本。处理文本和文本数据仍然是大多数数字人文研究的主要问题：参见斯科特·魏因加特（Scott Weingart, 2013）对2014年数字人文会议提交的分析报告，其中600篇摘要中，21.5%涉及某种形式的文本分析，19%涉及文学研究，19%涉及文本意义挖掘。因此，大多数数字人文的众包活动——或者至少是那些来自数字人中心和/或在某种意义上与数字人文界相关的众包活动——都参与了工具的创建，这些工具有助于将重要的手写文档转录成机器可处理的形式。

布伦菲尔德（2013a）在2013年的一次演讲中证明，自2005年以来，共有30种合作转录工具被开发出来，搭建系谱网站，以及诸如"旧天气"和"边沁手稿转录"，从而创造出工具和平台使人们上传自己的文献和管理自己的众包项目。（这些不同的平台的评论可在布伦菲尔德的博客http://manusscriptscription.blogspot.co.uk上找到，在撰写本文时，布伦菲尔德已在http://tinyurl.com/TranscriptionToolGDoc上列出37种众包文档转录合作工具。）第一个可定制的工具是Scripto（http://scripto.org），这是一个免费的开源社区转录平台，于2011年由乔治梅森大学（George Mason University）历史与新媒体中心（Center for History and New Media，简称CHNM）和他们的美国战争部论文项目（Papers of the United States War Department Project, http://wardepartmentpapers.org）一起开发出来。另一个基于网络的工具，专门用于古文字和编辑符号的转录（Transcription for Paleographical and Editorial Notation，简称T-PEN，http://t-pen.org/TPEN），由圣路易斯大学（Saint-Louis University）数字神学中心（Center for Digital Theology）协调，提供一个基于网络的手稿图像处理的界面。"边沁手稿转录"还发布了基于Mediawiki平台的可定制开源版本，该平台后来被澳大利亚维多利亚州档案馆（Public Record Office of Victoria, http://wiki.prov.vic.gov.au/index.php/Category:PROV_Transcription_Pilot_Project）使用。为"边沁手稿转录"开发的工具栏，帮助人们编码转录的各个方面，如日期、人、删除等，已被整合到都柏林三一学院（Trinity College Dublin）"1916年信件"（Letters of 1916）项目中。1916年信件使用的平台是DiyHistory套件，由艾奥瓦大学（University of Iowa）建造，它本身基于CHNM的脚本工具。众包项目之间的联系十分常见。

现在有一系列的在线转录项目，从学术机构或记忆机构创建、托管和管理的转录项目，到完全由业余爱好者组织的、没有学术培训或协会的转录项目。后者的一个主要例子是士兵研究（www.soldier studies.org），这是一个专门用来保存在eBay上买卖的美国内战通信内容的网站，允许在这些转瞬即逝的内容成为私人收藏之前被访问，尽管这值得称赞，但它在对所发现的文件进行编目或转录时根本没有使用任何转录惯例。（Brumfield, 2013a）

志愿者在线合作转录文件的运动不仅发现了新的、重要的历史原始资料，而且"可以向对历史感兴趣的更广泛的受众开放传统上被视为学术工作的活动"（Causer and Terras, 2014a）。布伦菲尔德指出，这也带来了一些问题：

> 这是一种制度上的紧张，因为编辑文件历来都是由专业人士完成的，业余版本的名声很差。然而现在我们请志愿者转录。这两者之间存在紧张关系。志愿者如何处理这个过程？我们信任志愿者吗？给我们更多的钱雇佣更多的专业人士不是更好吗？所以这里存在一种紧张关系。
> （Brumfield, 2013a）

布伦菲尔德在另一篇博客文章中进一步探讨了这一点：

> 我们要求业余爱好者做的工作和学者做的工作有什么本质上的区别……我们并不是要求"公众学者"做真正的学术工作，然后给他们的工作贴上学术标签——这是我对编辑的一个担忧。如果大多数众包项目要求业余爱好者只做清洗试管的工作，那么那些需要学术解释的项目呢？（Brumfield, 2013b）

因此，人们担心，如果没有足够的指导和节制，众包转录的产品将成为希林斯堡（2006:139）所称的"电子文本的潮湿地窖"，在这里，"世界被来历不明、错误不明、代表身份不明或识别错误的文本淹没"。布伦菲尔德（2013c）指出，彼得·罗宾逊描述了众包转录的乌托邦和反乌托邦：在乌托邦中，文本学者训练全世界如何阅读文档；在反乌托邦中，一群"善意但不知情的爱好者将随意地向网络散布错误填写的转录文本和注解，把好的学识埋在垃圾里"（Robinson, 引自 Brumfield, 2013c）。为了避免这种情况，布伦菲尔德建议，志愿者和专业人士之间的合作和对话是必不可少的，要让接近文本的方法变得清晰可见，要让志愿者成为倡导者，"不仅仅是为了那些他们正在制作的众包项目的材料，也是为了把编辑当作一个学科"（Brumfield, 2013c）。

因此，在建立众包转录项目时，如果该项目要在更长期和更多类型的研究中发挥作用，就需要注意确保所生成的转录质量适合作为进一步人文学科研究的基础。用来确保**内容**转录质量的方法和方式需要确定：项目使用双重键控（两人或两人以上输入同一文本以确保其准确性）或自我控制（该领域的专家签名确认将文本输入数据库，同意其内容符合基本标准）。然而，除此之外，数据存储的**格式**需要结构化，以确保保存复杂的表征问题，并且创建的任何结果数据都可以被轻松地重新使用，文本模型可以被理解、重新使用或与其他集合结成一体。正如布伦菲尔德（2013a）所指出的那样，数字人文已经在"文本编码倡议"的指南中为文献学术编辑制定了标准，该指南自1990年起就开始使用，并提供了一个灵活而强大的框架，可以在其中对文本数据进行建模、分析和呈现。然而，在众包手稿转录工具中（当时可获得的30个工具），只有7个试图将符合TEI的XML编码集成到他们的工作流中。（Brumfield, 2013）那些使用了TEI标记作为手稿转录过程的一部分的项目，如"边沁手稿转录"，已经证明，如果给用户明确的指导和指令，并解释了为什么他们应该这样做的话,他们可以很容易地学习使用XML。(Brumfield, 2013a; Causer and Terras, 2014a, 2014b)布伦菲尔德(2013a)强调,参与数字人文学术编辑的人有责任确保在开发面向公众的转录工具的过程中体现出他们在建立学术转录方法和指导方针方面的工作。并且,如果吸引用户,让他们能够拥有自己的技能,我们就需要使用我们的数字平台,按照教育学和学术标准对他们进行培训:"众包就是一所学校,项目就是老师,而我们必须把它做对。"(Brumfield, 2013d)布伦菲尔德(2013c)还强调,从事文档编辑和数字人文工作的人员有责任发布编辑和转录指南,这些指南可供那些在该领域没有受过学术培训的人使用,例如计算机程序员构建转录工具。(如果我们希望得到的界面允许社区主导的转录产生高质量的文本材料的话。)

数字人文众包的未来问题

我们现在正处于这样一个阶段:众包已经加入成熟的数字方法的行列,用于收集和分类数据,以回答人文学者感兴趣的多种类型的问题,尽管对于众包需求的用户反馈以及如何最好地构建和交付项目仍有许多研究需要做。数据管理方面也存在一些问题,因为众包目前正处于一个成熟阶段,各种成功的项目已经积累了大量数据,这些数据往往来自不同的项目:来自不同档案馆的"旧天气"的几百万页内容;在伦敦大学学院和大英图书馆的"边沁手稿转录"项目(Grint, 2013)中,通过志愿者转录了300多万字;"士兵研究"(2014)中转录了大约1500封信件,保守估计,这些信件中至少有50万字来自美国内战。因此,可持续性问题也随之产生:所有这些数据将如何处理,特别是对于那些没有机构资源或附属机构进行长期备份或存储的项目?未来也有研究途径来研究跨项目的数据共享和合并:人们可以很容易地想象集中管理或联合的众包信息存储库,其中包含所有按日期、地点、人员等进行转录和搜索的个人日记,或者是所有随时间而发送的信件和回信,或者是所有在世界范围内某个日期发行的报纸。法律和技术问题都将与此相关,比如许可问题(谁拥有志愿者创建的数据?版权属于谁?),跨存储库搜索将必须进行协商,包括交付机制和平台的相关成本。众包的伦理问题也是人文和文化遗产领域努力的基础之一,项目在建立这些存储库以及在未来重新利用和调整数据用途时，必须谨慎地与志愿者合作，而不是利用他们。当项目开始为所涉及的劳动力支付费用（通常很少）时，道德问题就会成为人们关注的焦点，尤其是在使用亚马逊的"机械土耳其人"等在线众包劳务中介时，这一点受到了批评：

> 关于数字"血汗工厂"……来自劳工、法律和科技界各个角落的批评人士纷纷涌现。劳工维权人士谴责这是对工人权利的不合理滥用，律师质疑其法律效力，学者和其他观察者探究了它对未来工作和技术的影响。
> （Cushing, 2013）

商业与志愿者、报酬与文化遗产、资源与产出、网络文化与网络劳动力之间的关系是复杂的。像emoji-dick（www.kickstarter.com/projects/fred/emoji-dick）这样的项目——使用亚马逊的"机械土耳其人"将moby-dick翻译成日本的emoji图标——是公众参与、文化、艺术、娱乐、低薪众包劳动力、众筹资金和互联网备忘录发生冲突时出现的主要例子。计划利用潜在劳动力众包的机构和学者必须意识到，将此类劳动力（通常是非常廉价的）外包给低收入工人（通常在发展中国家）存在问题。（Cushing, 2013）

回到布拉汉姆关于众包项目的类型学，我们也可以看到，尽管在人文学科中使用众包的大多数项目都是信息管理任务，因为他们要求志愿者帮助输入、整理、分类、组织和格式化信息，但众包也有可能用在构思任务上：提出大问题，提出解决方案。这个领域在数字人文中并没有记载，尽管计算机和人文协会和4Humanities.org计划都使用了开源平台"我们的点子"（All Our Ideas, www.allourideas.org）来帮助确定未来的计划。（ACH, 2014; Rockwell, 2012）ACH还主持并支持"数字人文问答"（*DH Questions and Answers*, http://digitalhumanities.org/answers），这是一个成功的基于社区的数字人文问答板，属于众包的构思范畴。总的来说，人文学科在进一步探索这种方法和思想机制方面还有很大的进步空间，并且让大众参与提出和解决有关人文学科的问题，而不是仅仅利用它来自行组织数字人文的活动。

众筹是与众包相关的另一个相对较新的领域，它可能会在未来给数字人文和人文项目带来巨大的好处。到目前为止，GLAM领域中只有少数项目已经开始，包括传统的收藏项目和数字项目。英国国家图书馆试图为伦敦历史地图数字化众筹（British Library，2014）；莱顿（Leiden）的自然生物多样性中心（Naturalis Biodiversity Centre）正通过众筹筹集资金，购买一具"霸王龙"（Tyrannosaurus rex）骨骼（http://tientjevoortrex.naturalis.nl）；档案库（Archiefbank）或阿姆斯特丹城市档案馆（Stadarcheif Amsterdam）已筹集了30000欧元来对1892—1920年阿姆斯特丹的死亡登记册进行数字化和分类（Stadarcheif Amsterdam, 2012）；此外，2014年发起了一场众筹52万英镑的运动，用于购买威廉·布莱克（William Blake）笔下被形容为"英格兰绿色宜人的土地"的位于苏塞克斯海岸的别墅（Flood, 2014）。一个名为Microcasts（http://microcasts.org）的项目，由位于伦敦大学学院和英国国家博物馆的英国艺术与人文研究委员会（Arts and Humanities Research Council）资助，开发了一个社区平台，用于开展、设计和资助人类过去的研究，测试众筹机会：在未来几年内，这将是一个很有可能让学术界以外的人参与人文学术核心问题的领域。

众包还为数字人文学者提供了一种相对灵活的机制，使他们能够对重要的当下事件立即做出反应，保存和整理证据、转瞬即逝的内容，以及存档材料，以供未来的学术和社区使用。例如，"9·11数字档案"（http://911digitalarchive.org），它"使用电子媒体收集、保存和呈现2001年9月11日在纽约、弗吉尼亚和宾夕法尼亚发生袭击事件的这段历史以及公众对这些袭击的反应"（September 11 Digital Archive, 2011）。该项目在恐怖袭击发生后立即启动，由纽约市立大学（City University of New York）研究生中心的美国社会历史项目与乔治梅森大学历史与新媒体中心合作开展。同样，由东北大学领导的"我们的马拉松"档案馆（Our Marathon, http://marathon.neu.edu）提供了一个档案和社区空间，用于众包与波士顿马拉松相关的图片、视频、故事，以及社交媒体；2013年4月15日爆炸事件；随后对安放炸弹的人进行搜查、抓捕和审判；城市的修复过程等的"这样一个档案库"。（Our Marathon, 2013）在数字人文中，具有技术和档案专业知识的人显然在这里扮演着这样一个角色，即通过构建数字平台来应对当下事件，为未来保存记录，同时与需要持续对话的群体（通常是社会）接触，来处理此类事件的后果。此外，在大学和学校课堂中，也有可能更加持续和谨慎地使用众包，以促进和整合正在进行的人文科学研究目标，同时"满足自由教育的基本学习成果，如获得文化知识、全球参与和应用学习"（Frost Davis, 2012）。对于有动力的学生来说，有机会更多地参与和加入数字化、保存、研究和分析资源的项目，鼓励他们获得人文问题和方法的第一手知识，同时了解数字方法在公共参与中的作用：

> 基本的学习成果旨在培养能举一反三、触类旁通的学生；在全球网络化的世界中，能够在网络中生产知识和利用网络是学生的一项重要技能。学生们还可以从专家如何处理项目中受益。虽然这些任务看似基本，但它们为通过实践开发更深入的专业知识奠定了基础，因此参与众包项目可能是引导学生进入更复杂的数字人文研究项目的路径的开始。即使学生不会成为数字人文者，众包项目也可以帮助他们养成与（数字）人文学科接触的习惯，这对人文学科的生存同样重要。事实上，人文学科众包的一个主要动机是，让公众参与到一个项目中，可以增加公众对该项目的支持。（Frost Davis, 2012）

人文学科的众包将继续发展，并为利用过去的公众兴趣来整合数据和构建有益于人文研究的项目提供很大的空间：

> 公众可以采取多种形式参与人文学科，如将手写文本转录成数字形式；为照片加上标签，以方便检索保存；输入结构化或半结构化数据；对内容进行评论或参与讨论，或以口述历史的形式记录自己的经历和记忆。公众和人文学科之间的关系错综复杂，而且很难理解。（Dunn and Hedges, 2012:4）

通过系统地运用、构建、评估和理解在文化、遗产、人文学科中使用众包，通过帮助发展标准和机制，并通过确保创建的数据将被用于未来的学术，数字人文可以帮助建立强大的公众与人文学科研究之间的联系。这也意味着众包变成了一个方法，倡导人文学术的重要性，使社会的非学术部门参与并融入人文领域。

结　论

本文调查了使用数字众包活动来加深我们对文化、遗产和历史的理解的现象，而不是简单地确定一些数字人文中心或自我标榜的数字人文学者的活动。这是关于数字人文研究的本质、起源和范围的重要区别。许多在GLAM领域被认定的众包活动，很容易被归入数字人文的范畴，即使那些参与其中的人并不认同这一分类：在对数字人文感兴趣的领域内运作的项目与由数字人文中心和学者运营的项目有区别。

有鉴于此，本文重点介绍了数字人文的工作人员可以帮助建议、创建和构建在文化和遗产领域工作的众包项目的各种方式，来增加我们对众包作为人文学科方法论的理解，同时建立作为结果的数据集，这些数据集将进一步帮助回答人文研究的问题。考虑到该领域众包目前的发展速度，数字人文界可以作出很多贡献，以确保生成的方法和数据集是有用的、可重复使用的，特别是在文档转录和编码领域。此外，众包为数字人文学者提供了巨大的机会，为他们提供一些可访问的数字工具和项目的演示，这些工具和项目能够促进我们对文化和历史的理解，同时也提供了外联和公众参与的机会，以此来表明在更广泛的意义上，人文研究是学术经典的一个相关且重要的部分，要尽可能扩大它的受众。在很多方面，文化和遗产领域的众包都是数字人文领域的重要组成部分：这表明，我们可以利用计算平台和方法，以一种容易获取的方式，吸引广泛的受众，促进我们对社会和文化遗产的理解。

参考文献

[1] ACH. 2014. ACH agenda setting: next steps. Association for Computers and the Humanities blog. https://ach.org/blog/2012/06/04/ach-agenda-setting-next-steps/ (accessed December 29, 2020).

[2] Amazon Mechanical Turk. 2014. Amazon Mechanical Turk, Welcome. https://www.mturk.com/mturk/welcome (accessed January 16, 2014).

[3] Amsterdam Centre for Digital Humanities. 2013. Modeling crowdsourcing for cultural heritage. http://cdh.uva.nl/projects-2013-2014/m.o.c.c.a.html (accessed January 17, 2013).

[4] Brabham, D.C. 2013. *Crowdsourcing*. MIT Press Essential Knowledge Series. Cambridge, MA: MIT Press.

[5] British Library. 2014. Unlock London maps and views. https://support.bl.uk/Page/Unlock-London-Maps (accessed December 29, 2020).

[6] Brohan, P. 2012. New uses for old weather. Position paper, AHRC Crowdsourcing StudyWorkshop, May 2012. http://crowds.cerch.kcl.ac.uk/wp-content/uploads/2012/04/

Brohan.pdf (accessed January 29, 2014).

[7] Brumfield, B. 2013a. Itinera nova in the world(s) of crowdsourcing and TEI. Collaborative Manuscript Transcription blog. https://manuscripttranscription.blogspot.com/search?q=Itinera+nova+in+the+world%28s%29+of+crowdsourcing+and+TEI (accessed December 29, 2020).

[8] Brumfield, B. 2013b. A Gresham's law for crowdsourcing and scholarship. Collaborative Manuscript Transcription blog. https://manuscripttranscription.blogspot.com/search?q=A+Gresham's+law+for+crowdsourcing+and+scholarship (accessed December 29, 2020).

[9] Brumfield, B. 2013c. The collaborative future of amateur editions. Collaborative Manuscript Transcription blog. https://manuscripttranscription.blogspot.com/search?q=The+collaborative+future+of+amateur+editions (accessed December 29, 2020).

[10] Brumfield, B. 2013d. In *Text Theory, Digital Documents, and the Practice of Digital Editions*, ed.J.J. van Zundert, C. van den Heuvel, B. Brumfield, *et al*. Panel session, Digital Humanities 2013, University of Nebraska, Lincoln. July 2013.

[11] Causer, T., and Terras, M. 2014a. Crowdsourcing Bentham: beyond the traditional boundaries of academic history. *International Journal of Humanities and Arts Computing* 8 (1), 46–64.

[12] Causer, T., and Terras, M. 2014b. "Many hands make light work. Many hands together make merry work": Transcribe Bentham and crowdsourcing manuscript collections. In *Crowdsourcing our Cultural Heritage*, ed, M. Ridge. London: Ashgate, 57–88.

[13] Cushing, E. 2013. Amazon Mechanical Turk: the digital sweatshop. UTNE. https://www.utne.com/science-and-technology/amazon-mechanical-turk-zm0z13jfzlin (accessed December 29, 2020).

[14] Dunn, S., and Hedges, M. 2012. *Crowd-Sourcing Scoping Study: Engaging the Crowd with Humanities Research*. Arts and Humanities Research Council. https://kclpure.kcl.ac.uk/portal/files/5786937/Crowdsourcing_connected_communities.pdf (accessed December 29, 2020).

[15] Finnegan, R. 2005. *Participating in the Knowledge Society: Research beyond University Walls*. Basingstoke: Palgrave Macmillan.

[16] Flew, T. 2008. *New Media: An Introduction*, 3rd edition. Melbourne: Oxford University Press.

[17] Flood, A. 2014. Crowdfunding campaign hopes to save William Blake's cottage for

nation. *The Guardian*, September 11, https://www.theguardian.com/culture/2014/sep/11/crowdfunding-campaign-william-blake-cottage (accessed December 29, 2020).

[18] Frost Davis, R. 2012. Crowdsourcing, undergraduates, and digital humanities projects. https://rebeccafrostdavis.wordpress.com/?s=Crowdsourcing%2C+undergraduates%2C+and+digital+humanities+projects (accessed December 29, 2020).

[19] Grint, K. 2013. Progress update, 24 to 30 August 2013. Transcribe Bentham blog. https://blogs.ucl.ac.uk/transcribe-bentham/2013/08/30/progress-update-24-to-30-august-2013/ (accessed December 29, 2020).

[20] Holley, R. 2010. Crowdsourcing: how and why should libraries do it? *D-Lib Magazine* 16 (3/4). http://www.dlib.org/dlib/march10/holley/03holley.html (accessed January 29, 2014).

[21] Howe, J. 2006a. The rise of crowdsourcing. *Wired*, June 2006. http://www.wired.com/wired/archive/14.06/crowds.html (accessed January 17, 2014).

[22] Howe, J. 2006b. Crowdsourcing: A Definition. Crowdsourcing blog. http://crowdsourcing.typepad.com/cs/2006/06/crowdsourcing_a.html (accessed January 17, 2014).

[23] Howe, J. 2006c. Birth of A Meme. Crowdsourcing blog. http://www.crowdsourcing.com/cs/2006/05/birth_of_a_meme.html (accessed January 17, 2014).

[24] Hubble, N. 2006. *Mass-Observation and Everyday Life*. Basingstoke: Palgrave Macmillan.

[25] iDigBio. 2013. CITScribe Hackathon. https://www.idigbio.org/content/citscribe-hackathon (accessed December 29, 2020).

[26] Mueller, M. 2014. Shakespeare his contemporaries: collaborative curation and exploration of Early Modern drama in a digital environment. *DHQ: Digital Humanities Quarterly* 8 (3). http://www.digitalhumanities.org/dhq/vol/8/3/000183/000183.html (accessed January 30, 2014).

[27] North American Bird Phenology Program (undated). About BPP. http://www.pwrc.usgs.gov/bpp/AboutBPP2.cfm (accessed February 9, 2014).

[28] Old Weather. 2013a. Old Weather: our weather's past, the climate's future. http://www.oldweather.org (accessed January 17, 2014).

[29] Old Weather. 2013b. Old Weather, About. http://www.oldweather.org/about (accessed January 17, 2014).

[30] O'Reilly, T. 2005. What is Web 2.0? https://www.oreilly.com/pub/a/web2/archive/what-is-web-20.html (accessed December 29, 2020).

[31] Our Marathon. 2013. About the Our Marathon archive. https://marathon.library.northeastern.edu/home/about/ (accessed December 29, 2020).

[32] Owens, T. 2012a. The crowd and the library. http://www.trevorowens.org/2012/05/the-crowd-and-the-library/ (accessed December 29, 2020).

[33] Owens, T. 2012b. Crowdsourcing cultural heritage: the objectives are upside down. http://www.trevorowens.org/2012/03/crowdsourcing-cultural-heritage-the-objectives-are-upside-down/ (accessed December 29, 2020).

[34] Ridge, M. 2012. Frequently asked questions about crowdsourcing in cultural heritage. Open Objects blog. https://openobjects.blogspot.com/search?q=Frequently+asked+questions+about+crowdsourcing+in+cultural+heritage (accessed December 29, 2020).

[35] Ridge, M. 2013. Digital participation, engagement, and crowdsourcing in museums. Mia Ridge blog. https://www.miaridge.com/guest-post-tips-for-digital-participation-engagement-and-crowdsourcing-in-museums-for-london-museums-group/ (accessed December 29, 2020).

[36] Rockwell, G. 2012. All our ideas: the value of the humanities. 4Humanities. https://4humanities.org/2012/10/all-our-ideas-the-value-of-the-humanities/ (accessed December 29, 2020).

[37] Schantz, H.F. 1982. *The History of OCR, Optical Character Recognition*. Manchester Center, VT: Recognition Technologies Users Association.

[38] SeeClickFix. 2013. Report non-emergency issues, receive alerts in your neighbourhood, http://en.seeclickfix.com (accessed January 16, 2014).

[39] Silvertown, J. 2009. A new dawn for citizen science. *Trends in Ecology & Evolution* 24 (9), 467–471.

[40] September 11 Digital Archive. 2011. About the September 11 Digital Archive. http://911digitalarchive.org/about (accessed January 29, 2014).

[41] Shillingsburg, P.L. 2006. *From Gutenberg to Google: Electronic Representations of Literary Texts*. Cambridge: Cambridge University Press.

[42] Soldier Studies. 2014. Civil War Voices. http://www.soldierstudies.org (accessed January 29, 2014).

[43] Stadsarchief Amsterdam. 2012. Actie Overgenomen Delen. https://stadsarchief.

amsterdam.nl/archieven/archiefbank/actie_overgenomen_delen (accessed June 20, 2015).

[44] Text Encoding Initiative. 2014. P5: Guidelines for Electronic Text Encoding and Interchange. https://tei-c.org/Vault/P5/1.3.0/doc/tei-p5-doc/en/html/ (accessed December 29, 2020).

[45] Weingart, S.B. 2013. *Submissions to Digital Humanities 2014*. The Scottbot irregular. http://www.scottbot.net/HIAL/?p=39588 (accessed January 28, 2014).

30. 同行评审[①]

凯瑟琳·菲茨帕特里克（Kathleen Fitzpatrick）

同行评审（peer reviews）——由该领域的专家对学术工作进行评估——在学术研究和学术生涯中是至关重要的。事实上，它可能是学术生涯的必要条件，超越研究、超越方法的独特元素，将其与其他公共调查和出版模式区分开来。学术研究人员几乎在工作中都会遇到同行评审：资助申请书由同行机构评估；聘用、留用和晋升申请均附有资深同行的评价信，并由委员会进行评审；当然，出版物也依赖于外部审稿人的评估。在这一过程的每个步骤中，同行评审的过程使我们有权利说，有关的工作已经得到该领域权威的审议，从而让我们能够对工作本身的质量抱有某种信心。

许多当代出版商采用的传统同行评审方式存在问题，这可能并不令人意外。文献中充斥着对同行评审缺陷的研究，尤其是在科学和社会科学领域[②]，近年来同行评审过程中也出现了一些公开的失败案例[③]。因此，如今许多研究人员都在质疑，我们采用的同行评审模式是否需要较大的改进。本文将探讨一些研究和实验，重点是为日益数字化的期刊出版领域重塑同行评审过程，但本文对数字人文的关注需要从另一个角度来看待同行评审的问题：工作审查流程

[①] *A New Companion to Digital Humanities*, First Edition. Edited by Susan Schreibman, Ray Siemens, and John Unsworth.

© 2016 John Wiley & Sons, Ltd. Published 2016 by John Wiley & Sons, Ltd.

[②] 只是众多可能引证中的一小部分:参见Zuckerman and Merton, 1971; Peters and Ceci, 2004; Godlee, 2000; van Rooyen（2001）;也可参见Rowland, 2002关于同行评审的文献综述，参见《自然》（*Nature*）关于同行评审的争论（2006），以获得对该问题和替代方案的更多了解。

[③] 当约翰·波汉农在《科学》（*Science*）杂志上撰文时，展示了他臭名昭著的"刺"——他将署名为一个发明机构中的一个不存在的科学家的相同的假论文，提交给超过300个开放存取期刊，有超过150个接受了——作为对作者付费的开放获取出版模式的起诉书（Bohannon, 2013），柯特·赖斯（Curt Rice）（2013）认为真正的问题是同行评审系统的"崩溃"。赖斯指出了一些近期非常引人注目的同行评审失败案例，其中包括荷兰社会心理学家迪德里克·斯塔佩尔（Diederik Stapel），其数十年的捏造数据未被评论家发现。斯塔佩尔的丑闻远非个别事件；最近的其他案件包括德国物理学家扬·亨德里克·舍恩（Jan Hendrick Schön）的案件，其欺诈性工作被曝光导致他的许多论文被撤回——其中8篇最初发表在《科学》上。

的最佳结构和组织不像传统的期刊文章那样，而是由网络原生的，必须直接在网络上生成，因此不能总是将它的"写作"阶段与"出版"阶段分开，而审查过程就谨慎地位于其间。

传统上实行的同行评审，不适合现在的数字人文学者的许多工作方式，因为他们频繁开发和更新的项目只能在他们的工作完成之前或发布之后被评审。我们仍然需要强大的数字工作评估模式。这种评估在很大程度上是必要的，因为同行评审不是一个以出版为终点的过程；相反，同行评审的结果，即已经成功通过同行评审的事实，成为一系列其他形式的评估的一个凭证，其中最重要的是那些关于人事的过程，如雇佣、保留和晋升。换句话说，我们不能简单地在数字人文这样的领域内，以对我们有用的方式进行同行评审；我们必须创建满足我们自己实践群体需要的过程，同时使来自其他此类群体的学者，尤其是那些委员会成员和行政人员能够完全理解，他们的惩戒体系可能远在我们的领域之外。

因此，同行评审为数字人文提出了一个有用且特别具有挑战性的设计问题和一个高效的实验领域。如果该领域的从业人员要开发研究项目，首先检查同行评审的目标和目的，然后设想可能更好地满足这些目标的新系统，那么可能会发生什么情况？如果我们今天直接为网络发明了同行评审——同行评审作为一种服务——我们希望它能为我们做些什么？它的最佳结构是什么？

同行评审的历史揭示了其目的的复杂性。[①]传统观点认为，同行评审起源于18世纪中期成立的"论文委员会"，负责评估和批准发表在英国皇家学会（Royal Society）《哲学学报》（*Philosophical Transactions*）上的材料。（Kronick, 1990）这一点表明了同行评审作为一种选择机制的基础，其目的是将提交的论文筛选组成最佳的出版物。印刷出版的结构和经济性使得这种把关过程变得必要：期刊提供了将成果呈现到读者面前的最佳方法，每年只能在这么多的问题上发表这么多的文章，因此溢价确保了工作的最佳分配。

然而，关于同行评审的起源，还有另一种说法。同行评审的起源并不在18世纪中期的期刊出版过程中，而是在16世纪和17世纪的英国图书出版领域。（Biagioli, 2002）为了得到国王的许可来印刷书籍——为了得到皇家的批准——人们必须证明自己不会出版任何异端邪说或煽动性的东西。因此，印刷

---

① 有关这段历史的更多内容，请参见Fitzpatrick, 2011。

商不仅是知识的传播者，而且还要作为知识的评审者，决定什么是适合出版的，什么是不适合出版的。当皇家学会成立时，得到了皇家的批准，他们承担起发表文章的责任。因此，在这段历史中，最早的同行评审形式的重点不是确定要发表的论文的科学价值，而是确保这些论文中没有任何可能被认为对教会或国家有害的内容。随着审查制度（censorship）的发展，这种同行评审模式逐渐将重点转移到质量和技术准确性问题上，但在我们使用同行评审的过程中，仍然存在这样一种评价模式，即不仅是对优点的肯定，而且是对适当话语边界的监管。

也许令人惊讶的是，直到20世纪中叶，外部同行评审才成为科学期刊中被普遍接受的做法。[1]而目前最被认同的同行评审模式——最明显的是双盲同行评审，作者和评审者的身份都是匿名的——是最近才有的。双盲同行评审是为了确保高度的客观性而开发的，其目的是将评审的焦点放在作品上，而不是作品作者的身份或所属关系上。事实上，通常认为，双盲同行评审的兴起促进了主要的学术和科学出版物中声音多样性的显著增加；女性作者、有色人种作者以及来自非知名机构的作者在其作品被重点期刊采用时得到了帮助，这些期刊在这一过程中尽量减少了从个人偏好出发的审稿人的偏见。总的来说，其效果是好的，但仍然存在这样的问题：一篇文章——或者对那篇文章的评论——究竟能有多匿名，尤其是在一个较小的专家领域。[2]此外，匿名可能在不经意间纵容一些不公正的行为（如果不是完全不道德的话），人们对此也存在进一步的担忧。[3]

因此，一方面，同行评审的目的是通过选择和发表最佳的作品，来提高现有研究的质量。当然，同行评审的递归元素——尤其是"修订和重新提交"——表明了那些参与评审的人希望（而且经常也成功地）改进所评审的作品。另一方面，但愿只是偶然地和无意识地，同行评审也被用来作为一种管理学术界限的手段，用来确定可思考事物的边缘，排除那些未经认可的知识。同

---

[1] 参见Weller，2001关于在科学出版物中实施当代同行评审实践的详细历史；另请参阅Spier，2002，他指出，《科学》和《美国医学会杂志》（*The Journal of the American Medical Association*）在20世纪40年代才开始使用外部审稿人。

[2] 参见Guédon and Siemens，2002："唉，任何有能力对某一特定专业的研究进行评估的人，通常都充分了解该专业，足以确定正在审阅的手稿可能出自哪个作者（18）。"

[3] 参见Godlee，2000对一个特别令人震惊的例子的研究；参见Campanario，1998。

行评审既可以成为一种选择机制，也可以成为一种排除机制。这种趋势在今天最为明显，学者和评审委员会对期刊的声誉进行排名：决定期刊声誉的一个关键因素往往不是期刊发表了什么，而是它们没有发表什么。毕竟，选择性是舍弃率的一个因素；排除在外的作品越多越好。

然而，排他性的意义只存在于它可以被强制执行的生态环境中。网络呈现出一种完全不同的生态环境。可以在网上划出隔离区——创建像长期存在的印刷品一样的出版物，也使用相同的筛选和编辑控制的工作流程——但总体趋势是扩散。越来越多的作品只是直接发布到网上，而没有中间阶段的编辑筛选和评审，而编辑和评审，是印刷出版的基础。研究人员自己创建网站，或者参与出版集体，通过这些方式，他们的作品可以直接找到受众。然而，尽管在这个发布作品流程中没有筛选的必要，但仍然需要进行评估，以提高研究人员未来成果的质量，并作为这些人员的评估和随后的其他评估准则的参考项。换句话说，仍然需要发展出一些出版后的评审方法，向该群体之外的人证明，有些成果尽管没有遵循传统方法中的编辑筛选和出版前同行评审，这些成果仍然是"好的"。

然而，除了研究人员的研究生涯对评估有着特殊需求之外，还有另一个重要原因促使出版后评估机制的发展，即帮助读者，包括未来的研究人员，来应对互联网的海量信息。网上发表的东西太多了，以至于任何人都不可能弄清楚他们应该读些什么，或者他们应该浏览哪些项目，或者他们自己的工作有哪些资源。正如克莱·舍基（Clay Shirky）（2008）所建议的，发表后进行的同行评审可以帮助解决这个问题，方法是将评审中涉及的关键操作从把关转移到筛选，从决定发布什么到决定应该阅读什么。或者，换句话说，发表后进行的同行评审有可能将重点从过滤掉不好的东西转向丹·科恩（2012）所说的"捕捉好的东西，将注意力转向社区内读者应该知道的文本和项目"。

这是一个深刻的转变，它对学术的等级结构的影响不应被忽视。在传统的学术出版中，一个成功的同行评审造就了作品的出版。因此，在出版之时，就赋了了它区别性的标志：这本书或期刊文章的存在是一种标志，表明有人或少数人（至少是一名编辑，而且通常至少有两名评审员，其中大多数人的身份对读者来说仍然是未知的）已经确定它值得读者花时间阅读。然而，在数字出版过程中，出版时并没有赋予这种区别性；项目的存在仅意味着作者或项目团队认为它是有价值的。相反，区别性的赋予是通过"接收"，通过对文本或项目的使用和重复使用，通过读者或用户的回应，以及通过与作品相关联的内容。换句话说，区别性是由社区产生的，它是通过社区的互动来传达的：读者开始知道，当他或她认识并信任的人推荐一篇文章或一个项目时，在它上面花时间是值得的。这种推荐可能以传统的引用形式出现，也可能作为嵌入另一个在线文本的参考资料，或者仅仅作为社交媒体网站上提供的链接。链接到推荐文本的关键因素是希望与文本和推荐者进行互动。

诸如此类的推荐，以及它们创建的入站链接，只是出版后评审的许多可能路径的一种形式。此类评审的其他证据可能包括一系列定量指标，包括页面点击量或下载量，社区与文本或项目交互的频率，以及更适当的定性指标，如不同形式的评论和讨论。其他证据可能包括在其他场所发表的项目评审、索引和在其他项目中包含的相关形式等。这种接受证据的分散（与文本本身成功的发表前评审的集中证据相反）表明，出版后评审具有环境方面的影响。它围绕着文本或项目，似乎成为使用它的环境的一部分。为了使这种评审被理解为"专业评审"，不能像传统的评审方法那样简单地认为它是既定的；相反，评审的证据本身必须被收集、评估和解释。诚然，这为作者或项目主管以及未来的评估人员带来了更多的工作；在印刷时代，简单地知道文本已经经过同行评审是质量控制的一种捷径。没有这种捷径，就必须花费更多的时间来评估项目对其领域的影响。然而，在科学传播领域，有几个项目正在进行，能探索可能在单篇论文层面进行的替代计量学（alternative metrics）；在这些项目中，"替代计量学"（Altmetric, http://www.altmetric.com）和"影响的故事"（Impact Story, https://impactstory.org/）正在收集和呈现围绕出版物累积的环境数据，为读者和作者提供引用、评论、入站链接、推特引用以及文章在其社区内传播的其他方式的情况。为了使数字人文从这些替代指标中获益，需要做大量的工作，以适应各种项目使用的替代指标工具，以及开发类似的工具来收集和分析定性的交互形式。

这种分析需要公开的、在线的、发表后才做出的评论，不仅因为它是新的或有差异的，而且恰恰是"因为我们可以看到它"。批评家提出了一系列关于开放评审过程的问题：评审人员是谁？他们是"正确"的读者吗？读者足够多吗？他们留下的评论足够多吗？评论是否足够严谨或具有批判性？这些都是需要提出的重要问题，但同样重要的是要注意，我们几乎从未被引导过对我们现有的评审过程提出这样的问题，正是因为它们是不可见的。例如，我们不太想知道，传统期刊评审过程中的审稿人是否是正确的审稿人，或者他们的评论是否足够好，或足够充实，或者这些评论是否对最终出版的文本产生了积极的影响。我们所知道的是，由一个可靠的编辑负责，发生了某种相当标准的过程，并且结果很好。在出版后进行的评审中，除了标准流程，我们拥有其他所有这些标记；取代标准流程的是，有大量可用的数据，可以帮助我们自己决定是否对项目进行足够严格的评审，以及是否由合适的人进行评审。问题是我们必须对数据进行评估才能得到答案。

评审数据的开放性，无论是对评估还是对创作，都指向了开放评审（以及更普遍的互联网）的一个令许多学者感到紧张的方面：它暗示了对"同行"的定义不断变化。任何人都可以在网上发表任何言论，这让人感到很不舒服，而且这种感觉并非毫无道理。将作品开放给那些不了解学术或科学事业的人，或那些怀有政治目的的人进行批评，可能会产生一种特别具有破坏性的话语形式。①正因为如此，我们有必要指出，在互联网传播的时代，虽然"同行"的地位正在开放，但这种开放仍有一定的局限性。随着"对等网络"技术的兴起，人们将同行理解为连接到网络的任何节点。但是提出同行可以从学术意义上的"有资历的同事"转变为"随便什么人"，这种建议是难以被接受的。②然而，这里有两件事需要考虑：首先，我们在同行评审中依赖的同行是有资格的同事，知道这一点的重要性在很大程度上是因为他们的匿名性；如果我们知道评审过程中的参与者是谁，我们可能就不太依赖对人才库的严格定义了。其次，开放同行的概念，不一定会导致一种"任何人"的声音都像专家的声音一样举足轻重的那种评审环境。事实上，关键的变化不是同行的地位已经从根本上民主化了，而是同行的地位不是基于先前存在的证书授予的，而是基于参与

---

① 科学研究与开放网络之间的这种破坏性相互作用直到最近才出现在气候科学中；任何关于全球气候变化中人类因果关系的讨论都会引起怀疑论者的大量评论，使得偶然看到的人认为社区内部存在争议。然而，最近气候科学家开始使用相同的开放工具来驳斥这些观点；可参见，例如"怀疑科学"（*Skeptical Science*, 未注明日期）。

② 在同行评审的背景下对"节点"的这种技术重新定义的一个例子，参见Anderson, 2006。

评审过程而获得的。一个人通过与实践团体的良好互动而"成为"同行。①

然而，发表后评审过程可能被理解为是外界的评审，并不是说它们只会在没有任何指导或方向的情况下"发生"。新的评审过程需要仔细的计划和指导。评审计划实际上应该写入新的数字项目的规范中。在设计这些评审计划时，实践群体应该阐明他们的期望，为过程、参与模式、交流规范等下定义。②

目前有许多这样的新评审模型的例子，从无足轻重的、最小的实践到复杂的过程。在前一种评估模型中，运行时间最长的是 *arXiv*，这是一个预打印服务器，用于存储高能物理、数学和其他相关领域的论文。*arXiv* 的本意并不是要干预同行评审，而是让高风险领域的科学家以一种远比期刊出版流程所允许的方式更及时地将工作论文发行出去。此外，大多数在 *arXiv* 上发表的论文都会在传统的同行评审期刊上发表。然而，*arXiv* 的一些做法可以被认为是某种原始评审。首先，为了让作者第一次在 *arXiv* 的子域中发表文章，该子域中的现有成员必须为他或她提供担保：作者确实是我们领域的一员，他或她的文章应被视为我们兴趣范围的一部分，这一基本宣言构成了同行评审的最基本内容。此外，*arXiv* 为读者提供了对已发表文章进行评论的方式，也为作者提供方法来获取有关文章使用情况的一系列指标。同样，作者通常会继续在期刊上发表这些文章，增加他们自己对于一些评论的回应。然而，尽管 *arXiv* 的社区流程和使用指标可能并不打算独立成为发布后进行的同行评审，但它们为理解新工作如何与实践群体进行交互指明了方向。③

在天平的另一端可能是 *Kairos* 所采用的评审过程。*Kairos* 是历史最悠久的电子期刊之一，其出版的"网络文本"重点是利用计算机和网络技术来发表作品和交流。这些网络文本是交互式的，以设计为导向，因此它们不能以打印或PDF格式捕获。它们必须在线互动才能被阅读。*Kairos* 的编辑团队已经开发了

---

① 这在严格的技术意义上当然也是正确的：连接到对等网络的节点只有在根据正确的协议成功地与网络通信时，才会达到对等的状态。

② 参见 Fitzpatrick and Santo, 2012。虽然本报告主要侧重于更面向文本的数字出版形式，但它可能为数字工作中开发新的同行评审模型提供一些可能性。

③ 参见 *arXiv*, 2009。虽然 *arXiv* 没有声明其同行评审的出版物的地位，但是在 *arXiv* 上发表的论文经常被引用，而且往往比在正式的有记录的期刊上发表的论文被引用得快得多。参见 Larivière et al., 2013。

一个三层的评审过程来与这种互动合作。对提交的项目进行第一级评审的是编辑委员会，它决定该项目是否合适，是否有足够的价值进行评审。第二层涉及 *Kairos* 编辑委员会所有成员之间的长时间讨论，这些成员一起来对作者做出回复。大多数通过这个阶段的作品都是通过"修改和重新提交"完成的。在第三层评审中，编辑团队的一名成员被指派与作者直接合作，提供大量的反馈，并与作者密切合作（显然，非匿名），以推动修订过程。当修改后的文本重新提交时，这个过程会循环，编辑委员会集体决定文章何时"可以"发布。因此，*Kairos* 的评审程序保留了其出版前的选择功能，同时避免匿名，并将重点转移到集中改进评审的文章上。（Kairos, 未注明日期）

许多新的评论实验在科学出版物中以及围绕出版物涌现出来：例如，F1000发布了几个干预评审过程的项目。例如*F1000Research*，自诩为"开放科学期刊"，在编辑检查后提供快速发表，发表后的同行评审通过开放评审（在可能的情况下，*F1000Research* 承诺每篇文章至少有两名合格的审稿人）和读者评论完成。然后，作者可以根据这些评审和评论进行修改和重新发布，通过同行评审的文章被保存到PubMed Central，并在相关数据库中建立索引。其结果是，发表的时间缩短到只有几天，文章以完全开放的格式提供（附带任何数据），同时能链接到科学家进行研究的官方渠道。（*F1000Research*, 未注明日期）另一个F1000的项目*F1000Prime*是一个数据库，它列出了一些在其他地方发表的文章，这些文章被超过5000名生物和医学专家推荐；发布后的第二层评审支持一种基于社区的信息收集和过滤形式，有助于吸引该领域其他人注意到这些重要内容。（*F1000Prime*, 未注明日期）

PeerJ 为生物和医学科学的交流提供了两个进一步的实验：一个是《*PeerJ* 预印本》，它是一个预出版文章的分发和反馈机制；另一个是 *PeerJ* 本身，一个同行评审的期刊。与许多开放获取的科学期刊一样，文章被 *PeerJ* 接受的作者需要支付出版费用；然而，*PeerJ* 也提供了一套相对便宜的终身定价计划，在收稿之前任何时候支付，允许每年出版一篇、两篇或无限数量的论文。同行评审的过程看起来很熟悉：提交的论文由学术编辑处理，他负责寻找同行评审人员。但是，鼓励同行评审员公开他们的身份，并要求所有社区成员每年至少提交一次评审。此外，评审员只关注科学有效性（而不是影响），并使用能够快速、结构性地做出反馈的评审工具。（*PeerJ*, 未注明日期）

在整个科学领域，还有许多类似的例子可以探索。然而，这些实验通常仍将文章作为学术交流的单元，这在一定程度上限制了它们对数字人文的适用性。然而，数字人文学者以其他形式的学术研究为主要焦点，进行了一系列的实验。例如，《数字人文辩论》探讨了作者群体在共同审阅大型文本时可能采取的合作方式。（*Debates in the Digital Humanities*, 2013）媒体共享资源出版社（MediaCommons Press）也提供了类似的平台，编辑和作者可以通过该平台将编辑过的合订本、专著和其他类似的扩展作品呈现给社区，供公开讨论和评审。（MediaCommons Press，未注明日期）

然而，在这一点上，这种以同行评审的形式进行的试验主要集中在十分传统的文本学术成果上。在学术对象具有更多模式的地方，同行评审采取了更加传统的形式。例如，《19世纪电子学术的网络基础设施》采用的同行评审模型，与其说侧重于新的评审方式，不如说侧重于为那些传统上没有同行评审的项目提供评估。NINES聚合了一系列图书馆、档案馆和其他数字项目产生的数字对象周围的元数据，为从事该领域研究的学者提供了一个单一的入口。拟纳入NINES的元数据集合由该领域的专家进行审查，他们既关注这些集合的知识内容，又关注其技术结构。纳入NINES（或由其他基于特定时期的网站组成的高级研究协会，包括18thConnect, Rekn和MESA）就构成了成功的同行评审的证据，并为新的数字项目提供了一种手段，来与学者群体接触和互动。（NINES，未注明日期）

所有这些同行评审的项目和实验都为未来的探索提供了潜在途径。所有这些都有利于扩大数字研究的模式，但目前还没有一种模式将数字人文的特殊优势结合起来：参与解决信息和网络设计问题；分析网络数据的结构与意义；强调对数据的解释和交流。这些优点表明，同行评审本身就是数字人文未来工作的沃土。

参考文献

[1] Anderson, C. 2006. Wisdom of the crowds. *Nature*. doi:10.1038/nature04992. http://www.nature.com/nature/peerreview/debate/nature04992.html (accessed June 20, 2015).

[2] *arXiv*. 2009. The *arXiv* Endorsement System. http://arxiv.org/help/endorsement (accessed June 20, 2015).

[3] Biagioli, M. 2002. From book censorship to academic peer review. *Emergences* 12 (1), 11–45.

[4] Bohannon, J. 2013. Who's afraid of peer review? *Science* 342 (6154), 60–65. http://www.sciencemag.org/content/342/6154/60.full (accessed June 20, 2015).

[5] Campanario, J.M. 1998. Peer review for journals as it stands today, part 2. *Science Communication* 19 (4), 277–306.

[6] Cohen, D. 2012. Catching the good. *Dan Cohen*. https://dancohen.org/2012/03/30/catching-the-good/ (accessed January 17, 2021).

[7] *Debates in the Digital Humanities*. 2013. About *Debates in the Digital Humanities*. https://dhdebates.gc.cuny.edu (accessed January 17, 2021).

[8] *F1000Prime* (undated). *What is F1000Prime?* http://f1000.com/prime/about/whatis (accessed June 20, 2015).

[9] *F1000Research* (undated). About. http://f1000research.com/about (accessed June 20, 2015).

[10] Fitzpatrick, K. 2011. *Planned Obsolescence: Publishing, Technology, and the Future of the Academy*. New York: New York University Press.

[11] Fitzpatrick, K., and Santo, A. 2012. Open review: a study of contexts and practices. *MediaCommons*. http://mcpress.media-commons.org/open-review/ (accessed June 20, 2015).

[12] Godlee, F. 2000. The ethics of peer review. In *Ethical Issues in Biomedical Publication*, ed. A.H. Jones and F. McLellan. Baltimore: Johns Hopkins University Press, 59–84.

[13] Guédon, J.-C., and Siemens, R. 2002. The credibility of electronic publishing: peer review and imprint. *TEXT Technology* 11 (1), 17–35.

[14] Kairos (undated). Editorial board and review process. http://kairos.technorhetoric.net/board.html (accessed June 20, 2015).

[15] Kronick, D.A. 1990. Peer review in 18th-century scientific journalism. *JAMA: Journal of the American Medical Association* 263 (10), 1321–1322.

[16] Larivière, V., Sugimoto, C.R., Macaluso, B., *et al.* 2013. arXiv e-prints and the journal of record: an analysis of roles and relationships. *arXiv* 1306.3261 [cs.DL] (June 13). http://arxiv.org/abs/1306.3261 (accessed June 20, 2015).

[17] MediaCommons Press (undated). *MediaCommons*. http://mcpress.media-commons.org (accessed June 20, 2015).

[18] *Nature*. 2006. Open peer-review debate. https://www.nature.com/articles/7095xic (accessed January 17, 2021).

[19] NINES (undated). Peer review. https://nines.org/about/scholarship/peer-review/ (accessed January 17, 2021).

[20] *PeerJ* (undated). *PeerJ*: how it works. https://peerj.com/benefits/review-history-and-peer-review/ (accessed June 20, 2015).

[21] Peters, D.P., and Ceci, S.J. 2004. Peer review practices of psychological journals: the fate of published articles, submitted again. In *Peer Review: A Critical Inquiry*, D. Shatz. Lanham, MD: Rowman & Littlefield, 191–214.

[22] Rice, C. 2013. Open access publishing hoax: what *Science* magazine got wrong. *The Guardian*. https://www.theguardian.com/higher-education-network/blog/2013/oct/04/science-hoax-peer-review-open-access (accessed January 17, 2021).

[23] Rowland, F. 2002. The peer-review process. *Learned Publishing* 15 (4), 247–258.

[24] Shirky, C. 2008. *Here Comes Everybody: The Power of Organizing Without Organizations*. New York: Penguin.

[25] *Skeptical Science* (undated). http://www.skepticalscience.com (accessed June 20, 2015).

[26] Spier, R. 2002. The history of the peer-review process. *TRENDS in Biotechnology* 20 (8), 357–758.

[27] Van Rooyen, S. 2001. The evaluation of peer-review quality. *Learned Publishing* 14 (2), 85–91. doi:10.1087/095315101300059413.

[28] Weller, A.C. 2001. *Editorial Peer Review: Its Strengths and Weaknesses*. Medford, NJ: Information Today.

[29] Zuckerman, H., and Merton, R.K. 1971. Patterns of evaluation in science: institutionalization, structure, and functions of the referee system. *Minerva* 9 (1), 66–100. doi:10.1007/BF01553188.

31. 硬约束：在数字人文中设计软件[①]

斯蒂芬·拉姆齐（Stephen Ramsay）

我们称其为"媒介"（media），因为正如这个词最古老的含义所暗示的那样，它位于作者和读者、声音和耳朵、艺术家和"作品"之间。然而，这个特殊的意义——这种谈论绘画或报纸的方式——只能追溯到19世纪中期。这个词，在那个时候，用来指那些能和死人说话的人，只是强调了它的局限性。更重要的是，一种媒介（增加另一种联系）是"培养"某种东西的物质。即使在媒介研究相对成熟的今天，有时似乎也没有明显的平台可以让我们站在我们所考虑的对象之外。

列夫·曼诺维奇在最近的一本书中指出，尼克劳斯·沃斯（Nicklaus Wirth）早在1976年就提出了数字媒介这个棘手的问题："媒介=算法+数据结构。"（Manovich, 2013:207）这在许多方面都是有益的再干预。它拒绝（正如一种媒介可能会说的那样）"上行下效"（as above, so below）的说法，即一切都归结为"比特"或"零和一"——这种描述尽管在技术上十分准确，却避免了意义上的区别。它还解决了令人困惑的数字表征的多样性问题。把计算机——甚至仅仅是屏幕——描述成一种媒介，似乎可以接受无穷无尽的可能分类。这反过来又导致了概念上的困境，比如"修复"（remediation），在这个概念中，媒介是根据它们"包含的内容"递归地进行定义的。从算法和数据结构的角度来说——这些东西几乎完全位于芯片和图像之间——在整个讨论中设置了一个边界条件，因为两者都可以被清晰地识别和列举。油漆工受油彩性质的限制；摄影者受胶片本质的限制；程序员受数据的可跟踪安排和操作方式的限制。

艺术家工作的限制条件是潜在的生产力。正如笔者和其他人所指出的[②]，

[①] *A New Companion to Digital Humanities*, First Edition. Edited by Susan Schreibman, Ray Siemens, and John Unsworth.

© 2016 John Wiley & Sons, Ltd. Published 2016 by John Wiley & Sons, Ltd.

[②] 尤其是在数字人文语境下，请参阅斯蒂芬·辛克莱、马克·沃尔夫（Mark Wolff）以及拉姆齐的文章。

法国实验艺术团体Oulipo比大多数人更深刻地理解这一事实,但所有的艺术家都是在约束的系统中工作的(即使关键是要超越这些约束)。当安塞尔姆·基弗(Anselm Kiefer)把木棍和灰烬粘在画布上,或者皮耶罗(Piero della Francesca)笔下的约旦河令人信服地向远山蜿蜒延伸①时,我们可以说〔与爱德华·塔夫特(Edward Tufte)一起〕,他们试图"逃离平地"(Tufte, 1990:12)——也就是逃离媒介本身使用媒介的约束。因此,在《沃伦夫人的职业》(Mrs. Warren's Profession)中,萧伯纳(George Bernard Shaw)设计了一个后台厨房,除了两个角色(他们必须留在舞台上),其他角色都可以在里面用餐。莎士比亚"这个木头的圆框子里塞得进那么多将士/只消他们把头盔晃一晃,管叫阿金库尔的空气都跟着震荡!"(Henry V: I.i.131—135)。舍恩伯格(Schoenberg)要求所有12个音符都要发声;斯卡拉蒂(Scarlatti)将合奏人数限制在四人。没有什么能解释十四行诗作为一种英语诗歌形式的持久性——这种语言没有丰富的韵律,也没有意大利语那样有规律的节奏——除了它所引入的限制,以及诗人继续寻求超越的限制。你可以在"规则"的内部或外部发挥独创性,但无论如何,规则是产生想法的关键。

但是重点必须放在"潜力"这个词上。"如果约束可以产生效果,那么它们也可以同样令人窒息和压抑。"由于受到限制,被迫的忏悔很难产生"效果",艺术史上也充满了这样的例子:国家评审制度成功地创作出死气沉沉的、政治上毫无生气的作品。有缺陷的乐器、缺少零件的玩具和游戏、破碎的工具等,很少能令人从压抑中解脱出来,有时甚至是危险的。在这些情况以及许多其他类似的情况下,限制阻碍了计划、愿望、想法和设想。

然而,计算机依赖于约束,而正是在数据结构和算法层面上,约束显得最为严格。在撰写本文时,可能有超过500亿个网页存在,涉及的主题从爱尔兰政治到大象葬礼;这些网页中的每一个都由一个树形数据结构组成,该结构使用了仅有的几种已知算法之一(深度优先或广度优先、前序、中序、后序……)。所有的数字图像——无论它们的主题是什么——都是数字的方阵;要使它们看起来像1975年使用宝丽来SX-70(Polaroid SX-70)拍摄的照片,需要一种滤波算法,而且它们的类型并不多。几乎所有现存的数据库都使用科德(E. F. Codd)在1970年首次指定的模型(算法+数据结构);讽刺的是,前沿

---

① 这里指的是皮耶罗的著名画作《基督受洗图》。——译者注

的"NoSQL"数据库却返回到一个更旧的数据模型。自20世纪60年代以来,构成欧洲(和许多非欧洲)书写系统中最常见字符的字母的数字表征拥有相同的内部数字代码。

但是,如果认为数据结构和屏幕之间的关系仅仅是形式和内容之间的关系,那就错了。在描述一幅画时,我们可以粗略地说,它是由各种具有不同特性的颜料组成的,画家把这些材料组合成一幅画。每当我们试图说计算化表征的时候,我们就有可能无法真正描述正在发生的事情。屏幕实际上是由具有某些属性的像素组成的——色调、饱和度、允许刷新速度和粘稠度——但是这些像素位于抽象链的顶部,在标准情况下,这些抽象链保护程序员和用户不受材料最基本元素的影响。

创建一个简易的图像浏览器,程序员很可能就使用了操作系统已经提供的功能——例如,一个便携式网络图形(PNG)库以及操作系统用户界面的小部件集。PNG是一种数据结构;对PNG图像中所包含的数据进行操作(如压缩)涉及算法。PNG库的作者能够利用其他库(例如zlib)和编写该库的编程语言(C)提供的一组算法和数据结构。[1]当然,语言是抽象的;即使是像C语言这样的低级语言,也不仅为生成汇编语言提供了一组方便的功能,而且还提供了现代计算机内存系统的相对简化的视图(同时也允许程序员就当所有微处理器的硬件都大致相同似的来操作)。汇编语言是机器代码之上的抽象化。在机器代码的层次上,程序与底层之间的距离几乎和图像浏览器与C语言代码之间的距离一样巨大;如同时钟、触发器和寄存器,位于算术逻辑单元之上,又位于半加器之上,又位于与非门之上……

但是不像与非门(或者图像),算法和数据结构在这个系统的大多数层中都可以找到。在最底部,这些结构被"烘烤"到硬件中,通常不需要程序员重新配置,但是在这个层面上,可能性的领域是最广泛的。随着每一层抽象——数据的每一种排列,以及程序的可能性范围的不断缩小——环境受到了进一步的限制。在编程语言的层次上,这种自由仍然是显而易见的(尽管语言可以并且确实限制底层硬件的功能)。最大的限制是强加给软件用户的。

---

[1] "便携式网络图形库"(libpng)由盖伊·埃里克·沙尔纳特(Guy Eric Schalnat)、安德烈亚斯·迪尔格(Andreas Dilger)、约翰·鲍勒(John Bowler)、格伦·兰德斯–皮尔逊(Glenn Randers-Pehrson)等人编写。

在这里，笔者认为我们有必要不谈媒介，而谈类型。类型是当我们从艺术家转向观众时所发生的事情，在最简单的情况下，观众期望（至少在很久以前）绘画是一幅"画"，统一性能够被遵守，交响曲是能结束的。卡罗琳·米勒指出，这些期望"从情境中获得意义"，并有助于"将私人与公共、单一与重复"（Miller, 1984:163）联系起来。在维特根斯坦（Wittgenstein）提出游戏概念①的意义上，分类只能是暂时的。观众期望定义了艺术灵活性的制度（因为艺术家也是观众），而艺术家定义、激发或强化了观众期望〔也就是说，对于巴特来说，观众永远是艺术家〕。埃兹拉·庞德说："日日新。"（Make it now.）一个人也可能通过聪明和巧妙的创造性使其显得古老。然而，数字形式的传统（而且大多是随意的）类型概念存在严重缺陷。

首先，我们想象数字环境中的媒介和类型之间的关系，就像非数字环境中的媒介类型之间的关系一样。有抄本书籍，然后才有无数类型的内容（科幻小说、间谍惊悚小说、未来时代的故事）。有油画，然后才有油画的特定风格（风格主义、野兽派、抽象表现主义）。这隐含地提出了不易改变的硬约束（涉及纸张、油墨、固定性、长度的抄本制作的物质约束）和随时间发展的软约束（序言、介绍、章节、索引）之间的区别。当软约束扩展到情节、人物和主题时，我们开始使用"类型小说"或"类型绘画"这样的术语——这仅仅是为了指出约束已经变得僵硬和固定（尽管并不总是产生不好的效果）。

数字表征不仅模糊了这些区别，而且暴露了人对媒介的制约作用。当我们问："这本书的作者是谁？"或者"谁拍的照片？"我们指的是使用媒介创造"内容"的人。在这两种情况下，我们都不是指发明手抄本或反光式相机的人。当然，我们知道，无论谁创造了这些东西，都界定了这些媒体所能实现的规则，但这种形式的"作者身份"似乎是完全独立的——这仅仅是对小说家或风景摄影师而言的历史意义。然而，在软件中，这个人或这组人——即使作者不认识他们——扮演着更加活跃、现实和流动的角色。

和往常一样，数字技术带来的变化主要是速度和规模的问题。艺术家们过

---

① 路德维希·维特根斯坦在《哲学研究》（*Philosophy Investigations*）中有一段著名的话，他指出："举例来说，想一想我们称之为'游戏'的活动。我指的是棋盘游戏、纸牌游戏、球类游戏等。它们有什么共同之处？——不要说：'它们"一定"有共同点，否则就不会被称为"游戏"'——而是要看看它们之间是否有共同点。（Wittgenstein, 2009:36）"

去也曾尝试过媒体——在书籍艺术和视觉媒体中，尝试过各种界面、颜料、形状、耐久性和大小。编程语言和通用计算硬件，使得约束后续参与者的过程就像使用软件本身创建图像、文本或视频一样流畅，同时也使得由此产生的约束很容易约束其他用户、作者和创建者。其结果是产生一个创造性的环境，在这个环境中，人们工作的工具和媒介决定了成果的共性——就好像野兽派不是通过模仿发展起来的，而是通过分发只能创作某些类型的绘画的新油漆和刷子。硬约束变得和软约束一样廉价易得。

例如，短信似乎有许多硬约束：任何消息都不能超过160个字符，消息是按照接收消息的顺序发送的，并且（假设是SMS）消息只能包含文本。似乎也存在软约束：表情符号和缩写是程式化的，尽管并不需要书籍来介绍。然而，仔细观察就会发现，硬约束和软约束之间的区别主要是一个视角问题。事实上，160个字符的限制没有技术上的原因[①]；计算机或人们可能强加于其数据结构上的任何算法，都不要求按发送消息的顺序接收消息；没有任何物理限制禁止使用图像或视频。可以设计一个允许更多文本（Instant Messaging）或更少文本（Twitter）的系统。人们可以建立一个（可能很搞笑的）信息系统，在这个系统中，信息无序出现的现象成为一种令人称赞的优点；在这个系统中，消息发送的顺序是随机的。再保守一点儿的话，有人可能会提出一种"实时"消息系统，在该系统中，单词按照接收到的顺序出现。最后，根本没有什么特别的理由需要文本。（Vine, Snapchat, etc.）

这种流动性覆盖了许多（如果不是大多数的话）与数字工具和框架的约定。最终，用户意识到最明显的硬约束实际上是软的，而这种软是其他人授权代理的结果。然而，这些约束在数字参与中"出现"的程度差别很大。

在第一人称射击游戏中，约束是游戏的一部分。视线是固定的，武器的各种属性是预先确定的，目标的大小是由设计者设定的。尽管存在约束，但用户仍然可以取得胜利，事实上，当约束解除时（使用强制性的外挂代码），胜利通常没有什么意义。但是由于这些约束是游戏可玩性的保证，软件倾向于制造出那种需要（通过编程）重新设计这些约束本身的能力的需求。当游戏公司发

[①] 160个字符的限制起因于通常被认为是通信研究人员弗里德黑尔姆·希勒布兰德（Friedhelm Hille-brand），他通过"在一张纸上敲出随机的句子和问题"，将这个数字确定为"完全足够"。参见Milian, 2009。

布拥有创造模式的软件时，用户的感觉是一种乐于接受的放松的软约束；硬约束仍然存在。然而，有人可能会将其与现代飞行模拟器进行对比。在现代飞行模拟器中，精确的逼真度受到高度重视。这类软件因其逼真性和人们可以"做任何"真实飞机能做的事情而受到吹捧。然而，当机舱的油漆脱落或模拟器的飞行摇杆真实感不强时，用户就会大声抱怨。有人可能会说，他们要求的是现实主义，但更恰当的说法是，他们要求的是对硬约束的重新配置，而他们通常对此无能为力。

一般认为，文字处理软件允许用户对文字"做任何事情"。这种体验主要是一种没有约束的环境，尽管它实际上（就像它的前身打字机一样）是一种相当严格约束的环境。一旦一个人发现很难从第10页开始编号，或者改变一段的开头，或者让文本横着在页面上运行，这些限制就会突然变得毫无效果。WordPerfect广受欢迎的"显示代码"功能让人们相信，硬约束可以被操纵（软化），从而置于他们的控制之下（当然，这些"代码"并不是WordPerfect编写时使用的编程语言）。

万维网是硬约束和软约束相互作用的一个更令人震惊的例子。普通的Web开发（仅限于HTML和CSS）受到文档对象模型（Document Object Model，简称DOM）的严格限制。只有使用JavaScript才能完全控制DOM，但是JavaScript在浏览器中的功能完全受浏览器平台本身的限制。近年来，浏览器为用户提供了创建插件或扩展（通常也使用JavaScript）的选项，这些插件或扩展可以改变浏览器的外观和行为，但也有一定的限制。浏览器本身是在"工具包"之上编写的（主流浏览器的情况下），工具包是一组软件库，本质上是为创建浏览器和类似浏览器的应用程序而设计的。换句话说，当涉及Web浏览器时，有六个地方可以使人们作为"作者"（或用户）进行操作，更有数十种重塑媒介的方法。

我们提出的任何新系统都将涉及算法的有限集和数据结构的某种组合。这是能够制作任何可以想象到的软件系统的"东西"。与油漆或胶片一样，数据结构与内容或主题之间没有硬映射。也就是说，常见的数据结构，如链表和b树，适合某些类型的软件，其程度仅与石墨的不同等级适合不同类型的绘画相同。有这样一个关系：b树比线性数据更适合分层，就像石墨更适合处理复杂的阴影效果。但这些限制往往不会预先决定类型。正因为如此，我们有理由把

"数字媒介"说得和"视觉媒介"完全一样。在这个层次上,可能存在的约束非常广泛,几乎不值得被关注。

软件的开发,更确切地说,是在一组涉及约束系统的复杂决策中进行的。说"用户根本不应该受到约束"是不行的。这一论点可能与软件许可、开放获取和技术的其他社会政治方面的讨论有关,但是作为软件开发本身的指导原则没有任何意义。更重要的是,"编程"本身只是创建计算系统过程中的一个方面,甚至可能不是最重要的方面。①

无论人们如何评价旧媒体,它往往不会对用户说谎。在大多数情况下,观众是自愿地暂时不去怀疑(或者更是自愿去相信),而创作者也很少被欺骗。我们现在的情况不同。隐私选项是隐藏的。取消约束是为了一笔从未预先提及的费用。我们(在游戏中)谈到"刷等级"(level grinding②)、"刷宝"和"刷怪练功",以描述强迫的异常,这些异常往好里说是欺骗,往坏里说是对参与者的精神损害。关键功能被限制在"专家模式"中,这需要一组完全不同的用户能力。要越狱就要付出保证条款的代价。每个打开的端口都是一个攻击向量。

坦率地说,所有这些都是坏的。但实际情况更为微妙。在一个充斥着软件的世界里,隐私、时间和注意力等问题都被完全具体化了——我们用隐私来换取功能使用权、用时间来换取快乐、用注意力来换取回报,而且常常是心甘情愿地、有意识地这样做。有时,这种安排是为了让软件的创建者可以通过这种方式谋生(或发财),但通常情况下,隐私、时间和注意力是必要的,以便为用户提供一组约束条件,使其能够蓬勃发展。道德问题(有很多)几乎总是涉及强制和保密,而不是交易发生的事实。

所有这些似乎都与数字人文通常的关注点有一定距离,后者主要涉及以数字方式呈现人文内容或分析人文数据。但笔者认为,与谷歌和脸书这样的平台相比,风险同样高,甚至更高。人类记录的每一次再现都是该记录的浓缩和重构。通常认为,我们在这个领域的责任与语境和解释有关。其理念是,如果我

---

① 这就是为什么呼吁普及"代码素养"可能被误导的原因之一。作为一门必修课,对计算的概念理解可能有许多可取之处,但是,这种知识对于软件系统的发展,就像基础微积分对于太空火箭的发展一样——个复杂系统的组成部分,在每个阶段都由从实践到政治的各种考虑决定。

② grinding指的是,游戏过程中,为了使玩家角色获得某种成长、优势、进步而机械性地大量重复某一系列行为,长时间站在同一地点与同一类怪物战斗。——译者注

们自己的主体性是完全透明的，我们就履行了对用户的责任。因此，令人关注的是，如何在允许不受限制地访问所有内容（没有语境）和被仔细引导、精心策划之后的数据浏览之间找到空间（这可能会限制太多，以至于排除了解释的可能性）。数据分析代表了类似的情况。没有任何人文主义者需要被告知，地图、曲线图、树状图和图表可以提供虚假信息，或者它们本质上是解释性的，然而我们常常担心这会超越观众定义偏见的能力——就好像一旦偏见被承认，它就会神奇地消失一样。

相反，问题是，给定的表征是否以某种能够促进进一步思考和讨论的方式约束用户的视线。这里的关键要素是想法和讨论是约束的结果，而不是作为副作用发生的事情。就专题研究档案而言，它从根本上不是解释或多或少的问题，而是定义用户将在哪些约束下操作的问题，并使这些约束不仅是普通的或可访问的，而且是等量的（即在创造者和用户之间创建合适的匹配）。可视化的创建者也试图通过限制可能的解释来约束用户的视线，以便更容易地看到其他一些特性。

但是，再一次强调，数字系统中的硬约束将最终显示为软约束。在某些情况下，可以将"重新约束"的能力构建到系统中，但软件的本质是允许更彻底的转换。由于软件是由算法和数据结构构建的，因此软件系统可以重构和重建、重塑和重新发布、冻结、拒绝或抛弃，而与大多数其他媒体相比，它们之间的冲突要小得多。"我用的是Scrivener软件，但后来换成了Ghost软件。""我认为，如果没有我已经创建了10年的宏（macros），我就无法使用Word文档。""Cocoon的版本2是对版本1的基础重写。""C11试图改进C语言对统一码（Unicode）的支持。""平铺窗口管理器打破了传统的桌面隐喻。""《我的世界》在天堂模式（Aether mod）下更有趣。""我受够了Facebook。"在非数字媒体中很难找到类似的说法，但这是软件用户的日常谈话。

上述考虑为人文学科的软件系统开发提供了五条原则（无疑还有更多）：

- 把用户能做什么和不能做什么作为软件系统开发中的一个主要问题。"用户可以……"是一句常说的话。然而，用户不能做的事情不太可能成为明确关注的对象。[1]对用户不能看到、移动或与之交互的内容进行

---

[1] 游戏设计是一个明显的例外，因为游戏机制的本质就是明确地定义玩家不允许做什么（例如，同时持有两个物体、穿过墙壁、将一个对象旋转90度等）。

思考，很可能不仅定义了"用户体验"，而且还定义了与材料相关的想法和联系（这在研究档案中与数据分析和可视化项目情况一样）。

- **避免用透明性来代替更困难的可供性的问题**。有一种自然的趋势，就是用一个"开放一切"的后端来平衡高度结构化的数据视图：所有的代码、所有的数据，甚至所有的设计文档，让用户随意处理。这种开放式后端档案的存在是值得称赞的——在大多数情况下，它确实是朝着良好的库管理程序迈出的一步。当我们想象将这些没有语境的集合变成可获取的，从而使我们不必承担使管理的数据充分活跃和吸引人的责任时，问题就出现了。例如，"验证结果"不应该要求用户重新构建系统本身。

- **像柏拉图那样建造，但像赫拉克利特那样思考**。理想情况下，软件系统应该是模块化的、可扩展的和高度容错的，这意味着要注意标准和最佳实践中包含的理想状态。在现实中，"一切都在流动"（正如赫拉克利特所说）；所有的软件系统——包括未来希望寄托的标准——都在降级、转换，并最终被全新的方法和框架所取代。这不是"有计划的报废"，而是承认软件系统的算法和数据结构更像乐高积木（或者更像藏传佛教的沙画），而不是经过应力测试的耐用建筑材料。这种脆弱性是使硬约束变为软约束成为可能的原因之一。

- **避免因试图将硬约束呈现为软约束而惩罚用户**。将硬约束呈现为软约束几乎是黑客行为的字面定义，但它可以以不那么明确和有意的方式发生。最初的《毁灭战士》（Doom）里的火箭跳跃就是一个经典的例子，还有一个臭名昭著的把戏，学生只需要改变句号的大小就可以增加文档的页数。[①]撇开安全问题不谈，在发现这类漏洞时就把它们堵起来，这是错误的，因为它们代表了约束涌现出的属性。

- **对开发人员和用户一视同仁**。上述原则一直延伸到序列的底层。应用程序编程界面的设计可以而且应该是定义什么事不能做的艺术。"阅读源代码"是对文档的一种荒谬的替代。无休止的向后兼容性会破坏软件生态系统可能拥有的任何涌现出的特性。一个不能用于不可预见的目的的

---

① 这个技巧在Instructables和Wikihow等网站上有大量的文档。更引人注目的例子是YouTube（例如，Internet Jordan, 2007）。

库可能从一开始就不值得编写。

我们称之为"媒介",因为它不是主要的东西。媒介是载体,是牵引,是存储和记忆的场所。主要的事情是人类角色的创建、学习、交互、重新配置和被重新配置。尽管如此,由于数字工具和框架基于一组基本的原语(算法和数据结构),它们允许这些人类参与者快速构建和分解。我们可以把这个过程想象成类似于工程或写作的过程,但是把它想象成一组游戏令牌(球、筹码、骰子、卡片、边界标记)可能更好。当这些令牌与协议、约束、规则和好的意愿结合在一起时,可以引发思考、创造力和对话。列奥纳多(Leonardo)有句名言(尽管可能是假的):"艺术从封闭中呼吸,从自由中窒息。"他可能还补充说过,在我们自愿和有目的地进入受约束的条件时,它会蓬勃发展。

参考文献

[1] Barthes, R. 1975. *The Pleasure of the Text*. Trans. R. Miller. New York: Farrar-Noonday.

[2] Codd, E.F. 1970. A relational model of data for large shared data banks. *Communications of the ACM* 13 (6), 377–387. DOI:10.1145/362384.362685.

[3] InternetJordan. 2007. How to make an essay look longer on paper trick. https://www.youtube.com/watch?v=tt3ac0inzbM (accessed June 20, 2015).

[4] Manovich, L. 2013. *Software Takes Command*. New York: Bloomsbury Academic.

[5] Milian, M. 2009. Why text messages are limited to 160 characters. *Los Angeles Times*, May 3, 2009.

[6] Miller, C.R. 1984. Genre as social action. *Quarterly Journal of Speech* 70, 151–167. DOI:10.1080/00335638409383686

[7] Pound, E. 1934. *Make It New*. London: Faber.

[8] Ramsay, S. 2011. *Reading Machines: Toward an Algorithmic Criticism*. Urbana: University of Illinois Press.

[9] Shakespeare, W. 1995. *King Henry V*. Ed. T.W. Craik. 3rd series. London: Thompson-Arden.

[10] Tufte, E.R. 1990. *Envisioning Information*. Cheshire, CT: Graphics Press.

[11] Wirth, N. 1976. *Algorithms + Data Structures =Programs*. Englewood Cliffs, NJ: Prentice-Hall.

[12] Wittgenstein, L. 2009. *Philosophical Investigations*. Ed. and trans. G.E.M. Anscombe, P.M.S. Hacker, and Joachim Schulte. Malden, MA: Wiley-Blackwell.

第五章 数字人文的过去、现在和未来 / Past, Present, Future of Digital Humanities

32. 超越数字人文中心:数字人文的行政景观
安德鲁·普雷斯科特(Andrew Prescott)

最近,我参加了一个"外出"会议("awayday" meeting),为伦敦国王学院的数字人文系制定战略计划。在对部门改进的建议中,有一条是"不再使用电子表格"。这是一个合理的建议。没有人参与数字人文是为了确保数字人文项目的成本更准确,或者他们的管理更精简。数字人文是关于创造力和实验的;它们应该是一个杂乱无章的游戏空间,而不是管理规范的典范。我对数字人文产生兴趣,是因为我对档案和手稿着迷,想看看数字技术如何为它们提供新的视角。任何让我分心的事情都是在浪费时间和精力。我不想写战略文件或准备甘特图(Gantt charts)[①]。我发现官僚主义的程序,如研究评估或教学评审,破坏了学生的灵魂。我不擅长理财,也不是一个负责预算的好人选,而且我太忙于研究和写作,无法成为一名优秀的管理者。我做数字人文是因为我想做一些很酷的事情。但是,如果我想要获得资金和资源来做一些很酷的事情,就需要仔细撰写成本合理的拨款申请,准备项目计划,并说服大学的管理者数字人文的工作是有价值的。要做到这一点,我需要填写电子表格,需要让其他人也填。电子表格是我们生活中不可避免的一部分。

1993年,凯文·基南和我在英国国家图书馆对一份烧焦的棉花手稿进行了

[①] 甘特图又称条状图,横坐标表示时间,纵坐标表示项目,由亨利·甘特在1917年提出。——译者注

数码成像。凯文写道，这个实验似乎"预示着一个非常大的、昂贵的、惊天动地的事情的开始"（Kiernan, 1994）。数字人文可能（但不一定）很昂贵。我们对设备的要求可以超越传统的人文学科，正如最近使用同步辐射光源检查古代手稿。（Morton et al., 2004; Fleming and Highfield, 2007）我们生成的数据需要一个基础存储设施和专业人员来管理。要确保数字学术得以保存并在很长一段时间内可持续发展，就需要资源来开展选择、维护和更新的管理活动。然而，数字人文工作的主要支出并不是设备和建筑的资本成本。如果我们所需要的只是专业的数字设备，我们或许可以说服大学管理人员和资助机构为我们购买，因为资本支出是可以控制的。数字人文之所以昂贵，是因为人。

传统的人文研究仍然经常由"孤独的学者"进行，他们在图书馆、档案馆和博物馆中研究书籍、手稿和其他文化制品。这样的研究可以安排在常规的研究日和大学假期中。大学管理层对人文学科的学术出版模式和职业道路的许多假设仍然基于"孤独学者"模式，即使在媒体和文化研究等较新的学科中也是如此。数字人文的一个特点是，它的很多研究都是基于团队的，不容易融入这样的传统管理结构。当然，这并不意味着数字人文研究不能由单独的学者进行。一些最重要的自反性讨论是关于与技术的接触如何改变对历史、文化和社会的理解，这些讨论继续以这些传统的方式进行。随着数字材料数量的增多，这种批评性的评论将变得越来越重要，而不是越来越不重要。但是数字人文也涉及数字资源的创建，从在线版本到3D重建，数字人文的核心是人文学科的学术研究可以在数字环境中进行和表达，人文学科不再受印刷规则的技术限制。传统的人文学科的学术结构是面向书籍和文章的生产的。由于人文学术不再以书籍或文章的形式产生，因此需要不同的管理结构。

为了从事这样的数字学术研究，团队合作是必不可少的。激发并指导"老贝利议事录1674—1913"（The Proceedings of the Old Bailey, 1674—1913, www.oldbaileyonline.org）创作的主要调查人员是法制史学家，但他们需要招募许多其他人来实现自己的愿景。他们需要具有创建数字资源经验的项目分析人员就如何处理这些材料提供建议。他们利用一个数字化小组扫描原始印刷的会议记录。这些图像被键盘手团队转换成机器可读的文本。控制数字化文本显示和搜索的XML标记的结构是由专业的XML设计人员定义的。一些标签使用了自动化软件，但其他标签必须由了解XML结构方式的经验丰富的编辑人员进行。搜索引擎的设计、数据的索引、界面的创建和服务器上资源的安装都需要高水平的计算机专业知识。同样,这些不同的活动通常最好由一个团队来完成。这种复杂的活动网络必须与强大的项目管理联系在一起。四个独立的供资机构为发展"老贝利议事录"以及该项目所在的三所大学提供了经费。该项目的网页列出了22名参与开发的人员。创建开创性数字学术所需的管理基础设施,与老式学术出版相比,更接近于电影制作。

人们普遍认为,数字经济的成功既取决于技术创新,也取决于成功的商业模式。米歇尔·内文斯(T. Michel Nevens)(2000:81)发现:"尽管硅谷以技术创新而闻名,但管理方法、政策和投资策略的创新——简而言之,商业模式——同样对硅谷非凡的经济表现起了作用。"众所周知,谷歌的成功依赖于其针对性较高的广告,而苹果的复兴则反映了iTunes商业模式的成功。亚马逊最初对图书销售的关注,反映了图书是适合在线订购和配送的商品这一事实,而亚马逊的代发货服务,即第三方承担仓储和配送,亚马逊提供订购平台,则是在线零售创新商业模式的一个很好的例子。就像谷歌、亚马逊或微软一样,数字人文能否成为推动学术界数字学术发展的重要力量,取决于它能否在学院内部创建创新的商业模式。内文斯认为,成功的硅谷商业模式是:

> 灵活。他们高度专注……他们是才能驱动型的,十分需要技术的、营销的和管理的才能,硅谷的公司已经想出了利用其他人的才能和发展自己的才能的方法。最后,硅谷的商业模式是开放和流动的。(Nevens, 2000:81—82)

尽管斯坦福大学对硅谷的发展有着重要的促进作用,但大学一般都是保守的官僚环境,与硅谷开放灵活的环境相去甚远。如果灵活性和开放性是数字界成功的先决条件,那么大学环境中的数字人文能否实现这一点呢?

近年来,关于数字人文可能以何种方式重塑学院(通常是美国学院)的乌托邦式说法已经变得司空见惯。《数字人文宣言2.0》(*Digital Humanities Manifesto 2.0*,2009)(以下简称《宣言》)设想了一种新的机构形态的出现:"不仅是学科领域,还包括生产知识的替代配置——开放的、全球性的范围,旨在吸引新受众,并建立新的制度模型。"《宣言》设想了传统学术部门的消失及其转变为"有限的知识问题"的一种暂时性的突然出现的现象,只会变异或停止,因为它所依据的研究问题变得稳定,其解释力也会减弱。《宣言》设想的过渡部门包括印刷文化研究部、声音研究部和擦除研究部。这是一个吸引人的愿景，但事实可能会证明不那么吸引人：任意定义的学科领域，反映出大学市场营销部认为的最佳选择，由兼职员工以短期合同形式授课。《宣言》中那种乌托邦式的愿景是有益的，因为它鼓励人们对人文学术的性质和特征展开辩论，但作为开发数字技术潜力、刺激创新学术形式产生的蓝图，它就没有那么有用了。

评论家们已经认识到发展合适的制度体系来支持数字人文的重要性，但对于这些体系可能是什么样的，几乎没有详细的讨论。因此，尽管威拉德·麦卡蒂在2008年调查了数字人文的不同实践类型，并强调"我们为数字人文建立的制度体系应该反映过去几十年中实践的性质"（McCarty, 2008:259），但他没有进一步解释这是什么意思，除了承认数字人文不仅仅是一个"支持"活动。同样，克里斯蒂娜·博格曼（Christine Borgman）（2009）充满激情地论证了数字人文正处于从利基领域①向成熟社区过渡的关键时刻，并强调了支持这一点的基础设施开发的重要性，但对这一体系的具体组成又一次含糊不清。学院某些特定领域对数字人文发展的潜在贡献偶尔也会被强调。基申鲍姆（2010）强调了英语系与数字人文之间的特殊而密切的关系，而苏拉（Sula）（2013）指出，数字人文还包括除英语之外的许多其他学科感兴趣的材料和方法，并认为图书馆对发展数字人文的专业网络十分有帮助。

数字人文的管理情况如麦甘恩（2014:131）生动地描述的那样："一种随机的、低效的、往往是临时搭建的校内仪器的安排——独立的中心、实验室、企业和研究所，或者在大学传统院系结构之外建立的特殊数字小组。"由国际伞形组织中心网（http://digitalhumanities.org/centernet）维护的数字人文中心目录于2014年8月在每个大洲列出了近两百个独立的数字人文中心。同样，人文艺术科学和技术合作实验室（www.hastac.org）有四百多个附属机构。在过去的25年里，数字人文中心为数字人文的发展提供了主要动力，毫无疑问，数字人文中心将继续在塑造数字学术方面发挥主导作用。从最近的两份报告中可以明显看出这一点：戴安娜·佐里奇于2008年11月为美国图书馆和信息资源委员会编制的一份美国数字人文调查，以及南希·马龙（Nancy L. Maron）和

---

① "利基"（niche）是商业术语，指在一个大的领域中细分出来的一个比较小的、尚未得到重视和发展的且未来有盈利希望的领域。——译者注

萨拉·皮克尔（Sarah Pickle）（2014）编写的《可持续的数字人文：启动阶段后的主办机构支持》（*Sustaining Digital Humanities: Host Institution Support Beyond the Start-up Phase*）。这些作品为数字人文的管理框架提供了最详细的描述，但其中讨论的大多数例子都来自美国。为了提供一个更国际化的视角，还必须参考帕特里克·斯文森（Patrik Svensson）（2009, 2010, 2011, 2012）撰写的一系列回顾数字人文新兴现象的优秀文章。斯文森阐述了数字人文知识形成的许多方面，但他强调了各种数字人文单位作为空间的作用方式，允许新的知识接触和合作形式，这对于理解该中心作为促进数字人文的一种手段的成功至关重要。约翰·布拉德利（John Bradley）（2012）对支撑数字人文中心发展的哲学层面也提供了重要的见解。在他的描述中，伦敦国王学院的数字人文系被设想为一个追求合作研究的单位，在这个单位中，计算专家作为知识分子与人文研究者携手工作，没有学术人员和专业人员之间的区别，学术人员和专业人员之间的区别常常妨碍合作工作。

戴安娜·佐里奇将数字人文中心定义为"一个新媒体和技术用于基于人文学科的研究、教学、智力参与和实验的实体。该中心的目标是进一步进行人文学科研究，创造新的知识形式，并探索技术对人文学科的影响"（Zorich, 2008:4）。数字人文中心的特色活动包括创建数字资源，生产用于人文工作的数字工具，组织讲座和研讨会，以各种形式（从研讨会到学位课程）提供数字人文培训，以及开发其他部门的数字技能、专业知识和项目方面的合作工作。虽然数字人文中心不是数字人文活动的必要前提，但近年来数字人文的许多希望和梦想都与这些中心的工作息息相关。美国国家人文基金会和梅隆基金会等机构对数字人文的资助，鼓励大学投资创建数字人文中心，其中许多中心已迅速建立起令人瞩目的项目组合。弗吉尼亚大学人文科学高级技术研究所（the Institute for Advanced Technology in the Humanities, www.iath.virginia.edu）是此类中心中最古老、最著名的一个。自1992年以来，该研究所已建立一个由人文系和计算机科学系的教师组成的五十多个合作研究项目的组合。这类大学管理中心的吸引力之一是，它们往往非常成功地吸引大量的研究收入。伦敦国王学院数字人文系在2008年至2013年间为大约三十个项目争取到了八百多万英镑的研究资助。

虽然数字人文中心之间有很强的谱系相似性，但几乎每个中心的正式性质都不一样。不同的大学和学院使用了大量巧妙的行政和制度解决方案来创建、开发和维护它们的中心。有些是独立的学院，由学院或大学管理；有些是现有学术部门的一个部分，涉及的学科从文学到图书馆研究；有些是自己的学术部门；有些则被视为支持服务，属于图书馆或计算服务的一部分；有些只是由当地爱好者组成的松散联盟。数字人文中心的学科关系也同样复杂：有些是公开的跨学科，在教师或学校层面之上；另一些则被置于学科之下。大多数历史悠久的数字人文中心在资金和管理方面都经历了一段令人迷惑的制度变迁、不确定性的过程。例如，谢菲尔德大学（University of Sheffield）的人文研究所（Humanities Research Institute，简称HRI）起源于大学图书馆提供的办公空间中一些早期人文计算项目的共享位置。艺术与人文研究所通过一个管理委员会为HRI提供了一个更正式的管理结构，使HRI在促进跨学科活动方面获得了一个额外的角色。HRI最终成为众多的"超级中心"之一，并由学院直接资助。然而，随着对数字服务的日益重视，它后来被正式定义为学院内部的支持服务。许多较老的数字人文中心都能讲述类似的管理改进和调整故事，反映出大学管理者的共识：尽管人文学科中数字专业知识很重要，但没有人确切知道它适合在哪里。

　　数字人文中心提供了许多优势。它为大学提供了一个明确的专业领域，在这里，学术研究人员可以很容易地找到有关数字人文的权威和可信的建议。数字人文中心开发涵盖广泛的学科、国家和时期的项目组合方式，向学术界同人展示了数字人文的潜在范围，并促进了不同学科之间数字人文方法的交叉融合。数字人文中心通过确保项目使用的标准和技术方法是开放和可持续的，从而有助于确保数字学术的长期可持续性。对于马克·桑普尔（2010）来说，数字人文中心可以是"与说人文语言、PERL、Python或PHP的程序员一起工作的机会"，可以与"经常浏览拨款申请和预算截止日期的同事们"分享笔记，"这些同事拿薪水是为了了解最新的数字工具和趋势——但他们也会了解这些工具并分享他们的知识，即使他们没有得到一分钱的报酬"。在桑普尔看来，一个中心是有价值的，因为它是"校园里的一个制度倡导者，可以用一个声音向管理者、学生、捐赠者、出版商和社区宣传数字人文的价值"。数字人文中心经常充当"跨学科的'第三空间'——社会学家雷·奥尔登堡（Ray Oldenburg）曾用这个词来标识一个社交空间，一个远离家庭和工作场所的区域"（Zorich，2008:vi）。在这个"第三空间"，项目和想法可以交叉传播，这样音乐学家就可以看到（比如）古典主义者对数字标记和材料呈现的方法与她有何关联。数字人文中心最有价值的角色之一是为共享讨论、编程、制作和共享想法提供一个中立的空间。帕特里克·斯文森描述了这种创造新的学术空间的兴趣（与图书馆员共同的兴趣）如何影响瑞典人文实验室的发展。可能有一种趋势，希望为数字人文中心分配固定的功能，并认为它应该像图书馆或档案馆一样，扮演一个易于定义和理解的角色。然而，正如苏拉（2013）在她对定义数字人文与图书馆之间关系的概念模型的深入讨论中所述，数字人文中心与学院其他机构组成部分之间的边界通常是流动的，这不仅反映了当地的机构构架和优势，还反映了技术和学术方法的演变。

数字人文中心一直是数字人文的主要机构载体，而且很可能会继续如此。然而，如果认为自费的数字人文中心是数字人文不可或缺的必要条件，那就错了。欧洲的经验说明了各国政府或区域机构提供资金和发展基础设施的潜在价值。在英国，高等教育资助委员会的英国联合信息系统委员会自20世纪70年代以来一直非常积极地推动各种学科的许多数字计划，并一直是英国高等教育网络基础设施的主要推动者，而艺术与人文研究委员会资助了一系列计划，包括艺术与人文数据服务和ICT方法网络（尽管这些资助已于2008年撤回）。在法国，资助和进行学术研究的国家服务中心——国家科学研究中心（Centre National de la Recherche Scientifique），支持开放电子出版中心（Le Centre pour l'edition electronique ouverte，简称Cleo）的发展，该中心为艺术和人文领域开放获取学术出版建立了高度一体化的平台。有一些主要的欧盟计划，例如艺术与人文领域数字方法网络，它正在绘制整个欧洲数字研究的使用地图，并通过创建一个集成本体和在线论坛反应整个欧洲数字研究的使用情况，促进协作，以及颇有雄心的DARIAH旨在建立一个由人、信息和工具组成的综合合作网络，以促进整个欧洲研究数据的长期访问和使用。DARIAH最近建立了一个正式的法律联盟，允许来自15个欧洲国家的成员合作开发一个共享的欧洲研究基础设施。国际联盟centerNet是国际数字人文组织联盟的一个组成机构，它也在寻求与国际数字人文中心建立联系。这些不同的国际网络和计划的发展方式将对未来艺术和人文领域数字学术网络基础设施的发展至关重要。

创建数字人文中心很容易。在centerNet网站上，琳内·西门子（Lynne

Siemens)（2012）提供了如何建立数字人文中心的指南，该指南指出，主要需要来自大学管理层的热情和支持（理想的形式是一些种子基金）。数字人文中心的困难之处在于，要让它在未来10年或20年内继续发展下去。大多数数字人文中心是在得到一些成功的研究资助之后建立的，而"软"研究资助通常是该中心的命脉。因此，数字人文是一个充满项目的领域。安妮·伯迪克和她的同事在他们出版的《数字人文》中，将项目视为数字人文的基本单元："项目（Project）既是名词又是动词。项目是一种需要设计、管理、协商和合作的学问。"（Durdick et al., 2012:124）在这些作者看来，该项目是数字人文塑造后印刷学术（post-print scholarship）的主要手段，并打破了与书籍和文章相关的学术惯例。这也许是一种夸张的观点：项目在许多其他类型的学术活动中也同样重要，正如大量非数字项目所表明的那样，这些项目包括从演示到由研究委员会资助的研究网络等各种活动。该项目在艺术和人文领域的发展，与其说是由于数字媒体的兴起，不如说是由于学者可获得的资助机会的变化。这就引出了一个重要的问题：数字人文中心从事研究的程度，是出于其固有的知识兴趣，还是仅仅为了增加研究收入，以维持该中心的运营。随着一个中心的发展，确保足够的新研究项目和收入来留住所有员工，这可能会变得越来越困难，也可能阻碍冒险行为。所有参与开发数字人文中心的人都将面对一个艰难的选择，即是否要从事一个在技术上或智力上没有回报，但可能提供一些资金以留住一名员工的项目。对于许多数字人文中心来说，可持续发展的紧迫问题不是技术问题，而是更为平淡无奇的问题，即如何获得可靠的长期资金，以保持中心员工的正常工作。

中心依赖来自研究资助的软资金，这既是一件好事，也是一件坏事。数字人文中心通常是最成功的获得拨款的人文学科单位之一，但他们不顾一切地保持资金的流动，可能意味着该中心及其工作人员最终只能在单调乏味的工作中投入他们并不十分感兴趣的拨款申请，只是为了筹集资金，从而放弃控制该中心的学术议程。贝萨妮·诺维斯基（2012）在弗吉尼亚大学一场颇具洞察力的演讲中，回顾了数字人文的发展历程。弗吉尼亚大学可能在历史上一直是该领域的领先机构。因此，学者实验室（the Scholars' Lab）有图书馆和IT服务提供的稳定的资金，诺维斯基认为这是其成功的一个主要因素。同样，美国另一个成功的中心——马里兰人文科技学院也得到了马里兰大学艺术与人文学院和马里兰大学图书馆的联合资助。在我们急于确认数字人文的学术资质，并证明其与历史悠久的人文学科具有同等地位之际，我们有可能过快地与图书馆和IT服务划清界限。在资金方面，数字人文中心与图书馆和IT服务有着更紧密的关系，这一点是肯定的。

创造混合经济和降低金融风险的另一种方法是增加教学收入。自数字人文中心成立以来，教学一直是其重要组成部分。例如，哈罗德·肖特（Harold Short）和威拉德·麦卡蒂在伦敦国王学院组织的早期工作坊，在为伦敦数字人文的发展提供机构支持这方面起到了根本性作用。最近，组织暑期工作坊和暑期学校已成为传播数字人文的主要手段。数字人文暑期学校在加拿大维多利亚大学举办，为期一周，每年吸引超过600人参加。许多中心提供完整的硕士课程，一些中心现在提供本科课程。虽然教学可以提供一种手段来确保中心的财政可持续性，但它也造成了自身的困难。在设计数字人文教学方案时，很难保证实践技能和反思分析之间的平衡。一个仅仅从事高度理论化的"数字研究"形式的项目，将不足以满足数字人文改变学术实践和交流的愿望。另一方面，侧重于编程和技术技能的教学可能会忽视人文学科那种为我们的数字实践提供新的批判性见解的潜力。最重要的问题是，谁来承担这种教学工作。在大多数大学课程中，博士学位是教学的基本要求。然而，在数字人文中心中，对数字人文实践有着最深刻的技术理解的工作人员往往没有博士学位。他们在多大程度上、以何种方式参与教学计划？博士学位是成为数字人文社区全额缴费会员的必要条件吗？

人员配置和职业结构的这些紧张关系，是塑造数字人文制度基础架构的动力核心。对于杰罗姆·麦甘恩（2014:130—131）来说，各种数字人文中心、实验室和研究所的存在本身就（自相矛盾地）代表着人文学者对数字学术的排斥，他们希望与数字工作所需的不同类型的人和技能保持一定距离。他指出：

> 数字技术的出现为大学带来了一批重要的新生。就大学的政治和社会结构而言，他们是受雇为学院服务的雇员。我先不谈这些人通常都是有自己独特才能的学者这一事实。（McGann，2014:130）

尽管这些员工的技能对于数字人文学术研究来说是必不可少的，但该机构的结构将他们与普通教员区分开来。麦甘恩（2014:130）指出，让事情变得更加困难的是，这些员工"是一个昂贵的群体，工资很高，通常比他们可能共事的教职员工还要高"。约翰·布拉德利（2012）在描述伦敦国王学院数字人文系的发展时也探讨了这种紧张关系。布拉德利反对将一个项目的愿景和样子交由传统人文学科的学者来决定。相反，他设想数字人文研究是通过一系列学术和技术专家的共同讨论来推进，在发展数字人文项目中的建模工作代表了一项主要的研究活动。布拉德利认为数字人文研究者的地位（如果不是背景的话）与传统的人文学者相当，并对詹妮弗·埃德蒙（2005）的观点提出异议。詹妮弗·埃德蒙主张创建一种叫"数字人文中介"的职业，充当人文研究者和技术人员之间的中间人。对布拉德利来说，以数字形式表达人文学术的过程本身就是一种研究行为，与更传统的人文学术在知识方面地位平等，同样重要。布拉德利很担忧，在许多机构中，技术工作被视为"一种支持工作——在极端情况下，可能类似于车库机械师对车所做的工作"（Bradley，2012：11），并反对人文学者使用"技术专家"一词，因为"他们不知道、不理解我们所做的工作"。布拉德利憎恶这种区别，他宣称："数字人文的创新往往来自一系列专家汇集起来的才能，在这种情况发生的最佳环境中，许多参与者相互关联的行动得到了认可和支持。"（Bradley，2012：11）

布拉德利描述了一种数字人文的制度天堂；问题是这一目标曾经达到的程度和可能达到的规模。例如，令人惊讶的是，尽管布拉德利描述了这种哲学，但伦敦国王学院2014年向英国高校科研评估提交的材料中，数字人文学系的技术工作人员却寥寥无几，这表明学院面临着另一个方向的制度压力。总体而言，数字人文中心为其员工提供充分的职业发展机会的能力参差不齐。数字人文中心通常是由一群充满热情和魅力的学者创建的，他们已经意识到数字技术改变其学科领域的潜力。他们利用研究收入来招募一些有编程天赋的学生，或者说服一些有专业计算背景的人加入他们，或者为图书馆或IT服务部门的人提供一份更有趣的工作。一切都很顺利。更多的研究收入得到了保障，团队得以成长和壮大。学生们本打算继续攻读博士学位，但中心的工作更有趣，毕竟他们是在大学里工作。但是研究团队越成功，就越难保证资金来维持团队的稳定。一些拨款申请失败，该中心的一些长期成员就会失去工作。然后，不可或缺的地理信息系统专家意识到自己的技能在行业中很受欢迎，要求升职。大学管理部门表示，在这种类型的合同中，没有晋升机制。他们中最有才华的人之一（她来的时候还是学生）在其他地方发现了一个数字人文的讲师职位。她在十几个数字人文项目中有10年的经验，完全有资格获得数字人文的学术职位，但授课需要博士学位，她从未获得过博士学位，因为她对中心的工作非常投入。该中心的大多数工作人员逐渐意识到，他们已经被困在那里，注定要不断尝试从不断减少的研究收入中获得收入。他们对工作的投入意味着他们可能会留下来，但他们对自己正在为一种新型学术事业作出贡献的期望，以及他们可能拥有一种令人兴奋的新型职业的期望，都被辜负了。

这是太多数字人文中心的情况：非常有才华、知识渊博的工作人员，在创建数字人文项目方面拥有丰富的经验，他们致力于确保项目的运转，从来没有机会在他们想要的数字人文领域建立学术生涯。在某种程度上，这是近年来学术界职业结构发展的必然结果。美国大学生活最缺乏吸引力的特征之一就是"教员"（faculty）（拥有终身教职的人被认为是人类进化的最高点）和其他"职员"（staff）之间的隔离。尽管终身职位所提供的知识保护无疑是必要的，但这并不足以证明对图书馆员、档案管理员和IT专家等其他知识工作者的诋毁是正当的。正如布拉德利（2012：12）所强调的，这导致了数字人文中一个未阐明的假设，即"教员"提供愿景，而技术人员实现愿景。近年来，英国高等教育最不幸的发展之一，就是引进了"学术人员"和"专业服务"之间的区别，图书馆员和其他同类群体失去了长期以来的"学术相关"的地位。在其他欧洲国家，类似的学术等级往往意味着数字人文技能被视为次要的，而学术领导力和远见被视为最重要的要求。或许正是在挑战这些陈旧的权力结构的过程中，数字人文拥有了改造学术环境的最佳机会之一，但人们必须小心，不要带着乌托邦式的热情逃走。美国的兼职危机（adjunct crisis）表明，攻击学术人员的特权地位很容易适得其反。然而，我们需要找到一种方法，朝着重塑学术结构的方向前进，使其能够接纳作家/研究员和程序员作为知识地位平等的人，并实现约翰·布拉德利所描述的共同事业的愿景。

对于杰罗姆·麦甘恩（2014：1）来说，数字人文中心在很多方面代表了学院的失败，那种文化遗产在数字形式和制度架构中被反复使用和重新编辑的方式未能被充分利用。麦甘恩指出，大型项目如"18世纪作品在线和谷歌图书"（Eighteenth Century Collections Online and Google Books），已经被大型出版商和图书馆所领导，到目前为止几乎没有学者参与，尽管像18thConnect这样的项目在努力回顾性地解决由此产生的问题。麦甘恩认为，学术参与的缺乏，部分原因是数字人文中心及其工作人员在大学中的职位有限。同样，彼得·罗宾逊（2014:245）在另一篇有力的文章中指出，自1995年以来，数字人文的发展在很大程度上得益于研究基金的支持和数字人文中心的发展，这些中心产生了"数十个（项目），在全球范围内提供（一次又一次）杰出的奖学金和其他独家资源"。该项目工作还促进了共享工具（如TEI）的发展。然而，罗宾逊认为，这一阶段已经达到了扩张的极限，并暗示，对这种模式的强烈抵制现在是显而易见的。罗宾逊指出，即使是centerNet旗下的200家机构，在全球20万所大学中也只占很小的比例，我们不太可能看到有足够的资金让大多数学校都拥有一个数字人文中心。数字人文中心曾是一种对当时情况的适度的回应，那时很少有人有能力、设备和资源来从事数字学术研究。现在情况不同了：

> 现在我们有数百万的数字对象要处理，因为整个世界的知识和文化都被转换成数字形式。现在我们在互联网上有了一种媒介，它将沟通、合作和出版统一为一个瞬间的、流动的整体。过一会儿，我们就可以看到其他人创建了什么，我们可以添加它、发布它——反过来，另一个人也可以看到它、添加它、发布它。"任何人"就是任何拥有电脑和手机的人——超过10亿人。我们不再是少数的先驱者。整个世界正在转向数字化，而我们正是其中的一部分。（Robinson, 2014:247）

对于罗宾逊来说，数字人文中心已经完成了它的使命，我们现在需要考虑创建大规模网络基础设施所需的连接类型。这些批评反映了戴安娜·佐里奇的批评。她指出，数字人文中心很容易成为独立的筒仓，从事"精品数字化"，这就限制了规模和连接：

> 首先，现有研究中心的筒仓式运作有利于那些与较大的数字资源没有关联的单个项目，而这些资源可以让这些项目在研究领域更广为人知。当你对32个被调查的研究中心的项目进行整体调查时，你会发现有数百个项目可能会引起更大的群体的兴趣，而除了中心及其合作伙伴之外，这些项目鲜为人知。此外，在缺乏保护计划的情况下，随着工作人员、资金和规

划优先事项的改变，许多这样的项目可能会随着时间的推移而被遗弃。由于缺乏能够提供更多曝光机会和长期访问的存储库，目前许多筒仓式中心的现状导致了不受约束和不受限制的数字化生产，这将不利于人文学科的研究。

研究中心的筒仓性质也导致了议程和活动的重叠，尤其是在培训、馆藏数字化和元数据开发领域。由于各中心在争夺同样有限的资金池，它们无力继续进行多余的工作。（Zorich, 2008:49）

马龙和皮克尔（2014）在这些问题的基础上，描绘了一幅数字人文工作的图景：在大学内，数字人文工作通常在数据和计算活动的总体管理中处于不确定的地位。他们建议，为了提高数字人文工作的影响和寿命，更综合的制度支持和方法十分必要。

在最近所有这些对数字人文中心的批评中，一个共同的主线是需要扩大中心的工作范围，并创造更大的连接性。具体如何才能做到这一点往往还不清楚。最具体的建议是彼得·罗宾逊（2014）提出的，他主张学者们利用现有的数以百万计的数字对象，开发新的在线合作形式，"像谷歌地图和tripadvisor为酒店和餐馆做的那些，Orbitz、SkyScanner和Expedia为航班时刻表做的那些，我们也可以为书籍、手稿、文本和知识做"（Robinson, 2014:253）。罗宾逊认为围绕工具、权限和访问的合作是实现这一目标的关键，并主张从内容创建转向对现有数据的合作工作。这是一个迷人的景象。虽然人文学科经常被描述为"孤独学者"的领域，但它始终是一个高度合作的领域。我们可以单独收集数据，但是我们会经常分享和讨论数据。我们需要做的是将这种行为转移到一个在线环境中，这样我们就可以合作，并将我们对图书馆和档案的搜索联系起来。然而，这样的合作环境仍然需要某种技术支持和关注，数字人文中心将可以继续在这里发挥作用。如果数字人文要对我们未来的数字国家产生影响，在一个有着巨大商业利益的"大数字化"世界里，加强合作和联系将是必不可少的。centerNet的工作将对促进这种合作至关重要。正如罗宾逊指出的那样，欧洲DARIAH项目的作用也指明了一个前进的方向，该项目明确强调了分享数据和建立促进这方面工作的基础设施的重要性。DARIAH所设想的那种大规模研究基础设施的建立，可以被看作与20世纪图书馆联盟的出现相对应的一种数字化，并可能被证明在将来学者获取信息和传播学术方面具有同等的影响力。

这仍然留下一个不确定的问题，即数字人文如何与主流学术相联系。麦甘恩认为，数字人文实验室和中心是一种在发展数字基础设施中疏远学术参与的手段。这是否意味着，作为一个群体，我们应该更加努力地把数字人文中心发展成功能齐全的学术部门？当然，通过将数字人文集中到一个单独的部门，我们提供了一个更有效的筒仓，这阻碍了其他学科采用数字方法，这是有风险的。然而，更有可能的是，数字技术将在其他学科中变得非常普遍，以至于数字人文作为一项独立活动的功能将受到质疑。例如，英国国家图书馆的彼得·韦伯斯特（Peter Webster）（2013）指出："数字人文系的最终目的应该是将工具的使用融入古典、法语和神学中，以至于完成它的工作后就可以解散。"这也许是对数字方法的本质和人文研究结构的一种过于简单化的看法。正如罗宾逊（2014:255）所观察到的那样，在人文与信息技术的交叉点上，总是需要有开创性的新发展，而这类开创性的科学工作无疑是数字人文未来使命的重要组成部分。但是，什么样的空间最适合开展这样的工作呢？正如我们所看到的，尽管该中心有很多优点，但它也有一些明显的缺点，而且可能已经失去了它的作用。学术部门似乎太容易受传统的束缚，而不能应付数字人文所需的技能和视角的混合。我们可能需要考虑发展专门的实验室和单位，它们的科学议程比目前的数字人文中心的更加集中，可能类似于研究系统生物学的单位或生物科学家的"干实验室"①。

数字人文中心在改变人文学科的面貌方面发挥了重要作用，但当我们寻求建立和扩展我们的数字基础设施，以应对新的数字世界时，我们的任务将是双重的：第一，加强现有中心、资源和从业者之间的互联互通和合作；第二，确保我们不会丧失开拓精神，继续寻求和探索能够为我们的文化遗产和传承带来新鲜光亮的技术。为了实现这一使命，搭建和创建网络是所有活动中最重要的活动。我们必须与程序员、图书管理员、策展人、摄影师、档案管理员、艺术家、项目经理以及所有新职业和技能建立联盟。这必然涉及重新定位学术在网络中的位置——无论它在哪里，它都不会自动位于树的顶

---

① 干实验室（Dry Lab），与"湿实验室"相对，主要注重通过仪器的计算分析得出实验材料的物理模型，或对物理模型、物理过程进行模拟。因为很少使用化学试剂，因此被称为"干实验室"。——译者注

部。在大学从事数字人文工作的人还需要与学院外的机构结成联盟，这些机构塑造了我们的数字和文化景观：图书馆、档案、画廊、歌剧院、剧院、管弦乐队、舞蹈公司、广播公司、数字艺术家以及各种初创企业。数字人文主义者应该是这个新的文化景观的探索者，在这一过程中应该不断地寻求创造新的交叉联系和新的链接。

正如马克·桑普尔所说：

> 不要坐等数字人文中心出现在你的校园里，或者让你成为一名主要的研究人员。表现得好像没有数字人文中心这回事一样。相反，去创建你自己的潜在合作者网络。不要指望或依赖机构的支持或认可。为了生存和发展，数字人文主义者必须是敏捷的、机动的、反叛的、分散的和无层次化的。停止组建委员会，开始建立联盟。在从属关系之上寻求亲密关系，在研究机构之上寻求网络。（Sample，2010）

现有的基础设施为在第一阶段建设数字人文提供了一种非常有效的手段，但我们必须警惕将所有精力投入保护这一基础设施上。数字人文的制度景观必须随着数字世界的变化而演变，口号永远是灵活性和敏捷性。数字人文在建立联盟和联系方面一直是务实有效的，在发展下一阶段时需要利用这些优势。

参考文献

[1] Borgman, C. 2009. The digital future is now: a call to action for the humanities. *DHQ: Digital Humanities Quarterly* 3 (4).

[2] Bradley, J. 2012. No job for techies: technical contributions to research in the digital humanities. In *Collaborative Research in the Digital Humanities*, ed. M. Deegan and W. McCarty. Farnham: Ashgate, 11–26.

[3] Burdick, A., Drucker J., Lunenfeld, P., Presner, T., and Schnapp, J. 2012. *Digital Humanities*. Cambridge, MA: MIT Press.

[4] *Digital Humanities Manifesto 2.0*. 2009. http://www.humanitiesblast.com/manifesto/Manifesto_V2.pdf (accessed August 1, 2014).

[5] Edmond, J. 2005. The role of the professional intermediary in expanding the humanities computing base. *Literary and Linguistic Computing* 20 (3), 367–380.

[6] Fleming, N., and Highfield, R. 2007. Diamond Synchotron to use x-rays to examine

Dead Sea Scrolls. *Daily Telegraph*, 12 September. http://www.telegraph.co.uk/science/science-news/3306654/Diamond-synchrotron-to-use-x-rays-to-examine-Dead-Sea-Scrolls.html (accessed August 1, 2014).

[7] Fraistat, N. 2012. The function of digital humanities centers at the present time. In *Debates in the Digital Humanities*, ed. M.K. Gold. Minneapolis: University of Minnesota Press, 281–291.

[8] Kiernan, K.S. 1994. Digital preservation, restoration, and dissemination of medieval manuscripts. In *Scholarly Publishing on the Electronic Networks, Proceedings of the Third Symposium*, ed. A. Okerson. Washington DC: ARL Publications. http://www.uky.edu/~kiernan/eBeo_archives/#A (accessed August 1, 2014).

[9] Kirschenbaum, M.G. 2010. What is digital humanities and what's it doing in English departments? *ADE Bulletin* 150, 55–61. https://www.ade.mla.org/content/download/7914/225677 (accessed January 17, 2021).

[10] Maron, N.L. and Pickle, S. 2014. *Sustaining the Digital Humanities: Host Institution Support Beyond the Start-up Phase*. Ithaka S+R. https://sr.ithaka.org/publications/sustaining-the-digital-humanities/ (accessed January 17, 2021).

[11] McCarty, W. 2008. What's going on? *Literary and Linguistic Computing* 23 (3), 253–261.

[12] McCarty, W., and Kirschenbaum, M. 2003. Institutional models for humanities computing. *Literary and Linguistic Computing* 18 (4), 465–489.

[13] McGann, J. 2014. *A New Republic of Letters: Memory and Scholarship in the Age of Digital Reproduction*. Cambridge, MA: Harvard University Press.

[14] Morton, R.W., Gislason J.J., Hall, G.S., Bergman, U., and Noel, W. 2004. Preliminary investigations for x-ray imaging the Archimedes palimpsest using elemental x-ray area maps and stereoview elemental x-ray imaging. http://www.archimedespalimpsest.org/pdf/archimedes_g.pdf (accessed 1 August 2014)

[15] Nevens, T.M. 2000. Innovation in business models. In *The Silicon Valley Edge: A Habitat for Innovation and Entrepreneurship*, ed. C.-M. Lee, W.F. Miller, M.G.Hancock, and H.S. Rowen. Stanford, CA: Stanford University Press.

[16] Nowviskie, B. 2012. Too small to fail: keynote lecture to the Japanese Association for Digital Humanities. http://nowviskie.org/2012/too-small-to-fail/ (accessed January 17, 2021).

[17] Robinson, P. 2014. Digital humanities: is bigger better? In *Advancing Digital Humanities: Research, Methods, Theories*, ed. P.L. Arthur and K. Bode. Basingstoke: Palgrave Macmillan, 243–247.

[18] Sample, M. 2010. On the death of the digital humanities center. https://www.samplereality.com/2010/03/26/on-the-death-of-the-digital-humanities-center/ (accessed January 17, 2021).

[19] Siemens, L. 2012. *Formation of a DH Lab*. THATCamp Caribe, November 2012. http://lynnesiemens.files.wordpress.com/2012/06/dh-centres-final.mov (accessed August 1, 2014).

[20] Sula, C.A. 2013. Digital humanities and libraries: a conceptual model. *Journal of Library Administration* 53 (1), 10–26.

[21] Svensson, P. 2009. Humanities computing as digital humanities. *DHQ: Digital Humanities Quarterly* 3 (3). http://www.digitalhumanities.org/dhq/vol/3/3/000065/000065.html (accessed June 20, 2015).

[22] Svensson, P. 2010. The landscape of the digital humanities. *DHQ: Digital Humanities Quarterly* 4 (1).

[23] Svensson, P. 2011. From optical fiber to conceptual infrastructure. *DHQ: Digital Humanities Quarterly* 5 (1).

[24] Svensson, P. 2012. The digital humanities as a humanities project. *Arts and Humanities in Higher Education* 11 (1–2), 42–60.

[25] Webster, P. 2013. Where should the digital humanities live? https://peterwebster.me/2013/05/10/where-should-the-digital-humanities-live/ (accessed January 17, 2021).

[26] Zorich, D. 2008. *A Survey of Digital Humanities Centers in the United States*. Washington, DC: Council on Library and Information Resources. http://www.clir.org/pubs/reports/pub143/contents.html (accessed August 1, 2014).

33. 理清数字人文

帕特里克·斯文森（Patrik Svensson）

我们可以用一篇文章的篇幅来讨论如何理清数字人文，并质疑我们是否真的需要理清它。这是一个很必要的问题，因为所有的时间和精力都已经花在定义、巩固、扩展、质疑和制度化领域。（Gold, 2012; Terras et al., 2013）2013年12月，在于默奥大学（Umea University）举办的关于该领域未来的研讨会上，一名与会者认为，我们在五至七年后提出的问题将是相同的，但我们将用不同的工具来回答这些问题。这似乎是一个循环，看看人文计算和数字人文的历史，很明显，随着时间的推移，许多争论重新浮出水面。读到马丁·温内（Martin Wynne）（2013）关于牛津大学数字人文重组的《人文主义者》（*Humanist*）评论列表，以及卢·伯纳德（2002）关于大约十年前同一学科重组的文章，让人感到欣慰。它们都与制度安排以及在大学系统中承担服务职能的风险和优势有关。像这样的问题有很多，可以追溯到过去，包括奖励制度、替代职业、产生的学术价值，以及学科边界的制定。很有可能，其中一些往往着眼于内部的问题永远不会得到解决，而其他一些问题也不会在有关该领域的讨论中浮出水面。在本文中，笔者认为我们需要重新展开讨论。

杰弗里·鲍克（Geoffrey Bowker）和苏珊·利·斯塔尔（Susan Leigh Star）（1999）展示了分类系统在材料意义上是如何有意义的，以及类别是如何可见和不可见的。数字人文显然不是由许多可以被整理的离散块组成的，也没有办法以任何确定的方式解决数字人文的难题。然而，通过一种表明解决办法具有可行性的方式"理清"的概念有助于框定该领域未来的问题。本文的主要论点是，这种解决方案确实存在，不是一种"一刀切"的解决方案，也不是一种完整的解决方案，而是一种思考数字人文的方式，通过接受一个非领土的和阈限的地带，将人文和数字结合在一起。此外，理清该领域的想法使我们注意到它的结构和类型，并迫使我们考虑该领域的组成部分、类别和问题。

这种理清与不同的认识论传统、学科视角密切相关，并且是基于对与数字人文作为交叉领域相关的技术的理解。在这些领域，有大量的谈判正在进行，笔者认为必须有理解其他传统的意愿，但也不必放弃学科的完整性。（参见Ratto, 2012）此外，认知技术可以在挑战知识传统和发展新知识方面发挥核心作用，这要求我们反思自己的实践和假设，并愿意与其他认知立场互动。

本文首先讨论数字人文的现状，人们普遍认为它是一个混乱的领域。笔者坚持认为，把数字人文变成一门制度化的学科可能会适得其反，因为它会失去处于阈限位置的一些明显优势。在进行这一讨论之后，对目前的局势进行一个初步分析，这项分析表明有一个建设性地向前推进的机会，但是有一些问题和立场需要处理。笔者认为，在这个领域正在谈判和扩大的时候，一些数字人文组织的领土野心可能是有问题的。本文的第二部分从国际数字人文组织联盟（ADHO）正在进行的工作的角度回应了梅莉莎·特拉斯的行动呼叫，并提出向前推进所需要的可能的行动和策略。这些都嵌入笔者将介绍的数字人文模型中。笔者认为，在数字人文的历史中，经常被当作问题的制度不稳定性，可能是发展该领域的一个关键因素。本文最后提出了该领域的行为准则和一个数字人文可操作的建议列表。

数字人文的新兴领域

人们通常认为，数字人文处于不断变化之中，作为一种制度结构，它并不特别稳定。虽然这在某种程度上可能是正确的，但这其中显然存在一些不变的地方。例如，它几乎总是与传统的人文学科（如英语和历史）有关系、与某种技术基础设施有关系，以及某种程度上与高等教育体系不相容（无论是奖励体系、人文学科的观点，还是对其他职业的补贴）。

此外，这种不稳定性可能是受到了关于该领域的公开、可见和活跃的讨论的影响。虽然这并不是数字人文独有的情况，但似乎更有可能出现跨学科领域和正在发生变化的领域，如20世纪80年代和90年代的艺术史（Klein, 2005:113）和90年代末的美国研究（Klein, 2005:168）。然而，在线辩论的程度很可能是数字人文所独有的。在这一领域最有名的人与其他人一起在推特上辩论，包括研究生和例如美国国家人文基金会这样的资助机构的官员。在线论坛经常很活跃，当后殖民数字人文计划（Postcolonial Digital Humanities Initiative）主办了一个关于"数字人文作为远离种族/阶级/性别/

性/残疾的历史'避难所'"的开放线程（Koh and Risam, 2013），在5天的时间里，共有165条评论，其中大部分评论都相当有分量。正如该领域的历史所显示的，长期以来，人们一直在网上保持着稳定的联系，《人文主义者》名单是最早的学术电子邮件列表之一，由名单管理员威拉德·麦卡蒂于1987年创建。这种相对的开放性和直言不讳无疑加剧了人们对这一领域支离破碎和不稳定的感觉，因为人们在公开场合进行了激烈的讨论。此外，媒体对该领域的组织、历史和未来公开地、反复地关注，可能会给人一种内向和自我指涉的印象。这里的论点并不一定是说这不是正确的，而是说我们必须对该领域在媒体和传播渠道中构建、计划和实施的方式保持敏感。

一个给定的知识领域的稳定性与它在学术体系中的分类方式、它的学科异质性以及关于该领域的论述有关。"学科"这个表述通常被用来表示比"领域"或"研究"更静态、更少跨学科的领域。学科之所以具有一定的稳定性，是因为它们与认知传统、探究对象、假设、理论、方法、共享研究的方式和职业道路相关（Repko, 2008:4—5），有一种与学科相联系的统一感，尽管这并不意味着学科是静态的和不变的。（Klein, 2005:50）学科和领域会随着时间的推移而变化，虽然提出一个发展或进化轨迹可能不会有什么成效，但学科的变化是有模式的。（Becher and Trowler, 2001:43）一个共同的趋势是专业化，但这并不总是导致新学科的形成。（Weingart, 2010:11）形成不同类型的跨学科也有多种可能的轨迹。（Klein, 2010:22）经历一个形成期或处于跨学科状态并不是数字人文所独有的，但该领域肯定长期处于一种不确定的状态，既没有成为一门学科，也没有作为一门跨学科或学术领域得到合理的确立（如美国研究）。笔者认为，这种长期状态至少有三个原因。

首先，数字人文与学术界的制度期望之间不相容。当我们回顾这个领域（作为人文计算）的历史时，很明显，在许多情况下，数字人文无法获得一个机构地位，可以轻松容纳与大多数其他人文学科不同的一系列工作。这些工作包括在传统的大学结构（如院系和学科）之间开展工作，利用技术基础设施，并需要利用各种专业能力来开展工作。人文计算在一定程度上被制度化为服务中心（具有不同程度的自治）和研究所（可能更类似于人文中心），这可能加剧了这种不相容性。然而，也应该指出的是，我们关注的是不同类型的不相容，而且多年来，在数字人文内部已经产生了一种关于整个人文学科和学术界不满的话语。

其次，在传统的学术结构之外拥有一种制度地位可以成为开展某些工作的中心。传统上，许多数字人文中心和平台在人文学科中都有相当广泛的应用。在不被视为竞争性学科或与特定学科（如英语）相关联的情况下，与其他人文学科进行交流更为容易。因此，这种阈限位置是有好处的。此外，数字人文最近已成为一个平台，参与更广泛的人文学科的未来。这是一项涉及所有人文学科的活动，尤其是初级学者的活动，从传统院系或学科之外的角度组织起来更容易。如果有兴趣在整体上更新人文学科，那么从中间立场与传统学科合作，而不是从一个独特的学科立场，会更有意义。

最后，数字人文目前汇集了一系列认知传统、学科和视角。该领域内和关于该领域的有趣的对话，在一定程度上是这种多义状况的结果，而各种立场使制度化的努力变得困难。将不同的传统融合在一起需要大量的协商，而一门新学科的形成通常会导致特定学科身份的去中心性，并最终建立一个独特的认知体系。实际上，在这个问题未被解决的情况下，可能会有相当大的优势，因为不同的知识群体更容易围绕边界对象（如数字）聚集，而无须将其制度化为一门学科。可以说，与数字人文试图从一个更封闭的位置运作相比，这也将产生更强的学术影响力。

考虑到该领域的历史和学术界的制度模板，想要将数字人文转变为一门学科的想法也就很好理解了。这是理清这一领域的一种方法，但不是唯一的方法。虽然没有单一的解决方案，但笔者认为，数字人文可能被视为不稳定的原因，恰恰是不朝着制度化学科方向发展的好理由。

对当前事态的初步分析

过去几年的一个重大发展是该领域的扩大、更多的机构支持、更多的行动者和一系列新的期望。这给该领域带来了传统意义上的巨大的压力，考虑到该领域作为一个相当狭窄（但很重要）的事业的历史，以及目前的知名度和吸引力，这并不奇怪。这种压力来自人文传统和数字参与，而数字参与并没有被视为数字人文（如新媒体研究、修辞和写作）的主要组成部分。这种压力还来自性别研究和媒体研究等领域的新学者，以及人文和机构领导。也有一些对这个领域定位有着不同概念的数字人文平台可供选择，比如后殖民时代的数字人文运动，比如HASTAC。

在数字人文界中，那些自认为有着40年或50年传统的一部分人有时会指出，他们过去的斗争（往往与制度边缘化有关）没有得到承认，而且有可能在数字人文最终得到利用和支持时，放弃该领域所取得的成就。克雷格·贝拉米在《人文主义者》上的一篇颇具煽动性的文章中写道：

> 确实，我是一个讨人厌的人，但如果有人能用"数字人文"这个词来达到任何目的（其他人也会相信他们），那么过去四十多年在这一领域的工作将是浪费。（Bellamy, 2013）

虽然这肯定不是数字人文界的一个代表性立场，但重要的是要承认这里确实存在一种紧张关系，这种紧张关系不仅与制度声望或资源有关，而且与认识论和不同的认识论传统有关。

然而，如果认为这种数字人文的扩展，主要是因为在这个领域十分具有吸引力的时候，对此有兴趣的各方进入了该领域，那就错了。相反，数字人文组织，主要来自人文计算，是承担数字人文新角色的一部分。尤其是，人文计算的一群关键成员在21世纪初致力于建立国际数字人文组织联盟，出版了Blackwell社会科学指南系列教材之《数字人文导论》（*Companion to Digital Humanities*, 2004），将该系列年会更名（从"计算机与人文协会和文学与语言计算协会的联合年会"更名为"数字人文会议"），并在2006年美国国家人文基金会发起数字人文计划（Initiative for Digital Humanities）时发挥了重要作用。显然，人们意识到人文计算将不再是21世纪前十年的风格，需要另一个范围和另一种包装。有趣的是，人文计算的领导层能在多大程度上意识到，他们也在探索一条最终决定他们自己社群的道路。领导小组内外都存在阻力，有时讨论相当激烈。（Svensson, 2016）在任何情况下，至少部分较大的社群不接受这种重新定位，或者更有可能只是不清楚名称的变化是否会比这更确切。似乎很多制度基础实际上并没有改变，人文计算的认知传统的基础占了上风。

本文开头所述的压力，已经刺激甚至强迫造成了一些更大的变化。这在一定程度上是由于数字人文现在是一个更加多样化的群体，但也因为话语的变化和实际的重新定位。大帐篷数字人文（big-tent digital humanities）理念的普及就是这种转变的一个例子，但可以说影响不大。正如笔者在其他地方所指出的，帐篷在很大程度上仍然是由同一种认知结构构成的，而且被视为排他性和地域性的。（Svensson, 2012）的确，更重要的是集中讨论该领域的核心价值和方向，在这个时候，数字人文组织的一些举措可能被认为是咄咄逼人的。虽然大帐篷作为一种松散的结构并不是过于激进，但在这方面，该领域的全球区域化更值得注意。同样，这涉及一系列的名称更改，以及将新的区域添加到地图中。例如，2011年将文学与语言计算协会更名为欧洲数字人文协会，以及最近加入的澳大利亚和日本协会。

笔者并不是说这种领土重组和扩张有什么问题，但鉴于已经显示出的紧张和压力，这些行动可以被视为一种挑战。一个引人注目的例子是centerNet，它将自己描述为"一个数字人文中心的国际网络"。它设定该中心是数字人文的关键组成部分。此外，它显然嵌入了传统的数字人文组织中，因此不能说它代表了这些传统之外的数字人文，尽管它也算是试图将这个模型传播到全世界（本质上是输出一个特定的数字人文模型）。此外，centerNet致力于在多个战略环境中成为数字人文的代表，例如国际人文中心和研究所联盟（the Consortium of Humanities Centers and Institutes）以及几个欧洲级别的计划。尽管以上每一点都是centerNet看似成功且受保护的机构战略的一部分，但一个核心问题是，鉴于该领域正在进行的谈判和重新定位，这一战略是否是最好的。然而，centerNet目前可能正在秉持一种减少领土意识的立场。新任命的 *DHCommons* 编辑委员会的组成是多样化的，而且包容性很强。

数字人文显然远超传统的人文计算及其衍生物，但这一特殊的传统在制度上具有重要意义。可以理解的是，它没有自动接受那些可能与该领域核心方向不兼容的大规模变化。其中一个张力点涉及与其他一些参与者相关的论述，包括HASTAC等组织，这些组织一部分的关注点也在于大学的改革以及作为变革推动者的数字人文。这样的论述有时并不涉及实际情况，可以作为一种方式，将该领域当做一种工具，在人文学科的制度斗争中发挥作用。这些都是重要的目标和观点，但在实际的计算工作和遥远的制度愿景之间，可能存在着很大差距。类似的，诸如后殖民数字人文等计划理所当然地认为，权力、后殖民主义、谱系学、话语、性别和全球化都是关键的（也是重要的）词汇。对于一个通常不参与这种讨论的社群来说，可能并不熟悉这些词汇。这不仅关系到实际问题，而且关系到围绕不同认识传统的话语和实践的可渗透性或不可渗透性。有趣的是，后殖民数字人文（Postcolonial Digital Humanities）网站使用的数字人文定义是"人文主义者使用的一套方法，用于使用、生产、教学和分析文化和技术"（Risam and Koh，未注明日期）。这一定义可以说是将数字人文的方法论解读作为一个更类似于过去的人文计算的领域，而不是现在的数字人文，因此将数字人文锁定在一种形式上，根据定义，这种形式不太容易受到其改革议程的影响。

笔者认为，到目前为止讨论的所有观点对数字人文都很重要，这些观点和其他认知传统的结合对该领域的进一步发展至关重要。这并不意味着这种传统的完整性必然会受到挑战，而是说每个人都必须在一定程度上适应，并且必须有实际发生这种交流的场所和功能。这些过程将在后面的部分中进行更详细的讨论，但是现在值得指出的是，这种适应性工作需要共同的目标、参与的意愿和某种程度的谦逊。

接受挑战

对数字人文进行批判、历史化和语境化是很重要的，有越来越多的文献对此作出了贡献。然而，有一种风险是，这项工作实际上并不会影响该领域，因为它并不一定会从批评转向如何以一些全面和复杂的方式向前推进的任何建议。此外，还存在陷入二进制和特定认知立场的风险，尤其是在争论激烈的时候。

这并不是表明社群（在某种程度上，有一个单一社群）无法处理这种情况，也不是说有一种简单的解决方案（在有问题需要解决的情况下），而是说数字人文组成一个复杂而有趣的构造，具有相当大的潜力和影响力。当然，数字人文并不是唯一复杂的制度形态。另一个例子是20世纪20年代以来美国研究的发展，其特点是一系列的辩论和制度策略。（Klein, 2005: Chapter 7）露西·马多克斯（Lucy Maddox）（1999:viii）认为，随着时间的推移，由于美国研究的地位不确定，人们对其"研究方法、目标、知识、连贯性、与其他学科和研究领域的关系"进行了批判性审查。这种描述与数字人文的现状产生了共鸣。然而，有一些因素可能导致该领域的潜力不像其他领域那样被充分调动起来，包括制度的不兼容性、较大的认知范围、认知技术、一些个人和一些机构在认识论上的激进立场，以及巨大的内部和外部压力。

梅利莎·特拉斯在一篇关于数字人文的评论文章中提出了一个有趣的挑战，以及建设性的解决方案（从她在ADHO的工作来看）：

> 大多数数字人文"内部"的人……都希望数字人文尽可能地开放和强大。整个领域都是建立在许多学者的努力之上，他们放弃了自己的空闲时间，尝试并巩固计算机在人文研究中的应用，使之成为一个学术研究领域。如果没有他们，这个领域就不会存在，即使它目前的形式并不完美。我想说，从我在各个委员会的角度来看，人们希望保持数字人文的发展，并且是健康的发展。如果数字人文有问题的话，一定要给出具体的例子，或者提出具体的解决方案，以便进一步解决。他们在听——我们在听。
> （Terras, 2013）

尽管这是一种值得称赞的态度，但这种观点也植根于数字人文及其历史的制度框架。这并不像每个人都希望这个领域"尽可能地开放和强大"那么简单，因为"开放"和"强大"取决于一个人的认识论立场。这就是为什么数字人文的大帐篷并不像乍一看那样开放。无论如何，特拉斯的挑战是值得的，本文的其余部分将尝试回应这一挑战。一个出发点是，开发和更新该领域的最佳和最有效的方法是与ADHO合作。虽然有可能提出一个全新的组织或框架，但ADHO似乎是最好的平台（至少在这一点上）。此外，通过不参与ADHO来回应特拉斯的挑战是没有意义的，也是对其非常不尊重的。

我们将会对不同水平的具体问题进行回应。对认识论的初步讨论将引出数字人文的轮廓模型。然后，这个模型将用于讨论具体问题，并在可能的情况下提出解决方案。同样，正如笔者所指出的，必须认识到没有单一一种解决办法，而且有些问题实际上可能不是问题。建议的解决方案，或全面更新数字人文的任何尝试，都需要嵌入一套策略，以真正实现这种更新。在本文结尾的行为准则和行动要点列表中，提出了许多这样的策略。

数字人文的认识论

玛塔·拉托（Matt Ratto）（2012）在一项具有强大技术成分的考古研究中，调查了多种认知传统结合在一起的情况，以及技术在其中发挥重要作用的情况。考古学家在此进行的研究，由于三个不同的原因，被三方驳斥，拉托用"认知的双重束缚"（epistemic double-binds）这个术语来描述这种情况。"认知的双重束缚"的概念描述了无法同时满足多个知识群体的需求。（Ratto, 2012:579）拉托的案例研究关注的是前罗马神庙的颇具技术含量的重建，尤其是赤陶屋顶，其中一个关键问题是挑战对这些神庙正面图像的标准解释。他们曾被视为对文化精英的宣传，但这一观点遭到了虚拟现实建构的挑战，这似乎表明精英们实际上看不到这些图像。传统的古典考古学家和赤陶考古学家不愿意把重建看作对过去的合理陈述，而更注重技术的考古学家则认为重建不够现实。第三个群体是计算机程序员和科学家，他们没有发现重建在技术水平上具有创新性。然而，也可以说，这些反驳实际上也是一种成功的迹象，因为调查项目显然同时挑战了三种传统。虽然这并不一定能保证作品的质量，但读者的反应表明了他们对认知传统（包括"考古"学科）的参与。

拉托（2012:568）指出了在技术变化和人文变化的认识论条件之间架起桥梁的困难。建模、可视化和仿真技术可以说是认知技术。通过它们的认识论嵌入性，这些技术可以指出人文学科之间和人文学科内部的裂痕，也可以加强和发展学术领域内的地位。由于数字人文是一个技术嵌入式领域，认知技术必将发挥重要作用。例如，标记和编码技术强加了某些观察和解释世界的方法，导致与构建这种结构相关的计算专业知识和一些发现自己的工作与标准化编码模式不兼容的学者之间发生冲突。来自性别或后殖民研究的数字人文主义者可能会反对计算范式和编码结构，因为他们认为编码模式中几乎没有对权力和压迫结构的认识。同样，计算驱动的企业，如文化分析和创客实验室，也深深地嵌入了它们的认识论。传统的艺术历史学家在面对一组艺术作品的可视化视频墙时，可能不会接受这样的观点，即可视化将允许对艺术进行开放式的批判性探索。创客实验室、黑客马拉松和人文与技术营地（that-camp）[①]等活动，都嵌入了一些关于技术和世界的想法，而这些想法通常似乎并不深入现实世界。正如马特恩（Mattern）指出的：

[①] that-camp是"The Humanities and Technology Camp"的缩写。它是一个开放的、便宜的"非会议"，人文学者和各种技能水平的技术专家可以在此一起学习和交流。参与者可以参加会议，也可以自己组织会议。更多详情可访问https://thatcamp.org/about/index.html。——译者注

> 黑客马拉松不仅使数据集具体化，而且这种活动的整个形式——强调效率，并假定无论面临何种挑战，最终结果都将是一个应用程序或另一个软件产品——都秉持着算法的精神。（Mattern，2013）

在数字人文中产生的相当程度的工作并没有达到双重束缚的地步，因为在知识社群中几乎没有深入的批评。因此，如果发生这种束缚，可能没有一种建设性的方法来预防或解决这种束缚。通常，批判性和认识论的参与只来自一个地方，而且通常不是基础学科或领域（数字人文之外）。总的来说，人文学科作为一个整体，对在关键层面上深入参与数字人文的工作兴趣不大。由于陷入二元对立、结构性问题和制度参数，这种批评往往是肤浅的。此外，似乎还有其他因素限制了深入的批评。数字人文（尤其是人文计算）的群体敏感性和有时的防御性立场，可能会限制该群体进行更细微的批评，而传统学科中缺乏对数字实质性的参与，可能会妨碍对此类工作的知识性参与（或引发全面的负面反应），即使这些工作是基于该学科的。如果一个基于人文学科的项目或论点遭到了该学科和数字人文（作为人文计算）的全面拒绝，我们担心的是一种认知上的双重束缚，但这种双重束缚可能不会体现出拉托案例研究中所提出的批评的深度。也有可能，数字人文（不是人文计算）大体上会拒绝这个项目或论点，认为它过于学科化或过于技术化，然后会有三个部分的反驳。一个有趣的问题是，解决双重束缚是否总是最有效的策略。不以认知的双重束缚来结束可能更好，但如果批评过于平淡和单一，也许会缺乏解释和概念的深度。然而，最终，经历一个建立认知的双重束缚的过程，然后解决它们，似乎是最具变革意义的。

这将把我们引向何方？首先，这个领域似乎总是在某种程度上无法取得成功，无论是智力的强大，还是顶级期刊的引用，开放的程度，技术、理论或物质上的参与，学科的认可，机构地位，公众参与，或者可能是作品的质量。虽然永远不会有，也不应该有一个全面的解决办法，但我们的反应可以是在认识论上更深入地挖掘，珍惜这些分歧，而不是将该领域制度化，成为一个更加单一的学科。从很多方面来说，数字人文已经是从事这类工作的地方，但是前面描述的封闭状态似乎阻碍了它在这一位置的一些潜力。成为一门学科可能会避免双重束缚和认知挑战,但这样的发展似乎是不现实的,并不是发展该领域的最佳方式。不同的传统似乎太不相似了,而且在制度上不太可能形成紧密的学科结构。笔者认为,将不同的学科、传统和参与模式在一个更松散的配置中结合起来可能会非常有效。此外,一个阈限的位置也很有用,能够挑战不同的行动者,并参与人文学科的更新。

笔者提倡一个在认识论上开放的领域,它有一个完整的制度核心和理想基础,并与整个人文学科和外部行动者合作。它容纳了人文学科和数字学科(研究对象、工具、表达媒介)之间的几种相互重叠的参与模式。这里的许多成员既属于数字人文,也属于某个领域,而其他成员主要基于数字人文。重要的是,这个机构的核心包括来自人文计算传统以及人文学科和其他传统和专业的成员。虽然许多工作被放置在不同的传统之间,但是专业的人文计算工作和专著写作以及许多其他实践都是可以被接受的,而且这些实践通过共享的平台和身份彼此进行很好的互动。

因此,该领域同时也是学科参与和跨学科认知研究的场所。如前所述,与数字人文相关的许多紧张关系和制度挑战都与这一中间位置有关。笔者认为,与其放弃这种立场,我们还不如接受并发展这种立场。拉托的研究所表现出的认知张力,对于在人文学科和数字学科之间开展一些工作,确实是有用的,甚至是必要的。

在探索这个中间位置时,有一些框架是有用的。中间区域的工作可以阐明如何进行认识论边界工作。(Galison, 1999)根据伽利森对不同范式物理学家的研究,知识群体可以围绕研究对象进行协调,即使他们对研究对象的理解和交流过程存在分歧。这里重要的一点是,协议并不总是能达成,也不总是必要的。然而,这里使用的相互作用的隐喻似乎低估了此类操作动态的、关键的和紧急的特性。临时独立区域的概念在这个意义上是非常不同的(Bey, 1991),因为它强调在受控系统(通常是政治的)断层线上的自由文化区域。边界上涌现的创造力和研究是关键参数,而临时独立区域的研究可以让数字人文认识到敏捷性的重要性,以及制度上不太稳定的重要性。然而,数字人文会永远比这些区域更加制度化。的确,对数字人文来说,体现围绕共享对象的系统认知研究,以及与临时独立区域相关的一些动态的和创造性的特点,似乎是有利的。通过对交流区进行的研究,进一步阐明了语言和权力结构在交叉性工作中的作用。（Pratt, 1991）促进这类区域需要有敏感性，特别是该框架强调对文化、社会、语言和语境敏感的重要性。在普拉特（Pratt）的研究中，人们也意识到，对于次级社群来说，需要社交和智慧空间。她说，这样的空间可以用来"构建对世界的共同理解、知识和主张，然后将它们带入交流区"（1991:40）。这与拉托的观点相呼应，即我们需要在不完全消除差异的情况下克服差异。（Ratto，2012:582）

通向数字人文的行为准则

在不消除差异的情况下克服差异需要研究和敏感性。上一节描述的所有跨学科研究框架都借鉴了具有共同价值观和观点的群体的概念。这并不意味着所有的问题都得到了解决，但是对于如何协同工作有指导方针。将这些指导方针形式化的一种方法是为数字人文制定一套行为准则。这些准则非常强大，因为它们理想地捕获并定义了整个群体所接受的参与模式、共同观点和规则，并且是成为群体成员所必需的。与其说是一项单一的陈述，不如说是若干项陈述一起构成行为准则。有时候，个别的陈述可能看起来很简单，被认为是理所当然的，或者仅仅是幼稚的，但是行为准则的工作恰恰是使所期望的东西变得透明。有时候，我们认为理所当然的事情并没有真正转化为行动，或者个人和机构的意识，而行为准则可以提醒我们，即使我们超越了，我们也有共同的价值观。笔者建议以下列表可以作为ADHO和更广泛的数字人文行为准则的开始：

1. 尝试建立一个开放的、有吸引力的、在很大程度上不受地域限制的领域，同时也展示出完整性、敏锐性，以及推进认识论边界的意愿。
2. 承认学术、技术和机构工作的不同层次，并鼓励数字人文在这些层次之间开展工作。
3. 实际地、创造性地、批判性地使用技术。
4. 不要假设数字人文只有一种模式，或者数字人文只有一种传统。
5. 在没有试图理解被攻击的立场或论点之前，不要攻击这些立场或观点。
6. 反思你自己的认知传统（单一或多个传统）所提供的话语和知识框架。
7. 认识到认知传统的嵌入性，认识到它们与实践、表达方式、物质性以及思想、理论和方法有关。
8. 谦逊和建设性的品质在与不同认知传统和立场协商时很有用。

9. 要意识到某些问题在认识论上是有负载的。在跨学科交流提出它们之前，试着对它们的背景和历史有一个良好的认识。
10. 准备好被推出你的舒适区，但也可以在多样化和有建设性的环境中，在你的舒适区中工作。
11. 基于种族、宗教、族群、语言、性别认同或表达、性取向、身体或认知能力、年龄、外貌或任何群体地位的骚扰、恐吓或歧视都是不被接受的。

对数字人文的可行性建议

虽然行为准则提供了一个重要的基础，但它并没有充分解决特拉斯的挑战。下面，笔者想提供概念基础上的可执行的建议来作为回应。虽然这些都是对挑战的回应，但它们也是一种更普遍的尝试，旨在从过渡时间的角度为数字人文勾勒出一条前进的道路。

1. 接受数字人文作为一个完整的交流区的概念，它可以承载各种认识传统、与数字的参与模式、基础设施和制度模式。这本质上是一种非地域模式，数字人文可以通过这种模式获得完整性，并与人文学科和其他参与者进行密切的、多层次的合作。这需要管理者的素质、深入的知识技术交流、对其他传统的开放态度，以及愿意超越数字人文的大帐篷理念。管理是必要的，以最大限度地发挥多种传统和认识的立场走到一起的好处。智力工作涉及批判性和技术性的深刻交织。必须对其他观点持开放态度，不要期望特定的传统应该抛弃它们的认知核心，但可以适应。大帐篷必须被那种不拘泥于一种传统的东西所取代。
2. （在所有领域）缓和侵略性和领土性的言辞和行动。这并不意味着不应该有直接且热烈的对话，但希望这种互动的特点是，在进行批评之前，先试着理解对方的立场，并将数字人文视为容纳不同认知立场的领域。这也意味着理解你自己的位置以及自己的概念和想法的特殊情况（如"合作""不错""制作""谱系学"和"临界性"）。重要的是，这并不是说要总是"友好"，尽管友好很重要，而是说要促进有意义和建设性的对话。具体来讲，行为准则可以支持这样的发展（参见前一节)。我们的目标不是在认识论上的融合,而是从不同的传统中走到一起,在这些传统中进行丰富的融合。无论如何,不从最无法解决的问题开始,可能行得通。

3. 与其为数字人文建立一个新的平台,不如利用这个最大的数字人文组织丰富的基础设施、历史和政治能力。ADHO拥有强大的机构地位,负责该领域的一些主要基础设施(年度系列会议、期刊等)。作为更新的一部分,董事会的半数席位可能来自核心选区和传统之外。当然,这将是一个重大的变化,必须理智地、严谨地进行。该领域必须保持完整,这意味着新组织必须吸引那些赞同更新数字人文理念的人和合作伙伴。

4. 利用每年的数字人文大会(Digital Humanities Conference)作为平台和测试场地进行更新,并考虑将即将召开的会议变成主要的测试场地。数字人文的实验立场也可以通过会议的形式得到体现,举例说明数字人文体现理念、基础设施和表达的方式。理想的情况是,这次会议之后的会议将是宣布执行ADHO新篇章的好时机。

5. 与其他组织和领域合作,以体现和维持数字人文作为与人文学科和数字学科合作的关键平台:记忆机构、所有人文学科、人文学科的其他平台(如人文中心和4humanity initiative)、一些解释性社会科学机构、技术和科学领域、交叉领域(如性别研究)和组织(如HASTAC)。双重或三重从属关系是一种非常有用的制度策略。人们在任何情况下都不受同一身份的限制。例如,HASTAC学者(由HASTAC及其当地机构资助的研究生)倾向于与ADHO有额外的联系。人文学科的教授可以与数字人文机构有二级联系。实际的机构结构和可能性有很大差异,但是多附属机构和成为交流区的基本理念可以以非常不同的方式实现。此外,还可以与其他地方的个人进行多种合作,但不与数字人文活动有正式的联系。

6. 将数字人文视为人文学科的平台。这并不意味着每一个数字人文主义者或数字人文机构都必须致力于人文学科的长远未来,而是他们应该承认并接受数字人文可以发挥这一功能的事实。这是一种机遇和责任,来自把数字人文视为一个阈限区域。这一功能不能强加于任何机构,但通过授权他人和开放对话,数字人文可以保留这个功能。显然,也可以有其他机构作为人文学科的平台。

7. 批判性地、创造性地参与基础设施建设。有必要为学术基础设施构建一个人文主义框架，尽管进行了几次尝试，但要使基础设施愿景与开放、包容、智能驱动的数字人文理念相匹配，还有大量工作要做。基础设施也是一个例子，说明数字人文可以从整体上帮助人文学科，并在其中可以实现显著的互利。人文主义者需要更好地理解和包装基础设施，但也需要调动他们自己工作的重要潜力来定位和解决他们自己的基础设施问题。通过这种方式，学术基础设施可以成为批判性观点和具体建设结合在一起的一个例子。这对数字人文来说似乎是一个有价值的挑战。

8. 与空间相结合。我们是处于空间位置的人，虽然学术空间常常是一种宝贵的商品，但它可以帮助引导和定位数字人文。精心设计的空间，以人性化的基础设施和数字化的存在，将认知传统结合在一起，并提供一种批判性和技术性的参与方式。这样的空间不需要很大，也不需要有特定的外观。重要的是，它们映射到正在讨论的数字人文计划的理念基础上。此外，虽然我们可能不想讨论数字空间，但有些操作根本不适合物理上的空间化。网络社区、出版平台和分布式研究环境也可以发挥重要作用。

9. 对制度特异性的重要性保持敏感。不同机构的配置、启用和约束都不同，并且存在显著的国家差异。例如，终身教职制度并不普遍，并非所有的高等教育机构都是传统的综合性大学，在技术类大学创建数字人文平台与在文理学院或综合性大学创建数字人文平台之间存在显著差异。一个中心或平台是建立在特定的机构和可用资源之上的。无论如何，从长远来看，该领域可能必须更多地考虑国家和国际基础设施，资源必须适度地集中和分散，必须有分担成本和资源的办法。与此同时，必须允许存在制度和智力上的差异。与默认采用数字人文的一般模式相比，关注本地情况的特殊性可能会带来更好的投资回报。因此，重要的是要有一系列的模式和例子，而且ADHO不会给有抱负的机构强加一个印记模式，无论是在英美世界还是在其他地方。

10. 承认数字人文的多重谱系。有许多轨迹导致了今天的数字人文，其中一些并不在官方的基本叙述中。在当前形势下，也有其他领域和学科在该领域拥有既得利益。即使它本质上是一个非领土性的模式，也总会有一些制度上的紧张，但通过不排除任何人或任何传统，这种紧张也可以是有益的。这种模型的可伸缩性取决于许多参与者和利益，学术界也不是一个零和游戏。此外，随着该领域专业化程度的提高，开放模型可以更好地在数字人文的整体背景中允许和授权子群体。

大部分观点都与必须真正意识到视角和认知传统的差异有关。我们倾向于将自己某些传统的方面视为理所当然，后退一步并不一定容易。语言和话语在为我们的认知传统设定框架方面起着至关重要的作用。笔者用两个例子来说明这一点。

数字人文通常被描述为具有内在的合作性，不仅是这个领域，还有它的技术、项目和人员。在数字人文的叙事和框架中，合作是一个活跃且可见的参数。不合作常常被理解为一种例外。利萨·斯皮罗（Lisa Spiro）指出，数字人文界将合作视为其使命和工作所必需的一种精神，并补充道："即使它认识到有些工作最好在独处中完成。"（2012:25）同样，贝萨妮·诺维斯基将"数字人文从业者在没有明确援助或合作行动的情况下工作"归类为"边缘案例"（2011:170）。此外，这种被视为数字人文核心的合作具有认识论的味道。它不是任何合作，而是与基于项目的、富含技术性的、与数字人文传统相关的工作流程可以兼容的合作。标准的研讨会不太可能以同样的方式被视为高度合作的。此外，注重数字人文的合作也意味着，该领域内的许多个人工作都是隐形的。数字人文与传统人文学科之间经常存在对立关系，数字人文被视为合作性的，而人文学科则被视为根植于高度个人主义的模式中，这一对立关系进一步强化了这一点。

另一个例子是数字人文工作中是否包含性别、权力、后殖民和环境视角。阿德琳·科赫（Adeline Koh）和罗比卡·里萨姆（Roopika Risam）（2013）认为，在数字人文的计算驱动工作中，这些类别往往被排除在外。根据他们的分析，这些类别在很大程度上是不可见的。这一说法可能有问题，但该领域确实没有沿着这些轴线受到严重影响。然而，这种情况正在发生变化，这在一定程度上是数字人文跨学科工作和扩大领域的结果。一个有趣的例子是环境人文和数字人文之间的联系，其中有许多潜在的协同作用。例如，数字人文对"制造"和智能中介软件的兴趣与探索环境人文中提供"自然"的替代叙事是一致的（参见Galison, 2014）。通过来自性别研究等领域的学者的涌入，以及随之而来的认知谈判，很可能会有更强的参与，让这些观点出现在数字人文学界中。与此同时，这些传统——当与数字人文接触时——很可能不得不就它们与技术基础设施、语言、材料和制作等方面的关系进行协商。

结　论

未来五年似乎对数字人文的形成至关重要。前面有多种可能的途径，虽然没有明确的方法来理清数字人文，但笔者在本文中建议，我们需要接受和发展该领域的阈限地位，而不是从中脱离。这个大帐篷永远不会足够大，我们需要放弃一些旧的二进制文件，作为一个在认识论上开放、充满求知欲和技术投入的事业向前迈进。我们需要意识到自己的认识论立场，并且在以认识论为基础批评他人之前，要足够宽容地去理解他们的立场。这并不意味着放弃自己的学科根基或敏锐感，而是愿意学习和协商。有一个行为准则可以帮助我们识别和培养共同的群体价值观。

在我们尝试以数字人文的一种特定模式为模板，在国际上发展数字人文之前，我们需要花时间来构建这个领域。然而，我们很可能发现，仅仅提倡一种模式永远都不合适。此外，作为一个人文学科领域的计划，数字人文可以在特定的背景下代表人文学科，并为制定和设想人文学科的未来提供一个实验平台。如果不与其他人文学科合作，数字人文永远不会足够强大。然而，这并不意味着该领域不该具有完整性，或者数字人文必须始终与人文学科的其他领域保持联系。

这也是关于谦逊的一点。作为一名年轻的英语语言学研究生，我得知考古学家科林·伦弗鲁（Colin Renfrew）爵士要来大学接受一个学术奖项。当时我的主要兴趣之一是语言史，对伦弗鲁教授的工作很感兴趣，他从考古学的角度研究语言学。我联系了他，问他是否愿意在访问期间接受采访。他接受了，我和他进行了愉快的交谈。他当时大概六十岁左右，对自己的时间很慷慨。他告诉我，他对历史语言学和考古学的兴趣使他意识到，他需要更好地掌握分子生物学。他开始参加分子生物学会议，在很长一段时间里，他坐在最后面，倾听和学习。他说他必须花时间去了解这个领域和当前的研究。他告诉我，一两年后，他真的被邀请坐在前排，积极参与对话。这让我明白了理智谦逊的重要性。伦弗鲁通过花时间学习"语言"和更多地了解这一领域来表示尊重，尽管他本可以用一种更直接的方式来使他们接受自己。在数字人文的背景下，这种慷慨和谦逊有很多值得称道的地方。即使我们不能理清数字人文，让我们至少尝试一下！

参考文献

[1] ADHO (undated). ADHO conference code of conduct. https://adho.org/administration/conference-coordinating-program-committee/adho-conference-code-conduct (accessed January 18, 2021).

[2] Becher, T. and Trowler, P. 2001. *Academic Tribes and Territories: Intellectual Enquiry and the Cultures of Disciplines*, 2nd edition. Buckingham: Open University Press/SRHE.

[3] Bellamy, C. 2013. *Humanist* mailing list. August 2013. http://lists.digitalhumanities.org/pipermail/humanist/2013-August/011183.html (accessed February 8, 2014).

[4] Bey, H. 1991. *T.A.Z.: The Temporary Autonomous Zone, Ontological Anarchy, Poetic Terrorism: Anarchy and Terrorism*. Brooklyn, NY: Autonomedia.

[5] Bowker, G.C. and Star, S.L. 1999. *Sorting Things Out: Classification and Its Consequences*. Cambridge, MA: MIT Press.

[6] Burnard, L. 2002. Humanities computing in Oxford: a retrospective. http://users.ox.ac.uk/~lou/wip/hcu-obit.txt (accessed February 8, 2014).

[7] CenterNet (undated). An international network of digital humanities centers. http://digitalhumanities.org/centernet (accessed February 8, 2014).

[8] Galison, P. 1999. Trading zone: coordinating action and belief. In *The Science Studies Reader*, ed. M. Biagioli. New York: Routledge, 137–160.

[9] Galison, P. 2014. Visual STS. In *Visualization in the Age of Computerization*, ed, A. Carusi, A.S. Hoel, T. Webmoor, and S. Woolgar. New York: Routledge, 197–225.

[10] Gold, M.K., ed. 2012. *Debates in the Digital Humanities*. Minneapolis: University of Minnesota Press.

[11] Klein, J.T. 2005. *Humanities, Culture, and Interdisciplinarity: The Changing American Academy*. Albany, NY: State University of New York Press.

[12] Klein, J.T. 2010. *Creating Interdisciplinary Campus Cultures: A Model for Strength and Sustainability*. San Francisco: Jossey-Bass.

[13] Koh, A., and Risam, R. 2013. Open thread: the digital humanities as a historical "refuge" from race/class/gender/sexuality/disability? http://dhpoco.org/blog/2013/05/10/open-thread-the-digital-humanities-as-a-historical-refuge-from-raceclassgendersexualitydisability/ (accessed January 18, 2021).

[14] Maddox, L., ed. 1999. *Locating American Studies: The Evolution of a Discipline*. Baltimore: Johns Hopkins University Press.

[15] Mattern, S. 2013. Methodolatry and the art of measure. https://placesjournal.org/article/methodolatry-and-the-art-of-measure/ (accessed January 18, 2021).

[16] Nowviskie, B. 2011. Where credit is due: preconditions for the evaluation of collaborative digital scholarship. *Profession* 2011, 169–181.

[17] Pratt, M.L. 1991. Arts of the contact zone. *Profession* 1991, 33–40.

[18] Ratto, M. 2012. CSE as epistemic technologies: computer modeling and disciplinary difference in the humanities. In *Handbook of Research on Computational Science and Engineering: Theory and Practice*, ed. J. Leng and W. Sharrock. Hershey, PA: IGI Global, 567–586.

[19] Repko, A.F. 2008. *Interdisciplinary Research: Process and Theory*. Los Angeles: SAGE.

[20] Risam, R., and Koh, A. (undated). Postcolonial digital humanities: mission statement. http://dhpoco.org/mission-statement-postcolonial-digital-humanities/ (accessed January 18, 2021).

[21] Schreibman, S., Siemens, R., and Unsworth, J., eds. 2004. *A Companion to Digital Humanities*. Oxford: Blackwell.

[22] Spiro, L. 2012. "This is why we fight": defining the values of the digital humanities. In M.K. Gold, *Debates in the Digital Humanities*. Minneapolis: University of Minnesota Press, 16–34.

[23] Svensson, P. 2012. The digital humanities as a humanities project. *Arts and Humanities in Higher Education* 11 (1–2), 42–60.

[24] Svensson, P. 2016. *Big Digital Humanities: Imagining a Meeting Place for the Humanities and the Digital*. Ann Arbor: University of Michigan Press.

[25] Terras, M. 2013. On changing the rules of digital humanities from the inside. http://melissaterras.blogspot.com/2013/05/on-changing-rules-of-digital-humanities.html

(accessed January 18, 2021).

[26] Terras, M., Nyhan, J., and Vanhoutte, E., eds. 2013. *Defining Digital Humanities: A Reader*. Farnham: Ashgate.

[27] Weingart, P. 2010. A short history of knowledge formations. In *The Oxford Handbook of Interdisciplinarity*, ed. R. Frodeman, J.T. Klein, and C. Mitcham. Oxford: Oxford University Press, 3–14.

[28] Wynne, M. 2013. *Humanist* mailing list. September 2013. http://lists.digitalhumanities.org/pipermail/humanist/2013-September/011275.html (accessed February 8, 2014).

34. 数字文学史的性别化：数字人文的价值所在
劳拉·曼德尔（Laura C. Mandell）

> 在许多前沿的批评性话语中——例如全球化理论——女性从地图上消失的速度让我无法呼吸。（Susan Friedman, in Cvetkovich et al., 2010:242）

自从安妮·斯尼托（Anne Snitow）的《性别日记》（*A Gender Diary*）于1990年出版以来，我们注意到女权主义者面临着无数的双重束缚和悖论。在讨论"女性"一词是否可以用于"项目类别"的论坛时，苏珊·弗里德曼（Susan Friedman）揭示了笔者将在此努力解决的一个双重困境。论坛的结论是，女性主义批评如果想要以书面形式出版，就不能单独作为一个恢复项目，而必须涉及多种论述。也就是说，关于"什么是重要的"（仅就本文的标题来说），需要包含更多，加上少数群体的数目和所采用的理论方法。然而，一旦有人在女权主义中加入其他批判性的论述，女性往往会从讨论中消失，这使得恢复项目变得更加必要。重申弗里德曼的观点，女性不再那么轻易地认为自己很重要，以至于"令[你]窒息"（Cvetkovich et al., 2010: 242）。

两个原则启发了笔者关于女性作家通过矛盾的必要性从价值体系中消失这一问题的分析。首先，任何文学批评都需要一种有益的方法，凯瑟琳·海尔斯称之为"媒介特异性分析……这种批评关注把文学作品作为实物制品生产出来的物质工具"：

> 在印刷品500年的催眠下，文学研究慢慢地意识到印刷机的重要性。文学批评和理论中充斥着印刷行业特有的未被承认的假设。直到现在，作为电子文本的新媒体生动地宣称它的存在，这些假设才清晰地显现出来。（Hayles, 2002:29—30）

笔者的第二个原则是，尽管新媒体使这些源自印刷文化的"未被承认的假设"成为可能，但性别分析使它们变得突出。也就是说，印刷文化已经吸收并物化了早期形式的排斥女性情况，并将其应用于自身，因此，将女权主义与特定于媒体的分析相结合，可以为分析我们自己的"嗜睡"提供一个强大的工具，以便清醒地创造数字形式。

在展示了女性作家正在被恢复和遗忘的循环之后，无论是在印刷领域，还是潜在的数字媒体领域，笔者将研究印刷媒体是如何将自己模糊为一种媒介，通过将女性形象作为物质的、短暂的和历史性重叠的替罪羊，彻底地假装将意图从一个人的头脑转移到另一个人的头脑。接下来，笔者将研究两个旨在恢复女性作家的数字项目，它们不仅为我们提供了新的内容，还完成了结构性的工作：它们试图与女性主义的悖论作斗争，即在培养大量女性作家的同时，对她们进行个人评价。最后，笔者想说的是，即使是在分析大数据的过程中，女性作家也要融入大量的语境，但笔者也希望女权主义者能在数据挖掘和主题建模方面作出重要贡献。从整体上看，本文论证了女性主义数字文学史需要像苏珊·布朗（Susan Brown）和她的同事们所呼吁的那样，在进行性别分析的同时，还要进行媒体分析。（Brown et al., 2006:320）

遗忘周期

1989年，罗杰·朗斯代尔（Roger Lonsdale）出版了他的牛津诗集《18世纪女性诗歌》（*Eighteenth-Century Women's Poetry*），在介绍这本诗集时，他不仅指出英国教授对这个主题知之甚少，还指出了更早的一个时刻，即18世纪末，当时出版女性诗人的数量如此之多，以至于没有人认为她们会从我们的文学视野中消失：

> 拉尔夫·格里菲思（Ralph Griffiths）在回顾[三十多本诗集中的一本][18世纪90年代女性所写的]诗歌时，觉得自己能够[发声]："女性在自然能力上是否不如男性，或者在智力上是否不如男性，这不再是一个问题。"（*Monthly Review*, 1798, 引自 Lonsdale, 1989:xxi）

"回想起来，"朗斯代尔补充道，"格里菲思的自满……一定显得荒唐得没有道理……任何承认对18世纪女性诗人有兴趣的人，很快就学会礼貌地接受这样一个充满怀疑的问题：'当时有女性诗人吗？'"（Lonsdale, 1989: xxi）尽管有数百位女性作家——网站数据库上的"卡迪夫科维女性作家"（Cardiff

Corvey Women Writers）列出了1790年至1835年①间出版的1065部女性作品——但在文学史上的某个时期，这些女性作家却不再算数。

1998年，凯茜·戴维森（Cathy Davidson）提出了一个与拉尔夫·格里菲思1798年的主张非常相似的观点。在描述1985年前后的出版物时，她有足够的信心断言，女性作家的出版取得了胜利；它们不会再被遗忘：

> 【尼娜·贝姆（Nina Baym）和简·汤姆金斯（Jane Tomkins）】致力于在美国文学中展现女性的传统……灯塔出版社（Beacon Press）、女权主义出版社（the Feminist Press）、牛津大学出版社（Oxford University Press）【尤其是"19世纪黑人女作家施姆堡图书馆"（The Schomburg Library of Nineteenth-Century Black Women Writers）系列丛书】和罗格斯大学出版社（Rutgers University Press）的系列作品——仅举几个例子——改变了美国文学的正典。（Davidson,1998:447—448）

然而，尽管可以庆祝正典的改变，但是当使用数据挖掘技术来计算过去几十年出版的选集中的作家数量时，结果表明女性作家数量尚未取得重大进展。（Levy and Perry, 2015）甚至在1985年以后，女权主义者仍然致力于恢复被遗忘的女性作家，特别是早期的现代女性作家，她们以手稿形式"发表"，而不是印刷形式。（Ezell, 1993）凯瑟琳·萨瑟兰（Kathryn Sutherland）在20世纪90年代的一篇文章表达了她对通过数字媒体将女性作品公之于众的期待，她认为印刷版未能做到这一点：

> 如果计算机不能代替书籍，它们可以在没有书籍的情况下作为补充；这就是我作为一个致力于恢复女性写作的学者所关心的。（Sutherland, 1993:53）

但20世纪90年代进行的许多项目都半途而废，比如萨瑟兰自己的"伊莱克特拉项目"（Project Electra），据笔者所知，该项目被牛津文本档案库（Oxford Text Archive）吸收学习了，它最初是一个未被标记的女权主义

---

① CW3数据库可以在网页上免费使用，网址为：https://www2.shu.ac.uk/corvey/CW3/。本数据库列出的一些作品可通过内布拉斯加州柯维小说项目（Nebraska Corvey Novels Project）获得：http://english.unl.edu/sbehrendt/Corvey/html/Projects/CorveyNovels/CorveyNovelsIndex.htm。

第五章　数字人文的过去、现在和未来

项目。

许多女性写作的数字恢复项目，比如"伊莱克特拉项目"，从未实现过自己的雄心壮志："伊莱克特拉项目"已经商业化——现在由"亚当马修数字资源"（Adam Matthew Digital）销售；——《查顿庄园在线小说》（Chawton House Novels Online），包括许多女性作家，自从皮克林与查托出版社（Pickering & Chatto）开始将其作为印刷版系列出版以来，就被撤下了。一些数字选集确实存在并持续存在：女性作家在线项目（Women Writers Online, http://www.wwp.northeastern.edu/wwo），下面将详细讨论；玛丽·马克·奥克布隆（Mary Mark Ockerbloom）的"女性作家庆典"（Celebration of Women Writers, http://digital.library.upenn.edu/women/writes.html）、"维多利亚女性作家计划"（Victorian Women Writers Project, http://webapp1.dlib.indiana.edu/vwwp/welcome.do），最近在米歇尔·达尔穆（Michelle Dalmau）的努力下重新焕发了活力；笔者的"女诗人档案库"（Poetess Archive, http://www.poetessarchive.org），正在恢复活力。但有几个2000年至2005年这段时间以来就没有更新过：例如埃默里"女性作家项目"（the Emory Women Writers Project, http://womenwriter.library.emory.edu）、戴维斯英国浪漫主义女性作家（British Romantic Women Writers at Davis, http://digital.lib.ucdavis.edu/projects/bwrp）。"来自间隙的声音：有色人种的女性作家和艺术家"（Voices from the Gaps: Women Writers and Artists of Color, http://voices.cla.umn.edu）最近一次更新是在2009年——这些都不是现在的项目。我们有网站提供女性作家的日记和信件[①]，许多独立的女性作家都在http://www.luminarium.org上，这是一本文集；我们有一个不错的艾米莉·狄金斯（Emily Dickinson）网站，尽管她自己的作品被艾姆赫斯特学院（Amherst College）和哈佛大学（Harvard University）分别放在不同的网站上（http://www.emilydickinson.org）；"伍尔芙在线"（Woolf Online）只有一本小说（http://www.woolfonline.com）；伊丽

[①] 有些不错的网站刊登了一些信件：玛丽·沃特利·孟塔古夫人（Lady Mary Wortley Montagu）的信（http://andromeda.rutgers.edu/~jlynch/Texts/montagu-letters.html）、伊丽莎白·芭蕾特布朗宁（Elizabeth Barrett Browning）的信（http://digitalcollections.baylor.edu/cdm/landingpage/collection/ab-letters）、乔治·艾略特（George Eliot）的信（http://www.warwickshire.gov.uk/georgeeliot）。还有一些爱尔兰作家的日记：多萝西·斯托福德·普莱斯（Dorothy Stopford Price）的日记（http://dh.tcd.ie/pricediary）、玛丽·马丁（Mary Martin）的信（http://dh.tcd.ie/martindiary）。

615

莎白·芭蕾特·布朗宁（Elizabeth Barrett Browning）的网站（http://ebbarchive.org/index.php）的规模还相当小；还有一个不为人知的男爵夫人艾莎·冯·费莱塔格–萝玲霍芙（Elsa von Freytag-Loringhoven）的网站（http://digital.lib.umd.edu/transition?pid=umd:50580）提供了她的诗歌的许多版本，但她的全部作品规模较小。除了薇拉·凯瑟档案馆（Willa Cather Archive, http://cather.unl.edu）和极具潜力的简·奥斯汀小说手稿（Jane Austen's Fiction Manuscripts）网站（http://www.janeausten.ac.uk/index.html），目前我们还没有像惠特曼、布莱克或罗塞蒂的档案馆，也没有莎士比亚（Shakespeare）、托马斯·格雷（Thomas Gray）、赫尔曼·梅尔维尔等人的网站那样的规模——也就是说，没有网站专注于通过许多版本和修订，为我们呈现女性的全部作品，连同她们所有的信件、日记和其他作品。

许多个人做的20世纪90年代的网站已经消失了，正如乔治亚娜·齐格勒（Georgianna Ziegler）2001年发表的一篇文章《女性作家在线：网络资源的注释书目》（"Women writers online: an annotated bibliography of web resources"）（http://extra.shu.ac.uk/emls/06-3/ziegbib.htm）和艾伦·刘的"穿梭机的声音"（Voice of the Shuttle）中少数民族的页面（http://vos.ucsb.edu/browse.asp?id＝2746）显示的。有些网站还在，但没有以任何方式完成，并且现在已经过时了：例如诺里奇的朱利安（Julian of Norwich）、马杰里·肯普（Margery Kempe）、玛丽·李颇（Mary Leapor）、安·伊尔斯利（Ann Yearsley）、安娜·巴鲍德（Anna Barbauld）、玛丽·海斯（Mary Hays）、吉恩·图默（Jean Toomer）和佐拉·尼尔·赫斯顿（Zora Neale Hurston）。埃米·埃尔哈特（Amy Earhart）谈到了通过网络开放正典的早期希望，以及这些自创项目的逐渐消失，这些项目与那些资金雄厚的大型项目相比显得微不足道。那些大型项目只是重申了大男子主义的正典地位：

> 虽然许多早期的文本数字化者相信网络是一个可以打破正典的空间，但也有少数例外，大多数早期的项目加强了正典的偏见。（Earhart, 2012:312—313）

因此，尽管1798年至1998年的学者们宣称，女性作家的缺席是我们能够或已经克服的一个情况，但无论是从印刷选集还是从整个网络来看，这种缺席可能会持续下去，且假装它们是伟大的选集。

恢复项目的需求并不大。在上文引用的论坛"女性作为项目类别"中，安·克维特科维奇（Cvetkovich）、苏珊·弗赖曼（Susan Fraiman）、苏珊·斯坦福·弗里德曼和米兰达·叶吉（Miranda M. Yaggi）似乎同意，正如克维特科维奇所说："如果他们认为女性写作的历史足以证明该项目的合理性，那么只关注女性作家的项目就会受到限制。"（Cvetkovich et al., 2010:248）为此，叶吉补充道：

> 虽然我们曾经可以用"女性写作"这个标题来为女性作家们共同的压迫感辩护，但这样的辩护已不再奏效。我们需要寻找其他更广泛的框架……（Cvetkovich et al., 2010:236）

"女性"这一类别再也不能被纳入学术了。仅仅处理对女性的压迫是不够的。虽然努力让女性写作的历史脱颖而出是很重要的，但只有当它是数字化的时候，它才是真正合理的。叶吉补充说："即使是'恢复'这个词，如果没有立即被认定为'数字化'，并且与早期的（印刷）恢复模式脱节，也会引起人们下意识的反感或不感兴趣。"（Cvetkovich et al., 2010:248）这种"脱节"再次涉及将一个人的兴趣扩展到其他"探究领域，如印刷文化史、科学技术或跨大西洋研究"（Cvetkovich et al., 2010:248）。然而，如果像笔者所建议的那样，存在着遗忘女性作家的周期，我们就会与恢复脱节，这对我们来说十分危险。此外，在这个论坛上，两名不同的发言者在两种不同的背景下坚持认为，只有扩大到包括其他领域，女性主义作品才会成为"可出版的"（Cvetkovich et al., 2010:247,249）。为什么他们如此重视出版一本书，以至于鼓励女权主义者放弃参与恢复女性作家地位这一不受欢迎的任务，转而出版一本书呢？

印刷书籍可以成为一个纪念碑，但是，当它成为一个学科纪念碑时，它就是一个去文本化的事物。印刷术提供了一个无声的，可能是无形的、据称是永恒的表达场所，正如皮埃尔·布尔迪厄（Pierre Bourdieu）（1979:72）所言："永生是任何阶层（无论是知识分子还是其他阶层）中最受追捧的社会特权之一。"笔者认为，这本书承载并孕育了超验的雄心壮志，把这些思想家从恢复计划引向纪念碑式的尝试。但是，尽管论坛的参与者希望女权主义获得永生，但笔者现在要证明的是，通过印刷书籍来实现永生的尝试，在本质上对女性作家是有害的。（从现在起一个世纪后，是否还会有包含和男性一样多的女性作家的21世纪批评文集，其中一些被认为是重要的？）笔者现在要说明的是，正是这种对超验的渴望，在印刷书籍的滋养下，贬低了女性作家，把她们降格为转瞬即逝的小人物。

被印刷遗忘

在媒介过程中，当一个人在写作并出版一本书的时候，无时无刻不在关心自己在中介行为中以及通过媒介的行为流芳百世。在笔者1999年出版的《厌女经济》（*Misogynous Economies*）一书的一章中，笔者认为，通过印刷作品获得流芳百世的渴望，促使女性文学史从选集和教科书中被系统性地抹去。（Mandell, 1999:107—128）因此，例如，在学科选集出现的时候，罗伯特·骚塞（Robert Southey）出版了两部不同的选集，用目录创造了散布在英语研究领域的文学纪念碑。其中一本名为《晚期英国诗人合集（附简介）》（*Specimens of the Later English Poets, with Preliminary Notices*）的三卷本诗集，列出了213位作者，其中很多是女性。这本书的索引是他的目录的两倍，其中列出了这些作者所处的时代和他们的去世日期。在一篇关于希腊词"anthologia"（"花卉集"）含义的文章中，骚塞在介绍他的选本时解释说，他只是在收集不同时期的作家，这样人们就能看到在更早的时期，普通甚至糟糕的写作是什么样子的：

> 许多毫无价值的诗人被纳入英国诗人，因为他们对死者展现的仁慈……还有其他的原因，包括被上帝摈弃的人，以及被上帝选中的人。我的工作是像收集植物标本一样收集诗歌标本；而不是为了收集一把精品花束那样去采花……[前几代人]对于大众品味，与其从好的诗人那里去评价，不如从一般的诗人那里去评价；因为前者是为同时代的人写的，后者是为子孙后代写的。（Southey,1807:iv—v）

这不是一把活着的花束，而是一本花的标本集。它们曾经很流行，但最终并非永恒。要做到这一点，你必须去看骚塞1831年的诗集《英国诗人作品精选：从乔叟到琼森（附生平简介）》（*Select Works of the British Poets, from*

Chaucer to Jonson, with Biographical Sketches），其中包括21位男性诗人的传记小品，他们真实的、不朽的名声"不是现在时"，因为它一直延续到现在和永远。伟大的作家脱胎于历史背景，而历史背景本身已经死亡和枯萎，他们成了传统的一部分，是超验的，是不朽的。编选者骚塞和威廉·哈兹里特（William Hazlitt）将英国文学的学科定义为超越性的传统，他们完成了这一任务，将女性作家转变成纯粹的历史背景，即与正典相对的"被遗弃者"，而不是"被选中者"（Southey, 1807:iv）。

在一个相关的论点中，朱莉娅·弗兰德斯指出了印刷文化体现女性作家的另一种方式，而不是超越男性作家的方式。早期现代女性作家的编辑方式与男性不同，很多女性作家一生只出版过一次作品，根本就没有可以在设备中进行比较的印刷版本。相比之下，男性的作品则被反复出版。因此，权威的男性作家通常要经历的编辑过程——编者列出当地、同时代出版的"意外"版本，以及各种目击者之间的不同版本——把材料文件变成了包含作者不朽意图的永恒文本，去掉了所有偶然意义。每一个单独版本的历史背景都被清除掉，归为说明意义的注释。（Flanders, 1997:133—134）同样，女性作家只出现在单一印刷的实体印刷品上。由于在男权主义编辑理论中，"作者的文本"被理解为"普遍化的、无实体的文本性"，任何"有形的文件"在其最初具体呈现的地方都被理解为"腐败与堕落"，并被牢牢地置于"畸形与离经叛道的领域"；它被视为"一个不贞洁的女性身体"，可以被"惩罚"，以产生一个反映纯粹的、无实体的作者意图的文本。（Flanders, 1997:129）女性的写作很容易被归入怪异、不洁和被摈弃的范畴。

骚塞的选集行为表明，在学科选集和权威版本中保留男性作家本身并不足以使他们的作品永世不朽：作品集必须同时包含具有历史意义的作品和摹本。大众印刷的选集、选集教科书以及"权威"版本均为性别歧视服务——这里不是说印刷本身的媒介，而是我们为奠定文学史学科基础而构建的媒介形式。这种性别歧视使得女性作家的作品被编码为纯粹的历史性的短暂事物和纯粹的实体性作品，习惯性地、有规律地、周期性地消失。（Ezell, 1990;Woods, 1994; Mandell, 1999）在回顾布朗"女性作家项目"时，苏珊·伍兹（Susanne Woods）（1994:19）问道："我们如何才能永远地恢复早期女性的英语写作?"

事实上,女性写作的最终结局是否在出版后没有价值,无论是电子版还是纸质版,只能被一次次地恢复?我们还得继续找吗?这些问题对数字文学史学家来说至关重要,因为笔者认为,回答这些问题将表明,如何让女权主义的数字恢复项目真正实现它们的初衷:恢复文学史上的女性作家地位,即使不是一劳永逸,也会比目前的情况长久一些。历史数字档案的创造者能让女性发挥作用吗?如果能,又该如何发挥作用?

数字去语境化

印刷书籍想要成为永恒的纪念碑,这一雄心使它"一劳永逸"地恢复女性作家的能力受到了质疑,因为女性必须被定义为昙花一现,以便提供必要的对比,并遏制物质性回归的威胁。同样的情况在数字媒体中也出现了吗?尽管数字媒体的"闪烁的符号"在纪念碑的问题上并不坚如磐石,但它们仍然生活在一个据称是无实体的领域中。(Hayles, 1999)用XML编码数字版本,特别是在文本编码倡议联盟提供的一组标签中,确实需要一定程度的抽象处理,使其远离物质和屏幕上的文本呈现:正如艾伦·刘(2004)成功论证的那样,这也需要实现超验的雄心。笔者认为,正是同样的雄心,促使对女性写作的编写仅仅是对印刷品的历史兴趣。

此外,正如韦尼蒙特(Wernimont)(2013:5—6)所建议的,收集一个数字规模"宏大"的材料档案,这种想法参与了一种"不朽的逻辑"。和埃伦·鲁尼(Ellen Rooney)一样,韦尼蒙特谴责的只是一些附加项目,其目标是创造出数量最多的在线女作家。显然,她是对的:性别歧视影响了计数的方式,因为男性纪念碑是通过在一个男人的全部作品中增加文本数量来建立的,而女性主义档案的不朽之处在于增加了作者的数量。不断增加女性作家的数量,让用户很难知道应该给任何一个作家多少关注。毕竟,如果你不知道什么数字是有意义的,或者不知道如何以一种与数字无关的方式来解释重要性,那么过多的信息和过少的信息都一样糟糕。最近的评论家说数字媒体提供"历史的花园"(Hatfield, 2006,引用自Callahan, 2010:4),表明我们可能离选集模式不远了:对于数据库和选集,我们可以说,数据库/选集中有几个伟大的男性,每个人都有很多作品;数据库/印刷选集中有很多女性,每个人都有很少的作品。韦尼蒙特(2013:6)坚持认为,女性作家的数字项目必须"通过帮助用户整理大量数据,并在某种程度上反对纪念碑主义,从而促进访问"。

以什么方式呢?我们怎样才能反对纪念碑主义呢?如果我们在一定程度上通过恢复女性作家的数量来推动这一趋势,那么每个女性作家都能被视为重要的,这样一个文学领域还剩什么位置呢?弗兰德斯注意到一个与女性写作地位有关的悖论:我们坚持它的物质性和存在性,通过提出大量的女性作家,拒绝以权威的、无实体的方式编辑这些作家,由此来挫败超验的野心,然后我们按照女性作品是材料而男性作品不是材料的标准来编辑它们。但是如果我们按照权威版本的标准来编辑它们,我们就延续了一套标准,根据这些标准,大多数女性作家的作品都被诋毁为转瞬即逝的,不被视为文学作品,而被视为历史趣味。(Flanders, 1997:137,140—141)

重新语境化

评价女作家的问题如下:要使女作家有价值,就必须为她们创造权威的写作版本,贬低物质主体,无视性别的特殊性,或者更严重一点儿,贬低性别的特殊性,把它当作替罪羊,好像它要为死亡和物质本身负责似的。苏珊·贝拉斯科(Susan Belasco)(2009:332)将权威版本的结构指定为"基础结构",这表明,如果没有这样的基础结构,文学评论家对女性作家的讨论就不会像权威男性作家那样频繁,尽管已经有大量针对女性作家作品的文学批评。把我们的注意力从"权威版"(印刷的后遗症)转移到更广泛的"基础结构"上,可以让我们思考一种替代工具的方法,这种工具需要一篇没有实体的文本,或者像编辑理论所说的"作品"。[①]它也使我们能够数字化思考。两个女权主义数字项目协调了女性写作的基础结构:(1)"奥兰多:从开始到现在,不列颠群岛的女性写作"(Orlando: Women's Writing in the British Isles from the Beginning to the Present,http://orlando.cambridge.org);

---

① 这种做法类似于杰罗姆·麦甘恩、麦肯齐(D. F. MacKenzie)等人反对将作者意图作为编辑实践的论点。(Flanders, 1997:132)

（2）"女性作家项目"以前在布朗大学（Brown University），现在在美国东北大学（Northeastern University, http://www.northeastern.edu/nulab/women-writers-project-2）。

"奥兰多"项目（Orlando project）有效地废除了正典，并通过其社会经济和数字基础设施让女性有价值。由于得到了慷慨的资助，"奥兰多"项目能够聘请许多有能力的研究人员，深入了解1139名女性作家的背景。她们被深度地语境化，通过

> 两种不同类型的文档。第一类是关于个别作家（主要是英国女性作家，也有选择地包含一些男性和国际女性作家）的广泛的生平批评文章，这些文章被深深地标记为结构（如段落、文件划分）、内容（如姓名、组织）和解释性材料（如政治从属关系、性别身份、职业；作者问题、互文性、里程碑式的文本）。第二类由相关材料的简短记录、历史重大事件和将我们对文学史的看法纳入语境的细枝末节组成。（Grundy et al., 2000:269）

在年表方面，例如，与玛丽亚·阿布迪（Maria Abdy）同时写作的女性作家，会共用在为她生成年表时列出的所有背景事件。（图34.1）

因此，阿布迪的世界被赋予了丰富的描述，但这种描述适用于她那个时代的许多人，也适用于构成她的背景的所有女性作家。互文性标记可以说是"奥兰多"语义标记中最有趣的：在这里，女性的写作与他人的写作相联系，包括男性和女性，他们被引用，被称呼，或被每个作家提及。（Brown et al., 2004）"奥兰多"不是女性作品的收集，而是女性作家的工具。笔者认为，"奥兰多"的基础设施是专门设计让大量女性作家发挥作用的。

"女性作家项目"的文本库名为"女性作家在线"（WWO），展示女性写作：最近有150个文本，平均每年有15个新文本。在WWO中，文本的重要性被保留下来——例如，长s[①]，以及原始拼写，但它不只是提供复印版本。

[①] 长s（long s）是小写字母s的古代变体，现在已放弃使用。——译者注

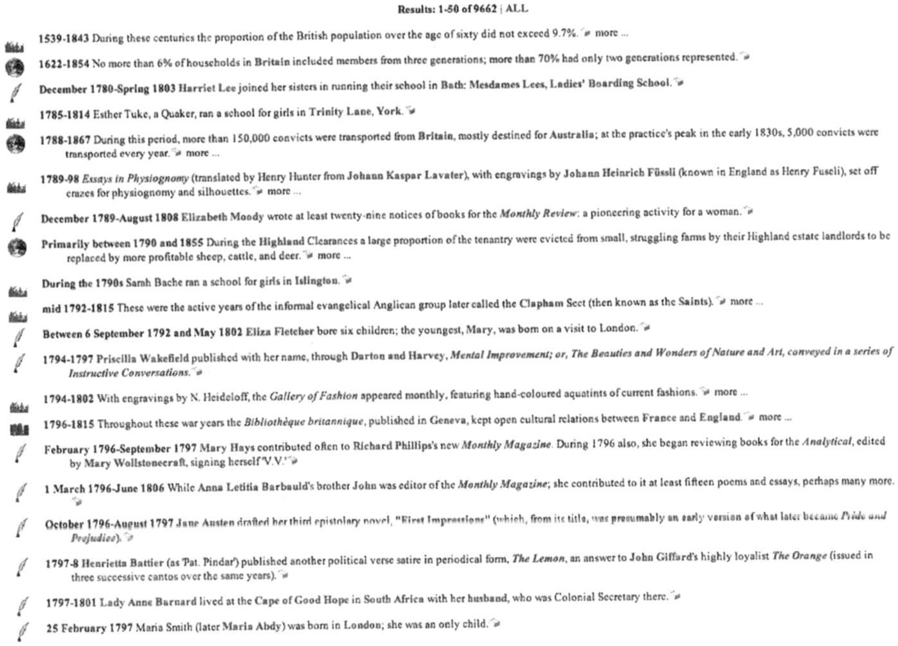

Results: 1-50 of 9662 | ALL

1539-1843 During these centuries the proportion of the British population over the age of sixty did not exceed 9.7%. more ...

1622-1854 No more than 6% of households in **Britain** included members from three generations; more than 70% had only two generations represented.

December 1780-Spring 1803 Harriet Lee joined her sisters in running their school in **Bath: Mesdames Lees, Ladies' Boarding School.**

1785-1814 Esther Tuke, a Quaker, ran a school for girls in **Trinity Lane, York.**

1788-1867 During this period, more than 150,000 convicts were transported from **Britain**, mostly destined for **Australia**; at the practice's peak in the early 1830s, 5,000 convicts were transported every year. more ...

1789-98 *Essays in Physiognomy* (translated by Henry Hunter from **Johann Kaspar Lavater**), with engravings by **Johann Heinrich Füssli** (known in England as Henry Fuseli), set off crazes for physiognomy and silhouettes. more ...

December 1789-August 1808 Elizabeth Moody wrote at least twenty-nine notices of books for the *Monthly Review*: a pioneering activity for a woman.

Primarily between 1790 and 1855 During the **Highland** Clearances a large proportion of the tenantry were evicted from small, struggling farms by their Highland estate landlords to be replaced by more profitable sheep, cattle, and deer. more ...

During the 1790s Sarah Bache ran a school for girls in **Islington.**

mid 1792-1815 These were the active years of the informal evangelical Anglican group later called the **Clapham** Sect (then known as the Saints). more ...

Between 6 September 1792 and May 1802 Eliza Fletcher bore six children; the youngest, Mary, was born on a visit to **London.**

1794-1797 Priscilla Wakefield published with her name, through **Darton and Harvey**, ***Mental Improvement; or, The Beauties and Wonders of Nature and Art, conveyed in a series of Instructive Conversations.***

1794-1802 With engravings by N. Heideloff, the *Gallery of Fashion* appeared monthly, featuring hand-coloured aquatints of current fashions. more ...

1796-1815 Throughout these war years the *Bibliothèque britannique*, published in **Geneva**, kept open cultural relations between **France** and **England**. more ...

February 1796-September 1797 Mary Hays contributed often to **Richard Phillips**'s new ***Monthly Magazine***. During 1796 also, she began reviewing books for the ***Analytical***, edited by **Mary Wollstonecraft**, signing herself 'V.V.'

1 March 1796-June 1806 While **Anna Letitia Barbauld**'s brother **John** was editor of the ***Monthly Magazine***; she contributed to it at least fifteen poems and essays, perhaps many more.

October 1796-August 1797 Jane Austen drafted her third epistolary novel, **"First Impressions"** (which, from its title, was presumably an early version of what later became ***Pride and Prejudice***).

1797-8 Henrietta Battier (as 'Pat. Pindar') published another political verse satire in periodical form, ***The Lemon***, an answer to **John Giffard**'s highly loyalist ***The Orange*** (issued in three successive cantos over the same years).

1797-1801 Lady Anne Barnard lived at the **Cape of Good Hope** in **South Africa** with her husband, who was Colonial Secretary there.

25 February 1797 Maria Smith (later **Maria Abdy**) was born in **London**; she was an only child.

图34.1　《奥兰多》的玛丽亚·阿布迪的编年史

文本是类型化的，因此可以通过WWO上现有的可视化工具进行分析。它们还使用特定于WWO的TEI变体进行深度编码。这意味着对每一个文本的呈现都非常谨慎；事实上，编辑们的工作是有报酬的，牛津大学出版社偶尔会出版一册书来满足课堂和研究人员的需求。除了对每个作家的关注之外，WWP还获得了几项重要的资助。美国国家人文基金会数字人文办公室支持工具建设而非档案建设，支持创新而非维持。（Earhart, 2012:314）正如苏珊·布朗和她的同事们所指出的，在数字媒体中"服务"或"传递"女性的写作（或任何一种写作）都被编码为女性的任务，这种服务近乎奴性。（Brown et al., 2008:37）通过代码开发和工具构建，"女性作家项目"得到了资金支持。（Wernimont, 2013:15,18）

我们现在有这两个典型的项目："奥兰多"和"女性作家在线"。现在的情况是什么？"仅仅存在，"韦尼蒙特问道，"存在的事实，存在于数字档案中的女性作品，是否足以解决女性写作持续被边缘化的问题？"（2013:4）这还不够：正如每一位优秀的数字人文主义者所知道的那样，"构建它，他们就会出现"是一种危险的哲学。特别是"奥兰多"，凭借其解释性的标签集,不仅仅是提供女性的数字传记:它参与了"知识代表的政治"(Brown et al, 2006:323);它提供了韦尼蒙特(2013:8)所称的"女权主义对筛选和编辑的核心的一种回应"。事实上,布朗、克莱门茨(Clements)和格伦迪(Grundy)说:"我们试图设计一个标签集,让人们看到以前的文学历史方法让人们看不到或排斥的东西":

> 与以往文学史上把女性排除在外的做法形成鲜明对比的是,我们试图把女性纳入我们正在构建的文学史。(Brown et al., 2006:321)

上面提到的互文性标签只是改写女性文学史的一个例子,考虑到每个作家与男性作品的互文联系都比与其他女性作品的联系多得多(Brown et al., 2004:197),因此女性作品不会被当作一种文学传统。"奥兰多"和"女性作家项目"都能够向投稿者付费,这使得两家档案馆都有必要收取订阅费。现在,作为一个关注文学未来形态的学者群体,我们要做的是,坚持让我们的图书馆订阅,支付这些能够令这种新型基础设施成为可能的费用,这对恢复文学史至关重要。在这方面,消费是生产的一种形式:作为坚持这些项目的消费者,我们正在共同设计由互联网构成的档案。

大数据与编码数据

最后,笔者想讨论一下不可胜数性(countlessness),这是一种新型的纪念碑主义——这次是数字化的——它有再次贬低女性作家的危险。为什么呢?"奥兰多"中的1139位女性作家加上WWO的150位,一共是1289位女性作家。在海量的数据集中,女性作家还不够多:在绝对最大的数据集中,女性作家的数量与所有男性作家的数量相比都是小巫见大巫,在数据流中即使不是微不足道的,也只是一个小子集。玛格丽特·埃泽尔(Margaret Ezell)成功地提出,20世纪的选集通过关注印刷文化,抹杀了早期现代女性作家。但她指出,数字技术也有类似的问题。数字出版的"电子'档案'模式"——由于其"规模、范围和包容性"而获得成功的在线版本——可能会抹去女性文学史的相当一部分,就像20世纪恢复女性作家地位的选集在享有印刷特权的情况下所做的那样。她向我们展示了,早期现代女性作家以手稿形式发表作品,有时还会是一些根本不打算流通的小册子。因此，这些手稿不应被指定为非文学或无趣的：

> 由于较早的批评术语和文本概念很容易被转换进新的编辑媒体，我认为电子项目的编辑需要更多地意识到文本的重要性、手写文化的社会习俗（因为它们可能与印刷文化不同）以及学者们对这些独特的、单一的文本感兴趣和重视的多种方式。（Ezell, 2010:108）

对于埃泽尔来说，拒绝"编辑"这些手稿的"沟通方式"的"丰富性和复杂性"，是"积极的女权主义对编辑原则的质疑"的一种方式——同样，这对于通过关注媒介让女性作家在文学史上占有一席之地至关重要。

然而，我们在这里面临着另一种双重束缚——这一次是在不可胜数性的纪念性和精心编辑之间。在我们将女性写作和历史档案转移到互联网的过程中，无论是精心编辑，还是产生大量的女性作家，都不会避免复制女性在印刷文化中的隐形性，因为数字人文主义者将注意力集中在算法上探索大数据。贝萨妮·诺维斯基在米丽娅姆·波斯纳（Miriam Posner）（2012）关于女性程序员的博客评论中注意到，参与主题建模、数据挖掘和高等数学计算工作的女性很少。如果女权主义者只创建档案，而不通过学习如何使用新工具来探索它们，从而进一步开展前沿研究，那么我们就有可能只会让编辑工作本身被女性化，并被贬低为文学研究领域的服务。在我们对女性历史档案中无数的文件进行编码，并且以使它们在理论上变得有趣的方式进行编码时，也让我们在这些网站上进行前沿的数字研究，因为，为了谈论重要的成果，世界将不得不谈论费利西娅·赫门兹（Felicia Hemans），而不是赫尔曼·梅尔维尔。在我们这个时代，对大量女性文本进行大量的编码是至关重要的，这样可以塑造由网络构成的文学史。但是，在最终的文档上尝试算法和创新设计也是如此，不管文档有多小。

印刷书籍中有一种对女性的厌恶，这种双重束缚一直存在，它坚持认为，为了克服性别歧视，女权主义者必须同时承担更大或者更小的责任。我们不断地发现自己陷入了一种自相矛盾的必要之中：需要出现很多女性作家从而让她们变得有意义，但同时又要专注于其中的一两个，以免失去意义。同样的厌女主义经济也威胁着我们在数字领域的生存。大多数恢复项目为我们提供了大量的女性作家，但他们不去关心和提升每一个人的重要性，这也是"奥兰多"和

"女性作家在线"无法回避的问题，它们分别通过丰富的语境和精心的编辑来尝试解决。但是，数字化给女性作家带来了一个新的威胁：它对不可胜数性的评估。大数据有可能彻底清除女性作家的历史，因为女性作品最初是通过手稿流通和小印刷量出版的。答案不是在绝望中什么也不做，而是两者兼而有之。正如"奥兰多"通过个性化的机械手段为我们带来了许多女性作家，但同时又把注意力集中在她们所有人身上，这是一种矛盾的需要，我们也可以面对这种新的双重束缚。无论数量多少，数据都可以被无限地分割和分析：我们需要对女性作家的档案进行前沿研究，即使这些档案没有提供大数据的不可胜数性。然后，当一位学者回顾3000年的历史，总结重要的研究成果时，会注意到女性的历史对21世纪的世界极其重要。"最重要的理论和技术进步，"她说，"是在探索女性文学史中发现的。"

参考文献

[1] Belasco, S. 2009. The responsibility is ours: the failure of infrastructure and the limits of scholarship. *Legacy* 26 (2), 329–336.

[2] Bourdieu, P. 1979. *Distinction: A Social Critique of the Judgement of Taste*. Trans. Richard Nice (1984). Cambridge, MA: Harvard University Press.

[3] Brown, S., Clements, P., and Grundy, I. 2004. Intertextual encoding in the writing of women's literary history. *Computers and the Humanities* 38, 191–206.

[4] Brown, S., Clements, P., and Grundy, I. 2006. Sorting things in: feminist knowledge representation and changing modes of scholarly production. *Women's Studies International Forum* 29, 317–325.

[5] Brown, S., Clements, P., and Grundy, I. 2007a. An introduction to the Orlando project. *Tulsa Studies in Women's Literature* 26, 127–134.

[6] Brown, S., Clements, P., Grundy, I., Balzas, S., and Antoniuk, J. 2007b. The story of the Orlando project: personal reflections. *Tulsa Studies in Women's Literature*, 26 (1), 135–143.

[7] Brown, S., Smith, M.N., Mandell, L., et al. 2008. Agora.techno.phobia.phila2: feminist critical inquiry, knowledge building, digital humanities. *Digital Humanities 2008: Book of Abstracts*. University of Oulu. http://www.ekl.oulu.fi/dh2008/Digital%20Humanities%202008%20Book%20of%20Abstracts.pdf (accessed March 28, 2014).

[8] Callahan, V. 2010. *Reclaiming the Archive: Feminism and Film History*. Detroit: Wayne State University Press.

[9] Cohoon, J.M., and Aspray, W. 2006. *Women and Information Technology: Research on Underrepresentation*. Cambridge, MA: MIT Press.

[10] Cvetkovich, A., Fraiman, S., Friedman, S.S., and Yaggi, M.M. 2010. Woman as the sponsoring category: a forum on academic feminism and British women's writing. *Partial Answers* 8 (2), 235–254.

[11] Davidson, C. 1998. Preface: no more separate spheres! *American Literature* 70 (3), 443–463.

[12] Dryden, A. 2014. Dissent unheard of. *Model View Culture: Technology, Culture, and Diversity Media*, Mythology Issue (4), 17 March 2014. https://modelviewculture.com/pieces/dissent-unheard-of (accessed January 18, 2021).

[13] Earhart, A. 2012. Can information be untethered? Race and the new digital humanities canon. In *Debates in the Digital Humanities*, ed. M.K. Gold. Minneapolis: University of Minnesota Press, 309–318. https://dhdebates.gc.cuny.edu/read/untitled-88c11800-9446-469b-a3be-3fdb36bfbd1e/section/cf0af04d-73e3-4738-98d9-74c1ae3534e5 (accessed January 18, 2021).

[14] Ezell, M.J.M. 1990. The myth of Judith Shakespeare: creating the canon of women's literature. *New Literary History* 21 (3), 579–592.

[15] Ezell, M.J.M. 1993. *Writing Women's Literary History*. Baltimore: Johns Hopkins University Press.

[16] Ezell, M.J.M. 1999. *Social Authorship and the Advent of Print*. Baltimore: Johns Hopkins University Press.

[17] Ezell, M.J.M. 2010. Editing early modern Women's manuscripts: theory, electronic editions, and the accidental copy-text. *Literature Compass* 7 (2), 102–109, https://onlinelibrary.wiley.com/doi/epdf/10.1111/j.1741-4113.2009.00682.x (accessed January 18, 2021).

[18] Flanders, J. 1997. The body encoded: questions of gender and the electronic text. In *Electronic Text: Investigations in Method and Theory*, ed. K. Sutherland. Oxford: Clarendon Press, 127–144.

[19] Grundy, I., Clements, P., Brown, S., et al. 2000. Dates and chronstructures: dynamic chronology in the Orlando project. *Literary and Linguistic Computing*, 15 (3), 265–289.

[20] Hatfield, J. 2006. Imagining future gardens of history. *Camera Obscura* 21 (2/62), 185–189.

[21] Hayles, N.K. 1999. *How We Became Posthuman: Virtual Bodies in Cyberspace*. Chicago: University of Chicago Press.

[22] Hayles, N.K. 2002. *Writing Machines*. Cambridge, MA: MIT Press.

[23] Haynes, D.J., Keyek-Franssen, D., and Molinaro, N. 2005. *Frontiers: A Journal of Womens Studies*, 26 (1). Special Issue: Gender, race, and information technology.

[24] Lerman, N., Mohun, A.P., and Oldenziel, R. 1997. *Technology and Culture*, 38 (1). Special Issue: Gender analysis and the history of technology.

[25] Levy, M., and Perry, M. 2015. Distantly reading the Romantic canon: quantifying gender in current anthologies. *Women's Writing* 22 (2), 132–155.

[26] Liu, A. 2004. Transcendental data: toward a cultural history and aesthetics of the new encoded discourse. *Critical Inquiry* 31 (1), 49–84.

[27] Lonsdale, R., ed. 1989. *Eighteenth Century Women Poets: An Oxford Anthology*. New York: Oxford University Press.

[28] Mandell, L. 1999. *Misogynous Economies: The Business of Literature in Eighteenth-Century Britain*. Lexington: University Press of Kentucky.

[29] Posner, M. 2012. Some things to think about before you exhort everyone to code. Miriam Posner: Blog, 29 February 2012. http://miriamposner.com/blog/some-things-to-think-about-before-you-exhort-everyone-to-code/ (accessed March 28, 2014).

[30] Snitow, A. 1990. A gender diary. In *Conflicts in Feminism*, ed. M. Hirsch and E.F. Keller. New York: Routledge.

[31] Southey, R. 1807. *Specimens of the Later English Poets, with preliminary notices*. London: Longman, Hurst, Rees, and Orme. https://archive.org/details/specimensoflater01soutiala (accessed January 18, 2021).

[32] Sutherland, K. 1993. Challenging assumptions: women writers and new technology. In *the Politics of the Electronic Text*, ed. W. Chernaik, C. Davis, and M. Deegan. London: University of London Centre for English Studies, 53–67.

[33] Wajcman, J. 2004. *TechnoFeminism*. Malden, MA: Polity Press.

[34] Wernimont, J. 2013. Whence feminism? Assessing feminist interventions in digital literary archives. *DHQ: Digital Humanities Quarterly*, 7 (1). http://www.

digitalhumanities.org/dhq/vol/7/1/000156/000156.html (accessed March 11, 2014).

[35] Wernimont, J., and Flanders, J. 2010. Feminism in the age of digital archives: the Women Writers Project. *Tulsa Studies in Women*'s *Literature* 29 (2), 425–435.

[36] Woods, S. 1994. Recovering the past, discovering the future: The Brown University Women Writers Project. *South Central Review* 11 (2), 17–23.

35. 数字人文的前景和数字学术的争议性

威廉·托马斯（William G. Thomas III）

无论是从事历史、文学批评、哲学还是文献学研究，数字人文的学者们一直致力于重塑他们的学术活动，以及他们的制度结构，以适应原生数字世界。他们接受多种形式的分析，共享资源和材料（数据），采用大规模、分布式的学术模型。他们都从一个重要的认识出发：我们现在处于一个容量大、存储无处不在、信息网络化和访问量前所未有的时代。数字人文最活跃的时候，不是围绕着稀缺的材料、有限的访问和专家把关的模式来定位学术，而是在拓宽人文学科的范围、开放资源的访问和拓宽学术活动的定义。

例如，2011年，内布拉斯加大学林肯分校启动了一个名为"历史上的收获"（History Harvest）的实验项目。它的主要目标是数字化、收集、管理和解释家族和社群历史。每年，学生们与专业教师合作，选择一个社群，参与并"收获"家族信件、照片、故事和物品。2012年，"历史上的收获"聚焦于马尔克姆·X（Malcolm X）的出生地北奥马哈（North Omaha）。20世纪20年代，这里是一个爵士乐中心，也是"大迁徙"（Great Migration）的终点站。学生们可以邀请任何人带着他们的家族记录来讨论并且将其数字化。数十名北奥马哈居民带来了他们的历史：教堂记录、军事记录、爵士专辑、照片和宅地名称。这些记录被共享、讨论、记录和数字化。

其中一个叫沃伦·泰勒（Warren Taylor）的人带来了他的曾曾曾祖母的锡制折叠杯，那是她在田里当奴隶时带着的。他还带来了她的一枚1840年的"自由"（Liberty）便士，这枚便士是她随身携带的，象征着最终的自由。这两样东西都是这个家族几代人传下来的。

与许多数字人文研究项目一样，"历史上的收获"生动的前提是，我们的数字遗产从根本上偏向于政府和精英资源。因此，在"历史上的收获"中进行的基础研究是针对数字捕获、编码和共享的一级存档工作。作为一个公共可访问的集合，该项目可以为未来一系列学科、地点和时期的学术研究的产生奠定基础。但是，就像数字人文一样，当更大的群体利用集合的数字化特性，创造历史发现和论证的新形式时,"历史上的收获"就会结出硕果。与许多其他数字项目一样,第一批数字化、收集和组装材料的工作具有多重价值。如果成功,该项目可能会向规模较小的合作机构开放数字人文方法,维持一个强大的学者中心,并公开新的档案,以进行多种规模的分析。尽管这些项目很有前途,但最终应该会走向数字原生解释性学术。

然而,矛盾的是,从1993年到2013年的20年间,数字人文的迅猛发展,却没有产生多少解释性或论证性的学术成果。在数字人文的第一阶段,学者们创作了创新而复杂的混合学术作品,融合了档案、工具、评论、数据收集和可视化。然而,在大多数学科中,这些作品很少被评论。因为这些学科需要解释、论证和批评,所以可以说,数字人文主义者没有生产出足够的数字解释性学术,我们所生产的成果还没有被学术上的学科所吸收。

这个问题的核心是关于学术本质的双重争论。在核心学科与数字人文之间,数字作品是否构成学术,这一问题存在质的差异。在数字人文中,数字学术的构成在一定程度上存在差异。在数字人文的下一阶段,这个双重问题的争议性值得我们关注。学者们可以通过定义他们的研究和形成数字学术的方式,与核心学科建立桥梁。我们可能会问,什么样的学术表达和交流形式适合数字环境?数字研究具有什么样的品质和属性?数字学术的特点是什么?数字研究的特征是什么?它们是如何安排的?它们的解释性卓越的本质是什么?它们是如何工作的?

笔者不想解释数字学术与传统印刷学术的明显区别或延伸,而是想把这个问题放在一边,我们可能会探讨数字学术的本质及其变化。在数字人文领域,我们经历了20年以学术形式进行的无拘无束的实验。虽然这样的实验应该继续下去,但可以传播、评论和批评的类型将为该学科的同事提供认可和验证这种学术的途径。这些类型重点适当,但定义广泛,可能会改变学科讨论,出现在为该学科未来的研究提供基础的场所。在数字人文的下一阶段,学者们将有机会对数字学术的性质和特点进行辩论,或许还会澄清这一点。

2013年发布的两份关于美国高等教育人文学科现状的报告显示了数字学术的不确定性和争议性:哈佛大学的《绘制未来》(*Mapping the Future*)报告和美国艺术与科学学院(the American Academy of Arts and Sciences)的《问题的核心》(*The Heart of the Matter*)。这些报告都提出了广泛的建议,但无论是

《绘制未来》还是《问题的核心》都没有详细探讨数字人文对学术研究和传播的学科模式的影响。哈佛大学的报告很有说服力——在其长达53页的文件中，只有一个脚注提到了数字人文。该报告的核心内容直接承认了"数字时代"，但主要关注两个方面的发展：开放在线学习环境的兴起，数字项目为终生学习创造的机遇，以及文化文本和文件的保存。

《问题的核心》引用了一些数字项目，如珀尔修斯数字图书馆，对数字时代的可能性只提供了一个高度工具性和确定性的陈述：

> 网络资源为学者们提供了前所未有的机会来构建公众感兴趣的话题，参与更广泛的公共知识分子社区，并接触到普通受众。数字世界提供了巨大的新的可能性，不仅可以提供教学，还可以促进研究，让所有年龄段的学生都能感受到过去和未来的可能性：重建历史建筑、追溯家谱、经典文本和手稿都可以被访问。（National Commission on the Humanities & Social Sciences，2013:52）

然而，从20世纪90年代初开始，随着万维网网络化的可能性变得越来越大，爱德华·艾尔斯、杰罗姆·麦甘恩等人反复强调，我们拥有完整的人类记录（文化的、书面的、口头的、表演的）来数字化、组织、准备、互相连接、分析和解释，并且我们有数字能力（内存、网络和协议），能够以我们刚刚开始意识到的方式来做到这些。（McGann, 1997, 2001; Ayers, 1999）因此，数字学者的工作不会是简单地将数据从模拟迁移到数字，就像《问题的核心》所设想的那样。这种努力将是一种人文主义的学术努力，是一个汇编、编码、编辑和解释的过程。这将要求我们重新考虑如何表示知识，并要求新培训的学者和实践者精通数字媒体的硬件和软件技术。这些数字学者将尝试意想不到的、非传统的学术形式，他们的工作将不符合专著或学术期刊的既定范围。数字技术不仅促进研究，还将改变学术的定义，数字学者将发明新的解释论证和批评模式。"成熟的超文本历史的一个主要目标，"艾尔斯在1999年写道，"将是体现复杂性，并描述它。"

许多数字人文学者开始将自己视为一个开放的实践社区，并开始行动。这一开放的实践社区包括任何与其精力、专业知识和热情相一致的人。数字人文主义者并不认为他们的项目需要一个独立的学科或领域，而是从一套定义松散的通用方法出发，在这些学科中开展工作，所有这些方法都与一个广泛的认识有关：人文理解和探究正在通过数字技术以数字形式重新构建。

在数字人文的前20年里，围绕着学术活动的三个层次进行了广泛的实验，每一个层次都建立在另一个层次的基础上，并相互关联，有时还相互追赶：

1. 以数字形式重新汇编人类纪录；
2. 以数字化的形式塑造人文材料的可供性；
3. 以数字形式创建基于学科的解释性学术[①]。

这些学术活动可以被理解为是连续的，但每一个都可以独立进行。学者们建立了数字档案，并以解释性决策为前提，将其按可供性分层，然后将解释性学术编织成一个数字项目。这些活动交织在一起，非数字领域的学者几乎看不到类似他们对同行评审学术的那种期望。与此同时，数字人文主义者发现，考虑到媒介的轮廓，几乎没有理由以不同的方式对待他们的工作。（Waters，2013）

近二十年后，我们可能会问，在这三项努力中每一项都取得了怎样的进展？从某些方面来看，我们并没有取得很大进展，尤其是在第三方面。最近一项关于人文学科学术出版物数字化创新的综述发现，很少有超文本作品能够体现复杂性，或者以独特的方式改变学术交流模式，以适应在线空间。艾尔斯的愿景，无论多么吸引人，都没有实现。艾伦·格罗斯（Alan Gross）和约瑟夫·哈蒙（Joseph Harmon）总结道，人文学科的创新"在很大程度上被局限于侧流区域；主流出版物尚未受到很大影响"。作者们发现，在20年后，基于互联网的人文学科研究"如此之少"，这"令人不安"。更"令人不安"的是，他们确实发现，创新学术研究对其研究者的职业生涯几乎是微不足道的，几乎完全是由外部机构资助的，而且是作为特殊项目而不是"日常活动"。（Gross and Harmon，"The future is already here: the internet revolution in science and scholarship"，手稿与作者分享，2013年5月）。

以学科为基础的解释性数字学术缺乏进展的一个原因是人文学科专题文

[①] 美国现代语言协会最近就数字人文的"谁入谁出"（who's in and who's out）展开的争论，以及编码是否是数字人文主义者的一个必要特征的争论，引出了将数字人文定义为一个领域的大量研究。这里定义的"构建"广泛地包括编辑和编码，在某些情况下还包括编程。这里的重点不在于将编程作为一种需求，而更多地在于构建允许学术解释模式的数字基础设施。

化的持续活力。至少在历史学科中，专题形式继续作为专业交流的主要手段。基于对论据、论证和叙事质量的严格评审，这个系统产生了令人惊叹的创造性和令人兴奋的学术成果。（Ayers, 2013a）此外，期刊经常充当人文和社会科学学术的把关者和记录者，除了出版塑造学科概念、方法和理论框架的学术文章外，还审查和评论专著。然而，大多数期刊并不评论、引用、合并、印刷或出版任何专为数字媒体创建的东西或为其编纂索引。其他原因之一是，事实证明，由于数字作品很少出现在主流期刊上或得到认可，较年轻的学者不愿开发"原生数字学术"，而且院系很难评估这项学术的晋升和终身职位。①（Ensign, 2010; Townsend, 2010; Howard, 2012）

然而，这些数字学术的障碍只是最显而易见的，它们隐藏了更大的认识论和启发式问题。更准确地说，我们面临的问题，根据历史学家吉尔范登·阿克（Chiel van den Akker）的说法，是"历史专著似乎不再是数字环境下历史理解的合适模型"。事实上，数字环境支持并要求新的叙事形式更具参与性、对话性、程序性、互动性和空间性。阿克认为，"对话过程"是"最重要的"，也是在线学术的定义。他认为，与读者互动的过程将"在线叙事性"与专题研究中发现的线性叙事形式区分开来。（Akker, 2013:107,113）

同样，安·里格尼（Ann Rigney）也指出，这种专著"不能再被当作是既定的"。她指出："在新媒体生态中……数字化和互联网为生产和传播历史知识提供了新技术，在这个过程中，也带来了机遇和挑战。"她认为，数字人文主义者已经形成了一种"新的理论模型，从不同平台的多个代理的社会生产角度来审视历史叙事"（Rigney, 2010:100）。

如果里格尼所指的新媒体生态学确实是自然的"多模态"，那么它们就要求在学术生产中有新的实践。对里格尼来说，结果很明显：学术将以"分布式作者身份"为特征，并通过学术活动的网络或中心进行。持续不断的信息流动和分析程序将作为学术展开，没有固定的最终产品。（Rigney, 2010:117）

最近，计算机科学家杰伦·拉尼尔（Jaron Lanier）提出了书籍、作者和读

---

① 事实上，罗伯特·汤森（Robert Townsend）在2010年对美国心脏病学会（AHA）成员的研究和教学调查中发现，近一半的受访者曾考虑过在线出版，并将数字出版视为接触更广泛的历史学家群体、更快出版作品的一种方式。他还发现，那些尚未在网络期刊上发表文章但会考虑发表的人，绝大多数都认为，网络学术缺乏纸质出版物的学术认可和声望，这是他们不愿意在线发表论文的主要原因。（Townsend, 2010）

者在数字环境中可能发生变化的各种方式。拉尼尔担心我们可能会失去"书在人类生活和思想的潮流中是什么样子的模式",他预测未来的书将是众包的,将在人工智能软件的帮助下写作,并将在阅读和读者之间发生变化。他说:"书籍将与应用程序、视频游戏、虚拟世界或任何其他卓越的数字格式相融合。"(Lanier, 2012: 354—357)

作为第二步,数字学者强调,需要在正在汇编和数字化的数字对象中建立可供性,用于人文探索和研究。可供性可能包括编码的元数据、丰富的标记、专用接口、地理空间和位置编码、筛选数据的程序和应用程序编程界面。

数字人文中的"可供性"概念借鉴了一些学科理论。第一个是生态心理学,建立在著名的知觉理论家詹姆斯·吉布森(James Gibson)研究的基础上,这个术语值得研究。吉布森认为,"可供性"是对象或环境的特殊特性,它允许特定类型的操作。"可供性"也是影响参与者能力的对象或环境的属性,从这个意义上说,它们与参与者的类型有关。在吉布森的著名例子中,地表的属性,比如我们脚下的地面,可以是"可站立"的,可以为沉重的动物行走或奔跑提供支撑;也可以是"可下沉"的,除了水虫,其他都不能支撑。因此,可供性是相对于参与者的,而不仅仅是抽象的物理属性。吉布森解释说:"不同的布局为不同的动物提供了不同的行为,以及不同的机械接触。"但是吉布森也发展了可供性理论来支持他的知觉观点,他认为:"可供性跨越了主客观的二分法",并指向"环境和观察者的两种方式"。(Gibson, 1979:127—128)

其次,在唐纳德·诺曼(Donald Norman)将这个术语应用于《日常生活心理学》(The Psychology of Everyday Things)之后,人机界面理论学家也采用了它。诺曼认为,可供性是一种具有明显感知特性的用户界面,因此他对这个术语的使用超出了吉布森最初的理论。他认为可供性是能够被参与者感知,并且已经为人所熟知的。它们依赖于文化,并受用户先前经验的影响。诺曼还建议,可供性包括对象的可能性被用户知道、传达或"可见"的方式。(Norman, 1988)

数字人文学者们在最初的吉布森公式和诺曼普及的HCI派生意义上都宽泛地应用了这个术语。忽视这两者之间的实质差异导致了一些混乱。可供性最好被认为是与读者相关的数字对象的属性,而不是统一的。它们不是线性的,也不是固定的。事实上,数字人文界的大部分精力和工作都围绕着构建具有特定属性的数字对象、工具，这些工具以特定的方式影响着人文探究、解释行为和形成假设。这些努力是实质性的，包括大规模的数字编辑项目、数字阅读界面设计、查询设计和数据编码。可供性的形成是对进一步解释性学术研究的准备，是至关重要的。（Deegan and McCarty, 2012:166）

珍妮特·默里（Janet Murray）在2012年出版的《创造媒体：将交互设计原则作为一种文化实践》（*Inventing the Medium: Principles of Interaction Design as a Cultural Practice*）一书中解释了数字媒体如何利用某些可供性。默里鼓励学者和设计师"更激进地思考"，而不是满足于将旧媒体改造成数字形式。她描述了数字媒体的四个基本功能：程序性、空间性、知识渊博性和参与性。默里说："这四个属性构成了我们的设计空间，构成了我们所有设计选择的背景。"数字学术的每一项工作都可以根据它最大限度地发挥这四种功能的程度来进行评估。有些作品可能空间性大于参与性，或者知识渊博性大于程序性。默里提出的"可供性网格"（"affordance grid"）为数字作品分类提供了一种特别有用的方法。通过将一个数字项目放在每个可供性类别的相对参与程度上，默里建议我们可以"将一个现有的或打算做的作品映射到更大的设计空间，以确定增长的机会，并预测媒体创新的方向"。可供性映射（affordance mapping）需要询问："它是做什么的？""我（互动者）能做什么？我与整体的关系是什么？这个领域的边界是什么？"（Murray, 2012:45,51,91）

但即使是在数字人文中，我们也常常对数字学术的含义含糊其词。并不奇怪，鉴于对数字人文的高度重视仅仅是一种方法论的方法，一些学者认为上面列出的第一和第二项活动实际上是数字学术。另一些人则认为，任何源自数字化研究和探索模式的专著或学术期刊文章自然也可以被称为数字化学术，即使这些成果的最终发表是以传统的形式在学术场所进行的。前一种观点认为，数字人文可以使用与特定学科的关注、问题和理解相分离的工具和方法。后一种立场认识到学科基础的需要，但不承认数字媒体要求以学术交流的形式进行根本性的重新谈判。因此，我们可能会区分数字人文的二级和三级工作，以及"数字信息"（digitally informed）学术和"数字"（digital）学术。

爱德华·艾尔斯最近提供了一个有用的出发点：数字学术是"基于学科的学术，使用数字工具制作并以数字形式呈现"。他提出，事实上，我们需要更积极地创新，并对创新进行投资。"我们长期以来一直相信，在信息技术方

面的投资将为高等教育机构带来效益，而数字学术是生产力周期中缺失的一部分。"（Ayers, 2013a）

建立在数字化资源基础上，并以数字化形式呈现的学术成果，将证明其能够适用于数字化环境，而这是专著做不到的。此外，为服务于特定论点的学科建立健全的数字基础设施，将使人文学者有可能做到：

- 在论据和历史编纂的嵌套模块中放大论证；
- 模拟我们试图在多个维度上揭示的世界；
- 体现历史问题的全面性和复杂性；
- 显示同时发生的时间、地点和规模；
- 从历史参与者、过去的学者、现在的读者和合作者的角度进行分析。

尽管艾尔斯对数字学术的定义明确是"以学科为基础的"，但从数字人文的一个子集来看，大多数历史学家在创建这三个层次的数字学术的更广泛努力中都只是旁观者。在2003年至2013年的历史学术调查中，编纂了超过1000个数字历史学术成果（博客、项目、超文本、档案、会议论文、期刊文章和网站）的索引，数字活动严重偏向于特定的机构和形式。在此期间，美国历史学会（American Historical Association）年会共发表了281篇关注数字学术的论文或演讲。这些论文的数量和种类令人印象深刻，但只有一次会议上发表了超过75篇论文：2012年的会议上，该学会的主席也来协助展示数字学术。在过去的十年里，由两百多名学者和五十多名学生主导的数字历史项目使数字历史学术的范围显著扩大。然而，几乎所有这些项目都设在少数几个中心和研究所，在这些机构和社会的支持下，数字历史得到了培育和维持（乔治梅森大学、弗吉尼亚大学、内布拉斯加大学、斯坦福大学）。（Thomas and Nash, 2013）[①]

[①] Zotero图书馆位于"数字历史"（http://www.zotero.org/groups/digitalhistory）群组下，包括与数字历史相关的项目、工具、论文和博客，系统地调查各种数字历史和人文中心、大学历史系和课堂教学大纲的网站，并对"数字历史""学生项目"及其变体进行谷歌搜索。此外，我们也就有关数字历史的项目，查阅了历史和新媒体中心的数字人文学科概要。此外，我们还记录了2003年至2013年在美国历史学会发表的281篇与数字历史相关的论文、专题讨论。这份清单是通过浏览上述几年的在线课程，并记下演讲者、会议或小组的主题和所属关系而编制的。包括美国历史学家组织（Organization of American Historians）在内的许多学术协会没有把过去的会议公报放在网上，或者只保留会议标题。我们使用美国历史学会不仅因为它是最大的会议，而且因为美国历史学会的网站包含了每篇论文的完整标题和摘要信息，从而产生了最准确的数据。

总之，跨多个学科的数字人文推迟了对数字形式的解释、叙事和论证的第三阶段问题的实质性参与。好的一点是，数字学者一直致力于创建适合解释论证的框架；不那么好的是，数字学者一直故意不关心解释、争论和批评。尽管一些数字人文主义者认为，数字资源的第一阶段和第二阶段的组合本身就是一种解释行为，但各学科的学者基本上都反对这种观点。作为回应，数字学者可能不仅要努力解释他们所承担的解释性、可供性，而且还要为数字学术制定公认的类型。

数字人文的学术研究主要存在于学科之外，但这种不稳定的局面可能会导致，它要么与文化传播的数字未来无关，要么与人文学科中核心学科的未来无关。如果我们重新努力去想象一种我们称之为数字学术的类型传统，那么我们就可以创造出一种学术交流的形式，并且这种形式非常强大和成熟，以至于数字作品可以成为历史或文学批评领域的重要作品。

通过这种方式，数字人文会拥有比现在更多的希望——将其方法扩展到学科中，改变学科中的解释模型，并更充分地塑造学科干预手段。数字人文学者在创建以网络为基础的学术活动中心和让学生参与合作方面尤其有效。格雷戈里·克兰最近提醒人们注意"一种新的学习文化"的必要性，这种文化不仅适用于古典文学领域，也适用于更广泛的人文学科。克兰说："我们需要一种实验室文化，让学生层次的研究人员作出切实的贡献，进行有意义的研究。"克兰认为："数据的崩溃挑战我们去实现更高的理想，去创造一个全球性的、去中心化的知识社区，在那里专家们为人类的共同理解服务。"（Crane, 2012a, 2012b）艾尔斯最近还呼吁学生参与一个"生成性学术"的循环。他建议学生把他们的工作和正在进行的研究项目放在一起，这样他们的贡献就会被评估、验证和保存。（Ayers, 2013b）

在研究生的培养过程中，数字人文可能会认真考虑对数字学术进行分类，为该领域内外的学者提供一个粗略的类型学，作为一套适合我们学科类型的定义。虽然数字学术经常是合作的，模糊了档案、工具和出版之间的界限，但我们可以寻找常见的学术干预形式，为这些类型的学生提供培训，并建立数字学术的类别，以便在各个学科中进行审查。20年来，数字学者一直呼吁以学术形式进行实验，结果令人兴奋。在这一重要关头，集中注意一些形式，将会支持审查和评价系统，为学术交流的学科结构提供清晰的说明，维持研究生培训的共同框架，并鼓励学者参与数字学术的创建。

一些形式的数字学术已经变得相对明确，并在数字人文中得到广泛应用。这里提供的并不是一个确定的列表，而是适合组织和展示数字学术的类别。

互动性学术著作（interactive scholarly works，简称ISWs）。这些作品是档案材料和工具组件的混合体，并围绕着一个历史上重要的或关键的关注点。这些作品也常常论证一些方法论上的论点，证明工具和材料的结合是一种值得应用于问题的方法。互动学术著作有一组有限的相对同质的数据，它们可能包括一个简短的学术期刊文章这种规模的文本组件。它们提供了一个API，用户可以直接访问数据和编程。ISWs在定义主题方面相对严格，在有限的框架内为用户提供了高度的交互性。以利亚·米克斯（Elijah Meeks）和卡尔·格罗斯纳（Karl Grossner）最近为这些作品提出了一个定义："它是一个数字档案……一个探索工具……和一个关于[主题]的争论。此外，它还提出了一个方法论上的论点，即它的表示形式——它的计算模型和可视化——是对[主题]进行推理的一种有用手段。"（Meeks and Grossner, 2012）

数字项目或专题研究集（digital projects or thematic research collections，简称TRCs）。数字项目，有时被称为专题研究集，可能是数字人文中定义最明确的类型。卡罗勒·帕默（Carole L. Palmer）2004年在对这些作品的回顾中强调了一些特点，比如它们的异构数据类型、结构化和开放式并存、支持研究的设计、多作者参与，以及都是原始文献。这些项目结合了工具和档案材料，围绕着一个历史上重要的或关键的问题进行了广泛的调查。数字项目通常从各种各样的机构以各种各样的格式收集成千上万的对象和记录，其中包括支持对特定主题或历史问题进行研究的主要来源的"数字聚合"。学者们将解释性可供性嵌入集合中，并利用这些可供性来开辟新的探究和/或发现模式。它们是开放式的项目，通常支持多个学者或团队正在进行的研究。传统的同行评审学术通常来自专题研究集。专题研究集的下一阶段可能会以解释性学术为特色，这些解释性学术嵌入该集合中，并与之建立关系。（Palmer, 2004）

数字叙事（digital narratives）。这些学术著作都是纯数字化的，它们的主要特点是在论据和引用的层次中嵌入学术解释或论证的研究。它们不是，也不可能是以模拟的形式存在。它们可能是多模态的、多作者的和用户导向的。它们可能通过更新或算法重构在阅读之间发生变化。第一代"电子图书"将模拟图书转换成数字格式，与之不同的是，这些非线性的多模态叙事提供了明确的超文本结构。这些作品主要为读者提供了多个切入点，并以读者能够打开学术作品的方式放置论据和解释。它们是配置程度高的、结构深化的、具有很强解释力的学术作品。它们可以是独立的自生成网络站点、云应用程序，或者呈现在一个媒介丰富的学术出版框架中，比如Scalar。

模拟也为学术研究和出版提供了一种新的形式。在任何模拟的、纹理化的环境中，解释性决策都被嵌入每个级别，并以一系列媒介产品为特色，包括视频、音频、3D模型和游戏引擎。历史模拟和人文类游戏具有不同程度的解释力。其中一些纯粹是代表性的，几乎不具有解释性或参数驱动的分析。其他则在游戏引擎环境中提供具有高度解释性选择的模拟决策树。（McGann and Drucker, 2000; Coltrain, 2013）将文本、图形、真人动作和动画序列组合在一起的混合媒体对象也构成了列夫·曼诺维奇（2013）所说的数字媒体中的"新物种"，它们可以使用默里的可供性网格和这里提供的矩阵表（表36.1）进行评估。虽然模拟本身很可能成为数字学术的一个类别，具有与上述学术研究不同的特殊特征，但在本文中，它们通常作为补充方式使用。

表35.1 数字学术矩阵表

	互动性学术著作	数字项目或专题研究集	数字叙事
数据类型	同类的，主要的	同类的，主要的	完整的，分层的
组件	API，脚本	模式，数据模型	分析，模块
组织	假设	主题	批评
范围	定义严格	宽泛的	面向问题的
解释性本质	基于查询的	具有可供性	多模式的
特性	程序上的调查	开放性的	用户导向的，超文本的

（续表）

	互动性学术著作	数字项目或专题研究集	数字叙事
举例	《可视化解放》ORBIS（orbis.stanford.edu）Visualizing Emancipation（dsl.richmond.edu/emancipation） 《铁道之战》Railroaded（railroaded.stanford.edu） 《谁杀死了威廉·鲁滨逊？》Who Killed William Robinson?（canadianmysteries.ca/en/robinson.html） 《你能看到吗？早期华盛顿特区的法律和家庭》O Say Can You See: Early Washington DC Law and Family（earlywashingtondc.org）	"暗影之谷""The Valley of the Shadow"（valley.lib.virginia.edu） 《沃尔特·惠特曼档案馆》"Walt Whitman Archive"（whitmanarchive.org） "绘制文人共和国图谱""Mapping the Republic of Letters"（republicofletters.stanford.edu） "宋代数字方志系统""Digital Gazetteer of the Song Dynasty"（songgis.uc-merced.edu）	《奴隶制度的差异》The Differences Slavery Made（www2.vcdh.virginia.edu/AHR） 《镀金时代平原城》Gilded Age Plains City（gildedage.unl.edu） 《谁开枪打死了自由女神？》Who Shot Liberty Valance?（mamber.filmtv.ucla.edu/LibertyValance） 《聆听大脑半球的音乐》Hearing the Music of the Hemispheres（scalar.usc.edu/anvc/music-of-the-hemispheres/index） 《酷儿奴隶制工作组Tumblr》Queering Slavery Working Group Tumblr（http://qs-wg.tumblr.com）

在1997年的一项关于叙事的未来的里程碑式研究中，珍妮特·默里强调了网络空间中固有的特质，我们可以用类似的方式来考虑上述数字学术类别的特质。评估数字作品的数据类型、组成部分、组织、范围、解释性质和特征，可以使我们将一个类别与另一个类别分开。例如，互动性学术著作不同于专题研究集，不仅因为它的范围定义得更严格，还因为它的解释性在于它提供给读者的查询结构，而不是专题研究集在其存档材料中构建的编码的可供性。互动性学术著作围绕一系列程序性调查展开工作，而专题研究集则提供开放式的调查结构。这些类别的特征并不是详尽无遗的，而是说明性的，是作为分类和评审的基础。

数字学术的争议性部分源于数字人文和学科之间尚未解决的紧张关系。许多数字人文主义者认为，数字环境需要多模态的、交互的、非线性的学习模式。该学科的学者们发现了这种学术形式与批评、审查和评价之间的内在矛盾。由于批评是建立在固定的基础上的，数字环境的可供性核心的流动性和互惠性表明，传统的审查机制不再适用。换句话说，如果数字学术的定义特征是用户在创作者的解释框架中创造自己的意义，并与之相关，那么我们如何鼓励数字学者展开论证并批判性地工作呢？更重要的是，在这样的环境下，是否有可能进行学术论证和对话？

在2004年出版的《数字人文导论》一书中，克莱尔·沃里克的文章敦促学者们"考虑长期存在的纸质学术文化"，并考虑"一种新的视角，从而理解解读人文材料过程中的复杂性"。2004年，这类学术的种类有限，但10年后，它们开始成形。绝大多数人文活动已经并将继续在数字环境中进行。[1]很明显，如果数字学者不能在开放的网络中塑造人文学科的未来，那么其他人就会这么做。简而言之，来自近二十年前的巨大挑战仍然在数字人文之前。直到现在，我们才有了工具和网络，可以以当时没有的方式取得进展。人文学者会继续提供传统学术，然后把它放到网上吗？还是我们将履行数字人文的承诺，利用网络、空间和在线观众来创造和完善我们学术的新形式？

要弥合数字人文和学科之间的差距，需要各方（包括数字人文界）改变各级机构的优先事项和实践。在数字人文的下一阶段，学者们可能需要发挥更有目的性的作用，进行解释性论证，建立数字学术流派，对数字学术进行有意义的批判性评论，并更有力、更慎重地处理我们学科中的数字鸿沟。[2]

参考文献

[1] Akker, C. van den. 2013. History as dialogue: on online narrativity. *BMGN – Low Countries Historical Review* 128 (4), 103–117.

---

① 维基百科是反映在线人文研究活动程度的一个指标，这是一个始于2003年的集体努力。2012年，全球维基百科的页面浏览量超过了两千亿。每天有超过十万篇新文章被创建。2012年，维基百科编辑量超过20亿次。2012年，美国国会图书馆的《美国编年史》（*Chronicling America*，chroniclingamerica.loc.gov）就有超过三千万的页面浏览量。从2000年到2006年（这是唯一可以获得数据的几年），美国国会图书馆的《美国人的记忆》（*American Memory*，memory.loc.gov）页面浏览量从2.28亿上升到9.96亿。见国会图书馆馆长年度报告，http://www.loc.gov/about/reports/annualreports（2014年1月12日）。

② 美国图书馆和信息资源委员会发挥了至关重要的领导作用，呼吁人们注意对数字学术进行更广泛投资的必要性。美国数字公共图书馆（Digital Public Library of America，简称DPLA）已经开始将全国的注意力集中在数字保存和访问问题上。

[2] Ayers, E.L. 1999. The pasts and futures of digital history. http://www.vcdh.virginia.edu/PastsFutures.html (accessed January 2014).

[3] Ayers, E.L. 2013a. Does digital scholarship have a future? *EDUCAUSE Review*, 48 (4), 24–34.

[4] Ayers, E.L. 2013b. A more radical online revolution. *The Chronicle Review,* February 4, 2013.

[5] Cohen, D.J., Frisch, M., Gallagher, P., *et al.* 2009. Interchange: the promise of digital history. *Journal of American History*, 95 (2), 442–451.

[6] Coltrain, J. 2013. A 3D common ground: bringing humanities data together inside online game engines. Short paper presented at Digital Humanities 2013, http://dh2013.unl.edu/abstracts/files/downloads/dh2013_program.pdf (accessed January 18, 2021).

[7] Crane, G. 2012a. The humanities in the digital age. Paper presented at *Big Data & Uncertainty in the Humanities*, University of Kansas. http://www.youtube.com/watch?v=sVdOaYgU7qA (accessed January 2014).

[8] Crane, G. 2012b. Greek, Latin and a global dialogue among civilizations. Center for Hellenic Studies, Harcard University. http://chs.harvard.edu/CHS/article/display/4827 (accessed January 2014).

[9] Darnton, R. 1999. The new age of the book. *New York Review of Books*, March 18.

[10] Deegan, M., and McCarty, W., eds. 2012. *Collaborative Research in the Digital Humanities*. Farnam: Ashgate.

[11] Eijnatten, J. van, Pieters, T., and Verheul, J. 2013. Big data for global history: the transformative promise of digital humanities. *BMGN – Low Countries Historical Review* 128 (4), 55–77.

[12] Ensign, R. 2010. Historians are interested in digital scholarship but lack outlets. *Chronicle of Higher Education*. Wired Campus Blog, October 5, 2010, http://chronicle.com/blogs/wiredcampus/historians-are-interested-in-digital-scholarship-but-lack-outlets/27457 (last accessed January 2014).

[13] Gibson, J. 1979. *The Ecological Approach to Visual Perception*. Boston, MA: Houghton Mifflin.

[14] Harvard University. 2013. *The Teaching of the Arts and Humanities at Harvard College: Mapping the Future*. Cambridge, MA: Harvard University. https://harvard-magazine.com/sites/default/files/mapping_the_future_of_the_humanities.pdf (accessed

January 18, 2021).

[15] Howard, J. 2012. Historians reflect on forces reshaping their profession. *Chronicle of Higher Education*, January 8. http://chronicle.com/article/Historians-Reflect-on-Forces/130262 (accessed January 2014).

[16] Jockers, M.L. 2013. *Macroanalysis: Digital Methods and Literary History*. Urbana: University of Illinois Press.

[17] Lanier, J. 2012. *Who Owns the Future?* New York: Simon & Schuster.

[18] Manovich, L. 2013. *Software Takes Command*. New York: Bloomsbury Academic.

[19] McGann, J. 1997. Imagining what you don't know: the theoretical goals of the Rossetti Archive. Institute for Advanced Technology in the Humanities. http://www2.iath.virginia.edu/jjm2f/old/chum.html (accessed January 2014).

[20] McGann, J. 2001. *Radiant Textuality: Literature After the World Wide Web*. New York: Palgrave.

[21] McGann, J., and Drucker, J. 2000. The Ivanhoe game: an introduction. Institute for Advanced Technology in the Humanities. http://www2.iath.virginia.edu/jjm2f/old/IGamehtm.html (accessed January 2014).

[22] McGrenere, J., and Ho, W. 2000. Affordances: clarifying an evolving concept. *Proceedings of Graphics Interface, 2000*.

[23] Meeks, E., and Grossner, K. 2012. ORBIS: An interactive scholarly work on the Roman world. *Journal of Digital Humanities* 1 (3). http://journalofdigitalhumanities.org/1-3/orbis-an-interactive-scholarly-work-on-the-roman-world-by-elijah-meeks-and-karl-grossner/ (accessed January 18, 2021).

[24] Moretti, F. 2007. *Graphs, Maps, Trees: Abstract Models for a Literary History*. New York: Verso.

[25] Murray, J. 1997. *Hamlet on the Holodeck: The Future of Narrative in Cyberspace*. New York: Free Press.

[26] Murray, J. 2012. *Inventing the Medium: Principles of Interaction Design as a Cultural Practice*. Cambridge: MIT Press.

[27] National Commission on the Humanities & Social Sciences. 2013. *The Heart of the Matter*. Cambridge, MA: American Academy of Arts & Sciences. http://www.humanitiescommission.org/_pdf/hss_report.pdf (accessed January 2014).

[28] Norman, D. 1988. *The Psychology of Everyday Things*. New York: Basic Books.

[29] Palmer, C. 2004. Thematic research collections. In *A Companion to Digital Humanities*, ed. S. Schreibman, R. Siemens, and J. Unsworth. Oxford: Blackwell. http://www.digitalhumanities.org/companion (accessed February 12, 2014).

[30] Pressner, T., Schnapp, J., and Lunenfeld, P. 2009. *The Digital Humanities Manifesto 2.0*. http://www.humanitiesblast.com/manifesto/Manifesto_V2.pdf (accessed January 2014).

[31] Rigney, A. 2010. When the monograph is no longer the medium: historical narrative in the online age. *History and Theory,* Theme Issue 49 (December), 100–117.

[32] Svensson, P. 2010. The landscape of digital humanities. *DHQ: Digital Humanities Quarterly* 4 (1).

[33] Thomas, W.G., and Ayers, E.L. 2003. The differences slavery made: a close analysis of two American communities. *American Historical Review* (December 2003).

[34] Thomas, W.G., and Nash, K. 2013. *Digital History Zotero Library*. http://www.zotero.org/groups/digitalhistory (accessed January 2014).

[35] Townsend, R.B. 2010. How is new media reshaping the work of historians? *Perspectives on History*, November 2010.

[36] Warwick, C. 2004. Print scholarship and digital resources. In *A Companion to Digital Humanities*, ed. S. Schreibman, R. Siemens, and J. Unsworth. Oxford: Blackwell. http://www.digitalhumanities.org/companion (accessed January 12, 2014).

[37] Waters, D. 2013. An overview of the digital humanities. *Research Library Issues* 284, 3–11.

[38] White, R. 2011. *Railroaded: The Transcontinentals and the Making of Modern America*. New York: W.W. Norton.

36. 构建理论还是构建的理论？一个数字人文核心的紧张问题
克莱尔·沃里克（Claire Warwick）

"多些行动者，少些理论家"[①]（"More hack less yack"），这可能是数字人文史上被滥用和误解最多的短语之一，也是对数字人文未来作为一个领域的和谐行为最具潜在危害的短语之一。它已经很容易被用作推特常用合成词，用来描述数字人文内外的创作者和理论家之间所谓的二元对立。在本文中，笔者将探讨辩论双方的论点，思考这样一个不可渗透的对立是否真的存在。

那么，这个术语从何而来？这个数字主题的二元观点带来了什么问题？最初这个短语来自数字人文THATCamp运动的文化。THATCamp是2008年在美国乔治梅森大学开始的一系列参与性非正式会议，其会议精神在他们的网站上有这样的描述：

> THATCamp代表"人文和技术阵营"。这是一个非正式会议：一个开放的、低廉的会议，技能水平不同的人文主义者和技术人员在现场提议的会议中共同学习和构建。非正式会议之于会议，就像研讨会之于讲座，家庭聚会之于教堂婚礼，极限飞盘游戏之于美国职业篮球联赛，爵士乐队之于交响乐团：它更非正式，更有参与性。（www.thatcamp.org）

笔者并不是说THATCamp对数字人文的世界有负面的影响，事实上，它将很多新的人带到我们的领域，并为讨论打开了重要的领域。"多些行动者，少些理论家"这个短语被创造出来，用来描述参与性思想的精神——分享，而不是被动地听别人说话。在这样一个非正式会议的背景下，这个短语是没有问题的，并在一定程度上鼓舞人心。（Nowviskie，2014）然而，就像那些可以在小

[①] 这是该句话的引申含义。hack指的是"黑客"，即那些具有很高操作技术的人，在本文的意思更多的是指通过实践来制作成果，如工程师制作实际物品、程序员制作数字产品。yack指的是"废话"，即不需要参与实际创作，只需要思想，通过语言文字讨论来产生概念性、理论性成果，与实际的成果产品相对应，如物理学家讨论物理学原理、文学家进行理论批评。更多关于hack和yack的讨论，以及两者的互相合作，可以参考http://www.digitalrhetoriccollaborative.org/conversations/hackandyack/。——译者注

空间里浓缩很多内容的令人难忘的短语一样，它很快就流入数字人文的其他领域，也许是通过推特传播的。在这里，它开始有了自己的生命，有时作为一个标签：一个简短的术语，概括了数字人文中一些人想要创造东西的愿望，而不是谈论或书写它们。①正如诺维斯基解释的那样，这产生了一个不幸的后果，使这个最初以轻松的方式创造的短语背上了不适合它的沉重的沟通包袱，并有可能使我们的领域看起来不那么学术，甚至像是噱头。（Nowviskie，2014）

然而，这个术语是数字人文领域更深层次辩论的证据：在创造、执行、思考和理论化之间存在明显的对立。诺维斯基正确地指出，这可以用在两个方面，一个是在可替代性学术（Alt-Ac）②和教师群体中如何计算学术成果；另一个是创造与理论的问题。正如诺维斯基所言，学术教员和研究生的成果常常归功于他们说的话；换句话说，通过他们的思想质量，证明他们有能力就他们的工作进行富有说服力的写作和演讲。然而，可替代性学术数字人文是建立在制造产品的问题上的，主要是数字资源，这就是一种学术成果。

学术界重视什么以及他们如何计算研究成果的问题是至关重要的，但我们不应该认为这是数字人文所独有的。在本文中，笔者将回顾一些数字人文领域关于这方面的讨论，并将它们与其他新学科发展时讨论这些观点的方式进行比较。在这个过程中，笔者认为数字人文所经历的是有历史先例的；这可能是发展成成熟学科过程中不可避免的痛苦。

数字人文的批判

在过去的几年里，数字人文被描述为"下一个大事件"，甚至可能是人文学科的救星。（Pannapacker，2012）它也正在经历一个快速发展的时期，并吸引新的学者到这个学科，这些被吸引来的人许多都是才刚刚开始他们的职业生涯。如果我们正经历着"欢迎来到数字人文"这个时刻，那么我们这样做的热情会引起一些传统领域的嫉妒或不安就不奇怪了，而且数字人文学者本身应该质疑现在数字人文的性质是否适合未来的数字人文领域。（Pannapacker，

---

① 必须承认，笔者自己就是这样使用它的，几乎没有考虑过将来会引起什么麻烦。

② Alt-Ac的全称是"Alternative-Academic"，意为"可替代性学术"，指的是那些可能在学术界内外的职业，更多相关介绍可参看https://www.insidehighered.com/blogs/gradhacker/going-alt-ac-how-begin。——译者注

2012）在这些批评中，有一些最近以"创造"和"理论化"的明显对立的形式表达出来。

其中最著名的是知名文学学者和理论家斯坦利·费什。在《纽约时报》的两篇博客中，他将数字人文描述为一个福音派学科，其追随者承诺接管文学领域，纠正过去的错误，解决人文学科的明显危机，并为学生提供技能，让他们找到工作。（Fish, 2012a）他还指出，它已经取代后现代主义和相关理论，成为MLA会议上最受欢迎的主题。（Fish, 2011）这一点很重要：我们应该记住，费什是在高度理论化的后现代主义文学创作中成名的，至今仍是其中的一颗明星。他似乎流露出一定程度的焦虑，即他并不是下一代人会感兴趣的那些领域里的核心人物。因此，也难怪他似乎会认为数字人文的研究过于简单化——痴迷于在数据中寻找模式，而我们对数据的含义太不敏感，无法解释；不确定我们在寻找什么，或者为什么我们在寻找它，但却对我们的发现感到惊讶。换句话说，数字人文几乎不值得用"学术"这个词，因为我们做得很多，想得太少。（Fish, 2012b）还有一个强烈的暗示是，我们的领域对理论没有充分的认识——实际上，我们在理论战争的博弈中并不是足够专业的玩家——因此，我们的学科也不是一个受人尊敬的学科。

其他不同的批评来自认同数字人文的学者，但他们之前的工作要么是在其他理论化很强的领域内，要么受到这些领域的强烈影响，主要是那些费什很可能赞同的文学和文化研究领域。他们在自己的网站（http://transformdh.org）上发布了一条"变革型数字人文：在数字人文领域中研究种族、民族、性别、性取向和阶级"的口号，称自己为#TransformDH，这是2011年美国研究协会（American Studies Association）一次小组会议后创造的一个术语。菲利普斯（Philips）的博客（2011）为这一过程提供了一个非常有用的概述，并链接到其他博客作者对她所称的"行动者与理论家的辩论"（hack versus yack debate）的看法。"然而，在本质上#TransformDH学者，例如塞雷尔（Cerire）（2012）认为数字人文过于乐观、以当下为中心、实证主义和简单化。他们建议更多地关注性别、阶级、种族和性方面的问题，并同意刘（2012）的观点。刘主张数字人文要与文学和文化理论建立起更好的联系。

这种观点经常通过博客圈（blogosphere）和推特的非正式出版媒体提出。传播这些思想的媒体的性质很重要，而且，令人惊讶的是，它也有某种历史先例。从本质上讲，博客是个人化的，往往倾向于争论性的，甚至是讽刺性的，而且通常不受监管或同行评审。推特是一种快速、实时交流的媒介，在数字人文中被大量使用，争论必须被大量压缩，可能缺乏细微差别。因此，值得注意的是，数字人文的方法论风暴似乎经常与推特有关，无论这是争论的起源还是讨论它的载体。（Schuman, 2014）[①]推特风暴可能会扭曲最初的论点，在这场风暴中，观点交流得太快，做出了毫无根据的假设，朋友和同事相互支持对方的观点，或者反驳攻击，这些观点原本的微妙之处就会被削弱。这并不一定是件坏事：作者可能想通过故意引起争议来引发辩论。[②]但是，它可能会导致理论家和行动者这两类人的态度出现虚假的两极分化。

然而，如果在短暂的激情消退之后，我们看看那些引发争论的博客，就会发现，作家们，尤其是数字人文界的那些人，很少寻求制造二元对立。他们可能会指出某些主题被忽视了，但在这个过程中，一个又一个博客（除了费什的博客）都想强调共性，而不是扩大差异。例如，塞雷尔回应了罗杰·惠特森（Roger Whitson）（2012）对她和#TransformDH的观点的批评。她坚持自己的观点，认为传统的数字人文在其"开放、合作和包容"的言辞中过于自由，这与性别、残疾、性等她所说的"小t"（little-t）激进主义理论形成了鲜明对比。然而，她也努力在理论话语和数字人文之间寻求共同点：

> 从这个意义上说，我同意罗杰的观点。数字人文不需要停止它已经在做的重要工作。但在我看来，#TransformDH的观点是正确的，它表明，当反对派根植于一种建立在"little-t"理论基础上的批判性行动主义，而不是表现为书呆子的围攻时，反对派的冲击可能是强大的。（Cerire, 2012）

她的言辞可能是公开的对抗，但在寻求共同点的过程中，可以说，她仍然符合她所批评的自由数字人文那种合作的、社群主义的期望。这可能是因为就像谢因费尔特（Scheinfeldt）（2010）认为的那样，作为一个领域，我们太好了吗？作为对费什博客的回应，安德伍德警告说，我们最好避免被拖入困扰更

[①] 原文作者并未给出这个参考文献。——译者注
[②] 直到笔者开始罗列参考文献列表时才注意到这些关于数字人文方法的挑衅性帖子中有多少是在一月初写的，与一年一度的MLA大会不谋而合。

成熟学科的那种理论战争：

> 文学学者沉迷于一种特定的方法论冲突。费什邀请我们也加入这场战斗。我们不要。（Underwood, 2011）

令人震惊的是，许多关于辩论的文章和博客都从最初的挑衅转向寻求达成一致的中间立场；我们都是数字人文，这才是最重要的。这可能是因为大帐篷的意识形态？笔者将继续论证，在一个年轻的领域，理论和方法上的差异可能是有益的，而大帐篷可能会令人窒息。在这样做之前，先看看论点的另一面是很重要的：我们需要弄清楚理论化倾向所反对的是什么。

在数字人文及其他领域进行创造和构建

长期以来，数字人文一直有一个盛行的观点，即"真正的人文主义者制造工具"，这是文本分析开发人员联盟（Text Analysis Developers Alliance，简称TADA）的口号。斯蒂芬·拉姆齐——他的理论得到过费什（2012b）的独特认可——在对费什博客的回复中，故意提出了一个有争议的观点，即"数字人文是关于构建事物的"，要成为一个真正的数字人文学者，就必须能够编码：

> 我愿意对"构建某个事物"的含义给出非常宽泛的定义。我还认为，这门学科包括而且应该包括那些构建理论的人，那些为了让其他人构建而设计的人，以及那些管理构建的人（对我来说，编码问题是一个谣言，因为很多人在构建时并不知道如何编程）；甚至要包括那些正在努力重建像我们现在这样的系统的人，他们的学术出版系统已经不可挽回地崩溃了。（Ramsay, 2011a）

然而，他仍然以这样一句话结束了这部分内容："但如果你什么都没做，简而言之，你就不是一个数字人文主义者。"

但这不应被视为支持非智力立场（an unintellectual stance）的证据；恰恰相反。在他的一本很棒的书《阅读机器》中，拉姆齐通过创作来处理文学批评——他创作并使用脚本和工具来分析语言。但他明确表示，这本身就是一种批评方法。因此，创作和执行的活动——不仅仅是对结果数据的分析——

本质上是有智力意义的。拉姆齐和罗克韦尔（2012）的作品与加利和吕克尔（2010）的作品有直接的相似之处：数字原型本身就是一个论点。对于加利和吕克尔来说，创建原型的行为，包括对它是如何制作的以及它打算解决什么问题的批判性讨论，是一项重要的智力锻炼。创作和执行成为他们自己的理论。

在与数字人文、计算机科学和游戏研究相关的更专业的关键代码研究领域，可以发现一个稍微不同的关于创造和执行的组合方式。顾名思义，它将计算机代码视为研究对象，在某种程度上，这与文学文本的研究类似。（Marino，2006）它还坚信，了解用于创建资源的数字工具和技术的能力是重要的，因为它们对最终资源的可用性有重要影响。这并不是在制作，而是在研究一个数字产品时，将批判性意见（yack）的表达和制作结果（hack）结合在一起。

同样有争议的是，我们无法完全理解数字资源，直到我们自己创造了它们：只有通过编写程序、建立数据库、将材料数据化或标记文本，我们才能充分认识到可能相对简单的数字术语的复杂性，至少对非制作者来说是这样。（Turkle，2009）这种哲学是我们在数字人文项目中所做的大部分教学的基础。我们并不一定期望学生成为全职的数字化人员、编码器或程序员，但我们教他们这样做，以便他们能够理解接下来要处理的数字对象。

除了数字人文之外，这也是这场运动的哲学，它督促每个人都应该学习编码，并由诸如"代码学院"（Code Academy）这样的组织推进。这通常被表示为一种提高就业能力和平等的方式，即让女性进入男性主导的IT行业。（O'Dell，2011）但它的支持者也认为，理解代码是至关重要的，通过这种方式来确保儿童批判性地思考他们使用的数字资源和他们周围的人工制品。（O'Dell，2011）从这个意义上讲，它和呼吁更多的基本信息和媒体素养也有关系。但是，编程可以说比在图书馆学习信息技能更有趣，因此似乎获得了更高的媒体知名度和更普遍的支持：事实上，从2014年起，编程就成为英国小学生的必修课。（Curtis，2013）语言（无论是否编码）影响着年轻人的思维，如果我们不想在现代被操纵，理解语言的机制是一个必不可少的工具，这一观点古已有之，这一点我们将在下面谈到。

批评性的制造运动也引发了争议。批判性制造在前文中有更详细的讨论，但它的支持者断言，制造某些东西（在这种情况下，通常是物理制品，而不是数字制品）确实是智力上的努力。（Ratto, 2011）然而，认为制造并不聪明，而思考才是聪明的假设，似乎是学术界一个永恒的主题，而不仅仅是人文学科。正如笔者在其他地方所指出的，人文学者创造的东西经常遭到同事们的嘲笑。文本的一个版本是否应该被视为与一本分析专著的智力水平相同，这个问题有着悠久的历史，在许多方面反映了当前的焦虑，即学者，尤其是那些处在职业生涯早期的学者，如何才能因创建数字资源而获得足够的回报。（Warwick, 2011）

乔安娜·朱可认为数字人文必须有一个更加理论化的关于制造的论述，这样我们才能从理论化的领域向其他人证明我们学科的价值。（Drucker, 2012）但我们为什么必须这样做？为什么如此不受重视？笔者认为是因为它涉及数字人文尚未解决的一系列问题。创造者如何能证明他们和那些搞理论的人一样聪明呢？制作数字资源与图书馆员在服务器上安装电子期刊时所做的工作有何不同？如果评估数字资源的人是人文学者，他们认为自己是思想者，却不懂代码研究，更习惯于在研究中不加批判地使用数字资源，那么如何识别这些数字资源的复杂性和价值呢？问题是，作为一个新兴的学科，在什么是重要的问题上仍然没有达成一致；是什么使一个学者比另一个学者伟大，或使一个学生比另一个学生聪明；什么样的成果在考试中获得高分，在终身职位或晋升中获得认可，或者在卓越研究框架（Research Excellence Framework，简称REF）中获得高分。回到大帐篷的类比，我们还不知道如何衡量驯狮者与小丑之间的关系，也不知道如何衡量节目销售商与热狗销售商之间的关系。

在这个学科成长的过程中，我们必须解决这样的问题，或者直接决定我们的活动必须在不同的帐篷里进行，无论是在同一个领域还是在不同的领域。事实上，拉姆齐（2013）认为这已经发生了。然而，研究英语和历史这两门人文学科如何发展的历史是很有启发意义的——历史上关于什么是重要的，怎样进行评价，以及方法论上的争论——从而确定在数字人文内部当前的争论中可以收获什么样的观点。

英语研究的发展

马特·基申鲍姆（2010）写了一篇优秀的文章，题目是"什么是数字人文？它在英语系有什么作用？"他的目的似乎是要证明数字人文是一个真正的研究领域，并解释为什么受人尊敬的英语系可能需要它。但是，这两部分标题的基础是假设，不像数字人文（这个需要解释的令人兴奋的新学科），英语是统一的、古老的，也许只是有点儿过时。这并不奇怪：我们大多数人都认为英语学习是人文学科的重要支柱之一。然而，与古典研究相比，这种情况持续的时间相对较短，而英语研究产生时的痛苦和早期发展的创伤肯定能教会我们一些在数字人文也适用的东西。

作为数字人文学者，我们并不是唯一在这个领域工作的人，这个领域多年来一直缺乏传统领域人士的尊重。就像数字人文曾经是，而且通常仍然是，在不同名称和性质的院系中实践和教学一样，英语曾经也是。1878年，剑桥大学中世纪和现代语言委员会（Board for Mediaeval and Modern Languages）首次设立了这一学科，第一位获得英王爱德华七世（King Edward VII）的英语教授一职的维拉尔（A. W. Verrall）是一位古典主义者。（Goldie, 2013）独立的英语系于19世纪早期在伦敦大学（后来成为伦敦大学学院）及其竞争对手伦敦国王学院（Palmer, 1965:15—28）内成立。英语最初是与职业男性的延伸教学和女性教育联系在一起的。文学研究被认为在道德上是鼓舞人心的，并为下层阶级和女性阶级提供了正确的生活指导，而这两类人都没有机会接触作为上层阶级的学校男生教育一部分的古典文学。对语言机制的掌握，可以在考试中进行测试，同时也被认为对英国政府在英国国内的管理非常有用。（Baldick, 1983:59—75）因此，英语文学被古典语言文学所取代，但英语文学在严谨和威望上并不与古典语言文学相提并论。与它一起发展起来的协会令人质疑，以及伦敦新的大学学院缺乏声望，都意味着它被视为二等学科，甚至边缘学科。[①]（Goldie, 2013）

因此，这两所最负盛名的大学在将自己与英语研究联系起来方面行动迟缓。但当他们最终这么做的时候，事情变得更加有争议，而且公开地令人不快。（这是"英语时刻来到了"吗？）到了19世纪80年代，要求在牛津大学设立英语教授职位的压力已经积聚了一段时间。然而，对于这究竟是一个真正的智力研究课题，还是像历史学钦定教授弗里曼（E. A. Freeman）所说的："仅仅是关于雪莱的闲聊"（Palmer, 1965:95），仍然存在相当大的争议。还有

---

① 伦敦大学学院尤其令人怀疑：被称为"高尔街（Gower Street）的无神机构"（Harte and North, 2004）。

一个问题是如何审视品位和道德价值的问题：当时许多牛津学者认为这是不可能的，此后几十年，争论一直围绕着这个话题。（Potter，1937:134）在弗里曼和奥瑞尔学院（Oriel College）教务长门罗（D. M. Monro）的支持下，一种方法是将文学研究建立在语言学和英语语言史研究的基础上。这一观点遭到了强烈的反对，尤其是约翰·丘顿·柯林斯（John Churton Collins），他认为，通过文学批评、修辞学和哲学，可以用严谨的方式教授英语文学。（Goldie，2013:65）辩论变得激烈、公开、个人化且令人不快。

值得注意的是，它是在当时出版速度最快的媒体上进行的，例如期刊和日报的专栏。关于是否需要英语学位的最初辩论，是由《评论季刊》（*Quarterly Review*）上的丘顿·柯林斯对埃德蒙·戈斯（Edmund Gosse）的抨击引发的。戈斯的回复发表在《蓓尔美街报》（*Pall Mall Gazette*）和《牛津杂志》（*Oxford Magazine*）上。随后，柯林斯给《泰晤士报》（*The Times*）写了一封信，批评这些语言学家①，弗里曼在《当代评论》（*Contemporary Review*）中做出了回应。牛津大学的另外两位教授爱德华·阿姆斯特朗（Edward Armstrong）和托马斯·凯斯（Thomas Case）在小册子中发表了他们对这些提议的批评，《泰晤士报》也报道了在牛津大学集会上辩论的细节。（Palmer，1965:78—103）辩论的公开性，以及这些期刊的相对出版速度（使用维多利亚时代的最新科技制作），显示出它们与有关数字人文的博客和推特的辩论有直接的相似之处。同样值得注意的是，这些场所从相对非正式的媒体，如小册子，到有记录的报纸，都有。这与我们目前的情况有相似之处，即从推特到《纽约时报》博客，媒体上都出现了关于数字人文的辩论。

最后，牛津大学的第一位英语教授是古日耳曼语文学专家A. S. 纳皮尔（A. S. Napier），该学位课程建立于大量语言学和语言史的基础之上，并且一直保留了下来。然而，最初的焦虑是，该课程中有非常多女性：如果男性不想学习这门新学科，也许它仍然不会很受人尊敬。（Palmer，1965:116—117）

后来在1917年，剑桥大学获得了一所独立的英语学校。1926年，剑桥大学设立了最终版本的英语专业学位（Tripos或Degree）。第一次世界大战激起的反德情绪不利于语言学和英语的日耳曼语根源研究。（Collini，1998）新发表的《纽波特报告》（*Newbolt Report*）还强调了英语文学在维护爱国主义和民

---

① 原文为phililogists，或为"语言学家"（philologists）的误写，译文已改正。

族价值观方面的重要性。在某种程度上，这也是对过度报道战争和政府宣传的一种反应。英语的学习似乎承诺了我们现在所描述的媒体素养：如果学生们理解语言的工作原理，那么他们被语言操纵的风险就会降低，同时还能受到文学道德提升方面的启发。（Baldick，1983）

剑桥大学的英语学习方法，从它的起源来看，与牛津大学截然不同：第一名英语教师的教学大纲规定，他的授课内容"必须以文学和批评为主，而不是以文献学和语言学为主线"（Potter，1937:216）。然而，在缺乏语言学和语言史的情况下，仍然存在着建立客观、事实的标准来考查学生的问题。幸运的是，一位名叫I. A. 理查兹（I. A. Richards）的年轻学者开始尝试一种教授学生阅读诗歌的方法，他称之为"实践批评"（Martin，2000）。这是急需的；正如他的同名著作所显示的那样，当时的大多数本科生除了最平庸的方式外，对如何分析诗歌几乎一无所知。理查兹认为这是他们教育中的严重疏忽。（Fry，2000）他也意识到新闻和宣传语言可能对人们的思维和行为方式产生影响，并认为只有对语言的工作方式进行详细的研究才能弥补这一点。（Richards，1930: e.g., 248）这与上面讨论的为所有运动编写代码的动机具有有趣的当代相似性。

然而，奇怪的是，正如波特（Potter）（1937:254—267）所言，无论是在剑桥还是在其他任何地方，学生们都没有认识到通过学习创意写作来学习语言的重要性。这似乎很奇怪，与音乐等专业相比，作曲和分析对于理解一种艺术形式都很重要。理查兹把他的方法描述为科学的，但不包括创意写作这种可能类似于实验室实验的实践。从这个意义上讲，它不同于构成数字人文教学法基础的"在实践中学习"，也不同于创客空间和代码学院这些强调创作和批评相结合的运动。然而，值得注意的是，数字人文应该更多地理论化，而不是专注于制作，这一观点的许多强有力的支持者来自文学研究领域，主要在北美。实践批评仍然是剑桥英语的基础，但它对英国英语其他地方的影响远不如在北美。在北美，实践批评与它的继任者新批评深刻地影响了本科教育学。（Martin，2000）难道把理论和分析凌驾于创造和实践之上的冲动，来自于实践批评和新批评对思想和分析的强调，而把创造力排除在理解人文学科的方法之外？难道在理查兹设计这些方法将近一个世纪之后，我们还能受到他的方法的影响吗？

实践批评和新批评之所以能够取得成功，可能是因为它们为大学生的考试提供了一种客观的方法。然而，争论依然存在：利维斯（F. R. Leavis）对英国文学道德价值的主张，也受到了理查兹和他的学生威廉·恩普森的影响，但遭到了广泛的质疑，尤其在剑桥内部。（Martin, 2000）随之而来的是20世纪80年代关于批判理论，尤其是结构主义的激烈且具有破坏性的辩论。在整个英国英语研究中，关于实践批评、批评理论和更古老的语言学传统的相对价值的争论一直在持续：关于谁赢，观点各不相同，这取决于你问谁，他们属于哪个系。

以上是英国英语研究发展的一个简要案例研究，尽管在美国和其他地方有很多方法论上的争论。英语发展成为一门强大的、占主导地位的学科，尽管，甚至可能正是因为，关于该学科的教学方式、基本哲学、应该强调什么和不应该强调什么存在着根本性的分歧。拉姆齐（2011a）推测，如果一所有影响力的大学，如杜克大学或耶鲁大学，拒绝将编码和构建作为数字人文的基础，可能会发生什么。他想知道这是否成立，或者这是否重要。但这正是在英语研究中所发生的事情，当一所领先的大学较晚接受某一学科时，会反对已被普遍接受的方法。同样值得注意的是，这些方法论争论的最初原因是：不确定如何衡量学习这一学科的人的相对价值。在19世纪和20世纪的英语研究中，这涉及学生的考试；在21世纪的数字人文研究中，我们可能更专注于学术研究的评估。然而，在一个新的且正在发展的领域中，什么是重要的以及如何衡量是否优秀的问题仍然是我们关注的问题，这也推动了关于实践和方法的内部辩论。

方法的历史和问题

当然，这种争论并不局限于英语领域。正如海厄姆（Higham）所言，关于方法和价值评价（有时是字面意义上的）的争论是19世纪和20世纪历史发展的特征。对历史的研究也常常与一个更古老的领域相联系，而这个领域正是历史研究的分支，例如经典著作或哲学。学术史也受到时代的技术发展和关注的影响，特别是北美科学史学派，其实践者竭力强调他们从哲学中独立出来。（Higham, 1965:87—144）但也有非常长期的争论，关于什么组成了历史，这个问题已经解决了；也有些争论是关于什么是有价值的，应该使用什么样的论据，以及这是一个什么样的领域。

海厄姆讨论了社会科学和历史之间的关系，这是自19世纪晚期以来一直在争论的问题。（Higham，1965:108）和英语研究一样，人们讨论了什么能够构成历史，以及应该如何去做，以至于在法国形成了一种完全不同的历史学派：年鉴学派（Annales School）。年鉴学派反对以前的学术主要是政治和外交史（histoire événementielle）。他们认为这是过于狭隘地关注个人和事件，这些对于一个特定时间内一些更为庞大的人群的经验来说，可能非常不典型。相反，他们选择强调研究"结构"和"思考的模式"（mentalités）的重要性，而不是研究跨越大片地理区域的"漫长时间"（longue durée），例如布罗代尔（Braudel）的著作《地中海》（La Méditerrannée, 1949）。这种方法的目的是跟踪一个人群长期的行为和消费模式，而不是研究地位高的个人或显著事件；为了观察几个世纪以来没有改变的现象，"历史静止不动"（l'histoire immobile），而不是在相对较短的时期内显示的进程。（Le Roy Ladurie，1966）这涉及学者团队的合作和有组织的研究，以及对大量数据的收集和分析；与个人的历史学者的研究相比，更接近于科学研究。单一的历史学者的研究无论在过去还是将来，都是非常常见的。（Hexter, 1972[①]）

年鉴学派对法国的历史实践产生了巨大的影响，其结果是，法国的历史发展与北美或英国的历史发展截然不同。然而，历史研究是否应该集中在叙事、年表和随时间变化的问题；或者它是否应该由数据驱动，并受社会科学研究模式的影响，以及统计上可测量和可概括的现象，这些问题还远没有答案。正如科克伦（Cochran）和霍夫斯塔德（Hofstadter）（1973）所说，历史学家"可能想知道他是作家还是技术人员，是科学家还是预言家"。

社会科学驱动的历史常易于使用计算工具和技术，因此往往是数字人文学者（非历史学家）最熟悉的方法。福格尔（Fogel）指出，这些方法中计算最密集的是历史计量学，它不仅使用社会科学思想或理论作为历史思想的辅助，而且依赖于对大量数据的严格测试。（Fogel，1983: 26ff）然而，就连他也得出结论，计量历史学（cliometrics）和数据驱动的历史是研究群体的理想

[①] 赫克斯特（Hexter）的文章不仅是关于年鉴学派的一个非常有价值的信息来源，而且是对他们写作风格的一种诙谐而微妙的模仿，包括令人印象深刻的文本和脚注的长度、对证据的处理，以及地图的使用（在这个例子中是十分错误的）。

方法，但不太适合个人经历：受社会科学家影响的历史学家对讨论诗人济慈（Kcats）死于结核病的兴趣不大，而更多的是探索19世纪英国结核病感染的模式。（Fogel，1983:29）然而，加迪斯（Gaddis）（2002）认为，历史的本质是研究年代学和随时间的变化，而社会科学方法强调什么是典型的，往往是为研究一个处在较短时间内的群体而发展起来的，因此不适合历史学家。他认为，如果历史学家希望借鉴人文学科以外的方法，他们最好看看科学领域的方法，因为宇宙学等学科关注的是宇宙如何在巨大的时间跨度内发生变化。（Gaddis，2002.17—34）

从上面引用的作者可以明显看出，历史学家认为讨论历史理论和辩论方法是至关重要的，因为这门学科有自己的名称——史学。海厄姆这样描述它的发展环境：

> 近年来，美国历史学家对历史写作表现出一种特殊的偏爱。尽管他们仍然对历史哲学的少数领域感到不舒服，但他们已经沉迷于我们称之为史学的更具体的评论了。其数量之多令人吃惊：历史学家通常都知道，他们自己的历史在整个管辖范围内所占的比例太小、太狭隘，不值得引起他们太大的关注。（Higham, 1965:89）

虽然写的是历史，而且是在1965年，但我们可能很容易就能改写海厄姆的话，用数字人文来代替历史，而且它们听起来非常现代。也许我们正在发展数字人文的一个新分支：数字—人文—学（digital-humanities-ography）听起来确实很拗口，但我们大多数人都会认识到这一现象——当然，笔者也沉迷其中。

海厄姆认为，历史学家觉得不仅有必要研究历史，而且有必要将其理论化，并讨论历史是如何形成的，以及可能是如何形成的。本科历史课程通常包括史学课程，因为它被认为是历史学家训练的重要组成部分。历史学家必须既能阐明又能理解学科的理论，还能实践历史研究。历史学家们会宣称，赋予或提倡其中一种事物内在价值高于另一种价值是可能的，甚至是可取的。然而，正如我们上面所看到的，虽然他们可能了解他们领域内的十分广泛的史学，但大多数历史学家都从事某种类型的历史，无论是地理区域、时期，还是人的类型（例如，自下而上的历史，而不是精英的研究）。他们也可能或多或少的严谨而明确地表达了对以特定方式实践历史的忠诚，无论是研究模式和结构、使用大型数据集，还是探究随着时间推移的变化和叙事驱动的历史的产生。换句话说，对于这个成熟的学科，就像其他许多学科一样，执行、构建和理论化都是重要的：关于平衡的协商可能不同，但必须有平衡。

结　语

与标记不同，帐篷不是无限扩展的。对一定年龄的数字人文学者来说，"不错"、合群可能是正常的、令人向往的。然而，英语和历史的例子表明，随着学科的发展，所有成员可能会越来越难就应该如何做达成一致。关于方法和理论可能会有激烈的，有时是公开的、个人的和伤害性的争论，但它们并不一定会威胁到一门学科的未来。在一个不断发展的领域，它们可能是不可避免的，也是健康的。某些方法论立场或方法可能会是或仍然是占主导地位的，但局部变化和独特的研究方法也可能会发展，并持续下去。一些学者可能更热衷于坚持某些方法；其他人可能更愿意探索混合使用不同方法的可能性，但更容易受到其中一种方法的影响。然而，这并没有阻止学者们将自己与这一领域作为一个整体联系起来：年鉴学派仍然是历史学家，利维斯派仍然是英语学者。事实上，正是他们对这门学科发展和改进的承诺，以及对未来学者的教育，促使他们提出了这样的方法，并引起了对这一领域未来的激烈辩论。

同样重要的是回归到对"相对优秀"的度量和判断的概念。19世纪和20世纪提出的观点认为，没有人能够，也不应该对英语研究中的学生进行考试，因为品位和道德修养本身是主观的，这种观点现在似乎站不住脚。然而，这些争论对我们这个时代的学者一样紧迫和重要，如何评价不同类型的数字人文学术成果，是否与可替代性学术职位或终身教职挂钩？职业生涯刚刚开始的学者，如何在一个高估专著价值的学术世界里，通过数字项目获得认可？在年轻的学科中，这样的争论可能是不可避免的，尤其是当他们的追随者感到被更传统的同事误解时。我们希望，随着时间的推移和学术上不可避免的变化，我们的辩论将同样能够显得没有必要和难以理解。

也许数字人文将不得不放弃我们对美好和方法论一致的想法，并能够接受不同的学派和方法将会出现的这一可能性。这可能需要公开斗争、分裂和重组，但并不一定会威胁到学科的完整性；它甚至可能是力量和自信的象征。笔者曾是剑桥大学英语专业学生,这在笔者看待文学学术的道路上留下了印记,如果与一个更有语言学传统的人讨论这些问题,这一点将是显而易见的。例如,将来我们可能还会发现,与斯坦福大学的学生相比,伦敦大学学院数字人文专业的学生对自己所在领域的独特看法是可以辨别出来的。他们甚至可能和笔者一样,不悔改,甚至为自己的知识来源感到自豪。同样重要的是要记住,任何学者都可以做数字人文,并且对特定的方法感兴趣,比如后殖民主义或文化转向。没有必要在理论和数字人文之间做出选择,事实上,未来一些最令人兴奋的学术成果可能会出现在这些理论和数字人文实践的结合中。

那么,这到底意味着什么呢?对于一个长期以来一直被文本和词汇研究所主导的领域来说,我们对本文开头所做的大量误用陈述未能进行足够的研究感到内疚。我们可以更有效地考虑限定词,而不是把注意力集中在名词上。这个词并不意味着完全排斥,只是强调一种选择,一种完全有理由根据学者的倾向而被推翻的理论。考虑到所有这些博客和文章都在争取共识,甚至在评论不同的意见,这或许是数字人文的一条前进之路。如果没有实践,我们可能会想象出数字人文只专注于制作而不考虑评论或理论,或者专注于数字—人文—学。但一项关于其他领域如何发展的研究表明,这是不可能的。

"行动者与理论家"(the hack versus yack)之间的争论两极分化,而且没有特别多的成果。然而,或多或少的思考——如何在一个更大的学科中平衡执行和思考的问题——肯定是一个更合理的方法。我们完全有理由抗议,数字人文在过去没有充分反思或关注我们研究的理论和文化背景;但这并不意味着那些对太过天真和乐观研究语境持反对意见的人,都在倡导该领域一个完全理论化的未来。为了理解数字资源的复杂性,同样有理由坚持要求数字人文学者,无论是学生还是在数字人文界的老学者,都应该掌握实用的技术;但可以肯定的是,只有最核心的行动者才会认为,在没有任何学术评论或背景的情况下,这样的制作是可以存在的。真正令人兴奋的辩论是在数字人文中构建和理论化的比例和平衡问题,以及关于如何评估和奖励这些活动的诚实且有智慧的、细致入微的辩论。正是在这种或多或少的谈判中,该领域可能成长为一个真正成熟的学科,有资格站在人文研究和教学的核心地位。

致　谢

非常感谢沃德海森（Woudhuysen）教授和西维尔（M. J. Sewell）博士分别就英语研究的发展和历史方法提出的建议和讨论。

参考文献

[1] Baldick, C. 1983. *The Social Mission of English Criticism 1848–1932*. Oxford: Clarendon Press.

[2] Braudel, F. 1949. *La Méditerranée et le Monde Méditerranéen a l'époque de Philippe II*. Paris: Colin.

[3] Cerire, N. 2012. In defence of transforming DH. *Works Cited*, January 8. https://nataliacecire.blogspot.com/2012/01/in-dcfense-of-transforming-dh.html (accessed January 18, 2021).

[4] Cochran, T., and Hofstadter, R. 1973. History and the social sciences. In *The Varieties of History: From Voltaire to the Present*, 2nd edition, ed. F. Stern. London: Macmillan, 347–368.

[5] Collini. S. 1998. Cambridge and the study of English. In *Cambridge Contributions*, ed. S.J. Ormrod. Cambridge: Cambridge University Press, 42–64.

[6] Curtis, S. 2013. Teaching our children to code: a quiet revolution. *Daily Telegraph*, November 4. https://www.telegraph.co.uk/technology/news/10410036/Teaching-our-children-to-code-a-quiet-revolution.html (accessed January 18, 2021).

[7] Drucker, J. 2012. Humanistic theory and digital scholarship. In *Debates in the Digital Humanities*, ed. M.K. Gold. Minneapolis: University of Minnesota Press, 85–95.

[8] Fish, S. 2011. The old order changeth. *New York Times: Opinionator*. https://opinionator.blogs.nytimes.com/2011/12/26/the-old-order-changeth/ (accessed January 18, 2021).

[9] Fish, S. 2012a. The digital humanities and the transcending of mortality. *New York Times: Opinionator*. http://opinionator.blogs.nytimes.com/2012/01/09/the-digital-humanities-and-the-transcending-of-mortality (accessed June 20, 2015).

[10] Fish, S. 2012b. Mind your P's and B's: the digital humanities and interpretation. *New York Times: Opinionator*.

[11] https://opinionator.blogs.nytimes.com/2012/01/23/mind-your-ps-and-bs-the-digital-humanities-and-interpretation/ (accessed June 20, 2015).

[12] Fogel, R.W. 1983. "Scientific" history and traditional history. In *Which Route to the Past?* ed. R.W. Fogel and G.R. Elton. New Haven, CT: Yale University Press, 5–71.

[13] Fry, P. 2000. I.A. Richards. In *The Cambridge History of Literary Criticism. Volume 7: Modernism and the New Criticism*, ed. A.W. Litz, L. Menand, and L. Rainey. Cambridge: Cambridge University Press, 179–199.

[14] Gaddis, J.L. 2002. *The Landscape of History: How Historians Map the Past*. Oxford: Oxford University Press.

[15] Galey, A., and Ruecker, S. 2010. How a prototype argues. *Literary and Linguistic Computing* 25 (4), 405–424.

[16] Goldie, D. 2013. Literary studies and the academy. In *The Cambridge History of Literary Criticism. Volume 6: The Nineteenth Century, c.1830–1914*, ed. M.A.R. Habib. Cambridge: Cambridge University Press, pp. 46–71.

[17] Harte, N., and North, J. 2004. *The World of UCL 1828–2004*. London: UCL Press.

[18] Hexter, J. 1972. Fernand Braudel and the Monde Braudellien. *Journal of Modern History* 44, 480–539.

[19] Higham, J. 1965. *History: Professional Scholarship in America*. Baltimore: Johns Hopkins University Press.

[20] Hofstadter, R. 1973. History and the social sciences. In *the Varieties of History: From Voltaire to the Present*, ed. F. Stern, 2nd edition. London: Macmillan, 359–368.

[21] Kirschenbaum, M. 2010. What is digital humanities and what's it doing in English departments? *ADE Bulletin* 150, 55–61. https://www.ade.mla.org/content/download/7914/225677 (accessed January 18, 2021).

[22] Le Roy Ladurie, E. 1966. *Les paysans de Languedoc*. Paris: SEVPEN.

[23] Liu, A. 2012. Where is cultural criticism in the digital humanities? In *Debates in the Digital Humanities*, ed. M.K. Gold. Minneapolis: University of Minnesota Press, 490–509.

[24] Marino, M. 2006. Critical code studies. *Electronic Book Review*, April 12. http://electronicbookreview.com/essay/critical-code-studies/ (accessed January 18, 2021).

[25] Martin, W. 2000. Criticism and the academy. In *The Cambridge History of Literary Criticism. Volume 7: Modernism and the New Criticism*, ed. A.W. Litz, L. Menand, and L. Rainey. Cambridge: Cambridge University Press, 267–321.

[26] Nowviskie, B. 2014. On the origin of "hack" and "yack." Nowviskie.org. January 8.

http://nowviskie.org/2014/on-the-origin-of-hack-and-yack/ (accessed June 20, 2015).

[27] O'Dell, J. 2011. Teaching women to code. *Washington Post*, November 1. https://venturebeat.com/2013/01/10/hackbright/ (accessed January 18, 2021).

[28] Palmer, D. J. 1965. *The Rise of English Studies: An Account of the Study of English Language and Literature from Its Origins to the Making of the Oxford English School.* Oxford: Oxford University Press.

[29] Pannapacker, W. 2012. Pannapacker at MLA: the come-to-DH-moment. *The Chronicle of Higher Education*, January 7. http://chronicle.com/blogs/brainstorm/pannapacker-at-the-mla-2-the-come-to-dh-moment/42811 (accessed June 20, 2015).

[30] Philips, A. 2011. #transformDH: a call to action following ASA 201. HASTAC blog, October 26. https://www.hastac.org/blogs/amanda-phillips/2011/10/26/transformdh-call-action-following-asa-2011 (accessed June 20, 2015).

[31] Potter, S. 1937. *The Muse in Chains: A Study in Education.* London: Jonathan Cape.

[32] Ramsay, S. 2011a. Who's in and who's out. Steve Ramsay blog, January 8. http://stephenramsay.us/text/2011/01/08/whos-in-and-whos-out (accessed June 20, 2015).

[33] Ramsay, S. 2011b. *Reading Machines: Toward an Algorithmic Criticism.* Urbana: University of Illinois Press.

[34] Ramsay, S. 2013. DH types one and two. Steve Ramsay blog. March 3. http://stephenramsay.us/2013/05/03/dh-one-and-two (accessed June 20, 2015).

[35] Ramsay, S., and Rockwell, G. 2012. Developing things: towards an epistemology of building in the digital humanities. In *Debates in the Digital Humanities*, ed. M.K. Gold. Minneapolis: University of Minnesota Press, 75–84.

[36] Ratto, M. 2011. Critical making: conceptual and material studies in technology and social life. *The Information Society* 27 (4), 252–260.

[37] Richards, I.A. 1930. *Practical Criticism: A Study of Literary Judgement.* London: Kegan Paul.

[38] Scheinfeldt, T. 2010. Why digital humanities is "nice." *Found History*, May 26. http://www.foundhistory.org/2010/05/26 (accessed June 20, 2015).

[39] Turkle, W. 2009. Hacking as a way of knowing. pzed.ca. http://pzed.ca/access2009pei-william-j-turkel-hacking-as-a-way-of-knowing (accessed June 20, 2015).

[40] Underwood, T. 2011. Why digital humanities isn't actually "the next thing in literary studies." *The Stone and the Shell*, December 27. http://tedunderwood.com/2011/12/27/

why-we-dont- actually-want-to-be-the-next-thing-in-literary- studies (accessed June 20, 2015).

[41] Warwick, C. 2011. Archive 360: the Walt Whitman Archive. *Archive 1* (1). http://www.archivejournal.net/issue/1/three-sixty (accessed June 20, 2015).

[42] Whitson, R. 2012. Does DH really need to be transformed? My reflections on #mla12. Roger T. Whitson, PhD, blog, January 18. http://www.rogerwhitson.net/?p=1358 (accessed June 20, 2015).